CODE NAPOLÉON

EXPLIQUÉ

ARTICLE PAR ARTICLE

AVERTISSEMENT

Conformément aux lois et règlements, des exemplaires du *Code Napoléon expliqué article par article* ont été déposés à la *Bibliothèque impériale*, et, afin d'éviter la contrefaçon de cet ouvrage, tous les exemplaires doivent être revêtus de la signature ci-après de l'auteur

NOTA. — En cas de réclamations ou de demandes de renseignements, s'adresser à M. J.-H. MICHOU, gérant, boulevard Saint-Michel, n° 51, à Paris. (*Affranchir.*)

COULOMMIERS. — Typographie A. MOUSSIN.

CODE NAPOLÉON

EXPLIQUÉ

ARTICLE PAR ARTICLE

D'APRÈS LA DOCTRINE ET LA JURISPRUDENCE

SUIVI

D'UNE TABLE ANALYTIQUE ET ALPHABÉTIQUE

A L'USAGE

Des Avocats, des Officiers ministériels, des Élèves en Droit,
des Grands Séminaires, etc., etc.

PAR J.-B.-C. PICOT

DOCTEUR EN DROIT, AVOCAT A LA COUR IMPÉRIALE DE PARIS

2 vol. in-8°. — Prix de chaque vol. { Broché : 8 fr.
{ Relié : 9 fr. 50

TOME PREMIER

PARIS

J.-H. MICHOU, GERANT

51, BOULEVARD SAINT-MICHEL, 51

1868

OUVRAGES DU MÊME AUTEUR

J.-H. MICHOU, Gérant

Paris, boulevard Saint-Michel, nº 51.

Éléments (ou Catéchisme) du Code Napoléon exposé par demandes et par réponses, destiné à vulgariser la connaissance des lois françaises. — L'introduction de cet ouvrage dans les *Écoles primaires* est *autorisée* par Son Excellence M. le Ministre de l'instruction publique. — 4ᵉ édition, revue et corrigée. — 1 vol. in-18 de 260 pages. — Prix cartonné :   1 fr.

Nouveau Manuel pratique et complet du Code de commerce, expliqué article par article, d'après la doctrine et la jurisprudence;

Suivi d'un Formulaire d'actes sous seings privés, et comprenant le nouveau Code des patentes et les lois nouvelles de la plus haute importance, relativement au gage commercial, aux sociétés de commerce, à l'unité des mesures, poids et tares, et à l'abolition de la contrainte par corps en matière civile et commerciale, etc. — 15ᵉ édition, corrigée et augmentée. — Fort vol. in-18 de plus de 800 pages. — Prix, relié :   8 fr.

Nouveau Manuel pratique du Code Napoléon, mis à la portée de toutes les intelligences;

Suivi d'un formulaire d'actes sous seings privés, de la taxe de frais d'actes d'officiers ministériels;

Et comprenant, en outre, l'explication succincte des autres Codes, les lois nouvelles sur la chasse, la contrainte par corps, le gage commercial, les sociétés de commerce, le recrutement de l'armée et l'organisation de la garde nationale mobile, etc. — 63ᵉ édition, entièrement corrigée et augmentée. — Fort vol. in-12 de plus de 750 pages. — Prix, relié :   7 fr.

Adresser un mandat sur la poste à M. J.-H. MICHOU, gérant, boulevard Saint-Michel, 51, à Paris.

L'ouvrage demandé sera reçu franco de port à domicile.

PRÉFACE.

Les merveilles qu'enfantent les arts, l'industrie et le commerce, dévorent les distances et les barrières qui naguère séparaient les nations. Etonnés, ravis et enchantés par ces merveilles, nos esprits, attirés et quelquefois égarés par les plus vagues théories, semblent quitter leur siége pour s'éloigner de nous-mêmes. Dans le mouvement de régénération qui s'opère, il naît beaucoup de désordres, de souffrances, d'infortunes et de catastrophes; nos bonnes mœurs, l'amour de nos lois et de nos devoirs peuvent même paraître s'affaiblir.

Heureux ceux dont la sagesse prudente sait en même temps, d'une part, admirer et aimer le progrès et les bienfaits de la civilisation qui se développe, et, d'autre part, garantir leur imagination des illusions chimériques, et régler leur conduite et leurs actes sur les principes éternels de la conscience, de la morale, du travail, de l'économie et de la LOI !

C'est là seulement, que l'on ne s'y trompe point, que résident le véritable honneur et la grandeur d'âme ! C'est là que l'on trouve le solide lien qui unit entre eux les membres de la famille, et affermit la paix du foyer domestique ! C'est là qu'au milieu des tourmentes, on jouit de la tranquillité et du bonheur !

Après avoir, dans des leçons particulières et des entretiens intimes, enseigné et expliqué nos lois pendant plus de trente ans aux élèves de la faculté de droit de Paris, j'ai voulu, sous l'empire de ces pensées, et arrivé à un âge où un travail constant confère à l'homme une sorte de sacerdoce, généraliser mes enseignements au moyen d'ouvrages simples, clairs, succincts et à la portée de toutes les intelligences.

Pour la tendre jeunesse, l'espoir de l'avenir, j'ai publié les *Eléments* (ou *Catéchisme*) *du Code Napoléon* dont, après délibération du Conseil supérieur de l'Instruction publique, et décret de S. M. l'Empereur, S. Exc. M. le ministre de l'Instruction publique a daigné autoriser l'introduction dans les écoles primaires.

Pour les personnes que leurs nombreuses occupations empêchent de consulter un ouvrage étendu, j'ai exposé, en un seul volume, et dans l'ordre méthodique du législateur, sous le titre, *Nouveau Manuel pratique du Code Napoléon et des autres Codes*, les principes du Code Napoléon, du Code de commerce, du Code de procédure civile, du Code pénal, du Code d'instruction criminelle et des lois les plus usuelles.

Pour les commerçants, j'ai publié le *Nouveau Manuel pratique du Code de commerce, expliqué article par article*, suivi des lois les plus nécessaires et les plus usuelles dans la pratique des affaires commerciales.

L'accueil sympathique que ces ouvrages ont reçu du public m'a causé une douce joie.

Depuis que j'ai publié mon *Manuel du Code de commerce*, beaucoup de personnes m'ont engagé à composer un ouvrage sur le Code Napoléon, comprenant aussi le texte de la loi, et, sous chaque article, des explications suffisantes, puisées aux meilleures sources de la doctrine et de la jurisprudence.

Le nouvel ouvrage que je publie a pour but de satisfaire à ce désir. Puisse-t-il, comme ses aînés, par son utilité, par la clarté de son exposition, et par la mesure égale et juste entre les principes de la doctrine et ceux de la jurisprudence, mériter lui-même du public un accueil favorable!

J.-B.-C. PICOT,

Docteur en droit, avocat à la Cour impériale de Paris.

Paris, 1er juin 1868.

INTRODUCTION.

LOIS, DROIT, JUSTICE, JURISPRUDENCE.

I. Lois. — La *loi* peut être définie : « Une règle générale de conduite, imposée par une autorité à laquelle on est tenu d'obéir. »

Les hommes étant, par leur nature, libres et égaux, il n'y a que Dieu qui ait le droit de leur imposer des règles de conduite. Mais Dieu peut manifester à cet égard sa volonté d'une manière directe ou d'une manière indirecte. Or, les lois qui émanent *directement* de Dieu sont celles qui illuminent tout homme venant au monde et qui restent toujours gravées dans son cœur, comme l'amour paternel, l'amour filial. Elles sont générales et immuables, parce que la nature de l'homme est partout la même et ne change point, quoiqu'il puisse subir des modifications, tomber dans le vice ou s'élever vers la vertu. Ces lois immuables sont appelées lois *naturelles*. — Les lois qui émanent *indirectement* de Dieu sont celles qui ont été portées par une puissance légitimement constituée. Elles sont différentes chez les divers peuples et varient dans chaque nation selon les nécessités et les progrès de l'ordre social. Ces lois sont appelées positives.

La loi *positive*, qui fait ici l'objet unique de notre étude, à l'exclusion des lois naturelles et des lois religieuses, peut être définie : « Une règle de conduite établie et sanctionnée par la puissance publique. » Or, la *sanction* est une disposition par laquelle le législateur porte une récompense en faveur de celui qui observe la loi, ou une peine contre celui qui la viole.

Le propre de la loi est de défendre, de commander ou de permettre. De là, les lois se divisent en *prohibitives*, *impératives* et *permissives.*

II. Droit. — Le mot droit a plusieurs sens. — 1° Quelquefois on entend par *droit* une règle de conduite, ce qui sert à nous diriger. Il est alors synonyme de loi. — 2° Le *droit* est aussi considéré comme un objet d'étude. Il est alors défini : « L'art de discerner le juste de l'injuste, le bien du mal. » Les préceptes divers du droit peuvent tous se ramener à trois, qui sont : « Vivre honnêtement, Ne léser personne, Rendre à chacun ce qui lui est dû. » — 3° Le mot *droit* sert fréquemment à désigner une faculté garantie par la loi. C'est ainsi que l'on dit : « J'ai le droit de contracter, d'aliéner, de succéder, » etc. — 4° Enfin, le mot *droit* est très-souvent employé pour désigner une collection de règles du droit *positif*, c'est-à-dire établi par la puissance publique.

Le droit POSITIF se divise en droit des gens, droit public et droit privé. — 1° Le droit *des gens*, appelé aussi droit *international*, comprend les usages et les divers traités de commerce et d'amitié qui règlent les rapports de nation à nation. — 2° Le droit *public* comprend les lois qui règlent les rapports existant entre la nation et les membres qui la composent; c'est lui qui détermine les droits et les devoirs de l'Etat envers les particuliers, et des particuliers envers l'Etat. — 3° Le droit *privé* comprend les lois qui règlent les rapports de particulier à particulier, en ce qui concerne leurs personnes, leurs biens et leurs droits de famille, de propriété et de créances.

Le droit PRIVÉ de la France se divise en droit ancien, droit intermédiaire et droit nouveau. — 1° Le droit *ancien*, qui se divise en droit écrit et droit coutumier, est celui qui a été établi depuis l'origine de la nation française jusqu'au 17 juin 1789, c'est-à-dire jusqu'au commencement de la révolution. — 2° Le droit *intermédiaire* est celui qui a été établi pendant le mouvement révolutionnaire, c'est-à-dire depuis le 17 juin 1789 jusqu'en 1803. — 3° Le droit *nouveau*, appelé aussi droit *codifié*, est celui qui est établi depuis 1803.

Le droit nouveau est celui qui maintenant nous régit. Il renferme plusieurs recueils de lois, appelés *Codes*. Ce sont : le Code Napoléon, le Code de procédure civile, le Code de commerce, le Code d'instruction criminelle, le Code pénal, le Code forestier, le Code de l'armée de terre et enfin le Code de l'armée de mer.

Le *Code Napoléon*, qui traite des personnes, des droits de famille, des biens et des manières d'acquérir la propriété et les obligations, est le plus important des Codes. C'est un recueil de trente-six lois qui ont été votées et promulguées successivement du 5 mars 1803 au 20 mars 1804. Il a été promulgué dans son ensemble le 31 mars 1804, sous le nom de Code civil des Français. En 1807, il a été appelé Code Napoléon, du nom du puissant génie qui a organisé la France et qui a résolu les plus graves questions du droit civil. Dans ce Code, les séries d'articles, qui étaient particulières aux diverses lois dont il se compose, ont fait place à une série unique d'articles, au nombre de 2281.

Quelques parties du Code Napoléon ont, depuis sa promulgation, subi de notables changements, par exemple, en ce qui concerne la mort civile, le divorce et la contrainte par corps en matière civile, qui ont été abolis.

III. Justice. — La *justice* est définie : « La volonté ferme et perpétuelle de rendre à chacun ce qui lui est dû. » Le mot *justice* s'emploie aussi pour désigner tantôt les autorités chargées d'appliquer les lois, et tantôt le lieu où ces autorités ont coutume de prononcer leurs sentences.

IV. Jurisprudence. — La *jurisprudence* est : « La connaissance des lois, la science du juste et de l'injuste. » — On appelle *juriste* celui qui s'occupe de la théorie du droit ; *jurisconsulte*, celui qui est versé dans la science du droit et des lois et fait profession de donner son avis sur des questions de droit qui lui sont soumises ; *praticien*, celui qui, comme l'avoué, se livre plus à la pratique qu'à la théorie du droit.

Le mot *jurisprudence* sert aussi à désigner la manière dont un tribunal juge habituellement telle ou telle question. C'est ainsi que l'on dit : « La jurisprudence de la cour de cassation, de la cour de Paris, de Lyon, de Rouen, » etc.

CODE NAPOLÉON

EXPLIQUÉ.

Le *Code Napoléon* comprend un titre préliminaire et trois livres. Le premier livre traite des personnes; le second, des choses, et le troisième, des différentes manières d'acquérir la propriété.

TITRE PRÉLIMINAIRE.

DE LA PUBLICATION, DES EFFETS ET DE L'APPLICATION DES LOIS EN GÉNÉRAL.

(Décrété le 5 mars 1803. Promulgué le 15 du même mois.)

Les dispositions de ce titre ne sont pas particulières aux lois civiles; elles constituent des principes généraux qui sont applicables à toute espèce de lois. Le législateur nouveau les a mises en tête du Code Napoléon, parce que ce Code est la première et la plus importante de toutes ses belles œuvres.

Lors de la confection du Code, il existait cinq corps politiques, d'après la constitution de l'an VIII : 1° le Consulat, qui était composé de trois membres élus pour dix ans; 2° le Conseil d'Etat, qui rédigeait et discutait les projets de lois; 3° le Tribunat, qui discutait les projets de lois devant le Corps législatif, contradictoirement avec les orateurs du Conseil d'Etat; 4° le Corps législatif, qui, après avoir entendu les orateurs délégués par le Conseil d'Etat et par le Tribunal, décrétait les lois ; 5° le Sénat conservateur, qui, dans les dix jours du décret porté par le Corps législatif, pouvait attaquer la loi comme inconstitutionnelle. Voilà pourquoi il existe toujours un intervalle de dix jours entre le décret et sa promulgation.

ARTICLE PREMIER. Les lois sont exécutoires dans tout le territoire français, en vertu de la promulgation qui en est faite par l'Empereur. — Elles seront exécutées dans chaque partie de l'Empire, du moment où la promulgation en pourra être connue. — La promulgation faite par l'Empereur sera réputée connue dans le département de la résidence impériale, un jour après celui de la promulgation ; et dans chacun des autres départements, après l'expiration du même délai, augmenté d'autant de jours qu'il y aura de fois dix myriamètres (environ vingt lieues anciennes) entre la ville où la promulgation en aura été faite et le chef-lieu de chaque département.

D'après la constitution du 14 janvier 1852, l'Empereur a seul l'initiative des lois. Tout projet de loi est préparé par le Conseil d'Etat et présenté au Corps législatif. Celui-ci doit l'accepter où le rejeter tel qu'il lui est présenté ; il n'a pas le pouvoir de le modifier par des amendements ; il peut cependant voter le renvoi de certaines dispositions au Conseil d'Etat.

Lorsque le projet de loi a été accueilli par les votes du Corps législatif, il est soumis au Sénat qui est constitué le gardien du pacte fondamental et des libertés publiques. Le Sénat s'oppose à la promulgation des lois qui pourraient compromettre la défense du territoire français ou qui porteraient atteinte à la Constitution, à la religion, à la morale, à la liberté individuelle, à l'égalité des citoyens devant la loi, ou à l'inviolabilité de la propriété.

Quand le Sénat a déclaré qu'il ne s'oppose point à la promulgation de la loi, l'Empereur la sanctionne et la promulgue dans les termes suivants :

« Napoléon, par la grâce de Dieu et la volonté nationale, Empereur des Français, à tous présents et à venir, salut, — Avons sanctionné et sanctionnons, promulgué et promulguons ce qui suit : » (vient le texte de la loi, qui est suivi de l'ordre ainsi conçu :) — « Mandons et ordonnons que les présentes, revêtues du sceau de l'Etat et insérées au *Bulletin des lois* soient adressées aux cours, aux tribunaux et aux autorités administratives, pour qu'ils les inscrivent sur leurs registres, les observent et les fassent observer, et notre ministre secrétaire d'Etat au département de la justice est chargé d'en surveiller la publication. »

Comme le révèle la formule que nous venons de citer, la sanction de la loi et sa promulgation sont faites par l'Empereur dans un seul et même acte ; mais elles ne doivent cependant pas être confondues.

Le mot *sanction* sert ordinairement à désigner la disposition légale portant une récompense en faveur de celui qui observe la loi, ou une peine contre celui qui la viole. Mais il a ici un sens bien différent : il désigne l'acte par lequel l'Empereur approuve le projet de loi voté par le Corps législatif. Cette approbation que donne l'Empereur, si bon lui semble et quand bon lui semble, a pour effet de compléter le projet de loi et de le convertir en loi parfaite ; mais cette loi ne devient obligatoire que par sa promulgation et par sa publication.

La *promulgation* est l'acte par lequel l'Empereur, en sa qualité de chef du pouvoir exécutif, déclare aux Français que la loi est revêtue de toutes les formes constitutionnelles nécessaires pour sa perfection, mande et ordonne aux autorités judiciaires et administratives de la publier, de l'observer et de la faire observer. La date de la promulgation d'une loi quelconque est celle du jour où le *Bulletin des lois* qui la contient a été transporté de l'imprimerie impériale au ministère de la justice. Le *Bulletin* contient, imprimé à l'avance, la date de ce transport.

La loi sanctionnée et promulguée ne devient obligatoire que par sa *publication*, car elle ne peut être pour les personnes une règle de conduite que lorsqu'elle est parvenue à leur connaissance. La publication de la loi s'opère par l'accomplissement d'un certain délai qui court du jour de la promulgation. Ce délai est d'un jour franc dans le département de la Seine : la loi qui est promulguée le 1er janvier, y est donc exécutoire le 3 janvier. Pour les autres départements, on ajoute au délai d'un jour franc autant de jours qu'il y a de fois dix myriamètres entre Paris et le chef-lieu de chaque département.

Doit-on tenir compte de la fraction de dix myriamètres pour augmenter le délai d'un jour ? Sur cette question, qui a été vivement controversée, la Cour de cassation a consacré la négative par deux arrêts remarquables. Le premier de ces arrêts, en date du 27 juin 1854, est ainsi conçu : — « Attendu que la disposition de l'article 1er du Code Napoléon proroge le délai seulement à raison de dix myriamètres, sans tenir compte des fractions en sus de l'unité qu'il détermine ; — Qu'il y a donc lieu, pour la supputation du délai, de faire abstraction de tout nombre fractionnaire de myriamètres ou de kilomètres inférieur à cette unité, comme cela résulte d'ailleurs implicitement du sénatus-consulte du 15 brumaire an XIII. » — Le second arrêt, en date du 9 avril 1856, est conçu dans les termes suivants : — « Attendu que la disposition de l'article 1ᵉʳ du Code Napoléon proroge le délai seulement à raison d'un jour par chaque rayon de dix myriamètres, sans tenir compte des fractions en sus de l'unité qu'il détermine. »

Tant que la loi nouvelle n'est pas encore exécutoire, l'ancienne loi conserve toute sa force. Mais dès qu'elle est devenue exécutoire, chacun est censé l'avoir connue, et cette présomption légale n'admet, en principe, aucune preuve contraire. Toutefois, si des circonstances particulières, comme l'invasion du territoire par l'ennemi ou une inondation, ont empêché pendant quelque temps les habitants d'une localité de pouvoir connaître l'existence d'une loi, cette loi n'aura pas été, pendant ce temps, pour eux obligatoire.

2. La loi ne dispose que pour l'avenir; elle n'a point d'effet rétroactif.

La loi étant destinée à devenir, pour les Français, une règle de conduite, elle ne doit disposer que pour l'avenir. Si elle avait un effet rétroactif, il arriverait, contrairement à la logique et à la nature des choses, qu'elle serait obligatoire avant sa promulgation, avant son existence. Toutefois, quand le législateur interprète une ancienne loi, pour en montrer plus clairement le sens et la portée, son interprétation s'appliquera aux actes antérieurs; car ces actes étaient déjà régis par la loi, qui, par l'interprétation, est devenue plus claire et plus intelligible.

Cette règle de notre article : « La loi ne dispose que pour l'avenir, » qui est inscrite dans le Code, n'est pas reproduite dans la Constitution; il suit de là, ainsi qu'il est généralement reconnu, que le législateur qui peut déroger à la loi civile, conserve le pouvoir de faire des lois produisant un effet rétroactif; mais la raison et la logique lui commandent à cet égard la plus grande réserve.

Le principe de la non-rétroactivité des lois, qui paraît simple et clair, donne cependant lieu à de grandes difficultés. On peut les résoudre d'après les règles suivantes, qui respectent toujours les droits acquis, c'est-à-dire les droits entrés dans le patrimoine d'une personne à laquelle ils ne peuvent point être enlevés sans injustice par le fait d'un tiers.

1° La *capacité* des personnes pour contracter ou pour tester est dans le domaine de la loi, qui peut l'augmenter, la diminuer ou l'enlever pour l'avenir. En conséquence, s'il paraissait une loi disposant que personne ne pourra désormais se marier qu'après l'âge de dix-huit ans, la fille qui avait plus de quinze ans et pouvait se marier lors de la promulgation de cette loi, n'aura plus le droit de contracter mariage que lorsqu'elle aura plus de dix-huit ans. Mais le mariage contracté sous l'empire de l'ancienne loi par une personne qui n'a pas encore dix-huit ans lors de la promulgation de la loi nouvelle, conservera toute sa force. Si la nouvelle loi anéantissait un mariage valablement contracté, elle aurait un effet rétroactif; elle briserait des droits acquis. — De même, si une loi nouvelle disposait que la majorité, qui a lieu à vingt-un ans, n'existera plus qu'à vingt-cinq ans, celui qui avait plus de vingt-un ans et qui était majeur lors de la promulgation de la loi nouvelle, redeviendra mineur et incapable de contracter jusqu'à ce qu'il ait l'âge de vingt-cinq ans. Mais les contrats, les donations entre-vifs et les donations par contrat de mariage, appelées institutions contractuelles, qu'il a valablement passés sous l'empire de l'ancienne loi, conserveront toute leur force, alors même que leur échéance serait encore retardée par un terme, ou que leur existence serait suspendue par une condition; car le terme n'empêche pas l'acte de produire immédiatement ses effets, et la condition qui vient à se réaliser rétroagit au jour de la convention. — Les donations testamentaires ne produisent point, en faveur du légataire, des droits acquis, mais de simples expectatives que le testateur peut, pendant toute sa vie, faire évanouir par une révocation. En conséquence, la loi nouvelle, qui déclarerait incapables de tester ceux qui n'ont pas vingt-cinq ans, frapperait de nullité les testaments de ceux qui ne sont pas encore parvenus à cet âge. Mais si le testateur, qui avait moins de vingt-cinq ans, est mort avant l'époque où la loi nouvelle est devenue exécutoire, son testament a produit au profit des légataires des droits acquis, qui seront respectés.

2° La *forme* des actes entre-vifs ou testamentaires, la *preuve* de leur existence et leur *interprétation* sont régies par la loi du temps où ces actes ont été faits. Cette règle est formulée dans la maxime ancienne : « Le temps régit l'acte, *Tempus regit actum.* »

3° La *manière de procéder en justice*, pour arriver à la constatation et à l'exécution de droits, est régie par la loi en vigueur à l'époque où se font les actes de procédure. L'application de cette règle, qui fait profiter les particuliers des améliorations introduites dans la procédure, ne peut jamais porter atteinte à des droits acquis.

4° La *peine* applicable aux crimes, délits et contraventions est celle qui était portée par la loi existante au temps où l'infraction a été commise. Cependant les tribunaux, qui connaissent de l'infraction, appliqueront la loi nouvelle si elle est plus douce, le législateur ayant lui-même considéré l'ancienne loi comme trop rigoureuse.

3. Les lois de police et de sûreté obligent tous ceux qui habitent le territoire. — Les immeubles, même ceux possédés par des étrangers, sont régis par la loi française. — Les lois concernant l'état et la capacité des personnes régissent les Français, même résidant en pays étranger.

Les lois de *police* et de *sûreté* sont celles qui établissent des peines contre les crimes, les délits et les contraventions. Elles assurent la tranquillité, la prospérité et la grandeur du pays, la sécurité, la liberté et les droits des personnes. L'étranger qui réside ou voyage en France est, comme le Français, protégé par ces lois; il doit donc, à son tour, les respecter comme le Français lui-même; c'est pourquoi toute infraction de sa part le rendrait passible de la peine portée par nos lois.

La loi française régit tous les immeubles qui sont situés en France, même ceux qui sont possédés par des étrangers. Régit-elle aussi les meubles possédés par des étrangers? Dans le silence de la loi à cet égard, il faut, en général, appliquer aux meubles, qui n'ont pas de *situation*, parce qu'ils n'ont pas d'assiette fixe, la loi du domicile du possesseur. C'est donc la loi du domicile du défunt qui règle la transmission de ses biens meubles. Mais les droits de mutation sont dus sur toutes les transmissions de meubles en France, sans aucune différence entre les regnicoles et les étrangers (C. cass., 29 août 1837).

Quant aux lois qui régissent l'état civil des personnes, leur condition, leur capacité de faire certains actes, de se marier, de contracter et de tester, elles sont inhérentes à la qualité du Français et elles le suivent partout où il réside. Mais ces lois ne sont pas applicables aux étrangers qui résident en France; on leur applique la loi qui leur est personnelle, à moins qu'il ne s'agisse d'une loi contraire à nos mœurs, comme celle qui autoriserait la polygamie.

Voilà le principe que proclame, en admettant un équitable tempérament, un célèbre arrêt de la Cour de cassation, ainsi conçu : — « Attendu que si le statut personnel dont la loi civile française assure les effets aux

Français résidant en pays étranger peut, par réciprocité, être invoqué par les étrangers résidant en France, il convient d'apporter à l'application du statut étranger des restrictions et des tempéraments sans lesquels il y aurait danger incessant d'erreur ou de méprise au préjudice des Français ; — Que si, en principe, on doit connaître la capacité de celui avec qui l'on contracte, cette règle ne peut être aussi strictement et aussi rigoureusement appliquée à l'égard des étrangers contractant en France ; — Qu'en effet, la capacité civile peut être facilement vérifiée quand il s'agit de transactions entre Français ; mais qu'il en est autrement quand elles ont lieu en France entre Français et étrangers ; — Que, dans ce cas, le Français ne peut être tenu de connaître les lois des diverses nations et leurs dispositions concernant, notamment, la minorité, la majorité et l'étendue des engagements qui peuvent être pris par les étrangers dans la mesure de leur capacité civile ; qu'il suffit alors, pour la validité du contrat, que le Français ait traité sans légèreté, sans imprudence et avec bonne foi » (C. cass., 16 janvier 1861).

La loi qui régit la *forme* des actes est toujours celle du lieu où ils sont passés, *Locus regit actum.*

En résumé, les lois de police et de sûreté et les lois qui concernent les immeubles prennent toutes le nom de *statuts réels :* les premières régissent tous les individus, Français ou étrangers, qui résident sur notre territoire ; les secondes régissent tous les immeubles qui sont situés en France. La force des statuts réels expire à la frontière de l'empire. Les lois qui concernent l'état et la capacité des personnes, sont appelées *statuts personnels :* elles ne sont, en principe, applicables qu'aux Français, mais elles les régissent même en pays étrangers.

4. Le juge qui refusera de juger, sous prétexte du silence, de l'obscurité ou de l'insuffisance de la loi, pourra être poursuivi comme coupable de déni de justice.

Le juge est tenu de prononcer sa sentence sur toute contestation qui lui est soumise. S'il refusait de répondre aux requêtes qui lui sont adressées par le ministère d'avoués, ou de juger les affaires en état ou en tour d'être jugées (art. 506, C. pr.), il se rendrait coupable du déni de justice et serait passible de dommages-intérêts, d'amende et d'interdiction (art. 185, C. pén.). Le juge trouve-t-il la loi silencieuse, obscure, ou insuffisante ? En matière pénale, il prononce l'absolution du prévenu, de l'accusé; mais, en matière civile, il doit, pour prononcer sa sentence, rechercher l'esprit de la loi, consulter la jurisprudence des tribunaux, la doctrine des auteurs, et s'inspirer des principes de la raison et de l'équité naturelle.

5. Il est défendu aux juges de prononcer, par voie de disposition générale et règlementaire, sur les causes qui leur sont soumises.

La constitution française reconnaît trois pouvoirs : le pouvoir *législatif*, qui fait la loi ; le pouvoir *exécutif*, qui la fait exécuter, et le pouvoir *judiciaire*, qui en fait l'application. Le législateur dispose d'une manière générale, et pour l'avenir ; il constitue des droits. Le juge, au contraire, statue sur des faits particuliers, qui sont déjà accomplis ; sa sentence, qui est déclarative de droits existants, ne produit des effets qu'entre les parties qui ont figuré dans l'instance. De là cette maxime, applicable même aux arrêts de la Cour de cassation : « La chose jugée ne profite point aux tiers, et elle ne leur nuit pas, *Res inter alios judicata, aliis neque prodest, neque nocet.* »

6. On ne peut déroger, par des conventions particulières, aux lois qui intéressent l'ordre public et les bonnes mœurs.

La convention peut déroger aux lois d'intérêt privé, et ses clauses font la loi des parties. Mais elle ne peut point déroger aux lois qui intéressent l'ordre public et les bonnes mœurs. Elle est donc frappée de nullité si elle est contraire aux lois constitutionnelles, administratives, pénales, ou à celles qui concernent l'état et la capacité des personnes, la puissance maritale ou la puissance paternelle. Quand une condition contraire aux lois ou aux mœurs est insérée dans une convention à titre onéreux, cette condition est nulle et rend nulle toute la convention (art. 1172); quand, au contraire, elle est insérée dans une donation ou dans un legs, elle est nulle, il est vrai, mais sa nullité laisse subsister la libéralité (art. 900).

LIVRE PREMIER.

DES PERSONNES.

Le mot *personne* signifiait autrefois masque, rôle d'acteur. Il désigne ici l'homme considéré au point de vue des qualités qu'il a dans la société et dans la famille, et qui deviennent pour lui la source de droits et d'obligations. L'État, les communes, les établissements publics et les sociétés commerciales constituent aussi des personnes, parce que ces êtres juridiques sont, comme les hommes, susceptibles d'avoir des droits et des obligations.

TITRE PREMIER.

DE LA JOUISSANCE ET DE LA PRIVATION DES DROITS CIVILS.

(Décrété le 8 mars 1803. Promulgué le 18 du même mois.)

On entend par *droits civils* les facultés qui s'exercent dans les rapports des personnes privées entre elles, et qui sont garanties par la loi. Tels sont les droits de famille, de puissance paternelle, et ceux de contracter, d'acquérir, d'aliéner, de succéder, de disposer de ses biens par testament.

CHAPITRE PREMIER.

DE LA JOUISSANCE DES DROITS CIVILS.

7. L'exercice des droits civils est indépendant de la qualité de *citoyen*, laquelle ne s'acquiert et ne se conserve que conformément à la loi constitutionnelle.

Les droits *civils* diffèrent des droits *politiques*. Tout Français jouit des droits civils. Mais les Français mâles et majeurs sont seuls citoyens ; eux seuls jouissent des droits politiques et sont, par suite, capables de remplir des fonctions publiques, d'être témoins dans les actes notariés, de devenir jurés, électeurs, députés.

8. Tout Français jouira des droits civils.

Les expressions : « Tout Français jouira des droits civils, » signifient que les Français de tout sexe, même les plus petits enfants et les plus pauvres ont, dans la société civile, des droits égaux ; que les droits de famille, les biens, le corps et l'honneur de chacun d'eux sont pareillement placés sous la protection de la loi, punissant quiconque porte à un autre une injuste atteinte.

Notre article, qui est bien petit, renferme une philosophie divine ; il élève la société française bien au-dessus des plus belles sociétés de l'antiquité et du moyen âge.

Il y a des personnes qui ont la *jouissance* ou propriété des droits civils et qui n'en ont cependant pas l'*exercice*. Ainsi, le mineur, à cause de la faiblesse de son âge et de son inexpérience des affaires, et l'interdit, à cause de son état habituel de folie, de démence ou de fureur, n'exercent point directement et par eux-mêmes leurs droits civils ; cet exercice a lieu par une personne qui est chargée, sous sa responsabilité personnelle, de protéger les mineurs et les interdits, d'agir en leur nom et de veiller à leurs intérêts : cette personne est le père, la mère ou le tuteur. La femme mariée, qui reste toujours soumise à l'autorité protectrice de son mari, est plus ou moins restreinte dans l'exercice de ses droits civils, selon le régime de conventions matrimoniales qu'elle a adopté ; cette restriction est commandée par l'intérêt de la concorde et de l'union des familles.

9. Tout individu né en France d'un étranger, pourra, dans l'année qui suivra l'époque de sa majorité, réclamer la qualité de *Français;* pourvu que, dans le cas où il résiderait en France, il déclare que son intention est d'y fixer son domicile, et que, dans le cas où il résiderait en pays étranger, il fasse sa soumission de fixer en France son domicile, et qu'il l'y établisse dans l'année, à compter de l'acte de soumission.

L'individu né en France de parents étrangers, est aussi étranger ; car il suit la condition de ses parents. Mais, en considération de ce qu'il est né sur le sol de la France, le législateur lui accorde la faculté de devenir Français, sous les trois conditions suivantes : 1° que, dans l'année de sa majorité, telle qu'elle est fixée par la loi française, il fasse à cet effet une réclamation à la municipalité du lieu où il réside, s'il est en France, ou, s'il demeure en pays étranger, à la municipalité du lieu où il se propose de résider en France ; 2° que, dans sa réclamation, il déclare que son intention est de fixer en France son domicile ; 3° qu'il fixe, ensuite, dans l'année de sa réclamation, son domicile en France.

L'enfant né en France d'un étranger ne peut pas, durant sa minorité, même avec l'assistance de son père, réclamer la qualité de Français, afin, par exemple, d'être admis aux examens de l'Ecole polytechnique. Voilà ce que la Cour de cassation a décidé dans un arrêt ainsi conçu : — « Attendu qu'aux termes de l'art. 8 de la loi du 5 juin 1850, concernant l'admission aux examens de l'Ecole polytechnique, nul ne peut se présenter pour concourir, s'il n'est Français ; — Qu'il est de principe que l'enfant mineur suit la condition de son père ; — Que conséquemment Stepinski fils, né en France d'un Polonais, non encore naturalisé, est étranger comme son père ; — Que sa volonté de devenir Français à sa majorité ne peut, avant ce temps, être suppléée par qui que ce soit ; — Qu'il suit de là que l'arrêt attaqué, en jugeant que Stepinski ne pouvait, quant à présent, être admis aux examens de l'Ecole polytechnique, par le motif qu'il n'est pas Français, n'a fait qu'une juste application des lois de la matière » (C. cass., 31 déc. 1860).

La loi du 22 mars 1849 et celle du 7 février 1851 ont des dispositions plus favorables que l'article 9 à l'étranger né en France.

En effet, d'une part, la loi du 22 mars 1849 porte :

« Article unique. — L'individu né en France d'un étranger sera admis, même après l'année de sa majorité, à faire la déclaration prescrite par l'article 9 du Code Napoléon, s'il se trouve dans l'une des deux conditions suivantes : 1° s'il sert ou s'il a servi dans les armées françaises de terre ou de mer; 2° s'il a satisfait à la loi du recrutement sans exciper de son extranéité. »

D'autre part, la loi du 7 février 1851 dispose :

« Art. 1er. — Est Français tout individu né en France d'un étrange qui lui-même y est né, à moins que, dans l'année de sa majorité, telle qu'elle est fixée par la loi française, il ne réclame la qualité d'étranger par une déclaration faite soit devant l'autorité municipale du lieu de sa résidence, soit devant les agents diplomatiques ou consulaires accrédités en France par le gouvernement étranger.

« Art. 2. — L'article 9 du Code Napoléon est applicable aux enfants de l'étranger naturalisé, s'ils étaient mineurs lors de la naturalisation. — A l'égard des enfants nés en France ou à l'étranger, qui étaient majeurs à cette même époque, l'article 9 du Code Napoléon leur est applicable dans l'année qui suivra celle de ladite naturalisation. »

10. Tout enfant né d'un Français en pays étranger, est Français. — Tout enfant né, en pays étranger, d'un Français qui aurait perdu la qualité de Français, pourra toujours recouvrer cette qualité, en remplissant les formalités prescrites par l'article 9.

Pour décider si un enfant est légitime, ou s'il était, au décès d'une personne, capable de recueillir une succession ou un legs, on s'en réfère à l'époque de sa *conception;* mais il semble, d'après notre article, que l'on doit, sur la question de nationalité, s'en référer au moment de la *naissance.*

Celui qui est né, même en pays étranger, d'un Français, celui qui est reconnu par un père français, celui dont le père est inconnu et est né d'une mère française, et celui qui est né de père et mère inconnus sur le sol français, sont Français. Quand un enfant, qui a joui pendant un assez long temps de la qualité de Français, est ensuite reconnu par un étranger, cette reconnaissance ne lui fait point perdre sa nationalité.

L'enfant né à l'étranger, ou même en France, d'un père qui a perdu la qualité de Français, est étranger. Toutefois, il peut devenir Français en remplissant les conditions prescrites dans l'article précédent. Il est même traité plus favorablement que l'enfant né de parents étrangers sur le sol français, car ce n'est pas seulement dans l'année de sa majorité, mais c'est à toute époque qu'il peut réclamer la qualité de Français : aucune déchéance ne peut exister à cet égard contre lui.

11. L'étranger jouira en France des mêmes droits civils que ceux qui sont ou seront accordés aux Français par les traités de la nation à laquelle cet étranger appartiendra.

Cet article est en partie abrogé par la loi du 14 juillet 1819 (voir ci-après l'art. 726), qui admet les étrangers à succéder, à recevoir et à disposer, en France, de la même manière que les Français. Mais il conserve encore un notable effet : l'étranger qui est demandeur en justice doit, pour assurer le payement des frais et des dommages-intérêts auxquels il pourrait être condamné envers le Français défendeur, donner la caution appelée *judicatum solvi*.

12. L'étrangère qui aura épousé un Français, suivra la condition de son mari.

C'est au moment même de la célébration du mariage que la femme étrangère qui épouse un Français devient Française. La femme se soumet, par son union perpétuelle et indissoluble, à la puissance protectrice de son mari : la raison et la nature exigent qu'elle n'ait point d'autre patrie que celle de son mari et de ses enfants. Lorsqu'elle devient veuve, elle ne cesse point par là d'être Française, ainsi que l'a décidé en ces termes la Cour de cassation : — « Attendu qu'aucune disposition de loi ne fait perdre à l'étrangère devenue Française par son mariage avec un Français la qualité de Française par la mort de son mari ; — Qu'en admettant que l'étrangère, qui a épousé un Français, dût être assimilée à une Française qui a épousé un étranger, et que, devenue veuve, elle pût recouvrer sa nationalité et cesser d'être Française, du moins faudrait-il qu'elle eût manifesté la volonté de n'être plus Française et de recouvrer sa nationalité d'origine, soit en quittant la France et en établissant sa résidence dans son pays d'origine, soit par tout autre acte qui annoncerait ouvertement son intention » (C. cass. 22 juillet 1863).

13. L'étranger qui aura été admis par l'autorisation du gouvernement à établir son domicile en France, y jouira de tous les droits civils, tant qu'il continuera d'y résider.

Cette disposition ouvre aux étrangers une voie, un peu longue peut-être, mais du moins facile, pour devenir Français après un certain temps de séjour en France. Le droit au bois d'affouage, réglé par l'article 105 du Code

I.   2

forestier, appartient à l'étranger, père de famille, alors même qu'il n'a pas été autorisé à résider en France, s'il a dans la commune un domicile réel et fixe : ainsi l'a décidé la Cour de cassation, par arrêt du 31 décembre 1862.

Nous avons vu dans les articles précédents, que l'on devient Français par naissance, et, dans certains cas spéciaux, postérieurement à sa naissance, par bienfait de la loi. Tout étranger peut encore devenir Français par la naturalisation, qui était ainsi réglée par la loi du 11 décembre 1849, maintenant abrogée en partie par la loi du 29 juin 1867.

« Art. 1er. Le président de la République (l'Empereur) statuera sur les demandes en naturalisation. La naturalisation ne pourra être accordée qu'après enquête faite par le gouvernement relativement à la moralité de l'étranger, et sur l'avis favorable du conseil d'Etat. L'étranger devra, en outre, réunir les deux conditions suivantes : 1° d'avoir, après l'âge de vingt-un ans accomplis, obtenu l'autorisation d'établir son domicile en France, conformément à l'article 13 du Code Napoléon ; 2° d'avoir résidé pendant dix ans en France depuis cette autorisation. L'étranger naturalisé ne jouira du droit d'éligibilité à l'assemblée nationale (au Corps législatif) qu'en vertu d'une loi. — Art. 2. Néanmoins, le délai de dix ans pourra être réduit à une année en faveur des étrangers qui auront rendu à la France des services importants, ou qui auront apporté en France soit une industrie, soit des inventions utiles, soit des talents distingués, ou qui auront formé de grands établissements. — Art. 3. Tant que la naturalisation n'aura pas été prononcée, l'autorisation accordée à l'étranger d'établir son domicile en France pourra toujours être révoquée ou modifiée par décision du gouvernement, qui devra prendre l'avis du conseil d'Etat. — ... Art. 7. Le ministre de l'intérieur pourra, par mesure de police, enjoindre à tout étranger voyageant ou résidant en France, de sortir immédiatement du territoire français, et le faire conduire à la frontière. Il aura le même droit à l'égard de l'étranger qui aura obtenu l'autorisation d'établir son domicile en France ; mais après un délai de deux mois, la mesure cessera d'avoir effet, si l'autorisation n'a pas été révoquée suivant la forme indiquée dans l'article 3. Dans les départements des frontières, le préfet aura le même droit à l'égard de l'étranger non résidant, à la charge d'en référer immédiatement au ministre de l'intérieur.

La loi du 29 juin 1867 favorise encore davantage la naturalisation. Elle est ainsi conçue :

« Les articles 1 et 2 de la loi du 3 décembre 1849 sont remplacés par les dispositions suivantes :

« Art. 1er. L'étranger qui, après l'âge de vingt-un ans accomplis a, conformément à l'article 13 du Code Napoléon, obtenu l'autorisation d'établir son domicile en France et y a résidé pendant trois années, peut être admis à jouir de tous les droits civils du citoyen français. — Les trois années courront à partir du jour où la demande d'autorisation aura été enregistrée au ministère de la justice. — Est assimilée à la résidence en France le séjour en pays étranger pour l'exercice d'une fonction conférée par le gouvernement français. — Il est statué sur la naturalisation, après une enquête sur la moralité de l'étranger, par un décret de l'Empereur, rendu sur le rapport du ministre de la justice, le conseil d'Etat entendu.

« Art. 2. Le délai de trois ans, fixé par l'article précédent, pourra être réduit à une seule année en faveur des étrangers qui auront rendu à la France des services importants, qui auront introduit en France soit une industrie, soit des inventions utiles, qui y auront apporté des talents distingués, qui y auront formé de grands établissements ou créé de grandes exploitations agricoles. »

14. L'étranger, même non résidant en France, pourra être cité devant les tribunaux français, pour l'exécution des obligations par lui contractées en France avec un Français; il pourra être traduit devant les tribunaux de France, pour les obligations par lui contractées en pays étranger envers des Français.

Quand l'action est réelle immobilière, elle doit être portée devant le tribunal du lieu où l'immeuble est situé. Quand elle est réelle mobilière ou bien personnelle, elle doit être portée devant le tribunal du domicile du défendeur. Mais, d'après notre article, l'étranger peut être poursuivi « devant les tribunaux français pour l'exécution des obligations par lui contractées » envers un Français, soit en France, soit même en pays étranger. C'est là une remarquable dérogation à la règle : « Le demandeur agit devant le tribunal du défendeur, *Actor sequitur forum rei*. » C'est donc devant le tribunal de son propre domicile que le Français pourra poursuivre son débiteur étranger, en lui faisant parvenir l'assignation par la voie du gouvernement. Mais il n'aura d'intérêt à user de cette faculté, que si son débiteur a des biens en France : le jugement qu'il obtiendra sera exécutoire sur ces biens.

Les sociétés étrangères, alors même qu'elles ne sont pas autorisées par le gouvernement français, peuvent, de même que les individus étrangers, être poursuivies devant les tribunaux français pour l'exécution des obligations qu'elles ont contractées à l'étranger envers un Français. Ainsi jugé :

— « Attendu qu'aux termes de l'art. 14, C. Nap., les tribunaux français sont compétents pour connaître des obligations contractées par des étrangers envers les Français; que cette disposition s'applique aussi bien aux sociétés qu'aux individus; que, si la compagnie des chemins de fer russes, défenderesse dans la cause, ne justifie pas de l'autorisation qui lui serait nécessaire pour avoir une existence légale en France, elle n'a pas cessé, comme association de fait, d'être responsable de ses engagements envers les Français avec lesquels elle a contracté, et, par suite, de rester nécessairement soumise, quant aux obligations résultant de ces engagements, à la juridiction des tribunaux français » (C. cass. 14 nov. 1864).

15. Un Français pourra être traduit devant un tribunal de France, pour des obligations par lui contractées en pays étranger, même avec un étranger.

Cette disposition est la réciproque de celle de l'article précédent.

Si le Français ne pouvait pas être poursuivi devant le tribunal de son domicile pour l'exécution des obligations qu'il a contractées, en France ou en pays étranger, envers un étranger, il s'ensuivrait qu'il jouirait de la faculté inique de se soustraire à l'exécution des engagements qu'il a contractés envers cet étranger.

Lorsque le créancier et le débiteur sont tous deux étrangers, le tribunal français n'est compétent pour connaître de leur contestation que dans l'un de ces deux cas : 1° si l'engagement a été formé en France ; 2° si l'engagement, formé à l'étranger, consiste en effet de commerce dont le payement doit être fait en France. — La demande en séparation de corps d'un mariage formé, même en France, entre des étrangers, ne peut pas être portée devant un tribunal français (C. cass., 10 mars 1858; C. de Paris, 23 juin 1859).

16. En toutes matières, autres que celles de commerce, l'étranger qui sera demandeur, sera tenu de donner caution pour le payement des. frais et dommages-intérêts résultant du procès, à moins qu'il ne possède en France des immeubles d'une valeur suffisante pour assurer ce payement.

L'étranger qui est demandeur principal ou intervenant est tenu de fournir au Français qu'il poursuit en matière civile ou pénale, une caution pour assurer le payement des frais et des dommages-intérêts résultant du procès. Cette caution, qui a lieu pour une somme arbitrée par le juge, est appelée « caution du jugé, *cautio judicatum solvi;* » elle consiste

dans l'engagement accessoire d'une personne capable et présentant des
garanties suffisantes de solvabilité; elle a pour but de donner au Français
une garantie de la réparation du préjudice que lui causerait un procès injuste, intenté par un étranger. Mais la demande de caution forme une exception que le Français doit, sous peine de déchéance, invoquer au commencement de l'instance, avant que de proposer ses moyens sur le fond.

L'étranger qui joue le rôle de défendeur n'est pas tenu de donner la
caution *judicatum solvi*, alors même qu'il deviendrait demandeur en
appel. Il ne faut pas, en effet, que le droit naturel de la défense puisse
se trouver entravé.

L'étranger demandeur principal ou intervenant est dispensé de fournir
la caution *judicatum solvi* dans les cas suivants : 1° s'il s'agit de matière
de commerce, parce que les affaires commerciales sont toujours urgentes,
que leur procédure donne lieu à peu de frais, et qu'il est nécessaire de
favoriser entre les nations le commerce et le crédit ; 2° si l'étranger possède des immeubles en France, s'il consigne la somme déterminée par le tribunal, ou s'il réside en France avec autorisation du gouvernement; 3° enfin, si des traités internationaux, comme ceux qui existent entre la France
et la Suisse, dispensent de cette caution. Cependant la dispense de caution
établie par les traités internationaux profite seulement aux individus :
elle ne doit pas être étendue aux sociétés qui ont été constituées à l'é-
tranger et n'ont pas été autorisées par le gouvernement français; de pareilles sociétés sont considérées en France comme n'ayant aucune existence et, par suite, comme n'ayant pas la capacité nécessaire pour être
demanderesses devant nos tribunaux. Ainsi l'a décidé la Cour de cassation
par l'arrêt suivant : — « Attendu que si de la disposition de l'art. 15,
C. Nap., résulte pour l'étranger le droit de poursuivre judiciairement
en France l'exécution des obligations contractées vis-à-vis de lui par un
Français, et si cette disposition s'applique dans sa généralité aux personnes
morales, comme aux personnes physiques, il faut du moins que ces personnes morales existent pour pouvoir, sous ce rapport, réclamer le bénéfice
de la loi française ; — Attendu que la société anonyme n'est qu'une fiction
de la loi, qu'elle n'existe que par elle et n'a d'autres droits que ceux qu'elle
lui confère ; que la loi, qui dérive de la souveraineté, n'a d'empire que
dans les limites du territoire sur lequel cette souveraineté s'exerce ; qu'il
suit de là que la société anonyme étrangère, quelque régulièrement constituée qu'elle puisse être, dans le pays dans lequel elle s'est formée, ne
peut avoir d'existence en France que par l'effet de la loi française, et en
se soumettant à ses prescriptions » (C. cass., 1ᵉʳ août 1860).

CHAPITRE II.

DE LA PRIVATION DES DROITS CIVILS.

La privation des droits civils résultait soit de la perte de la qualité de Français, soit de certaines condamnations emportant la mort civile. La loi du 31 mai 1854 a prononcé l'abolition de la mort civile; depuis lors, la privation des droits civils n'a plus lieu que par la perte de la qualité de Français. La seconde section de notre chapitre se trouve ainsi abrogée.

SECTION PREMIÈRE.

De la privation des Droits civils par la perte de la qualité de Français.

17. La qualité de Français se perdra, 1° par la naturalisation acquise en pays étranger; 2° par l'acceptation non autorisée par l'Empereur, de fonctions publiques conférées par un gouvernement étranger; 3° enfin, par tout établissement fait en pays étranger, sans esprit de retour. — Les établissements de commerce ne pourront jamais être considérés comme ayant été faits sans esprit de retour.

On ne peut pas avoir en même temps deux patries. Le Français est libre, il est vrai, de quitter sa patrie et de s'établir ailleurs ; mais, dès qu'il a obtenu sa naturalisation dans un pays étranger, il a perdu aussitôt sa qualité de Français. — Les fonctions publiques, administratives ou judiciaires , exigent ordinairement la prestation de serment. Si le Français accepte en pays étranger, où il ne se fait cependant pas naturaliser, de pareilles fonctions, qui lui imposent des devoirs incompatibles avec ceux qu'il doit remplir envers sa patrie, il subit ainsi la perte de ses droits civils. — Le Français qui a formé à l'étranger un établissement n'est point censé avoir perdu par cela même l'esprit de retour, alors surtout qu'il s'agit d'un établissement de commerce. — Celui qui allègue qu'une personne a perdu l'esprit de retour et, par suite, la qualité de Français, afin d'obtenir d'elle, dans un procès, la caution *judicatum solvi* (art. 16), est tenu d'en faire la preuve par des faits qui sont laissés à l'appréciation du juge et qui peuvent résulter de ce que le Français établi à l'étranger a vendu toutes ses propriétés situées en France, en a acheté d'autres en pays étranger, s'y est marié et a cessé presque toutes ses relations avec la France.

.Le mari a le droit d'emmener avec lui en pays étranger sa femme et ses enfants mineurs et non émancipés; mais s'il perd la qualité de Français, cette perte ne rejaillit ni sur sa femme ni sur ses enfants, car il ne peut leur enlever arbitrairement des droits acquis d'une si haute importance. C'est d'ailleurs ce que décide, à l'égard de la femme, un arrêt de la cour de Douai, en date du 6 janvier 1865, dans les termes suivants: — «Attendu que si, aux termes de l'art. 19, C. Nap., la femme française perd cette qualité et suit la condition de son mari, en épousant un étranger, parce qu'elle renonce alors volontairement à sa nationalité, il en est autrement lorsque son mari acquiert sa naturalisation en pays étranger; que, dans ce cas, la femme conserve sa qualité dont le fait personnel de son mari n'a pu la priver. »

18. Le Français qui aura perdu sa qualité de Français, pourra toujours la recouvrer, en rentrant en France avec l'autorisation du gouvernement et en déclarant qu'il veut s'y fixer, et qu'il renonce à toute distinction contraire à la loi française.

La nation française accueille avec joie et bonheur le retour sincère de ses anciens enfants. Mais lorsque le Français, qui a perdu ses droits civils, les recouvre, ce recouvrement n'a point pour effet de donner la qualité de Français à ses enfants mineurs qui sont nés étrangers, ainsi que l'a décidé en ces termes la cour de Paris, qui confirme un jugement du tribunal de la Seine : — « Attendu que Dausoigne-Méhul père a recouvré la qualité de Français; mais que le bénéfice de la nationalité qu'il a ainsi reconquise lui est personnel et ne saurait profiter à ses enfants; qu'en effet, la nationalité est une qualité que l'enfant acquiert au moment de sa naissance, indépendamment de la volonté de ses parents; en telle sorte qu'elle ne peut être aliénée que par son fait ou avec son consentement, dans les circonstances ou par l'accomplissement des formalités prévues ou prescrites par la loi ; — Que ces principes sont consacrés par l'art. 10, C. Nap., aux termes duquel l'enfant né d'un Français devenu étranger peut réclamer la qualité de Français, mais seulement après qu'il a atteint sa majorité, c'est-à-dire quand il peut exercer ses droits par lui-même » (C. de Paris, 23 juin 1859).

19. Une femme française qui épousera un étranger, suivra la condition de son mari. — Si elle devient veuve, elle recouvrera la qualité de Française, pourvu qu'elle réside en France, ou qu'elle y rentre avec l'autorisation du gouvernement, et en déclarant qu'elle veut s'y fixer.

Quand une Française, majeure ou mineure, épouse un étranger, elle suit la condition de son mari, en ce sens qu'elle cesse d'être Française et devient étrangère. Acquiert-elle la nationalité de son mari? Cela dépend de la loi du mari, et non de la loi française. Si elle a épousé un Anglais, elle n'est pas devenue Anglaise; par suite, elle n'a point de nationalité. Lorsque son mariage est rompu, soit par le prédécès de son mari, soit par le divorce, encore admis dans plusieurs nations, elle redevient aussitôt Française ou peut recouvrer cette qualité, selon qu'elle habite en France ou à l'étranger.

20. Les individus qui recouvreront la qualité de Français, dans les cas prévus par les articles 10, 18 et 19, ne pourront s'en prévaloir qu'après avoir rempli les conditions qui leur sont imposées par ces articles, et seulement pour l'exercice des droits ouverts à leur profit depuis cette époque.

L'acquisition ou le recouvrement de la qualité de Français n'a jamais d'effet rétroactif.

21. Le Français qui, sans autorisation du gouvernement, prendrait du service militaire chez l'étranger, ou s'affilierait à une corporation militaire étrangère, perdra sa qualité de Français. — Il ne pourra rentrer en France qu'avec la permission du gouvernement, et recouvrer la qualité de Français qu'en remplissant les conditions imposées à l'étranger pour devenir citoyen; le tout sans préjudice des peines prononcées par la loi criminelle contre les Français qui ont porté ou porteront les armes contre leur patrie.

La loi traite avec une juste rigueur le Français qui prend du service militaire chez l'étranger. Une Circulaire-ministérielle du 1er mai 1862 a fait application de cet article à ceux qui avaient servi dans l'armée pontificale, malgré les raisons qui auraient pu faire considérer l'armée du Pape, du Père commun des catholiques, comme n'étant pas une armée étrangère : — « Dès l'instant, porte la Circulaire, où le fait d'avoir pris du service dans l'armée pontificale est constant, il est hors de doute que la qualité de Français et par suite les droits d'électeur sont perdus. »

SECTION II.

De la privation des Droits civils par suite de condamnations judiciaires.

D'après les dispositions du Code, les condamnations à mort, aux travaux forcés à perpétuité et à la déportation emportaient la mort civile. Dès que l'une de ces trois condamnations était exécutée, le mariage du condamné, ses liens de famille et ses droits divers se trouvaient civilement brisés : aux yeux de la société, il était mort. En conséquence, son conjoint était libre de former une autre union et sa succession était ouverte au profit de ses héritiers appelés par la loi. Mais la société n'ayant pu, en brisant le lien civil, briser aussi le lien religieux qu'elle n'avait pas formé, il s'ensuivait que, dans ce cas, si le conjoint du condamné se remariait, il vivait, aux yeux de la religion, dans une habitude d'adultère légal. La loi civile et la loi religieuse étaient donc, en ce point d'une haute importance, dans une flagrante opposition ; c'était là une chose déplorable qu'il importait de faire disparaître. La loi du 8 juin 1850 a disposé que la déportation n'entraînerait plus la mort civile. Ensuite, la loi du 31 mai 1854 a, par une disposition générale et absolue, aboli complétement la mort civile ; elle a, par suite, abrogé les articles 22 à 33 du Code (1). Cette loi de 1854 est ainsi conçue :

« ART. 1er. La mort civile est abolie.

« ART. 2. Les condamnations à des peines afflictives perpétuelles empor-

---

(1) 22. Les condamnations à des peines dont l'effet est de priver celui qui est condamné, de toute participation aux droits civils ci-après exprimés, emporteront la mort civile.

23. La condamnation à la mort naturelle emportera la mort civile.

24. Les autres peines afflictives perpétuelles n'emporteront la mort civile qu'autant que la loi y aurait attaché cet effet.

25. Par la mort civile, le condamné perd la propriété de tous les biens qu'il possédait ; sa succession est ouverte au profit de ses héritiers, auxquels ses biens sont dévolus, de la même manière que s'il était mort naturellement et sans testament. — Il ne peut plus ni recueillir aucune succession, ni transmettre, à ce titre, les biens qu'il a acquis par la suite. — Il ne peut ni disposer de ses biens, en tout ou en

tent la dégradation civique et l'interdiction légale, établies par les articles 28, 29 et 31 du Code pénal.

---

partie, soit par donation entre-vifs, soit par testament, ni recevoir à ce titre, si ce n'est pour cause d'aliments. — Il ne peut être nommé tuteur, ni concourir aux opérations relatives à la tutelle. — Il ne peut être témoin dans un acte solennel ou authentique, ni être admis à porter témoignage en justice. — Il ne peut procéder en justice, ni en défendant, ni en demandant, que sous le nom et par le ministère d'un curateur spécial, qui lui est nommé par le tribunal où l'action est portée. — Il est incapable de contracter un mariage qui produise aucun effet civil. — Le mariage qu'il avait contracté précédemment est dissous, quant à tous ses effets civils. — Son époux et ses héritiers peuvent exercer respectivement les droits et les actions auxquels sa mort naturelle donnerait ouverture.

26. Les condamnations contradictoires n'emportent la mort civile qu'à compter du jour de leur exécution, soit réelle, soit par effigie.

27. Les condamnations par contumace n'emporteront la mort civile qu'après les cinq années qui suivront l'exécution du jugement par effigie, et pendant lesquels le condamné peut se représenter.

28. Les condamnés par contumace seront, pendant les cinq ans, ou jusqu'à ce qu'ils se représentent ou qu'ils soient arrêtés pendant ce délai, privés de l'exercice des droits civils. — Leurs biens seront administrés et leurs droits exercés de même que ceux des absents.

29. Lorsque le condamné par contumace se présentera volontairement dans les cinq années, à compter du jour de l'exécution, ou lorsqu'il aura été saisi et constitué prisonnier dans ce délai, le jugement sera anéanti de plein droit; l'accusé sera remis en possession de ses biens : il sera jugé

de nouveau; et si, par ce nouveau jugement, il est condamné à la même peine ou à une peine différente, emportant également la mort civile, elle n'aura lieu qu'à compter du jour du second jugement.

30. Lorsque le condamné par contumace, qui ne se sera représenté ou qui n'aura été constitué prisonnier qu'après les cinq ans, sera absous par le nouveau jugement, ou n'aura été condamné qu'à une peine qui n'emportera pas la mort civile, il rentrera dans la plénitude de ses droits civils, pour l'avenir, et à compter du jour où il aura reparu en justice; mais le premier jugement conservera, pour le passé, les effets que la mort civile avait produits dans l'intervalle écoulé depuis l'époque de l'expiration des cinq ans jusqu'au jour de sa comparution en justice.

31. Si le condamné par contumace meurt dans le délai de grâce de cinq années sans s'être représenté, ou sans avoir été saisi ou arrêté, il sera réputé mort dans l'intégrité de ses droits. Le jugement de contumace sera anéanti de plein droit, sans préjudice néanmoins de l'action de la partie civile, laquelle ne pourra être intentée contre les héritiers du condamné que par la voie civile.

32. En aucun cas la prescription de la peine ne réintégrera le condamné dans ses droits civils pour l'avenir.

33. Les biens acquis par le condamné, depuis la mort civile encourue, et dont il se trouvera en possession au jour de sa mort naturelle, appartiendront à l'État par droit de déshérence. — Néanmoins, il est loisible à l'Empereur de faire, au profit de la veuve, des enfants ou parents du condamné, telles dispositions que l'humanité lui suggèrera.

« ART. 3. Le condamné à une peine afflictive perpétuelle ne peut disposer de ses biens, en tout où en partie, soit par donation entre-vifs, soit par testament, ni recevoir à ce titre, si ce n'est pour cause d'aliments. — Tout testament par lui fait antérieurement à sa condamnation devenue définitive est nul. — Le présent article n'est applicable au condamné par contumace que cinq ans après l'exécution par effigie.

« ART. 4. Le gouvernement peut relever le condamné à une peine afflictive perpétuelle de tout ou partie des incapacités prononcées par l'article précédent. — Il peut accorder l'exercice, dans le lieu d'exécution de la peine, des droits civils ou de quelques-uns de ces droits, dont il a été privé par son état d'interdiction légale. — Les actes faits par le condamné, dans le lieu d'exécution de la peine, ne peuvent engager les biens qu'il possédait au jour de sa condamnation, ou qui lui sont échus à titre gratuit depuis cette époque.

« ART. 5. Les effets de la mort civile cessent, pour l'avenir, à l'égard des condamnés actuellement morts civilement, sauf les droits acquis aux tiers. — L'état de ces condamnés est régi par les dispositions qui précèdent.

« ART. 6. La présente loi n'est pas applicable aux condamnations à la déportation pour crimes commis antérieurement à sa promulgation. »

TITRE II.

DES ACTES DE L'ÉTAT CIVIL.

(Décrété le 11 mars 1803. Promulgué le 21 du même mois.)

Le mot *acte*, qui est souvent employé pour désigner un fait, sert ici à désigner un écrit, c'est-à-dire un instrument littéral destiné à prouver l'existence d'un fait. — Les mots *état civil* servent à désigner la condition d'une personne, ses qualités dans la société civile. — Les *actes de l'état civil* sont des écrits rédigés par un officier public, institué à cet effet, et constatant les principaux événements qui constituent l'état civil des personnes. Ces événements sont : 1° les *naissances*, auxquelles se rattachent les reconnaissances d'enfants naturels, leur légitimation et les adoptions; 2° les *mariages*; 3° les *décès*. La constatation exacte et authentique de ces trois faits a, dans l'ordre social, une très-haute impor-

tance; elle sert à déterminer, par exemple, si les personnes sont en âge
de se marier, de contracter des obligations; si les enfants d'un homme et
d'une femme vivant ensemble sont légitimes; quand une succession est
ouverte, et quelles sont les personnes habiles à la recueillir.

La tenue régulière des actes de l'état civil fournit à tous un moyen facile
de connaître et de prouver l'existence des événements de la vie civile. Elle
fait disparaître les difficultés et les incertitudes de la preuve testimoniale.
Mais elle n'a pas atteint tout à coup la perfection où elle est maintenant
arrivée. En 1539, François Ier, dans une ordonnance de Villers-Cotterets,
a prescrit aux curés et vicaires de tenir des registres des baptêmes et des
décès. En 1579, Henri III, par ordonnance de Blois, a prescrit aux curés
et vicaires de tenir des registres « des baptêmes, mariages et sépultu-
res. » En 1679, Louis XIV, par son édit de Nantes, confia aux ministres
de la religion réformée la tenue des registres de l'état civil des protestants; mais il révoqua cet édit en 1685, et mit les protestants dans la
nécessité de se faire baptiser par les prêtres catholiques, sous peine de
n'avoir ni état civil ni enfants légitimes. Louis XV ordonna, en 1736, aux
curés et vicaires de tenir deux originaux des actes de l'état civil, de les
faire parapher par le premier officier du siège de la juridiction; et de déposer l'un des originaux au greffe de ce siège. En 1787, Louis XVI confia
aux officiers de justice la tenue des registres de l'état civil des protestants.
En 1792, l'assemblée constituante proclama la séparation entre la religion et l'État et chargea les membres de la municipalité de recevoir les
actes de l'état civil. La loi de nivôse an III, qui maintenant nous régit,
confia la rédaction de ces actes aux maires et aux adjoints.

CHAPITRE PREMIER.

DISPOSITIONS GÉNÉRALES.

34. Les actes de l'état civil énonceront l'année, le jour et
l'heure où ils seront reçus, les prénoms, noms, âge, profession
et domicile de tous ceux qui y seront dénommés.

Les actes de l'état civil énoncent les an, mois, jour et heure où ils sont
reçus : par là il serait plus facile, en cas de fausseté, de prouver que
tel individu, dont le nom figure dans l'acte, n'était pas, à cette heure-là,
dans la commune où l'acte a été fait.

35. Les officiers de l'état civil ne pourront rien insérer dans les actes qu'ils recevront, soit par note, soit par énonciation quelconque, que ce qui doit être déclaré par les comparants.

Les chapitres 2, 3 et 4 de ce titre, qui traitent des actes de naissance, de mariage et de décès, indiquent ce qui doit être déclaré dans chacun de ces actes. Les officiers de l'état civil sont les maires et adjoints, et, à leur défaut, le premier conseiller municipal, le second, et ainsi de suite, en suivant l'ordre du tableau, qui est dressé d'après le nombre de voix obtenu dans les élections. Les officiers de l'état civil ne doivent énoncer dans les actes *que ce qui doit être déclaré :* par cette disposition, le législateur veut empêcher des énonciations contraires aux mœurs ou nuisibles à des personnes, comme l'indication du père d'un enfant incestueux ou adultérin, ou celle du père d'un enfant naturel simple, lorsqu'il n'aurait pas reconnu expressément l'enfant.

36. Dans les cas où les parties intéressées ne seront point obligées de comparaître en personne, elles pourront se faire représenter par un fondé de procuration spéciale et authentique.

Les *parties intéressées* sont les personnes que l'acte concerne ou qui sont chargées de faire, par exemple, la déclaration de la naissance d'un enfant. Si l'on excepte le contrat de mariage, dans lequel la présence des futurs époux est toujours nécessaire, les parties intéressées peuvent se faire représenter par un fondé de procuration. Mais cette procuration doit réunir deux caractères : 1° il faut qu'elle soit *spéciale*, c'est-à-dire qu'elle mentionne expressément l'acte qu'il s'agit de faire ; 2° il faut qu'elle soit *authentique,* c'est-à-dire qu'elle soit rédigée par un officier public compétent, qui, pour les actes de cette nature, est un notaire.

37. Les témoins produits aux actes de l'état civil, ne pourront être que du sexe masculin, âgés de vingt-un ans au moins, parents ou autres; et ils seront choisis par les personnes intéressées.

La présence de témoins dans les actes de l'état civil est nécessaire pour prévenir les fraudes ; ces témoins certifient l'identité du déclarant et corroborent le témoignage de l'officier de l'état civil. Les témoins doivent être au nombre de deux; mais il en faut trois dans l'acte de décès de militaires hors du territoire français (art. 96); il en faut même quatre dans l'acte de mariage (art. 75).

. La loi demande seulement que les témoins soient mâles et majeurs. Il suit de là que l'on peut prendre pour témoins les parents des parties intéressées, ainsi que l'exprime notre article; car la qualité de parents, qui rend le témoignage suspect de partialité lorsqu'il s'agit de conventions et de testaments, devient une garantie de la fidélité du témoignage dans les actes de l'état civil. La loi n'exigeant pas la qualité de Français, on peut prendre des étrangers pour témoins dans les actes de l'état civil.

38. L'officier de l'état civil donnera lecture des actes aux parties comparantes, ou à leur fondé de procuration, et aux témoins. — Il y sera fait mention de l'accomplissement de cette formalité.

L'officier de l'état civil doit faire lecture de l'acte au comparant, appelé aussi déclarant, et aux témoins, qui peuvent ainsi s'assurer si la déclaration a été écrite fidèlement. Il fait, dans l'acte, la mention de cette lecture. S'il mentionnait une lecture qu'il n'a point faite, il commettrait un faux en écriture authentique, et serait passible de la peine des travaux forcés à perpétuité.

39. Ces actes seront signés par l'officier de l'état civil, par les comparants et les témoins; ou mention sera faite de la cause qui empêchera les comparants et les témoins de signer.

. L'acte doit toujours être signé par l'officier de l'état civil. Si les comparants et les témoins ne peuvent ou ne savent pas signer, l'acte en contient la mention et en révèle la cause.

40. Les actes de l'état civil seront inscrits, dans chaque commune, sur un ou plusieurs registres tenus doubles.

Dans chaque commune d'une faible population, un seul registre, qui est tenu double, contient les naissances, mariages et décès; tandis que les communes d'une forte population ont trois registres, également tenus doubles, un pour les naissances, un pour les mariages et un pour les décès. Ces doubles sont des originaux revêtus des mêmes signatures et ayant, chacun pour la preuve, une force pareille. Il existe aussi, dans chaque commune, un registre tenu simple et destiné aux publications de mariage.

41. Les registres seront cotés par première et dernière, et paraphés sur chaque feuille, par le président du tribunal de première instance, ou par le juge qui le remplacera.

Le président du tribunal ou un juge *cote* les registres, lorsqu'il met, en toutes lettres, sur chaque feuille, son numéro d'ordre; cette formalité a pour but d'empêcher qu'on ne puisse ni ajouter des feuillets aux registres, ni en retrancher. Il met son paraphe sur chaque feuille, pour qu'on ne puisse en changer aucune.

42. Les actes seront inscrits sur les registres, de suite, sans aucun blanc. Les ratures et les renvois seront approuvés et signés de la même manière que le corps de l'acte. Il n'y sera rien écrit par abréviation, et aucune date ne sera mise en chiffres.

Les actes de l'état civil sont inscrits sur les registres sans *aucun blanc*, afin qu'on ne puisse rien y intercaler après leur confection. Les *ratures* et les *renvois* sont approuvés et signés en toutes lettres comme le corps de l'acte, afin qu'on ne puisse y faire frauduleusement aucune modification. Les *dates* doivent être écrites en toutes lettres, afin que les altérations, qui sont faciles dans les chiffres, soient rendues par là impossibles.

43. Les registres seront clos et arrêtés par l'officier de l'état civil, à la fin de chaque année; et dans le mois, l'un des doubles sera déposé aux archives de la commune, l'autre au greffe du tribunal de première instance.

L'officier de l'état civil clôt et arrête les registres, en mettant immédiatement après le dernier acte de l'année, la mention suivante : « Clos et arrêté par nous, le ....., » et en signant ce procès-verbal. Dans le mois de janvier, l'un des registres est déposé aux archives de la commune, et l'autre est envoyé au greffe du tribunal civil ; leur perte simultanée devient ainsi presque impossible.

A la fin de chaque année, l'officier de l'état civil dresse une table alphabétique des actes, par noms de famille. D'autres tables des naissances, mariages, décès, reconnaissances d'enfants naturels et adoptions qui ont eu lieu dans chaque commune, sont dressées tous les dix ans au greffe du tribunal de première instance : il en est fait triple expédition, dont l'une reste au greffe, la seconde est adressée au préfet du département, et la troisième au maire de la commune (décret du 20 juillet 1807).

Il existe au greffe du tribunal de première instance, ordinairement dans l'endroit où sont placés les registres de l'état civil, des casiers qui sont appelés *casiers judiciaires* ou *biographies des malfaiteurs*. Ces casiers, qui ont été institués par une circulaire du ministre de la justice, en date du 6 novembre 1850, contiennent : 1° les condamnations criminelles, correctionnelles et militaires prononcées contre toute personne qui est née dans l'arrondissement ; 2° les mesures disciplinaires qui ont été prises contre elle, et sa déclaration de faillite ; 3° la réhabilitation des condamnés et celle des faillis.

L'institution des casiers judiciaires a principalement pour but d'éclairer la justice sur les antécédents des malfaiteurs qui comparaissent devant elle, et d'éloigner des élections, des fonctions publiques et de l'état militaire les individus que des condamnations ont frappés d'incapacité. Cette institution a aussi pour but d'éclairer les particuliers ; car, en principe, les renseignements que contiennent les casiers sont publics. Quelqu'un a-t-il des motifs sérieux et légitimes de connaître les antécédents d'une personne, par exemple, lorsqu'il s'agit de projet de mariage, ou même d'association pour laquelle la qualité de la personne et sa probité sont des conditions essentielles du contrat ? Il peut, en exposant ses motifs, adresser une demande au procureur impérial près le tribunal du lieu de la naissance de cette personne, et le procureur impérial autorisera le greffier du tribunal à délivrer au demandeur un bulletin judiciaire.

Le coût de ce bulletin est : droit de recherche et de rédaction, 75 c. ; coût du papier timbré, 50 c. ; enregistrement, 1 fr. 10 c., dixième compris. Total : 2 fr. 35 c.

44. Les procurations et les autres pièces qui doivent demeurer annexées aux actes de l'état civil, seront déposées, après qu'elles auront été paraphées par la personne qui les aura produites, et par l'officier de l'état civil, au greffe du tribunal, avec les doubles des registres dont le dépôt doit avoir lieu audit greffe.

Les pièces produites aux actes de l'état civil doivent être paraphées, afin que leur identité soit bien constante.

45. Toute personne pourra se faire délivrer, par les dépositaires des registres de l'état civil des extraits de ces registres. Les extraits délivrés conformes aux registres, et légalisés par le président du tribunal de première instance, ou par le juge qui le remplacera, feront foi jusqu'à inscription de faux.

Si l'on excepte le contrat de mariage réglant la société des époux, quant aux biens, aucun acte notarié n'est destiné à la publicité ; en conséquence, il n'y a que les personnes qui ont été parties dans ces actes et leurs représentants qui aient le droit d'en obtenir des copies. Il en est tout autrement des actes de l'état civil, destinés à la publicité dans un but d'ordre social et d'intérêt privé : toute personne peut avoir intérêt à connaître si tel individu est majeur, s'il est marié, s'il est décédé ; elle peut donc se faire délivrer des extraits des actes de naissance, de mariage, de décès ; elle n'a pas besoin, pour cela, de révéler quel est son intérêt.

Les extraits des registres sont des copies littérales et entières d'un acte de l'état civil. Ils sont délivrés par les dépositaires de ces registres, c'est-à-dire par le maire de la commune où l'acte a été fait, ou par le greffier du tribunal de première instance ; ils sont par lui certifiés conformes à l'original, et signés. L'extrait d'un acte ne fait foi, hors de l'arrondissement, que par sa *légalisation*. Or, la légalisation est une formalité consistant dans l'attestation, faite par un magistrat compétent, que la signature apposée au bas de l'extrait est bien celle du dépositaire des registres. Elle ne pouvait être faite, aux termes de notre article, que « par le président du tribunal de première instance ou par le juge qui le remplace. » Les habitants des communes éloignées étaient mis dans la nécessité, pour obtenir la légalisation d'actes, de supporter les frais et les lenteurs de voyages quelquefois longs et fréquents. Le législateur a obvié à cet inconvénient, par la loi du 2 mai 1861, conçue dans les termes suivants :

« Art. 1. Les juges de paix qui ne siégent pas au chef-lieu du ressort du tribunal de première instance, sont autorisés à légaliser, concurremment avec le président du tribunal, les signatures des notaires qui résident dans leur canton et celles des officiers de l'état civil des communes qui en dépendent, soit en totalité, soit en partie.

« Art. 2. Les notaires et les officiers de l'état civil déposeront leurs signatures et leurs paraphes au greffe de la justice de paix où la légalisation peut être donnée.

« Art. 3. Il est alloué aux greffiers de justice de paix une rétribution de 25 c. par chaque légalisation. — Néanmoins cette rétribution ne sera pas exigée si l'acte, la copie ou l'extrait sont dispensés du timbre. »

Les extraits conformes à l'original et légalisés par le magistrat compétent ont présumés vrais. Cette présomption ne peut être attaquée que par l'inscription de faux, en ce qui concerne les faits que l'officier de l'état civil affirme avoir vus et entendus; mais, en ce qui concerne les faits constatés dans la déclaration du comparant, elle peut être attaquée par les voies ordinaires, sans qu'il soit nécessaire de recourir à la voie coûteuse et périlleuse de l'inscription de faux.

Le coût de la légalisation d'un acte de l'état civil consiste dans un droit de 25 c. perçu au profit du greffier du tribunal ou de la justice de paix. Le coût de l'acte lui-même, qui est perçu au profit des communes, est réglé de la manière suivante par décret du 12 juillet 1807 :

« Pour chaque expédition d'un acte de naissance, de décès ou de publication de mariage, 30 c. ; — Pour celle des actes de mariage, d'adoption, 60 c. ;

« Pour les villes de cinquante mille âmes et au-dessus, pour chaque expédition d'acte de naissance, de décès et de publication de mariage, 50 c. ; — Pour celles des actes de mariage, d'adoption, 1 fr.

« A Paris, pour chaque expédition d'acte de naissance, de décès, et de publication de mariage, 75 c. ; — Pour celles des actes de mariage et d'adoption, 1 fr. 50 c.

« Il est défendu d'exiger d'autres taxes et droits, à peine de concussion. — Il n'est rien dû pour la confection desdits actes et leur inscription dans les registres. »

Mais, au coût de ces divers actes, il faut nécessairement, comme l'exprime d'ailleurs le décret cité, ajouter le prix du papier timbré, dont la perception se fait au profit de l'Etat, et qui est, pour chaque acte, de 1 fr. 50 c.

46. Lorsqu'il n'aura pas existé de registres, ou qu'ils seront perdus, la preuve en sera reçue tant par titres que par témoins; et, dans ces cas, les mariages, naissances et décès, pourront être prouvés tant par les registres et papiers émanés des pères et mères décédés, que par témoins.

L'état des personnes ne peut, en principe, être prouvé que par les actes de l'état civil. Cette règle souffre exception dans deux cas extrêmement rares : 1° s'il n'a pas existé de registres; 2° si les registres ont été perdus; il en est de même, d'après la doctrine et la jurisprudence, si les registres ont été tenus irrégulièrement. La partie intéressée, qui prétend se trouver dans l'un de ces cas, est tenue, d'abord, d'en faire la preuve; ensuite, elle sera recevable à démontrer l'existence d'un acte soit par le écrits émanés des pères et mères décédés, ou même non décédés, soits par témoins.

47. Tout acte de l'état civil des Français et des étrangers, fait en pays étranger, fera foi, s'il a été rédigé dans les formes usitées dans ledit pays.

La forme que l'on doit suivre pour les actes de l'état civil est celle du pays où l'acte est passé, par application de la maxime : « Le lieu régit l'acte, *Locus regit actum.* » Mais, de ce que l'acte passé en pays étranger dans les formes qui y sont usitées, fait foi en France, il ne faudrait pas en tirer la conséquence que cet acte est toujours valable. Le mariage d'un Français, célébré à l'étranger, sera entaché de nullité, malgré l'observation des formes usitées à l'étranger, s'il n'a pas été précédé de publications faites à son domicile en France, ou s'il a eu lieu sans le consentement des ascendants, dans les cas où ce consentement est nécessaire (art. 148, 170, 182).

48. Tout acte de l'état civil des Français en pays étranger sera valable, s'il a été reçu, conformément aux lois françaises, par les agents diplomatiques ou par les consuls.

La compétence des agents diplomatiques et des consuls est limitée au cas où l'acte de l'état civil ne concerne que des Français. Si un seul des futurs époux est Français, le mariage ne pourra être célébré en pays étranger que selon les formes usitées dans ce pays.

49. Dans tous les cas où la mention d'un acte relatif à l'état civil devra avoir lieu en marge d'un autre acte déjà inscrit, elle sera faite à la requête des parties intéressées, par l'officier de l'état civil, sur les registres courants ou sur ceux qui auront été déposés aux archives de la commune, et par le greffier du tribunal de première instance, sur les registres déposés au greffe; à l'effet de quoi l'officier de l'état civil en donnera avis, dans les trois jours, au procureur impérial près ledit tribunal, qui veillera à ce que la mention soit faite d'une manière uniforme sur les deux registres.

Si, par exemple, un enfant naturel est reconnu après la rédaction de son acte de naissance, cette reconnaissance est inscrite à sa date sur les deux registres, et il en doit être fait mention en marge de l'acte de naissance. L'officier de l'état civil fera cette mention sur les deux registres qui contiennent l'acte de naissance, s'il les a encore en sa possession. S'il ne les a pas tous deux, il fera la mention requise sur le registre déposé dans les archives de la commune, et le greffier du tribunal civil sera promptement averti, afin qu'il fasse la même mention sur le registre déposé dans son greffe.

50. Toute contravention aux articles précédents de la part des fonctionnaires y dénommés, sera poursuivie devant le tribunal de première instance, et punie d'une amende qui ne pourra excéder cent francs.

L'irrégularité des actes de l'état civil ne les rend pas nuls, car l'inobservation de formalités ne doit pas anéantir l'état des personnes; mais elle donne lieu, contre l'officier de l'état civil, à des amendes, dont le minimum est laissé à l'appréciation du juge et dont le maximum ne peut pas excéder 100 fr.

51. Tout dépositaire des registres sera civilement responsable des altérations qui y surviendront, sauf son recours, s'il y a lieu, contre les auteurs desdites altérations.

L'officier de l'état civil et le greffier du tribunal de première instance sont tenus de veiller avec soin à la conservation des registres qui leur sont confiés. Ils sont présumés en faute, lorsque des tiers altèrent les registres, et ils deviennent civilement responsables, envers les personnes lésées, du préjudice résultant de ces altérations. Mais ils ont une action en recours contre les auteurs des altérations.

52. Toute altération, tout faux dans les actes de l'état civil, toute inscription de ces actes faite sur une feuille volante et autrement que sur les registres à ce destinés, donneront lieu aux dommages-intérêts des parties, sans préjudice des peines portées au Code pénal.

A la différence du faux, l'*altération* ne suppose pas nécessairement l'existence d'intention coupable; mais, comme elle est imputable à la négligence du dépositaire des registres, elle engage sa responsabilité civile. Le *faux* en écriture authentique est puni des travaux forcés à perpétuité, s'il est commis par un officier public; il est puni des travaux forcés à temps, s'il est commis par d'autres personnes (art. 145, 147 C. pén.). L'inscription d'un acte sur une feuille volante constitue un délit punissable d'emprisonnement et d'amende (art. 192 C. pén.).

53. Le procureur impérial près le tribunal de première instance sera tenu de vérifier l'état des registres lors du dépôt qui en sera fait au greffe; il dressera un procès-verbal sommaire de la vérification, dénoncera les contraventions ou délits commis par les officiers de l'état civil, et requerra contre eux la condamnation aux amendes.

Le procureur impérial vérifie non-seulement le double qui est déposé au greffe du tribunal, mais encore celui qui est destiné à rester dans les archives de la commune. S'il découvre des contraventions ou des délits, il en poursuit les auteurs devant le tribunal, sans avoir besoin d'autorisation préalable du gouvernement. Il ne peut demander la rectification des actes que lorsqu'il s'agit de faits qui intéressent directement l'ordre public (art. 99).

54. Dans tous les cas où un tribunal de première instance connaîtra des actes relatifs à l'état civil, les parties intéressées pourront se pourvoir contre le jugement.

Lorsque le tribunal civil est saisi d'une contestation relative aux actes de l'état civil, la sentence qu'il prononce est, dans tous les cas, susceptible d'être attaquée par la voie d'appel devant la cour impériale, car il s'agit toujours d'un intérêt grave et inappréciable.

CHAPITRE II.

DES ACTES DE NAISSANCE.

Les naissances conférant à l'homme des droits dans la famille et dans la société, il importait d'en fixer l'époque par des actes authentiques.

55. Les déclarations de naissance seront faites, dans les trois jours de l'accouchement, à l'officier de l'état civil du lieu; l'enfant lui sera présenté.

C'est à l'officier de l'état civil du lieu où la mère est accouchée que la naissance de l'enfant est déclarée. Cette déclaration peut avoir les plus graves conséquences en ce qui concerne les questions de légitimité et de capacité de recueillir les successions et les legs; c'est pourquoi elle doit être faite dans les trois jours de la naissance; elle présente ainsi de plus sérieuses garanties de précision et de sincérité. Si l'officier de l'état civil connaît, soit d'après les dires du comparant, soit de toute autre manière, que l'enfant dont on lui déclare la naissance a plus de trois jours, il doit refuser de l'inscrire sur ses registres, jusqu'à ce qu'un jugement l'autorise à faire cette inscription (Avis du conseil d'Etat du 12 brumaire an XI). La personne qui est tenue, aux termes de l'article suivant, de faire la déclaration et qui a négligé de la faire dans le délai prescrit de trois jours, est punie de six jours à six mois d'emprisonnement et de 16 fr. à 300 fr. d'amende (art. 346 C. pén.).

D'après notre article, *l'enfant sera présenté* au maire, qui s'assurera ainsi de son existence, de son âge et de son sexe. Toutefois, le maire se transportera, avec ses registres, au lieu où se trouve le nouveau-né, pour y rédiger l'acte de naissance, si de graves circonstances, comme la maladie de l'enfant ou la rigueur du froid, ne permettent pas de le déplacer sans danger.

Le maire auquel on présente un enfant mort, dont la naissance n'a pas encore été inscrite, rédige sur le registre des décès un acte servant à la fois d'acte de naissance et d'acte de décès; il déclare dans cet acte que l'enfant lui a été présenté sans vie et y énonce les noms, prénoms et demeure de ses père et mère, les an, mois et jour auxquels l'enfant est sorti du sein maternel (Décret du 4 juillet 1806).

56. La naissance de l'enfant sera déclarée par le père, ou, à défaut du père, par les docteurs en médecine ou en chirurgie, sages-femmes, officiers de santé ou autres personnes qui auront assisté à l'accouchement; et, lorsque la mère sera accouchée hors de son domicile, par la personne chez qui elle sera accouchée. — L'acte de naissance sera rédigé de suite, en présence de deux témoins.

L'obligation de déclarer la naissance de l'enfant dans le délai de trois jours, sous peine d'emprisonnement et d'amende (art. 346 C. pén.), est imposée : — 1° au père légitime; — 2° si le père est absent, empêché ou inconnu, au médecin, à la sage-femme, à la garde-malade, ou à toute autre personne ayant assisté à l'accouchement; — 3° dans le cas où la mère est accouchée hors de son domicile et en l'absence du père légitime, à la personne chez qui elle est accouchée. Ce n'est que dans le cas d'absence ou d'empêchement du père que le médecin, la sage-femme, les autres personnes ayant assisté à l'accouchement et celui chez qui la mère est accouchée, doivent faire la déclaration de la naissance de l'enfant; mais alors cette obligation pèse également sur toutes ces personnes, ainsi que le décide l'arrêt suivant de la Cour de cassation : — « Attendu, en fait, qu'il appert de l'arrêt attaqué que toutes les défenderesses ont assisté avec la femme Laurencère, sage-femme, à l'accouchement de la veuve Augeron; que le père de l'enfant était inconnu, et enfin que la déclaration de naissance de l'enfant n'a pas été faite; — Attendu, en droit, qu'en l'absence du père, l'obligation de faire cette déclaration est imposée à toutes les personnes ayant assisté à l'accouchement; que la présence d'une sage-femme n'exonère point les autres personnes présentes de cette obligation; — Attendu, en effet, qu'il faudrait, pour qu'il en fût ainsi, qu'au cas où des tiers assistent, avec un docteur, une sage-femme ou un officier de santé, à un accouchement, la loi eût déterminé entre eux un ordre successif; que le texte de l'article 56 précité repousse de la manière la plus expresse une semblable interprétation; qu'il admet sans doute un tel ordre lorsque le père est présent, puisque ce n'est qu'à son défaut que naît, d'après le texte, l'obligation d'autrui ; mais qu'il n'étend point à d'autres cas et à d'autres personnes une distinction motivée, en ce qui concerne le père, sur cette raison, que l'obligation à lui imposée est aux yeux de la loi naturelle et de la loi positive assez impérieuse et assez large pour absorber toutes les autres ; — Attendu que cette prévoyance de la loi qui consiste à repousser, dans toutes les autres hypothèses, toute distinction et tout ordre successif, repose sur les considérations les plus graves, puisque la déclaration des naissances, à laquelle sont si intimement attachés le sort des enfants et l'état des familles, intéresse au plus haut degré l'ordre civil et l'ordre public » (C. cass. 12 nov. 1859).

Au reste, les personnes autres que celles que nous venons d'indiquer n'ont généralement pas qualité pour faire une déclaration de naissance.

57. L'acte de naissance énoncera le jour, l'heure et le lieu de la naissance, le sexe de l'enfant, et les prénoms qui lui seront donnés, les prénoms, noms, profession et domicile des père et mère, et ceux des témoins.

L'acte de naissance énonce le jour et l'heure de la naissance de l'enfant et sert ainsi à fixer l'époque de sa majorité, qui se calcule non par jour, mais par heure, par instant, *de momento ad momentum*. Il doit énoncer les noms des père et mère de l'enfant légitime. Mais on doit s'abstenir de déclarer le nom du père d'un enfant adultérin ou incestueux, et même le nom du père d'un enfant naturel simple, s'il ne le reconnaît pas expressément pour son enfant. Ordinairement le nom de la mère d'un enfant naturel simple est déclaré et inscrit sur le registre de l'état civil : l'enfant, qui prend alors le nom de sa mère, ne peut pas se prévaloir de cette déclaration portée dans son acte de naissance, pour démontrer qu'il est le fils de la femme indiquée comme étant sa mère, lorsque celle-ci n'a pas donné au comparant une procuration spéciale et authentique pour faire une pareille déclaration de maternité (art. 334). Si le déclarant refuse de révéler le nom de la mère, le maire peut-il s'abstenir de procéder à la rédaction de l'acte de naissance ? Cette question est gravement controversée en doctrine, et diversement résolue par la jurisprudence ; mais il semble que le maire agira prudemment si, malgré le refus fait par le comparant de déclarer le nom de la mère, il procède à l'inscription de l'acte de naissance. Trois arrêts de la Cour de cassation, rendus les 16 septembre 1843, 1er juin 1844 et 1er août 1845, ont décidé que le médecin accoucheur n'est pas tenu de faire connaître à l'officier de l'état civil la mère de l'enfant dont il déclare la naissance. Ce dernier arrêt est ainsi conçu : — « Attendu que les personnes qui ont assisté à l'accouchement peuvent être dans l'impuissance de donner à l'officier de l'état civil tous les renseignements relatifs aux énonciations prescrites par les art. 55 et 56 C. Nap., et que, dès lors, ces personnes ne peuvent être rendues passibles de peines à raison de ces omissions ; qu'elles sont donc affranchies de la pénalité établie par l'art. 346, lorsqu'elles ont déclaré le fait de la naissance et les circonstances accessoires qui sont à leur connaissance ; — Attendu, de plus, qu'aux termes de l'art. 378 C. pén., les médecins, chirurgiens et autres officiers de santé, ainsi que les sages-femmes, peuvent être, à raison de leurs professions, rendus dépositaires de secrets de famille qu'ils ne peuvent révéler sans s'exposer à des peines ; — Attendu, en fait, qu'il est constaté, dans l'espèce, que la femme Prévost avait été rendue dépositaire, par la mère de l'enfant dont celle-ci est accouchée dans le domicile de ladite femme Prévost, et en qualité de sage-femme, du secret relatif à la filiation de cet enfant ; — Qu'ainsi, en affranchissant ladite sage-femme, par le motif pris de sa qualité et du secret dont il s'agit, de la peine de l'art. 346 C. pén., pour n'avoir pas révélé le nom de la mère, dans la déclaration de naissance faite à l'officier de l'état civil, en conformité de l'art. 56 C. Nap., le jugement attaqué, loin de violer les dispositions de cet art. 346, en a fait une saine interprétation » (C. cass. 1er août 1845).

58. Toute personne qui aura trouvé un enfant nouveau-né, sera tenue de le remettre à l'officier de l'état civil, ainsi que les vêtements et autres effets trouvés avec l'enfant, et de déclarer toutes les circonstances du temps et du lieu où il aura été trouvé. — Il en sera dressé un procès-verbal détaillé, qui énoncera en outre l'âge apparent de l'enfant, son sexe, les noms qui lui seront donnés, l'autorité civile à laquelle il sera remis. Ce procès-verbal sera inscrit sur les registres.

Les renseignements que contient le procès-verbal inscrit sur les registres, peuvent servir à faire reconnaître l'enfant par ses parents ; ils peuvent aussi servir à l'enfant pour rechercher sa paternité légitime. Celui qui trouve un enfant nouveau-né, et qui ne le remet pas au maire ou au commissaire de police, est puni de six jours à six mois d'emprisonnement et de 16 fr. à 300 fr. d'amende (art. 347 C. pén.).

59. S'il naît un enfant pendant un voyage de mer, l'acte de naissance sera dressé, dans les vingt-quatre heures, en présence du père, s'il est présent, et de deux témoins pris parmi les officiers du bâtiment, ou, à leur défaut, parmi les hommes de l'équipage. Cet acte sera rédigé, savoir : sur les bâtiments de l'État, par l'officier d'administration de la marine, et sur les bâtiments appartenant à un armateur ou négociant, par le capitaine, maître ou patron du navire. L'acte de naissance sera inscrit à la suite du rôle d'équipage.

Le *rôle d'équipage* est un registre qui contient la liste générale, avec leurs noms et qualités, de toutes les personnes, capitaine, matelots et passagers, embarqués sur le bâtiment.

60. Au premier port où le bâtiment abordera, soit de relâche, soit pour toute autre cause que celle de son désarmement, les officiers de l'administration de la marine, capitaine, maître ou patron, seront tenus de déposer deux expéditions authentiques des actes de naissance qu'ils auront rédigés, savoir : dans un port français, au bureau du préposé à l'inscription maritime ; et dans un port étranger, entre les mains du consul. — L'une de ces expéditions restera déposée au bureau de l'inscription maritime, ou à la chancellerie du consulat ; l'autre sera envoyée au ministre de la marine, qui fera parvenir une copie, de lui certifiée, de chacun desdits actes, à l'officier de l'état civil du domicile du père de l'enfant, ou de la mère, si le père est inconnu : cette expédition sera inscrite de suite sur les registres.

L'officier de marine qui a dressé l'acte de naissance en dépose deux copies authentiques, et certifiées conformes à l'original, au premier port où le bâtiment aborde. Il garde l'original. Ces précautions ont pour but d'empêcher la perte de l'acte de naissance et d'assurer ainsi la preuve de l'état civil de l'enfant.

61. A l'arrivée du bâtiment dans le port du désarmement,

le rôle d'équipage sera déposé au bureau du préposé à l'inscription maritime, qui enverra une expédition de l'acte de naissance, de lui signée, à l'officier de l'état civil du domicile du
père de l'enfant, ou de la mère, si le père est inconnu : cette
expédition sera inscrite de suite sur les registres.

Alors même que, d'après la disposition de l'article précédent, deux copies ont été déposées au premier port où le navire a abordé, les formalités prescrites par notre article doivent encore être remplies à l'arrivée
du navire dans le port de débarquement.

62. L'acte de reconnaissance d'un enfant sera inscrit sur
les registres, à sa date ; et il en sera fait mention en marge de
l'acte de naissance, s'il en existe un.

Notre article concerne surtout la reconnaissance d'un enfant naturel.
Mais il est certain qu'il peut aussi y avoir, dans certains cas exceptionnels, reconnaissance d'un enfant légitime : la même formalité devra alors
être remplie. Lorsque la reconnaissance d'un enfant naturel est faite
postérieurement à son acte de naissance, elle est inscrite à sa date sur les
registres de l'état civil, et mention en est faite en marge de l'acte de naissance. L'extrait qui est délivré de cet acte doit toujours être suivi de celui
de l'acte de reconnaissance. Nous verrons, sous l'art. 334 ci-après, que la
reconnaissance d'un enfant naturel peut aussi être faite par acte notarié.

CHAPITRE III.

DES ACTES DE MARIAGE.

Le mariage confond les époux dans une union indissoluble ; il opère
une sorte de communication réciproque de leurs liens de famille, et il
devient pour eux la cause de droits et de devoirs de la plus haute importance. Cet acte avait donc besoin, de même que la naissance, d'être constaté par des écrits publics et faisant foi à l'égard de tous.

63. Avant la célébration du mariage, l'officier de l'état civil
fera deux publications, à huit jours d'intervalle, un jour de

dimanche, devant la porte de la maison commune. Ces publications, et l'acte qui en sera dressé, énonceront les prénoms, noms, professions et domiciles des futurs époux, leur qualité de majeurs ou de mineurs, et les prénoms, noms, professions et domiciles de leurs pères et mères. Cet acte énoncera, en outre, les jours, lieux et heures où les publications auront été faites : il sera inscrit sur un seul registre, qui sera coté et paraphé comme il est dit en l'article 41, et déposé, à la fin de chaque année, au greffe du tribunal de l'arrondissement.

Les publications de mariage se font à huit jours d'intervalle, c'est-à-dire deux dimanches de suite. Elles ont pour but : 1° d'avertir en temps utile les personnes qui seraient fondées à former opposition au mariage ; 2° d'annoncer, dans un intérêt de morale publique, la société légitime et perpétuelle dans laquelle vivront bientôt les futurs époux ; 3° de révéler aux tiers intéressés que la future épouse sera bientôt frappée de l'incapacité de contracter des obligations et que le futur aura ses immeubles grevés d'hypothèque légale au profit de sa femme. Ces publications se font dans la commune du domicile de chacun des futurs époux et des personnes sous la puissance desquelles ils se trouvent pour leur mariage (art. 168).

Les publications de mariage devaient être faites, le dimanche, à la sortie de la messe, devant la porte de la maison commune et à haute voix ; mais l'on s'est bientôt contenté de les inscrire sur un registre tenu simple, appelé *registre des publications*, et d'en afficher un extrait à la porte de la maison commune.

64. Un extrait de l'acte de publication sera et restera affiché à la porte de la maison commune, pendant les huit jours d'intervalle de l'une à l'autre publication. Le mariage ne pourra être célébré avant le troisième jour, depuis et non compris celui de la seconde publication.

La première publication étant faite le dimanche 1er janvier, la seconde se fait le dimanche 8 ; et la célébration du mariage peut avoir lieu le mercredi 11 janvier.

65. Si le mariage n'a pas été célébré dans l'année, à comp-

ter de l'expiration du délai des publications, il ne pourra plus
être célébré qu'après que de nouvelles publications auront été
faites dans la forme ci-dessus prescrite.

Après l'année, qui court du jour où le mariage pouvait être célébré,
le souvenir des publications se trouve affaibli et le projet de mariage
paraît avoir été abandonné; par suite, de nouvelles publications deviennent nécessaires pour la célébration du mariage.

66. Les actes d'opposition au mariage seront signés sur l'o-
riginal et sur la copie par les opposants ou par leurs fondés de
procuration spéciale et authentique; ils seront signifiés, avec la
copie de la procuration, à la personne ou au domicile des parties, et à l'officier de l'état civil qui mettra son *visa* sur l'original.

L'opposition au mariage peut avoir les plus graves conséquences. C'est
pourquoi la loi exige, pour constater d'une manière certaine son existence, l'accomplissement de formalités plus grandes que lorsqu'il s'agit
d'autres actes. L'original et les copies de l'opposition sont signés non-
seulement par l'huissier qui les fait, mais encore par l'opposant, ou mention y est faite de la cause qui empêche celui-ci de signer. Si l'opposition
est formée par mandataire, la procuration doit être spéciale et notariée;
l'huissier ne peut pas se contenter de révéler l'existence de cette procuration dans les actes d'opposition, il est tenu d'en donner une copie littérale.
L'original d'un *exploit*, ou acte d'huissier, est conservé pour celui qui
a ordonné l'acte. La *copie*, qui doit être entièrement conforme à l'original,
est remise à l'adversaire. Lorsqu'il s'agit d'opposition au mariage, il faut
trois copies : la première est remise à celui des futurs au mariage duquel
on s'oppose; la seconde, à l'autre futur, qui est intéressé à connaître les
motifs de l'opposition et les causes du retard apporté à son mariage; la
troisième, au maire de l'une des communes où les publications ont été
faites. Le maire met son *visa* sur l'original, c'est-à-dire il y écrit le mot
Vu, et signe. — Les causes d'opposition et les personnes qui peuvent la
former sont exprimées dans les art. 172 et suivants.

67. L'officier de l'état civil fera, sans délai, une mention
sommaire des oppositions, sur le registre des publications ; il

fera aussi mention, en marge de l'inscription desdites oppositions, des jugements ou des actes de main-levée dont expédition
lui aura été remise.

Le maire auquel est remise une copie d'opposition, doit en faire mention sans délai sur le registre des publications : l'existence de cette opposition ne pourra plus être oubliée, et elle se révèlera à ses successeurs et à
ses adjoints. Il doit aussi mentionner, en marge des oppositions, les juge-
gements qui les concernent et les actes de main-levée. Le *jugement* est
rendu par le tribunal civil. La *main-levée* est l'acte par lequel celui qui a
formé opposition consent à la lever et à la considérer ainsi comme non
avenue. Le consentement donné par l'opposant à la levée de l'opposition
ne produirait cependant pas d'effet, si cette opposition était fondée sur
une cause d'ordre public.

68. En cas d'opposition, l'officier de l'état civil ne pourra
célébrer le mariage avant qu'on lui en ait remis la main-levée,
sous peine de trois cents francs d'amende, et de tous dommages-intérêts.

Alors même que l'opposition serait évidemment nulle, l'officier de l'état
civil s'exposerait néanmoins à l'amende si, sans avoir reçu main-levée de
cette opposition, il procédait à la célébration du mariage. Il ne doit point
se constituer comme juge de la validité des oppositions.

69. S'il n'y a point d'opposition, il en sera fait mention dans
l'acte de mariage ; et si les publications ont été faites dans plusieurs communes, les parties remettront un certificat délivré
par l'officier de l'état civil de chaque commune, constatant qu'il
n'existe point d'opposition.

Les publications sont faites dans plusieurs communes, lorsque les
futurs époux, ou ceux sous la puissance desquels ils se trouvent, ont
leur domicile dans des communes différentes (art. 167, 168).

70. L'officier de l'état civil se fera remettre l'acte de naissance
de chacun des futurs époux. Celui des époux qui serait dans
l'impossibilité de se le procurer pourra le suppléer, en rappor-

tant un acte de notoriété délivré par le juge de paix du lieude sa naissance, ou par celui de son domicile.

L'acte de naissance des futurs époux fait connaître s'ils ont l'âge requis pour contracter mariage, et sert à éviter les erreurs sur leur identité.

71. L'acte de notoriété contiendra la déclaration faite, par sept témoins, de l'un ou de l'autre sexe, parents ou non parents, des prénoms, nom, profession et domicile du futur époux, et de ceux de ses père et mère, s'ils sont connus ; le lieu, et autant que possible, l'époque de sa naissance, et les causes qui empêchent d'en rapporter l'acte. Les témoins signeront l'acte de notoriété avec le juge de paix ; et s'il en est qui ne puissent ou ne sachent signer, il en sera fait mention.

On entend par *acte de notoriété* un acte dressé sur la déclaration de l'individu constatant qu'un fait est *notoire,* c'est-à-dire connu de tous.

72. L'acte de notoriété sera présenté au tribunal de première instance du lieu où doit se célébrer le mariage. Le tribunal, après avoir entendu le procureur impérial, donnera ou refusera son homologation, selon qu'il trouvera suffisantes ou insuffisantes les déclarations des témoins, et les causes qui empêchent de rapporter l'acte de naissance.

Lorsque l'acte de notoriété est *homologué,* c'est-à-dire approuvé par le tribunal, il ne remplace cependant l'acte de naissance que pour le mariage ; par suite, il n'est d'aucune utilité pour prouver la filiation légitime, ni pour justifier de l'existence de droits à une succession.

Un avis du conseil d'État, en date du 30 mars 1808, a prévu le cas où il existerait de l'incertitude sur l'identité d'un futur, parce que, dans son acte de naissance, son nom ne serait point orthographié comme celui de son père, ou que l'on y aurait omis quelques-uns des prénoms de ses parents. Cet avis tranche les difficultés dans les termes suivants :

« Le conseil d'État, considérant que, s'il est important de ne procéder à la rectification des registres de l'état civil que par l'autorité de justice, et en vertu de jugements rendus à cet effet, il n'est pas moins convenable de ne pas jeter les citoyens dans les frais d'une rectification sur les registres, lorsqu'elle n'est pas absolument nécessaire ;

« Est d'avis que, dans le cas où le nom d'un des futurs ne serait pas orthographié dans son acte de naissance comme celui de son père, et dans le cas où l'on aurait omis quelqu'un des prénoms de ses parents, le témoignage des père et mère ou aïeuls assistant au mariage et attestant l'identité, doit suffire pour procéder à la célébration du mariage ; — Qu'il doit en être de même dans le cas d'absence des père et mère ou aïeuls, s'ils attestent l'identité dans leur consentement donné en la forme légale ; — Qu'en cas de décès des père, mère ou aïeuls, l'identité est valablement attestée, pour les mineurs, par le conseil de famille ou par le tuteur *ad hoc;* et, pour les majeurs, par les quatre témoins de l'acte de mariage ; — Qu'enfin, dans le cas où les omissions d'une lettre ou d'un prénom se trouvent dans l'acte de décès des père, mère ou aïeuls, la déclaration à serment des personnes dont le consentement est nécessaire pour les mineurs, et celle des parties et des témoins pour les majeurs, doivent aussi être suffisantes, sans qu'il soit nécessaire, dans tous les cas, de toucher aux registres de l'état civil, qui ne peuvent jamais être rectifiés qu'en vertu d'un jugement. — Les formalités susdites ne sont exigibles que lors de l'acte de célébration, et non pour les publications, qui doivent toujours être faites conformément aux notes remises par les parties aux officiers de l'état civil. — En aucun cas, conformément à l'article 100 du Code Napoléon, les déclarations faites par les parents ou témoins ne peuvent nuire aux parties qui ne les ont point requises, et qui n'y ont point concouru. »

73. L'acte authentique du consentement des père et mère ou aïeuls et aïeules, ou, à leur défaut, celui de la famille, contiendra les prénoms, noms, professions et domiciles du futur époux, et de tous ceux qui auront concouru à l'acte, ainsi que leur degré de parenté.

Un avis du conseil d'État, du 4 thermidor an XIII, contient les dispositions suivantes : — « Il n'est pas nécessaire de produire les actes de décès des pères et mères des futurs mariés, lorsque les aïeuls ou aïeules attestent ces décès ; dans ce cas, il doit être fait mention de leur attestation dans l'acte de mariage. — Si les pères, mères, aïeuls ou aïeules, dont le consentement ou conseil est requis, sont décédés, et si l'on est dans l'impossibilité de produire l'acte de leur décès ou la preuve de leur absence (en conformité de l'art. 155 C. Nap.), faute de connaître leur dernier domicile, il peut être procédé à la célébration du mariage des majeurs, sur leur déclaration à serment que le lieu du décès et celui du dernier domicile de leurs ascendants leur sont inconnus. Cette déclaration doit être certifiée aussi par serment des quatre témoins de l'acte de mariage, lesquels affirment que; quoiqu'ils connaissent les futurs époux, ils ignorent le lieu du décès de leurs ascendants et leur dernier domicile. Les officiers de l'état civil doivent faire mention, dans l'acte de mariage, desdites déclarations. »

. Lorsque celui qui consent au mariage ne se propose point d'assister à la célébration, il donne son consentement par acte *authentique*, c'est-à-dire passé par-devant notaire : en cette matière de la plus haute gravité, un acte sous seing privé ne renfermerait pas des garanties suffisantes contre les erreurs, les suppositions et les fraudes. Le consentement qui est donné par le conseil de famille au mineur sans ascendant, est constaté par le procès-verbal de la délibération ; le greffier de la justice de paix délivre au futur une copie de ce procès-verbal.

L'acte authentique du consentement au mariage doit-il énoncer aussi les prénoms, nom, profession et domicile de l'autre futur époux? Cette question controversée doit se résoudre par une distinction. Si l'enfant auquel on donne son consentement est *mineur quant au mariage*, c'est-à-dire à moins de vingt-cinq ans ou de vingt-un ans, selon qu'il s'agit d'un fils ou d'une fille, il faut énoncer le nom de l'autre futur époux; car alors ce consentement, qui est un élément nécessaire à la validité du mariage et protége l'enfant contre l'entraînement des passions, doit contenir la preuve qu'il émane d'un bon surveillant et a été donné en pleine connaissance de cause. Mais s'il s'agit d'un enfant *majeur quant au mariage*, l'énonciation du nom de l'autre futur époux n'est pas nécessaire : celui qui donne alors son consentement, dont la non-existence ne rendrait point annulable le mariage contracté, peut exprimer valablement dans l'acte qu'il a confiance dans le choix que l'enfant fera de son conjoint.

74. Le mariage sera célébré dans la commune où l'un des deux époux aura son domicile. Ce domicile, quant au mariage, s'établira par six mois d'habitation continue dans la même commune.

Les futurs époux ont toujours le droit de célébrer leur union dans la commune du domicile de l'un d'eux. Cette règle est applicable au cas où l'un des futurs n'aurait, dans la commune où il habite, son domicile que depuis quelques jours, et au cas où il aurait cessé depuis long-temps de résider dans la commune où se trouve fixé son domicile. Les fu-turs époux peuvent aussi, par une bienveillance du législateur en faveur des mariages, former leur union dans la commune où l'un deux a, depuis plus de six mois, une habitation ou résidence continue. Remarquons que, dans l'usage qui ne fait cependant pas loi pour les parties, le mariage est célébré au domicile de la future épouse.

75. Le jour désigné par les parties après les délais des pu-blications, l'officier de l'état civil, dans la maison commune, en présence de quatre témoins, parents ou non parents, fera lecture aux parties, des pièces ci-dessus mentionnées, relatives à leur état et aux formalités du mariage, et du chapitre vi du titre *du Mariage*, sur *les Droits et les devoirs respectifs des époux*. — « Il in-terpellera les futurs époux, ainsi que les personnes qui autorisent le mariage, si elles sont présentes, d'avoir à déclarer s'il a été fait un contrat de mariage, et, dans le cas de l'affirmative, la date de ce contrat, ainsi que les nom et lieu de résidence du notaire qui l'aura reçu » (L. 10 juillet 1850). — Il recevra de chaque partie, l'une après l'autre, la déclaration qu'elles veu-lent se prendre pour mari et femme; il prononcera, au nom de la loi, qu'elles sont unies par le mariage, et il en dressera acte sur-le-champ.

La célébration du mariage se fait quelquefois ailleurs que dans la mai-son commune : si l'un des futurs époux est gravement malade, son ma-riage, appelé *in extremis*, est célébré dans sa chambre. — Le maire lit les pièces produites pour le mariage, afin de constater l'identité des parties et l'accomplissement des formalités requises. Ces pièces sont, notamment, les actes de naissance des futurs époux, les actes de consentement ou de décès de leurs père et mère, et les certificats de non-opposition au ma-riage. Il lit aussi les articles du Code Napoléon sur les droits et devoirs respectifs des époux, afin d'appeler l'attention des parties sur l'impor-tance du lien perpétuel et indissoluble qu'elles vont former.

Dès que les parties ont répondu, sur l'interrogation solennelle qui leur a été faite, qu'elles veulent se prendre pour mari et femme, et que le maire a ensuite prononcé leur union, le mariage est parfait et irrévocable. C'est en vain que l'un des époux voudrait revenir sur son consentement, et refuserait d'apposer sa signature à l'acte de mariage ; car la rédaction de cet acte n'est pas exigée pour la validité du mariage, mais seulement pour la preuve plus facile de son existence.

La loi de 1850 a voulu prévenir de graves abus. La femme mariée sous le régime dotal ne pouvant point compromettre sa dot, elle se jouait quelquefois de ses engagements, en faisant prononcer la nullité des aliénations ou des obligations qu'elle avait consenties avec l'autorisation de son mari ou même de justice. De nombreux exemples du triomphe d'une pareille fraude ont fait naître l'usage prudent d'exiger de la femme, qui va former un engagement, la représentation de son contrat de mariage quant aux biens : cette prudence, qui avait pour but d'empêcher les fraudes de la femme dotale, ruinait complétement le crédit de la femme commune : celle-ci ne faisant pas, en général, rédiger par notaire son contrat de mariage, ne pouvait point en fournir d'expédition ni par suite inspirer aux tiers une confiance suffisante. La loi du 10 juillet 1850, qui remédie à ces inconvénients, est d'une haute utilité. Si les époux ont adopté le régime dotal et déclarent cependant au maire qu'ils n'ont point fait rédiger de contrat notarié, leur déclaration mensongère ne nuira point aux tiers. Le contrat notarié aura alors les effets d'une contre-lettre et sera valable entre les parties ; mais il ne sera point opposable aux tiers. En conséquence, à cause de la fraude des époux, les aliénations et les engagements consentis par la femme dotale auront, en faveur des tiers, la même force que si cette femme était mariée sous le régime de la communauté légale (art. 1391). Si la femme dotale n'a pas fait la déclaration de son régime d'association, parce que l'officier de l'état civil a omis de faire l'interpellation prescrite par notre article, son contrat de mariage notarié produit ses effets à l'égard de tous ; car la loi n'entend la punir que de sa fraude.

76. On énoncera dans l'acte de mariage, — 1° Les prénoms, noms, professions, âge, lieux de naissance et domiciles des époux ; — 2° S'ils sont majeurs ou mineurs ; — 3° Les prénoms, noms, professions et domiciles des pères et mères ; — 4° Le consentement des pères et mères, aïeuls et aïeules, et celui de la famille, dans les cas où ils sont requis ; — 5° Les

actes respectueux, s'il en a été fait ; — 6° Les publications
dans les divers domiciles ; — 7° Les oppositions, s'il y en a
eu ; leur main-levée, ou la mention qu'il n'y a point eu d'opposition ; — 8° La déclaration des contractants de se prendre pour
époux, et le prononcé de leur union par l'officier public ; —
9° Les prénoms, noms, âge, professions et domiciles des témoins,
et leur déclaration s'ils sont parents ou alliés des parties, de quel
côté et à quel degré. — 10° « La déclaration sera faite sur
l'interpellation prescrite par l'article précédent, qu'il a été ou
qu'il n'a pas été fait de contrat de mariage, et, autant que possible, la date du contrat, s'il existe, ainsi que les noms et lieu
de résidence du notaire qui l'aura reçu, le tout à peine, contre
l'officier de l'état civil, de l'amende fixée par l'article 50. — Dans
le cas où la déclaration aurait été omise ou serait erronée, la
rectification de l'acte, en ce qui touche l'omission ou l'erreur,
pourra être demandée par le procureur impérial, sans préjudice
du droit des parties intéressées, conformément à l'article 99 ».
(L. 10 juillet 1850).

Les énonciations qui doivent être insérées dans l'acte authentique de la
célébration du mariage, ont pour but de constater l'identité des personnes
et l'accomplissement des formalités requises pour le mariage. Si l'officier
de l'état civil omet la mention du consentement des pères, mères, aïeuls
ou aïeules, ou, à défaut, celui du conseil de famille, il devient passible
d'emprisonnement et d'amende (art. 156,192). Il est passible d'amende,
s'il omet de mentionner la déclaration des époux relativement à leur régime matrimonial (art. 50). Cette dernière mention a pour but de fournir
aux tiers un moyen à la fois facile et certain de connaître les garanties que
les époux offrent de l'exécution de leurs engagements. Le notaire qui a rédigé le contrat de mariage est tenu d'en mentionner la nature et la date
dans un certificat, et de délivrer aux parties ce certificat qui sera remis par
elles à l'officier de l'état civil (art. 1394) ; le législateur veut par là éviter
toute inexactitude à cet égard dans la déclaration des parties.
Le maire atteste, dans un certificat délivré sur papier timbré, qu'il a
procédé à la célébration du mariage civil. Les époux remettent ce certi-

-ficat au ministre du culte, qui ne peut, sous peine d'amende, procéder à la bénédiction de l'union conjugale sans la justification de l'acte de mariage (art. 199 et 200 C. pén.).

CHAPITRE IV.

DES ACTES DE DÉCÈS.

L'acte de décès constate la mort d'une personne et son identité. Le décès, qui brise le mariage, qui dissout la puissance paternelle et donne ouverture aux droits de succession, avait besoin, à raison des nombreux intérêts qui s'y rattachent, d'être constaté par acte authentique.

77. Aucune inhumation ne sera faite sans une autorisation, sur papier libre et sans frais, de l'officier de l'état civil, qui ne pourra la délivrer qu'après s'être transporté auprès de la personne décédée, pour s'assurer du décès, et que vingt-quatre heures après le décès, hors les cas prévus par les règlements de police.

L'officier de l'état civil doit vérifier par lui-même, ou par un médecin qu'il délègue, si la personne dont il s'agit est réellement morte et si la mort n'est point le résultat d'un crime. Il autorise sur papier *libre*, c'est-à-dire non timbré, l'inhumation qui ne peut, excepté en cas de peste ou d'autre maladie contagieuse, avoir lieu que vingt-quatre heures après le décès. Cette disposition, qui a pour but de prévenir le danger des inhumations précipitées, est sanctionnée par un emprisonnement de six jours à six mois, et par une amende de 16 fr. à 50 fr. (art. 358 C. pén.).

78. L'acte de décès sera dressé par l'officier de l'état civil, sur la déclaration de deux témoins. Ces témoins seront, s'il est possible, les deux plus proches parents ou voisins, ou lorsqu'une personne sera décédée hors de son domicile, la personne chez laquelle elle sera décédée, et un parent ou autre.

Les deux déclarants sont en même temps témoins de l'acte de décès; ils doivent, par suite, être mâles et majeurs. En général, ils sont tenus de faire leur déclaration dans les 24 heures du décès.

79. L'acte de décès contiendra les prénoms, nom, âge, profession et domicile de la personne décédée : les prénoms et nom de l'autre époux, si la personne décédée était mariée ou veuve ; les prénoms, noms, âge, professions et domiciles des déclarants ; et, s'ils sont parents, leur degré de parenté. — Le même acte contiendra, de plus, autant qu'on pourra le savoir, les prénoms, noms, profession et domicile des père et mère du décédé, et le lieu de sa naissance.

Les énonciations prescrites par cet article servent à bien constater l'identité de la personne décédée. La loi n'exige pas l'énonciation du jour ni de l'heure du décès, qui peut cependant avoir une grande importance dans les questions de légitimité et de succession ; elle n'a pas voulu qu'une pareille énonciation, qui est généralement écrite par l'officier de l'état civil sur la déclaration des témoins, et qui renferme une simple présomption de vérité, pût s'élever à la hauteur d'une vérité faisant foi à l'égard de tous. — En ce qui concerne les énonciations que doit contenir l'acte de décès d'un enfant nouveau-né, dont la naissance n'a pas été inscrite sur les registres de l'état civil, voir l'article 56 ci-dessus.

80. En cas de décès dans les hôpitaux militaires, civils ou autres maisons publiques, les supérieurs, directeurs, administrateurs et maîtres de ces maisons, seront tenus d'en donner avis, dans les vingt-quatre heures, à l'officier de l'état civil, qui s'y transportera pour s'assurer du décès, et en dressera l'acte, conformément à l'article précédent, sur les déclarations qui lui auront été faites, et sur les renseignements qu'il aura pris. Il sera tenu, en outre, dans lesdits hôpitaux et maisons, des registres destinés à inscrire ces déclarations et ces renseignements. — L'officier de l'état civil enverra l'acte de décès à celui du dernier domicile de la personne décédée, qui l'inscrira sur les registres.

L'officier de l'état civil qui dresse, d'après les renseignements qu'il a pris, l'acte de décès d'une personne morte dans un hôpital ou autre maison publique, a besoin de deux témoins pour corroborer les énonciations de l'acte.

81. Lorsqu'il y aura des signes ou indices de mort violente, ou d'autres circonstances qui donneront lieu de le soupçonner, on ne pourra faire l'inhumation qu'après qu'un officier de police, assisté d'un docteur en médecine ou en chirurgie, aura dressé procès-verbal de l'état du cadavre et des circonstances y relatives, ainsi que des renseignements qu'il aura pu recueillir sur les prénoms, nom, âge, profession, lieu de naissance et domicile de la personne décédée.

Le procès-verbal de l'état du cadavre et des circonstances relatives au genre de mort et à la nature des blessures, est nécessaire pour la constatation et la répression des crimes commis envers les personnes.

82. L'officier de police sera tenu de transmettre de suite, à l'officier de l'état civil du lieu où la personne sera décédée, tous les renseignements énoncés dans son procès-verbal, d'après lesquels l'acte de décès sera rédigé. — L'officier de l'état civil en enverra une expédition à celui du domicile de la personne décédée, s'il est connu; cette expédition sera inscrite sur les registres.

Ce sont seulement les renseignements concernant l'identité de la personne décédée que l'officier de police transmet à l'officier de l'état civil du lieu du décès : celui-ci rédige de suite, sur ses registres, l'acte de décès, qui doit être pareillement inscrit sur les registres du domicile de la personne décédée.

83. Les greffiers criminels seront tenus d'envoyer, dans les vingt-quatre heures de l'exécution des jugements portant peine de mort, à l'officier de l'état civil du lieu où le condamné aura été exécuté, tous les renseignements énoncés en l'article 79, d'après lesquels l'acte de décès sera rédigé.

L'acte de décès doit aussi, dans ce cas, être inscrit sur les registres du domicile de l'exécuté : le législateur a considéré comme superflue la répétition des termes de l'article 82.

84. En cas de décès dans les prisons ou maisons de réclusion

et de détention, il en sera donné avis sur-le-champ, par les con-
cierges ou gardiens, à l'officier de l'état civil, qui s'y transportera comme il est dit en l'article 80, et rédigera l'acte de
décès.

L'observation faite sous l'article précédent est ici applicable. Ainsi, l'officier de l'état civil qui a dressé l'acte de décès du prisonnier, en envoie
une expédition conforme au maire du domicile du défunt, où elle sera
inscrite sur les registres de l'état civil.

85. Dans tous les cas de mort violente, ou dans les prisons
et maisons de réclusion, ou d'exécution à mort, il ne sera fait
sur les registres aucune mention de ces circonstances, et les
actes de décès seront simplement rédigés dans les formes près-
crites par l'article 79.

L'acte de décès est destiné à constater seulement la mort. En conséquence, il ne doit rien contenir sur le genre de mort, alors surtout qu'il
s'agirait de circonstances rappelant un souvenir pénible et douloureux
pour les familles. Toutefois, nous pensons, avec plusieurs auteurs, que
l'on peut énoncer dans les registres qu'un soldat est mort sur le champ de
bataille.

86. En cas de décès pendant un voyage de mer, il en sera
dressé acte dans les vingt-quatre heures, en présence de deux
témoins pris parmi les officiers du bâtiment, ou, à leur défaut,
parmi les hommes de l'équipage. Cet acte sera rédigé, savoir,
sur les bâtiments de l'État, par l'officier d'administration de la
marine; et sur les bâtiments appartenant à un négociant ou
armateur, par le capitaine, maître ou patron du navire. L'acte
de décès sera inscrit à la suite du rôle de l'équipage.

Cet article répète, pour les actes de décès, la disposition de l'article 59
relative aux actes de naissance.

87. Au premier port où le bâtiment abordera, soit de relâche, soit pour toute autre cause que celle de son désarmement, les officiers de l'administration de la marine, capitaine,

maître ou patron, qui auront rédigé des actes de décès, seront tenus d'en déposer deux expéditions, conformément à l'article 60. — A l'arrivée du bâtiment dans le port du désarmement, le rôle d'équipage sera déposé au bureau du préposé à l'inscription maritime; il enverra une expédition de l'acte de décès, de lui signée, à l'officier de l'état civil du domicile de la personne décédée : cette expédition sera inscrite de suite sur les registres.

Cet article est semblable à l'article 60. — Remarquons que le mariage ne peut point être célébré en mer, parce qu'il n'aurait pas la publicité et la solennité qui sont nécessaires à son existence.

Lorsque des personnes meurent, par suite d'éboulements, ou autres accidents, dans une exploitation de mine, et que leurs corps ne peuvent pas être retrouvés, l'officier de l'état civil dresse un procès-verbal qui constate les faits et le transmet au procureur impérial; sur l'autorisation du tribunal, ce procès-verbal est annexé aux registres de l'état civil et équivaut à un acte de décès (Décret du 3 janvier 1813).

CHAPITRE V.

DES ACTES DE L'ÉTAT CIVIL CONCERNANT LES MILITAIRES HORS DU TERRITOIRE FRANÇAIS.

Sur la proposition de Napoléon Bonaparte, alors premier consul, les rédacteurs du Code ont admis ce principe nouveau : « Là où est le drapeau, là est la France. » En conséquence, ils ont disposé que les actes de l'état civil des militaires hors du territoire français, seront rédigés selon nos lois par certains officiers.

88. Les actes de l'état civil faits hors du territoire de l'empire, concernant des militaires ou autres personnes employées à la suite des armées, seront rédigés dans les formes prescrites par les dispositions précédentes, sauf les exceptions contenues dans les articles suivants.

L'acte de l'état civil d'un militaire en campagne, c'est-à-dire hors du territoire français, ne peut pas être valablement rédigé dans la forme du pays étranger. Notre article déroge donc au principe général : « Le lieu régit l'acte, *Locus regit actum.* » Toutefois, si un militaire en campagne épouse une femme étrangère en pays étranger, il faut suivre alors les formes du pays où l'acte est passé.

89. Le quartier-maître dans chaque corps d'un ou plusieurs bataillons ou escadrons, et le capitaine commandant dans les autres corps, rempliront les fonctions d'officiers de l'état civil : ces mêmes fonctions seront remplies, pour les officiers sans troupes et pour les employés de l'armée, par l'inspecteur aux revues attaché à l'armée ou au corps d'armée.

Les *quartiers-maîtres* sont remplacés par les *majors*, et les *inspecteurs aux revues*, par les *intendants* et *sous-intendants militaires*.

90. Il sera tenu, dans chaque corps de troupes, un registre pour les actes de l'état civil relatifs aux individus de ce corps, et un autre à l'état-major de l'armée ou d'un corps d'armée, pour les actes civils relatifs aux officiers sans troupes et aux employés : ces registres seront conservés de la même manière que les autres registres des corps et états-majors, et déposés aux archives de la guerre, à la rentrée des corps ou armées sur le territoire de l'empire.

91. Les registres seront cotés et paraphés, dans chaque corps, par l'officier qui le commande; et, à l'état-major, par le chef de l'état-major général.

Cette disposition renferme une garantie pareille à celle de l'article 41. — Les registres de l'état civil des militaires sont dispensés de la condition du timbre, malgré le silence du Code à cet égard ; parce que l'accomplissement de cette condition dans les armées serait le plus souvent impossible.

92. Les déclarations de naissance à l'armée seront faites dans les dix jours qui suivront l'accouchement.

Le délai ordinaire de trois jours, qui est fixé pour les déclarations de naissance (art. 55), est ici élevé à dix jours. Cette dérogation au droit commun était commandée par les embarras de la guerre, les difficultés de communications et les occupations multipliées des officiers chargés de rédiger les actes de l'état civil.

93. L'officier chargé de la tenue du registre de l'état civil devra, dans les dix jours qui suivront l'inscription d'un acte de naissance audit registre, en adresser un extrait à l'officier de l'état civil du dernier domicile du père de l'enfant, ou de la mère si le père est inconnu.

L'officier de l'état civil transcrit immédiatement sur ses registres l'extrait qu'il a reçu (art. 98).

94. Les publications de mariage des militaires et employés à la suite des armées seront faites au lieu de leur dernier domicile: elles seront mises, en outre, vingt-cinq jours avant la célébration du mariage, à l'ordre du jour du corps, pour les individus qui tiennent à un corps; et à celui de l'armée ou du corps d'armée, pour les officiers sans troupes, et pour les employés qui en font partie.

C'est pour empêcher le crime de bigamie de la part des militaires, que l'on exige ici une publicité particulière et un plus long délai entre les publications et la célébration du mariage. En outre, le militaire, officier ou soldat, lorsqu'il fait partie de l'armée active, ne peut se marier qu'après en avoir obtenu l'autorisation par écrit du ministre de la guerre (L. 19 mai 1834; L. 1868).

95. Immédiatement après l'inscription sur le registre, de l'acte de célébration du mariage, l'officier [chargé de la tenue du registre en enverra une expédition à l'officier de l'état civil du dernier domicile des époux.

L'officier chargé de la tenue des registres a dix jours pour envoyer à l'officier de l'état civil les expéditions des actes de naissance et de décès (art. 93, 96), tandis qu'il doit envoyer immédiatement l'acte de mariage, afin que cet acte important soit soustrait aux hasards de la guerre.

96. Les actes de décès seront dressés, dans chaque corps, par le quartier-maître; et, pour les officiers sans troupes et les employés, par l'inspecteur aux revues de l'armée, sur l'attestation de trois témoins; et l'extrait de ces registres sera envoyé, dans les dix jours, à l'officier de l'état civil du dernier domicile du décédé.

Dans les actes de décès, il ne faut, en droit commun, que deux témoins (art. 78); notre article en exige trois pour l'acte de décès des militaires, parce que l'erreur sur l'identité de la personne décédée est ici plus à craindre.

97. En cas de décès dans les hôpitaux militaires ambulants ou sédentaires, l'acte en sera rédigé par le directeur desdits hôpitaux, et envoyé au quartier-maître du corps, ou à l'inspecteur aux revues de l'armée ou du corps d'armée dont le décédé faisait partie : ces officiers en feront parvenir une expédition à l'officier de l'état civil du dernier domicile du décédé.

Le directeur de l'hôpital rédige l'acte de décès sur la déclaration de trois témoins (Instruction du 4 thermidor an VIII).

98. L'officier de l'état civil du domicile des parties, auquel il aura été envoyé de l'armée expédition d'un acte de l'état civil, sera tenu de l'inscrire de suite sur les registres.

Ainsi, le décès d'une personne doit toujours être rendu public dans le lieu de son domicile, où s'ouvre sa succession.

CHAPITRE VI.

DE LA RECTIFICATION DES ACTES DE L'ÉTAT CIVIL.

La rectification des actes de l'état civil a lieu le plus souvent à cause des noms mal orthographiés ou des prénoms omis ou intervertis. Lorsque l'on veut produire, pour le mariage, des actes qui renferment de pareilles erreurs, il n'est pas nécessaire de recourir à la justice pour en obtenir la rectification, ainsi que nous l'avons vu sous l'article 72.

99. Lorsque la rectification d'un acte de l'état civil sera demandée, il y sera statué, sauf l'appel, par le tribunal compétent, et sur les conclusions du procureur impérial. Les parties intéressées seront appelées, s'il y a lieu.

Dès qu'un acte de l'état civil est rédigé, il appartient à la société entière et ne peut plus, après coup, recevoir du maire et des parties aucune espèce de modification. Celui que cet acte concerne et qui veut le faire rectifier doit former, par requête d'avoué, sa demande devant le tribunal de première instance. Le tribunal compétent pour connaître de cette demande est celui de l'arrondissement de la commune où l'acte a été dressé et au greffe duquel le registre est déposé, ainsi que l'a décidé un arrêt de la cour de Metz, du 25 avril 1861, qui se fonde sur les raisons suivantes : Que c'est ce tribunal qui est le mieux en situation d'obtenir, par des enquêtes ou autrement, les renseignements propres à montrer la vérité ou les inexactitudes que ces registres renferment, et que la tenue des registres de l'état civil étant une affaire d'ordre public, on laisserait aux parties une faculté exhorbitante, si on les laissait maîtresses de choisir leurs juges, en portant leur demande partout où il leur plairait de transporter leur domicile. — La cour de Paris a jugé dans le même sens, en ces termes : — « Considérant que les preuves de l'état civil d'une personne ayant habité ou habitant la France sont presque toujours au lieu où se sont accomplis les faits constatés par un acte écrit sur les registres; que c'est là que se trouvent habituellement les personnes dont il peut être utile de recueillir le témoignage; que là sont les registres; que, quand une rectification est demandée, il importe souvent que le juge voie de ses propres yeux ces registres, qui ne sauraient être déplacés sans danger; — Considérant que tout ce qui est relatif à l'état civil étant d'ordre public, la compétence du tribunal appelé à statuer sur une demande en rectification ne peut dépendre de la volonté des parties intéressées; — Considérant que, de ce qui précède, il résulte que c'est au tribunal du greffe duquel est le registre contenant l'acte à rectifier que doit être portée la requête » (C. de Paris, 6 mai 1861).

Le jugement rendu par le tribunal sur une demande en rectification d'un acte de l'état civil est susceptible d'appel, parce qu'une pareille demande a toujours pour objet une valeur indéterminée.

La rectification d'un acte de l'état civil ne peut, en général, être demandée que par les parties intéressées. Le ministère public n'a pas le droit d'agir d'office à cette égard, mais seulement celui de faire des réquisitions, c'est-à-dire de développer des conclusions. Mais ce principe souffre des exceptions, notamment lorsqu'il s'agit de rectification concernant des titres de noblesse ; en pareille matière, le procureur impérial a le droit de demander d'office la rectification d'un acte de l'état civil. Ainsi l'a décidé la Cour de cassation par deux arrêts identiques, en date du 22 janvier 1862 : — « Attendu que l'exécution des lois serait complétement désarmée contre les énonciations qui, insérées dans les actes, resteraient à l'abri de toute demande en rectification de la part du ministère public; qu'il s'agit là, en général du moins, de faits qui portent atteinte à l'ordre public sans léser aucun autre intérêt rival et dont la poursuite, par conséquent, ne peut appartenir qu'au ministère public, comme partie principale, soit en demandant, soit en défendant au nom de la société, nul autre n'ayant, en pareil cas, intérêt et qualité pour agir. »

Dans un arrêt postérieur, la Cour de cassation a décidé que le ministère public a le droit, en ce qui concerne les titres de noblesse, de poursuivre directement la rectification non-seulement des actes de l'état civil, mais encore des actes notariés : — « Attendu que l'ordre public est essentiellement intéressé à ce que nul ne puisse prendre, dans des actes publics, des noms et des titres qui ne lui appartiendraient pas ; — Qu'il n'y a pas, d'ailleurs, à distinguer le cas où les noms et titres seraient pris dans les actes de l'état civil proprement dits, de celui où ils seraient usurpés dans d'autres actes publics, dans des actes notariés, soit par les parties, soit par les témoins instrumentaires, les uns et les autres étant également compris dans le texte des lois des 6 fructidor an II, 11 germinal an XI et 28 mai 1858 » (C. cass. 25 mars 1867).

Veut-on faire rectifier un acte de l'état civil, pour y ajouter un titre nobiliaire qui a été omis? Il faut s'adresser d'abord au conseil des sceaux, ainsi que l'a décidé en ces termes la Cour de cassation : — « Attendu que, lorsqu'il s'agit d'un titre nobiliaire, la propriété doit en être établie par un titre régulier, et que, s'il manque de cette condition, les demandes en rectification des actes de l'état civil qui ne le relatent pas, n'ayant en réalité pour objet que la reconnaissance ou la confirmation de ce titre par justice, les tribunaux de droit commun doivent s'abstenir d'en connaître, tant qu'il n'a pas été statué sur cette reconnaissance ou cette

confirmation, conformément aux dispositions du décret du 8 janvier 1859 »
(C. cass. 1er juin 1863).

100. Le jugement de rectification ne pourra, dans aucun
temps, être opposé aux parties intéressées qui ne l'auraient
point requis, ou qui n'y auraient pas été appelées.

Cet article est une application de cette maxime, vraie dans tous les
temps : « La chose jugée ne produit d'effet qu'entre les parties, *Res inter
alios judicata, aliis neque prodest, neque nocet.* » Cependant des personnes peuvent avoir un intérêt pécuniaire ou de famille à ce que la rectification n'ait pas lieu : aussi l'article précédent porte-t-il que les parties
intéressées sont appelées dans l'instance en rectification d'un acte; il leur
sera plus facile d'empêcher un fait nuisible de se produire que de le faire
ens   e annuler. Au reste, les parties qui n'ont pas été appelées et qui
ont intérêt à attaquer le jugement de rectification, peuvent agir par voie
de tierce opposition.

Le principe que le jugement ne produit d'effet qu'entre les personnes
qui ont figuré dans l'instance, produit un résultat singulier dans l'espèce
suivante : Pierre C... décède laissant deux enfants légitimes : Primus et
Sécundus; Tertius, inscrit sur les registres de l'état civil comme né de
père et mère inconnus, agit en rectification de son acte de naissance, met
en cause Sécundus, et obtient un jugement de rectification qui le déclare
fils légitime de Pierre et, par suite, frère légitime de Sécundus. Primus
auquel le jugement obtenu contre Sécundus ne nuit point, fait déclarer
par un nouveau jugement que Tertius n'est point son frère. Dans l'espèce
posée, la succession de Pierre, qui est de 24,000 fr. sera ainsi partagée :
Primus qui n'a qu'un frère légitime, Sécundus, aura moitié de la succession, soit 12,000 fr. Sécundus, qui a deux frères légitimes, Primus et
Tertius, aura le tiers de la succession, soit 8,000 fr.; le surplus de la
succession, soit 4,000 fr., appartiendra à Tertius.

101. Les jugements de rectification seront inscrits sur les
registres par l'officier de l'état civil, aussitôt qu'ils lui auront été remis; et mention en sera faite en marge de l'acte
réformé.

De même que les reconnaissances d'enfants naturels, les légitimations et les adoptions, le jugement de rectification d'un acte est inscrit sur les registres courants de l'état civil ; cette inscription est mentionnée en marge de l'acte rectifié, et l'officier de l'état civil ne pourra plus, sous peine de tous dommages-intérêts, délivrer des expéditions de l'acte rectifié qu'avec les rectifications.

TITRE III.

DU DOMICILE.

(Décrété le 14 mars 1803. Promulgué le 24 du même mois.)

Domicile vient du mot latin *domus*, signifiant maison.

Les auteurs donnent ces deux définitions du domicile : 1° « C'est le siége légal d'une personne pour l'exercice de ses droits civils ; » — 2° « C'est la relation qui existe entre une personne et le lieu où elle a son principal établissement, le centre de ses affaires, le siége de sa fortune. »

Le domicile tel que nous venons de le définir est appelé domicile *civil*, par opposition au domicile *politique*, qui est la relation existante entre un citoyen et le lieu où il exerce ses droits politiques. Il est aussi appelé domicile *réel*, par opposition au domicile d'*élection*, qui est choisi spécialement pour l'exécution d'un acte. Le domicile civil et le domicile politique, qui sont susceptibles d'être séparés, sont ordinairement réunis au même lieu. Le domicile réel, ou général, et le domicile d'élection, ou spécial, sont toujours séparés : on a nécessairement un domicile réel, et rien qu'un ; on peut n'avoir aucun domicile d'élection, comme l'on peut en avoir plusieurs.

Le *domicile* diffère de la *résidence*. Il consiste dans un droit et se conserve malgré l'éloignement et l'absence. La *résidence* consiste dans le fait d'habitation dans un lieu ; elle se perd pour la personne qui quitte ce lieu pour aller habiter ailleurs.

Le domicile d'une personne détermine le tribunal devant lequel elle doit être poursuivie en matière personnelle et en matière réelle mobilière (art. 59 C. pr.), la commune dans laquelle elle doit payer sa contribution personnelle (L. 21 avr. 1832, art. 13), et le lieu où s'ouvre sa succession (art. 110).

102. Le domicile de tout Français, quant à l'exercice de ses droits civils, est au lieu où il a son principal établissement.

Cet article indique où se trouve le domicile civil, sans le définir. Il ne s'occupe point du domicile politique, qui ne peut faire l'objet des dispositions du Code Napoléon.

Le principal établissement, à l'égard de l'ouvrier qui travaille à la journée, et de la personne qui n'a ni maison ni propriété, ni industrie, peut consister dans une demeure fixe.

103. Le changement de domicile s'opèrera par le fait d'une habitation réelle dans un autre lieu, joint à l'intention d'y fixer son principal établissement.

La réunion des deux éléments, le *fait* et l'*intention*, est nécessaire pour opérer le changement de domicile. De là, celui qui a seulement une habitation réelle dans un autre lieu, ou qui a seulement l'intention de fixer dans un autre lieu son principal établissement, conserve néanmoins son domicile.

104. La preuve de l'intention résultera d'une déclaration expresse, faite tant à la municipalité du lieu qu'on quittera, qu'à celle du lieu où on aura transféré son domicile.

Une personne manifeste bien clairement son intention de changer de domicile, quand elle en fait deux déclarations expresses, l'une à la mairie de la commune qu'elle quitte, et l'autre à la mairie de la commune où elle vient se fixer. Mais ces déclarations sont inusitées en pratique, parce qu'il n'existe pas, dans les mairies, de registres destinés à les recevoir.

105. A défaut de déclaration expresse, la preuve de l'intention dépendra des circonstances.

Le juge est appréciateur souverain des circonstancecs qui, à défaut de déclaration expresse, manifestent l'intention de changer de domicile; il prendra notamment en considération le fait que la personne, dont il s'agit de déterminer le domicile, exerce dans une commune une profession ou ses droits politiques, qu'elle y fait partie de la garde nationale, y possède des immeubles, y paye des impôts et notamment y est imposée pour la contribution personnelle.

106. Le citoyen appelé à une fonction publique, temporaire

L.   5 ou révocable, conservera le domicile qu'il avait auparavant, s'il n'a pas manifesté d'intention contraire.

La fonction est *temporaire*, si elle n'a qu'une durée limitée, comme celle de député. Elle est *révocable*, si le gouvernement peut destituer le fonctionnaire; telles sont les fonctions de préfet, de procureur impérial, de juge de paix.

107. L'acceptation de fonctions conférées à vie emportera translation immédiate du domicile du fonctionnaire dans le lieu où il doit exercer ses fonctions.

Celui qui accepte une fonction *à vie*, c'est-à-dire perpétuelle et irrévocable, comme celle de juge d'un tribunal civil, transfère son domicile dans le lieu où il s'engage à remplir sa fonction, et cela à l'instant même de la prestation de son serment. Quand il s'agit d'une fonction à vie dont l'exercice n'est point soumis à la prestation de serment, la translation de domicile s'opère au moment où l'acceptation se manifeste expressément par un écrit, une lettre, ou tacitement par l'entrée en fonctions.

108. La femme mariée n'a point d'autre domicile que celui de son mari. Le mineur non émancipé aura son domicile chez ses père et mère ou tuteur : le majeur interdit aura le sien chez son tuteur.

A l'instant même où le mariage est célébré, la femme a son domicile chez son mari, alors même que ce domicile serait dans un pays très-éloigné du lieu de la célébration, et que la femme n'y aurait encore jamais mis les pieds. Elle ne peut plus avoir de domicile séparé et qui lui soit propre, après l'union intime et perpétuelle qui confond les époux et soumet la femme à la puissance protectrice de son mari. Toutefois, ce principe souffre exception dans le cas de séparation de corps judiciairement prononcée. Quoique cette séparation ne brise point le mariage, elle en relâche considérablement le lien : la femme a, dans ce cas, une habitation et le siège de ses affaires souvent bien loin du domicile de son mari; ce ne peut donc plus être à ce domicile que s'ouvre sa succession et que les copies d'assignation qui lui sont personnellement destinées doivent être remises. La nécessité des choses veut donc que la femme ait, dans ce cas exceptionnel et non prévu par notre article, un domicile distinct de celui du mari.

L'enfant mineur est domicilié chez son père; le mineur en tutelle et l'interdit, chez leur tuteur, car celui qui est soumis à une puissance protectrice par laquelle ses droits civils sont exercés, ne doit pas avoir son domicile ailleurs que chez son protecteur. Mais, lorsque la tutelle du mineur ou de l'interdit prend fin d'une manière quelconque, le protégé recouvre son ancien domicile, c'est-à-dire celui qu'il avait lors de l'ouverture de la tutelle. La femme dont le mari vient à mourir, conserve, au contraire, le même domicile.

109. Les majeurs qui servent ou travaillent habituellement chez autrui, auront le même domicile que la personne qu'ils servent ou chez laquelle ils travaillent, lorsqu'ils demeureront avec elle dans la même maison.

Si celui qui sert ou travaille habituellement chez autrui est un mineur non émancipé, il conserve néanmoins son domicile chez son père ou tuteur. Si, au contraire, il est majeur ou mineur émancipé, il a son domicile chez son maître ou patron, car il est présumé avoir l'intention de fixer son domicile dans la maison qu'il habite. La femme mariée a toujours, dans ce cas, son domicile chez le maître ou patron de son mari, alors même qu'elle n'habiterait point sa maison et qu'elle servirait elle-même chez un autre maître.

110. Le lieu où la succession s'ouvrira sera déterminé par le domicile.

Si la personne décédée ne laisse qu'un seul héritier, elle est censée avoir transporté, à l'instant de son décès, son domicile chez cet héritier, qui est devenu le continuateur du défunt et se trouve investi de tous ses droits. Mais quand elle laisse plusieurs héritiers, sa succession s'ouvre à son domicile, qu'elle est censée conserver jusqu'au partage. C'est donc, en ce cas, devant le tribunal du lieu du domicile du défunt que doivent être portées les actions en partage et, jusqu'au partage définitif, les demandes personnelles en payement des legs et des dettes héréditaires (art. 822 C. Nap.; 59 C. pr.).

111. Lorsqu'un acte contiendra, de la part des parties ou de l'une d'elles, élection de domicile pour l'exécution de ce même acte, dans un autre lieu que celui du domicile réel, les significations, demandes et poursuites relatives à cet acte, pourront être faites au domicile convenu, et devant le juge de ce domicile.

Quand l'élection de domicile est faite dans l'intérêt du seul créancier, celui-ci peut demander l'exécution de l'acte, à son choix, devant le tribunal du domicile élu ou devant celui du domicile réel du débiteur. Si, au contraire, l'élection est faite soit dans l'intérêt du débiteur seul, soit dans l'intérêt commun des parties, le créancier aurait besoin du consentement du débiteur pour agir devant un tribunal autre que celui du domicile élu. — Quelquefois les parties, au lieu de faire élection de domicile chez un tiers désigné, indiquent simplement le tribunal qui connaîtra de l'exécution de l'acte. Or, dans ce cas, quoique la convention fasse loi, les assignations et autres exploits devront être signifiés au domicile réel des parties.

Le domicile *élu* diffère du domicile *réel*, en ce qu'il est spécial pour un acte, qu'il ne peut être changé sans le consentement de la partie qui l'a stipulé, et qu'il constitue un droit acquis auquel le décès des parties ne peut porter aucune atteinte.

TITRE IV.

DES ABSENTS.

Décrété le 15 mars 1803. Promulgué le 25 du même mois.)

Le mot *absent*, qui signifie *non présent* dans le langage ordinaire, désigne ici une personne qui a disparu de son domicile, dont on n'a point de nouvelles et sur l'existence de laquelle il existe des doutes plus ou moins probables.

L'absence se divise en trois périodes : 1° la présomption d'absence; 2° la déclaration d'absence; 3° l'envoi en possession définitif.

Les droits de l'absent, qui sont l'objet de toute la sollicitude du Code Napoléon, n'étaient nullement sauvegardés par les législations antérieures. Celles-ci ne voyaient pas avec faveur les voyages qui éloignaient les Français de leur famille et de leur patrie; c'est pourquoi elles ne contenaient aucunes dispositions spéciales pour protéger les intérêts et les biens de ceux qui avaient disparu de leur domicile, sans donner de leurs nouvelles.

CHAPITRE PREMIER.

DE LA PRÉSOMPTION D'ABSENCE.

Une personne est présumée absente quand elle a disparu de son domicile, ne donne pas de ses nouvelles et n'est cependant point encore déclarée absente. Dans cette première période, qui commence au moment du soupçon sur l'existence et qui finit par la preuve de l'existence ou du décès, ou par le jugement déclarant l'absence, la personne est regardée bien plutôt comme vivante que comme morte.

112. S'il y a nécessité de pourvoir à l'administration de tout ou partie des biens laissés par une personne présumée absente, et qui n'a point de procureur fondé, il y sera statué par le tribunal de première instance, sur la demande des parties intéressées.

Les *parties intéressées* ont seules qualité pour demander qu'il soit pourvu à l'administration des biens d'une personne présumée absente. Or, les parties intéressées sont ici celles qui ont des droits acquis ; tels sont les créanciers, les copropriétaires, l'épouse commune en biens ou ayant des reprises à exercer. On y comprend aussi les enfants, car ils ont droit non-seulement à des aliments, mais encore à une réserve légale qui les fait considérer comme étant copropriétaires des biens appartenant à leurs père et mère. — Mais il ne faut point, dans ce chapitre, considérer comme parties intéressées les personnes dont les droits sont subordonnés au décès, comme les héritiers ordinaires, les légataires et les institués par contrat de mariage. Lorsqu'il n'existe point de parties intéressées, ou lorsque les parties intéressées qui existent sont insoucieuses de leurs intérêts, le ministère public peut aussi requérir des mesures conservatoires, puisqu'il est tenu, aux termes de l'art. 114, de veiller aux intérêts des personnes présumées absentes. Au reste, ce n'est qu'en cas de nécessité qu'il peut être permis de requérir des mesures conservatoires des biens ; or, cette nécessité n'existe point s'il n'y a pas urgence, ou s'il existe un mandataire ayant des pouvoirs suffisants pour faire les actes nécessaires.

Le tribunal compétent pour connaître de la demande des parties intéressées est le tribunal civil. Ce n'est pas celui du lieu où les biens sont situés, mais celui du domicile du présumé absent. Toute décision contraire sur ce point, qui est cependant très-controversé, produirait souvent de graves inconvénients.

113. Le tribunal, à la requête de la partie la plus diligente, commettra un notaire pour représenter les présumés absents, dans les inventaires, comptes, partages et liquidations dans lesquels ils seront intéressés.

On est ici dans l'hypothèse où le présumé absent avait déjà, lors de sa disparition, un droit acquis à une hérédité ouverte, à une communauté ou à une société ; car, si la succession ne s'était ouverte qu'après sa disparition, on le considèrerait comme n'ayant aucun droit (art. 136), et, par suite, il n'y aurait pas lieu de lui donner un représentant. Or, dans l'espèce de notre article, les cohéritiers du présumé absent, qui ne sont point tenus de rester dans l'indivision (art. 815), lui font nommer, par le tribunal, un notaire qui le représentera. Ce notaire commis, qui représente un héritier, ne peut pas être le rédacteur des actes d'inventaire, de compte, de liquidation et de partage.

114. Le ministère public est spécialement chargé de veiller aux intérêts des personnes présumées absentes ; et il sera entendu sur toutes les demandes qui les concernent.

Il résulte de la première disposition de cet article que le ministère public peut, comme les parties intéressées, demander au tribunal les mesures provisoires qui sont nécessaires pour la conservation des biens du présumé absent.

CHAPITRE II.

DE LA DÉCLARATION D'ABSENCE.

L'absence est déclarée par jugement ; le présumé absent est dès lors appelé *absent*. La déclaration d'absence, qui commence la seconde période, où l'idée de mort de celui qui a disparu acquiert plus de force, a pour effet l'envoi des héritiers présomptifs en possession des biens de l'absent.

115. Lorsqu'une personne aura cessé de paraître au lieu de son domicile ou de sa résidence, et que depuis quatre ans on n'en aura point eu de nouvelles, les parties intéressées pourront se pourvoir devant le tribunal de première instance, afin que l'absence soit déclarée.

Les *parties intéressées* à demander la déclaration d'absence diffèrent de celles qui sont énumérées dans l'article 112 ci-dessus : ce sont celles qui tendent à obtenir l'envoi en possession des biens, afin de gagner une partie des fruits, c'est-à-dire les héritiers présomptifs, les personnes connues pour avoir des droits subordonnés à la condition du décès et même le ministère public, qui agit alors dans un intérêt général. Le légataire n'est pas compris parmi les parties intéressées, parce qu'il ne peut point, jusqu'à l'ouverture du testament, prouver l'existence de son intérêt.

Ce n'est qu'après quatre ans depuis les dernières nouvelles, et même après dix ans, s'il existe une procuration (art. 121), que la demande en déclaration d'absence peut être adressée, par requête d'avoué, au tribunal du domicile de celui qui a disparu. Le délai depuis les dernières nouvelles commence à courir, non pas du jour où la lettre a été reçue, mais du jour où elle a été écrite, car c'est à partir de cette époque que commence l'incertitude de l'existence de l'absent.

116. Pour constater l'absence, le tribunal, d'après les pièces et documents produits, ordonnera qu'une enquête soit faite contradictoirement avec le procureur impérial dans l'arrondissement du domicile, et dans celui de la résidence, s'ils sont distincts l'un de l'autre.

On entend par *enquête* l'audition de témoins sur un fait dénié ou non reconnu par l'une des parties. Les témoins sont produits par le demandeur; ils peuvent, en cette matière, être des parents ou alliés de celui qui a disparu, parce qu'ils peuvent, mieux que tous autres, connaitre si le présumé absent a donné de ses nouvelles. L'enquête est faite non-seulement au domicile, mais encore, si celui qui a disparu avait une résidence, au lieu de cette résidence. A cet effet, le tribunal du domicile adresse une commission rogatoire au tribunal de la résidence. Dans tous les cas, le procureur impérial a le droit d'appeler à l'enquête les personnes dont il espère obtenir d'utiles renseignements.

117. Le tribunal, en statuant sur la demande, aura d'ailleurs égard aux motifs de l'absence, et aux causes qui ont pu empêcher d'avoir des nouvelles de l'individu présumé absent.

Le tribunal examinera si l'absent est parti pour un voyage d'une longue durée, s'il est dans un lieu avec lequel la guerre ou une maladie contagieuse rendent les communications difficiles : selon les cas, il prononcera ou différera sa sentence.

118. Le procureur impérial enverra, aussitôt qu'ils seront rendus, les jugements tant préparatoires que définitifs, au ministre de la justice, qui les rendra publics.

Le jugement *préparatoire* est, en général, celui qui prépare la décision du fond ; c'est ici celui qui ordonne l'enquête. Le jugement *définitif* est celui qui statue sur le fond de la contestation ; c'est ici celui qui prononce l'absence. Ces deux jugements sont rendus publics par la voie du *Moniteur*. Ce journal officiel de l'empire français pénétrant dans presque toutes les parties du globe, les personnes qui peuvent avoir des documents sont par là averties de les faire parvenir à la justice, et l'absent apprendra peut-être ainsi ce qui se passe à son domicile.

119. Le jugement de déclaration d'absence ne sera rendu qu'un an après le jugement qui aura ordonné l'enquête.

Le délai d'un an suffit à l'absent, averti par la publicité du jugement ordonnant l'enquête, pour reparaître à son domicile ou y donner de ses nouvelles.

CHAPITRE III.

DES EFFETS DE L'ABSENCE.

Ce chapitre expose les effets de l'absence dans trois sections, qui traitent : 1° du patrimoine de l'absent ; 2° des successions ouvertes pendant l'absence ; 3° du mariage de l'absent.

SECTION PREMIÈRE.

Des effets de l'absence relativement aux biens que l'absent possédait au jour de sa disparition.

120. Dans le cas où l'absent n'aurait point laissé de procuration pour l'administration de ses biens, ses héritiers présomptifs, au jour de sa disparition ou de ses dernières nouvelles, pourront, en vertu du jugement définitif qui aura déclaré l'absence, se faire envoyer en possession provisoire des biens qui appartenaient à l'absent au jour de son départ ou de ses dernières nouvelles, à la charge de donner caution pour la sûreté de leur administration.

Dès que le jugement déclaratif d'absence est prononcé, il y a lieu à la demande de l'envoi en possession des biens de l'absent. Parmi ces biens, on ne comprend point ceux qui feraient partie de successions ouvertes depuis les dernières nouvelles : l'incertitude de l'existence de l'absent lors de l'ouverture de ces successions, le fait considérer comme n'étant point héritier (art. 135).

Ceux qui peuvent demander l'envoi en possession, que l'absent ait ou non laissé une procuration, sont les héritiers présomptifs au jour de la disparition ou des dernières nouvelles. En conséquence, si le plus proche parent au jour des dernières nouvelles vient à décéder avant la prononciation du jugement déclaratif d'absence, ce sont ses héritiers ou ses légataires universels ou à titre universel, qui ont le droit, à l'exclusion des héritiers présomptifs au jour de la déclaration d'absence, d'obtenir l'envoi en possession des biens de l'absent.

L'envoyé en possession n'est point propriétaire des biens de l'absent, mais seulement administrateur intéressé. Pour sûreté de sa gestion, il est tenu de fournir une caution solvable et capable de s'obliger (art. 2040).

121. Si l'absent a laissé une procuration, ses héritiers présomptifs ne pourront poursuivre la déclaration d'absence et l'envoi en possession provisoire, qu'après dix années révolues depuis sa disparition ou depuis ses dernières nouvelles.

Celui qui disparaît, après avoir constitué, pour un temps plus ou moins long, un mandataire auquel il a confié l'administration de ses biens et qui le représente, a manifesté, en régularisant ainsi sa position, qu'il entendait faire une absence d'une grande durée. Dans ce cas, alors même que le mandataire serait mort peu de temps après la disparition ou les dernières nouvelles de son mandant, la demande de déclaration d'absence ne pourra être formée qu'après dix ans depuis les dernières nouvelles, et le jugement définitif ne pourra être rendu qu'après onze ans. Mais un

mandat pour une affaire spéciale n'étendrait pas à dix ans le délai nécessaire pour la demande en déclaration d'absence.

122. Il en sera de même si la procuration vient à cesser ; et,
dans ce cas, il sera pourvu à l'administration des biens de l'absent comme il est dit au chapitre 1er du présent titre.

Quand même la procuration générale serait limitée, par exemple, à
deux ans, ce n'est qu'après dix ans depuis les dernières nouvelles que
pourra être formée la demande en déclaration d'absence. Mais, en sens
inverse, la demande peut être formée après dix ans, alors même que la
procuration aurait été donnée pour un long temps, par exemple pour
trente ans.

123. Lorsque les héritiers présomptifs auront obtenu l'envoi en possession provisoire, le testament, s'il en existe un, sera
ouvert à la réquisition des parties intéressées, ou du procureur
impérial près le tribunal ; et les légataires, les donataires, ainsi
que tous ceux qui avaient sur les biens de l'absent, des droits
subordonnés à la condition de son décès, pourront les exercer
provisoirement, à la charge de donner caution.

Si l'héritier présomptif ne demande pas la délivrance des biens de l'absent, les donataires de nue propriété, les donateurs avec la clause de retour en cas de décès, les institués par contrat de mariage et généralement
tous ceux qui ont des droits subordonnés à la condition du décès sont
néanmoins admis à les faire valoir, à la charge de fournir une caution,
qui est exigée dans l'intérêt de l'absent. Mais ce n'est qu'après l'ouverture du testament, que les légataires apparaissent comme parties intéressées et ont, par suite, qualité pour demander l'exécution des libéralités
qui leur ont été faites.

124. L'époux commun en biens, s'il opte pour la continuation de la communauté, pourra empêcher l'envoi provisoire, et
l'exercice provisoire de tous les droits subordonnés à la condition du décès de l'absent, et prendre ou conserver, par préférence, l'administration des biens de l'absent. Si l'époux demande
la dissolution provisoire de la communauté, il exercera ses reprises et tous ses droits légaux et conventionnels, à la charge

de donner caution pour les choses susceptibles de restitution.
— La femme, en optant pour la continuation de la communauté, conservera le droit d'y renoncer ensuite.

Si l'absent est marié sous le régime de la communauté légale ou conventionnelle, son conjoint présent peut, dans l'espoir du retour, opter
pour la continuation de la communauté, et empêcher par là l'envoi en
possession ; il empêchera ainsi les graves inconvénients d'une administration divisée et les frais, peut-être inutiles, d'une liquidation provisoire. Si
c'est le mari qui est présent, il gardera, par son option, tous ses pouvoirs
d'administrateur ; si, au contraire, c'est la femme qui est présente, elle
prendra l'administration de ses biens personnels, des biens de la communauté et des biens du mari. Comme la loi n'astreint pas le conjoint administrateur à fournir caution, il faut en conclure que la femme elle-même
en est dispensée ; mais elle n'aura pas la plénitude des pouvoirs du mari,
et elle devra, pour l'aliénation des immeubles de la communauté, recourir
à l'autorisation du tribunal.

Pendant la continuation de la communauté, les fruits des trois patrimoines viennent grossir d'une manière définitive et perpétuelle le patrimoine commun, qui, d'un autre côté, supporte définitivement toutes les
charges, toutes les fautes de l'époux administrateur. Toutefois, l'époux
absent ne recueillant pas les successions ouvertes depuis sa disparition
(art. 136), il faut décider que les successions mobilières qui échoient
au conjoint présent, sont traitées provisoirement comme ne tombant point
en communauté.

Si l'époux présent a opté pour la continuation de la communauté, c'est
parce qu'il espérait le retour de son conjoint. Dès qu'il perd cette espérance, il peut opter pour la dissolution de la communauté. Alors les choses
vont se passer de la même manière que si l'absent était mort. En conséquence, la femme présente, qui a opté d'abord pour la continuation de la
communauté, et ensuite pour sa dissolution, peut maintenant, à son choix,
accepter la communauté, pour avoir la moitié des biens qui la composent,
ou bien y renoncer, parce que cette communauté a plus de passif que
d'actif. Mais la liquidation des droits n'étant que provisoire, de même
que l'envoi en possession des biens de l'absent, l'époux présent qui exerce
ses reprises et tous ses autres droits, comme si son conjoint était mort, est
tenu de donner caution pour les choses susceptibles de restitution, comme
les gains de survie (art. 1518).

125. La possession provisoire ne sera qu'un dépôt qui donnera à ceux qui l'obtiendront, l'administration des biens de l'absent, et qui les rendra comptables envers lui, en cas qu'il reparaisse ou qu'on ait de ses nouvelles.

Par l'envoi en possession, l'héritier présomptif ne devient pas propriétaire des biens meubles et immeubles de l'absent; il n'en obtient qu'une sorte de dépôt judiciaire, qui consiste dans le droit d'administrer les biens et de profiter d'une part des fruits (art. 127).

Il est à remarquer que la prescription des biens de l'absent n'est pas, à raison de la minorité de l'héritier présomptif, suspendue depuis les dernières nouvelles de l'absent, mais seulement depuis l'envoi en possession. Ainsi jugé: — « Attendu que les principes du droit s'opposent à ce que l'on efface la personne de l'absent non dessaisi de ses droits et actions, pour y substituer celle d'un héritier présomptif à qui la justice n'a encore conféré aucune prérogative; — Attendu que l'absent, dans la situation signalée, n'est réputé ni mort ni vivant, et que c'est à celui qui fonde sa demande sur la vie ou sur la mort de l'absent, qu'il appartient de rapporter la preuve de ce fait; — Attendu que le fait de la minorité, qu'on voudrait faire surgir comme un obstacle à la prescription, est évidemment subordonné, à ce point de vue, au décès de l'auteur absent, et que la preuve de ce décès n'étant pas administrée au procès, la minorité de l'héritier présomptif ne peut être prise en considération » (C. de Metz, 10 août 1864).

126. Ceux qui auront obtenu l'envoi provisoire, ou l'époux qui aura opté pour la continuation de la communauté, devront faire procéder à l'inventaire du mobilier et des titres de l'absent, en présence du procureur impérial près le tribunal de première instance, ou d'un juge de paix requis par ledit procureur impérial. — Le tribunal ordonnera, s'il y a lieu, de vendre tout ou partie du mobilier. Dans le cas de vente, il sera fait emploi du prix, ainsi que des fruits échus. — Ceux qui auront obtenu l'envoi provisoire, pourront requérir, pour leur sûreté, qu'il soit procédé, par un expert nommé par le tribunal, à la visite des immeubles, à l'effet d'en constater l'état. Son rapport sera homologué en présence du procureur impérial; les frais en seront pris sur les biens de l'absent.

Cet article prescrit l'éxécution de quatre mesures dont les frais sont pris sur les biens de l'absent : 1° inventaire, par un notaire et en présence du procureur impérial, de tous les meubles et titres de l'absent; 2° vente des meubles, si le tribunal a estimé cette vente utile, parce qu'il s'agit de meubles sujets à dépérissement ou dispendieux à conserver; 3° emploi du prix de la vente des meubles, ainsi que des intérêts échus, car ces intérêts sont, jusqu'à l'époque de l'envoi en possession, capitalisés au profit de l'absent; 4° constatation de l'état des immeubles, qui est facultative pour l'envoyé en possession, parce qu'elle a lieu dans son propre intérêt.

127. Ceux qui, par suite de l'envoi provisoire, ou de l'administration légale, auront joui des biens de l'absent, ne seront tenus de lui rendre que le cinquième des revenus, s'il reparaît avant quinze ans révolus depuis le jour de sa disparition; et le dixième, s'il ne reparaît qu'après les quinze ans. — Après trente ans d'absence, la totalité des revenus leur appartiendra.

Comme on le voit, le point de départ des quinze ans ou des trente ans n'est point le jour de l'envoi en possession, mais celui de la disparition ou des dernières nouvelles de l'absent. La retenue des quatre cinquièmes, des neuf dixièmes ou de la totalité des fruits perçus et des intérêts échus ne part, au contraire, que du jour de l'envoi en possession; jusqu'à ce jour, les fruits et intérêts sont tous capitalisés et entrent dans le patrimoine de l'absent. Cette retenue a pour but d'indemniser de leurs soins l'héritier présomptif, les légataires et autres personnes ayant des droits subordonnés à la condition du décès de l'absent; elle augmente en raison de la longueur de l'absence, parce que la croyance de l'héritier, qu'il est propriétaire des biens qu'il possède, se fortifie par le temps et le dispose à faire des améliorations et de plus fortes dépenses des revenus.

L'époux commun en biens qui a opté pour la continuation de la communauté et qui en a l'administration légale, jouit des mêmes avantages que l'envoyé en possession, tant sur les biens de son conjoint que sur sa part de la communauté, depuis l'époque où le conjoint est mort ou est réputé mort. Mais si le conjoint absent revient, il est certain que la communauté n'a point été dissoute. Or, tant qu'elle n'est pas dissoute, elle seule profite des fruits du patrimoine commun, du patrimoine du mari et du patrimoine de la femme; il est impossible, dans ce cas, d'accorder au conjoint administrateur une part personnelle des fruits revenant à la communauté.

128. Tous ceux qui ne jouiront qu'en vertu de l'envoi provisoire, ne pourront aliéner ni hypothéquer les immeubles de l'absent.

L'expression *aliéner* signifie transférer la propriété de sa chose à autrui. L'envoyé en possession provisoire n'est point propriétaire, mais seulement dépositaire intéressé (art. 125); il ne peut donc aliéner ni les immeubles de l'absent, ni même les meubles dont le tribunal n'aurait pas ordonné la vente (art. 126). Mais le tiers acheteur de bonne foi peut se prévaloir, contre l'absent de retour, soit, quand il s'agit de meubles, de la maxime, *En fait de meubles, la possession vaut titre* (art. 2279), soit, quand il s'agit d'immeubles, de la prescription de dix ou vingt ans, ou de celle de trente ans (art. 2262, 2265).

L'envoyé en possession qui ne peut ni aliéner les immeubles de l'absent ni les affecter de droits d'usage, d'usufruit ou de servitudes, ne peut pas non plus les *hypothéquer*, c'est-à-dire les affecter d'un droit réel assurant le payement d'une obligation. Toutefois, les aliénations et les constitutions d'hypothèques peuvent avoir lieu avec l'autorisation du tribunal, qui estime si ces actes sont nécessaires ou utiles (art. 2126).

Si l'on excepte les aliénations et les constitutions d'hypothèques, l'envoyé en possession a, dans l'administration des biens de l'absent, les mêmes pouvoirs que s'il en était propriétaire; en conséquence, il peut non-seulement consentir des baux, selon les règles des articles 1429 et 1430 ci-après, mais encore intenter toute espèce d'actions personnelles et réelles, mobilières et immobilières.

129. Si l'absence a continué pendant trente ans depuis l'envoi provisoire, ou depuis l'époque à laquelle l'époux commun aura pris l'administration des biens de l'absent, ou s'il s'est écoulé cent ans révolus depuis la naissance de l'absent, les cautions seront déchargées; tous les ayants-droit pourront demander le partage des biens de l'absent, et faire prononcer l'envoi en possession définitif par le tribunal de première instance.

Ainsi, le tribunal prononce l'envoi en possession définitif après le long délai de trente ans depuis l'envoi en possession provisoire, ou après cent ans écoulés depuis la naissance de l'absent : dans ces deux cas, la présomption de mort a pris un degré de force qui équivaut à la certitude.

Alors les cautions fournies par les envoyés en possession provisoire sont entièrement déchargées, et tous ceux qui, après l'envoi en possession définitif, achètent des biens appartenant à l'absent, en sont considérés comme propriétaires et peuvent librement les aliéner et les hypothéquer.

130. La succession de l'absent sera ouverte du jour de son décès prouvé, au profit des héritiers les plus proches à cette époque ; et ceux qui auraient joui des biens de l'absent seront tenus de les restituer, sous la réserve des fruits par eux acquis en vertu de l'article 127.

Lorsque ceux qui ont obtenu l'envoi en possession provisoire sont morts avant l'absent et ne lui ont par conséquent pas succédé, ceux qui sont les plus proches héritiers de l'absent au jour de son décès arrivé avant ou même après l'envoi en possession définitif, peuvent, en prouvant l'époque de ce décès, faire valoir leurs droits à la succession. Mais ils sont loin d'avoir une position aussi favorable que les héritiers directs de l'absent ; pendant les trente ans qui suivent l'envoi en possession définitif, ces derniers peuvent demander aux envoyés en possession la restitution des biens, sans avoir besoin de prouver l'époque du décès de l'absent (art. 133).

131. Si l'absent reparaît, ou si son existence est prouvée pendant l'envoi provisoire, les effets du jugement qui aura déclaré l'absence cesseront, sans préjudice, s'il y a lieu, des mesures conservatoires prescrites au chapitre 1er du présent titre, pour l'administration de ses biens.

Les envoyés en possession n'ont aucun droit sur les intérêts échus ni sur les fruits perçus depuis le retour de l'absent ou la preuve de son existence, parce qu'ils ne sont plus de bonne foi.

132. Si l'absent reparaît, ou si son existence est prouvée, même après l'envoi définitif, il recouvrera ses biens dans l'état où ils se trouveront, le prix de ceux qui auraient été aliénés, ou les biens provenant de l'emploi qui aurait été fait du prix de ses biens vendus.

Si l'absent reparaît, il peut toujours réclamer ses biens à l'envoyé en possession, qui n'est jamais, à son égard, qu'un dépositaire. Mais quand il ne se représente qu'après l'envoi en possession définitif, il a droit seulement au recouvrement de ses biens encore existants, dans l'état où ils se trouvent, à la propriété des biens acquis en échange et au prix des biens vendus; il ne peut point réclamer la valeur de ses biens qui ont été donnés, à moins cependant que cette donation n'ait profité à l'envoyé en possession qui, par exemple, aurait constitué à ses enfants une dot avec ses biens propres, s'il ne l'eût pas constituée avec les biens de l'absent. Au reste, en cas d'insolvabilité de l'envoyé en possession définitif, l'absent de retour n'a aucune espèce d'action contre les tiers acquéreurs de ses biens.

133. Les enfants et descendants directs de l'absent pourront également, dans les trente ans, à compter de l'envoi définitif, demander la restitution de ses biens, comme il est dit en l'article précédent.

Il s'agit ici des héritiers directs de l'absent qui n'ont pas obtenu l'envoi en possession, parce qu'ils n'étaient pas connus ou n'existaient pas encore lors du jugement déclaratif d'absence. S'ils se présentent dans les trente ans qui suivent l'envoi en possession définitif, ils recueilleront les biens de l'absent dans l'état où ils les trouveront.

134. Après le jugement de déclaration d'absence, toute personne qui aurait des droits à exercer contre l'absent, ne pourra les poursuivre que contre ceux qui auront été envoyés en possession des biens, ou qui en auront l'administration légale.

L'envoyé en possession, ou l'époux qui a opté pour la continuation de la communauté et a obtenu l'administration légale, est constitué le représentant de l'absent dans toutes les instances; ce n'est pas sur ses biens, mais sur ceux de l'absent, auquel les jugements profitent ou nuisent, que les condamnations prononcées contre lui en cette qualité peuvent être exécutées.

SECTION II.

Des effets de l'absence, relativement aux droits éventuels qui peuvent compéter à l'absent.

135. Quiconque réclamera un droit échu à un individu dont l'existence ne sera pas reconnue, devra prouver que ledit individu existait quand le droit a été ouvert : jusqu'à cette preuve, il sera déclaré non recevable dans sa demande.

Les héritiers d'une personne qui a une rente viagère ou une pension, ont droit aux arrérages échus jusqu'au jour du décès. Mais, par le décès de la personne, cette rente et cette pension s'éteignent, et par conséquent elles ne produisent plus d'arrérages. Si le droit à la rente ou à la pension appartient à l'absent, ses héritiers ne peuvent réclamer que les arrérages échus pendant son existence certaine : c'est à eux à prouver que les arrérages qu'ils réclament sont réellement dus, parce que leur échéance a eu lieu pendant l'existence de celui qui a disparu.

136. S'il s'ouvre une succession à laquelle soit appelé un individu dont l'existence n'est pas reconnue, elle sera dévolue exclusivement à ceux avec lesquels il aurait eu le droit de concourir, ou à ceux qui l'auraient recueillie à son défaut.

Ainsi, un père décède en laissant deux enfants dont l'un a disparu : celui qui est présent recueille seul, à l'exclusion de son frère, toute la succession paternelle. Toutefois, si celui qui a disparu a des enfants, ceux-ci le représentent (art. 740), et viennent, en concours avec leur oncle, prendre la moitié de la succession de leur aïeul.

137. Les dispositions des deux articles précédents auront lieu sans préjudice des actions en pétition d'hérédité et d'autres droits, lesquels compèteront à l'absent ou à ses représentants ou ayant-cause, et ne s'éteindront que par le laps de temps établi pour la prescription.

Ceux qui sont appelés, à défaut de l'absent, à recueillir les successions et autres droits éventuels ouverts depuis sa disparition, les recueillent à titre de propriétaires, et non pas à titre de dépositaires; aussi ne donnent-ils aucune caution de leur restitution. Mais ils peuvent, lorsqu'il est prouvé que l'absent existait lors de l'ouverture des droits, être contraints, pendant trente ans, à en faire la restitution à l'absent de retour ou à ses représentants. L'absent qui est de retour ne peut point invoquer, contre les tiers, la nullité des payements (art. 1240) ni des aliénations de biens meubles (art. 2279). Mais on admet assez généralement qu'il peut revendiquer les immeubles aliénés, tant que les tiers détenteurs ne les ont pas acquis par la prescription de dix ou vingt ans (art. 2265); toutefois, la jurisprudence fait fléchir la rigueur du principe, en protégeant le tiers détenteur auquel aucune imprudence ne peut être imputée, ainsi que nous le verrons sous l'art. 1240.

138. Tant que l'absent ne se représentera pas, ou que les actions ne seront point exercées de son chef, ceux qui auront recueilli la succession, gagneront les fruits par eux perçus de bonne foi.

Ceux qui ont recueilli une succession à défaut de l'absent, cessent d'être de bonne foi dès qu'ils connaissent son existence, ou qu'ils sont poursuivis de son chef, c'est-à-dire par ses représentants : jusque-là, ils ont gagné les fruits qu'ils ont perçus et ne sont jamais tenus d'en restituer la valeur.

SECTION III.

Des effets de l'Absence, relativement au Mariage.

139. L'époux absent dont le conjoint a contracté une nouvelle union, sera seul recevable à attaquer ce mariage par lui-même, ou par son fondé de pouvoir, muni de la preuve de son existence.

Quelque longue que soit l'absence, elle ne dissout jamais le mariage. L'époux présent ne peut donc contracter une nouvelle union qu'en représentant un acte régulier du décès de son conjoint. Ainsi le déclare, en ce qui concerne la preuve du décès des militaires, un avis du conseil d'Etat, du 17 germinal an XIII, conçu en ces termes :

« Est d'avis,

« 1° Qu'il y aurait, comme l'observe le ministre de la justice lui-même, un extrême danger à admettre, comme preuve de décès, de simples actes de notoriété fournis après coup, et résultant le plus souvent de quelques témoignages achetés ou arrachés à la faiblesse; qu'ainsi cette voie est impraticable ;

« 2° Qu'à l'égard de l'absence, ses effets sont réglés par le Code Napoléon, en tout ce qui concerne les biens; mais qu'on ne peut aller au delà, ni déclarer le mariage dissous après un certain nombre d'années; qu'à la vérité plusieurs femmes de militaires peuvent à ce sujet se trouver dans une position fâcheuse, mais que cette considération n'a point paru, lors de la discussion du Code Napoléon, assez puissante pour les relever de l'obligation de rapporter une preuve légale sans laquelle on exposerait la société à de déplorables erreurs, et à des inconvénients beaucoup plus graves que les maux particuliers auxquels on voudrait obvier.

« En cet état, le conseil estime qu'il n'y a pas lieu de déroger au droit commun, ni d'y introduire une exception que la législation n'a jamais admise. »

Si l'époux présent, qui a été induit en erreur par un faux acte de décès de son conjoint, ou qui a trompé l'officier de l'état civil en se disant célibataire, a formé une nouvelle union, l'époux absent, dit notre article, peut seul « attaquer ce mariage par lui-même ou par son fondé de pouvoir. » On admet cependant généralement que, dans le cas de certitude évidente de l'existence de l'absent, le ministère public peut, dans l'intérêt de la morale publique et de la dignité du mariage, agir en nullité de la nouvelle union, qui constitue alors une scandaleuse bigamie.

140. Si l'époux absent n'a point laissé de parents habiles à lui succéder, l'autre époux pourra demander l'envoi en possession provisoire des biens.

L'époux est admis à la succession de son conjoint qui meurt sans laisser de parents légitimes ni d'enfants naturels (art. 767); il peut donc, à défaut de ces personnes, demander l'envoi en possession des biens de son conjoint déclaré absent.

CHAPITRE IV.

DE LA SURVEILLANCE DES ENFANTS MINEURS DU PÈRE QUI A DISPARU.

141. Si le père a disparu laissant des enfants mineurs issus d'un commun mariage, la mère en aura la surveillance, et elle exercera tous les droits du mari, quant à leur éducation et à l'administration de leurs biens.

Si la mère disparaît, il est évident que le père conserve la puissance paternelle sur ses enfants. Si, au contraire, c'est le père qui disparaît, la mère prend alors l'exercice de la puissance paternelle : elle veille à l'éducation de ses enfants mineurs, et administre leurs biens. Dans ces cas, il n'y a ni tutelle ni subrogé tuteur, tant que l'absence n'a pas été déclarée et que l'époux présent et commun en biens n'a pas opté pour la dissolution de la communauté.

142. Six mois après la disparition du père, si la mère était décédée lors de cette disparition, ou si elle vient à décéder avant que l'absence du père ait été déclarée, la surveillance des enfants sera déférée, par le conseil de famille, aux ascendants les plus proches, et, à leur défaut, à un tuteur provisoire.

Lorsque l'un des époux a disparu et que l'autre vient à mourir, la tutelle des enfants laissés a lieu seulement quand il s'est écoulé six mois depuis la disparition, car la loi ne veut pas qu'un tiers puisse venir s'immiscer sur-le-champ dans les affaires d'une famille. Cette tutelle, qui est provisoire tant que l'absence n'a pas été déclarée, est toujours déférée par le conseil de famille.

143. Il en sera de même dans le cas où l'un des époux qui aura disparu, laissera des enfants mineurs issus d'un mariage précédent.

Si l'époux qui a disparu laisse des enfants mineurs issus d'un autre mariage, il y a lieu, six mois après la disparition, de donner à ces enfants un tuteur provisoire. Le beau-père ou la belle-mère n'obtient jamais sur eux les droits de la puissance paternelle; mais le conseil de famille peut lui déférer la tutelle.

TITRE V.

DU MARIAGE.

(Décrété le 17 mars 1803. Promulgué le 27 du même mois.)

Le mariage civil peut être défini : « La société de l'homme et de la femme, qu sont unis par un lien indissoluble pour perpétuer leur espèce, pour s'aider, par des secours mutuels, à supporter le poids de la vie, et pour partager leur commune destinée. » — Le concours de toutes ces fins n'est pas essentiel; ainsi, des personnes que leur âge met dans l'impossibilité d'avoir des enfants, peuvent néanmoins se marier en vue de s'aider par des secours mutuels.

Le mariage diffère du contrat de mariage, dont traitent les articles 1387 à 1581. En effet, le mariage se célèbre devant l'officier de l'état civil ; il produit entre le mari et la femme, entre le père, la mère et les enfants, des droits et des devoirs qui sont d'ordre public et auxquels les époux ne peuvent apporter aucune dérogation (art. 1388). Tandis que le contrat de mariage est passé, avant la célébration du mariage dont il est un accessoire, par-devant un notaire ; il régit, quant aux biens, l'association des époux, et ceux-ci ont la plus grande latitude pour en fixer les règles (art. 1387).

CHAPITRE PREMIER.

DES QUALITÉS ET DES CONDITIONS REQUISES POUR POUVOIR CONTRACTER MARIAGE.

144. L'homme avant dix-huit ans révolus, la femme avant quinze ans révolus, ne peuvent contracter mariage.

Le but principal du mariage étant la procréation des enfants, la nature elle-même rend les impubères incapables de cet acte. La puberté varie selon les climats et les individus ; mais l'ordre public demandait que le législateur fixât, par une disposition générale, l'âge requis pour le mariage : or, cet âge est de quinze ans accomplis pour les femmes, et de dix-huit ans accomplis pour les hommes.

145. Néanmoins il est loisible à l'Empereur d'accorder des dispenses d'âge pour des motifs graves.

La cause principale de dispense d'âge pour le mariage est la grossesse de la femme avant quinze ans révolus. La demande de dispense doit en indiquer clairement la cause ; elle est signée par les futurs et par les personnes dont le consentement est nécessaire pour le mariage ; elle est accompagnée des actes de naissance des futurs, dûment légalisés, et, en cas de grossesse de la future, du rapport du médecin. Le tout est adressé au procureur impérial, qui le fait parvenir, avec son avis, au ministre de la justice. Celui-ci fait son rapport à l'Empereur. Le décret impérial qui accorde la dispense est enregistré au greffe du tribunal civil du lieu où le mariage doit être célébré, et une expédition en est délivrée à celui qui avait formé la demande de dispense (Circul. minist. 10 mai 1824).

146. Il n'y a pas de mariage lorsqu'il n'y a point de consentement.

Le consentement est l'accord de deux ou plusieurs volontés sur la même chose. S'il y a défaut de consentement de l'une des deux parties, le mariage, qui n'est alors qu'un vain simulacre, est frappé d'une nullité radicale. Ainsi, il n'y a pas mariage si l'une des parties est folle ou même interdite (art. 502). Mais le mariage de celui qui est pourvu d'un conseil judiciaire est valable, parce que cet acte n'est pas compris parmi ceux qui lui sont défendus (art. 499, 513).

Quand, au lieu de défaut de consentement, ce qui ne se présente presque jamais, il y a seulement vice du consentement, alors le mariage existe ; mais il peut être annulé dans certains cas. Or, les vices du consentement pouvant donner lieu à l'action en nullité du mariage sont la violence (art. 180, 1109, 1111, 1112) et l'erreur sur la personne (art. 180, 1109, 1110). Le dol, qui est aussi une cause de nullité des contrats (art. 1109, 1116), n'est cependant point en cette matière une cause de nullité ; parce que le mariage, qui n'est point rangé parmi les contrats, est un acte solennel produisant bien plutôt des droits et des devoirs que des obligations proprement dites.

Celui qui a promis à une personne de l'épouser et qui s'est engagé, par une clause pénale, à lui payer, en cas d'inexécution de sa promesse, une somme déterminée, est-il par là obligé ? Sa promesse ne peut pas avoir pour effet de le contraindre au mariage, qui est un acte essentiellement libre. Bien plus, l'engagement qu'il a pris de payer une certaine somme s'il ne se mariait point, est considéré comme le résultat de la surprise, du dol ou de la passion ; un pareil engagement est frappé de nullité, parce que rien ne doit mettre une partie dans la nécessité de former un mariage qu'elle considère comme devant faire son malheur. Toutefois, celui des futurs qui refuse de tenir sa promesse sans alléguer de motifs valables, peut être condamné à des dommages-intérêts envers l'autre partie, à raison du préjudice pécuniaire que celle-ci aurait éprouvé par suite du projet de mariage non réalisé, notamment à raison de l'achat des présents de noces.

147. On ne peut contracter un second mariage avant la dissolution du premier.

L'époux qui contracté un nouveau mariage avant la dissolution du premier est appelé *bigame*. La bigamie, qui lèse les droits du conjoint et des enfants du bigame, et qui porte à l'ordre moral une grave atteinte, constitue un crime dont les auteurs et les complices sont punissables de cinq à vingt ans de travaux forcés (art. 340 C. pén.).

L'étranger dont le mariage est dissous par le divorce peut-il contracter en France un nouveau mariage, même avec un Français? Sur cette question gravement controversée, la cour de Paris avait adopté la négative par arrêt du 4 juillet 1859, en disant que la loi qui défend le divorce est d'ordre public, et que nul en France ne peut refuser de s'y soumettre. Mais, dans un arrêt du 28 février 1860, la Cour de cassation a consacré l'affirmative et cassé l'arrêt de la cour de Paris, par les motifs suivants : — « Attendu que c'est par les lois de son pays, par les faits accomplis dans ce pays conformément à ses lois, que doit être appréciée la capacité de l'étranger pour contracter mariage en France; qu'ainsi l'étranger dont le mariage a été légalement dissous dans son pays, soit par le divorce, soit pour toute autre cause, a acquis définitivement sa liberté, et porte avec lui cette liberté partout où il lui plaira de résider. »

L'engagement dans les ordres sacrés constitue-t-il un empêchement au mariage, même à l'égard du prêtre catholique qui a abandonné le sacerdoce? L'affirmative a été consacrée par un grand nombre d'arrêts, et notamment par un arrêt de la Cour de cassation, en date du 23 février 1847, par les motifs que les canons reçus en France prohibent le mariage à l'homme engagé dans les ordres sacrés et qu'aucune loi française n'apporte de dérogation à cette législation spéciale.

Cet arrêt est ainsi conçu : — « Attendu qu'il résulte des articles 6 et 26 de la loi organique du concordat du 18 germinal an X, que les prêtres catholiques sont soumis aux canons qui étaient alors reçus en France, et, par conséquent, à ceux qui prohibaient le mariage à l'homme engagé dans les ordres sacrés; — Attendu que le Code Napoléon et la Charte ne renferment aucune dérogation à cette législation spéciale, l'arrêt attaqué, en interdisant le mariage dont il s'agit, n'a violé aucune loi, et s'est conformé, au contraire, à la législation existante » (C. cass. 23 fév. 1847).

Au reste, comme chacun le sait, le militaire faisant partie de l'armée active ne peut pas se marier, si ce n'est cependant avec l'autorisation du ministre de la guerre, qui l'accorde rarement aux simples soldats.

148. Le fils qui n'a pas atteint l'âge de vingt-cinq ans accomplis, la fille qui n'a pas atteint l'âge de vingt-un an accomplis, ne peuvent contracter mariage sans le consentement de leurs père et mère ; en cas de dissentiment, le consentement du père suffit.

Les père et mère dont le consentement est nécessaire pour le mariage de leur enfant, viennent suppléer à son inexpérience, et veillent à ce qu'il ne soit point égaré dans son choix par l'ivresse des passions, lorsqu'il se propose de former les liens d'une union perpétuelle et indissoluble.

Tandis que le fils, qui a ses père et mère ou autres ascendants, n'est majeur pour le mariage qu'à vingt-cinq ans accomplis, la fille est majeure à vingt-un ans, aussi bien pour le mariage que pour les autres actes. La raison de cette différence est que la fille est plus tôt formée que le fils, que sa jeunesse, qui passe quelquefois bien vite, est un précieux accessoire de sa dot, qu'elle n'a pas à diriger sa famille et que ses enfants ne porteront pas le nom de ses parents.

L'enfant mineur peut se marier quand il y a dissentiment entre ses père et mère, s'il a en sa faveur l'agrément du père. Mais il est nécessaire, dans ce cas, de faire à la mère un acte respectueux pour constater son dissentiment, car il faut un acte authentique pour prouver que la mère a été consultée touchant l'acte important du mariage de son enfant.

149. Si l'un des deux est mort, ou s'il est dans l'impossibilité de manifester sa volonté, le consentement de l'autre suffit.

Le futur constate la mort de son père ou de sa mère en produisant un extrait de l'acte de décès ; s'il ne peut pas représenter cet extrait, on s'en réfère, pour remédier à cet inconvénient, aux dispositions de l'avis du conseil d'Etat, cité sous l'art. 73. Il prouve l'impossibilité d'obtenir le consentement de l'un de ses père et mère, en produisant le jugement qui l'a interdit, qui l'a condamné à une peine afflictive et infamante et frappé par là d'interdiction légale (art. 29 C. pén.), ou qui l'a déclaré absent ; en cas d'absence non déclarée, un acte de notoriété prouvant la disparition serait suffisant (art. 155).

150. Si le père et la mère sont morts, ou s'ils sont dans l'impossibilité de manifester leur volonté, les aïeuls et aïeules les remplacent : s'il y a dissentiment entre l'aïeul et l'aïeule de la même ligne, il suffit du consentement de l'aïeul. — S'il y a dissentiment entre les deux lignes, ce partage emportera consentement.

Si l'un des futurs a dans la ligne paternelle un aïeul qui refuse de consentir au mariage, et, dans la ligne maternelle, une bisaïeule qui consent, ce dissentiment entre les deux lignes de parents, même de sexes et de degrés différents, constitue un partage, et ce partage emporte consentement.

151. Les enfants de famille ayant atteint la majorité fixée par l'article 148 sont tenus, avant de contracter mariage, de demander, par un acte respectueux et formel, le conseil de leur père et de leur mère, ou celui de leurs aïeuls et aïeules, lorsque leur père et leur mère sont décédés, ou dans l'impossibilité de manifester leur volonté.

La fille qui a vingt-un ans accomplis et le fils qui a vingt-cinq ans accomplis sont majeurs pour le mariage; dès lors, l'enfant qui veut se marier n'a plus besoin du consentement de ses père et mère ; toutefois, comme il leur doit à tout âge honneur et respect (art. 371), il est tenu, à défaut de consentement, de requérir, pour cette union qui est la source de liens d'alliance et de parenté, leur conseil par un *acte respectueux*. Cet acte, que, dans le langage usuel, on appelle mal à propos *sommation respectueuse*, est un avertissement, donné par l'enfant à ses père et mère ou autres ascendants, qu'il est dans l'intention de se marier, alors même qu'ils n'y consentiraient pas.

152. Depuis la majorité fixée par l'article 148 jusqu'à l'âge de trente ans accomplis pour les fils, et jusqu'à l'âge de vingt-cinq ans accomplis pour les filles, l'acte respectueux prescrit par l'article précédent, et sur lequel il n'y aurait pas de consentement au mariage, sera renouvelé deux autres fois, de mois en mois ; et, un mois après le troisième acte, il pourra être passé outre à la célébration du mariage.

Ainsi, depuis vingt-un ans jusqu'à vingt-cinq ans accomplis pour la fille, et depuis vingt-cinq ans jusqu'à trente ans accomplis pour le fils, i faut trois actes respectueux donnés de mois en mois, et le mariage ne peut être célébré qu'un mois après le troisième acte; il doit donc s'écouler un délai de trois mois au moins entre le premier acte respectueux et le mariage. Ce délai donne aux futurs et aux parents le temps de réfléchir et de revenir sur une résolution mauvaise. Si les parents ont de graves motifs de refuser leur consentement, ils peuvent encore former des oppositions au mariage.

153. Après l'âge de trente ans, il pourra être, à défaut de consentement sur un acte respectueux, passé outre, un mois après, à la célébration du mariage.

Cet article doit être ainsi complété : « Après l'âge de vingt-cinq ans pour la fille et de trente ans pour le fils, il pourra, etc. » L'enfant possède à cet âge une raison plus mûre et son mariage peut être plus pressant. De grandes formalités et de longs délais n'étaient par conséquent pas nécessaires pour rendre possible le mariage formé contre le gré des parents.

154. L'acte respectueux sera notifié à celui ou ceux des ascendants désignés en l'article 151, par deux notaires, ou par un notaire et deux témoins; et, dans le procès-verbal qui doit en être dressé, il sera fait mention de la réponse.

Il faut notifier séparément un acte respectueux à chacun des père et mère ou autres ascendants dont le conseil est requis : un seul acte notifié collectivement, par exemple au père et à la mère, n'atteindrait pas le but de la loi. Les actes respectueux sont notifiés, non point par huissiers, mais par notaires dont le ministère est généralement plus conciliant. Lors de la notification, la présence de l'enfant, qui serait souvent plus nuisible qu'utile, n'est point nécessaire. Si le notaire ne trouve pas la personne à laquelle il vient faire la notification requise, il fait mention de cela dans l'acte respectueux, dont il remet une copie à un voisin ou au maire.

155. En cas d'absence de l'ascendant auquel eût dû être fait l'acte respectueux, il sera passé outre à la célébration du mariage, en représentant le jugement qui aurait été rendu pour déclarer l'absence, ou, à défaut de ce jugement, celui qui aurait ordonné l'enquête, ou, s'il n'y a point encore eu de jugement, un acte de notoriété délivré par le juge de paix du lieu où l'ascendant a eu son dernier domicile connu. Cet acte contiendra la déclaration de quatre témoins appelés d'office par ce juge de paix.

Quand l'un des père et mère est décédé et l'autre absent, le futur époux, qui en a fait la preuve, est néanmoins encore tenu d'obtenir le consentement de ses autres ascendants ou de requérir leur conseil. Lorsque l'acte de notoriété dont il est question dans notre article n'est pas possible, parce que le dernier domicile de l'ascendant est inconnu, on y supplée en se conformant à l'avis du conseil d'État, dont les termes sont cités sous l'art. 73 ci-dessus.

156. Les officiers de l'état civil qui auraient procédé à la célébration des mariages contractés par des fils n'ayant pas atteint l'âge de vingt-cinq ans accomplis, ou par des filles n'ayant pas atteint l'âge de vingt-un ans accomplis, sans que le consentement des pères et mères, celui des aïeuls et aïeules, et celui de la famille, dans le cas où ils sont requis, soient énoncés dans l'acte de mariage, seront, à la diligence des parties intéressées et du procureur impérial près le tribunal de première instance du lieu où le mariage aura été célébré, condamnés à l'amende portée par l'article 192, et, en outre, à un emprisonnement dont la durée ne pourra être moindre de six mois.

L'amende prononcée par l'article 192 ci-après, qui ne peut excéder 300 fr., peut être réduite à 16 fr. (art. 193 C. pén.), et l'emprisonnement, dont la durée ne peut être moindre de six mois, peut s'élever à un an (art. 193 C. pén.). Cette double pénalité n'atteint cependant point, comme notre article semble l'indiquer, l'officier de l'état civil qui a omis simplement d'énoncer le consentement requis et obtenu, mais seulement celui qui a procédé au mariage sans exiger la preuve de ce consentement : voilà ce qui résulte très-clairement de l'article 193 du Code pénal. Toutefois, le défaut d'énonciation du consentement des père et mère, des ascendants ou du conseil de famille, fait présumer l'absence de ce consentement; en conséquence, l'officier de l'état civil ne pourra échapper à la double pénalité dont il s'agit qu'en prouvant l'existence du consentement requis.

157. Lorsqu'il n'y aura pas eu d'actes respectueux, dans les cas où ils sont prescrits, l'officier de l'état civil qui aurait célébré le mariage, sera condamné à la même amende, et à un emprisonnement qui ne pourra être moindre d'un mois.

L'absence d'actes respectueux ne rend pas, comme l'absence du consentement nécessaire à l'union des enfants mineurs de vingt-un ou vingt-cinq ans, le mariage annulable (art. 182); elle doit donc entraîner une peine moindre contre l'officier de l'état civil; c'est pourquoi l'emprisonnement peut ici être réduit à un mois.

158. Les dispositions contenues aux articles 148 et 149, et les dispositions des articles 151, 152, 153, 154 et 155, relatives à l'acte respectueux qui doit être fait aux père et mère, dans le cas prévu par ces articles, sont applicables aux enfants naturels légalement reconnus.

De même que les enfants légitimes, les enfants naturels légalement reconnus, qui doivent aussi honneur et respect à leurs père et mère, ne peuvent se marier, s'ils sont mineurs quant au mariage, sans avoir obtenu le consentement de ceux qui les ont reconnus, ou, s'ils sont majeurs quant au mariage, sans avoir requis leur conseil. Mais notre article ne rappelle pas l'article 150, qui exige le consentement des aïeuls et aïeules à défaut des père et mère, parce que la reconnaissance d'un enfant naturel produit des effets rigoureusement limités entre celui qui reconnaît et l'enfant qui est reconnu.

159. L'enfant naturel qui n'a point été reconnu, et celui qui, après l'avoir été, a perdu ses père et mère, ou dont les père et mère ne peuvent manifester leur volonté, ne pourra, avant l'âge de vingt-un ans révolus, se marier qu'après avoir obtenu le consentement d'un tuteur *ad hoc* qui lui sera nommé.

L'enfant naturel qui n'a pas vingt-un ans accomplis et qui n'a ni père ni mère, a besoin pour se marier du consentement d'un tuteur *ad hoc*, c'est-à-dire nommé spécialement pour donner son consentement au mariage. La nomination de ce tuteur est faite par le conseil de famille, qui peut choisir le tuteur général de l'enfant naturel.

160. S'il n'y a ni père ni mère, ni aïeuls ni aïeules, ou s'ils se trouvent tous dans l'impossibilité de manifester leur volonté, les fils ou filles mineurs de vingt-un ans ne peuvent contracter mariage sans le consentement du conseil de famille.

L'enfant légitime qui est sans ascendants n'a besoin d'aucun consentement, d'aucun acte respectueux pour se marier, lorsqu'il a vingt-un ans accomplis. Mais s'il n'a pas encore cet âge, il a besoin du consentement de son conseil de famille : quand ce conseil refuse de consentir, sa décision à cet égard est souveraine et ne peut être attaquée devant le tribunal de première instance; quand, au contraire, il consent, l'enfant mineur pourra se marier en remettant à l'officier de l'état civil une copie de la délibération du conseil de famille, qui n'assiste jamais en corps à la célébration du mariage.

161. En ligne directe, le mariage est prohibé entre tous les ascendants et descendants légitimes ou naturels, et les alliés dans la même ligne.

La *parenté* se divise en deux lignes : la ligne directe et la ligne collatérale. La ligne *directe* est la série de parents qui descendent l'un de l'autre; ainsi, le père et le fils, l'aïeul et le petit-fils, le bisaïeul et l'arrière-petit-fils sont des parents en ligne directe. La ligne *collatérale* est la série de parents qui, sans descendre l'un de l'autre, ont un ascendant commun; ainsi, deux frères, un oncle et un neveu sont entre eux des parents en ligne collatérale. — Chaque série de parents comprend des *degrés*. Or, en ligne directe, il y a autant de degrés entre les personnes qu'il existe de générations; le père et le fils sont à un degré; l'aïeul et le petit-fils, à deux degrés. En ligne collatérale, il y a autant de degrés entre les personnes qu'il existe de générations dans l'une et l'autre ligne, en remontant jusqu'à l'auteur commun; ainsi, deux frères sont entre eux au deuxième degré; un oncle et un neveu, au troisième degré; deux enfants de frères ou sœurs, au quatrième degré.

La parenté *naturelle* est celle qui, au lieu d'émaner d'un mariage légitime, résulte de relations illicites. — L'*alliance*, ou affinité, est le lien qui existe entre un époux et les parents de son conjoint. Les deux époux ne sont ni parents ni alliés : ils sont un; le mariage les a fondus en une seule personne. Par suite de cette fusion mystique, tous les parents d'un époux deviennent les alliés de l'autre, et au même degré.

D'après notre article, le mariage est toujours prohibé en ligne directe, peu importe qu'il s'agisse de parenté légitime; de parenté naturelle, pourvu qu'elle soit constante et légale, ou bien d'alliance.

162. En ligne collatérale, le mariage est prohibé entre le frère et la sœur légitimes ou naturels, et les alliés au même degré.

Les frères et sœurs légitimes, ou conçus du mariage, sont : *germains*, s'ils ont le même père et la même mère; *consanguins*, s'ils ont chacun le même père et une mère différente; *utérins*, s'ils ont chacun la même mère et un père différent. Les frère et sœur naturels, ou conçus hors mariage, ne sont considérés par la loi comme tels que lorsqu'ils ont été légalement reconnus (art. 334) ; sinon, leur lien, qui est méconnu, ne fait pas obstacle à leur mariage qui peut cependant, en fait, blesser les règles de la saine morale. Les alliés au degré de frère et sœur sont les beau-frère et belle-sœur. Voir à cet égard l'art. 164.

163. Le mariage est encore prohibé entre l'oncle et la nièce, la tante et le neveu.

Cet article ne parle pas, comme l'article précédent, des collatéraux naturels ou par alliance au troisième degré ; on conclut avec raison de ce silence de la loi qu'ils peuvent s'unir par mariage. On admet généralement, en matière de parenté légitime, cette règle qui résulte d'ailleurs d'un décret du 7 mai 1808 : « Quand l'un des futurs n'est, en ligne collatérale, qu'à un degré de l'auteur commun, il est assimilé à un ascendant, *loco parentis habetur*. » Par suite, le mariage est prohibé. Ainsi, le grand-oncle ne peut pas épouser sa petite-nièce, ni la grande-tante son petit-neveu.

164. « Néanmoins il est loisible à l'Empereur de lever pour des causes graves, les prohibitions portées par l'article 162 aux mariages entre beaux-frères et belles-sœurs, et par l'article 163 aux mariages entre l'oncle et la nièce, la tante et le neveu » (L. 16 avril 1832).

Les causes graves de dispense sont la grossesse, l'intérêt des enfants qui trouveront dans un oncle la protection d'un père, dans une tante les sions d'une mère; la conservation d'un établissement dont la ruine blesserait des intérêts importants, la volonté de terminer un procès coûteux ou d'empêcher un partage nuisible (Circul. minist. 10 mai 1824, 29 avril 1832).

La demande de dispense à raison de la parenté ou de l'alliance est formée de la même manière que celle de dispense d'âge, qui est indiquée sous l'art. 145.

Il faut, de plus, produire les actes de naissance et de mariage indispensables pour établir, d'une manière certaine, le degré de parenté ou d'alliance entre les parties. Si celles-ci sont de la religion catholique, apostolique et romaine, elles doivent justifier que les dispenses ecclésiastiques leur ont été accordées pour s'unir en mariage (Circul. minist. 10 mai 1824).

L'adoption, qui constitue une paternité civile, produit aussi, relativement au mariage, des empêchements, qui sont prévus par l'article 348 ci-après.

CHAPITRE II.

DES FORMALITÉS RELATIVES A LA CÉLÉBRATION DU MARIAGE.

165. Le mariage sera célébré publiquement, devant l'officier civil du domicile de l'une des parties.

Le mariage peut être célébré aussi devant l'officier de l'état civil de la commune où l'un des futurs a une résidence de six mois au moins (art. 74). La publicité consiste en ce que le mariage, précédé de publications, est célébré à la mairie de la commune de l'une des parties, de jour, les portes ouvertes au public et en présence de quatre témoins. Elle est nécessaire dans un but de morale, et pour avertir les tiers que la femme perd sa capacité de contracter et que les immeubles du mari sont frappés, au profit de la femme, d'une hypothèque légale.

166. Les deux publications ordonnées par l'article 64 au titre *des Actes de l'état civil*, seront faites à la municipalité du lieu où chacune des parties contractantes aura son domicile.

Les raisons graves qui exigent la publicité du mariage, demandent aussi impérieusement que les publications soient pareillement faites au domicile de chacune des parties.

167. Néanmoins, si le domicile actuel n'est établi que par six mois de résidence, les publications seront faites en outre à la municipalité du dernier domicile.

Toujours on peut se marier dans la commune où l'on a son domicile ; mais quand ce domicile n'a pas encore une durée de six mois, il est nécessaire de faire aussi des publications dans son ancien domicile. Celui qui veut se marier dans la commune où il a une résidence de six mois au moins, doit faire des publications tant à son domicile qu'à sa résidence ; mais il n'est pas tenu de faire des publications dans la commune de sa résidence quand il veut se marier dans celle de son domicile.

168. Si les parties contractantes, ou l'une d'elles, sont, relativement au mariage, sous la puissance d'autrui, les publications seront encore faites à la municipalité du domicile de ceux sous la puissance desquels elles se trouvent.

L'enfant qui n'a pas vingt-un ans ou vingt-cinq ans accomplis, selon qu'il s'agit d'une fille ou d'un fils, est évidemment tenu de faire aussi les publications de mariage à la municipalité du domicile des personnes sous la puissance desquelles il se trouve ; mais, ainsi qu'il est d'ailleurs généralement admis, cette nécessité n'existe pas pour les enfants majeurs quant au mariage, car ils ne sont plus sous la *puissance* d'autrui, puisqu'ils peuvent, en requérant le conseil de leurs père, mère ou autres ascendants, par des actes respectueux, se marier même contre leur volonté.

169. Il est loisible à l'Empereur ou aux officiers qu'il préposera à cet effet, de dispenser, pour des causes graves, de la seconde publication.

Les causes graves de dispense de la seconde publication pour le mariage sont, par exemple, la maladie mortelle du futur qui veut légitimer ses enfants nés ou conçus, le départ pour un voyage long, périlleux et urgent, la grossesse de la future. La dispense de la seconde publication est accordée par le procureur impérial près le tribunal du lieu où le mariage doit être célébré. On ne s'adresse point à l'Empereur, parce qu'il faudrait plus de temps pour obtenir la dispense que pour faire la seconde publication. Le procureur impérial doit rendre compte au ministre de la justice des causes qui ont motivé la dispense. Au reste, le mariage ne pourra jamais, en cas de dispense, être célébré avant le troisième jour qui suit la publication alors unique.

170. Lé mariage contracté en pays étranger entre Français, et entre Français et étrangers, sera valable, s'il a été célébré dans les formes usitées dans le pays, pourvu qu'il ait été précédé des publications prescrites par l'article 63, au titre *des Actes de l'état civil*, et que le Français n'ait point contrevenu aux dispositions contenues au chapitre précédent.

Le mariage qui est contracté en pays étranger entre Français, ou entre Français et étranger, est soumis à la loi française en ce qui concerne, soit les publications exigées au domicile du Français et à celui des personnes sous la puissance desquelles il se trouve (art. 63, 166, 167, 168), soit l'âge des futurs, soit les consentements ou conseils des ascendants, soit les prohibitions de mariage à raison de parenté ou d'alliance. Si les deux futurs sont Français, le mariage pourra être fait devant les agents diplomatiques français, ou dans les formes du pays ; si l'un d'eux est étranger, il est nécessaire de suivre à l'étranger les formes du pays où l'acte est passé.

171. Dans les trois mois après le retour du Français sur le territoire de l'Empire, l'acte de célébration du mariage contracté en pays étranger sera transcrit sur le registre public des mariages du lieu de son domicile.

Quand le Français marié à l'étranger laisse passer trois mois, depuis son retour sur le territoire de l'Empire, sans faire transcrire, sur les registres de l'état civil de son domicile, l'acte de célébration de son mariage, il ne s'ensuit nullement que son mariage, d'abord valable, puisse par là devenir nul. La seule sanction légale de cette négligence consiste en ce que la femme, qui a contracté des engagements envers des tiers de bonne foi, sans l'autorisation de son mari ni de justice, ne pourra point en faire prononcer la nullité, et que son hypothèque légale sur les immeubles de son mari ne préjudiciera pas aux créanciers dont l'hypothèque est postérieure en date au mariage.

Le mariage que le Français a contracté à l'étranger sans faire de publications en France, n'est cependant pas, à raison de sa clandestinité, né-

cessairement nul : sa validité est laissée à la souveraine appréciation du juge.

CHAPITRE III.

DES OPPOSITIONS AU MARIAGE.

L'opposition au mariage est l'acte par lequel une personne signifie à l'officier de l'état civil et aux futurs époux qu'il existe un empêchement au mariage. Les seules personnes qui aient qualité pour former opposition sont le conjoint de celui qui veut former une nouvelle union, les ascendants des futurs, certains collatéraux et le tuteur. Le procureur impérial a aussi cette qualité : comme il peut, dans certains cas, demander la nullité du mariage (art. 184, 190, 191), il peut, à plus forte raison, empêcher, par une opposition, la formation d'un mariage contraire aux bonnes mœurs ; car il vaut mieux prévenir le mal que d'avoir à le punir. — Voir, en ce qui concerne les formes de l'opposition, les articles 66 et suivants.

172. Le droit de former opposition à la célébration du mariage, appartient à la personne engagée par mariage avec l'une des deux parties contractantes.

Par « personne engagée par mariage, » on entend ici l'époux : celui-ci a un intérêt évident à empêcher son conjoint de commettre le crime de bigamie qui lui causerait d'ailleurs le plus grave outrage. Mais la personne en faveur de laquelle existerait une promesse de mariage n'aurait pas qualité pour former opposition, cette promesse n'étant pas obligatoire.

173. Le père, et, à défaut du père, la mère, et, à défaut de père et mère, les aïeuls et aïeules, peuvent former opposition au mariage de leurs enfants et descendants, encore que ceux-ci aient vingt-cinq ans accomplis.

Les mots, « à défaut, » montrent que la mère n'a qualité pour s'opposer au mariage de son enfant, que si le père est mort ou se trouve dans l'impossibilité de manifester sa volonté. La même remarque est applicable aux autres ascendants, qui ne peuvent former opposition que s'ils ne sont pas précédés par des ascendants plus proches. L'opposition de l'ascendant est péremptoire, lorsqu'il s'agit d'un enfant mineur quant au mariage. Quand il s'agit d'un enfant majeur, celui-ci peut obtenir la main-levée d'une opposition qui ne serait pas fondée sur un empêchement légal; mais souvent cette opposition, qui donne le temps de réfléchir, fera évanouir le projet de mariage.

174. A défaut d'aucun ascendant, le frère ou la sœur, l'oncle ou la tante, le cousin ou la cousine germains, majeurs, ne peuvent former aucune opposition que dans les deux cas suivants : — 1° Lorsque le consentement du conseil de famille, requis par l'article 160, n'a pas été obtenu ; — 2° Lorsque l'opposition est fondée sur l'état de démence du futur époux : cette opposition, dont le tribunal pourra prononcer main-levée pure et simple, ne sera jamais reçue qu'à la charge, par l'opposant, de provoquer l'interdiction, et d'y faire statuer dans le délai qui sera fixé par le jugement.

L'énumération des personnes qui ont qualité pour former opposition au mariage est limitative ; or, les descendants, les neveux, nièces et les alliés de l'un des futurs époux n'y sont pas compris ; donc ils ne pourront jamais, soit à cause du respect qu'ils doivent, soit à cause de leur défaut d'intérêt, former opposition au mariage de leurs ascendants, oncles et tantes, ni de leurs alliés.

Les frère, sœur, oncle, tante, cousin et cousine, qui peuvent, à défaut d'ascendants, former opposition, n'ont cependant un pareil droit que dans les deux cas spécifiés dans notre article : ils diffèrent donc, sous ce rapport, des ascendants, qui ont le droit de former opposition toutes les fois qu'ils l'estiment convenable. L'utilité de l'opposition qui est formée quand le conseil de famille n'a pas donné son consentement, n'apparaît pas au premier abord, puisque l'officier de l'état civil ne doit point alors procéder à la célébration du mariage ; mais il est possible que cette célébration ait lieu, parce que l'officier de l'état civil aurait été trompé par la représentation d'un faux acte de consentement du conseil de famille ou d'un faux acte de naissance faisant croire à la majorité du futur.

175. Dans les deux cas prévus par le précédent article, le tuteur ou curateur ne pourra, pendant la durée de la tutelle ou curatelle, former opposition qu'autant qu'il y aura été autorisé par un conseil de famille qu'il pourra convoquer.

Le tuteur d'un mineur non émancipé et le curateur d'un mineur émancipé ne peuvent, comme les collatéraux, former opposition que dans les deux cas spécifiés dans l'article précédent, et ils doivent même, pour cela, être autorisés à cet effet par le conseil de famille. Mais peut-il arriver que le tuteur forme une opposition « fondée sur l'état de démence du futur époux, » et qu'il soit, à cet effet, « autorisé par le conseil de famille, » qui a d'ailleurs donné son consentement au mariage? Oui, cela peut avoir lieu dans le cas suivant, qui se présentera rarement : le tuteur n'a pas assisté à la délibération du conseil de famille qui a autorisé le mariage; il croit que le futur époux est en état de démence et requiert du juge de paix la convocation du conseil de famille. Les membres de ce conseil disent au tuteur : « Puisque vous pensez que le futur époux est en état de démence, nous vous autorisons, mais sans retirer le consentement que nous avons donné au mariage, à former opposition en votre nom et à vos risques et périls, et à provoquer l'interdiction du futur devant le tribunal, qui appréciera vos raisons. »

176. Tout acte d'opposition énoncera la qualité qui donne à l'opposant le droit de la former; il contiendra élection de domicile dans le lieu où le mariage devra être célébré; il devra également, à moins qu'il ne soit fait à la requête d'un ascendant, contenir les motifs de l'opposition : le tout à peine de nullité, et de l'interdiction de l'officier ministériel qui aurait signé l'acte contenant opposition.

L'acte d'opposition doit, à peine de nullité, contenir trois choses : 1° la qualité de l'opposant, afin que ceux auxquels des copies sont remises connaissent si l'opposant est compris parmi ceux qui ont le droit de former opposition; 2° l'élection de domicile par l'opposant dans le lieu où le mariage doit être célébré, ou, si les futurs époux habitent des communes différentes, dans le lieu du domicile du futur époux dont on entend empêcher le mariage, car c'est lui qui est principalement attaqué par l'opposition; 3° les motifs de l'opposition, afin que les personnes auxquelles les copies sont remises puissent connaître si ces oppositions sont fondées; mais cette dernière disposition n'est point applicable aux ascendants, qui peuvent avoir un grave intérêt de famille à ne pas révéler les motifs qui les portent à s'opposer au mariage de leur enfant.

L'officier de l'état civil auquel est remise une copie de l'opposition formée, peut toujours refuser de procéder à la célébration du mariage, tant que le tribunal n'a pas prononcé la main-levée de cette opposition ; cependant il peut passer outre lorsqu'il est évident que cette opposition est nulle, parce que les formes prescrites à peine de nullité n'ont pas été observées, ou bien parce qu'elle émane de personnes qui n'avaient pas qualité pour la former.

177. Le tribunal de première instance prononcera dans les dix jours sur la demande en main-levée.

Les affaires qui concernent les oppositions au mariage sont des matières très-urgentes, parce que toute lenteur judiciaire pourrait occasionner aux futurs époux de vives contrariétés et de graves préjudices. Le tribunal saisi doit donc s'en occuper avec activité ; mais il lui est cependant souvent impossible de prononcer dans les dix jours sa sentence définitive sur la demande en main-levée d'opposition.

178. S'il y a appel, il y sera statué dans les dix jours de la citation.

La cour saisie de l'appel doit, comme le tribunal de première instance, et par les mêmes motifs, statuer le plus promptement possible sur l'opposition. Pendant les délais d'appel, qui sont de deux mois, et, s'il y a appel, tant que l'arrêt n'est pas prononcé, le mariage ne peut point être célébré. Mais, à la différence de l'appel, le pourvoi en cassation, qui n'est pas suspensif des voies d'exécution, n'empêche pas la célébration du mariage dans le cas où la cour impériale a prononcé la main-levée de l'opposition. Si la Cour de cassation considère l'opposition comme valable et casse l'arrêt de la cour impériale, le mariage ne sera cependant annulé que si l'opposition est fondée sur un empêchement *dirimant*, c'est-à-dire d'ordre public.

179. Si l'opposition est rejetée, les opposants, autres néanmoins que les ascendants, pourront être condamnés à des dommages-intérêts.

L'opposant qui succombe est condamné aux frais du procès et à la réparation du préjudice qu'il a causé par son opposition. Toutefois, l'ascendant n'est jamais condamné à des dommages-intérêts, parce qu'il est censé avoir formé son opposition dans l'intérêt de son descendant ; mais,

quand il succombe, il supporte une partie des frais du procès, qui sont
ors compensés (art. 131 C. pr.).

CHAPITRE IV.

DES DEMANDES EN NULLITÉ DE MARIAGE.

Ce chapitre, qui a pour objet les demandes en nullité de mariage, traite
aussi, dans les articles 194 et suivants, des preuves de cette union.

Les *empêchements* au mariage sont prohibitifs ou dirimants.

Les empêchements simplement *prohibitifs* mettent obstacle à la célébration du mariage ; mais ils ne font point annuler un mariage contracté.
Ainsi, une fille qui a plus de vingt-un ans, un fils qui a plus de vingt-
cinq ans ne peuvent pas se marier sans avoir requis le conseil de leurs
ascendants (art. 151, 152). La veuve ne peut point contracter un nouveau mariage dans les dix mois qui suivent la dissolution du mariage précédent (art. 228). Si la célébration a lieu au mépris de ces prohibitions,
les transgresseurs sont passibles de peines, mais le mariage ne pourrait
pas être annulé.

Les empêchements *dirimants* font naître des demandes en nullité du
mariage contracté.

Or, il existe deux classes de *nullité :* les nullités absolues et les nullités
relatives. — La nullité est *absolue* quand elle résulte d'une infraction à
une règle d'ordre public : elle empêche le mariage d'avoir une existence
légale, et, par suite, elle peut être invoquée dans tous les temps et par
toute personne intéressée. S'il y a défaut absolu de publicité, si l'un des
époux est engagé dans les liens d'un premier mariage, ou si les époux
sont parents ou alliés au degré prohibé, il existe une nullité absolue. —
La nullité est *relative* quand elle résulte d'une infraction à une règle introduite seulement dans un intérêt privé ou de famille : elle ne rend pas le mariage nul, mais seulement annulable, et la demande en nullité ne peut être
formée que pendant un certain temps et seulement par des personnes déterminées. Si l'un des époux n'a donné qu'un consentement vicié (art. 180),
ou s'il n'a pas obtenu le consentement de ceux sous la puissance desquels il se trouvait (art. 182), le mariage qu'il a contracté est entaché
d'une nullité relative. — Le mariage contracté avant la puberté est frappé
d'une nullité particulière, qui participe de la nullité absolue et de la nullité
relative ; car il peut être attaqué par toute personne intéressée, mais seulement pendant un certain délai (art. 183).

180. Le mariage qui a été contracté sans le consentement libre des deux époux, ou de l'un d'eux, ne peut être attaqué que par les époux, ou par celui des deux dont le consentement n'a pas été libre. Lorsqu'il y a eu erreur dans la personne, le mariage ne peut être attaqué que par celui des deux époux qui a été induit en erreur.

Dans les deux cas que prévoit notre article, le mariage n'est pas nul, mais seulement annulable; car il n'y a que l'époux dont le consentement est vicié par la violence ou par l'erreur, qui ait le droit d'agir en nullité, et son action, qui ne se transmet jamais à ses héritiers, se prescrit par un très-court délai (art. 181).

Les articles 1109 et suivants contiennent trois causes de nullité des contrats : l'erreur, la violence et le dol; mais le dol ne suffit point pour faire annuler l'acte solennel du mariage.

Quand y a-t-il *erreur dans la personne?* Cette question fait naître les plus graves controverses. Or, cette erreur existe dans les deux cas suivants : — 1° Si un individu est, lors du mariage, substitué à celui qu'on veut épouser; mais une pareille substitution, qui produit une erreur dans la personne physique, est presque impossible en fait, à cause de la solennité et de la publicité du mariage; — 2° Si une femme qui a voulu épouser un Français, a épousé par erreur un étranger, ce qui lui a fait perdre sa patrie et l'a rendue étrangère (art. 19), ou si l'un des époux qui a entendu s'unir à une personne de telle famille dont elle voulait avoir les membres pour alliés, s'est unie à une personne d'une autre famille. Il existe alors une erreur dans la personne civile; or, quand il est évidemment prouvé que cette erreur a eu lieu, et que, sans elle, le mariage n'aurait pas été formé, on peut, de même que s'il y avait erreur dans la personne physique, demander la nullité du mariage.

La femme qui épouse un homme condamné antérieurement à une peine afflictive et infamante, par exemple, un ancien forçat, et qui ignore ce fait, tombe-t-elle dans une *erreur dans la personne*, et a-t-elle le droit de demander la nullité de son mariage? La Cour de cassation avait décidé l'affirmative par arrêt du 11 février 1861; mais elle est revenue, avec grande raison, sur cette décision, et, par arrêt du 24 avril 1862, rendu toutes chambres réunies, elle a consacré la négative. Voici les principaux motifs de cet arrêt : — « Attendu que, si l'*erreur dans la personne* ne doit pas être restreinte au cas unique de l'erreur provenant d'une substi-

tution frauduleuse de personne au moment de la célébration ; si elle peut
également recevoir son application quand l'erreur procède de ce que l'un
des époux s'est fait agréer en se présentant comme membre d'une famille
qui n'est pas la sienne, et s'est attribué les conditions d'origine et de filiation qui appartiennent à un autre ; le texte et l'esprit de l'article 180 écartent virtuellement de sa disposition les erreurs d'une autre nature, et
n'admettent la nullité que pour l'erreur qui porte sur l'identité de la personne et par le résultat de laquelle l'une des parties a épousé une personne autre que celle à qui elle croyait s'unir ; — Qu'ainsi, la nullité pour
erreur dans la personne reste sans extension possible aux simples erreurs
sur des conditions ou des qualités de la personne, sur des flétrissures
qu'elle aurait subies, et spécialement à l'erreur de l'époux qui a ignoré la
condamnation à des peines afflictives ou infamantes antérieurement prononcées contre son conjoint, et la privation des droits civils et civiques qui
s'en est suivie » (C. cass. 24 avril 1862).

Les erreurs qui portent sur les qualités physiques du conjoint, sur son
impuissance naturelle et même accidentelle, sur ses qualités morales, ses
défauts, ses vices, son immoralité, sur l'espèce de son culte, sur sa haine
contre la religion, qui lui a fait repousser la bénédiction religieuse de son
union, sur l'existence d'enfants qu'il aurait eus de relations illicites, sur
une masse de dettes qui viendraient absorber toute la splendeur de sa
fortune apparente et même les biens de son conjoint, et les autres erreurs
ne suffisent jamais pour demander la nullité de l'union à laquelle la société, représentée par le maire, a apposé son sceau.

On voit par là combien il importe de prendre des renseignements exacts
sur la personne à laquelle on se propose d'unir son sort pour toute la vie.
Pour connaître si cette personne est tombée en faillite ou a subi des condamnations criminelles ou correctionnelles, on peut s'adresser au procureur impérial du lieu de la naissance de cette personne, afin d'être autorisé
à obtenir du greffier du tribunal de première instance un bulletin de son
casier judiciaire. Cette précaution est quelquefois bien utile.

181. Dans le cas de l'article précédent, la demande en nullité n'est plus recevable, toutes les fois qu'il y a eu cohabitation
continuée pendant six mois, depuis que l'époux a acquis sa
pleine liberté ou que l'erreur a été par lui reconnue.

La cohabitation qui a été continuée pendant six mois depuis que la violence a cessé ou que l'erreur a été découverte, a fait disparaître le vice du

consentement et ratifié tacitement le mariage. L'union qu'un interdit a formée est aussi ratifiée par une cohabitation continuée pendant six mois depuis la levée de l'interdiction.

Un contrat annulable peut être ratifié d'une manière expresse par un écrit contenant la substance du contrat, le vice dont ce contrat est entaché et l'intention de réparer le vice (art. 1338). Mais cette disposition n'est certainement pas applicable au mariage : le silence de la loi à cet égard s'explique par la position des époux et par l'influence que l'un d'eux peut exercer momentanément sur son conjoint.

Si l'on se place dans la supposition, presque impossible en fait, où le consentement de l'un des époux, au lieu d'être seulement entaché de vice, a complétement fait défaut, le mariage sera-t-il radicalement nul, ou simplement annulable ? Dans un contrat ordinaire, le consentement de chaque partie est un élément essentiel ; s'il n'a pas eu lieu, il n'y a ni convention ni contrat, et, par suite, l'acte est radicalement nul (art. 1108). Mais il ne doit pas en être de même du mariage : les publications, la présence de témoins, l'intervention de l'officier public qui prononce les paroles solennelles d'union, et la position spéciale des époux qui, dans le mariage, vivent au même foyer et à la même table, sous la sauvegarde des familles, de la société et de la religion, nous font penser que, pour défaut absolu du consentement de l'une des parties lors de la célébration, le mariage ne serait pas radicalement nul, mais seulement annulable, et que, si le consentement de cet époux vient ensuite à se manifester par six mois de cohabitation continue, la demande en nullité est par là rendue non recevable.

182. Le mariage contracté sans le consentement des père et mère, des ascendants, ou du conseil de famille, dans les cas où ce consentement était nécessaire, ne peut être attaqué que par ceux dont le consentement était requis, ou par celui des deux époux qui avait besoin de ce consentement.

Il s'agit ici, comme dans l'article 180, d'une nullité relative. Le mineur quant au mariage, qui n'a pas obtenu le consentement nécessaire pour le garantir contre les dangers de son inexpérience et l'entraînement des passions, et ceux dont l'autorité a été méconnue ont seuls l'action en nullité ; c'est en vain que leurs créanciers voudraient exercer cette action dans un intérêt pécuniaire.

183. L'action en nullité ne peut plus être intentée ni par les époux, ni par les parents dont le consentement était requis, toutes les fois que le mariage a été approuvé expressément ou tacitement par ceux dont le consentement était nécessaire, ou lorsqu'il s'est écoulé une année sans réclamation de leur part, depuis qu'il ont eu connaissance du mariage. Elle ne peut être intentée non plus par l'époux, lorsqu'il s'est écoulé une année sans réclamation de sa part, depuis qu'il a atteint l'âge compétent pour consentir par lui-même au mariage.

L'action en nullité du mariage pour défaut de consentement des parents s'éteint : 1° par la ratification expresse, qui peut résulter d'une simple lettre émanée de ceux dont le consentement était nécessaire ; 2° par la ratification tacite, qui a lieu, par exemple, si le beau-père a reçu sa bru dans sa maison et lui a montré la tendresse d'un père ; 3° par le délai d'un an écoulé sans réclamation de la part de ceux dont le consentement était nécessaire, délai qui court du jour où ils ont connu le mariage ; 4° par le délai d'un an écoulé sans réclamation de l'époux, depuis qu'il a atteint l'âge compétent pour consentir par lui-même au mariage; cet âge est de vingt-un ans accomplis pour la fille et de vingt-cinq pour le fils. Dans ces deux derniers cas, le silence gardé pendant plus d'un an équivaut à une ratification tacite. Remarquons que la ratification expresse ou tacite des ascendants rend l'époux lui-même non recevable à demander la nullité de son mariage ; tandis que la ratification de l'époux ne nuit point au droit d'action des ascendants.

184. Tout mariage contracté en contravention aux dispositions contenues aux articles 144, 147, 161, 162 et 163, peut être attaqué soit par les époux eux-mêmes, soit par tous ceux qui y ont intérêt, soit par le ministère public.

Depuis cet article jusqu'à l'article 193, il s'agit des nullités absolues. D'après les renvois ici indiqués, le mariage est nul pour impuberté (art. 144), pour existence d'un précédent mariage (art. 147), pour parenté ou alliance à des degrés prohibés (art. 161, 162, 163). Dans ces cas, le mariage peut, en général, être toujours attaqué, et cela par tous, c'est-à-dire : 1° par les époux, alors même qu'ils se seraient mariés de mauvaise foi, parce qu'ils ne peuvent pas être placés dans la nécessité de vivre dans une union contraire à la morale et à leur conscience ; 2° par tous ceux qui ont, pour agir en nullité, un intérêt né et actuel, peu importe que leur intérêt soit moral ou pécuniaire ; 3° enfin, par le procureur impérial, qui est constitué le gardien des bonnes mœurs ; mais il ne peut pas agir en nullité d'un mariage déjà dissous, tandis que les tiers qui ont un intérêt pécuniaire ont le droit, après la dissolution d'un mariage, d'en e   prononcer la nullité.

185. Néanmoins le mariage contracté par des époux qui n'avaient point encore l'âge requis, ou dont l'un des deux n'avait point atteint cet âge, ne peut plus être attaqué, 1° lorsqu'il s'est écoulé six mois depuis que cet époux ou les époux ont atteint l'âge compétent ; 2° lorsque la femme qui n'avait point cet âge a conçu avant l'échéance de six mois.

Le mariage qui est contracté avant la puberté de l'un des époux est frappé d'une nullité *absolue* et peut être attaqué par toute personne ayant un intérêt moral ou pécuniaire. Mais cette nullité participe de la nullité *relative*, car elle est couverte, et le mariage devient inattaquable dans les deux cas suivants : 1° s'il s'est écoulé six mois sans réclamation depuis que l'époux, qui s'est marié impubère, est devenu pubère ; 2° si la femme qui s'est mariée avant quinze ans accomplis, a conçu avant cet âge ou dans les six mois suivants. Mais la grossesse de la femme ne rendrait pas non recevable l'action en nullité de l'époux qui s'est marié avant dix-huit ans accomplis ; en conséquence, il pourra néanmoins intenter cette action, s'il n'a pas encore dix-huit ans et six mois.

186. Le père, la mère, les ascendants et la famille qui ont consenti au mariage contracté dans le cas de l'article précédent, ne sont point recevables à en demander la nullité.

Les parents qui ont consenti au mariage d'un enfant impubère ont commis une faute grave et sont par là non recevables à en demander la nullité. Lorsqu'ils n'ont pas donné leur consentement, ils ont deux causes de nullité : l'une, à raison du défaut de consentement, et l'autre, à raison de l'impuberté de l'enfant.

187. Dans tous les cas où, conformément à l'article 184, l'action en nullité peut être intentée par tous ceux qui ont intérêt, elle ne peut l'être par les parents collatéraux, ou par les enfants nés d'un autre mariage du vivant des deux époux, mais seulement lorsqu'ils y ont un intérêt né et actuel.

Les enfants d'un premier lit et les parents collatéraux ne peuvent point agir en nullité du mariage pour un simple intérêt moral ou d'affection; mais seulement pour un intérêt pécuniaire, né et actuel. Cet intérêt ne naît généralement pour eux qu'au décès de l'un des époux, alors qu'il s'agit de disputer la succession aux enfants issus d'un mariage contraire aux lois; si quelque intérêt pécuniaire à agir naissait pour eux du vivant des époux, leur action en nullité du mariage resterait néanmoins suspendue.

188. L'époux au préjudice duquel a été contracté un second mariage peut en demander la nullité du vivant même de l'époux qui était engagé avec lui.

Cet époux a évidemment un intérêt né et actuel à faire rompre un mariage qui a été formé au mépris de ses droits.

189. Si les nouveaux époux opposent la nullité du premier mariage, la validité ou la nullité de ce mariage doit être jugée préalablement.

Celui qui a contracté un premier mariage, même nul, doit d'abord en faire prononcer la nullité avant que d'en former un second. Mais quand il a trompé l'officier de l'état civil sur l'existence du premier mariage et en a formé ainsi un second, le premier mariage argué de nullité devra d'abord être apprécié par le juge : s'il est reconnu valable, le second sera nécessairement déclaré nul; si, au contraire, il a été déclaré nul, il n'a pu faire obstacle à la validité du second.

190. Le procureur impérial, dans tous les cas auxquels s'applique l'article 184, et sous les modifications portées en l'article 185, peut et doit demander la nullité du mariage du vivant des deux époux, et les faire condamner à se séparer.

Quand des époux donnent le scandaleux exemple d'un mariage contraire aux principes de la morale, le procureur impérial est tenu d'agir pour en faire prononcer la nullité; mais il ne peut plus agir en nullité d'un pareil mariage, lorsqu'il a été dissous par la mort de l'un des époux, parce que déjà le scandale a cessé, ni lorsque l'époux, qui s'est marié impubère, se trouve dans l'un des deux cas exprimés dans l'art. 185.

191. Tout mariage qui n'a point été contracté publiquement, et qui n'a point été célébré devant l'officier public compétent, peut être attaqué par les époux eux-mêmes, par les père et mère, par les ascendants, et par tous ceux qui y ont un intérêt né et actuel, ainsi que par le ministère public.

Cet article renferme deux causes de nullité du mariage : 1° la *clandestinité*, qui est opposée à la publicité ; or, les éléments de la publicité sont les publications, la présence de témoins, et la célébration faite de jour dans la maison commune; 2° l'*incompétence* de l'officier de l'état civil, qui n'est pas celui de l'une des parties, ou qui a rempli de pareilles fonctions hors de sa commune. Dans ces deux cas, la loi n'impose point au procureur impérial l'obligation d'agir en nullité, et elle laisse aux juges l'appréciation de la validité du mariage. Au reste, il semble inutile de faire observer que le mariage n'aurait aucune consistance et ne serait qu'un vain simulacre, si celui qui a prononcé les paroles d'union n'avait point la qualité d'officier de l'état civil.

192. Si le mariage n'a point été précédé des deux publications requises, ou s'il n'a pas été obtenu des dispenses permises par la loi, ou si les intervalles prescrits dans les publications et célébrations n'ont point été observés, le procureur impérial fera prononcer contre l'officier public une amende qui ne pourra excéder trois cents francs; et, contre les parties contractantes, ou ceux sous la puissance desquels elles ont agi, une amende proportionnée à leur fortune.

Le législateur abandonne à la souveraine appréciation du juge la question de savoir si le mariage a reçu ou non une publicité suffisante; mais il prononce, dans tous les cas, des amendes contre l'officier de l'état civil et contre les parties qui auraient violé les dispositions concernant les publications et les délais prescrits.

193. Les péines prononcées par l'article précédent seront encourues par les personnes qui y sont désignées, pour toute contravention aux règles prescrites par l'article 165, lors même que ces contraventions ne seraient pas jugées suffisantes pour faire prononcer la nullité du mariage.

L'article qui précède est relatif au défaut de quelques éléments de la publicité du mariage; tandis que notre article, qui se réfère à l'art. 165, est relatif à l'incompétence de l'officier de l'état civil. Au reste, les contraventions seront toujours punies d'amendes, quand même elles ne suffiraient pas pour faire annuler le mariage.

194. Nul ne peut réclamer le titre d'époux et les effets civils du mariage, s'il ne représente un acte de célébration inscrit sur le registre de l'état civil, sauf les cas prévus par l'article 46, au titre *des Actes de l'état civil*.

Celui qui réclame le titre d'époux ne peut point alléguer qu'il ignore le lieu où il s'est marié; aussi n'est-il, en général, admis à prouver l'existence de son mariage et à invoquer des droits qui en découlent, qu'en représentant une copie de l'acte de célébration inscrit sur les registres de l'état civil. Il est cependant admis à faire cette preuve d'une autre manière dans deux cas : 1° quand il n'y a pas eu de registres de l'état civil ou quand ces registres sont perdus, il peut prouver sa qualité d'époux par des titres, ou par des témoins attestant, sous la foi du serment, non pas le fait de la cohabitation, qui ne serait nullement probant, mais le fait de la célébration du mariage auquel ils ont assisté (art. 46); 2° quand l'acte de mariage a été lacéré ou inscrit sur une feuille volante, il prouve l'existence de son mariage en rapportant une copie du jugement criminel ou correctionnel inscrit sur les registres de l'état civil (art. 198).

195. La possession d'état ne pourra dispenser les prétendus époux qui l'invoqueront respectivement, de représenter l'acte de célébration du mariage devant l'officier de l'état civil.

La possession d'état résulte, en cette matière, du fait qu'un homme et une femme vivent publiquement comme mari et épouse. Elle se compose

de trois éléments, exprimés ainsi en latin, *tractatus, nomen, fama* : ces
mots signifient que la femme a été traitée pàr l'homme comme épouse,
qu'elle a porté le nom de cet homme avec lequel elle vivait, et que cet
homme et cette femme ont été regardés dans la société comme époux.
Quoique cette possession d'état ait été longue et constante, elle reste
néanmoins toujours un concubinage flétri par les mœurs et par la religion,
s'il n'y a pas eu d'acte de célébration du mariage.

196. Lorsqu'il y a possession d'état, et que l'acte de célébration du mariage devant l'officier de l'état civil est représenté, les
époux sont respectivement non recevables à demander la nullité de cet acte.

La possession d'état couvre les vices de publicité de l'acte de célébration
du mariage, et même le vices résultant de l'incompétence de l'officier de
l'état civil; mais elle ne fait jamais disparaître les nullités d'ordre public,
qui ont pour cause la bigamie ou l'inceste.

197. Si néanmoins, dans le cas des articles 194 et 195, il existe
des enfants issus de deux individus qui ont vécu publiquement
comme mari et femme, et qui soient tous les deux décédés, la
légitimité des enfants ne peut être contestée sous le seul prétexte
du défaut de représentation de l'acte de célébration, toutes les
fois que cette légitimité est prouvée par une possession d'état
qui n'est point contredite par l'acte de naissance.

L'enfant qui se prétend légitime devrait, dans la rigueur des principes,
prouver : 1° que ses père et mère étaient mariés; 2° que sa mère est accouchée d'un enfant conçu pendant le mariage; 3° qu'il est lui-même l'enfant né du mariage. Mais la loi fait ici fléchir la rigueur des principes :
l'enfant, à la différence des époux, peut ignorer le lieu où ses père et mère
ont été mariés et même le lieu où il est né; aussi lui suffira-t-il, pour
établir sa légitimité, de prouver : 1° que ses père et mère sont tous deux
décédés, ou bien qu'ils sont, par exemple en cas de démence, dans l'impossibilité de fournir des renseignements; 2° que ses père et mère vi-
vaient publiquement comme mari et femme; 3° enfin, qu'il existe en sa
faveur une possession d'état d'enfant légitime non contredite par son acte
de naissance. La cour de Bastia a décidé, par arrêt du 28 juin 1865, que

l'enfant dont les père et mère sont décédés et qui ne peut rapporter ni leur acte de mariage, ni son acte de naissance, fait une preuve suffisante de sa filiation légitime, au moyen de sa possession d'état, conformément à la disposition de l'article 320 : — « Attendu que l'enfant qui se prétend légitime et qui se trouve dans l'impossibilité de produire les actes de l'état civil établissant cette légitimité, peut y suppléer par la preuve de sa possession d'état. » — Mais cet arrêt a été cassé avec juste raison par arrêt de la Cour de cassation ainsi conçu : — « Attendu qu'en disposant qu'à défaut d'acte de naissance, il suffit à l'enfant, pour prouver sa filiation, d'une possession constante de l'état d'enfant légitime, l'article 320 du Code Napoléon suppose que l'acte de célébration du mariage des père et mère est représenté ; — Que, quand l'acte de célébration du mariage n'est pas rapporté, on rentre sous l'empire des dispositions des articles 194 et suivants du même Code, et que, notamment, l'enfant qui réclame sa légitimité après le décès de ses père et mère, sans représenter l'acte civil de leur mariage, est soumis par l'article 197 à l'obligation de prouver qu'ils ont vécu publiquement comme mari et femme, et qu'il existe en sa faveur une possession d'état d'enfant légitime non contredite par son acte de naissance... ; — Que la possession d'état peut exister pour l'enfant sans que ses père et mère aient vécu publiquement comme mari et femme ; que la preuve du premier de ces faits ne dispense pas de la preuve du second, et que le concours de l'un et de l'autre est nécessaire pour que cet article reçoive son application » (C. cass. 19 juin 1867).

198. Lorsque la preuve d'une célébration légale du mariage se trouve acquise par le résultat d'une procédure criminelle, l'inscription du jugement sur les registres de l'état civil assure au mariage, à compter du jour de sa célébration, tous les effets civils, tant à l'égard des époux, qu'à l'égard des enfants issus de ce mariage.

La disposition de cet article est édictée dans l'intérêt des enfants et dans celui des époux eux-mêmes. Les mots « procédure criminelle » comprennent aussi bien la procédure en matière correctionnelle qu'en matière criminelle. L'arrêt de la cour d'assises, ou le jugement du tribunal de police correctionnelle, qui constate le crime ou le délit tendant à faire disparaître la preuve du mariage, est inscrit sur les registres de l'état civil et sert à prouver l'existence du mariage ; mais, quoique prouvé ce mariage pourrait encore, à cause de la bigamie ou de l'inceste, ne point produire d'effets civils.

199. Si les époux ou l'un d'eux sont décédés sans avoir découvert la fraude, l'action criminelle peut être intentée par tous ceux qui ont intérêt de faire déclarer le mariage valable, et par le procureur impérial.

Ceux qui, dans le cas de cet article, ont intérêt à faire déclarer le mariage valable, sont, par exemple, les époux, leurs enfants et leurs héritiers. Les parties peuvent porter leur action devant le tribunal civil; elles peuvent aussi porter plainte devant le procureur impérial, auquel seul appartient l'action en matière criminelle et qui, même à défaut de plainte des parties lésées, doit poursuivre d'office la répression des crimes et des délits dont il a connaissance.

200. Si l'officier public est décédé lors de la découverte de la fraude, l'action sera dirigée au civil contre ses héritiers, par le procureur impérial, en présence des parties intéressées et sur leur dénonciation.

Quand l'officier public, c'est-à-dire le maire ou le greffier du tribunal, qui a détruit ou falsifié l'acte de mariage, est décédé, l'action criminelle se trouve éteinte; car elle ne s'intente jamais que contre le coupable. L'action tendant au rétablissement de la preuve du mariage doit alors être portée, contre les héritiers de l'officier public, devant le tribunal civil : elle ne peut être intentée que par le procureur impérial, et seulement sur la plainte ou dénonciation des parties intéressées. Le législateur n'admet point les parties à intenter elles-mêmes l'action, par la raison que l'importance de leur intérêt pourrait les exciter à s'entendre avec les héritiers de l'officier de l'état civil, qui ne sont point personnellement passibles de peine, pour obtenir la preuve d'un mariage qui n'aurait jamais existé.

201. Le mariage qui a été déclaré nul, produit néanmoins les effets civils, tant à l'égard des époux qu'à l'égard des enfants, lorsqu'il a été contracté de bonne foi.

Le mariage nul ne produit aucun effet; en conséquence, d'une part, les enfants ne sont pas légitimes, et, d'autre part, le contrat réglant la société conjugale est non avenu, et les donations et institutions contractuelles en faveur d'un pareil mariage sont frappées de caducité. Mais le législateur fait fléchir la rigueur de ces principes dans le cas où le mariage est putatif. On entend par *mariage putatif*, celui qui, quoique déclaré nul, produit des effets civils, à cause de la bonne foi des époux ou de l'un d'eux. Cette bonne foi suppose que les parties ignoraient, lors du mariage a cause de nullité, et que leur union a été célébrée avec les formalités requises par la loi. Elle est toujours présumée (art. 2268), et, par suite, ceux qui allèguent la mauvaise foi sont tenus d'en faire la preuve. La combinaison de notre article avec l'art. 2269 prouve que le mariage putatif produit ses effets jusqu'au jour où sa nullité est prononcée, et qu'en conséquence les enfants conçus après la découverte de la cause de nullité et avant la sentence, jouiront des droits d'enfants légitimes.

202. Si la bonne foi n'existe que de la part de l'un des deux époux, le mariage ne produit les effets civils qu'en faveur de cet époux et des enfants issus du mariage.

Supposons qu'un mari ait caché à sa femme, qui est seule de bonne foi, l'existence d'une première union. Dans ce cas, le mari ne profite point des libéralités qui lui ont été faites en faveur du mariage; il est privé des droits de la puissance paternelle sur ses enfants et de la jouissance légale de leurs biens; la loi le repousse de la succession de ses enfants, et de celle de son épouse décédée sans parents au degré successible. La femme de bonne foi, au contraire, profite de toutes les libéralités qu'elle a reçues en faveur du mariage; elle a sur ses enfants et sur leurs biens tous les droits résultant de la puissance paternelle; elle est appelée à recueillir la succession de ses enfants et celle de son mari décédé sans héritiers; elle a la faculté d'accepter la communauté ou d'y renoncer, et elle a sur les immeubles de son mari une hypothèque légale assurant le payement de ses droits et reprises. Quant aux enfants nés d'un mariage putatif, ils ont la plénitude des droits des enfants légitimes, tant à l'égard du père de mauvaise foi et de la branche paternelle, qu'à l'égard de leur mère et des autres parents de la branche maternelle.

Dans un arrêt très-célèbre, la cour de Paris a décidé que le mariage contracté par un Français à l'étranger n'est pas putatif et que, par suite, il ne produit aucun effet en faveur des enfants, lorsque le mari, qui était

mineur quant au mariage, n'a pas obtenu le consentement nécessaire de
ses parents et que la formalité des publications en France n'a pas été accomplie. Cet arrêt est ainsi conçu : — « Considérant qu'à la date du mariage, Jérôme Napoléon était âgé de dix-neuf ans; qu'aux termes des
dispositions du Code Napoléon, le mariage d'un mineur devait être
accompagné du consentement de ses père et mère, et celui d'un Français
à l'étranger, précédé de publications faites en France; que ni l'une ni
l'autre de ces conditions n'a été remplie par les contractants, à Baltimore,
en 1803; — Considérant que la famille Patterson, officiellement avertie
des exigences de la loi française, avait d'abord abandonné le projet de
mariage; que, cependant, deux mois plus tard, elle procédait à sa célébration, sans avoir en rien satisfait aux volontés de la loi...; — Par ces
motifs, statuant sur l'appel, dit que l'action de la dame Patterson et de
Jérôme Napoléon Bonaparte est reconnue mal fondée » (C. de Paris
1er juillet 1861).

CHAPITRE V.

DES OBLIGATIONS QUI NAISSENT DU MARIAGE.

Ce chapitre n'expose point les droits et les devoirs respectifs des époux ;
le législateur en a fait l'objet du chapitre suivant, par la raison qu'il n'a
point voulu donner aux rapports respectifs du mari et de la femme, fondus dans l'unité, le nom d'*obligations*, nom qui suppose nécessairement
l'existence de deux personnalités parfaitement distinctes.

203. Les époux contractent ensemble, par le fait seul du mariage, l'obligation de nourrir, entretenir et élever leurs enfants.

L'obligation de nourrir, entretenir et élever les enfants, résulte non-
seulement du fait du mariage, mais encore de la génération des enfants
légalement reconnus (C. de Toulouse, 8 juin 1863). Cette obligation
commence à la naissance des enfants, et elle finit à l'âge où les enfants
peuvent se procurer des moyens d'existence, c'est-à-dire à l'émancipation
ou à la majorité qui leur confère le pouvoir d'exercer leurs droits. A l'o-
bligation de nourrir, élever et entretenir les enfants, succède l'obligation
de leur fournir des aliments. Cette dernière obligation est beaucoup plus

générale que la première : elle subsiste entre tous les ascendants et descendants. Comme elle est fondée sur les liens du sang, qui sont indestructibles, elle est perpétuelle, et aucun méfait ne peut la dissoudre. Mais elle ne produit d'effet que dans la mesure des besoins de celui qui réclame les aliments, et dans la proportion des moyens et facultés de celui qui les doit.

Lorsque les père et mère n'accomplissent pas leurs obligations de nourrir et élever leurs enfants, le procureur impérial peut faire ordonner par le tribunal des mesures nécessaires, pour que cette obligation soit remplie; il peut même, s'il y a lieu, requérir contre le père ou la mère une peine correctionnelle ou criminelle. Mais les père et mère ont un pouvoir presque arbitraire en ce qui concerne l'éducation et l'instruction à donner à leurs enfants.

Au reste, le juge peut, pour accorder ou refuser des aliments, apprécier l'origine et la cause des besoins des enfants. Ainsi décidé : — « Attendu qu'il appartient aux juges saisis d'une demande en provision et pension alimentaire d'apprécier la position du demandeur, l'étendue de ses besoins et l'origine de la gêne qu'il éprouve ou prétend éprouver; — Qu'il leur appartient également de juger si ceux auxquels les aliments sont demandés, ont fait ce qu'ils devaient pour donner au demandeur les moyens de pourvoir lui-même à ses besoins, et s'ils doivent être affranchis de toute obligation ultérieure; — Attendu qu'il est constaté en fait, par l'arrêt attaqué, que l'état de dénûment, où Pératte de Mézière fils prétend se trouver, a pour cause principale son instabilité dans les divers emplois qu'il a occupés, ses habitudes de désordre et d'oisiveté, sa répugnance à s'occuper utilement pour lui-même; enfin, qu'il était en âge et en état de se suffire à lui-même; — Attendu que, dans de telles circonstances, le rejet, par la cour impériale de Paris, de la demande de Pératte de Mézière fils, ne saurait entraîner la violation des art. 203 et suivants du Code Napoléon; — Rejette, » etc. (C. Cass. 7 juill. 1863).

204. L'enfant n'a pas d'action contre ses père et mère pour un établissement par mariage ou autrement.

Chez les Romains, et dans les provinces du midi de la France qui, jusqu'à la promulgation du Code Napoléon, étaient régies par les lois romaines, les enfants avaient une action contre leur père, ou contre leur aïeul paternel, pour obtenir, les filles, une dot, et les fils, une donation à cause de noce. Mais une pareille action n'existait pas dans les pays du

nord de la France, parce que la communauté, qui était déjà dans le nord
le régime ordinaire des époux, met la mère au niveau du père, la branche maternelle au niveau de la branche paternelle, et resserre les membres des deux branches dans des rapports plus constants et plus fermes
que le régime dotal, usité dans le midi de la France. Or, en disposant
que la communauté légale serait le régime ordinaire pour tous les
départements de la France, le Code Napoléon a dû, par suite, supprimer
l'action des enfants pour obtenir une dot, une donation à cause de noces,
ou tout autre établissement, et laisser à la sagesse affectueuse des père et
mère, soumis d'ailleurs à l'influence de leurs familles et des mœurs, la
liberté d'apprécier s'il est utile de donner des sommes d'argent ou d'autres valeurs à leurs enfants pour leur former un établissement.

205. Les enfants doivent des aliments à leurs père et mère et
autres ascendants qui sont dans le besoin.

On entend par *aliments* ce qui est nécessaire pour la nourriture, le
vêtement, le logement et les soins, en cas de maladie ou d'infirmité. Quelle
que soit, d'ailleurs, la cause de sa position malheureuse, l'ascendant sans
fortune, sans ressource et incapable de subvenir à ses besoins par son
travail, peut demander des aliments à ses descendants qui sont en état
de les lui fournir. Mais il doit s'adresser d'abord à ses enfants, et ce
n'est que subsidiairement qu'il agit contre ses petits-enfants, pour obtenir ou compléter sa pension alimentaire.

206. Les gendres et belles-filles doivent également, et dans
les mêmes circonstances, des aliments à leurs beau-père et belle-
mère; mais cette obligation cesse : 1° lorsque la belle-mère a
convolé en secondes noces ; 2° lorsque celui des époux qui produisait l'affinité, et les enfants issus de son union avec l'autre
époux, sont décédés.

Le gendre ou la belle-fille doit fournir des aliments à ses beau-père et
belle-mère, quand même son conjoint serait seulement leur enfant naturel. Mais cette obligation ne s'étend pas aux ascendants par alliance à
des degrés plus éloignés, car l'alliance ne produit pas des effets aussi
énergiques que la parenté légitime, dont elle n'est qu'une fiction. Elle
cesse dans deux cas : 1° si la belle-mère convole en secondes noces, car

elle affaiblit les rapports résultant de l'alliance en entrant dans la famille et sous la puissance d'un nouveau mari, qui lui donne son nom et prend d'ailleurs l'engagement de subvenir à ses besoins; mais elle conserve néanmoins le droit de demander des aliments à son enfant et à ses petits-enfants, et elle reste elle-même tenue de l'obligation, dont elle ne peut point s'affranchir, de fournir des aliments à son gendre ou à sa belle-fille; 2° si l'époux qui produisait l'affinité est décédé et s'il n'existe pas d'enfants de cette union, car il est évident que l'alliance se trouve alors, non pas dissoute, car elle est éternelle, mais du moins très-relâchée.

207. Les obligations résultant de ces dispositions sont réciproques.

Les descendants ont, de leur côté, le droit de demander des aliments à leurs ascendants et à leurs beau-père et belle-mère. Mais si la bru convole en secondes noces, perd-elle par là le droit de demander des aliments à ses beau-père et belle-mère? L'analogie qui existe entre sa position et celle de la belle-mère qui se remarie, élève à cet égard bien des doutes. Nous pensons, sur cette question gravement controversée, qu'il ne faut appliquer les déchéances pénales que dans les cas expressément indiqués par la loi et que, à raison du silence même du législateur, la bru qui a des enfants et qui se remarie conserve néanmoins, à l'égard de ses beau-père et belle-mère, ses droits aux aliments.

Voilà toutes les personnes qui sont réciproquement tenues de se fournir des aliments. Il suit de là que cette obligation n'existe point en ligne collatérale; qu'en conséquence, personne n'est civilement obligé de donner une pension alimentaire à ses frères et sœurs, neveux et nièces, oncles et tantes, et qu'il ne peut exister entre ces personnes qu'une simple obligation naturelle, c'est-à-dire sanctionnée seulement par la conscience publique.

208. Les aliments ne sont accordés que dans la proportion du besoin de celui qui les réclame, et de la fortune de celui qui les doit.

Pour fixer la quotité de la pension alimentaire, l'attention doit se fixer sur deux points principaux : 1° sur le besoin de celui qui réclame les aliments, c'est-à-dire sur son âge, sa santé, ses habitudes et le rang qu'il occupe ; 2° sur la fortune de celui qui doit les aliments, c'est-à-dire sur ses gains et revenus, déduction faite de ses charges de famille et autres. Quand il existe deux fils d'un père qui est dans le besoin, ils contribuent à la pension alimentaire chacun dans la proportion de ses facultés; s'il n'y en a qu'un seul qui soit en état de la payer, lui seul en est entièrement chargé. Au reste, d'après l'ordre de la nature et de la logique, l'obligation de fournir des aliments pèse sur le parent plutôt que sur l'allié, sur le descendant plutôt que sur l'ascendant, sur celui qui est plus proche en degré plutôt que sur celui qui est d'un degré plus éloigné.

Il est assez généralement admis que l'ascendant, autre que père et mère, n'a pas droit à la réserve dans la succession de son descendant qui meurt en laissant des frères ou sœurs, et qu'alors tout devient disponible (art. 750, 915). De là naît cette question : quand le descendant a nommé son ami légataire universel, l'ascendant qui est dans le besoin peut-il réclamer des aliments à ce légataire universel ? Le droit romain décidait la négative, qui est aussi admise sous le Code. Cette décision peut paraître dure; mais elle se justifie par la considération que l'obligation de fournir des aliments a pour base principale les rapports réciproques de famille, et non les patrimoines, dont la valeur sert seulement à fixer la quotité des aliments que devra payer celui qui les doit.

209. Lorsque celui qui fournit ou celui qui reçoit des aliments est replacé dans un état tel, que l'un ne puisse plus en donner, ou que l'autre n'en ait plus besoin en tout ou en partie, la décharge ou réduction peut en être demandée.

Quoique le tribunal ait fixé, par un jugement passé en force de chose jugée, la quotité de la pension alimentaire et les parts de ceux qui doivent la payer, cette fixation reste soumise encore à toutes les variations des éléments que le tribunal a pris en considération. Quelquefois, il arrive même que celui qui recevait des aliments se trouve, par suite de succession ou legs, tenu lui-même d'en fournir à ceux qui les lui payaient et qui ont ensuite éprouvé des revers de fortune; mais la première sentence du juge produit tous ses effets et est exécutoire tant qu'elle n'a pas été modifiée ou changée. Au reste, il est généralement admis que la dette alimentaire n'est ni solidaire ni indivisible, et, par suite, que chacun de ceux qui en sont tenus ne peut être poursuivi que pour la part qu'il doit supporter dans la contribution.

La dette alimentaire dont il est ici question est appelée *légale*, parce qu'elle résulte de l'autorité seule de la loi. Mais elle peut être conventionnelle ; or, cela arrive, par exemple, si un ascendant abandonne ses biens à ses descendants, sous la condition que ceux-ci lui payeront une certaine somme par an, à titre de pension alimentaire. La quotité de cette pension ne peut pas varier, parce qu'elle a sa cause dans une convention qui fait la loi des parties.

210. Si la personne qui doit fournir les aliments justifie qu'elle ne peut payer la pension alimentaire, le tribunal pourra, en connaissance de cause, ordonner qu'elle recevra dans sa demeure, qu'elle nourrira et entretiendra celui auquel elle devra des aliments.

En règle générale, la pension alimentaire est due en argent ; la personnalité de celui qui la reçoit est ainsi moins affectée que s'il devait aller demeurer chez son parent, pour y recevoir ce qui est nécessaire à ses besoins. Mais cette règle fléchit dans deux cas, laissés à l'appréciation souveraine du juge : 1° quand celui qui doit les aliments justifie qu'il se trouve hors d'état de les payer, le tribunal peut lui ordonner de recevoir dans sa demeure son parent dans le besoin ; mais cet ordre n'est prononcé qu'en *connaissance de cause*, c'est-à-dire après un examen portant principalement sur les facultés de l'une des parties, sur les besoins de l'autre, et sur leurs dispositions réciproques à vivre en ménage dans un accord bon et moral ; 2° quand il s'agit du cas prévu dans l'article suivant.

211. Le tribunal prononcera également si le père ou la mère qui offrira de recevoir, nourrir et entretenir dans sa demeure, l'enfant à qui il devra des aliments, devra dans ce cas être dispensé de payer la pension alimentaire.

Le père ou la mère qui offre de recevoir dans sa demeure l'enfant auquel il doit des aliments, n'a nul besoin de justifier qu'il ne peut les payer en argent. Le tribunal devra accepter cette offre, parce qu'il est présumable que l'enfant trouvera toujours, chez son père ou sa mère, dévouement, affection et moralité ; toutefois, il pourra prononcer le payement en argent de la pension alimentaire, s'il estime que la présomption d'af-

fection n'est guère fondée dans l'espèce, s'il y a nouveau mariage du père
ou de la mère, si l'enfant est marié et a lui-même des enfants, ou s'il
apparaît de quelque inconvénient grave de contraindre l'enfant à revenir
sous une nouvelle puissance paternelle. Au reste, celui qui, à raison de
ses besoins, est reçu chez son père ou sa mère, ou chez un autre parent,
doit, dans la mesure de ses moyens, contribuer par son travail aux charges du ménage.

CHAPITRE VI.

DES DROITS ET DEVOIRS RESPECTIFS DES ÉPOUX.

Ce chapitre doit être lu par l'officier de l'état civil aux futurs époux,
afin qu'ils connaissent l'importance des droits et des devoirs résultant de
l'engagement solennel qu'ils vont former (art. 75).

212. Les époux se doivent mutuellement fidélité, secours,
assistance.

La loi commande la *fidélité* également aux deux époux. Au point de vue
moral, l'homme infidèle est aussi coupable que la femme infidèle. L'infidélité de la femme est cependant punie plus fortement que celle du mari
(art. 229, 230, 308 ; C. pén., art. 337, 338), car elle a des conséquences
plus graves ; elle introduit dans la famille du mari des enfants étrangers
qui prennent son nom, qui sont admis à recueillir sa succession et qui,
par leur présence intime au foyer domestique, lui rappellent sans cesse
l'amer souvenir de la culpabilité de son épouse.

On entend par *secours*, l'obligation où se trouve l'époux qui a de la
fortune et des ressources, de faire participer son conjoint à son aisance.
Mais cette obligation ne s'étend pas au delà de sa vie. En conséquence,
alors même que l'époux a une brillante fortune, il n'est pas tenu de faire
des libéralités à son conjoint pauvre, qui tombera en même temps dans le
veuvage et dans la misère. Toutefois, la pension alimentaire que le juge a
accordée à l'époux qui a obtenu la séparation de corps, ne s'éteint point
par le décès de son conjoint; elle doit lui être continuée jusqu'à son
décès par les héritiers de l'époux débiteur. Ainsi l'a décidé la Cour de
cassation : — « Attendu que l'art. 301 du Code Napoléon, qui permettait
d'accorder à l'époux ayant obtenu le divorce, et pour assurer sa subsistance, une pension alimentaire sur les biens de l'autre époux, n'avait, ni

dans ses conditions, ni dans ses motifs ou effets, rien d'incompatible avec la séparation de corps, et pouvait s'appliquer avec autant de justice et de facilité pratique à l'époux qui l'avait obtenue qu'à celui qui avait obtenu le divorce; — Attendu que ledit art. 301, toujours subsistant, accorde la pension sur les biens de l'autre époux, contre lequel la séparation a été prononcée, et qu'ainsi les effets de l'inscription ne sont pas susceptibles de s'éteindre par le seul fait du décès de l'époux débiteur; — Attendu qu'en jugeant que la pension alimentaire allouée à la dame Féron, par le jugement du 17 juin 1859, qui avait prononcé sa séparation de corps, s'éteindrait au décès du mari, l'arrêt attaqué a faussement appliqué l'art. 212 du Code Napoléon et formellement violé l'art. 301 du même Code; — Casse, » etc. (C. cass. 2 avril 1861).

L'*assistance* consiste en soins personnels et dévoués, dont la nécessité, qui persiste toujours, apparaît surtout en cas de maladie, d'infirmité ou d'autres accidents. Le conjoint qui, au lieu d'assister son conjoint malade, l'abandonnerait entièrement à des soins mercenaires, ferait par là un acte très-blâmable, qui suffirait pour motiver la séparation de corps.

213. Le mari doit protection à sa femme, la femme obéissance à son mari.

Les deux époux, qui sont perpétuellement confondus dans l'unité, jouissent au foyer commun de droits égaux. Toutefois, pour maintenir entre eux un esprit de concorde bien nécessaire, la nature, la religion et la loi civile établissent le mari chef de la femme et de la famille, et lui imposent le devoir de protéger son épouse comme un amie, une sœur, une partie de lui-même. Mais, par réciprocité, elles imposent à l'épouse le devoir d'être soumise à son mari. Chose bien remarquable ! C'est la soumission même de l'épouse qui l'élève en honneurs et en dignité, et qui augmente sa douce et puissante influence dans la famille.

214. La femme est obligée d'habiter avec le mari, et de le suivre partout où il juge à propos de résider: le mari est obligé de la recevoir, et de lui fournir tout ce qui est nécessaire pour les besoins de la vie, selon ses facultés et son état.

Le double principe de l'article précédent produit les deux obligations corrélatives ici énoncées.

1° La femme, qui est tenue d'habiter avec son mari, doit le suivre partout, même en pays étranger. Quand elle fuit le domicile conjugal et refuse d'y rentrer, le mari peut lui retirer les aliments et saisir ses revenus (C. de Nîmes, 20 février 1862). Peut-il aussi la faire revenir au logis par la force publique ? Cette voie d'exécution n'est pas mentionnée dans nos lois ; cependant le tribunal l'autorise quand il apparaît évidemment que la femme, jeune encore, est retenue loin de ses devoirs par de mauvais conseillers qui exercent sur elle une funeste influence et que, dégagée de cette influence et rendue à elle-même, à son mari et à ses enfants, elle rentrerait dans la concorde et dans la paix de son ménage, (C. de Pau, 11 mars 1862). Au reste, en quittant sans cause valable le domicile conjugal, la femme viole essentiellement ses devoirs d'épouse et fait à son mari une injure grave qui peut motiver la séparation de corps.

2° De son côté, le mari est tenu de recevoir son épouse dans son habitation ; il doit aussi lui fournir, selon ses moyens, ce qui est nécessaire à ses besoins. Mais il ne faudrait point conclure de là que la femme jouit du privilége antisocial de ne rien faire ; elle doit, au contraire, contribuer par son travail, par sa vigilance, ses soins et son énonomie, à faire prospérer les affaires du ménage commun. Si le mari repousse son épouse du domicile, ou s'il refuse de lui fournir ce qui est nécessaire à ses besoins, il viole essentiellement ses devoirs, et fait naître pour la femme le triste droit de demander la séparation de corps.

215. La femme ne peut ester en jugement sans l'autorisation de son mari, quand même elle serait marchande publique, ou non commune, ou séparée de biens.

« Ester en jugement, *stare in judicio,* » c'est figurer en justice en qualité de demandeur ou de défendeur. Quel que soit le régime matrimonial adopté par les époux, la femme a toujours besoin, pour ester en jugement, de l'autorisation de son mari, ou, à défaut, de l'autorisation du tribunal civil qui statue à cet égard en la chambre du conseil. L'autorisation donnée à la femme mariée d'ester en jugement n'est utile que pour la première instance : il en faut une nouvelle pour l'appel (C. d'Aix, 13 mars 1862). L'instance judiciaire dans laquelle a figuré une femme non autorisée peut être annulée sur la demande du mari, de la femme ou de ses héritiers ; mais l'adversaire de la femme ne peut jamais invoquer une pareille nullité.

216. L'autorisation du mari n'est pas nécessaire lorsque la femme est poursuivie en matière criminelle ou de police.

Quand la femme a commis un crime, un délit ou une contravention, le mari ne peut évidemment pas empêcher la répression de pareils méfaits; mais la condamnation, de la femme au payement des frais de procès, des amendes et des dommages-intérêts ne s'exécutera jamais sur les biens du mari ni sur ceux de la communauté (art. 1424).

217. La femme, même non commune ou séparée de biens, ne peut donner, aliéner, hypothéquer, acquérir, à titre gratuit ou onéreux, sans le concours du mari dans l'acte, ou son consentement par écrit.

On entend ici par « *donner,* » disposer entre-vifs de ses biens par pure libéralité; par « *aliéner,* » transférer la propriété de sa chose à autrui en recevant un équivalent; par « *hypothéquer,* » affecter ses immeubles à l'acquittement d'une obligation; par acquérir à « *titre gratuit,* » devenir propriétaire de choses sans rien accorder comme équivalent, c'est-à-dire par succession, ou par donation entre-vifs ou testamentaire; par acquérir à « *titre onéreux,* » devenir propriétaire de choses moyennant l'abandon d'un équivalent, comme dans la vente et l'échange. Or, pour faire une donation entre-vifs par acte notarié, pour accepter une succession, une donation ou un legs, pour aliéner ou hypothéquer ses immeubles, pour contracter des obligations considérables, ou pour faire tout autre acte dépassant les limites de la libre administration des biens, la femme mariée doit être spécialement autorisée de son mari. Mais quand il s'agit d'obligations ayant pour objet de faibles sommes, d'aliénations ou acquisitions d'objets mobiliers, de baux n'excédant pas neuf ans, de perception de revenus, intérêts et arrérages, ou d'autres actes rentrant dans les limites de la libre administration, la femme séparée de biens peut les faire sans avoir besoin de recourir à l'autorisation maritale. Bien plus, la femme mariée sous le régime de la communauté peut faire valablement tous les actes qui rentrent dans l'administration du ménage confié à ses soins; mais, dans ces actes, elle ne s'oblige point personnellement, elle oblige son mari dont elle est censée avoir reçu un mandat tacite pour administrer le ménage.

218. Si le mari refuse d'autoriser sa femme à ester en jugement, le juge peut donner l'autorisation.

Le mari n'est pas le maître, mais le protecteur de la personne, de
l'honneur et des droits de son épouse. C'est pourquoi le refus d'autoriser son épouse à ester en jugement n'est pas souverain ; celle-ci peut,
quand elle estime que le refus marital tend à léser ses droits, recourir à
l'autorisation du tribunal, en formant une requête par le ministère d'un
avoué. Les art. 861 et 865 du code de procédure tracent ainsi la manière d'agir : « La femme qui voudra se faire autoriser à la poursuite de
ses droits, après avoir fait une sommation à son mari, et sur le refus par
lui fait, présentera requête au président, qui rendra ordonnance portant
permission de citer le mari, à jour indiqué, à la chambre du conseil, pour
déduire les causes de son refus. » — « Le mari entendu, ou faute par lui
de se présenter, il sera rendu, sur les conclusions du ministère public,
jugement qui statuera sur la demande de la femme. »

219. Si le mari refuse d'autoriser sa femme à passer un acte,
la femme peut faire citer son mari directement devant le tribunal de première instance de l'arrondissement du domicile commun, qui peut donner ou refuser son autorisation, après que le
mari aura été entendu, ou dûment appelé en la chambre du
conseil.

La disposition de cet article concernant la voie que la femme doit suivre
pour obtenir l'autorisation du tribunal, se trouve modifiée par les art. 861
et 862 du Code de procédure, cités sous l'article précédent. Le tribunal entend les époux dans la chambre du conseil, où le public n'est
pas admis, afin de leur épargner les inconvénients qui pourraient résulter
pour eux de la publicité de leurs débats domestiques.

220. La femme, si elle est marchande publique, peut, sans
l'autorisation de son mari, s'obliger pour ce qui concerne son
négoce, et, audit cas, elle oblige aussi son mari, s'il y a communauté entre eux. — Elle n'est pas réputée marchande publique,
si elle ne fait que détailler les marchandises du commerce de
son mari, mais seulement quand elle fait un commerce séparé.

La femme mariée ne peut devenir *marchande publique*, c'est-à-dire embrasser une profession commerciale, qu'avec l'autorisation de son mari (art. 4 C. com.). Les art. 218 et 219 ci-dessus, qui lui permettent, en cas de refus du mari, de recourir à l'autorisation de justice, ne sont pas ici applicables. En voici la raison : le tribunal est en état d'apprécier l'utilité et la moralité d'un acte particulier ; mais il manque des éléments nécessaires pour apprécier s'il est utile et moral pour la femme d'embrasser la profession commerciale, qui peut entraîner pour elle les plus graves conséquences, la soustraire en grande partie à la surveillance maritale, l'éloigner de ses devoirs d'épouse et de mère, compromettre sa fortune, et l'exposer au déshonneur que produisent la faillite et la banqueroute.

Quand le mari autorise expressément ou même tacitement sa femme à devenir marchande publique, il lui confère par là nécessairement, à cause de la célérité qu'exigent les opérations commerciales, le pouvoir général de faire tous les actes qui concernent son négoce, tels que les ventes et achats de marchandises, souscriptions et endossements de billets à ordre et de lettres de change, et même celui d'engager, d'hypothéquer et d'aliéner ses immeubles, excepté cependant ceux qui auraient été constitués en dot sous le régime dotal. Toutefois, la femme marchande publique ne peut point, même en ce qui concerne son négoce, plaider sans une autorisation spéciale de son mari ou de justice (art. 215) ; en outre, les engagements qu'elle formerait pour affaires étrangères à son négoce resteraient entachés de nullité ; car, malgré sa qualité de commerçante, elle reste, en principe, incapable de s'obliger ; elle est, par exception, capable pour son commerce.

La femme qui s'oblige en qualité de marchande publique, oblige aussi son mari, s'ils sont mariés sous le régime de la communauté légale ou conventionnelle, ou même sous le régime sans communauté ; en effet, sous chacun de ces régimes, le mari profite des bénéfices du négoce de sa femme ; il est donc juste et équitable qu'il en supporte les pertes et qu'il puisse, ainsi que la femme, être poursuivi en payement des dettes commerciales. Si, au contraire, le mari ne profite point des bénéfices du commerce de sa femme, parce qu'elle est mariée sous le régime de séparation de biens, ou, qu'étant mariée sous le régime dotal, elle a des biens paraphernaux avec lesquels elle fait des opérations dont les gains lui restent propres, il ne supporte point, dans ce cas, les pertes du négoce de sa femme, et n'est nullement soumis aux poursuites des créanciers commerciaux.

Au reste, quand la femme mariée, au lieu de faire un commerce séparé, détaille les marchandises du commerce de son mari, elle est assi-

milée à un mandataire, à un commis; en conséquence, ce n'est pas sur
elle, mais seulement sur son mari, que reposent les obligations qu'elle a
formées en sa qualité de mandataire.

221. Lorsque le mari est frappé d'une condamnation emportant peine afflictive ou infamante, encore qu'elle n'ait été prononcée que par contumace, la femme, même majeure, ne peut
pendant la durée de la peine, ester en jugement, ni contracter,
qu'après s'être fait autoriser par le juge, qui peut, en ce cas,
donner l'autorisation, sans que le mari ait été entendu ou appelé.

Les peines afflictives sont : la mort, les travaux forcés à perpétuité, la
déportation, les travaux forcés à temps, la détention et la réclusion (art. 7
C. pén.); ces peines sont toujours infamantes. Les peines simplement
infamantes sont le bannissement et la dégradation civique (art. 8 C. pén.).
Celui qui est frappé d'une condamnation emportant peine afflictive ou
infamante est, pendant la durée de sa peine, en état d'interdiction légale,
et il lui est nommé un tuteur pour administrer ses biens (art. 29 C.
pén.); tandis que celui qui est condamné à une peine seulement infamante n'est point par là en état d'interdiction.

Quand le mari a subi sa peine, peut-il donner à sa femme une autorisation valable ? Rien ne s'y oppose, alors même qu'il resterait soumis à la
surveillance de la haute police.

222. Si le mari est interdit ou absent, le juge peut, en
connaissance de cause, autoriser la femme, soit pour ester en
jugement, soit pour contracter.

La femme dont le mari a disparu ne doit point, avant la déclaration
d'absence, être mise dans l'impossibilité absolue d'exercer ses droits
civils; elle peut donc, en ce cas aussi, demander au tribunal l'autorisation qui lui est nécessaire.

223. Toute autorisation générale, même stipulée par contrat
de mariage, n'est valable que quant à l'administration des biens
de la femme.

Le mari peut, par contrat de mariage ou pendant le mariage, donner à sa femme l'autorisation générale d'administrer ses biens. Quand cette autorisation est donnée par contrat de mariage, elle est perpétuelle et irrévocable, comme le mariage lui-même; mais elle ne comprend que les biens personnels de la femme : elle résulte de l'adoption par les époux du régime de séparation de biens, ou du régime dotal dans lequel la femme conserve des biens paraphernaux. Quand, au contraire, l'autorisation générale est donnée pendant l'union des époux sous le régime de la communauté ou sous le régime sans communauté ; elle peut comprendre à la fois les biens de la femme et ceux du mari et de la communauté; mais le mari peut la révoquer quand bon lui semble. Toutefois, jamais l'autorisation générale ne peut conférer à la femme le droit d'ester en jugement, de figurer dans un acte de donation entre-vifs, d'accepter une succession ou un legs, d'aliéner ou hypothéquer ses immeubles, ni de contracter des obligations dépassant les limites de l'administration; en effet, l'ordre public, qui soumet la femme à la puissance maritale et qui impose au mari le devoir de protéger son épouse, exige impérieusement que, pour chacun des actes de cette nature, l'autorisation soit spéciale et porte ainsi avec elle la preuve que la femme obéit à son mari et que le mari protége sa femme avec une constante sollicitude.

224. Si le mari est mineur, l'autorisation du juge est nécessaire à la femme, soit pour ester en jugement, soit pour contracter.

Quoique le mineur soit émancipé par son mariage, il demeure incapable de faire des actes excédant les limites de l'administration; il ne peut donc point conférer à sa femme la capacité de faire des actes de cette nature, pour lesquels il est lui-même incapable.

225. La nullité fondée sur le défaut d'autorisation ne peut être opposée que par la femme, par le mari, ou par leurs héritiers.

Quand la femme non autorisée a fait un acte ou a figuré dans une instance, l'acte ou le jugement est entaché d'un vice qui le rend annulable. Cette nullité n'est point radicale ni absolue, elle est seulement relative. Elle peut être invoquée soit par la femme, qui a manqué de protection, et par ses héritiers, soit par le mari, dont l'autorité a été méconnue. Dans le cas unique où l'acte de la femme a lésé les intérêts pécuniaires du mari, celui-ci a une action en nullité qui survit à la dissolution du mariage et qui est transmissible à ses héritiers. Quant au tiers qui a consenti à traiter avec une femme mariée non autorisée, il n'est jamais admis à demander la nullité du contrat (art. 1125); toutefois, il peut refuser d'exécuter son obligation tant que le mari et la femme ne ratifient pas le contrat. Au reste, la ratification expresse ou tacite de l'acte annulable doit émaner des deux époux, l'un d'eux ne pouvant pas porter atteinte au droit acquis à l'autre d'agir en nullité.

226. La femme peut tester sans l'autorisation de son mari.

Quelques anciennes coutumes de France disposaient que la femme mariée ne pourrait faire son testament qu'avec l'autorisation de son mari. Le Code abroge en ce point de telles coutumes, par la raison parfaitement fondée que le testament, qui est essentiellement révocable et doit être l'œuvre d'une volonté libre, ne produit d'effet qu'au décès du testateur, et par conséquent à une époque où la puissance du mari sur sa femme qui a testé s'est entièrement évanouie.

CHAPITRE VII.

DE LA DISSOLUTION DU MARIAGE.

227. Le mariage se dissout : — 1° Par la mort de l'un des époux ; — 2° Par le divorce légalement prononcé ; — 3° Par la condamnation devenue définitive de l'un des époux à une peine emportant mort civile.

Deux de ces trois causes de dissolution du mariage sont abolies : le divorce, par la loi du 8 mai 1816, et la mort civile, par la loi du 31 mai 1854. Le mariage ne peut donc plus être dissous que par la mort de l'un des époux.

CHAPITRE VIII.

DES SECONDS MARIAGES.

228. La femme ne peut contracter un nouveau mariage qu'après dix mois révolus depuis la dissolution du mariage précédent.

Le mari qui devient veuf peut aussitôt former une autre union. Mais la veuve ne doit point se hâter de convoler en secondes noces après la mort de son mari, car elle blesserait gravement les convenances. Quand elle viole cette prohibition et se remarie avant dix mois révolus, son mariage n'est cependant ni nul ni annulable ; mais l'officier de l'état civil qui a procédé à la célébration du mariage, est punissable d'une amende de 16 fr. à 300 fr. (art. 194 C. pén.). Si la veuve s'est remariée dans le mois qui a suivi la mort de son mari, et accouche quand il s'est écoulé moins de trois cents jours depuis la dissolution du premier mariage, et plus de cent quatre-vingts jours depuis la célébration du second, les tribunaux, qui décideront d'après les circonstances quel est le père de l'enfant, auront généralement des raisons puissantes pour attribuer cet enfant au second mari.

TITRE VI.

DU DIVORCE.

(Décrété le 21 mars 1803. Promulgué le 31 du même mois.)

Ce titre, qui contient cinq chapitres, traite du divorce dans les quatre premiers chapitres, et de la séparation de corps dans le cinquième chapitre.

Le divorce peut être défini : « La dissolution du mariage, qui est prononcée par le juge, sur la demande des deux époux ou de l'un d'eux. »

La séparation de corps est définie : « Un moyen, que la loi accorde à celui des époux dont l'honneur ou l'existence se trouve gravement compromis par la conduite de son conjoint, d'obtenir du juge le droit de faire cesser la cohabitation conjugale. » — A la différence du divorce, qui brise le mariage et donne à chacun des époux la liberté de convoler à de nouvelles noces, la séparation de corps laisse subsister l'union conjugale, dont elle ne fait que relâcher le lien. Elle ne constitue guère qu'une

mesure provisoire : l'époux qui l'a obtenue est censé espérer la cessation
de la cause qui l'a motivée, c'est-à-dire le retour de son conjoint à une
conduite meilleure, afin de pouvoir le rappeler par là sans danger dans
son domicile et de le rendre à la joie et aux embrassements de sa famille
et de ses enfants.

La religion a toujours proclamé que l'homme ne peut désunir ce que
Dieu a uni, et que, par suite, le mariage consacré par la religion est nécessairement indissoluble. Les païens eux-mêmes admettaient cette sublime
vérité ; c'est pourquoi, dans les cinq premiers siècles de la fondation de
Rome, la religion, qui intervenait toujours dans les mariages, établissait entre les époux une société de toute la vie, et la communication perpétuelle et indissoluble de leurs droits divins et humains. C'est là un
fait historique appuyé sur des textes positifs et formels, et contre lesquels
viennent expirer toutes les raisons d'une opinion contraire. Quand la
société romaine, d'abord morale, pure, belle et forte, a été, lors de son
ambition immodérée de conquêtes, envahie par des mœurs corrompues qui
ont relâché et dissous les liens politiques et les liens de famille, la société
et la religion ont cessé d'intervenir dans les mariages, et, par suite, la société
conjugale, alors faible et abandonnée au caprice de toutes les passions,
a pu se briser au gré de chacun des époux. On vit en ce temps la corrup-
tion monter à son comble. Alors apparaît le christianisme : le mariage,
qui devient un sacrement, constitue une union perpétuelle et indissoluble ; tous les liens de famille et d'alliance deviennent pareillement sacrés
et indissolubles ; et bientôt ces principes de morale sont admis et sanctionnés
par les lois civiles. Cependant en 1792, époque où tous les cultes existants
étaient pareillement persécutés, une loi dispose que le mariage ne consti-
tuera plus qu'un contrat civil, et que ce contrat pourra se dissoudre au
gré de chacun des époux. Le Code Napoléon a voulu remédier aux graves
abus qui résultaient de cette loi ; il a, il est vrai, admis le divorce, mais
il l'a du moins restreint dans de rigoureuses limites. La loi du 8 mai 1816
a prononcé l'abolition du divorce, comme contraire non-seulement aux
principes de la religion et de la saine morale, mais encore à l'ordre public,
à la paix et à l'intérêt des époux, des familles et des enfants. Cette loi est
ainsi conçue : — « Art. 1er. Le divorce est aboli. — 2. Toutes les demandes et instances en divorce pour causes déterminées, sont converties en
demandes et instances en séparation de corps ; les jugements et arrêts
restés sans exécution par le défaut de prononciation du divorce par l'officier de l'état civil, conformément aux art. 227, 234, 265 et 266 du Code
Nap., seront restreints aux effets de la séparation. — 3. Tous actes faits

pour parvenir au divorce par consentement mutuel sont annulés; les jugements et arrêts rendus en ce cas, mais non suivis de la prononciation du divorce, sont considérés comme non avenus, conformément à l'art. 294. »

Après la révolution de 1830 et après la révolution de 1848, quelques personnes ont tenté de rétablir le divorce; mais cette tentative est tombée devant l'indignation et le mépris du peuple. En 1854, la loi qui a aboli la mort civile, est venue donner au principe de l'indissolubilité du mariage et des liens de famille une nouvelle consécration, accueillie avec la plus grande faveur.

Quoique le divorce soit définitivement aboli, nous en rapportons cependant ici les articles, dont plusieurs dispositions sont applicables à la séparation de corps.

CHAPITRE PREMIER.

DES CAUSES DU DIVORCE.

229. Le mari pourra demander le divorce pour cause d'adultère de sa femme.

230. La femme pourra demander le divorce pour cause d'adultère de son mari, lorsqu'il aura tenu sa concubine dans la maison commune.

231. Les époux pourront réciproquement demander le divorce pour excès, sévices ou injures graves, de l'un d'eux envers l'autre.

232. La condamnation de l'un des époux à une peine infamante sera pour l'autre époux une cause de divorce.

233. Le consentement mutuel et persévérant des époux, exprimé de la manière prescrite par la loi, sous les conditions et après les épreuves qu'elle détermine, prouvera suffisamment que la vie commune leur est insupportable, et qu'il existe, par rapport à eux, une cause péremptoire de divorce.

CHAPITRE II.

U DIVORCE POUR CAUSE DÉTERMINÉE.

SECTION I.

Des Formes du Divorce pour cause déterminée.

234. Quelle que soit la nature des faits ou des délits qui donneront lieu à la demande en divorce pour cause déterminée, cette demande ne pourra être formée qu'au tribunal de l'arrondissement dans lequel les époux auront leur domicile.

235. Si quelques-uns des faits allégués par l'époux demandeur donnent lieu à une poursuite criminelle de la part du ministère public, l'action en divorce restera suspendue jusqu'après l'arrêt de la cour d'assises; alors elle pourra être reprise, sans qu'il soit permis d'inférer de l'arrêt aucune fin de non-recevoir ou exception préjudicielle contre l'époux demandeur.

236. Toute demande en divorce détaillera les faits : elle sera remise, avec les pièces à l'appui, s'il y en a, au président du tribunal ou au juge qui en fera les fonctions, par l'époux demandeur en personne, à moins qu'il n'en soit empêché par maladie, auquel cas, sur sa réquisition et le certificat de deux docteurs en médecine ou en chirurgie, ou de deux officiers de santé, le magistrat se transportera au domicile du demandeur, pour y recevoir sa demande.

237. Le juge, après avoir entendu le demandeur, et lui avoir fait les observations qu'il croira convenables, paraphera la demande et les pièces, et dressera procès-verbal de la remise du tout en ses mains. Ce procès-verbal sera signé par le juge et par le demandeur, à moins que celui-ci ne sache ou ne puisse signer, auquel cas il en sera fait mention.

238. Le juge ordonnera, au bas de son procès-verbal, que les parties comparaîtront en personne devant lui, au jour et à l'heure qu'il indiquera ; et qu'à cet effet, copie de son ordonnance sera par lui adressée à la partie contre laquelle le divorce est demandé.

239. Au jour indiqué, le juge fera aux deux époux, s'ils se présentent, ou au demandeur, s'il est seul comparant, les représentations qu'il croira propres à opérer un rapprochement : s'il ne peut y parvenir, il en dressera procès-verbal, et ordonnera la communication de la demande et des pièces au ministère public, et le référé du tout au tribunal.

240. Dans les trois jours qui suivront, le tribunal, sur le rapport du président ou du juge qui en aura fait les fonctions, et sur les conclusions du ministère public, accordera ou suspendra la permission de citer. La suspension ne pourra excéder le terme de vingt jours.

241. Le demandeur, en vertu de la permission du tribunal, fera citer le défendeur, dans la forme ordinaire, a comparaître en personne à l'audience, à huis clos, dans le délai de la loi ; il fera donner copie, en tête de la citation, de la demande en divorce et des pièces produites à l'appui.

242. A l'échéance du délai, soit que le défendeur comparaisse ou non, le demandeur en personne, assisté d'un conseil, s'il le juge à propos, exposera ou fera exposer les motifs de sa demande ; il représentera les pièces qui l'appuient, et nommera les témoins qu'il se propose de faire entendre.

243. Si le défendeur comparait en personne ou par un fondé de pouvoir, il pourra proposer ou faire proposer ses observations, tant sur les motifs de la demande que sur les pièces produites par le demandeur et sur les témoins par lui nommés. Le défendeur nommera, de son côté, les témoins qu'il se propose de faire entendre, et sur lesquels le demandeur fera réciproquement ses observations.

244. Il sera dressé procès-verbal des comparutions, dires et observations des parties, ainsi que des aveux que l'une ou l'autre pourra faire. Lecture de ce procès-verbal sera donnée auxdites parties, qui seront requises de le signer ; et il sera fait mention expresse de leur signature, ou de leur déclaration de ne pouvoir ou ne vouloir signer.

245. Le tribunal renverra les parties à l'audience publique, dont il fixera le jour et l'heure ; il ordonnera la communication de la procédure au ministère public, et commettra un rapporteur. Dans le cas où le défendeur n'aurait pas comparu, le demandeur sera tenu de lui faire signifier l'ordonnance du tribunal dans le délai qu'elle aura déterminé.

246. Au jour et à l'heure indiqués, sur le rapport du juge commis, le ministère public entendu, le tribunal statuera d'abord sur les fins de non-recevoir, s'il en a été proposé. En cas qu'elles soient trouvées concluantes, la demande en divorce sera rejetée ; dans le cas contraire, ou s'il n'a pas été proposé de fins de non-recevoir, la demande en divorce sera admise.

247. Immédiatement après l'admission de la demande en divorce, sur le rapport du juge commis, le ministère public entendu, le tribunal statuera au fond. Il fera droit à la demande, si elle lui paraît en état d'être jugée ; sinon, il admettra le demandeur à la preuve des faits pertinents par lui allégués, et le défendeur à la preuve contraire.

248. A chaque acte de la cause, les parties pourront, après le rapport du juge, et avant que le ministère public ait pris la parole, proposer ou faire proposer leurs moyens respectifs, d'abord sur les fins de non-recevoir, et ensuite sur le fond ; mais en aucun cas le conseil du demandeur ne sera admis, si le demandeur n'est pas comparant en personne.

249. Aussitôt après la prononciation du jugement qui ordonnera les enquêtes, le greffier du tribunal donnera lecture de la partie du procès-verbal qui contient la nomination déjà faite des témoins que les parties se proposent de faire entendre. Elles seront averties par le président, qu'elles peuvent encore en désigner d'autres, mais qu'après ce moment elles n'y seront plus reçues.

250. Les parties proposeront de suite leurs reproches respectifs contre les témoins qu'elles voudront écarter. Le tribunal statuera sur ces reproches, après avoir entendu le ministère public.

251. Les parents des parties, à l'exception de leurs enfants et descendants, ne sont pas reprochables du chef de la parenté, non plus que les domestiques des époux, en raison de cette qualité ; mais le tribunal aura tel égard que de raison aux dépositions des parents et des domestiques.

252. Tout jugement qui admettra une preuve testimoniale, dénommera les témoins qui seront entendus, et déterminera le jour et l'heure auxquels les parties devront les présenter.

253. Les dépositions des témoins seront reçues par le tribunal séant à huis clos, en présence du ministère public, des parties, et de leurs conseils ou amis, jusqu'au nombre de trois de chaque côté.

254. Les parties, par elles ou par leurs conseils, pourront faire aux témoins telles observations et interpellations qu'elles jugeront à propos, sans pouvoir néanmoins les interrompre dans le cours de leurs dépositions.

255. Chaque déposition sera rédigée par écrit, ainsi que les dires et observations auxquels elle aura donné lieu. Le procès-verbal d'enquête sera lu tant aux témoins qu'aux parties : les uns et les autres seront requis de le signer ; et il sera fait mention de leur signature, ou de leur déclaration qu'ils ne peuvent ou ne veulent signer.

256. Après la clôture des deux enquêtes ou de celle du demandeur, si le défendeur n'a pas produit de témoins, le tribunal renverra les parties à l'audience publique, dont il indiquera le jour et l'heure ; il ordonnera la communication de la procédure au ministère public, et commettra un rapporteur. Cette ordonnance sera signifiée au défendeur, à la requête du demandeur, dans le délai qu'elle aura déterminé.

257. Au jour fixé pour le jugement définitif, le rapport sera fait par le juge commis : les parties pourront ensuite faire, par elles-mêmes ou par l'organe de leurs conseils, telles observations qu'elles jugeront utiles à leur cause ; après quoi le ministère public donnera ses conclusions.

258. Le jugement définitif sera prononcé publiquement : lorsqu'il admettra le divorce, le demandeur sera autorisé à se retirer devant l'officier de l'état civil pour le faire prononcer.

259. Lorsque la demande en divorce aura été formée pour cause d'excès, de sévices ou d'injures graves, encore qu'elle soit bien établie, les juges pourront ne pas admettre immédiatement le divorce. Dans ce cas, avant de faire droit, ils autoriseront la femme à quitter la compagnie de son mari, sans être tenue de le recevoir, si elle ne le juge pas à propos ; et ils condamneront le mari à lui payer une pension alimentaire proportionnée à ses facultés, si la femme n'a pas elle-même des revenus suffisants pour fournir à ses besoins.

260 Après une année d'épreuve, si les parties ne se sont pas réunies, l'époux demandeur pourra faire citer l'autre époux à comparaître au tribunal, dans les délais de la loi, pour y entendre prononcer le jugement définitif, qui pour lors admettra le divorce.

261. Lorsque le divorce sera demandé par la raison qu'un des époux est condamné à une peine infamante, les seules formalités à observer consisteront à présenter au tribunal de première instance une expédition en bonne forme du jugement de condamnation, avec un certificat de la cour d'assises, portant que ce même jugement n'est plus susceptible d'être réformé par aucune voie légale.

262. En cas d'appel du jugement d'admission ou du jugement définitif, rendu par le tribunal de première instance en matière de divorce, la cause sera instruite et jugée par la cour impériale comme affaire urgente.

263. L'appel ne sera recevable qu'autant qu'il aura été interjeté dans les trois mois à compter du jour de la signification du jugement rendu contradictoirement ou par défaut. Le délai pour se pourvoir à la cour de cassation contre un jugement en dernier ressort, sera aussi de trois mois à compter de la signification. Le pourvoi sera suspensif.

264. En vertu de tout jugement rendu en dernier ressort ou passé en force de chose jugée, qui autorisera le divorce, l'époux qui l'aura obtenu sera obligé de se présenter, dans le délai de deux mois, devant l'officier de l'état civil, l'autre partie dûment appelée, pour faire prononcer le divorce.

265. Ces deux mois ne commenceront à courir, à l'égard des jugements de première instance, qu'après l'expiration du délai d'appel ; à l'égard des arrêts rendus par défaut en cause d'appel, qu'après l'expiration du délai d'opposition ; et à l'égard des jugements contradictoires en dernier ressort, qu'après l'expiration du délai du pourvoi en cassation.

266. L'époux demandeur qui aura laissé passer le délai de deux mois ci-dessus déterminé, sans appeler l'autre époux devant l'officier de l'état civil, sera déchu du bénéfice du jugement qu'il avait obtenu, et ne pourra reprendre son action en divorce, sinon pour cause nouvelle ; auquel cas il pourra néanmoins faire valoir les anciennes causes.

SECTION II.

Des mesures provisoires auxquelles peut donner lieu la demande en divorce pour cause déterminée.

267. L'administration provisoire des enfants restera au mari demandeur ou défendeur en divorce, à moins qu'il n'en soit autrement ordonné par le tribunal, sur la demande soit de la mère, soit de la famille ou du ministère public, pour le plus grand avantage des enfants.

268. La femme demanderesse ou défenderesse en divorce pourra quitter le domicile du mari pendant la poursuite, et demander une pension alimentaire proportionnée aux facultés du mari. Le tribunal indiquera la maison dans laquelle la femme sera tenue de résider, et fixera, s'il y a lieu, la provision alimentaire que le mari sera obligé de lui payer.

269. La femme sera tenue de justifier de sa résidence dans la maison indiquée, toutes les fois qu'elle en sera requise : à défaut de cette justification, le mari pourra refuser la provision alimentaire, et, si la femme est demanderesse en divorce, la faire déclarer non recevable à continuer ses poursuites.

270. La femme commune en biens, demanderesse ou défenderesse en divorce, pourra, en tout état de cause, à partir de la date de l'ordonnance dont il est fait mention en l'art. 238, requérir, pour la conservation de ses droits, l'apposition des scellés sur les effets

mobiliers de la communauté. Ces scellés ne seront levés qu'en faisant inventaire avec prisée, et à la charge par le mari de représenter les choses inventoriées, ou de répondre de leur valeur comme gardien judiciaire.

271. Toute obligation contractée par le mari à la charge de la communauté, toute aliénation par lui faite des immeubles qui en dépendent, postérieurement à la date de l'ordonnance dont il est fait mention en l'article 238, sera déclarée nulle, s'il est prouvé d'ailleurs qu'elle ait été faite ou contractée en fraude des droits de la femme.

SECTION III.

Des fins de non-recevoir contre l'Action en divorce pour cause déterminée.

272. L'action en divorce sera éteinte par la réconciliation des époux, survenue soit depuis les faits qui auraient pu autoriser cette action, soit depuis la demande en divorce.

273. Dans l'un et l'autre cas, le demandeur sera déclaré non recevable dans son action; il pourra néanmoins en intenter une nouvelle pour cause survenue depuis la réconciliation, et alors faire usage des anciennes causes pour appuyer sa nouvelle demande.

274. Si le demandeur en divorce nie qu'il y ait eu réconciliation, le défendeur en fera preuve, soit par écrit, soit par témoins, dans la forme prescrite en la première section du présent chapitre.

CHAPITRE III.

DU DIVORCE PAR CONSENTEMENT MUTUEL.

275. Le consentement mutuel des époux ne sera point admis, si le mari a moins de vingt-cinq ans, ou si la femme est mineure de vingt-un ans.

276. Le consentement mutuel ne sera admis qu'après deux ans de mariage.

277. Il ne pourra plus l'être après vingt ans de mariage, ni lorsque la femme aura quarante-cinq ans.

278. Dans aucun cas le consentement mutuel des époux ne suffira, s'il n'est autorisé par leurs pères et mères, ou par leurs autres ascendants vivants, suivant les règles prescrites par l'art. 150, au titre *du Mariage.*

279. Les époux déterminés à opérer le divorce par consentement mutuel, seront tenus de faire préalablement inventaire et estimation de tous leurs biens meubles et immeubles, et de régler leurs droits respectifs, sur lesquels il leur sera néanmoins libre de transiger.

280. Ils seront pareillement tenus de constater par écrit leur convention sur les trois points qui suivent : — 1° A qui les enfants nés de leur union seront confiés, soit pendant le temps des épreuves, soit après le divorce prononcé; — 2° Dans quelle maison la femme devra se retirer et résider pendant le temps des épreuves; — 3° Quelle somme le mari devra payer à sa femme pendant le même temps, si elle n'a pas des revenus suffisants pour fournir à ses besoins.

281. Les époux se présenteront ensemble, et en personne, devant le président du tribunal civil de leur arrondissement, ou devant le juge qui en fera les fonctions, et lui feront la déclaration de leur volonté, en présence de deux notaires amenés par eux.

282. Le juge fera aux deux époux réunis, et à chacun d'eux en particulier, en présence des deux notaires, telles représentations et exhortations qu'il croira convenables; il leur donnera lecture du chapitre IV du présent titre, qui règle les *Effets du Divorce,* et leur développera toutes les conséquences de leur démarche.

283. Si les époux persistent dans leur résolution, il leur sera donné acte, par le juge, de ce qu'ils demandent le divorce, et y consentent mutuellement ; et ils seront tenus de produire et déposer à l'instant, entre les mains des notaires, outre les actes mentionnés aux art. 279 et 280: — 1° Les actes de leur naissance et celui de leur mariage ; — 2° Les actes de naissance et de décès de tous les enfants nés de leur union ; — 3° La déclaration authentique de leurs pères et mères ou autres ascendants vivants, portant que, pour les causes à eux connues, ils autorisent tel *ou* telle, leur fils *ou* fille, petit-fils *ou* petite-fille, marié *ou* mariée à tel *ou* telle, à demander le divorce et à y consentir. Les pères, mères, aïeuls et aïeules des époux, seront présumés vivants jusqu'à la représentation des actes constatant leur décès.

284. Les notaires dresseront procès-verbal détaillé de tout ce qui aura été dit et fait en exécution des articles précédents ; la minute en restera au plus âgé des deux notaires, ainsi que les pièces produites, qui demeureront annexées au procès-verbal, dans lequel il sera fait mention de l'avertissement qui sera donné à la femme de se retirer, dans les vingt-quatre heures, dans la maison convenue entre elle et son mari, et d'y résider jusqu'au divorce prononcé.

285. La déclaration ainsi faite sera renouvelée dans la première quinzaine de chacun des quatrième, septième et dixième mois qui suivront, en observant les mêmes formalités. Les parties seront obligées à rapporter chaque fois la preuve, par acte public, que leurs pères, mères, ou autres ascendants vivants, persistent dans leur première détermination; mais elles ne seront tenues à répéter la production d'aucun autre acte.

286. Dans la quinzaine du jour où sera révolue l'année, à compter de la première déclaration, les époux, assistés chacun de deux amis, personnes notables dans l'arrondissement, âgés de cinquante ans au moins, se présenteront ensemble et en personne devant le président du tribunal ou le juge qui en fera les fonctions; ils lui remettront les expéditions en bonne forme, des quatre procès-verbaux contenant leur consentement mutuel, et de tous les actes qui y auront été annexés, et requerront du magistrat, chacun séparément, en présence néanmoins l'un de l'autre et des quatre notables, l'admission du divorce.

287. Après que le juge et les assistants auront fait leurs observations aux époux, s'ils persévèrent, il leur sera donné acte de leur réquisition et de la remise par eux faite des pièces à l'appui : le greffier du tribunal dressera procès-verbal, qui sera signé tant par les parties (à moins qu'elles ne déclarent ne savoir ou ne pouvoir signer, auquel cas il en sera fait mention), que par les quatre assistants, le juge et le greffier.

288. Le juge mettra de suite, au bas de ce procès-verbal, son ordonnance portant que, dans les trois jours, il sera par lui référé du tout au tribunal en la chambre du conseil, sur les conclusions par écrit du ministère public, auquel les pièces seront, à cet effet, communiquées par le greffier.

289. Si le ministère public trouve dans les pièces la preuve que les deux époux étaient âgés, le mari de vingt-cinq ans, la femme de vingt-un ans, lorsqu'ils ont fait leur première déclaration ; qu'à cette époque ils étaient mariés depuis deux ans, que le mariage ne remontait pas à plus de vingt, que la femme avait moins de quarante-cinq ans, que le consentement mutuel a été exprimé quatre fois dans le cours de l'année, après les préalables ci-dessus prescrits et avec toutes les formalités requises par le présent chapitre, notamment avec l'autorisation des pères et mères des époux, ou avec celle de leurs autres ascendants vivants en cas de prédécès des pères et mères, il donnera ses conclusions en ces termes : *La loi permet;* dans le cas contraire, ses conclusions seront en ces termes : *La loi empêche.*

290. Le tribunal, sur le référé, ne pourra faire d'autres vérifications que celles indiquées par l'article précédent. S'il en résulte que, dans l'opinion du tribunal, les parties ont satisfait aux conditions et rempli les formalités déterminées par la loi, il admettra le divorce, et renverra les parties devant l'officier de l'état civil, pour le faire prononcer : dans le cas contraire, le tribunal déclarera qu'il n'y a pas lieu à admettre le divorce, et déduira les motifs de la décision.

291. L'appel du jugement qui aurait déclaré ne pas y avoir lieu à admettre le divorce, ne sera recevable qu'autant qu'il sera interjeté par les deux parties, et néanmoins par actes séparés, dans les dix jours au plus tôt, et au plus tard dans les vingt jours de la date du jugement de première instance.

292. Les actes d'appel seront réciproquement signifiés tant à l'autre époux qu'au ministère public près le tribunal de première instance.

293. Dans les dix jours, à compter de la signification qui lui aura été faite du second acte d'appel, le ministère public près le tribunal de première instance fera passer au procureur général près la cour impériale, l'expédition du jugement, et les pièces sur lesquelles il est intervenu. Le procureur général près la cour impériale donnera ses conclusions par écrit, dans les dix jours qui suivront la réception des pièces : le président, ou le juge qui le suppléera, fera son rapport à la cour impériale, en la chambre du conseil, et il sera statué définitivement dans les dix jours qui suivront

la remise des conclusions du procureur général.

294. En vertu de l'arrêt qui admettra le divorce, et dans les vingt jours de sa date, les parties se présenteront ensemble et en personne devant l'officier de l'état civil, pour faire prononcer le divorce. Ce délai passé, le jugement demeurera comme non avenu.

CHAPITRE IV.

DES EFFETS DU DIVORCE.

295. Les époux qui divorceront, pour quelque cause que ce soit, ne pourront plus se réunir.

296. Dans le cas de divorce prononcé pour cause déterminée, la femme divorcée ne pourra se remarier que dix mois après le divorce prononcé.

297. Dans le cas de divorce par consentement mutuel, aucun des deux époux ne pourra contracter un nouveau mariage que trois ans après la prononciation du divorce.

298. Dans le cas de divorce admis en justice pour cause d'adultère, l'époux coupable ne pourra jamais se marier avec son complice. La femme adultère sera condamnée, par le même jugement, et sur la réquisition du ministère public, à la réclusion dans une maison de correction, pour un temps déterminé, qui ne pourra être moindre de trois mois, ni excéder deux années.

299. Pour quelque cause que le divorce ait lieu, hors le cas du consentement mutuel, l'époux contre lequel le divorce aura été admis perdra tous les avantages que l'autre époux lui avait faits, soit par leur contrat de mariage, soit depuis le mariage contracté.

300. L'époux qui aura obtenu le divorce conservera les avantages à lui faits par l'autre époux, encore qu'ils aient été stipulés réciproques et que la réciprocité n'ait pas lieu.

301. Si les époux ne s'étaient fait

aucun avantage, ou si ceux stipulés né paraissaient pas suffisants pour assurer la subsistance de l'époux qui a obtenu le divorce, le tribunal pourra lui accorder, sur les biens de l'autre époux, une pension alimentaire, qui ne pourra excéder le tiers des revenus de cet autre époux. Cette pension sera révocable dans le cas où elle cesserait d'être nécessaire.

302. Les enfants seront confiés à l'époux qui a obtenu le divorce, à moins que le tribunal, sur la demande de la famille ou du ministère public, n'ordonne, pour le plus grand avantage des enfants, que tous ou quelques-uns d'eux seront confiés aux soins, soit de l'autre époux, soit d'une tierce personne.

303. Quelle que soit la personne à laquelle les enfants seront confiés, les père et mère conserveront respectivement le droit de surveiller l'entretien et l'éducation de leurs enfants, et seront tenus d'y contribuer à proportion de leurs facultés.

304. La dissolution du mariage par le divorce admis en justice, ne privera les enfants nés de ce mariage, d'aucun des avantages qui leur étaient assurés par les lois, ou par les conventions matrimoniales de leurs père et mère; mais il n'y aura d'ouverture aux droits des enfants que de la même manière et dans les mêmes circonstances où ils se seraient ouverts s'il n'y avait pas eu de divorce.

305. Dans le cas de divorce par consentement mutuel, la propriété de la moitié des biens de chacun des deux époux sera acquise de plein droit, du jour de leur première déclaration, aux enfants nés de leur mariage: les père et mère conserveront néanmoins la jouissance de cette moitié jusqu'à la majorité de leurs enfants, à la charge de pourvoir à leur nourriture, entretien et éducation, conformément à leur fortune et à leur état, le tout sans préjudice des autres avantages qui pourraient avoir été assurés auxdits enfants par les conventions matrimoniales de leurs père et mère.

CHAPITRE V.

DE LA SÉPARATION DE CORPS.

La loi ne s'occupe pas de la séparation de corps *volontaire*, qui ne produit aucun effet légal; mais seulement de la séparation de biens *judiciaire* qui, en laissant subsister l'union conjugale, affranchit les époux de l'obligation d'habiter ensemble, et produit, avec la séparation de domicile, la séparation de biens. Les frais, les peines et les tourments qui précèdent, accompagnent et suivent la séparation de corps, doivent engager les époux à ne recourir à cette déplorable ressource qu'après mûre réflexion et à la dernière extrémité.

306. Dans les cas où il y a lieu à la demande en divorce pour cause déterminée, il sera libre aux époux de former demande en séparation de corps.

Les causes déterminées, qui donnaient lieu au divorce, aboli par la loi du 8 mai 1816, et qui donne seulement lieu maintenant à la séparation de corps, se trouvent énumérées dans les art. 229, 230, 231 et 232. Or, ces causes, au nombre de quatre, sont :

1° L'adultère de la femme (art. 229). — Quand la femme a commis un adultère, n'importe en quel lieu, le mari, qui est exposé à traiter comme ses enfants légitimes les enfants conçus de relations coupables, est admis à demander la séparation de corps.

2° L'adultère du mari qui a tenu sa concubine dans la maison commune (art. 230). — Quoique l'adultère du mari soit moralement aussi coupable que l'adultère de la femme, il n'expose cependant jamais celle-ci à recevoir comme ses enfants les enfants nés d'une autre femme; c'est pourquoi il ne donne lieu à la séparation de corps que dans le cas où le mari a joint au fait de l'adultère l'outrage grave d'avoir tenu sa concubine dans la maison commune. Or, par *maison commune*, on entend non-seulement celle où les époux ont leur domicile, mais encore celle qui leur servirait de résidence, à titre de maison de campagne, ou même d'hôtel garni. Sous la qualification de *concubine*, la bonne ou servante n'est pas comprise, parce que ses fonctions la subordonnent à l'épouse. Toutefois, quand l'épouse a demandé inutilement à son mari le renvoi de la bonne avec laquelle il entretient des relations coupables, elle peut agir en séparation de corps. Elle pourrait aussi former cette action, si elle éprouvait une injure grave et publique à raison de relations adultérines que son mari entretiendrait hors de la maison commune.

3° Les excès, sévices ou injures graves de l'un des époux envers l'autre (art. 231). — On entend ici par *excès* les actes violents par lesquels un époux met en danger l'existence de son conjoint; par *sévices*, les mauvais traitements souvent répétés qui, sans mettre en danger l'existence du conjoint, lui rendent, par leur continuité, la vie commune insupportable; par *injures graves*, les paroles et les actes qui portent une vive atteinte à la considération et à l'honneur du conjoint. On doit ranger parmi les injures graves le refus du mari de recevoir sa femme dans le domicile conjugal (C. de Metz, 5 avril 1865); le fait de la femme qui fuit ce domicile et viole ainsi essentiellement ses devoirs d'épouse, et le refus par l'un des époux de consentir à la bénédiction religieuse de son mariage (C. d'Angers, 29 janv. 1859). Au reste, le juge apprécie d'une manière souveraine si les faits allégués et prouvés constituent des excès, des sévices, des injures graves; son appréciation ne tombe point sous la censure de la Cour de cassation. Ainsi l'a décidé la Cour de cassation elle-même : — « Attendu que l'arrêt attaqué a constaté, en fait, qu'il résultait des enquêtes et des documents de la cause, que Fontaine avait commis des excès, sévices et injures graves envers sa femme, et a, en conséquence, déclaré la femme Fontaine séparée de corps et de biens de son mari ; — Attendu, en droit, qu'un arrêt ainsi motivé justifie sa décision, puisqu'il est fondé sur les propres expressions de la loi, laquelle n'a pas défini en quoi consistent les excès, sévices ou injures graves ; que, dès lors, les appréciations des juges du fait sont souveraines » (C. cass. 14 janv. 1861).

4° La condamnation de l'un des époux à une peine infamante (art. 232). — L'époux dont le conjoint a subi une condamnation infamante ne peut plus être contraint d'habiter encore avec lui ; il peut donc demander la séparation de corps, quand cette condamnation, prononcée pendant le mariage, est devenue définitive. Mais quand, au contraire, une pareille condamnation a été prononcée avant le mariage, elle ne peut pas être, pour l'époux qui n'en avait point alors connaissance, une cause de séparation de corps. Au reste, la condamnation n'est pas infamante si l'individu coupable d'un crime a obtenu le bénéfice des circonstances atténuantes et n'a été puni que d'une peine correctionnelle. Mais la condamnation infamante conserve toujours son caractère, malgré la commutation de peine et malgré la grâce.

307. Elle sera intentée, instruite et jugée de la même manière que toute autre action civile : elle ne pourra avoir lieu par le consentement mutuel des époux.

Le consentement mutuel des époux était une cause indéterminée de divorce (art. 233) ; mais, par des considérations de morale publique, de la stabilité des conventions matrimoniales et de l'intérêt des créanciers, le législateur ne l'a point admis au nombre des causes de séparation de corps.

La demande en séparation de corps est, en général, intentée, instruite et jugée comme toute autre action civile. Mais, à cause de la nature de la demande, cette règle souffre de notables exceptions.

1° L'époux demandeur en séparation de corps doit adresser au président du tribunal civil de son domicile une requête contenant les faits qu'il allègue ; il y joint les pièces à l'appui (art. 875 C. pr.). Le président répond à la requête par une ordonnance fixant le jour où les époux comparaîtront devant lui (art. 876 C. pr.) ; il fait aux époux, qui comparaissent sans assistance d'avoués ni de conseils (art. 877 C. pr.), les représentations qu'il croit propres à opérer leur rapprochement, et, s'il n'y peut parvenir, il prononce une seconde ordonnance, par laquelle il renvoie les parties devant le tribunal civil, indique la maison où la femme se retirera pendant l'instance, et dispose que le mari devra remettre à sa femme les effets destinés à son usage journalier (878 C. pr.). — Quand l'époux défendeur à la demande en séparation de corps forme lui-même une demande reconventionnelle en séparation de corps, il doit, sous peine d'une nullité d'ordre public, soumettre sa demande ou préliminaire de conciliation devant le président du tribunal (C. de Paris, 10 mars 1864).

2° Le tribunal civil qui est saisi de la demande en séparation de corps fixe, s'il y a lieu, la pension alimentaire que le mari payera à sa femme pendant l'instance ; il peut aussi décider que les enfants, qui restent ordinairement en la puissance du mari, seront remis à leur mère (art. 267).

3° Comme la séparation de corps ne peut jamais avoir lieu du consentement mutuel des parties, la preuve des faits contenus dans la demande ne pourra point résulter de l'aveu ni du serment des parties. En cette matière, les domestiques et les parents, autres cependant que les ascendants et descendants, ne seront point reprochables (art. 251).

Au reste, la réconciliation des époux pendant l'instance élève contre la demande une fin de non-recevoir (art. 272, 273, 274). Comme dans toutes les matières intéressant l'ordre public, le procureur impérial fait entendre ses conclusions sur la demande en séparation de corps.

308. La femme contre laquelle la séparation de corps sera prononcée pour cause d'adultère, sera condamnée, par le même jugement, et sur la réquisition du ministère public, à la réclusion dans une maison de correction pendant un temps déterminé, qui ne pourra être moindre de trois mois, ni excéder deux années.

L'épouse qui commet un adultère encourt une peine de trois mois à deux ans d'emprisonnement (art. 337 C. pén.) ; son complice est puni de la même peine, et, en outre, de cent francs à deux mille francs d'amende, sans préjudice des dommages-intérêts (art. 338 C. pén.). Mais, par exception au principe général, la répression de ce délit ne peut être poursuivie par le ministère public que sur la plainte du mari (art. 336 C. pén.), qui a souvent les plus graves raisons de famille pour couvrir de son silence l'égarement coupable de sa femme. La condamnation correctionnelle de la femme pour cause d'adultère devient une base inattaquable de l'instance civile en séparation de corps. Mais, au lieu d'agir correctionnellement contre sa femme adultère, le mari peut immédiatement intenter son action civile en séparation de corps ; le juge qui prononcera la séparation de corps pour cause d'adultère, prononcera en même temps, par dérogation à la règle ordinaire en matière de compétence, la condamnation de la femme à la peine d'emprisonnement. Le mari qui a tenu une concubine dans la maison commune peut, sur la plainte de sa femme, être poursuivi correctionnellement et subir une condamnation à l'amende de cent francs à deux mille francs (art. 339 C. pén.) ; mais cette pénalité n'atteint point sa complice.

309. Le mari restera le maître d'arrêter l'effet de cette condamnation, en consentant à reprendre sa femme.

Cette disposition exceptionnelle, qui accorde au mari le droit souverain de faire grâce, à la condition qu'il consentira à reprendre sa femme, est reproduite dans l'art. 337 du Code pénal. Mais la femme qui veut le maintien de la séparation de corps constituant pour elle, aussi bien que pour le mari, un espèce de droit acquis, peut repousser la grâce qui lui est offerte.

310. Lorsque la séparation de corps prononcée pour toute autre cause que l'adultère de la femme aura duré trois ans, l'époux qui était originairement défendeur, pourra demander le divorce au tribunal, qui l'admettra, si le demandeur originaire, présent ou dûment appelé, ne consent pas immédiatement à faire cesser la séparation.

Cet article est sans application depuis l'abolition du divorce.

311. La séparation de corps emportera toujours séparation de biens.

Par la séparation de corps, qui accorde aux époux le droit d'avoir des domiciles séparés, la femme reprend la libre administration de ses biens et obtient la jouissance de tous ses revenus; mais elle a toujours besoin de l'autorisation de son mari ou de justice pour faire des actes dépassant les limites de l'administration, tels que les aliénations d'immeubles, les constitutions d'hypothèques. — Le tribunal confie ordinairement les enfants mineurs à l'époux qui a obtenu la séparation de corps; mais l'autre époux contribuera, selon ses facultés, aux frais de leur entretien. Comme la séparation de corps ne dissout pas, mais relâche seulement l'union conjugale, les obligations réciproques de fidélité et d'aliments continuent à subsister entre les époux. En outre, le mari est présumé le père des enfants conçus depuis la séparation de corps; mais il a le droit, d'après la loi du 6 déc. 1850 (art. 313), de les désavouer, lorsqu'ils sont nés plus de dix mois après l'ordonnance du président du tribunal civil, qui, au commencement de l'instance en séparation de corps, a fixé à la femme un domicile séparé.

Cette séparation prive l'époux contre lequel elle a été prononcée de son droit au préciput en cas de survie (art. 1518), et lui fait perdre tous les avantages que l'autre époux lui avait faits, soit par contrat de mariage, soit depuis le mariage contracté (art. 299), ainsi qu'il résulte d'une jurisprudence fortement établie (C. de cass. 25 mai 1845; 28 avril 1846; 25 avril 1849; 5 décembre 1849, 30 août 1866); tandis que celui qui l'a obtenue conserve tous les avantages qui lui ont été faits. Si la séparation de corps est prononcée pour torts réciproques, chacun d'eux perd, comme indigne, les libéralités qu'il a reçues de son conjoint. Au reste, la pension alimentaire accordée à l'époux qui a obtenu la séparation de corps, ne s'éteint pas par le prédécès de son conjoint débiteur; elle doit lui être continuée par les héritiers ou légataires universels de ce conjoint, ainsi que l'a décidé, avec justes motifs, la Cour de cassation, par interprétation de l'art' 301, dans l'arrêt du 2 avril 1861 cité sous l'art. 212,.

La réunion des époux dans le même domicile fait cesser la séparation de corps; mais elle laisse subsister la séparation de biens, tant que les époux n'ont pas rempli les formalités prescrites par l'art. 1451.

TITRE VII.

DE LA PATERNITÉ ET DE LA FILIATION.

(Décrété le 23 mars 1803. Promulgué le 2 avril.)

Les expressions *paternité* et *filiation* sont les deux termes opposés du même rapport de famille : la paternité est la qualité de père ou de mère de telle personne; la filiation est la qualité de fils ou fille de telle personne. Il y a trois sortes de paternité et, par suite, de filiation : la paternité légitime, la paternité naturelle, et la paternité adoptive, qui est une image civile de la paternité légitime. Les deux premières sortes de paternité sont l'objet du présent titre, et la troisième est l'objet du titre suivant. — Ce titre se divise en trois chapitres qui traitent : 1° de la filiation des enfants légitimes; 2° des preuves de la filiation légitime; 3° enfin, des enfants naturels.

CHAPITRE PREMIER.

DE LA FILIATION DES ENFANTS LÉGITIMES OU NÉS DANS LE MARIAGE.

Les enfants légitimes sont ceux qui sont conçus pendant le mariage, alors même qu'ils naîtraient après le décès du mari. Les enfants qui sont nés dans le mariage et qui ont été conçus avant la célébration de l'union conjugale ne sont pas, à proprement parler, légitimes, mais ils sont considérés comme tels par cela seul que le mari ne les a pas désavoués.

312. L'enfant conçu pendant le mariage a pour père le mari. — Néanmoins, celui-ci pourra désavouer l'enfant, s'il prouve que, pendant le temps qui a couru depuis le trois-centième jusqu'au cent-quatre-vingtième jour avant la naissance de cet enfant, il était, soit par cause d'éloignement, soit par l'effet de quelque accident, dans l'impossibilité physique de cohabiter avec sa femme.

La maternité se manifeste évidemment par des faits extérieurs, qu sont la grossesse de la mère et son accouchement; voilà pourquoi le droit romain disait avec raison : « La mère est toujours certaine, *Mater semper certa est.* » Le fait de la paternité, au contraire, est enveloppé par la nature d'un mystère impénétrable; c'est pourquoi le législateur admet ici une présomption, ainsi formulée : « L'enfant conçu pendant le mariage a pour père le mari de la mère, *Pater is est quem nuptiæ demonstrant.* » Cette présomption, qui est la base des rapports légitimes de famille, repose elle-même sur le fait légal de la cohabitation des époux et sur leurs promesses solennelles de fidélité réciproque. Elle suppose trois choses, comme étant constantes : l'existence du mariage, la conception d'un enfant pendant le mariage, et l'identité de l'enfant dont il s'agit. Mais comment constater que l'enfant a été conçu pendant le mariage? D'après une observation constante des médecins, la durée de la grossesse de la mère est de 180 jours au moins, et de 300 jours au plus; la conception est donc nécessairement placée dans les 120 jours qui existent entre la durée la plus courte et la durée la plus longue de la grossesse. Or, le législateur a pris en considération, d'une part, l'observation des médecins, et, d'autre part, l'intérêt de l'enfant et l'honneur de la mère, en portant les deux dispositions suivantes : l'enfant né plus de 180 jours après la célébration du mariage, est réputé conçu pendant le mariage; l'enfant né moins de 300 jours après la mort du mari, est réputé conçu pendant le mariage; en conséquence, dans l'un et l'autre cas, l'enfant est légitime.

La présomption que « L'enfant conçu pendant le mariage a pour père le mari » de la mère, a une très-grande force. Elle ne peut être attaquée que dans trois cas, qui constituent pour le mari des causes de désaveu. Le premier cas de désaveu est seul énoncé dans notre article : c'est celui où il a existé entre les époux une impossibilité physique de cohabitation pendant toute la durée des 120 jours écoulés depuis le terme le plus long de la grossesse jusqu'au terme le plus court, c'est-à-dire depuis le trois-centième jour jusqu'au cent-quatre-vingtième jour avant la naissance de l'enfant. Cette impossibilité physique de cohabitation peut résulter soit de l'éloignement des époux ou même de l'emprisonnement de l'un d'eux, soit de l'impuissance survenue par accident au mari pendant le mariage. Au reste, le juge a toute latitude pour apprécier la gravité des faits d'éloignement ou d'impuissance accidentelle que le mari invoque à l'appui de sa demande en désaveu.

313. Le mari ne pourra, en alléguant son impuissance naturelle, désavouer l'enfant : il ne pourra le désavouer même pour cause d'adultère, à moins que la naissance ne lui ait été cachée, auquel cas il sera admis à proposer tous les faits propres à justifier qu'il n'en est pas le père. — « En cas de séparation de corps prononcée, ou même demandée, le mari pourra désavouer l'enfant qui sera né trois cents jours après l'ordonnance

du président, rendue en vertu de l'article 878 du Code de procédure civile, et moins de cent quatre-vingts jours depuis le
rejet définitif de la demande ou depuis la réconciliation. L'action en désaveu ne sera pas admise s'il y a eu réconciliation de
fait entre les époux » (Loi du 6 déc. 1850).

Le mari ne peut invoquer, pour désavouer l'enfant conçu pendant le
mariage, ni son impuissance naturelle, dont la preuve, presque toujours
impossible, ferait naître de scandaleux débats, ni même son impuissance
accidentelle ayant déjà existé avant le mariage, parce qu'en trompant sciemment son épouse, il a commis un dol qui ferait déclarer sa demande
non recevable.

Notre article contient la deuxième et la troisième cause de désaveu de
l'enfant conçu pendant le mariage. — Or, la deuxième cause existe quand
la femme a commis un adultère et a caché à son mari la naissance de
l'enfant. Le seul fait d'adultère ne suffirait pas pour fonder une action en
désaveu; car l'enfant a pu néanmoins être conçu des œuvres du mari,
qui a continué de cohabiter avec sa femme. Le seul fait du recel de l'enfant par sa mère ne suffirait pas non plus, parce qu'il ne constituerait pas
une preuve que l'enfant est le fruit de relations adultérines. Le mari n'est
donc admis dans son action en désaveu qu'en prouvant le concours de l'a-
dultère de sa femme et du recel par elle de son enfant. Lorsqu'il a fait
cette double preuve, il ne triomphera dans son action qu'en exposant des
faits propres à justifier qu'il n'est pas le père de l'enfant, tels que la mé-
sintelligence notoire des deux époux vivant séparément, la publicité de la
mauvaise conduite de la femme, et surtout la coïncidence des relations
adultérines avec l'époque de la conception de l'enfant.

La troisième cause de désaveu a été introduite par la loi du 6 décembre 1850. Elle existe quand l'enfant a été conçu pendant l'instance
en séparation de corps ou après la séparation de corps prononcée. Quoique
la séparation de corps laisse subsister le mariage et, par suite, la présomption de paternité, elle affaiblit cependant cette présomption à un tel
point, que le mari la fait complètement évanouir en déclarant au tribunal
que l'enfant conçu pendant la séparation de corps n'est pas né de lui.
Mais la mère de cet enfant peut repousser la demande en désaveu, en
justifiant que, malgré la séparation de corps, elle avait encore des rapports avec son mari, que celui-ci venait sans témoins dans son domicile, ou qu'elle allait elle-même sans témoins dans le domicile de son
mari, qui consentait à la recevoir.

Remarquons que, dans les trois cas de désaveu ci-dessus indiqués, la présomption de paternité, qui a principalement pour base la cohabitation des époux, et l'observation supposée de leurs promesses solennelles de fidélité réciproque, se trouve ébranlée, parce que la base de cette présomption fait elle-même défaut.

314. L'enfant né avant le cent-quatre-vingtième jour du mariage ne pourra être désavoué par le mari dans les cas suivants : 1° s'il a eu connaissance de la grossesse avant le mariage ; 2° s'il a assisté à l'acte de naissance, et si cet acte est signé de lui, ou contient sa déclaration qu'il ne sait signer ; 3° si l'enfant n'est pas déclaré viable.

L'enfant qui naît dans les 180 jours du mariage et qui, par suite, ne jouit point de la présomption, *Pater is est quem nuptiæ demonstrant,* est cependant réputé légitime tant qu'il n'a pas été désavoué. Mais, en principe, le mari peut le désavouer ; pour triompher dans son action en désaveu, il lui suffit de prouver, par la production d'extraits des actes de l'état civil, qu'il n'existe pas le délai de 180 jours entre la date de son mariage et la date de la naissance de l'enfant.

Le principe général, que le mari peut désavouer l'enfant conçu avant le mariage, souffre exception dans trois cas. — 1° Si le mari a connu, avant le mariage, la grossesse de la femme qu'il a néanmoins épousée, il ne peut jamais désavouer l'enfant ; car, en se mariant, il est censé avoir voulu légitimer l'enfant et réparer l'honneur de la femme enceinte de ses œuvres. La preuve que le mari avait, lors de son mariage, connaissance de la grossesse de sa femme, peut résulter de ses lettres, de ses paroles et du fait que la grossesse était alors notoire et publiquement connue. — 2° Si l'acte de naissance de l'enfant est revêtu de la signature du mari, ou s'il contient la mention qu'il ne sait pas signer, le mari est censé avoir par là reconnu qu'il est le père de l'enfant, et sa demande en désaveu doit en conséquence être rejetée. Mais sa simple présence devant l'officier de l'état civil lors de la rédaction de l'acte de naissance, ne suffirait pas pour le rendre non recevable dans sa demande en désaveu. — 3° Enfin, l'enfant né dans les 180 jours du mariage ne peut pas être désavoué, quand il est déclaré par les médecins *non viable,* c'est-à-dire d'une organisation trop imparfaite pour qu'il puisse vivre ; en effet, il est souvent difficile d'apprécier d'une manière certaine si cet enfant, né avant le terme ordinaire de la gestation, a été conçu avant le mariage ; d'ailleurs, l'enfant qui est non viable et va bientôt mourir ne jouit d'aucun droit civil (art. 725) ; le mari n'a donc aucun intérêt à le désavouer ; son action est, dès lors, non recevable, parce qu'elle aurait pour but unique de flétrir sa femme pour une faute commise avant son mariage et ne pouvant, pour cela, motiver la séparation de corps.

315. La légitimité de l'enfant né trois cents jours après la dissolution du mariage pourra être contestée.

L'enfant qui naît plus de 300 jours après la mort du mari n'a pas été conçu des œuvres de celui-ci. Toutefois, tant que personne ne vient contester son état, il vit à l'ombre de la légitimité ; mais les parents du mari peuvent, à toute époque, lui contester la qualité d'enfant légitime, et ils triompheront dans leur action par cela seul qu'ils prouveront, en produisant des extraits des actes de l'état civil, qu'il s'est écoulé plus de 300 jours depuis le décès du mari jusqu'à la naissance de l'enfant.

L'enfant conçu, qui naît ensuite viable, est capable de recueillir les successions et les legs : mais faudra-t-il, dans l'intérêt purement pécuniaire de l'enfant, admettre que la grossesse de la mère a duré 300 jours ? Non ; lorsque la question pécuniaire n'est pas en opposition avec la question de l'honneur de la mère et de la légitimité de l'enfant, le tribunal pourra bien décider, d'après l'appréciation des médecins, que l'enfant qui est né, par exemple, 298 jours après l'ouverture de la succession, n'était pas alors conçu et que, par suite, il n'est pas devenu héritier.

L'enfant né plus de 300 jours après l'époque qu'un jugement déclaratif d'absence a fixée comme étant celle des dernières nouvelles, peut-il être désavoué, de même que s'il s'agissait de séparation de corps ou de décès du mari ? Cette question est très-gravement controversée ; elle a été résolue négativement par la cour de Douai, dans un arrêt ainsi motivé : — « Attendu qu'on ne saurait, sans une confusion de principes, faire réagir sur l'état civil des personnes des prescriptions légales conçues dans un autre ordre de prévisions et qui n'ont pour objet que de pourvoir, en cas d'absence, à l'administration de leur fortune ; — Attendu qu'il ressort des discussions qui ont précédé la promulgation du titre *Des Absents* et de l'économie de ses dispositions, que le but unique du législateur a été de sauvegarder les intérêts matériels que l'absence pouvait compromettre ; que des considérations d'ordre public, l'avantage de l'absent ou celui de ses proches, commandaient des mesures de protection dont le caractère était purement conservatoire, et qui, étant provisoires, pour la plupart, peuvent d'autant moins affecter l'état civil de l'absent ou celui de sa famille, qu'elles ne sont fondées que sur le doute quant à son existence, et que l'incertitude s'évanouirait à son retour; — Qu'aussi, le mariage qu'il aurait contracté avant sa disparition subsiste et ne cesse point de produire tous ses effets légaux; qu'ainsi l'époux commun en biens a la faculté d'opter pour la continuation de la communauté; que le conjoint d'un absent ne peut se remarier tant que la mort naturelle de l'époux dont on n'a pas de nouvelles n'est pas dûment établie, et qu'enfin ce dernier peut, s'il reparaît, attaquer l'union qui aurait été contractée pendant son absence, quelle qu'en ait été la durée; — Attendu que, par une conséquence logique et virtuelle, la légitimité des enfants conçus pendant un mariage non dissous est inattaquable, tant qu'on ne justifie point du décès de l'absent; qu'autrement il pourrait advenir, en cas de retour du mari, que celui-ci, seul appréciateur de cette question de paternité, la trouverait résolue contre lui par suite d'une action exercée à son insu, et qu'il n'aurait pas même l'intention d'intenter; — Attendu qu'en cette matière, éminemment d'ordre public, le législateur n'a pas voulu qu'à la faveur d'une déclaration d'absence, laquelle ne repose que sur un doute, l'état des personnes, qui ne saurait rester incertain, fût abandonné aux hasards des circonstances ou aux éventualités les plus diverses, et qu'on pût sur des conjectures plus ou moins invraisemblables, ou sur des probabilités, compromettre l'honneur, le repos et la stabilité des familles; — Que le questions d'état ne peuvent donc être soulevées et résolues que dans les conditions et sous les formes établies par la loi; — Attendu qu'en écartant les enfants du partage de la succession de leur mère, auquel il ont des droits quant à présent certains, les premiers juges ont, par une extension que l'esprit et le texte de la loi repoussent également, attribué à la déclaration d'absence une portée exorbitante qu'elle ne saurait avoir, et méconnu les principes tutélaires et les dispositions légales qui régissent l'état des personnes et l'ordre des successions » (C. de Douai, 18 nov. 1861).

316. Dans les divers cas où le mari est autorisé à réclamer, il devra le faire dans le mois, s'il se trouve sur les lieux de la naissance de l'enfant; — Dans les deux mois après son retour si, à la même époque, il est absent; — Dans les deux mois après la découverte de la fraude, si on lui avait caché la naissance de l'enfant.

L'état de l'enfant ne peut pas demeurer longtemps incertain ; c'est pourquoi la loi veut que l'action en désaveu soit intentée par le mari, sous peine de déchéance, dans un court délai, qui est, selon les cas énoncés dans notre article, d'un mois ou de deux mois. Si, au lieu d'être inscrit sur les registres de l'état civil sous le nom du mari, l'enfant dont la naissance lui a été cachée, a été inscrit soit sous de faux noms, soit comme né de père et mère inconnus, le mari est-il tenu d'agir en désaveu dans les deux mois de la découverte de la fraude? La Cour de cassation a décidé avec raison, dans de nombreux arrêts, notamment dans son arrêt du 14 février 1854, que la disposition de notre article n'est pas applicable en pareil cas, parce que l'enfant n'est pas en possession de la qualité d'enfant légitime ; qu'au lieu d'agir en désaveu, le mari peut attendre que l'enfant de sa femme réclame, contrairement à son acte de naissance, la qualité d'enfant légitime, et qu'il pourra repousser cette réclamation par toute sorte de moyens (art. 325) ; mais que, s'il craint de voir s'affaiblir dans sa personne, ou dans la personne de ses héritiers, les moyens qu'il a de triompher, il peut, quand bon lui semble, prendre volontairement sur lui le fardeau de la preuve, et intenter l'action en désaveu pour rendre impossible à l'avenir l'action de l'enfant en réclamation de la qualité d'enfant légitime.

Ce principe est ainsi déclaré par la cour de Paris : — « Considérant que le mari a sur sa famille un droit de contrôle et de surveillance dont l'action ne peut être interrompue ; — Que, pour faire constater l'adultère et repousser l'enfant qui en est le fruit, il ne peut pas être soumis à des conditions qui ne sont point imposées par un texte de loi ; — Considérant que, notamment, quand le mari croit avoir en mains la preuve du recel de la naissance et de l'adultère, il a le droit incontestable d'exercer immédiatement son action en désaveu ; — Que son droit ne peut être soumis à l'exercice de la réclamation formée par l'enfant ; — Que, si l'on admettait le contraire, l'enfant dont la naissance a été recélée aurait la faculté de placer sa réclamation au jour où les témoins et le père de famille lui-même étant décédés, le réclamant arriverait à s'établir injustement dans la légitimité, toute contradiction étant devenue impossible » (C. de Paris, 21 fév. 1865).

317. Si le mari est mort avant d'avoir fait sa réclamation, mais étant encore dans le délai utile pour la faire, les héritiers auront deux mois pour contester la légitimité de l'enfant, à compter de l'époque où cet enfant se serait mis en possession des biens du mari, ou de l'époque où les héritiers seraient troublés par l'enfant dans cette possession.

Si le mari meurt dans le délai utile pour agir en désaveu, son droit d'action, quelle que puisse en être d'ailleurs la cause, passe à ses héritiers et même à ses légataires universels et à titre universel, qui sont au lieu et place d'héritiers. Pour exercer cette action, les divers successeurs ont le délai de deux mois, qui court seulement à partir de l'époque où l'enfant prend ou manifeste son intention de prendre possession des biens du mari, son prétendu père; l'un d'eux peut agir séparément, parce qu'il ne doit pas souffrir du mauvais vouloir ou de l'inaction de ses cohéritiers. Un enfant qui a renoncé à la succession de son père peut avoir un intérêt à désavouer un prétendu enfant, pour l'éloigner des autres successions de la branche paternelle; c'est pourquoi, malgré sa renonciation, il conserve le droit d'agir en désaveu, alors même qu'il fonderait son action sur l'adultère de sa mère encore vivante; parce que ce n'est pas contre elle, mais seulement contre l'enfant adultérin que son action est dirigée.

318. Tout acte extrajudiciaire contenant le désaveu de la part du mari ou de ses héritiers, sera comme non avenu, s'il n'est suivi, dans le délai d'un mois, d'une action en justice dirigée contre un tuteur *ad hoc* donné à l'enfant, et en présence de sa mère.

On appelle acte *extrajudiciaire*, celui qui est fait en dehors de toute instance. Celui dont il s'agit est ordinairement rédigé par un notaire; il doit être fait dans le délai fixé par les art. 316 et 317, et contenir le désaveu de l'enfant. Son effet est d'accorder à celui qui veut agir en désaveu un nouveau délai d'un mois pour rassembler ses preuves. Dans tous les cas, l'action en désaveu est dirigée contre un tuteur *ad hoc*, c'est-à-dire spécial pour la cause. Ce tuteur est-il, conformément à la disposition de l'art. 407, nommé par le conseil de famille? Cette question est controversée. Plusieurs auteurs pensent que, dans un pareil cas, où la paternité est incertaine, la nomination du tuteur appartient au tribunal, et non pas au conseil de famille. Mais la Cour de cassation a consacré l'opinion contraire, en confirmant un arrêt de la cour de Paris, du 21 fév. 1863 : —
« Attendu qu'aux termes de l'art. 318 du Code Napoléon, toute action

en désaveu doit être dirigée contre un tuteur *ad hoc* donné à l'enfant, objet du désaveu ; que ce tuteur ne peut être nommé que par le conseil de famille, convoqué selon les formes déterminées par l'art. 407 du même Code, et composé, d'après les prescriptions de cet article, de ses parents ou alliés pris en nombre égal dans chacune des deux lignes paternelle et maternelle ; — Attendu que cette disposition est générale et ne comporte aucune exception, même pour le cas où l'acte de naissance donne à l'enfant désavoué un père autre que celui qui forme l'action en désaveu ; que c'est donc avec raison qu'en l'absence d'une disposition spéciale, l'arrêt attaqué s'est conformé aux règles du droit commun » (C. cass. 9 mai 1864).

La mère de l'enfant est appelée dans l'instance en désaveu ; quoiqu'elle n'y joue pas le rôle de partie, il importe qu'elle soit entendue dans une pareille question, qui est de nature à blesser gravement ses affections et son honneur.

CHAPITRE II.

DES PREUVES DE LA FILIATION DES ENFANTS LÉGITIMES.

Celui qui se prétend fils légitime devrait, dans la rigueur des principes, prouver ces trois choses : 1° que ses père et mère étaient mariés ensemble ; 2° qu'un enfant est né du mariage ; 3° qu'il est lui-même cet enfant. Mais la loi se relâche de cette rigueur et permet de prouver la filiation légitime de l'une de ces trois manières : 1° par l'acte de naissance inscrit sur les registres de l'état civil ; 2° par la possession d'état d'enfant légitime ; 3° par la déclaration de témoins, sous certaines conditions.

319. La filiation des enfants légitimes se prouve par les actes de naissance inscrits sur le registre de l'état civil.

L'acte de naissance fait preuve de l'accouchement de la mère légitime, alors même que celle-ci aurait été désignée sous des noms inexacts, pourvu que son identité soit constante ; il fait pareillement preuve de la paternité du mari de la mère, par application de la présomption contenue dans l'art. 312 : « L'enfant conçu pendant le mariage a pour père le mari. » Cette présomption de paternité existerait alors même que l'acte de naissance indiquérait comme étant le père de l'enfant un autre que le mari. Ainsi jugé par la cour de Paris : — « Considérant que les déclarations conformes à la vérité, faites dans un acte de naissance, ne peuvent être détruites par celles qui sont erronées ; qu'il faudrait pour cela admettre l'indivisibilité des actes de l'état civil, principe repoussé par une jurisprudence invariable ; que ce serait, notamment en ce qui concerne les actes de naissance, attribuer à l'erreur du déclarant une portée évidemment inadmissible, que de décider que l'indication d'un père autre que le mari de la mère abolit la présomption légale de l'art. 312 et constitue une paternité adultérine; — Considérant qu'il suit seulement d'une telle déclaration que celui qui l'a faite a été trompé sur la situation véritable de la mère de l'enfant, mais que, son erreur étant reconnue, il y a lieu de rectifier l'acte sur ce point, sa valeur restant entière pour le surplus; — Considérant qu'ainsi l'enfant qui, par un acte de naissance régulier, établit qu'il est né d'une femme mariée, justifie par cela seul sa légitimité, quelles que soient les autres indications contenues audit acte ; que sans doute ces énonciations pourraient venir en aide à l'action en désaveu formée par le mari de la mère, soit pour prouver le recel de la naissance, soit pour toute autre justification à l'appui de ladite action, mais qu'elles ne peuvent abolir, par le fait ou l'erreur d'un tiers, la présomption légale de l'art. 312, la règle essentielle et principale de droit en matière de paternité et de filiation » (C. de Paris, 11 janv. 1864).

Toutefois, les registres de l'état civil étant publics et chacun ayant le droit de s'en faire délivrer des extraits (art. 45), celui qui produit l'extrait d'un acte de naissance ne prouve sa filiation légitime qu'en démontrant, à l'aide d'écrits ou de témoins, qu'il est identiquement l'enfant mentionné dans l'acte de naissance.

320. A défaut de ce titre, la possession constante de l'état d'enfant légitime suffit.

La possession constante de l'état d'enfant légitime suffit, à défaut d'acte de naissance inscrit sur les registres de l'état civil, pour prouver la filiation légitime. Cette possession d'état constitue même souvent une preuve plus forte que l'acte de naissance, parce qu'elle sert à démontrer l'identité de celui qui l'invoque. Elle établit aussi en sa faveur une présomption de légitimité qui le dispense de toute preuve, et met ceux qui contestent son état dans la nécessité de jouer le rôle de demandeurs et, par suite, de supporter le fardeau de la preuve ; en effet, la question d'état est une question réelle ; or, en matière réelle, la possession établit en faveur du possesseur une présomption de vérité, et cette présomption met les adversaires dans la nécessité de prouver que leur prétention contraire est fondée.

321. La possession d'état s'établit par une réunion suffisante de faits qui indiquent le rapport de filiation et de parenté entre un individu et la famille à laquelle il prétend appartenir. — Les principaux de ces faits sont : — Que l'individu a toujours porté le nom du père auquel il prétend appartenir ; — Que le père l'a traité comme son enfant et a pourvu, en cette qualité, à son éducation, à son entretien et à son établissement ; — Qu'il a été reconnu constamment pour tel dans la société ; — Qu'il a été reconnu pour tel par la famille.

Les trois principaux éléments de la possession d'état, qui sont énoncés dans cet article, étaient exprimés en droit romain par ces mots, « *Nomen, tractatus, fama.* » Ces trois éléments, dont l'existence peut être prouvée par témoins, remplacent l'acte de naissance ou en couvrent les vices. On voit qu'ils émanent de ceux-là même qui auraient intérêt à refuser à l'enfant la qualité d'enfant légitime : voilà surtout ce qui fait leur force.

322. Nul ne peut réclamer un état contraire à celui que lui donnent son titre de naissance et la possession conforme à ce titre ; — Et réciproquement, nul ne peut contester l'état de celui qui a une possession conforme à son titre de naissance.

L'acte de naissance sans possession d'état, et la possession d'état sans acte de naissance constituent deux moyens différents de prouver la filiation légitime. Toutefois, chacun de ces moyens, pris isolément, peut être attaqué ; tandis que leur réunion en faveur d'un même enfant rend vaine toute prétention contraire, soit de la part de cet enfant, soit de la part des tiers. Toutefois, les tiers pourraient encore faire, dans le cas de notre article, tomber la présomption de légitimité, soit par l'action en désaveu, soit en prouvant qu'il n'a jamais existé de mariage entre les père et mère de l'enfant.

323. A défaut de titre et de possesssion constante, ou si l'enfant a été inscrit, soit sous de faux noms, soit comme né de père et mère inconnus, la preuve de filiation peut se faire par témoins. — Néanmoins cette preuve ne peut être admise que lorsqu'il y a commencement de preuve par écrit, ou lorsque les présomptions ou indices résultant de faits dès lors constants, sont assez graves pour déterminer l'admision.

Nous avons vu ci-dessus que la filiation des enfants légitimes peut se prouver de deux manières : 1° par l'acte de naissance inscrit sur les registres de l'état civil (art. 319); 2° par la possession constante de l'état d'enfant légitime (art. 320). Elle peut se prouver encore, aux termes de notre article, d'une troisième manière, qui est la déclaration par serment de témoins. La preuve testimoniale ne présente pas toujours de sérieuses garanties de vérité : une personne, qui a dans une contestation un grave intérêt, peut quelquefois chercher et trouver de faux témoins. Mais repousser ce genre de preuve à cause de ses dangers, ce serait faire dépendre l'existence des droits légitimes de l'enfant soit de la négligence des parents à déclarer la naissance, soit du crime des tiers qui ont lacéré les registres de l'état civil. Admettre, au contraire, trop facilement cette preuve, ce serait laisser sans protection l'honneur et le repos des familles. Le législateur a évité ce double péril, en disposant que la preuve testimoniale n'est admise, en matière de filiation légitime, de la part de l'enfant, ou même de la part du père (C. cass. 22 août 1861), que lorsqu'il existe soit un commencement de preuve par écrit, soit des indices graves, comme ceux qui résultent de quelques éléments de la possession de l'état d'enfant légitime, ou bien du fait que telle femme mariée est accouchée d'un enfant ayant le même âge, le même sexe, les mêmes cheveux, les mêmes marques et cicatrices que celui qui réclame la qualité d'enfant légitime.

324. Le commencement de preuve par écrit résulte des titres de famille, des registres ou papiers domestiques du père ou de la mère, des actes publics et même privés émanés d'une partie engagée dans la contestation, ou qui y aurait intérêt si elle était vivante.

On entend par *commencement de preuve par écrit*, toute espèce d'écrit qui rend vraisemblable un fait allégué et qui émane d'une personne ayant un intérêt contraire à celui qui l'invoque (art. 1347). L'acte de naissance irrégulier, les lettres ou autres écrits émanés des père, mère ou autres parents, pourront donc servir de commencement de preuve par écrit et autoriser la preuve testimoniale de la filiation légitime. Au reste, à la différence des cas énoncés dans l'art. 46, il n'est pas nécessaire que l'enfant qui, à l'aide de graves indices ou de commencement de preuve par écrit, réclame la qualité d'enfant légitime, prouve qu'il n'a pas existé de registres de l'état civil ou que ces registres sont perdus.

325. La preuve contraire pourra se faire par tous les moyens propres à établir que le réclamant n'est pas l'enfant de la mère qu'il prétend avoir, ou même, la maternité prouvée, qu'il n'est pas l'enfant du mari de la mère.

L'enfant qui a prétendu avoir telle femme pour mère légitime, et qui a obtenu un jugement conforme à sa prétention, est-il par là constitué en possession de l'état d'enfant légitime à l'égard du mari de cette femme ? Cette question est très-vivement controversée. Mais, quoique l'état des personnes soit en général indivisible, la sentence que l'enfant a obtenue contre la femme ne produit, selon nous, absolument aucun effet contre le mari qui n'a point figuré dans l'instance (art. 1165, 1351) ; en conséquence, le mari n'est pas tenu, dans ce cas, d'agir en désaveu dans les deux mois de la sentence rendue contre sa femme, en se fondant sur l'une des causes exprimées dans les art. 312 et 313 ; il pourra, si bon lui semble, ou bien intenter son action négatoire, ou bien attendre que l'enfant réclame contre lui la qualité de fils ; dans tous les cas, il pourra repousser la réclamation par tous les moyens propres à établir qu'il n'est point le père de cet enfant.

326. Les tribunaux civils seront seuls compétents pour statuer sur les réclamations d'état.

L'action en réclamation de l'état d'enfant légitime doit toujours être portée devant le tribunal civil du domicile de la mère, du père ou autre défendeur, parce qu'elle est réelle mobilière.

327. L'action criminelle contre un délit de suppression d'état ne pourra commencer qu'après le jugement définitif sur la question d'état.

Les faits tendant à empêcher ou à détruire la preuve de l'état civil d'un enfant légitime ou même naturel constituent, selon les cas, un crime, punissable de la réclusion, ou seulement un délit, punissable d'emprisonnement (art. 345 et suiv. Code pén.). Or, la preuve par témoins est admise en matière de crimes ou de délits ; tandis qu'elle est rejetée, en matière civile, sur la question de filiation. Pour établir entre ces deux principes contraires une sorte de conciliation, le législateur dispose dans notre article que, par dérogation à la règle générale (art. 4 Code instr. crim.), le jugement civil sur la question de l'état d'enfant devra toujours précéder l'action criminelle contre le délit de suppression d'état. En conséquence, le silence de l'enfant empêche, sur une pareille question, toute poursuite criminelle de la part du ministère public. — Notre article n'est pas applicable au mariage, qui constitue un acte solennel et public, et peut, indépendamment de toute action civile, être prouvé par le résultat d'une procédure criminelle (art. 198).

328. L'action en réclamation d'état est imprescriptible à l'égard de l'enfant.

En général, les droits et actions se prescrivent par un certain laps de temps (art. 2219), dont la plus longue durée est de trente ans (art. 2262). Mais il en est tout autrement de l'état des personnes, qui est d'un intérêt moral et tient à l'ordre public ; comme cet état n'est pas dans le commerce et n'est point estimable à prix d'argent, il est imprescriptible à l'égard de l'enfant et ne peut être l'objet d'aucune transaction, d'aucune renonciation, ni expresse, ni tacite. Toutefois, les intérêts pécuniaires attachés à l'état des personnes, à la qualité de parent, tels que les droits aux successions ouvertes, sont susceptibles de transaction et peuvent se prescrire contre celui qui néglige de réclamer son état d'enfant légitime.

329. L'action ne peut être intentée par les héritiers de l'enfant qui n'a pas réclamé, qu'autant qu'il est décédé mineur, ou dans les cinq années après sa majorité.

L'action en réclamation d'état, qui est imprescriptible contre l'enfant (art. 328), devient, au contraire, prescriptible contre ses héritiers, alors même qu'ils seraient ses enfants, car ceux-ci sont aussi compris sous la désignation générale d'*héritiers*. Le silence gardé par l'enfant qui décède après l'âge de vingt-six ans accomplis, suffit même pour établir une présomption légale qu'il a renoncé à toute prétention de droits, et cette présomption rend non recevable l'action en réclamation d'état que ses héritiers voudraient intenter du chef de leur auteur. Mais si l'enfant décède avant l'âge de vingt-six ans, le droit qu'il a de réclamer son état se transmet à ses héritiers, qui peuvent alors l'exercer pendant la durée de trente ans (art. 2262).

330. Les héritiers peuvent suivre cette action lorsqu'elle a été commencée par l'enfant, à moins qu'il ne s'en fût désisté formellement, ou qu'il n'eût laissé passer trois années sans poursuites, à compter du dernier acte de la procédure.

Si l'enfant, qui a formé sa demande en réclamation d'état, décède à un âge quelconque pendant l'instance, son action peut être continuée par ses héritiers et par ses légataires universels ou à titre universel. Mais si l'enfant s'était désisté formellement de sa demande, ou s'il avait laissé périmer l'instance en restant plus de trois années sans faire aucun acte de poursuite, ce désistement ou cette péremption d'instance, qui ne porte jamais aucune atteinte à son droit imprescriptible, suffit, quand il décède après l'âge de vingt-six ans, pour rendre non recevable l'action en réclamation d'état formée par ses héritiers.

CHAPÍTRE III.

DES ENFANTS NATURELS.

Les enfants sont appelés *naturels* quand, au temps où ils ont été conçus, leurs père et mère n'étaient pas unis ensemble par le lien du mariage. On les divise en trois classes, qui sont : les enfants naturels simples; les enfants adultérins, et les enfants incestueux. L'enfant naturel *simple* est celui dont les père et mère pouvaient, lors de sa conception, contracter ensemble un mariage légitime. L'enfant *adultérin* est celui dont l'un au moins des père et mère était, lors de la conception, uni par mariage à une autre personne. L'enfant *incestueux* est celui dont les père et mère sont parents ou alliés à un degré rapproché qui forme n empêchement légal à leur mariage.

SECTION PREMIÈRE.

De la Légitimation des Enfants naturels.

La légitimation confère aux enfants naturels les mêmes droits que s'ils étaient légitimes. Elle ne peut avoir lieu que par mariage subséquent, et seulement au profit des enfants naturels simples.

331. Les enfants nés hors mariage, autres que ceux nés d'un commerce incestueux ou adultérin, pourront être légitimés par le mariage subséquent de leurs père et mère, lorsque ceux-ci les auront légalement reconnus avant leur mariage, ou qu'ils les reconnaîtront dans l'acte même de célébration.

Les enfants nés dans les cent quatre-vingts jours qui suivent la célébration du mariage n'ont pas besoin d'être légitimés, car la loi les considère comme légitimes, tant que le mari de la mère ne les a pas désavoués (art. 314). La légitimation n'est donc applicable qu'aux enfants naturels simples qui sont nés hors mariage. Or, ces enfants sont légitimés de plein droit par le mariage de leurs père et mère, lorsqu'ils ont été légalement reconnus avant le mariage ou dans l'acte même de célébration. La reconnaissance légale d'un enfant naturel résulte soit de la déclaration faite par les père et mère dans un acte authentique (art. 334), soit d'une sentence judiciaire (art. 340, 341). Le mariage *putatif*, c'est-à-dire contracté de bonne foi par les deux époux ou par l'un d'eux, produit tous ses effets civils à l'égard des enfants conçus depuis le mariage (art. 201); mais il ne légitime point les enfants légalement reconnus. Si un enfant naturel n'était légalement reconnu que pendant le mariage de ses père et mère, il ne serait point par là légitimé, car c'est uniquement pour faire cesser l'exemple scandaleux du concubinat que la loi permet la légitimation des enfants naturels par mariage subséquent.

Les enfants conçus pendant l'existence d'un mariage putatif qui est entaché du vice radical de bigamie ou d'inceste, jouissent néanmoins, à cause de la bonne foi des époux, des droits d'enfants légitimes. Mais ceux qui sont conçus hors mariage d'un commerce adultérin ou incestueux ne peuvent jamais ni naître légitimes, ni être légitimés par mariage subséquent, alors même que les père et mère, qui avaient entre eux des relations illicites, auraient ignoré la cause qui faisait obstacle à leur mariage. Ainsi, l'enfant conçu de relations illicites entre une fille et un homme marié, ou entre parents unis par la parenté à un degré qui prohibe le mariage, ne pourra jamais être légitimé. Cependant quelques auteurs et plusieurs arrêts décident que les enfants conçus de relations entre beau-frère et belle-sœur, oncle et nièce, tante et neveu, peuvent être légitimés quand leurs père et mère se marient avec dispense de l'Empereur. C'est dans ce sens que s'exprime un arrêt de la cour d'Amiens : — « Considérant que l'inceste civil se trouvant pleinement effacé pour les père et mère admis à la faculté de s'unir, on doit en conclure que l'obstacle, levé pour eux, doit l'être également en ce qui concerne la reconnaissance et la légitimation des enfants issus de leurs précédentes relations ; — Qu'on ne peut prétendre que les dispenses n'ont aucune force rétroactive et ne doivent avoir d'effet que [pour l'avenir ; — Qu'il serait injuste et illogique de faire retomber sur les enfants les conséquences d'une faute n'ayant d'autre origine qu'une prohibition qui, en cessant par le bienfait des dispenses, fait disparaître la faute elle-même ; — Que le législateur ne peut avoir voulu que les enfants issus du même père et de la même mère fussent, selon les dates de leur naissance, les uns incestueux et flétris par la loi, et les autres jouissant des avantages et de la faveur de la légitimité » (C. d'Amiens, 14 janv. 1864). — Mais la cour de Douai, par arrêt du 14 janvier 1864, la cour de Dijon, par arrêt du 15 février 1866, et la cour de Colmar, par arrêt du 13 mars 1866, décident que le texte de notre article empêche la légitimation de toute espèce d'enfants incestueux. Ce dernier arrêt est ainsi motivé : — « Attendu que la légitimation des enfants étant d'institution civile, la société a eu le droit et le devoir de refuser les honneurs de la famille civile aux incestueux et aux adultères qui violent ses lois et l'attristent de leurs désordres ; qu'à faire espérer aux incestueux et aux adultères qu'une amnistie ultérieure viendrait effacer pour eux et pour les fruits de leur crime moral toute flétrissure ou incapacité, c'eût été encourager la fréquence du scandale et priver notamment la femme, sollicitée aux relations incestueuses, de son plus énergique moyen de résistance, la crainte d'imprimer une honte ineffaçable à l'enfant qui naîtrait de son commerce avec son oncle ou son beau-frère ; — Qu'il y a, en outre, dans cette défense imposée par la loi aux incestueux, aux adultères, de donner aux enfants nés de leurs fautes le nom de fils. la plus terrible punition, et qu'il pourrait y avoir danger social à l'affaiblir » (C. de Colmar, 13 mars 1866).

Par trois arrêts identiques du 22 juin 1867, la Cour de cassation a confirmé l'arrêt de la cour d'Amiens, et cassé les arrêts de la cour de Douai et de Colmar, par les motifs suivants : — « Attendu que si la règle de l'art. 331

C. Nap. est générale et 'absolue' quand il s'agit d'enfants nés d'un commerce adultérin, il en est autrement quand il s'agit d'enfants nés d'un commerce incestueux; — Attendu que ceux dont les père et mère ont obtenu du gouvernement les dispenses qui leur étaient nécessaires pour se marier, dans les cas prévus par les art. 162, 163 du Code Napoléon, et par la loi du 16 avril 1832, ne peuvent être mis sur la même ligne que ceux dont les père et mère n'ont pas obtenu ces dispenses, et que le droit nouveau n'a pas plus que l'ancien privé les premiers du bénéfice de la légitimation, qu'il a refusé aux seconds; — Qu'on objecte en vain les termes de l'art. 335, puisque ce n'est pas au fruit de l'inceste, mais d'une union purgée, par l'effet des dispenses, de son vice originel, que la reconnaissance et la légitimation profitent; — Qu'on objecte encore que cette interprétation est contraire à l'art. 331, qui a pour but de conserver intacte la pureté des relations de famille; mais que cet intérêt est protégé bien mieux par la sévérité que le gouvernement apporte dans l'octroi des dispenses, que par le refus qu'on ferait d'appliquer à un mariage qu'il a permis l'un de ses effets les plus salutaires; — Qu'on ne peut admettre que, quand les dispenses ont été accordées, le législateur ait voulu réhabiliter les auteurs de la faute, sans effacer la tache qui en est résultée pour ceux qui lui doivent l'existence, et introduire, dans la nouvelle famille qu'il permet de créer, des causes incessantes de division, en assurant les honneurs et les avantages de la légitimité aux enfants nés depuis le mariage, et en ne laissant à ceux qui sont nés antérieurement que la flétrissure et les incapacités de recevoir qui dérivent d'une origne incestueuse » (C. cass. 22 janvier 1867).

Les motifs invoqués par la Cour de cassation nous paraissent spécieux, arbitraires et contraires aux termes généraux et absolus de notre article et de l'art. 335, qui s'en réfèrent uniquement à l'époque du *commerce*, pour décider si les enfants peuvent ou non être soit reconnus, soit légitimés. A l'égard des enfants incestueux, la règle est aussi nette et absolue qu'à l'égard des enfants adultérins; dans les deux cas, il y a mêmes raisons, et le juge n'a pas le pouvoir d'établir une distinction qui n'existe point dans la loi. La dispense n'efface point le passé; elle ne fait que lever l'obstacle existant pour le mariage. Voici, d'ailleurs, une raison péremptoire qui a sans doute échappé à la sagacité de la Cour de cassation. En disposant que les enfants nés d'un commerce adultérin ou incestueux ne peuvent point être légitimés par *mariage subséquent*, notre article suppose évidemment que le mariage subséquent est *légitime*; car si le mariage n'était que *putatif*, il ne légitimerait pas même les enfants naturels simples, selon une opinion très-probable; il ne pourrait donc point, à plus forte raison, ainsi que tous le reconnaissent, légitimer des enfants adultérins ou incestueux. Or, l'époux adultère ne peut former une union légitime qu'après le décès de son conjoint. Les parents ou alliés incestueux ne peuvent se marier ensemble qu'après dispense accordée par l'Empereur ; or, c'est pour ce cas, qui est seul et unique, que notre article dispose que le mariage contracté avec dispense ne pourra cependant point légitimer les enfants nés d'un commerce incestueux. La Cour de cassation est donc directement en opposition avec l'esprit et avec les termes de la loi ; elle fait une loi contre la loi.

332. La légitimation peut avoir lieu, même en faveur des enfants décédés qui ont laissé des descendants; et, dans ce cas, elle profite à ces descendants.

D'après cet article, l'enfant naturel peut évidemment être reconnu et légitimé après son décès, quand il a laissé des descendants légitimes : ceux-ci profitent alors de la reconnaissance, de la légitimation. Mais les père et mère d'un enfant naturel mort sans laisser de descendants, peuvent-ils encore le reconnaître et être par là admis à recueillir sa succession ? Cette question est gravement controversée : toutefois, l'opinion affirmative semble préférable, surtout à l'égard de la mère qui a été désignée dans l'acte de naissance de l'enfant.

333. Les enfants légitimés par le mariage subséquent auront les mêmes droits que s'ils étaient nés de ce mariage.

La légitimation de l'enfant naturel n'a point d'effet rétroactif. Cet enfant est considéré comme étant né au moment de la célébration de mariage de ses père et mère ; par suite, il ne peut jamais prétendre de son chef aucun droit aux successions légitimes antérieurement ouvertes.

SECTION II.
De la Reconnaissance des Enfants naturels.

334. La reconnaissance d'un enfant naturel sera faite par un acte authentique, lorsqu'elle ne l'aura pas été dans son acte de naissance.

La reconnaissance d'un enfant naturel est *volontaire*, lorsqu'elle émane des père et mère ; elle est *forcée*, quand elle est prononcée en justice sur la demande de l'enfant. — La reconnaissance volontaire ne peut être valablement faite que par acte authentique : l'authenticité de l'acte, qui exige l'intervention d'un officier public et la présence de témoins, a paru nécessaire au législateur, afin qu'il apparaisse évidemment que celui qui reconnaît un enfant, comme étant né de lui, exprime une volonté sérieuse, libre, exempte de captation et de surprise. La reconnaissance peut être faite par mandataire ; mais il faut que la procuration qui lui est donnée à cet effet soit spéciale et en forme authentique. La reconnaissance faite par testament olographe est nulle, parce que cette espèce de testament ne constitue qu'un acte sous seing privé. Ainsi décidé : — « Attendu qu'aux termes de l'art. 334 du Code Napoléon, la reconnaissance d'un enfant naturel doit être faite par un acte authentique, lorsqu'elle ne l'a pas été dans son acte de naissance ; — Attendu que, suivant l'art. 1317 du même Code, l'acte authentique est celui qui a été reçu par un officier public ayant le droit d'instrumenter dans le lieu où cet acte a été rédigé, et avec les solennités requises ; — Attendu que cette définition est générale, et s'applique à tous les actes, quels qu'en soient la nature et l'objet ; — Attendu que le testament olographe, dressé par le testateur lui-même en l'absence de témoins et sans le concours d'un officier public, ne satisfait point à ces prescriptions, et qu'il faudrait, pour le considérer comme authentique, qu'une disposition spéciale de la loi lui eût exceptionnellement imprimé ce caractère ; que, loin que cette disposition existe, la loi elle-même, dans l'art. 969 du Code Napoléon, qualifie d'acte sous seing privé le testament olographe, et ne voit un acte authentique que dans le testament qui est revêtu des formes et entouré des solennités usitées pour les actes de cette nature » (C. cass. 18 mars 1862).

La même décision est applicable au testament mystique, parce que l'acte de suscription de ce testament est seul authentique.

La reconnaissance de l'enfant naturel est faite devant l'officier de l'état civil, qui l'inscrit sur ses registres ; elle peut aussi se faire devant notaire, devant le juge de paix assisté de son greffier, ou, pendant une instance, devant le tribunal civil. L'enfant naturel peut être reconnu avant sa naissance, pourvu qu'il soit déjà conçu ; il peut l'être aussi après son décès s'il a laissé des enfants légitimes qui le représentent. Quoique le mineur soit généralement incapable de s'obliger, il peut cependant reconnaître son enfant naturel et prendre par là valablement à sa charge les obligations qu'impose la paternité ; car, par cette reconnaissance, il ne fait que réparer en partie sa faute qui constitue une quasi-délit.

335. Cette reconnaissance ne pourra avoir lieu au profit des enfants nés d'un commerce incestueux ou adultérin.

La reconnaissance des enfants nés d'un *commerce* incestueux ou adultérin n'est pas permise : au lieu de perpétuer le souvenir du scandale, il faut le laisser s'éteindre dans l'oubli. Lorsqu'un homme a reconnu un enfant naturel, sa sœur qui veut reconnaître le même enfant doit préalablement faire prononcer par le tribunal la nullité de la reconnaissance faite par son frère. Si un homme marié trompe l'officier de l'état civil sur son état et reconnaît un enfant conçu, pendant son mariage, d'une autre femme que son épouse, cette reconnaissance d'un fait immoral est frappée d'une nullité absolue ; en conséquence, elle ne peut ni être invoquée par l'enfant pour obtenir des aliments (art. 762), ni lui être opposée pour faire déclarer inutile le legs qu'il aurait reçu (art. 908).

Notre article déclare nulle la reconnaissance d'un enfant adultérin ou incestueux, et l'art. 342 ci-après défend à l'enfant la recherche de la paternité et de la maternité, quand elle tendrait à révéler l'existence de l'adultère ou de l'inceste ; il semblerait résulter de la combinaison de ces deux articles qu'il n'y a jamais d'enfants adultérins ni incestueux légalement reconnus, et que l'art. 762, qui attribue des aliments à de pareils enfants, est inapplicable. Mais il n'en est cependant pas ainsi ; en effet, les enfants conçus pendant le mariage sont légalement reconnus comme adultérins lorsqu'ils ont été désavoués par le mari de la mère ; en outre, quand un mariage annulé pour cause de bigamie ou d'inceste a été contracté de mauvaise foi par les deux époux, il est par là constaté que les enfants issus de ce mariage sont adultérins ou incestueux.

336. La reconnaissance du père, sans l'indication et l'aveu de la mère, n'a d'effet qu'à l'égard du père.

La reconnaissance produit des effets rigoureusement limités entre celui qui reconnaît et l'enfant qui est reconnu ; par application des principes généraux, elle ne peut ni nuire ni profiter aux tiers (art. 1165). Il résulte évidemment de là que la reconnaissance du père, sans l'indication et l'aveu de la mère, n'a d'effet qu'à l'égard du père. Notre article serait absolument inutile, s'il n'avait pas cet autre sens, que révèle l'historique de sa rédaction : un homme peut reconnaître un enfant naturel sans l'aveu de la mère ; mais celle-ci peut attaquer en justice la reconnaissance faite ainsi sans son aveu, et prouver que celui qui a reconnu l'enfant n'en est pas le père. Si un homme, en reconnaissant un enfant naturel, indique une femme qui est sa parente à un degré prohibé pour le mariage comme étant la mère de l'enfant, cette indication rend nulle sa reconnaissance.

Au reste, la mère ne peut, de même que le père, reconnaître valablement son enfant naturel que par acte authentique. Si elle est indiquée sans son aveu dans l'acte de naissance de l'enfant, ou dans l'acte de reconnaissance faite par le père, cette indication ne produit à son égard aucun effet civil. Elle peut reconnaître son enfant par mandataire; mais le mandat doit être alors spécial et authentique (art. 334).

337. La reconnaissance faite, pendant le mariage, par l'un des époux, au profit d'un enfant naturel qu'il aurait eu, avant son mariage, d'un autre que de son époux, ne pourra nuire ni à celui-ci, ni aux enfants nés de ce mariage. — Néanmoins elle produira son effet après la dissolution de ce mariage, s'il n'en reste pas d'enfants.

L'époux, en reconnaissant un enfant qu'il a eu, avant son mariage, d'un autre que de son conjoint, blesse très-vivement la juste susceptibilité de celui-ci et peut faire naître, au sein de l'union conjugale, une cause perpétuelle de trouble. Le législateur a voulu atténuer les déplorables effets de cette reconnaissance, en disposant qu'elle ne nuira ni au conjoint ni aux enfants légitimes nés de ce mariage. Notre article est applicable aussi bien à la reconnaissance judiciaire qu'à la reconnaissance volontaire; car il ne fait à cet égard aucune distinction, ainsi que le décide l'arrêt suivant : — « Attendu que cette distinction (entre la reconnaissance volontaire et la reconnaissance judiciaire) ne résulte ni du texte ni de l'esprit de la loi; qu'elle attribue des effets identiques à l'une et à l'autre reconnaissance, et que ni l'une ni l'autre ne sauraient produire un effet quelconque contre le conjoint et les enfants légitimes entièrement étrangers à l'enfant naturel » (C. cass. 16 déc. 1861). — La disposition de notre article paraît devoir s'appliquer à la reconnaissance faite par testament authentique; car cette reconnaissance est faite aussi *pendant le mariage*, quoiqu'elle ne produise ses effets qu'à la mort du testateur.

Si un époux a reconnu avant son mariage un enfant naturel, ou si les époux reconnaissent pendant le mariage l'enfant naturel qu'ils ont eu ensemble avant leur mariage, l'obligation de fournir des aliments à cet enfant constitue une dette de la communauté. Mais si, au contraire, un époux reconnaît un enfant qu'il a eu avant son mariage d'un autre que de son conjoint, l'obligation qu'il contracte de fournir des aliments à cet enfant lui reste personnelle et ne tombe point à la charge de la communauté (C. cass. 16 déc. 1861).

338. L'enfant naturel reconnu ne pourra réclamer les droits d'enfant légitime. Les droits des enfants naturels seront réglés au titre *Des Successions*.

L'ancienne législation refusait tout droit de succession aux enfants naturels. Par une loi de l'an II, la Révolution leur a donné les mêmes droits qu'aux enfants légitimes. Le Code Napoléon a su éviter ces deux excès : il accorde aux enfants naturels des droits qui sont sagement réglés dans les art. 756 et suivants.

339. Toute reconnaissance de la part du père ou de la mère, de même que toute réclamation de la part de l'enfant, pourra être contestée par tous ceux qui y auront intérêt.

Tout individu ayant un intérêt pécuniaire ou moral est admis à contester, devant le tribunal, la reconnaissance d'un enfant naturel. Pour triompher, il doit prouver que la reconnaissance est irrégulière dans sa forme, qu'elle a eu lieu sous l'empire du dol ou de la violence, ou qu'elle est contraire à la vérité ; il peut invoquer à l'appui de sa prétention toute sorte de moyens. S'il fait tomber la reconnaissance, il fait aussi par là tomber la légitimation à laquelle la reconnaissance sert de base. Les personnes qui peuvent avoir principalement intérêt à contester une reconnaissance sont l'enfant reconnu et ceux qui l'auraient reconnu ou voudraient le reconnaître.

S'il s'élève une contestation entre deux individus qui ont reconnu le même enfant naturel, le tribunal déclarera que celui-là en est le père qui réunit en sa faveur les plus grandes présomptions de vérité ; quand les présomptions sont égales, l'intérêt de l'enfant sera pris en considération et fera décider que la paternité appartient à celui des deux qui a le plus d'honneur, de considération et de fortune.

340. La recherche de la paternité est interdite. Dans le cas d'enlèvement, lorsque l'époque de cet enlèvement se rapportera à celle de la conception, le ravisseur pourra être, sur la demande des parties intéressées, déclaré père de l'enfant.

L'ancienne législation française avait admis la recherche de la paternité naturelle ; mais la recherche d'une paternité qui ne repose sur aucune présomption légale et qui ne se révèle d'ailleurs par aucun signe matériel, ne produisait que des incertitudes et des scandales. C'est donc avec raison et sagesse que notre article interdit, en principe, une pareille recherche. Cependant ce principe reçoit exception dans le cas d'enlèvement, auquel on assimile le détournement et le viol : alors, si l'époque de l'enlèvement de la mère, du détournement ou du viol coïncide, conformément à la présomption établie par l'art. 312, avec l'époque de la conception, le tribunal pourra, en appréciant les mœurs irréprochables de la mère, déclarer que le ravisseur est le père de l'enfant naturel.

L'homme qui déclare dans une lettre, ou dans tout autre acte non authentique, qu'il se reconnaît comme étant le père d'un enfant naturel, fait par là une reconnaissance dépouillée de tout effet légal et par conséquent radicalement nulle. Mais s'il prend librement l'engagement, pour satisfaire à un devoir de conscience, de réparer le préjudice qu'il a causé à la mère, ou de fournir des aliments à son enfant naturel, il contracte par là une obligation valable, qui est dispensée des formalités requises pour la validité des donations, parce qu'elle prend sa base dans la reconnaissance d'une dette naturelle. Ainsi décidé, le 27 mai 1862, par la Cour de cassation, qui confirme un arrêt de la cour de Paris, du 24 novembre 1860.

341. La recherche de la maternité est admise. — L'enfant qui réclamera sa mère sera tenu de prouver qu'il est indentiquement le même que l'enfant dont elle est accouchée. — Il ne sera reçu à faire cette preuve par témoins, que lorsqu'il aura déjà un commencement de preuve par écrit.

La recherche de la maternité est admise, parce que, à la différence de la paternité, la maternité se révèle par la grossesse et par l'accouchement, qui constituent des signes extérieurs, apparents, faciles à constater et conduisant à la preuve certaine de l'identité de la mère. Mais par qui l'action en recherche de la maternité peut-elle être exercée ? Cette action est introduite bien plutôt dans un intérêt moral que dans un intérêt pécuniaire ; aussi ne peut-elle être exercée que par l'enfant agissant par lui-même ou représenté par son tuteur (C. cass. 10 août 1864) ; elle n'est transmissible aux héritiers de l'enfant naturel, même à ses enfants légitimes, que s'il meurt après l'avoir intentée : c'est ainsi que, sur cette question gravement controversée, la Cour de cassation a statué dans les termes suivants : — « Attendu que si l'art. 341 précité autorise cette recherche de la part de l'enfant naturel lui-même, il résulte des termes de la loi et des principes qui l'ont dictée que cette action ne passe pas à ses descendants ou héritiers, lorsqu'il ne l'a pas exercée de son vivant » (C. cass. 29 juill. 1861). — Au reste, il est bien certain que, lorsqu'une femme a légué à son enfant naturel non légalement reconnu l'universalité de ses biens, les héritiers de celle-ci ne sont pas admis à la recherche de la maternité, dans le but de faire réduire le legs universel à la quotité fixée par l'art. 757.

L'enfant, qui est seul admis à rechercher judiciairement la maternité naturelle, ne peut même faire cette recherche que sous la condition rigoureuse d'un *commencement de preuve par écrit*, émané soit de la mère, soit d'une partie engagée dans la contestation ou qui y aurait un intérêt si elle était vivante (art. 324). Ainsi donc, pour mieux protéger l'honneur des personnes contre des recherches téméraires de la maternité naturelle, le législateur écarte ici les moyens suivants, qui sont admis pour prouver la filiation légitime, fondée sur le mariage : 1° l'acte de naissance de l'enfant (art. 319), bien qu'il désigne clairement la mère naturelle, si celle-ci n'a pas donné à cet effet au déclarant une procuration spéciale et authentique; 2° la possession d'état constante (art. 320), ainsi qu'il résulte d'un arrêt de la Cour de cassation du 16 décembre 1861; 3° enfin, les présomptions ou indices graves. Mais, si l'acte de naissance indiquant la mère, la possession d'état d'enfant naturel, les présomptions et indices graves ne peuvent point, en cette matière, suppléer le commencement de preuve par écrit, ils ont du moins certainement pour effet de corroborer le commencement de preuve par écrit.

342. Un enfant ne sera jamais admis à la recherche, soit de la paternité, soit de la maternité, dans les cas où, suivant l'article 335, la reconnaissance n'est pas admise.

Le législateur qui, dans l'art. 335, prohibe la reconnaissance des enfants conçus d'un commerce incestueux ou adultérin, devait pareillement prohiber la recherche tendant à publier le scandale de l'inceste ou de l'adultère.

TITRE VIII.

DE L'ADOPTION ET DE LA TUTELLE OFFICIEUSE.

(Décrété le 23 mars 1803. Promulgué le 2 avril.)

CHAPITRE PREMIER.

DE L'ADOPTION.

L'adoption était très-fréquente parmi les anciens peuples et surtout chez les Romains ; elle y avait le caractère d'une institution religieuse et politique, destinée à perpétuer, dans les familles, les sacrifices particuliers et le culte des dieux domestiques. Dépouillée, sous le christianisme, de son caractère religieux et politique, l'adoption n'était point admise dans notre ancienne législation. Mais, par une loi du 18 juillet 1792, la Révolution l'a autorisée ; le Code Napoléon en a soigneusement réglé tous les détails. Son usage est extrêmement rare, et son utilité est très-contestable.

On distingue trois sortes d'adoption : l'adoption *ordinaire*, l'adoption *rémunératoire* et l'adoption *testamentaire* (art. 366).

SECTION PREMIÈRE.

De l'Adoption et de ses Effets.

343. L'adoption n'est permise qu'aux personnes de l'un ou de l'autre sexe, âgées de plus de cinquante ans, qui n'auront, à l'époque de l'adoption, ni enfants, ni descendants légitimes, et qui auront au moins quinze ans de plus que les individus qu'elles se proposent d'adopter.

L'adoption est admise uniquement pour consoler, par une paternité fictive, celui qui est privé des douceurs de la paternité réelle. Elle ne doit point éloigner du mariage ni servir à porter sur des étrangers les affections dues aux descendants légitimes. Ne peuvent donc point adopter ceux qui, à cause de leur âge, conservent encore l'espoir raisonnable d'avoir des enfants légitimes, et, à bien plus forte raison, ceux qui en ont déjà. L'existence d'enfants légitimés par mariage subséquent (art. 331) ou celle d'enfants putatifs (art. 201), suffit pour empêcher l'adoption. Mais celui qui a des enfants naturels reconnus ou même des enfants adoptifs (art.

348), peut néanmoins adopter. Au reste , si celui qui a fait une adoption, légitime ensuite un enfant naturel, ou s'il lui survient un enfant légitime, l'adoption antérieure conservera cependant sa force et ses effets.

344. Nul ne peut être adopté par plusieurs, si ce n'est par deux époux. — Hors le cas de l'article 366, nul époux ne peut adopter qu'avec le consentement de l'autre conjoint.

L'illusion de la paternité réelle, que l'adoption est destinée à produire, s'évanouirait généralement si le même individu était adopté par plusieurs; mais, au contraire, elle se fortifie et se complète, quand les deux conjoints adoptent le même enfant. Le législateur exige que l'époux qui veut adopter obtienne le consentement de son conjoint; il craint que cette adoption ne cause au sein du ménage le trouble et la discorde. Toutefois, le mari n'a pas besoin du consentement de sa femme pour se donner en adoption; tandis que la femme mariée ne peut se donner en adoption qu'avec l'autorisation de son mari ou de la justice.

345. La faculté d'adopter ne pourra être exercée qu'envers l'individu à qui l'on aura, dans sa minorité et pendant six ans au moins, fourni des secours et donné des soins non interrompus, ou envers celui qui aurait sauvé la vie à l'adoptant, soit dans un combat, soit en le retirant des flammes ou des flots. — Il suffira, dans ce deuxième cas, que l'adoptant soit majeur, plus âgé que l'adopté, sans enfants ni descendants légitimes; et, s'il est marié, que son conjoint consente à l'adoption.

L'adoption a une haute gravité et produit des conséquences irrévocables. C'est pourquoi elle doit être précédée d'un certain temps de stage et d'épreuve, qui sert à manifester s'il existe entre les parties une affection réciproque, sérieuse et durable. Cependant ce stage de secours et de soins non interrompus pendant six ans n'est point nécessaire quand l'adopté a sauvé, au péril de ses jours, la vie de l'adoptant : un pareil dévouement et le vif sentiment de reconnaissance qu'il produit constituent une preuve éclatante d'affection mutuelle, et ils dispensent même l'adoptant de l'âge de cinquante ans. Cette adoption est appelée *rémunératoire*, parce que l'adoptant veut par là récompenser son sauveur. — Les trois cas énumérés dans notre article sont, non pas limitatifs, mais simplement énonciatifs; aussi est-il admis généralement que celui qui, par un dévouement spontané et au péril de sa vie, est venu au secours d'une personne attaquée par des brigands, ou atteinte d'une maladie réputée contagieuse, peut être l'objet de l'adoption rémunératoire.

Sur l'application de notre article, trois questions se sont élevées.

1° L'étranger peut-il figurer en France comme partie dans l'acte solennel d'adoption ? La Cour de cassation a toujours décidé la négative ; son arrêt célèbre du 7 juin 1826 est ainsi conçu : — « Attendu que l'adoption n'appartient ni au droit naturel ni au droit des gens ; que cette institution ne peut donc appartenir qu'au droit civil, et que, par une conséquence nécessaire, les rapports qui en dérivent ne peuvent s'établir qu'entre individus participant au même droit civil ; d'où il suit que les nationaux peuvent seuls adopter et être adoptés. »

2° Celui qui a reconnu un enfant naturel peut-il ensuite l'adopter ? L'enfant adultérin ou incestueux ne peut jamais être ni reconnu (art. 335), ni légitimé (art. 331), ni adopté. Mais l'enfant naturel simple, qui peut être reconnu et légitimé, peut aussi être adopté par celui qui l'a reconnu, et par là il obtient dans la succession de l'adoptant tous les droits d'un enfant légitime ; aucun texte de loi, aucun principe de la législation ne le frappe à cet égard d'incapacité. Telle est, sur ce point, qui a été gravement controversé, la solution donnée par la Cour de cassation dans un arrêt ainsi motivé : — « Attendu que l'existence d'enfants naturels ne fait pas obstacle à l'adoption ; que cette interprétation de l'art. 343 est conforme non-seulement à son texte, mais également à son esprit ; — Attendu que l'adoption opère en faveur de l'enfant naturel un changement d'état qui l'assimile à l'enfant légitime » (C. cass. 3 juin 1861).

3° Un prêtre catholique peut-il adopter ? La Cour de cassation a décidé l'affirmative, par arrêt du 19 avril 1842, ainsi motivé : — « Attendu qu'on ne trouve ni dans le Code Napoléon, ni dans les lois organiques des concordats et les canons de l'Eglise, déclarés et reconnus lois de l'Etat, aucun texte formel qui défende au prêtre catholique l'adoption, et le prive ainsi du droit que tout citoyen tient de la loi, lorsque d'ailleurs il réunit toutes les conditions voulues en pareil cas. » — Cette décision, qui a été confirmée par un autre arrêt de la Cour de cassation du 26 novembre 1846, est maintenant généralement admise par la jurisprudence et par la doctrine. Mais il reste néanmoins vrai de dire que le prêtre qui adopte agit contrairement à l'esprit de l'Eglise catholique.

346. L'adoption ne pourra, en aucun cas, avoir lieu avant la majorité de l'adopté. Si l'adopté, ayant encore ses père et

mère, ou l'un des deux, n'a point accompli sa vingt-cinquième
année, il sera tenu de rapporter le consentement donné à l'a-
doption par ses père et mère, ou par le survivant; et, s'il est
majeur de vingt-cinq ans, de requérir leur conseil.

L'adoption a pour l'adopté des conséquences graves; elle modifie son
nom et son état civil, et elle lui impose l'obligation de fournir des aliments à son père adoptif dans le besoin ; c'est pourquoi l'on exige que
l'adopté soit majeur et qu'il obtienne le consentement de ses père et mère
ou qu'il requière leur conseil. La loi est même plus rigoureuse quand il
s'agit de l'adoption que lorsqu'il s'agit du mariage : 1° avec le consentement de ceux sous la puissance desquels se trouve le futur époux, la fille
peut se marier après quinze ans accomplis et le fils après dix-huit ans accomplis (art. 144), tandis que l'adopté doit nécessairement être *majeur*,
c'est-à-dire avoir au moins vingt-un ans accomplis; 2° la fille qui a
vingt-un ans accomplis n'a pas besoin, pour se marier, d'obtenir le
consentement de ses père et mère, mais seulement de requérir leur conseil par trois actes respectueux (art. 148, 151, 152), tandis que la fille a,
de même que le fils, besoin, pour se donner en adoption, du consentement de ses père et mère jusqu'à l'âge de vingt-cinq ans accomplis; 3° s'il
y a dissentiment entre les père et mère relativement au mariage d'un
enfant mineur, le consentement du père suffit (art. 149), tandis que le
consentement de la mère est aussi nécessaire que celui du père quand il
s'agit de l'adoption d'un enfant qui n'a pas encore vingt-cinq ans. Au
reste, jamais le futur adopté n'est tenu d'obtenir le consentement ou de
requérir le conseil de ses ascendants autres que père et mère; et, lorsqu'il a plus de vingt-cinq ans, il ne fait à chacun de ses père et mère
qu'un seul acte respectueux.

347. L'adoption conférera le nom de l'adoptant à l'adopté,
en l'ajoutant au nom propre de ce dernier.

Quand une femme mariée ou veuve adopte un enfant, elle lui confère
son nom de famille, et non pas celui de son mari.

348. L'adopté restera dans sa famille naturelle, et y conservera tous ses droits; néanmoins le mariage est prohibé : — Entre
l'adoptant, l'adopté et ses descendants; — Entre les enfants
adoptifs du même individu; — Entre l'adopté et les enfants qui

pourraient survenir à l'adoptant ; — Entre l'adopté et le conjoint de l'adoptant, et réciproquement entre l'adoptant et le conjoint de l'adopté.

L'adopté, qui reste dans sa famille naturelle, y conserve non-seulement tous ses droits, mais encore tous ses devoirs ; aussi, quand il veut se marier, ce n'est pas à l'adoptant, mais à ses père et mère qu'il doit s'adresser pour obtenir leur consentement ou requérir leur conseil. Quoique l'adoption ne puisse, de même que les contrats et les jugements, produire d'effets qu'entre les parties, le législateur en a fait cependant résulter certaines prohibitions de mariage qui constituent des nullités absolues, des empêchements dirimants ; en portant ces prohibitions, il a voulu veiller au maintien des bienséances et des bonnes mœurs, et empêcher que les rapports fréquents et intimes qui résultent de la paternité fictive ne servissent à voiler des relations coupables.

349. L'obligation naturelle, qui continuera d'exister entre l'adopté et ses père et mère, de se fournir des aliments dans les cas déterminés par la loi, sera considérée comme commune à l'adoptant et à l'adopté, l'un envers l'autre.

L'adoption, qui laisse subsister, entre l'adopté et ses parents naturels, tous les droits et devoirs de famille, n'a jamais pour conséquence d'éteindre ni même d'affaiblir l'obligation existant entre ascendants et descendants de se fournir réciproquement des aliments (art. 205, 207) ; toutefois, en créant une paternité fictive dont les effets sont rigoureusement limités, elle rend la dette alimentaire commune à l'adoptant et à l'adopté, l'un envers l'autre, mais sans l'étendre à d'autres personnes.

350. L'adopté n'acquerra aucun droit de successibilité sur les biens des parents de l'adoptant ; mais il aura sur la succession de l'adoptant les mêmes droits que ceux qu'y aurait l'enfant né en mariage, même quand il y aurait d'autres enfants de cette dernière qualité nés depuis l'adoption.

L'adoption, qui n'opère dans la personne de l'adopté aucun changement de famille, ne peut produire d'effet qu'entre les parties contractantes ; aussi ne confère-t-elle à l'adopté aucun droit de succéder aux père, mère et autres parents de l'adoptant. Mais l'adopté acquiert dans la succession de son père adoptif les mêmes droits que s'il était enfant légitime ; en conséquence, si le père adoptif laisse des enfants légitimes *nés depuis l'adoption,* ou des ascendants, des frères et sœurs ou autres collatéraux, l'adopté vient dans la succession en concours avec les enfants légitimes, et il exclut les ascendants et tous collatéraux. De même que l'enfant légitime, l'adopté a droit à une réserve sur la masse des biens donnés et laissés par son père adoptif, par application de l'art. 913. — Cependant l'adopté n'est pas complétement assimilé à l'enfant légitime. Nous avons vu déjà que celui qui a un enfant légitime n'a pas la faculté d'adopter (art. 343); tandis que l'adoption est permise à celui qui a déjà un enfant adoptif, ainsi qu'il résulte clairement de l'art. 348, prohibant le mariage *entre les enfants adoptifs du même individu.* En outre, les donations faites par une personne qui n'avait pas de descendants sont révoquées de plein droit quand il lui survient un enfant légitime (art. 960); tandis que celui qui adopte ne porte aucune atteinte, par cet acte volontaire, aux droits acquis des donataires. Enfin, pour compléter sa réserve légale, l'enfant légitime peut faire réduire les donations émanées de son père, alors même qu'elles auraient eu lieu avant sa naissance; tandis que l'adopté, qui peut ajouter la valeur des biens donnés à celle des biens laissés par son père adoptif pour calculer sa réserve et en fixer le montant, ne peut cependant jamais faire réduire les donations qui ont produit leur effet avant l'adoption.

Lorsque l'adopté prédécède, ses enfants légitimes viennent-ils le représenter et recueillir la succession de l'adoptant? Cette question est gravement controversée. Nous pensons, contrairement à un arrêt de la Cour de cassation du 2 décembre 1822, que, dans ce cas, les enfants légitimes de l'adopté n'ont aucun droit, et que la succession de l'adoptant appartient exclusivement à ses parents dans l'ordre établi par la loi. En droit romain, il est vrai, les enfants légitimes de l'adopté étaient admis à représenter leur père et à recueillir la succession de l'adoptant. Mais cette disposition de la loi romaine était fondée sur des raisons entièrement étrangères à la loi française. En effet, l'adopté perdait tous ses droits dans sa famille naturelle et passait dans la famille et sous la puissance paternelle de l'adoptant; tout ce qu'il avait, tout ce qu'il acquérait et toutes les acquisitions de biens et de droits faites par ses enfants devenaient nécessairement la propriété absolue et perpétuelle de l'adoptant; il était donc juste et équitable que les enfants de l'adopté fussent admis à recueillir, par représentation de leur père, la succession de l'adoptant; et cependant, s'ils étaient renvoyés de la famille adoptive par émancipation, tous leurs droits successifs se trouvaient irrévocablement perdus. En droit français, au contraire, l'adopté reste dans sa famille naturelle; conserve tous ses droits (art. 348), tous ses biens, toutes ses acquisitions. Aucune raison de justice ni d'équité ne peut donc faire penser, dans le silence de la loi, que les enfants légitimes de l'adopté viendront, par dérogation à la loi générale des successions, exclure de l'hérédité de l'adoptant les parents légitimes de celui-ci.

351. Si l'adopté meurt sans descendants légitimes, les choses données par l'adoptant, ou recueillies dans sa succession, et qui existeront en nature lors du décès de l'adopté, retourneront à l'adoptant ou à ses descendants, à la charge de contribuer aux dettes, et sans préjudice des droits des tiers. Le surplus des biens de l'adopté appartiendra à ses propres parents; et ceux-ci excluront toujours, pour les objets même spécifiés au présent article, tous héritiers de l'adoptant autres que ses descendants.

Quoique l'adopté soit appelé à la succession de l'adoptant, ce n'est point à celui-ci qu'il transmet ses biens, mais à ses propres parents. Cependant, lorsque l'adopté meurt sans descendants légitimes, l'adoptant a le droit, transmissible aussi à ses descendants, de reprendre les choses qu'il a données, si ces choses existent encore en nature dans la succession de l'adopté et n'ont pas été léguées, mais en respectant les droits d'hypothèques, de servitudes, d'usufruit et autres qui ont été acquis par des tiers. Si les choses données ont été aliénées par l'adopté, on reconnaît généralement que, par application de l'art. 747, l'adoptant a droit, de même que l'ascendant donateur, au prix qui peut en être dû, ou aux actions en reprises, telles que les actions en résolution et en rescision. Le droit de reprise qui, dans le cas de décès de l'adopté, appartient à l'adoptant donateur et à ses descendants, n'est pas un droit de résolution, mais simplement un droit de succession que l'on appelle *anomale*, parce qu'elle constitue une exception à la loi générale des successions; c'est pourquoi l'adoptant qui reprend les choses qu'il a données est tenu non-seulement de respecter les droits constitués par l'adopté, mais encore de contribuer au payement des dettes de la succession, de même qu'un légataire à titre universel, dans la proportion de la valeur des biens qu'il reprend; par suite, si les biens qu'il reprend sont d'une valeur égale au tiers de la succession, il devra supporter le tiers des dettes de l'adopté.

352. Si, du vivant de l'adoptant, et après le décès de l'adopté, les enfants ou descendants laissés par celui-ci mouraient eux-mêmes sans postérité, l'adoptant succèdera aux choses par lui données, comme il est dit en l'article précédent ; mais ce droit sera inhérent à la personne de l'adoptant, et non transmissible à ses héritiers, même en ligne descendante.

Le droit qui est accordé à l'adoptant de succéder aux choses qu'il a données, quand les descendants de l'adopté décèdent sans postérité, lu est exclusivement personnel et ne passe pas à ses enfants : ceux-ci ne succèdent donc aux choses données par leur père que dans le cas où l'adopté vient à décéder sans postérité légitime.

SECTION II.
Des formes de l'Adoption.

353. La personne qui se proposera d'adopter, et celle qui voudra être adoptée, se présenteront devant le juge de paix du domicile de l'adoptant, pour y passer acte de leurs consentements respectifs.

C'est devant le juge de paix du domicile du futur adoptant que les parties viennent manifester leur intention ; car c'est dans le ressort de cette justice de paix que va se produire la filiation adoptive. — Le conjoint de l'adoptant n'est point, à vrai dire, partie dans l'adoption ; aussi est-il admis qu'il peut encore manifester valablement son consentement exigé par la loi (art. 344) devant le tribunal de première instance qui connaît de l'adoption (C. cass. 1er mai 1861).

354. Une expédition de cet acte sera remise, dans les dix jours suivants, par la partie la plus diligente, au procureur impérial près le tribunal de première instance dans le ressort duquel se trouvera le domicile de l'adoptant, pour être soumis à l'homologation de ce tribunal.

Le délai de dix jours établi dans cet article paraît fatal : quand chaque partie a laissé expirer dix jours sans remettre au procureur impérial l'expédition de l'acte passé devant le juge de paix, cet acte est nul ; pour parvenir à l'adoption, les parties doivent passer un nouvel acte devant le juge de paix.

1.   12

355. Le tribunal, réuni en la chambre du conseil, et après s'être procuré les renseignements convenables, vérifiera, 1° si toutes les conditions de la loi sont remplies; 2° si la personne qui se propose d'adopter jouit d'une bonne réputation.

Ce n'est pas en faisant comparaître des témoins que le tribunal se procure des renseignements sur la réputation de l'adoptant ; ce n'est pas non plus en audience publique, mais bien dans la chambre du conseil, c'est-à-dire en séance secrète, qu'il fait la double vérification prescrite par notre article. Le législateur veut éviter, en cette matière, la solennité des témoignages et la publicité des débats qui pourraient porter atteinte à l'honneur de l'adoptant et aux sentiments réciproques d'affection qui existent entre les parties.

356. Après avoir entendu le procureur impérial, et sans aucune autre forme de procédure, le tribunal prononcera, sans énoncer de motifs, en ces termes : *Il y a lieu*, ou *Il n'y a pas lieu à l'adoption.*

Gardien de l'ordre social, le procureur impérial examine si les conditions et les formes requises ont été remplies, et il donne son avis sur l'adoption, qui modifie l'état civil des parties. Ensuite, le tribunal déclare s'il accepte ou rejette la demande d'adoption : jamais il ne donne les motifs de sa décision.

357. Dans le mois qui suivra le jugement du tribunal de première instance, ce jugement sera, sur les poursuites de la partie la plus diligente, soumis à la cour impériale, qui instruira dans les mêmes formes que le tribunal de première instance, et prononcera, sans énoncer de motifs : *Le jugement est confirmé*, ou *Le jugement est réformé ; en conséquence, il y a lieu, ou il n'y a pas lieu à l'adoption.*

Le jugement du tribunal civil qui admet ou qui rejette l'adoption doit, sous peine de nullité, être soumis à la cour impériale dans le délai d'un mois. L'expiration des délais fixés dans l'art. 354 et dans notre article nous paraît donc faire encourir aux parties une déchéance dont elles ne pourraient être relevées qu'en justifiant d'un empêchement de force majeure; sinon, tout serait à recommencer.

358. Tout arrêt de la cour impériale qui admettra une adoption sera prononcé à l'audience, et affiché en tels lieux et en tel nombre d'exemplaires que le tribunal jugera convenable.

En matière d'adoption, le tribunal ne prononce jamais son jugement à l'audience. Il en est de même de l'arrêt dans lequel la cour rejette la demande d'adoption. Mais, au contraire, quand celle-ci admet l'adoption, elle prononce à l'audience son arrêt qui doit recevoir ensuite une grande publicité ; car la société est intéressée à connaître les relations nouvelles que l'adoption fait naître entre les parties. — L'arrêt de la cour qui rejette l'adoption n'est pas susceptible de recours en cassation.

359. Dans les trois mois qui suivront ce jugement, l'adoption sera inscrite, à la réquisition de l'une ou de l'autre des parties, sur le registre de l'état civil du lieu où l'adoptant sera domicilié. — Cette inscription n'aura lieu que sur le vu d'une expédition, en forme, du jugement de la cour impériale ; et l'adoption restera sans effet si elle n'a été inscrite dans ce délai.

Par la négligence des parties qui ont laissé expirer trois mois sans faire inscrire l'arrêt de la cour sur les registres de l'état civil du domicile de l'adoptant, l'adoption est frappée de nullité. Si les parties persévèrent dans leur projet, elles doivent remplir de nouveau toutes les formes requises pour l'adoption. L'inscription se fait sur le vu d'une expédition *en forme* de l'arrêt ; mais elle ne serait pas nulle si elle était faite sur le vu d'une simple copie ; ainsi l'a décidé la Cour de cassation dans un arrêt du 1er avril 1863, en se fondant sur le motif que « l'art. 359 du Code Napoléon ne prononce pas la nullité dont il [s'agit, et qu'il n'appartient pas aux juges de la suppléer. »

360. Si l'adoptant venait à mourir après que l'acte constatant la volonté de former le contrat d'adoption a été reçu par le juge de paix et porté devant les tribunaux, et avant que ceux-ci eussent définitivement prononcé, l'instruction sera continuée et l'adoption admise, s'il y a lieu. — Les héritiers de l'adoptant pourront, s'ils croient l'adoption inadmissible, remettre au procureur impérial tous mémoires et observations, à ce sujet.

Les parties se trouvent liées par le contrat d'adoption, dès qu'elles ont manifesté leur consentement devant le juge de paix. Les autres formalités ne concernent que l'homologation par les juges, et rien n'empêche qu'elles ne soient accomplies après la mort de l'adoptant; toutefois, les héritiers de celui-ci peuvent présenter au procureur impérial des mémoires exposant les motifs qui seraient de nature à faire rejeter la demande d'adoption.

Le Code n'a pas prévu le cas où le futur adopté vient à mourir pendant l'instruction : les auteurs tirent avec raison de ce silence la conclusion que l'adoption n'est plus admissible, alors même que le futur adopté laisserait des enfants.

Lorsque l'adoptant vient à décéder, ses héritiers ont le délai de trente ans pour attaquer l'adoption qu'ils croient contraire aux règles prescrites par la loi. Comme ils n'ont point figuré dans le contrat d'adoption, ils doivent intenter contre l'adopté une action principale devant le tribunal de première instance.

CHAPITRE II.

DE LA TUTELLE OFFICIEUSE.

La *tutelle officieuse* est un contrat solennel par lequel une personne prend gratuitement l'obligation de nourrir et élever un mineur, d'administrer ses biens et de l'adopter plus tard ou, à défaut, de lui fournir des moyens d'existence. — Elle a ainsi un triple caractère : 1° c'est un *contrat de bienfaisance,* car le tuteur officieux doit, à ses propres frais, nourrir et élever le mineur; 2° c'est une *tutelle,* car le tuteur officieux doit administrer les biens du mineur et en capitaliser les revenus; comme tout tuteur, il a un subrogé-tuteur, et ses immeubles sont grevés d'hypothèque légale pour sûreté de sa gestion ; 3° enfin, c'est une *préparation à l'adoption;* aussi doit-elle en remplir les conditions préliminaires.

La tutelle officieuse est une innovation des rédacteurs du Code : son usage est très-rare.

361. Tout individu âgé de plus de cinquante ans, et sans enfants ni descendants légitimes, qui voudra, durant la minorité d'un individu, se l'attacher par un titre légal, pourra devenir son tuteur officieux, en obtenant le consentement des père et mère de l'enfant, ou du survivant d'entre eux, ou, à leur défaut, d'un conseil de famille, ou enfin, si l'enfant n'a point de parents connus, en obtenant le consentement des administrateurs de l'hospice où il aura été recueilli, ou de la municipalité du lieu de sa résidence.

Quand il **y** a dissentiment entre les père et mère de l'enfant, la tutelle officieuse n'est point possible; il n'existe aucune raison pour appliquer ici la disposition spéciale au mariage, qu'en cas de dissentiment, le consentement du père suffit (art. 148).

362. Un époux ne peut devenir tuteur officieux qu'avec le consentement de l'autre conjoint.

La disposition absolue de cet article est fondée sur ce que la tutelle officieuse engendre des obligations gratuites et des relations qui pourraient produire le trouble au sein de l'union conjugale.

363. Le juge de paix du domicile de l'enfant dressera procès-verbal des demandes et consentements relatifs à la tutelle officieuse.

Les consentements relatifs à la tutelle officieuse sont reçus par le juge de paix du domicile de l'enfant, tandis que les consentements relatifs à l'adoption sont reçus par le juge de paix du domicile de l'adoptant (art. 353).

364. Cette tutelle ne pourra avoir lieu qu'au profit d'enfants âgés de moins de quinze ans. — Elle emportera avec soi, sans préjudice de toutes stipulations particulières, l'obligation de nourrir le pupille, de l'élever, de le mettre en état de gagner sa vie.

Les stipulations particulières, dont il s'agit, ont ordinairement pour objet des libéralités qui sont faites au mineur, par le tuteur officieux, pour le cas où l'adoption ne se réaliserait pas.

365. Si le pupille a quelque bien, et s'il était antérieurement en tutelle, l'administration de ses biens, côme celle de sa personne, passera au tuteur officieux qui, ne pourra néanmoins imputer les dépenses de l'éducation sur les revenus du pupille.

Le tuteur officieux ne prend point l'administration des biens sur lesquels le père ou la mère de l'enfant a l'usufruit légal.

366. Si le tuteur officieux, après cinq ans révolus depuis la tutelle, et dans la prévoyance de son décès avant la majorité du pupille, lui confère l'adoption par acte testamentaire, cette disposition sera valable, pourvu que le tuteur officieux ne laisse point d'enfants légitimes.

Il faut trois conditions pour la validité de l'adoption testamentaire : 1° que le tuteur officieux ne laisse point d'enfants légitimes ; 2° qu'il décède avant la majorité de l'enfant ; 3° que, depuis le commencement de la tutelle jusqu'à la date du testament, il se soit écoulé au moins cinq ans. Au reste, l'adoption testamentaire n'est de la part du tuteur qu'une simple offre ; c'est seulement par l'acceptation de l'enfant, qui ne peut pas être adopté malgré lui, que l'adoption devient parfaite. L'homologation du juge n'est pas ici nécessaire.

367. Dans le cas où le tuteur officieux mourrait soit avant les cinq ans, soit après ce temps, sans avoir adopté son pupille, il sera fourni à celui-ci, durant sa minorité, des moyens de subsister, dont la quotité et l'espèce, s'il n'y a été antérieurement pourvu par une convention formelle, seront réglées soit amiablement entre les représentants respectifs du tuteur et du pupille, soit judiciairement en cas de contestation.

L'obligation que le tuteur officieux a contractée de nourrir et élever le mineur se transmet à ses héritiers, quand même aucune stipulation particulière n'aurait eu lieu à cet égard.

368. Si, à la majorité du pupille, son tuteur officieux veut l'adopter, et que le premier y consente, il sera procédé à l'adoption selon les formes prescrites au chapitre précédent, et les effets en seront, en tous points, les mêmes.

Les conditions et les formes requises pour l'adoption ordinaire sont nécessaires pour l'adoption du pupille arrivé à sa majorité.

369. Si, dans les trois mois qui suivront la majorité du pupille, les réquisitions par lui faites à son tuteur officieux, à fin d'adoption, sont restées sans effet, et que le pupille ne se trouve point en état de gagner sa vie, le tuteur officieux pourra être condamné à indemniser le pupille de l'incapacité où celui-ci pourrait se trouver de pourvoir à sa subsistance. — Cette indemnité se résoudra en secours propres à lui procurer un métier; le tout sans préjudice des stipulations qui auraient pu avoir lieu dans la prévoyance de ce cas.

Le pupille n'a, pour faire ses réquisitions, que les trois mois qui courent depuis qu'il a atteint sa majorité. Quand il les fait en temps utile, il n'obtient d'indemnité qu'en prouvant que son incapacité de pourvoir à sa subsistance est imputable à la faute du tuteur officieux.

370. Le tuteur officieux qui aurait eu l'administration de quelques biens pupillaires, en devra rendre compte dans tous les cas.

Le tuteur officieux, qui a contracté l'obligation de nourrir et élever gratuitement son pupille, doit rendre compte non-seulement des capitaux, mais encore de tous les revenus pupillaires.

TITRE IX.

DE LA PUISSANCE PATERNELLE.

(Décrété le 24-mars 1803. Promulgué le 3 avril.)

La *puissance paternelle* est un droit fondé sur la nature et confirmé par la loi civile, qui donne aux père et mère, sous certaines conditions, la direction de leurs enfants, et, en outre, l'administration et la jouissance de leurs biens.

371. L'enfant, à tout âge, doit honneur et respect à ses père et mère.

« Honorer ses père et mère » est un précepte de morale que la nature inspire à tous les hommes et qui produit des devoirs perpétuels. D'après la loi civile, l'enfant doit consulter ses père et mère pour se marier (art. 153), ou pour se donner en adoption (art. 346). Jamais il ne peut ntenter contre eux une action déshonorante (art. 380 C. pén.).

372. Il reste sous leur autorité jusqu'à sa majorité ou son émancipation.

Dans le droit romain, l'autorité paternelle ne pouvait appartenir qu'au père et aux ascendants paternels ; elle constituait une sorte de domaine absorbant la personne et les biens des enfants. En droit français, cette autorité, qui est très-adoucie, a pour caractère dominant celui de protection ; elle appartient à la mère comme au père. L'enfant qui est majeur, ou qui est émancipé, ne reste plus sous l'autorité paternelle ; il peut avoir un domicile distinct et administrer lui-même ses biens. Toutefois, jusqu'à vingt-cinq ans, il a besoin du consentement de ses père et mère pour se donner en adoption (art. 346), et, s'il s'agit de fils, pour se marier (art. 148).

373. Le père seul exerce cette autorité durant le mariage.

De même que le père, la mère a la puissance paternelle. Mais, durant le mariage, l'exercice de cette puissance appartient exclusivement au père, qui est constitué par la loi civile comme chef de la famille. Cependant, dans le cas où le père est absent (art. 141) ou interdit (art. 502), la mère prend l'exercice de la puissance paternelle.

Le survivant des père et mère a le droit d'interdire les relations de ses enfants avec leurs aïeuls de l'autre ligne. Ainsi l'a jugé la cour de Bordeaux, dans un arrêt parfaitement motivé : — « Attendu qu'en instituant la puissance paternelle, la loi n'a fait que se conformer à la nature, qui a placé les enfants sous la protection et l'autorité de leurs père et mère ; — Qu'aux termes de l'art. 373 du Code Napoléon, le père seul exerce cette autorité durant le mariage, qu'il l'exerce sans contrôle ; qu'à part les abus monstrueux que le législateur n'a pas dû prévoir, et qui pourraient nécessiter l'intervention du magistrat, il ne saurait s'immiscer dans les rapports du père avec ses enfants...; — Attendu que la loi, à l'imitation de la nature, établit aussi des droits et des devoirs réciproques entre les aïeuls et aïeules et leurs petits-enfants; qu'elle délègue aux premiers, quand le père et la mère sont morts ou dans l'impossibilité de manifester leur volonté, quelques-unes des prérogatives de la puissance paternelle (art. 150, 151, 153, 154 et 173); mais qu'elle ne leur accorde, du vivant des père et mère, aucune autorité sur les enfants; que non-seulement ceux-ci peuvent se marier sans leur consentement, mais qu'elle n'exige pas même qu'ils soient consultés, non que ce ne soit une convenance, et plus qu'une convenance, un devoir, mais elle s'en est remise aux sentiments naturels, et n'a pas voulu, quelque rang que les aïeuls occupent dans la famille, scinder en leur faveur la puissance paternelle ni leur permettre d'en gêner l'exercice, de peur de l'affaiblir en la divisant et d'ouvrir la porte à des collisions fâcheuses, comprenant qu'il est des rapports si délicats et si intimes que le plus sage est de les laisser à eux-mêmes, et qu'ils se trouvent mieux, en général, de l'abstention du juge que de son entremise; — Que, par les mêmes motifs, bien qu'il soit désirable que le père favorise, loin de les contrarier, les relations qui doivent naturellement exister entre les aïeuls et les petits-enfants, il demeure juge de leur opportunité, et on ne peut l'obliger à y donner les mains...; — Attendu que le père peut avoir de justes raisons d'éviter tout contact entre ses enfants et leurs aïeuls, soit qu'il ait lieu de craindre que ceux-ci ne leur inculquent de mauvais principes, ou qu'ils ne cherchent à le supplanter dans leur affection, à ébranler le respect et l'obéissance qui lui sont dus; qu'il ne doit compte à personne de ses motifs; qu'on ne saurait l'obliger à les déduire devant les tribunaux, car ils peuvent être de telle nature que la famille exige qu'il les tienne secrets, et qu'ils se dérobent, d'ailleurs, à toutes preuves juridiques; que, sans doute, de tels cas sont rares, mais qu'il ne l'est pas moins qu'un père veuille capricieusement, et contre l'intérêt de ses enfants, leur interdire tout rapport avec leurs aïeuls; que la présomption doit être en faveur du père, et qu'entre des inconvénients divers, le plus sage est de s'en remettre à la tendresse paternelle; — Que l'intervention des tribunaux aurait pour conséquence de rendre les dissentiments de la famille plus profonds en les livrant à la publicité, sans assurer aux aïeuls une satisfaction efficace, car il dépendrait toujours du père d'éluder la décision de la justice en transportant ailleurs son domicile, ou en plaçant ses enfants dans un lieu assez éloigné pour que l'âge des ascendants ne leur permit pas d'aller les visiter » (C. de Bordeaux, 13 juin 1860).

374. L'enfant ne peut quitter la maison paternelle sans la permission de son père, si ce n'est pour enrôlement volontaire, après l'âge de dix-huit ans révolus.

Si l'enfant mineur quitte la maison paternelle, il peut y être ramené par la gendarmerie, en vertu d'un ordre délivré, sur la requête du père, par le président du tribunal civil. — D'après l'art. 32 de la loi du 21 mars 1832, qui modifie la disposition de notre article, il faut que l'enfant ait vingt ans accomplis pour entrer volontairement dans le service militaire sans le consentement de son père.

375. Le père qui aura des sujets de mécontentement très-graves sur la conduite d'un enfant, aura les moyens de correction suivants.

C'est dans l'intérêt même de l'enfant, pour empêcher ou détruire ses funestes habitudes, que le droit de correction est conféré par la loi aux père et mère. Ceux-ci usent bien rarement de leur droit de recourir à l'autorité judiciaire ; la pratique prouve même que ce recours extrême, loin de corriger l'enfant, produit presque toujours de mauvais effets. Aussi les père et mère aiment-ils mieux employer quelques-uns des moyens que la nature met à leur disposition. Remarquons qu'ils agiront sagement s'ils s'abstiennent de frapper leurs enfants, alors surtout que ceux-ci sont déjà un peu avancés en âge ; car les coups peuvent faire pour toujours disparaître la douceur des relations de famille et inspirer aux enfants des sentiments de dissimulation et de haine. La loi donne au père sur ses enfants des pouvoirs plus étendus qu'à la mère : le père peut quelquefois faire détenir ses enfants par *voie d'autorité*, tandis que la mère ne peut jamais les faire détenir que par *voie de réquisition* (art. 381).

376. Si l'enfant est âgé de moins de seize ans commencés, le père pourra le faire détenir pendant un temps qui ne pourra excéder un mois ; et, à cet effet, le président du tribunal d'arrondissement devra, sur sa demande, délivrer l'ordre d'arrestation.

Le père agit ici par *voie d'autorité*. Lorsqu'il veut la détention de son enfant, il donne un ordre souverain : le président du tribunal n'intervient que pour faire ouvrir à l'enfant les portes de la prison.

377. Depuis l'âge de seize ans commencés jusqu'à la majorité ou l'émancipation, le père pourra seulement requérir la détention de son enfant pendant six mois au plus; il s'adressera au président dudit tribunal, qui, après en avoir conféré avec le procureur impérial, délivrera l'ordre d'arrestation ou le refusera, et pourra, dans le premier cas, abréger le temps de la détention requis par le père.

Quand l'enfant a plus de quinze ans, son père ne peut le faire emprisonner que par *voie de réquisition* : dans cet âge où la liberté est plus précieuse et où la raison déjà développée peut donner lieu à une punition plus grave, le juge intervient pour peser les motifs du père et fixe la durée de la détention.

378. Il n'y aura, dans l'un et l'autre cas, aucune écriture ni formalité judiciaire, si ce n'est l'ordre même d'arrestation, dans lequel les motifs n'en seront pas énoncés. — Le père sera seulement tenu de souscrire une soumission de payer tous les frais, et de fournir les aliments convenables.

Aucune écriture ne constate l'emprisonnement de l'enfant : il ne faut pas que la punition paternelle puisse, en rappelant des fautes de jeunesse, nuire plus tard à la réputation d'un homme. L'obligation qui est imposée au père de payer tous les frais et de fournir à son enfant emprisonné des aliments convenables, eu égard à sa fortune et à la durée de la peine, empêche la classe pauvre de recourir à ce moyen, d'ailleurs peu efficace, d'amendement.

379. Le père est toujours maître d'abréger la durée de la détention par lui ordonnée ou requise. Si, après sa sortie, l'enfant tombe dans de nouveaux écarts, la détention pourra être de nouveau ordonnée de la manière prescrite aux articles précédents.

Le père qui a ordonné ou requis la détention de son enfant, peut à son gré la faire cesser, quand il estime qu'il convient de remplacer la fermeté par la clémence.

380. Si le père est remarié, il sera tenu, pour faire détenir son enfant du premier lit, lors même qu'il serait âgé de moins de seize ans, de se conformer à l'article 377.

Le père remarié ne peut jamais faire détenir son enfant que par *voie de réquisition :* influencé par une marâtre, il pourrait se livrer à une sévérité injuste envers les enfants du premier lit.

381. La mère survivante et non remariée ne pourra faire détenir un enfant qu'avec le concours des deux plus proches parents paternels, et par voie de réquisition, conformément à l'article 377.

La mère survivante n'a pas le droit de faire détenir son enfant quand elle est remariée. Si elle n'est pas remariée, elle a des pouvoirs plus restreints que le père, car on craint qu'elle ne se laisse trop facilement entraîner à des moyens violents. C'est pourquoi elle ne peut s'adresser au président du tribunal que par voie de réquisition ; pour faire cette réquisition, il faut même qu'elle ait obtenu le concours des deux plus proches parents paternels. Au reste, de même que le père (art. 379), elle peut abréger le temps de la détention de son enfant.

382. Lorsque l'enfant aura des biens personnels, ou lorsqu'il exercera un état, sa détention ne pourra, même au-dessous de seize ans, avoir lieu que par voie de réquisition, en la forme prescrite par l'article 377. — L'enfant détenu pourra adresser un mémoire au procureur général près la cour impériale. Celui-ci se fera rendre compte par le procureur impérial près le tribunal de première instance, et fera son rapport au président de la cour impériale, qui, après en avoir donné avis au père, et après avoir recueilli tous les renseignements, pourra révoquer ou modifier l'ordre délivré par le président du tribunal de première instance.

L'enfant qui a des biens personnels ou qui exerce un état jouit par là d'une espèce d'indépendance et a des intérêts qui peuvent être en opposition avec ceux du père ; c'est pourquoi il ne peut être détenu que par voie de

réquisition. Lorsqu'il est en prison, il a la faculté d'adresser au procureur
général un mémoire tendant à faire révoquer ou modifier la décision prise
contre lui. La même faculté semble devoir appartenir à tous les enfants
qui sont détenus par voie de réquisition, quoique la loi ne s'exprime point
à cet égard.

383. Les articles 376, 377, 378 et 379 seront communs aux
pères et mères des enfants naturels légalement reconnus.

Le rappel des art. 376, 377, 378 et 379 n'est pas limitatif; toutes le
autres dispositions qui précèdent et qui ne supposent pas nécessairement
l'existence du mariage, et notamment l'art. 382, sont applicables aux
père et mère naturels, comme aux père et mère légitimes.

384. Le père, durant le mariage, et, après la dissolution du
mariage, le survivant des père et mère, auront la jouissance
des biens de leurs enfants jusqu'à l'âge de dix-huit ans accomplis, ou jusqu'à l'émancipation qui pourrait avoir lieu avant
l'âge de dix-huit ans.

Un mineur peut avoir des biens personnels, même du vivant de ses
père et mère, par exemple ceux qu'il aurait recueillis dans la succession
d'un frère ou par des legs qui lui auraient été laissés par toute autre
personne. Celui des père et mère qui exerce la puissance paternelle a sur
ces biens une sorte d'usufruit, appelé *jouissance légale*. Cette jouissance,
qui ne peut avoir lieu qu'en cas de *mariage*, n'appartient jamais aux père
et mère naturels. Elle constitue un privilége exclusivement attaché à la
paternité légitime; elle est inaliénable, personnelle, et s'éteint par la
mort du père, de la mère ou de l'enfant.

La règle que la jouissance légale appartient aux père et mère de l'enfant mineur souffre exception dans les cas suivants : 1° si l'enfant a dix-
huit ans accomplis : la loi a voulu que, lors de sa majorité, l'enfant eût à
sa disposition quelques annuités de ses revenus, afin qu'il possédât ainsi
les ressources nécessaires pour l'administration ; 2° s'il est émancipé avant
dix-huit ans; comme alors il administre lui-même ses biens, il est de toute
équité qu'il en ait les revenus; 3° si sa mère survivante est remariée
(art. 386), car ce serait, dans ce cas, le beau-père qui bénéficierait des
revenus de l'enfant ; 4° s'il a acquis des biens soit par son industrie, soit
par libéralité faite sous la condition expresse qu'il en garderait la jouis-

sance (art. 387); 5° si le père ou la mère a été déclaré indigne de profiter d'une succession qui, par suite, a été recueillie par l'enfant (art. 730); ou s'il a favorisé la prostitution de son enfant (art. 335 C. pén.); 6° enfin, si le survivant des père et mère a négligé de faire inventaire dans les trois mois du décès de son conjoint (art. 1442).

385. Les charges de cette jouissance seront : — 1° Celles auxquelles sont tenus les usufruitiers; — 2° La nourriture, l'entretien et l'éducation des enfants, selon leur fortune; — 3° Le payement des arrérages ou intérêts des capitaux : — 4° Les frais funéraires et ceux de dernière-maladie.

Les charges auxquelles sont tenus les usufruitiers sont principalement de procéder à l'inventaire des meubles et à l'état des immeubles, de supporter les contributions et les réparations d'entretien, de payer les intérêts et arrérages échus pendant la jouissance et de donner caution de jouir des biens en bon père de famille (art. 600 et suiv.); mais celui qui a la jouissance légale est dispensé de l'obligation de fournir caution (art. 601).

L'obligation imposée par la loi aux père et mère de nourrir, entretenir et élever leurs enfants, reçoit plus d'extension lorsqu'ils ont la jouissance de biens personnels de ces derniers.

Celui des père et mère qui a la jouissance légale est tenu non-seulement, comme tout usufruitier, de payer les arrérages des rentes et les intérêts des capitaux qui échoient pendant sa jouissance; mais il est encore tenu, conformément à ce qui avait lieu au moyen âge pour la garde noble, de payer tous les arrérages et les intérêts qui étaient déjà dus lors de la naissance de sa jouissance légale, car il est équitable que les biens composant les successions, dons ou legs recueillis par l'enfant, lui arrivent libres de toute espèce d'arrérages et intérêts, lorsque la jouissance légale vient à cesser. Mais les arrérages et intérêts qui étaient dus au mineur lors de la naissance de l'usufruit légal, sont capitalisés à son profit; en effet, dans le silence de la loi à cet égard, il faut appliquer les règles de l'usufruit ordinaire.

Les *frais funéraires* et ceux de *dernière maladie*, dont il s'agit dans le § 4, sont ceux des personnes auxquelles l'enfant a succédé : le Code a suivi en ce point le droit coutumier. Quant aux frais funéraires de l'enfant, ils sont évidemment supportés par ses héritiers.

386. Cette jouissance n'aura pas lieu au profit de celui des père et mère contre lequel le divorce aurait été prononcé; et elle cessera à l'égard de là mère dans le cas d'un second mariage.

Le divorce, aboli en 1816, était pour les enfants une source de préjudice et de mal; c'est pourquoi la loi y attachait la perte de la jouissance des biens des enfants mineurs. Mais cette perte n'a pas lieu en cas de séparation de corps, car cette séparation a pour les enfants des conséquences moins funestes que le divorce. — La mère qui convole à de nouvelles noces perd pour toujours la jouissance des biens de ses enfants, soit parce que la loi voit avec défaveur le second mariage de la mère, soit parce qu'il convient de détacher la jouissance légale d'une fortune dont le nouveau mari, étranger à l'enfant par les liens du sang, acquiert généralement l'administration et les revenus. Au reste, cette disposition, qui ressemble à une peine infligée à la mère convolant à de nouvelles noces, ne s'étend pas aux cas analogues; par suite, elle n'est applicable ni à l'inconduite de la mère ni au second mariage du père.

387. Elle ne s'étendra pas aux biens que les enfants pourront acquérir par un travail et une industrie séparés, ni à ceux qui leur seront donnés ou légués sous la condition expresse que les père et mère n'en jouiront pas.

L'enfant mineur qui se livre, pour son compte, à une industrie séparée, acquiert personnellement les produits de cette industrie, et il en garde la jouissance; son travail précoce mérite d'être ainsi encouragé. Il doit cependant contribuer, dans une mesure équitable, à ses dépenses de nourriture et d'entretien dans la maison paternelle. — Pour priver les père et mère de la jouissance légale, il n'est pas nécessaire que l'auteur de la libéralité s'exprime en termes formels; il suffit que son intention à cet égard apparaisse clairement. Une pareille intention exprimée par le prémourant des père et mère produit son effet et prive le conjoint survivant de la jouissance légale, même sur la quotité de biens que la loi réserve à l'enfant; car le conjoint survivant n'a pas qualité pour critiquer une pareille disposition et invoquer une réserve qui a été établie dans le seul intérêt de l'enfant.

TITRE X.

DE LA MINORITÉ, DE LA TUTELLE ET DE L'ÉMANCIPATION.

(Décrété le 26 mars 1803. Promulgué le 5 avril.)

CHAPITRE PREMIER.

DE LA MINORITÉ.

Le *mineur* est celui qui, à cause de la faiblesse de son âge, n'est pas capable de diriger sa personne ni d'administrer ses biens. Comme il est incapable d'exercer les droits civils dont il a la jouissance, la loi le protége en lui donnant un tuteur qui défend ses intérêts, et en lui permettant de faire annuler les actes qu'il aurait lui-même consentis, s'il en éprouve du préjudice.

388. Le mineur est l'individu de l'un et l'autre sexe qui n'a point encore l'âge de vingt-un ans accomplis.

Celui qui a plus de vingt-un ans accomplis est appelé *majeur*. La majorité se compte, non pas de jour à jour, mais de minute à minute, de moment à moment, *de momento ad momentum*. Par suite, quand la minute anniversaire de la naissance s'écoule dans la vingt-unième année, le *mineur* est devenu *majeur*; l'incapacité de contracter a fait place à la capacité.

CHAPITRE II.

DE LA TUTELLE.

La *tutelle* est « une charge imposée par la loi, ou par la volonté de l'homme en vertu des dispositions de la loi, d'administrer gratuitement la personne et les biens d'un incapable. » — La tutelle est déférée par la loi elle-même aux père, mère et ascendants; elle est déférée par la volonté de l'homme en vertu des dispositions de la loi, lorsqu'elle est donnée par le survivant des père et mère ou par le conseil de famille. Celui qui exerce la tutelle est appelé *tuteur*. L'enfant qui a ses père et mère est, non pas en tutelle, mais en *puissance paternelle*; s'il a perdu l'un de ses père et mère, il est en *puissance paternelle* et en *tutelle;* s'il a perdu son père et sa mère, il n'est plus en puissance paternelle, mais seulement en *tutelle.*

Il y a quatre sortes de tutelle : 1° la tutelle des père et mère, appelée aussi tutelle *naturelle;* 2° la tutelle déférée par le survivant des père et mère, appelée *testamentaire;* 3° la tutelle des ascendants, appelée *légitime;* 4° enfin, la tutelle déférée par le conseil de famille, appelée *dative.*

SECTION PREMIÈRE.

De la tutelle des père et mère.

389. Le père est, durant le mariage, administrateur des biens personnels de ses enfants mineurs. Il est comptable, quant à la propriété et aux revenus, des biens dont il n'a pas la jouissance; et, quant à la propriété seulement, de ceux des biens dont la loi lui donne l'usufruit.

Ce n'est pas en qualité de tuteur, mais en qualité d'administrateur, que le père gère, pendant le mariage, les biens de ses enfants mineurs. C'est pourquoi il n'existe alors ni subrogé-tuteur, ni conseil de famille, ni hypothèque légale sur les biens du père : le concours de l'affection des père et mère a paru une garantie suffisante pour la conservation des droits des enfants. En ce qui concerne l'hypothèque légale, la cour de Toulouse, dont la décision a définitivement prévalu, s'exprime en ces termes : — « Attendu que l'art. 2121 C. Nap. accorde une hypothèque légale au mineur sur les biens de son tuteur; que des raisons d'analogie ne peuvent suppléer au silence de la loi, qui ne donne pas d'hypothèque à l'enfant sur les biens de son père administrateur; que cette distinction, résultant du texte légal, s'explique par la différence des situations durant le mariage et après le décès de l'un des époux; que la dissolution du lien conjugal prive, en effet, les enfants mineurs de la protection qu'une double sollicitude leur assurait, et que l'appréhension d'un convol à de secondes noces a dû entrer dans la prévoyance du législateur » (C. de Toulouse, 2 janv. 1863); — Toutefois, le juge doit intervenir pour autoriser, s'il l'estime utile à l'enfant, les actes dépassant les limites de l'administration;

en outre, si le père a notoirement une mauvaise conduite ou une administration telle qu'elle révèle son incapacité, le juge peut enlever à ce père là gestion des biens de l'enfant pour la confier à une autre personne plus digne ou plus capable.

Il est à remarquer que notre article, qui suppose l'existence du mariage, n'est pas applicable lorsqu'il s'agit d'enfants naturels reconnus. Quand ceux-ci ont des biens personnels, il se forme un conseil de famille qui nomme un tuteur et un subrogé-tuteur. S'il s'agit d'enfants trouvés ou abandonnés, qui demeurent dans un hospice, ils sont placés sous la tutelle des administrateurs de l'hospice (loi 15 pluviôse an XIII, décret 19 janvier 1811).

390. Après la dissolution du mariage arrivée par la mort naturelle ou civile de l'un des époux, la tutelle des enfants mineurs et non émancipés appartient de plein droit au survivant des père et mère.

Depuis l'abolition de la mort civile, par la loi du 31 mai 1854, la tutelle ne commence qu'au décès de l'un des père et mère. Quand l'un d'eux est interdit ou absent, l'autre exerce la puissance paternelle et gère les biens de ses enfants en qualité d'administrateur légal, et non pas en qualité de tuteur. La tutelle naturelle ne commence donc qu'au décès du père ou de la mère. Si le survivant d'entre eux abandonne son enfant à un hospice, la tutelle passe alors à l'administrateur de l'hospice (Tribun. du Puy, 29 juill. 1861).

391. Pourra néanmoins le père nommer à la mère survivante et tutrice un conseil spécial, sans l'avis duquel elle ne pourra faire aucun acte relatif à la tutelle. — Si le père spécifie les actes pour lesquels le conseil sera nommé, la tutrice sera habile à faire les autres sans son assistance.

Quand le père sait que sa femme manque des qualités ou des habitudes nécessaires pour bien administrer la fortune de ses enfants, il peut, dans la prévision de son décès, lui nommer un conseil spécial, c'est-à-dire un administrateur entendu en affaires, qui la dirigera par ses conseils, soit dans tous les actes de tutelle, soit dans quelques actes qu'il spécifie. Si la mère tutrice fait seule un acte pour lequel elle devait être *assistée, habilitée* par son conseil, cet acte est annulable dans l'intérêt du mineur; mais la mère est responsable du préjudice qui résulte pour l'autre partie de cette annulation. Le conseil est responsable de ses fautes; il ne peut recevoir le pouvoir de faire lui-même les actes d'administration, parce que le droit de faire ces actes est un attribut de la tutelle; son assistance ne peut être étendue aux actes qui tiennent à la puissance paternelle. Lorsque ce conseil meurt, il n'est jamais remplacé, et alors la mère est habile à faire sans contrôle tous les actes de tutelle. En pratique, la nomination d'un conseil est extrêmement rare.

392. Cette nomination de conseil ne pourra être faite que de l'une des manières suivantes : — 1° Par un acte de dernière volonté; — 2° Par une déclaration faite ou devant le juge de paix, assisté de son greffier, ou devant notaires.

L'acte de *dernière volonté* qui contient la nomination d'un conseil est un testament, ou un écrit revêtu de la forme des testaments.

393. Si, lors du décès du mari, la femme est enceinte, il sera nommé un curateur au ventre par le conseil de famille. — A la naissance de l'enfant, la mère deviendra tutrice, et le curateur en sera de plein droit le subrogé-tuteur.

Le curateur au ventre est choisi parmi les parents du mari. Ses fonctions ont pour objet d'administrer les biens de la succession, et de veiller à ce qu'il n'y ait point supposition de *part*, c'est-à-dire à ce que la femme ne présente pas comme sien un enfant étranger, dans le but d'obtenir par là la jouissance légale des biens qui composent la succession de son mari et, en cas de mort de cet enfant, la moitié des biens qu'il laissera. Quand dix mois s'écoulent sans qu'il naisse d'enfant, le curateur rend compte de sa gestion aux héritiers du mari; tandis qu'il rend compte à la mère, qui devient tutrice, en cas de naissance d'un enfant viable. Si la veuve, qui se déclare enceinte, a des enfants en tutelle, il n'y a pas lieu de nommer un curateur au ventre, car le subrogé-tuteur en remplit de plein droit les fonctions.

394. La mère n'est point tenue d'accepter la tutelle; néanmoins, et en cas qu'elle refuse, elle devra en remplir les devoirs jusqu'à ce qu'elle ait fait nommer un tuteur.

La mère peut refuser la tutelle de ses enfants, sans avoir besoin d'allégüer de cause d'excuse. Elle peut pareillement, après avoir accepté la tutelle, y renoncer ; en effet, quand elle reconnaît qu'elle n'a pas assez d'expérience et d'habileté pour bien gérer, il serait contraire à l'équité et à l'intérêt même des enfants de la contraindre à continuer sa gestion. La mère qui renonce à la tutelle, garde néanmoins la puissance paternelle et la jouissance légale des biens de ses enfants. Ceux-ci ont alors leur domicile légal chez leur tuteur ; mais, en fait, ils continuent d'habiter avec leur mère. — A la différence de la mère, le père ne peut renoncer à la tutelle de ses enfants qu'en justifiant d'une cause légitime d'excuse.

395. Si la mère tutrice veut se remarier, elle devra, avant l'acte de mariage, convoquer le conseil de famille, qui décidera si la tutelle doit lui être conservée. — A défaut de cette convocation, elle perdra la tutelle de plein droit ; et son nouveau mari sera solidairement responsable de toutes les suites de la tutelle qu'elle aura indûment conservée.

En se remariant, la mère peut relâcher le lien d'affection qui l'unit à ses enfants. En abdiquant, au profit de son nouveau mari, sa capacité de contracter, elle peut aussi gravement exposer la fortune de ses enfants. C'est pourquoi elle doit, avant son mariage, convoquer le conseil de famille qui, d'après les circonstances, la fortune et l'honorabilité du futur mari, décidera si la tutelle lui sera conservée. Quand le nouveau mariage a eu lieu sans que le conseil de famille eût été convoqué, deux effets notables se produisent : 1° la mère est déchue de plein droit de la tutelle ; mais le conseil de famille peut néanmoins la nommer tutrice ; 2° son nouveau mari est tenu solidairement avec elle « de toutes les suites de la tutelle qu'elle aura indûment conservée. » Cette responsabilité du mari, qui comprend évidemment tous les faits et omissions postérieurs au mariage, s'étend encore, d'après une opinion fortement motivée, à tous les faits antérieurs. Ainsi l'a décidé la cour de Dijon, par les motifs suivants : — « Considérant qu'aux termes de l'art. 395 C. Nap., la mère tutrice qui veut se remarier doit convoquer le conseil de famille, qui décidera si la tutelle doit lui être conservée ; qu'à défaut de cette convocation, elle perdra la tutelle de plein droit, et que son nouveau mari sera solidairement responsable de toutes les suites de la tutelle qu'elle aura indûment conservée ; que, si l'on consulte le sens naturel et grammatical des termes, et surtout si l'on rapproche l'art. 395 de l'art. 394, il faut conclure que le

législateur a voulu rendre le second mari responsable même des faits relatifs à la tutelle antérieurs au convol ; que cette doctrine, conforme au
droit romain et à l'ancien droit français où l'on tenait pour maxime que,
« Qui épouse la veuve, épouse la tutelle, » est enseignée par la presque
unanimité des auteurs qui ont écrit sur la matière, soit avant, soit depuis
la promulgation du Code Napoléon ; qu'elle est consacrée par la jurisprudence, et qu'elle résulte jusqu'à l'évidence de la discussion du Code Napoléon au conseil d'Etat ; qu'on voit, en effet, qu'une disposition ayant
pour objet de limiter la responsabilité du second mari à la gestion postérieure au mariage, a été retranchée après discussion ; qu'il suffit, pour
justifier cette doctrine, que l'on peut trouver sévère au premier aspect, de
faire remarquer que le second mari, en n'exigeant pas que la femme se
conforme aux prescriptions de l'art. 395, met le conseil de famille dans
l'impossibilité de se faire rendre compte de l'état de la tutelle, et de
prendre les mesures que l'intérêt des mineurs peut exiger ; qu'il commet
donc une faute lourde qui fait peser sur lui une présomption de fraude
suffisante pour engager sa responsabilité » (C. de Dijon, 16 juill. 1862).

— Toutefois, quoique les immeubles de la mère soient grevés d'hypothèque légale pour les faits de gestion postérieurs à son mariage, de même
que pour les faits antérieurs, il faut décider que les immeubles de son
mari sont affranchis de cette hypothèque ; car celui-ci n'a jamais été tuteur.

396. Lorsque le conseil de famille, dûment convoqué, conservera la tutelle à la mère, il lui donnera nécessairement pour
cotuteur le second mari, qui deviendra solidairement responsable, avec sa femme, de la gestion postérieure au mariage.

Lorsque le conseil de famille conserve la tutelle à la mère, le mari est
nommé *cotuteur* et a ses immeubles grevés d'hypothèque légale en faveur des mineurs ; mais il n'est responsable alors que des faits de gestion
postérieurs au mariage. Quoique, dans ce cas, il ait principalement et
même exclusivement la gestion des biens des enfants de sa femme, il n'a
cependant point sur ces enfants les attributs de la puissance paternelle.
Ainsi jugé : — « Attendu que si la qualité de beau-père attribue au
second mari une part dans la surveillance et la direction des enfants mineurs, cette participation ne pouvait avoir pour effet de lui conférer, sur
lesdits mineurs, une autorité absolue de déplacement qui, exercée sans limite et abusivement, aboutirait à la destruction de la puissance paternelle,

conférée par la loi au survivant des père et mère sur les enfants mineurs »
(C. cass. 14 déc. 1860). — Au reste, il est à remarquer que le second
mari perd la tutelle à la mort de sa femme ; tandis que la mère, qui survit à son mari, conserve la tutelle de ses enfants d'un premier lit, dont
elle administre alors librement les biens.

SECTION II.

De la tutelle déférée par le père ou la mère.

397. Le droit individuel de choisir un tuteur parent, ou
même étranger, n'appartient qu'au dernier mourant des père
et mère.

Cette tutelle est souvent appelé *testamentaire*, parce qu'elle est ordinairement déférée par testament et qu'elle ne s'ouvre qu'au décès du survivant des père et mère. Elle peut être déférée à terme, pour commencer
à telle époque, *ex die*, ou, pour finir à telle époque, *ad diem*. Elle peut
pareillement être déférée sous une condition dont l'arrivée aura pour
effet de conférer à telle personne la qualité du tuteur, ou, au contraire,
de la faire cesser.

Le survivant des père et mère, ou le conseil de famille investi du droit
de choisir un tuteur, peut séparer l'administration des *biens* du mineur
de la direction de sa *personne*, et nommer à cet effet deux tuteurs
différents : l'un aux biens, l'autre à la personne. Ainsi l'a décidé la Cour
de cassation, qui confirme en ces termes un arrêt de la cour de Dijon, du
14 mai 1862 : — « Attendu que, soit sous l'empire du droit romain,
soit sous celui de la législation antérieure au Code Napoléon, il n'était
pas défendu de nommer plusieurs tuteurs à un mineur ; — Que, si le
système de la pluralité des tuteurs avait alors soulevé de graves objec-
tions, au point de vue du défaut d'unité dans l'administration des biens du
mineur, et spécialement des dissentiments qui pouvaient s'élever entre
tuteurs chargés de cette administration, il n'en avait jamais été de même
lorsque deux tuteurs ayant été nommés, l'un avait été investi seul de
la gestion des biens, l'autre de la direction de la personne du mineur ; —
Que cette division de la tutelle était même devenue un fait habituel, et
que, dans un grand nombre de familles, on nommait le plus ordinairement un tuteur à la personne et un tuteur aux biens, un tuteur *honoraire*
et un tuteur *onéraire* ; — Attendu que le Code Napoléon ne contient

aucune disposition contraire à ce dernier état du droit ancien ; — Que si l'on peut induire du tit. 10 de ce Code qu'il a été dans la volonté du législateur de placer, sauf des exceptions déterminées, les biens du mineur sous le régime d'une administration unique, on n'y trouve, en effet, aucune indication qui implique une prohibition de séparer cette administration de celle de la personne, et de nommer à cet effet deux tuteurs différents ; — Attendu que, dans le silence de la loi, il y a lieu de reconnaître qu'il appartient aux tribunaux de rechercher ce qui, en pareil cas, doit être le plus avantageux aux intérêts du mineur ; — Attendu que, dans un grand nombre de situations, ces intérêts ne peuvent être complétement sauvegardés que par une division de la tutelle, et que, dans l'espèce, il résulte du jugement de première instance, dont l'arrêt attaqué a adopté les motifs, qu'en rejetant la double disposition arrêtée par le conseil de famille, on s'exposerait à accroître les difficultés de la tutelle, au lieu de les faire disparaître ; — Attendu que, dans ces circonstances, la cour impériale de Dijon, loin de violer aucun des articles invoqués par le pourvoi, a fait une juste application des principes, et a interprété sainement l'esprit du titre du Code Napoléon » (C. cass. 14 déc. 1863).

398. Ce droit ne peut être exercé que dans les formes prescrites par l'article 392, et sous les exceptions et modifications ci-après.

Les formes prescrites par l'art. 392 sont le testament, la déclaration devant notaire, ou devant le juge de paix assisté de son greffier.

399. La mère remariée et non maintenue dans la tutelle des enfants de son premier mariage, ne peut leur choisir un tuteur.

La disposition de cet article ne doit pas être limitée à la mère remariée qui n'a pas été maintenue dans la tutelle. Elle doit être ainsi généralisée : le survivant des père et mère ne peut déférer la tutelle de ses enfants que s'il l'exerce lui-même. Quand il a été remplacé par un autre tuteur, celui-ci a été investi par le choix du conseil de famille d'une fonction que le père ou la mère ne peut faire cesser. Il est bien constant, d'ailleurs, que les changements de tuteurs nuisent à une bonne administration des biens des pupilles.

400. Lorsque la mère remariée, et maintenue dans la tutelle, aura fait choix d'un tuteur aux enfants de son premier mariage, ce choix ne sera valable qu'autant qu'il sera confirmé par le conseil de famille.

Comme la mère remariée n'a conservé la tutelle qu'en vertu d'une délibération du conseil de famille, le choix qu'elle a fait d'un tuteur a d'autant plus besoin d'être confirmé par ce conseil, que ses sentiments d'affection pour les enfants du premier lit ont pu s'affaiblir au sein de la famille de son nouveau mari. Toutefois, à moins de causes graves, le choix de la mère sera confirmé par le conseil de famille.

401. Le tuteur élu par le père ou la mère n'est pas tenu d'accepter la tutelle, s'il n'est d'ailleurs dans la classe des personnes qu'à défaut de cette élection spéciale le conseil de famille eût pu en charger.

La tutelle est à la fois une charge de famille et une charge publique, c'est pourquoi celui qui est étranger à la famille et qui est nommé tuteur par le survivant des père et mère, peut refuser la charge qui lui est déférée, s'il existe, dans la distance de quatre myriamètres, des parents ou alliés en état de gérer la tutelle (art. 432). Bien plus, comme la tutelle est une institution du droit civil et qu'elle participe des charges publiques, il s'ensuit que le mineur étranger qui habite en France n'est point soumis aux règles de notre tutelle, et qu'il faut être Français pour devenir tuteur, subrogé-tuteur ou même membre d'un conseil de famille. Il en était ainsi en droit romain et dans notre ancien droit français ; il en est de même encore sous l'empire de nos Codes. Voilà ce que la cour de Paris a décidé en ces termes : — « Considérant que, si c'est au droit naturel que remonte le principe de la surveillance et de la protection qui doivent entourer l'enfance, c'est au droit positif et statutaire qu'appartiennent les dispositions qui déterminent l'âge jusqu'aux limites duquel cette protection doit s'exercer, les qualités et les devoirs de ceux auxquels est imposée la charge de cette protection, enfin, le mode et l'étendue de son action ; — Qu'il suit de ces principes que les fonctions de tuteur et les fonctions de membre des conseils de famille sont des charges publiques qui ne peuvent peser que sur les Français, comme elles sont aussi l'exercice de droits civils qui n'appartiennent qu'aux Français » (C. de Paris, 21 mars 1861).

SECTION III.

De la tutelle des ascendants.

402. Lorsqu'il n'a pas été choisi au mineur un tuteur par le dernier mourant de ses père et mère, la tutelle appartient de droit à son aïeul paternel; à défaut de celui-ci, à son aïeul maternel, et ainsi en remontant, de manière que l'ascendant paternel soit toujours préféré à l'ascendant maternel du même degré.

D'après cet article, la tutelle légitime des ascendants ne peut exister que sous une double condition. Il faut : 1° que le survivant des père et mère soit décédé, car s'il est excusé ou destitué, il est remplacé par un tuteur que nomme le conseil de famille ; 2° que le dernier mourant des père et mère n'ait pas choisi de tuteur qui lui ait survécu; car, alors même que le tuteur choisi serait excusé, destitué ou mort dans l'exercice de ses fonctions, la tutelle, au lieu d'être *légitime*, serait *dative ;* mais le conseil de famille peut nommer pour tuteur un ascendant du pupille.

Pour la tutelle légitime, l'ascendant le plus proche est préféré à celui qui est d'un degré plus éloigné; à égalité de degré, l'ascendant paternel, qui porte le même nom que le pupille, est préféré à l'ascendant maternel.

403. Si, à défaut de l'aïeul paternel et de l'aïeul maternel du mineur, la concurrence se trouvait établie entre deux ascendants du degré supérieur qui appartinssent tous deux à la ligne paternelle du mineur, la tutelle passera de droit à celui des deux qui se trouvera être l'aïeul paternel du père du mineur.

L'aïeul paternel du père du mineur est pour celui-ci un bisaïeul portant le même nom.

404. Si la même concurrence a lieu entre deux bisaïeuls de la ligne maternelle, la nomination sera faite par le conseil de famille, qui ne pourra néanmoins que choisir l'un de ces deux ascendants.

Les bisaïeuls maternels ne portent point le même nom que le pupille ; s'ils concourent, l'un d'eux sera choisi pour tuteur par le conseil de famille.

SECTION IV.

De la tutelle déférée par le conseil de famille.

405. Lorsqu'un enfant mineur et non émancipé restera sans père ni mère, ni tuteur élu par ses père et mère, ni ascendants mâles, comme aussi lorsque le tuteur de l'une des qualités ci-dessus exprimées se trouvera ou dans le cas des exclusions dont il sera parlé ci-après, ou valablement excusé, il sera pourvu, par un conseil de famille, à la nomination d'un tuteur.

La tutelle *dative*, c'est-à-dire déférée par le conseil de famille, ne vien qu'à défaut des trois autres. Toutefois, si le tuteur naturel, testamentaire ou légitime est excusé ou destitué, il est toujours remplacé par un tuteur datif ; ainsi, lorsque la mère survivante refuse la tutelle de ses enfants, le plus proche ascendant n'est pas appelé à en remplir les fonctions : un tuteur est alors nommé par le conseil de famille. Ce conseil se compose de parents et alliés, et du juge de paix du canton où le mineur avait son domicile à l'époque où a commencé la tutelle, car c'est à ce domicile que cette tutelle s'est ouverte.

406. Ce conseil sera convoqué soit sur la réquisition et à la diligence des parents du mineur, de ses créanciers ou d'autres parties intéressées, soit même d'office et à la poursuite du juge de paix du domicile du mineur. Toute personne pourra dénoncer à ce juge de paix le fait qui donnera lieu à la nomination d'un tuteur.

La réquisition de convoquer le conseil de famille pour nommer un tuteur, ou pour tout autre fait, est adressée au juge de paix du domicile du mineur. Celui-ci doit obtempérer à la réquisition, quand elle émane d'un parent, d'un créancier ou de toute autre personne intéressée à ce que le mineur ait un représentant contre lequel des actions pourront être intentées. Le juge de paix peut aussi convoquer le conseil de famille *d'office*, c'est-à-dire sans aucune réquisition. Il reçoit souvent, de la part de personnes agissant par un intérêt d'affection pour le mineur, des dénonciations du fait qui donne lieu à la nomination d'un tuteur, mais il n'est pas tenu d'obtempérer à ces dénonciations.

407. Le conseil de famille sera composé, non compris le juge de paix, de six parents ou alliés, pris tant dans la commune où la tutelle sera ouverte que dans la distance de deux myriamètres, moitié du côté paternel, moitié du côté maternel, et en suivant l'ordre de proximité dans chaque ligne. — Le parent sera préféré à l'allié du même degré; et, parmi les parents de même degré, le plus âgé à celui qui le sera le moins.

La loi, qui proclame, dans l'ordre des successions, une égalité parfaite entre les membres de la branche paternelle et ceux de la branche maternelle (art. 733), a dû, par suite, appeler au conseil de famille autant de parents du côté maternel que du côté paternel. Ce conseil, dont le juge de paix fait partie, est ainsi composé de membres en nombre impair, ce qui diminue l'inconvénient du partage d'opinions. — L'*allié* est celui qui a épousé une parente paternelle ou maternelle du mineur; il peut, comme les parents, être membre du conseil de famille, lorsque son épouse est vivante, ou lorsqu'elle est morte en laissant des enfants.

408. Les frères germains du mineur et les maris des sœurs germaines sont seuls exceptés de la limitation de nombre posée en l'article précédent. — S'ils sont six, ou au delà, ils seront tous membres du conseil de famille, qu'ils composeront seuls, avec les veuves d'ascendants et les ascendants valablement excusés, s'il y en a. — S'ils sont en nombre inférieur, les autres parents ne seront appelés que pour compléter le conseil.

Les frères *germains* du mineur ont le même père et la même mère que lui; les frères *consanguins* ont seulement le même père, et les frères *utérins* ont seulement la même mère. Les frères germains, les maris des sœurs germaines, les ascendants, le mari de l'ascendante et la veuve ascendante sont tous appelés au conseil de famille. Le texte de notre article, qui semble y appeler aussi les *veuves d'ascendants*, a une rédaction vicieuse; les mots, *veuves d'ascendants*, doivent être remplacés par ceux-ci, *veuves ascendantes.* Voilà ce que tous les auteurs enseignent avec raison ; car, quand un homme meurt en laissant des enfants mineurs nés d'un premier lit, sa veuve est étrangère à ces enfants et, par suite, elle ne doit point faire partie du conseil de famille qui leur est donné.

409. Lorsque les parents ou alliés de l'une ou de l'autre ligne se trouveront en nombre insuffisant sur les lieux, ou dans la distance désignée par l'article 407, le juge de paix appellera, soit des parents ou alliés domiciliés à de plus grandes distances, soit, dans la commune même, des citoyens connus pour avoir eu des relations habituelles d'amitié avec le père ou la mère du mineur.

Quoique le juge de paix ait une grande latitude pour la composition du conseil de famille, il ne peut cependant pas compléter les membres d'une ligne par les parents et alliés de l'autre ligne.

410. Le juge de paix pourra, lors même qu'il y aurait sur les lieux un nombre suffisant de parents ou alliés, permettre de citer, à quelque distance qu'ils soient domiciliés, des parents ou alliés plus proches en degrés ou de mêmes degrés que les parents ou alliés présents ; de manière toutefois que cela s'opère en retranchant quelques-uns de ces derniers, et sans excéder le nombre réglé par les précédents articles.

Le juge de paix ne peut point appeler au conseil de famille des parents ou alliés domiciliés à plus de deux myriamètres, s'il y en a d'autres plus proches en degrés à une moindre distance.

411. Le délai pour comparaître sera réglé par le juge de paix à jour fixe, mais de manière qu'il y ait toujours, entre la citation notifiée et le jour indiqué pour la réunion du conseil, un intervalle de trois jours au moins, quand toutes les parties citées résideront dans la commune, ou dans la distance de deux myriamètres. — Toutes les fois que, parmi les parties citées, il s'en trouvera de domiciliées au delà de cette distance, le délai sera augmenté d'un jour par trois myriamètres.

Pour épargner des frais inutiles, le juge de paix a coutume de convoquer verbalement ou par lettres les membres du conseil de famille; il ne fait citer par huissier que ceux des membres qu'il soupçonne de mauvaise volonté ou qui ont déjà refusé d'obéir à son ordre de convocation. C'est surtout dans la citation faite par le ministère d'huissier que le délai, fixé par notre article, de trois jours francs, augmenté à raison des distances, doit être rigoureusement observé.

412. Les parents, alliés ou amis, ainsi convoqués, seront tenus de se rendre en personne, ou de se faire représenter par un mandataire spécial. — Le fondé de pouvoir ne peut représenter plus d'une personne.

Le membre qui veut se faire représenter par un mandataire, doit lui donner à cet effet un mandat *spécial*, c'est-à-dire exprimant qu'il donne à ce mandataire le pouvoir de le représenter au conseil de famille. Ce pouvoir ne peut point être conçu en termes impératifs; car il est essentiel que le mandataire puisse voter selon les inspirations de sa conscience. Il n'est pas nécessaire que ce mandat soit rédigé dans la forme authentique; mais quand il est donné par acte sous seing privé, cet acte doit être enregistré. — Un seul fondé de pouvoir ne peut représenter qu'une personne; car autrement la réunion cesserait bientôt d'être une véritable assemblée, et la discussion y deviendrait nulle.

413. Tout parent, allié ou ami, convoqué, et qui, sans excuse légitime, ne comparaîtra point, encourra une amende qui ne pourra excéder cinquante francs, et sera prononcée sans appel par le juge de paix.

L'amende n'est prononcée contre le défaillant que s'il a été convoqué d'une manière *régulière*, c'est-à-dire par citation d'huissier. Les causes d'excuse sont, par exemple, une maladie, un voyage. Celui qui a une pareille excuse évite la condamnation, s'il en prévient le juge de paix avant la réunion. S'il n'a pas pu prévenir le juge de paix, il sera déchargé de l'amende en prouvant qu'il n'est pas en faute et qu'il a une cause suffisante d'excuse. Cette manière d'attaquer la sentence rendue par défaut ne constitue point l'appel, mais l'opposition.

414. S'il y a excuse suffisante, et qu'il convienne, soit d'attendre le membre absent, soit de le remplacer, en ce cas, comme en tout autre où l'intérêt du mineur semblera l'exiger, le juge de paix pourra ajourner l'assemblée ou la proroger.

Le juge de paix *ajourne* l'assemblée, quand il en renvoie les membres, en disant qu'il les convoquera pour un autre jour. Il' la *proroge*, quand il fixe un autre jour pour la réunion. Dans ce dernier cas, le jour de la réunion étant fixé, un nouvel acte de convocation est inutile à l'égard des membres qui étaient présents.

415. Cette assemblée se tiendra de plein droit chez le juge de paix, à moins qu'il ne désigne lui-même un autre local. La présence des trois quarts au moins de ses membres convoqués sera nécessaire pour qu'elle délibère.

- La délibération du conseil de famille ne pouvant avoir lieu sans la présence des trois quarts des membres *convoqués*, parmi lesquels le juge de paix qui convoque n'est point compris, il s'ensuit que le nombre de cinq ou de six membres est nécessaire, selon que le conseil de famille en comprend six ou sept. '

416. Le conseil de famille sera présidé par le juge de paix, qui y aura voix délibérative, et prépondérante en cas de partage.

Celui qui a voix *délibérative* dans une assemblée compte parmi les votants ; celui qui a seulement voix *consultative* peut bien donner ses avis et en exposer les motifs, mais il ne vote pas. Tous les membres du conseil de famille ont voix délibérative ; ils prennent leurs décisions à la majorité absolue, c'est-à-dire à la pluralité des voix. En conséquence, l'opinion qui réunit quatre voix l'emporte sur celle qui n'en a que trois. Si les deux opinions réunissent chacune un nombre égal de voix, l'opinion adoptée par le juge de paix l'emporte, car il a voix *prépondérante*. Lorsqu'il s'est formé plus de deux opinions et qu'aucune d'elles n'a obtenu la majorité absolue, il est procédé à un vote nouveau ; si la majorité absolue n'est encore acquise à aucune des opinions, une demande est portée devant le tribunal qui décide l'affaire.

Toutes les fois que les délibérations du conseil de famille ne sont pas unanimes, le procès-verbal contient l'avis de chacun des membres ; le

tuteur, le subrogé-tuteur et même tout membre du conseil de famille peut
se pourvoir devant le tribunal contre la délibération (art. 883 C. pr.).

417. Quand le mineur, domicilié en France, possèdera des
biens dans les colonies, ou réciproquement, l'administration
spéciale de ces biens sera donnée à un protuteur. — En ce cas,
le tuteur et le protuteur seront indépendants et non responsables l'un envers l'autre pour leur gestion respective.

Quand le mineur a des biens situés en France et d'autres biens situés
dans les colonies, le conseil de famille nomme un protuteur. Le mineur
est-il domicilié en France? le protuteur aura l'administration des biens
situés dans les colonies. Le mineur est-il, au contraire, domicilié dans
une colonie? le protuteur administrera les biens situés en France. Si le
mineur a des biens situés dans plusieurs colonies, il y a lieu à la nomination de plusieurs protuteurs. Quand la tutelle appartient au survivant
des père et mère qui a la jouissance légale (art. 384), peut-on nommer
un protuteur? Non, car ce survivant se trouverait sous la dépendance du
protuteur, et cette dépendance le paralyserait dans l'exercice de sa puissance paternelle et de son droit de jouissance légale.

Ordinairement, le conseil de famille nomme directement le protuteur;
cependant s'il n'a pas de renseignements suffisants sur la personne qu'il
s'agit de choisir, il peut conférer à l'administration locale le pouvoir de
nommer le protuteur. De même que le tuteur, le protuteur a ses biens
grevés d'hypothèque pour sûreté de sa gestion; mais il n'a pas, auprès de
lui, de subrogé-tuteur qui contrôle ses actes ni de conseil de famille.

Le tuteur et le protuteur étant, aux termes de notre article, « indépendants et non responsables l'un envers l'autre pour leur gestion respective, » il s'ensuit que le mineur ne peut, à raison des obligations et de
l'insolvabilité de l'un d'eux, réclamer à l'autre des indemnités.

418. Le tuteur agira et administrera, en cette qualité, du
jour de sa nomination, si elle a eu lieu en sa présence; sinon,
du jour qu'elle lui aura été notifiée.

Si celui qui est nommé tuteur n'est pas présent, sa nomination lui est
notifiée dans les trois jours de la délibération, outre un jour par trois
myriamètres de distance entre le lieu où s'est tenue l'assemblée et le
domicile du tuteur. L'assemblée nomme un de ses membres pour faire

cette notification. — Le tuteur a ses biens grevés d'hypothèque légale du jour même de sa nomination ; mais sa responsabilité ne commence qu'à l'époque où il connaît sa nomination et peut administrer les biens de son pupille.

419. La tutelle est une charge personnelle qui ne passe point aux héritiers du tuteur. Ceux-ci seront seulement responsables de la gestion de leur auteur ; et, s'ils sont majeurs, ils seront tenus de la continuer jusqu'à la nomination d'un nouveau tuteur.

La tutelle est fondée soit sur l'affection que le lien de parenté inspire au tuteur pour le pupille, soit sur la confiance que la moralité et la bonne gestion du tuteur ont inspirée au conseil de famille ; c'est pourquoi elle est une charge *personnelle*, en ce sens qu'elle est inhérente à la personne du tuteur et n'est point transmissible à ses héritiers. Mais si le tuteur a commis dans sa gestion des fraudes ou même de simples fautes, il se trouve par là obligé, sur tous ses biens, de réparer le préjudice éprouvé par le pupille, et cette obligation passe, avec toutes ses créances et ses dettes, à ceux qui recueillent sa succession. — Quoique les héritiers du tuteur ne succèdent point à la charge de la tutelle, ils sont néanmoins tenus, s'ils sont majeurs, de faire, jusqu'à la nomination d'un nouveau tuteur, les actes que la cessation instantanée de la tutelle a pu rendre nécessaires ou urgents. Par ces actes, ils ne prennent pas la tutelle, mais ils la continuent ; les obligations qu'ils contractent envers le pupille en faisant ces actes, sont garanties par une hypothèque qui frappe, non pas sur leurs biens propres, mais sur les biens du défunt.

SECTION V.

Du subrogé-tuteur.

Le subrogé-tuteur est une personne qui est chargée de surveiller la gestion du tuteur et de le remplacer quand les intérêts de celui-ci sont en opposition avec ceux du mineur.

L'institution du subrogé-tuteur n'existait pas dans le droit romain. Elle a fait son apparition en France dans le moyen âge. Dans le droit romain, la loi appelait à la succession du défunt son plus proche parent paternel, par la considération que la charge de la tutelle doit incomber à celui qui a l'espoir de la succession. En France, où les père et mère sont égaux dans l'unité, la succession se divise en deux parts : une moitié appartient à la branche paternelle, et l'autre moitié appartient à la branche maternelle. D'après la constitution religieuse et civile du mariage et de la famille, le mari et la femme, les parents paternels et les parents maternels sont ainsi placés au même niveau. C'est de ce principe d'égalité que découle l'institution du conseil de famille qui, sous la présidence du juge de paix, comprend trois membres de la branche paternelle et trois membres de la branche maternelle. C'est du même principe que découle l'institution du subrogé-tuteur, qui est toujours pris dans la branche opposée à celle du tuteur ; en protégeant les intérêts du pupille, le tuteur et le subrogé-tuteur protégent chacun les intérêts éventuels de la branche qu'il représente.

420. Dans toute tutelle, il y aura un subrogé tuteur-nommé par le conseil de famille. — Ses fonctions consisteront à agir pour les intérêts du mineur, lorsqu'ils seront en opposition avec ceux du tuteur.

Le subrogé-tuteur, qui existe dans toute tutelle et qui est toujours nommé par le conseil de famille, surveille le tuteur ; il assiste à l'inventaire des successions échues au mineur, et à la vente des meubles ou des immeubles. Il remplace aussi le tuteur dans les actes où l'intérêt du tuteur est opposé à celui du mineur ; ainsi, il requiert l'inscription de l'hypothèque légale qui frappe sur les immeubles du tuteur pour sûreté de sa gestion (art. 2137) ; il loue au tuteur les biens du mineur, quand le conseil de famille a autorisé le tuteur à prendre ces biens à bail (art. 450).

421. Lorsque les fonctions du tuteur seront dévolues à une personne de l'une des qualités exprimées aux sections I, II et III du présent chapitre, ce tuteur devra, avant d'entrer en fonctions, faire convoquer, pour la nomination du subrogé-tuteur, un conseil de famille composé comme il est dit dans la section IV. — S'il s'est ingéré dans la gestion avant d'avoir rempli cette formalité, le conseil de famille, convoqué, soit sur la réquisition des parents, créanciers ou autres parties intéressées, soit d'office par le juge de paix, pourra, s'il y a eu dol de la part du tuteur, lui retirer la tutelle, sans préjudice des indemnités dues au mineur.

Le tuteur naturel, testamentaire ou légitime est tenu, avant que de s'immiscer dans la gestion, de faire nommer le subrogé-tuteur par le conseil de famille. S'il a profité du temps où il n'a pas encore de surveillant, pour administrer d'une manière préjudiciable aux intérêts du mineur, il a commis un dol qui le rend passible de dommages-intérêts envers le mineur et qui peut déterminer le conseil de famille à prononcer sa destitution.

422. Dans les autres tutelles, la nomination du subrogé-tuteur aura lieu immédiatement après celle du tuteur.

Lorsqu'il n'existe pas de tuteur, le conseil de famille le choisit, à son gré, dans l'une ou l'autre branche de parents ; immédiatement après ce choix, il nomme le subrogé-tuteur, qui est pris dans la branche opposée à celle du tuteur.

423. En aucun cas le tuteur ne votera pour la nomination du subrogé-tuteur, lequel sera pris, hors le cas de frères germains, dans celle des deux lignes à laquelle le tuteur n'appartiendra point.

Le subrogé-tuteur doit être pris dans la ligne à laquelle n'appartient pas le tuteur, afin que des raisons de parenté ne rendent point son contrôle illusoire, ou plutôt afin que la branche paternelle et la branche maternelle, qui sont égales en droit, aient chacune son représentant. Cette disposition n'est cependant pas applicable aux frères germains du mineur ; comme ils ont le même père et la même mère que lui et appartiennent ainsi aux deux lignes, rien n'empêche que l'un des frères germains ne soit tuteur, et un autre de ces frères, subrogé tuteur. Quand le tuteur est étranger au pupille par les liens de famille, le subrogé-tuteur peut être choisi, au gré du conseil de famille, dans l'une des deux lignes. Le tuteur vote généralement dans les délibérations du conseil de famille ; mais il doit s'abstenir de voter lorsqu'il s'agit de nommer le subrogé-tuteur, car ce n'est pas à lui de choisir celui qui a pour mission de contrôler ses actes.

424. Le subrogé-tuteur ne remplacera pas de plein droit le tuteur, lorsque la tutelle deviendra vacante, ou qu'elle sera abandonnée par absence ; mais il devra, en ce cas, sous peine des dommages-intérêts qui pourraient en résulter pour le mineur, provoquer la nomination d'un nouveau tuteur.

Lorsque le tuteur meurt, est interdit ou absent, les fonctions du subrogé-tuteur cessent, parce qu'il n'y a plus de gestion à surveiller ; mais il doit provoquer la nomination d'un nouveau tuteur ; sa négligence, à cet égard, le rend responsable du préjudice qui pourrait en résulter pour le mineur.

425. Les fonctions du subrogé-tuteur cesseront à la même époque que la tutelle.

Toutes les fois que la tutelle finit, les fonctions du subrogé-tuteur cessent en même temps. S'il y a lieu à la nomination d'un nouveau tuteur, par exemple quand la tutelle est vacante par le décès du tuteur, le conseil de famille le choisit, à son gré, dans l'une ou l'autre ligne. Celui qui était subrogé-tuteur peut être nommé aux mêmes fonctions, s'il n'appartient pas à la ligne du nouveau tuteur.

426. Les dispositions contenues dans les sections VI et VII du présent chapitre, s'appliqueront aux subrogés-tuteurs. — Néanmoins, le tuteur ne pourra provoquer la destitution du subrogé-tuteur, ni voter dans les conseils de famille qui seront convoqués pour cet objet.

Les sections 6 et 7 de ce chapitre déterminent les causes d'excuse, d'incapacité, d'exclusion et de destitution du tuteur ; les mêmes causes sont applicables au subrogé-tuteur. Le subrogé-tuteur peut provoquer, pour cause légitime, la destitution du tuteur ; mais celui-ci ne peut jamais provoquer la destitution du subrogé-tuteur, car autrement il pourrait chercher à écarter un surveillant diligent.

SECTION VI.

Des causes qui dispensent de la Tutelle.

La tutelle est une charge publique et de famille, car il importe à l'État et à la famille que les mineurs ne restent pas sans protection. Celui au-

quel elle est déférée ne peut la refuser que dans les cas exceptionnels
déterminés par la loi. Les causes de dispense de la tutelle, qui diffèrent
essentiellement des causes d'incapacité et d'exclusion contenues dans la
section suivante, constituent des priviléges; le tuteur, en faveur duquel
elles existent, peut renoncer à les invoquer. Elles se divisent en deux
classes : les *excuses*, qui dispensent de prendre la gestion de la tutelle,
et les *décharges*, qui permettent au tuteur qui a déjà géré d'abandonner
la gestion.

427. Sont dispensés de la tutelle : les personnes désignées
dans les titres III, V, VIII, IX, X et XI de l'acte du 18 mai 1804;
les présidents et conseillers à la Cour de cassation, le procureur général et les avocats généraux en la même cour; les
préfets; tous citoyens exerçant une fonction publique dans un
département autre que celui où la tutelle s'établit.

L'acte du 18 mai 1804 dispense de la tutelle les membres de la famille
impériale, les grands dignitaires, les grands officiers de l'Empire, les
sénateurs, les conseillers d'Etat et les membres du Corps législatif. Une
loi du 16 septembre 1807 dispense aussi les membres de la Cour des
comptes.

—Le juge, le procureur impérial ou le juge de paix, qui exerce sa fonction dans un département autre que celui où s'ouvre la tutelle, jouit
d'une cause d'excuse; il en est de même de l'ecclésiastique qui dessert
une cure, ainsi que l'exprime un avis du conseil d'Etat, du 20 novembre 1806.

428. Sont également dispensés de la tutelle, les militaires en
activité de service, et tous autres citoyens qui remplissent, hors
du territoire de l'Empire, une mission de l'Empereur.

On entend ici par *territoire de l'Empire*, le territoire continental de la
France; par conséquent, le citoyen qui remplit une mission dans une colonie française est dispensé de la tutelle.

429. Si la mission est non authentique et contestée, la dispense ne sera prononcée qu'après la représentation, faite par le
réclamant, du certificat du ministre dans le département duquel se placera la mission articulée comme excuse.

Celui qui invoque une mission, pour se dispenser de gérer la tutelle, doit évidemment, en cas de contestation, prouver que cette mission lui a été réellement donnée.

430. Les citoyens de la qualité exprimée aux articles précédents, qui ont accepté la tutelle postérieurement aux fonctions, services ou missions qui en dispensent, ne seront plus admis à s'en faire décharger pour cette cause.

Un fonctionnaire public a-t-il une cause légitime d'excuse? Il y renonce, s'il accepte néanmoins la tutelle; car il reconnaît par là que la gestion de cette tutelle n'est point au-dessus de ses forces. Il ne peut donc plus s'en faire décharger pour cette cause. Les changements de tuteurs sont d'ailleurs nuisibles à une bonne administration.

431. Ceux, au contraire, à qui lesdites fonctions, services ou missions, auront été conférés postérieurement à l'acceptation et gestion d'une tutelle, pourront, s'ils ne veulent la conserver, faire convoquer, dans le mois, un conseil de famille, pour y être procédé à leur remplacement. — Si, à l'expiration de ces fonctions, services ou missions, le nouveau tuteur réclame sa décharge, ou que l'ancien redemande la tutelle, elle pourra lui être rendue par le conseil de famille.

Si le tuteur qui est déjà en exercice reçoit une fonction, il obtient par là une cause de décharge; mais il est censé y renoncer quand il ne l'invoque pas dans le mois. Lorsqu'il a invoqué sa cause de décharge et a été remplacé, le conseil de famille peut, à l'expiration de la fonction, rendre la gestion à l'ancien tuteur ou la conserver au nouveau tuteur; il s'en réfère, à cet égard, à l'intérêt du mineur.

432. Tout citoyen non parent ni allié ne peut être forcé d'accepter la tutelle que dans le cas où il n'existerait pas, dans la distance de quatre myriamètres, des parents ou alliés en état de gérer la tutelle.

La tutelle est principalement une charge et un devoir de famille; ce n'est donc qu'à défaut de parents ou d'alliés capables, qu'un étranger peut être forcé de l'accepter.

433. Tout individu âgé de soixante-cinq ans accomplis peut refuser d'être tuteur. Celui qui aura été nommé avant cet âge pourra, à soixante-dix ans, se faire décharger de la tutelle.

Celui qui a soixante-cinq ans accomplis peut refuser la tutelle qui lui est déférée. Mais celui qui a commencé à gérer la tutelle avant ou après l'âge de soixante-cinq ans ne peut s'en faire décharger qu'à soixante-dix ans. La loi veut ainsi éviter, autant que possible, les changements de tuteurs.

434. Tout individu atteint d'une infirmité grave et dûment justifiée, est dispensé de la tutelle. — Il pourra même s'en faire décharger, si cette infirmité est survenue depuis sa nomination.

L'infirmité grave est pour tout tuteur une cause d'excuse; mais elle n'est une cause de décharge que si elle s'aggrave ou survient pendant la gestion.

435. Deux tutelles sont, pour toutes personnes, une juste dispense d'en accepter une troisième. — Celui qui, époux ou père, sera déjà chargé d'une tutelle, ne pourra être tenu d'en accepter une seconde, excepté celle de ses enfants.

On ne compte pas les tutelles par le nombre des pupilles, mais par le nombre des patrimoines dont le tuteur a l'administration; ainsi, celui qui a la tutelle de trois enfants de son frère n'a réellement qu'une seule tutelle. — La qualité d'époux ou de père impose des devoirs de surveillance et de protection; c'est pourquoi elle servira pour dispenser celui qui a déjà une tutelle d'accepter les autres tutelles qui pourraient lui être déférées.

436. Ceux qui ont cinq enfants légitimes sont dispensés de toute tutelle autre que celle desdits enfants. — Les enfants morts en activité de service dans les armées françaises seront toujours comptés pour opérer cette dispense. — Les autres en-

fants morts ne seront comptés qu'autant qu'ils auront eux-
mêmes laissé des enfants actuellement existants.

Pour former le nombre de cinq enfants, qui est nécessaire pour dispenser de la tutelle, on ne doit compter que les enfants légitimes, légitimés ou putatifs actuellement existants. Les enfants naturels, les enfants
adoptifs, les enfants légitimes qui sont seulement conçus, ou qui sont
déjà morts, ne comptent pas; on compte cependant les enfants légitimes
qui sont morts en activité de service militaire, et ceux qui ont laissé des
enfants; mais ces derniers ne compteront ensemble que pour leur père
ou leur mère qu'ils représentent.

437. La survenance d'enfants pendant la tutelle ne pourra
autoriser à l'abdiquer.

Celui qui a déjà quatre enfants à l'époque où la tutelle lui est déférée,
ne peut pas s'en faire décharger lorsqu'il lui en survient d'autres, parce
que les changements de tuteurs nuisent aux intérêts du mineur.

438. Si le tuteur nommé est présent à la délibération qui
lui défère la tutelle, il devra sur-le-champ, et sous peine d'être
déclaré non recevable dans toute réclamation ultérieure, proposer ses excuses, sur lesquelles le conseil de famille délibèrera.

Celui qui assiste à la délibération qui le nomme tuteur, doit proposer
sur-le-champ ses excuses; car le protecteur du mineur, le gérant de sa
fortune, doit être promptement certain.

439. Si le tuteur nommé n'a pas assisté à la délibération qui
lui a déféré la tutelle, il pourra faire convoquer le conseil de
famille pour délibérer sur ses excuses. — Ses diligences à ce
sujet devront avoir lieu dans le délai de trois jours, à partir de
la notification qui lui aura été faite de sa nomination; lequel
délai sera augmenté d'un jour par trois myriamètres de distance
du lieu de son domicile à celui de l'ouverture de la tutelle :
passé ce délai, il sera non recevable.

La disposition de cet article est applicable aussi bien au tuteur légitime et au tuteur nommé par le survivant des père et mère, qu'au tuteur nommé par le conseil de famille : chacun d'eux doit proposer ses excuses dans les trois jours à partir de l'époque où il a connu que la tutelle lui a été déférée.

440. Si ses excuses sont rejetées, il pourra se pourvoir devant les tribunaux pour les faire admettre ; mais il sera, pendant le litige, tenu d'administrer provisoirement.

Le tuteur forme devant le tribunal de première instance sa demande contre les membres du conseil de famille qui ont été d'avis de rejeter ses excuses ; le jugement du tribunal est susceptible d'appel.

441. S'il parvient à se faire exempter de la tutelle, ceux qui auront rejeté l'excuse pourront être condamnés aux frais de l'instance. — S'il succombe, il sera condamné lui-même.

Si le tribunal déclare que les motifs d'excuse ne sont pas fondés, il condamne le tuteur aux frais du procès. S'il déclare que ces motifs sont fondés, il excuse le tuteur et condamne le mineur aux frais ; mais il met les frais à la charge des membres du conseil de famille qui ont rejeté les excuses, quand il estime que ce rejet a eu lieu par des raisons blâmables.

SECTION VII.

De l'incapacité, des exclusions et destitutions de la Tutelle.

Les causes d'*incapacité* sont celles qui rendent certaines personnes inhabiles à gérer la tutelle ; elles résultent de la qualité de mineur, d'interdit, de femme, ou de la rivalité d'intérêts. Les causes d'*exclusion*, applicables à celui qui n'a pas encore géré, et de *destitution*, applicables à celui qui a déjà géré, résultent du danger qu'il y aurait de confier à des personnes de mauvaises mœurs, ou d'une gestion infidèle, la direction du mineur et l'administration de ses biens.

442. Ne peuvent être tuteurs, ni membres des conseils de famille : — 1° Les mineurs, excepté le père ou la mère ; — 2° Les interdits ; — 3° Les femmes, autres que la mère et les ascen-

dantes; — 4° Tous ceux qui ont, ou dont les père ou mère ont
avec le mineur un procès dans lequel l'état de ce mineur, sa
fortune, ou une partie notable de ses biens, sont compromis.

Quoique le survivant des père et mère soit mineur, il est néanmoins,
à raison de son affection pour ses enfants, appelé à gérer leur tutelle;
lorsqu'il s'agit d'actes dépassant les limites de l'administration, il devra
être autorisé, non pas par son conseil de famille, mais par le conseil de
famille de ses enfants. La disposition qui appelle les père et mère mineurs à la tutelle de leurs enfants, ne concerne que les père et mère
légitimes, qui sont émancipés de plein droit par leur mariage (art. 476);
les père et mère naturels ne deviennent tuteurs de leurs enfants que s'ils
sont majeurs.

Trois observations sont nécessaires sur cet article : 1° l'incapacité des
interdits ne s'étend pas à ceux qui ont reçu un conseil judiciaire ; 2° les
ascendantes, autres que la mère, n'ont jamais la tutelle légitime, et ne
peuvent devenir tutrices que par le choix fait soit par le survivant des père
et mère, soit par le conseil de famille ; 3° celui qui a un procès avec le
mineur peut être tuteur d'autres personnes, car son incapacité n'est que
relative.

Sur la question gravement agitée de savoir si un étranger est capable
d'être tuteur d'un Français, la jurisprudence décide avec raison la
négative, par la raison que la tutelle ressemble aux fonctions publiques que
les étrangers sont incapables de remplir (C. de Paris, 21 mars 1861).

443. La condamnation à une peine afflictive ou infamante
emporte de plein droit l'exclusion de la tutelle. Elle emporte de
même la destitution dans le cas où il s'agirait d'une tutelle antérieurement déférée.

L'exclusion ou la destitution de la tutelle résulte de plein droit de toute
condamnation par la cour d'assises à une peine afflictive ou infamante.
Les tribunaux correctionnels peuvent, dans certains cas, priver le coupable du droit de tutelle (art. 42 C. pén.). Toutefois, le père ou la mère
qui a subi une condamnation infamante, ou que le tribunal correctionnel
a privé du droit de tutelle, peut encore être investi par le conseil de
famille de la tutelle de ses enfants; dans ce cas, après avoir été déchu de
la tutelle naturelle, il devient tuteur datif.

444. Sont aussi exclus de la tutelle, et même destituables, s'ils sont en exercice : — 1° Les gens d'une inconduite notoire ; — 2° Ceux dont la gestion attesterait l'incapacité ou l'infidélité.

L'exclusion et la destitution de la tutelle n'existent pas ici de plein droit. Le conseil de famille doit donc apprécier : 1° s'il est de notoriété publique que le tuteur a de mauvaises mœurs, ou des habitudes gravement blâmables, comme celles de la paresse, de l'ivrognerie ; 2° si des gestions antérieures ou la gestion de la tutelle actuelle attestent que le tuteur est incapable de bien gérer ou qu'il commet des infidélités dans son administration. Le conseil de famille pourrait, pour l'une de ces deux causes, exclure ou destituer de la tutelle le père même des mineurs, car il est contraire au but essentiel de la tutelle d'exposer la personne du mineur à l'influence de conseils et d'exemples pernicieux, et son patrimoine aux dilapidations.

445. Tout individu qui aura été exclu ou destitué d'une tutelle ne pourra être membre d'un conseil de famille.

Les causes d'exclusion et de destitution ne concernent que le tuteur ; elles ne peuvent pas être étendues à un membre du conseil de famille, car celui-ci a moins de pouvoir que le tuteur sur la personne et les biens du mineur. Cependant, celui qui a été exclu ou destitué des fonctions de tuteur ne peut jamais faire partie d'aucun conseil de famille. Cette décision peut paraître rigoureuse et peu en harmonie avec le principe qui, afin d'exciter le retour au bien, permet à tout condamné d'obtenir sa réhabilitation.

446. Toutes les fois qu'il y aura lieu à une destitution de tuteur, elle sera prononcée par le conseil de famille, convoqué à la diligence du subrogé-tuteur, ou d'office par le juge de paix. — Celui-ci ne pourra se dispenser de faire cette convocation, quand elle sera formellement requise par un ou plusieurs parents ou alliés du mineur au degré de cousin germain ou à des degrés plus proches.

De même que la destitution, l'exclusion de tutelle est prononcée par le conseil de famille. Lorsque le subrogé-tuteur n'a pas encore été nommé, le juge de paix convoquera le conseil d'office, ou sur la réquisition d'un parent ou allié du mineur.

447. Toute délibération du conseil de famille qui prononcera l'exclusion ou la destitution du tuteur sera motivée, et ne pourra être prise qu'après avoir entendu ou appelé le tuteur.

Quand le conseil de famille veut délibérer sur une cause d'exclusion ou de destitution, il appelle le tuteur à l'assemblée par citation d'huissier. Il doit *motiver* sa délibération, c'est-à-dire exprimer les faits sur lesquels il se fonde : en cas de contestation, le tribunal pourra ainsi apprécier si la délibération doit être maintenue.

448. Si le tuteur adhère à la délibération, il en sera fait mention, et le nouveau tuteur entrera aussitôt en fonctions. — S'il y a réclamation, le subrogé-tuteur poursuivra l'homologation de la délibération devant le tribunal de première instance, qui prononcera sauf l'appel. — Le tuteur exclu ou destitué peut lui-même, en ce cas, assigner le subrogé-tuteur pour se faire déclarer maintenu dans la tutelle.

Dès que le conseil de famille a prononcé l'exclusion ou la destitution de la tutelle, il nomme un nouveau tuteur, qui n'entre cependant aussitôt en fonctions que si l'ancien tuteur adhère à la délibération; dans le cas contraire, l'ancien tuteur administre tant que la délibération du conseil de famille n'a pas été homologuée.

449. Les parents ou alliés qui auront requis la convocation pourront intervenir dans la cause, qui sera instruite et jugée comme affaire urgente.

Quand une affaire est *urgente*, elle est portée devant le tribunal, sans qu'il soit nécessaire d'attendre l'expiration des délais fixés pour les actes des procédures ordinaires.

SECTION VIII.

De l'Administration du Tuteur.

Les fonctions du tuteur sont : 1° de prendre soin de la personne du mineur, et, par suite, de veiller à sa santé, à son éducation, à son instruction, et de l'initier aux soins d'une administration sage et intelligente; 2° de représenter le mineur dans tous les actes civils; 3° d'administrer le patrimoine du mineur.

Les actes d'administration, qui font principalement l'objet de cette section, se divisent en quatre classes : 1° les actes que le tuteur peut faire seul; 2° les actes pour lesquels le tuteur doit être autorisé par le conseil de famille; 3° les actes pour lesquels il faut au tuteur, outre l'autorisation du conseil de famille, l'homologation du tribunal; 4° enfin, les actes que le tuteur ne peut jamais faire.

450. Le tuteur prendra soin de la personne du mineur, et le représentera dans tous les actes civils. — Il administrera ses biens en bon père de famille, et répondra des dommages-intérêts qui pourraient résulter d'une mauvaise gestion. — Il ne peut ni acheter les biens du mineur, ni les prendre à ferme, à moins que le conseil de famille n'ait autorisé le subrogé-tuteur à lui en passer bail, ni accepter la cession d'aucun droit ou créance contre son pupille.

§ 1er *de l'article.* — C'est généralement le tuteur qui prend soin du mineur, qui veille sur sa santé, forme son éducation et le dirige dans le choix d'un état. Cependant le survivant des père et mère, qui est excusé de la tutelle, conserve le soin, la surveillance et la direction de ses enfants, parce que ce sont là des choses qui constituent des droits et des devoirs de la puissance paternelle. Bien plus, le tribunal peut, sur la demande d'un membre du conseil de famille, enlever au tuteur la garde du mineur pour la confier à une autre personne.

La règle posée par notre article, que le tuteur représente le mineur « dans tous les actes civils, » signifie que les actes du tuteur sont considérés comme faits valablement par le mineur lui-même, et que c'est sur celui-ci seul que reposent les obligations actives et passives résultant de ces actes. Dans le droit romain, au contraire, le pupille figurait lui-même, comme partie, dans les actes, avec l'autorisation de son tuteur : ce système avait l'avantage très-important d'initier de bonne heure le pupille à une prudente administration de son patrimoine. Au reste, il existe dans notre législation des actes qui sont personnels au mineur et dans lesquels il n'est pas représenté par son tuteur, tels sont l'acte de mariage, la reconnaissance d'un enfant naturel.

L'acte que fait le tuteur au delà de la limite de ses pouvoirs n'est pas nul, mais seulement annulable ; toutefois, le mineur devenu majeur qui veut en faire prononcer la nullité n'a pas besoin de prouver que cet acte lui porte préjudice. (Voir ci-après, art. 1314.)

§ 2. Le tuteur qui n'administre pas en *bon père de famille*, c'est-à-dire en administrateur soigneux et diligent, commet une faute qui le rend passible de dommages-intérêts envers le mineur.

§ 3. Le tuteur ne peut jamais acheter ni par lui-même ni par personne interposée les biens du mineur, car il jouerait dans cet acte les rôles, incompatibles dans une même personne, de vendeur et d'acheteur. S'il pouvait acheter les biens de son pupille, il y aurait conflit entre ses devoirs et son intérêt, et, dans ce conflit, il négligerait peut-être de remplir les formes prescrites pour la publicité de la vente, et écarterait les enchérisseurs. Il peut cependant, dans une vente judiciaire, se porter enchérisseur de biens dans lesquels il a, avec le mineur, des droits indivis ; car l'adjudication, qui est faite dans ce cas à son profit, a bien plutôt le caractère d'un partage que le caractère d'une vente (art. 883). Telle est l'opinion générale des auteurs, qui est consacrée par arrêt ainsi conçu : — « Attendu que si le législateur a voulu protéger la minorité, sa sollicitude n'a plus de raison d'être quand des majeurs ont avec les mineurs des intérêts tellement identiques et confondus, que les majeurs ne peuvent sauvegarder leurs intérêts qu'en sauvegardant ceux des mineurs eux-mêmes ; que, dans l'hypothèse d'une indivision entre majeurs et mineurs, et d'une licitation pour cause d'impartageabilité, les majeurs seraient lésés par l'exclusion du tuteur qui se trouve souvent au nombre des optateurs les plus intéressés à devenir propriétaires des immeubles licités, ou à en élever le prix » (C. de Montpellier, 10 juin 1862).

Avec l'autorisation du conseil de famille, le tuteur peut prendre à bail non-seulement les fermes du mineur, mais encore les maisons et toute espèce de biens, meubles ou immeubles ; au lieu d'être compromis par de pareils actes, les intérêts du mineur seront généralement mieux sauvegardés. Mais, à raison de l'opposition d'intérêts qui existe alors entre le tuteur et le mineur, c'est le subrogé-tuteur qui passera le bail au tuteur.

Le tuteur ne peut accepter la cession d'aucun droit ou créance contre son pupille. En conséquence, il ne peut pas faire avec le créancier de son pupille la convention suivante : « J'achète votre créance de 20,000 fr. contre mon pupille pour le prix de 8,000 fr. ; j'aurai par suite le droit de réclamer à mon pupille la somme de 20,000 fr. » En effet, la mission du tuteur consistant à protéger les intérêts du mineur, il violerait gravement ses devoirs s'il profitait de sa fonction pour faire contre son pupille des spéculations qui pourraient être d'autant plus lucratives qu'il a dans ses mains tous les titres et qu'il pourrait supprimer les quittances servant à prouver l'extinction des dettes de son pupille. Une pareille cession de créance est donc nulle, en ce sens du moins que le tuteur n'obtiendra point le bénéfice de 12,000 fr. qu'il espérait en retirer. Toutefois, il pourra réclamer à son pupille le montant du prix de la cession, c'est-à-dire, dans l'espèce ci-dessus posée, la somme de 8,000 fr., alors qu'il ne s'élève aucun doute sur l'existence de la dette du mineur. Celui-ci, en effet, ne doit point s'enrichir aux dépens d'autrui. Au reste, il est certain que le tuteur qui, sans esprit de spéculation, paye avec son argent une dette du mineur, peut lui réclamer le montant de ce qu'il a payé, en agissant même par action hypothécaire, s'il a été subrogé aux droits d'hypothèque du créancier.

451. Dans les dix jours qui suivront celui de sa nomination, dûment connue de lui, le tuteur requerra la levée des scellés, s'ils ont été apposés, et fera procéder immédiatement à l'inventaire des biens du mineur, en présence du subrogé-tuteur. — S'il lui est dû quelque chose par le mineur, il devra le déclarer dans l'inventaire, à peine de déchéance, et ce, sur la réquisition que l'officier public sera tenu de lui en faire, et dont mention sera faite au procès-verbal.

Les *scellés* sont des bandes de papier, appliquées, avec de la cire, sur les portes des appartements, des armoires et autres meubles, de telle manière que l'on ne puisse ouvrir sans les briser. Ils sont mis par le juge de paix apposant son sceau sur la cire qui retient les deux extrémités des bandes. On veut par là empêcher la soustraction des valeurs mobilières. Le bris des scellés est gravement puni (art. 249 et suiv. C. pén.). Le juge de paix qui a mis les scellés peut seul les lever.

L'*inventaire* est un écrit qui contient la description et l'estimation des biens meubles, et qui mentionne les titres de propriété, les créances et les dettes. Il est rédigé par un notaire, en présence du juge de paix, du subrogé-tuteur et de plusieurs témoins. Il sert à constater les valeurs appartenant au mineur, qui seront confiées à l'administration du tuteur et dont celui-ci devra rendre compte à la fin de sa gestion.

Tout tuteur est tenu de faire apposer les scellés et de faire procéder à l'inventaire des biens mobiliers qui appartiennent à son pupille ; cependant, lorsqu'il s'agit d'un tuteur légitime qui est présent, on se dispense des frais d'apposition de scellés, en procédant immédiatement à l'inventaire. S'il n'existe pas de mobilier, le juge de paix dresse un procès-verbal de carence (art. 924 C. pr.). Il est nécessaire aussi de faire inventaire toutes les fois que le pupille recueille une succession pendant l'existence de la tutelle ; mais le décès, la décharge ou la destitution du tuteur ne met pas le nouveau tuteur dans la nécessité de faire inventaire.

Avant que de procéder à l'état descriptif et estimatif des meubles, le notaire doit faire au tuteur la réquisition de déclarer s'il est créancier du mineur ; il mentionne sur l'inventaire la réponse qu'il reçoit. Si le tuteur a déclaré qu'il ne lui est rien dû, il encourt par là une déchéance complète de tous les droits qu'il pourrait avoir contre son pupille ; car il y a présomption que les créances dont le tuteur voudrait ensuite produire les titres, ont été payées, et cette présomption protége efficacement le pupille contre toutes les réclamations de son tuteur. Mais le tuteur qui n'a pas été requis par le notaire de faire la déclaration prescrite, n'encourt point la déchéance de ses droits contre le mineur.

452. Dans le mois qui suivra la clôture de l'inventaire, le tuteur fera vendre, en présence du subrogé-tuteur, aux enchères reçues par un officier public, et après des affiches ou publications dont le procès-verbal de vente fera mention, tous les meubles autres que ceux que le conseil de famille l'aurait autorisé à conserver en nature.

Le tuteur n'est tenu de faire vendre que les meubles *corporels*, comme les meubles meublants, les chevaux, le blé, le vin, le linge : de pareils biens étant sujets à dépérissement et à dépréciation, il arrivera que le prix de la vente, augmenté des intérêts, dépassera généralement beaucoup la valeur que ces biens auraient lors de la majorité du mineur. Le conseil de famille peut cependant, sur la demande du tuteur ou d'un de ses mem-

bres, autoriser la conservation de quelques meubles, lorsqu'il importe au
mineur de les garder, comme les portraits de famille, une bibliothèque
de livres qui serviront bientôt à l'exercice de sa profession. Quant aux
meubles *incorporels*, comme les créances, les rentes, les obligations et
actions industrielles, ils sont gardés, alors surtout que leur vente néces-
siterait un remploi de même nature.

La vente des meubles doit avoir lieu, en général, dans le court délai
d'un mois; elle est faite par le ministère d'un commissaire priseur ou
d'un notaire, après affiches, aux enchères publiques, en présence du tuteur et du subrogé-tuteur.

453. Les père et mère, tant qu'ils ont la jouissance propre
et légale des biens du mineur, sont dispensés de vendre les
meubles, s'ils préfèrent de les garder pour les remettre en nature. — Dans ce cas, ils en feront faire, à leurs frais, une estimation à juste valeur, par un expert qui sera nommé par le
subrogé-tuteur et prêtera serment devant le juge de paix. Ils
rendront la valeur estimative de ceux des meubles qu'ils ne
pourraient représenter en nature.

Le survivant des père et mère qui a la jouissance légale peut, à son gré,
faire vendre les meubles de son enfant mineur, ou les garder en nature
sur estimation. Dans ce dernier cas, il est tenu de faire estimer, à ses
frais, les meubles par un expert qui est nommé par le subrogé-tuteur et
qui prête serment devant le juge de paix, car l'estimation qui aurait été
faite dans l'inventaire est alors considérée comme insuffisante. Il répond
des pertes et des détériorations, à moins qu'il ne prouve qu'elles sont arrivées sans sa faute.

454. Lors de l'entrée en exercice de toute tutelle, autre que
celle des père et mère, le conseil de famille réglera par aperçu,
et selon l'importance des biens régis, la somme à laquelle
pourra s'élever la dépense annuelle du mineur, ainsi que celle
d'administration de ses biens. — Le même acte spécifiera si le
tuteur est autorisé à s'aider, dans sa gestion, d'un ou plusieurs
administrateurs particuliers, salariés, et gérant sous sa responsabilité.

Au commencement de la tutelle, le conseil de famille détermine par *aperçu*, c'est-à-dire approximativement, la somme que le tuteur dépensera annuellement pour le mineur et pour l'administration de ses biens ; il décide en même temps si le tuteur sera aidé dans sa gestion par des mandataires qui seront payés sur la fortune du mineur. Cette double décision du conseil de famille peut être modifiée s'il survient d'importants changements dans la fortune du mineur. Quand le tuteur a dépensé moins que la somme fixée, il tient compte de la différence ; quand il a dépensé plus, il est présumé en faute, et, par suite, il ne peut faire entrer l'excédant dans son compte de tutelle, excepté dans le cas où il prouve que cet excédant de dépense était nécessaire pour une bonne administration.

Jamais le conseil de famille ne fixe le montant des dépenses lorsqu'il s'agit de la tutelle naturelle ; car la loi et le conseil de famille n'ont pas à suspecter l'affection et la sollicitude du père ou de la mère pour ses enfants.

455. Ce conseil déterminera positivement la somme à laquelle commencera, pour le tuteur, l'obligation d'employer l'excédant des revenus sur la dépense : cet emploi devra être fait dans le délai de six mois, passé lequel le tuteur devra les intérêts à défaut d'emploi.

De même que tout administrateur prudent, le tuteur garde un fonds de réserve ; mais c'est au conseil de famille à en déterminer la somme. Il doit faire emploi dans les six mois de ce qui excède la somme fixée, sans distinguer si cet excédant provient des revenus du mineur ou du remboursement de capitaux. Par une espèce de compte courant, il est réputé avoir reçu ce dont il est personnellement débiteur envers son pupille, dès que l'échéance de sa dette est arrivée ; mais, d'un autre côté, il est censé se payer de sa créance contre le mineur, dès que sa créance est exigible et que la caisse pupillaire renferme une somme suffisante pour éteindre la dette.

Si le tuteur prête, avant l'échéance de six mois, l'excédant de la somme fixée par le conseil de famille, ou s'il emploie une somme quelconque du mineur à son usage personnel, il en doit les intérêts ; car sa charge ne peut pas devenir pour lui un moyen de s'enrichir au détriment du mineur. Si, au contraire, il ne fait pas emploi de l'excédant dans le délai prescrit, il doit au mineur les intérêts de cet excédant, à partir de l'échéance du délai ; car il a commis une faute qu'il est tenu de réparer.

Le tuteur peut employer les sommes pupillaires comme il l'estime convenable, par exemple, en rentes sur l'Etat, en prêts à intérêts, en acquisitions d'immeubles, ou de toute autre manière. Lorsqu'il achète un immeuble au nom du mineur, il n'a pas besoin de l'autorisation du conseil de famille, s'il a en caisse la somme nécessaire pour payer l'intégralité du prix. Mais peut-il en acheter sans obtenir l'autorisation du conseil de famille et l'homologation du tribunal, lorsqu'il n'a pas toute la somme en caisse et qu'il stipule un terme pour le payement? Cette question, qui est très-vivement controversée, ne doit être résolue que par appréciation des circonstances particulières. C'est du moins ce que la Cour de cassation a décidé dans les termes suivants : — « Attendu que le pourvoi conteste au tuteur le droit d'acheter à crédit des immeubles pour le compte du mineur, sans l'autorisation du conseil de famille ; — Attendu que la législation qui nous régit, conforme en cela au droit romain, n'a pas interdit au tuteur de semblables acquisitions; que les tuteurs se trouvent, dès lors, placés sous l'empire de cette règle, *Emere possunt quilibet non prohibiti*, érigée en loi par l'art. 1594 C. Nap. ; que vainement on objecte que le tuteur n'est qu'un simple administrateur, et que les acquisitions d'immeubles dépassent les limites de l'administration tutélaire; — Attendu que cette proposition ne saurait être acceptée dans le sens général que le pourvoi lui attribue; — Qu'il peut se présenter des circonstances dans lesquelles l'acquisition d'un immeuble, alors même que le tuteur ne pourrait en payer immédiatement le prix, constituerait un acte de sage administration » (C. cass. 8 janv. 1863).

456. Si le tuteur n'a pas fait déterminer par le conseil de famille la somme à laquelle doit commencer l'emploi, il devra, après le délai exprimé dans l'article précédent, les intérêts de toute somme non employée, quelque modique qu'elle soit.

Le tuteur qui a négligé de faire déterminer par le conseil de famille la somme qu'il pourra garder et qui n'a en réserve, depuis plus de six mois, qu'une faible somme strictement nécessaire pour l'administration, en doit les intérêts ; les termes de notre article sont formels à cet égard. S'il gardait des sommes pendant plusieurs années, il devrait aussi les intérêts des intérêts; car il est gravement en faute.

457. Le tuteur, même le père ou la mère, ne peut emprunter pour le mineur, ni aliéner ou hypothéquer ses biens immeubles, sans y être autorisé par un conseil de famille. — Cette autorisation ne devra être accordée que pour cause d'une né-cessité absolue, ou d'un avantage évident. — Dans le premier cas, le conseil de famille n'accordera son autorisation qu'après qu'il aura été constaté, par un compte sommaire présenté par le tuteur, que les deniers, effets mobiliers et revenus du mineur sont insuffisants. — Le conseil de famille indiquera, dans tous les cas, les immeubles qui devront être vendus de préférence, et toutes les conditions qu'il jugera utiles.

Emprunter, aliéner des immeubles ou les hypothéquer, sont des actes qui dépassent les limites de l'administration ordinaire; c'est pourquoi le tuteur ne peut faire de pareils actes qu'en cas de nécessité absolue ou d'a-vantage évident, et seulement après avoir obtenu l'autorisation du conseil de famille et l'homologation du tribunal. Or, il y a *nécessité absolue*, si le tuteur a un besoin impérieux d'argent, par exemple, pour faire à un im-meuble pupillaire des réparations urgentes ou pour subvenir aux besoins du mineur. Il y a *avantage évident*, s'il s'agit, par exemple, d'aliéner une maison dont l'entretien excède le revenu, ou de procurer au mineuv un établissement avantageux.

458. Les délibérations du conseil de famille relatives à cet objet, ne seront exécutées qu'après que le tuteur en aura de-mandé et obtenu l'homologation devant le tribunal de première instance, qui y statuera en la chambre du conseil, et après avoir entendu le procureur impérial.

La délibération du conseil de famille qui permet au tuteur d'emprunter au nom du mineur, d'aliéner ou d'hypothéquer des immeubles, doit être soumise à l'appréciation du tribunal de première instance. Celui-ci déli-bère en la chambre du conseil, et, après avoir entendu les conclusions du procureur impérial, il accorde ou refuse son homologation.

On entend par *homologation* la décision du tribunal qui est conforme à la délibération et qui lui donne la force nécessaire. Le tribunal qui est saisi de la demande d'homologation de l'avis des parents ne peut prescrire aucune mesure qui n'a point été indiquée dans cet avis. Ainsi décidé par la Cour de cassation, qui casse un arrêt de la cour de Dijon, du 5 avril

1864 : — « Attendu que le pouvoir donné par la loi aux tribunaux ne peut les autoriser à se substituer au tuteur et au conseil de famille, et à ordonner d'office des mesures qui n'ont été ni demandées ni délibérées; — D'où il suit qu'en ordonnant la vente d'autres immeubles que ceux désignés par la tutrice et le conseil de famille..., l'arrêt attaqué a commis un excès de pouvoir » (C. cass. 9 févr. 1863).

459. La vente se fera publiquement, en présence du subrogé-tuteur, aux enchères qui seront reçues par un membre du tribunal de première instance, ou par un notaire à ce commis, et à la suite de trois affiches apposées, par trois dimanches consécutifs, aux lieux accoutumés dans le canton. — Chacune de ces affiches sera visée et certifiée par le maire des communes où elles auront été apposées.

Les formalités prescrites pour la vente d'immeubles appartenant aux mineurs sont réglées par les art. 953 et suiv. C. pr. ; ces articles sont modifiés par la loi du 2 juin 1841, qui diminue les frais trop considérables de pareilles ventes. Quand les formalités prescrites ont été observées, la vente des immeubles du mineur est ferme et irrévocable.

460. Les formalités exigées par les articles 457 et 458, pour l'aliénation des biens du mineur, ne s'appliquent point au cas où un jugement aurait ordonné la licitation sur la provocation d'un copropriétaire par indivis. — Seulement, et en ce cas, la licitation ne pourra se faire que dans la forme prescrite par l'article précédent : les étrangers y seront nécessairement admis.

On entend par *licitation* la vente aux enchères d'une chose qui appartient à plusieurs par indivis et qui ne peut être commodément partagée (art. 1686). Personne n'étant tenu de rester dans l'indivision et chaque propriétaire par indivis pouvant demander le partage (art. 815), il s'ensuit que si la chose indivise ne peut être partagée en nature, elle doit être licitée. Quand celui qui est propriétaire par indivis avec le mineur poursuit la licitation, il dicte la loi; il est donc inutile que le tuteur convoque le conseil de famille sur l'utilité d'un acte qu'il ne peut empêcher.

Mais le tuteur ne pourrait provoquer le partage ou la licitation qu'avec l'autorisation du conseil de famille (art. 465). Au reste, toutes les fois qu'il y a, parmi les copropriétaires d'une chose indivise, un mineur, un interdit ou un absent, les étrangers sont nécessairement admis à se porter enchérisseurs ; la chaleur des enchères élèvera ainsi le prix de la vente.

Nota. — La loi ne dit rien, dans cette matière, des voies d'exécution que les créanciers ont contre le mineur ; ni de la cession des droits de créances du mineur, tels que rentes, actions et obligations industrielles, créances contre des particuliers ; ni de la durée des baux de biens appartenant au mineur. Quelques mots à cet égard sont nécessaires.

1° Le créancier qui a un titre exécutoire contre le mineur et qui veut parvenir à son payement, doit faire vendre les meubles de son débiteur, avant que de poursuivre la vente par expropriation des immeubles (art. 2206, 2207). Cette vente est toujours faite aux enchères publiques.

2° Le tuteur peut, sans avoir besoin d'aucune autorisation, faire vendre par un agent de change, et au cours du jour, les rentes sur l'État qui appartiennent au mineur, lorsque leur revenu annuel n'excède pas cinquante francs ; mais si le revenu de la rente excède cette somme, il ne peut vendre la rente qu'avec autorisation du conseil de famille (L. 24 mars 1806). Il peut pareillement vendre seul une action de la banque de France ; mais s'il veut vendre plusieurs de ces actions, il a besoin de l'autorisation du conseil de famille (Décr. 25 sept. 1813). Il peut, selon nous, vendre seul, soit les actions et obligations que le mineur a dans une compagnie, soit les créances du mineur contre des particuliers ; mais, bien entendu, il est responsable à cet égard de sa faute. Cependant, lorsque les actions et obligations sont nominatives, la prudence de l'agent de change exigera, dans cette question controversée, l'autorisation du conseil de famille.

3° Le tuteur peut passer seul les baux de fermes ou de maisons qui appartiennent au mineur, lorsque leur durée n'excède pas neuf ans. Il peut aussi renouveler les baux dans les trois ans ou les deux ans qui précèdent leur expiration, selon qu'il s'agit de fermes ou de maisons (art. 1429, 1430, 1718). Pour passer un bail de plus de neuf ans, le tuteur a besoin de l'autorisation du conseil de famille.

461. Le tuteur ne pourra accepter ni répudier une succession échue au mineur, sans une autorisation préalable du conseil de famille. L'acceptation n'aura lieu que sous bénéfice d'inventaire.

Le majeur capable auquel une succession est déférée peut choisir entre l'un de ces trois partis : — 1° Accepter la succession purement et simplement; il est alors continuateur de la personne du défunt et devient débiteur de toutes les dettes héréditaires; — 2° Accepter sous bénéfice d'inventaire; il sépare par là le patrimoine du défunt de son propre patrimoine; il n'est tenu de payer les dettes héréditaires que sur les biens du défunt, et seulement jusqu'à concurrence de leur émolument; mais il garde pour lui ce qui peut rester après le payement de toutes les dettes; — 3° Renoncer à la succession; il répudie par là l'émolument et les charges dont l'hérédité se compose. Lorsque la succession est échue à un mineur ou à un interdit, le tuteur ne peut jamais l'accepter d'une manière pure et simple; il doit ou l'accepter sous bénéfice d'inventaire, ou la répudier. Mais il ne peut prendre l'un de ces partis qu'avec l'autorisation du conseil de famille. L'acceptation bénéficiaire, qui semble, au premier abord, ne présenter aucun inconvénient, nécessite cependant bien des démarches et bien des frais qu'il n'est pas toujours possible de recouvrer. D'ailleurs, tout héritier, même bénéficiaire, devant rapporter à la succession les dons qu'il a reçus du défunt, et ne pouvant réclamer les legs qui lui ont été faits (art. 843), il peut arriver que la qualité de donataire ou de légataire soit plus avantageuse que celle d'héritier.

462. Dans le cas où la succession répudiée au nom du mineur n'aurait pas été acceptée par un autre, elle pourra être reprise soit par le tuteur, autorisé à cet effet par une nouvelle délibération du conseil de famille, soit par le mineur devenu majeur, mais dans l'état où elle se trouvera lors de la reprise, et sans pouvoir attaquer les ventes et autres actes qui auraient été légalement faits durant la vacance.

La répudiation de la succession, qui est faite par le mineur, représenté par son tuteur agissant avec l'autorisation du conseil de famille, a les mêmes effets que si elle était faite par un majeur. Or, le majeur qui a répudié une succession qui lui est échue, peut changer d'avis et accepter la succession, tant qu'elle n'a pas été acceptée par un autre (art. 790); mais il doit respecter les actes valablement faits par le curateur à la succession vacante. Il existe cependant une différence notable entre le mineur et le majeur : le premier peut toujours revenir contre sa répudiation d'une succession qui n'a encore été acceptée par personne; tandis que le second ne peut revenir contre sa répudiation que dans les trente ans qui suivent l'ouverture de la succession. Cette différence vient de ce que la prescription du droit d'accepter ne court pas contre le mineur (art. 2252), tandis qu'elle court contre le majeur.

463. La donation faite au mineur ne pourra être acceptée par le tuteur qu'avec l'autorisation du conseil de famille. — Elle aura, à l'égard du mineur, le même effet qu'à l'égard du majeur.

Le tuteur doit obtenir l'autorisation du conseil de famille pour accepter une donation faite au mineur, parce que des considérations contraires à la morale pourraient engager des personnes à s'attacher le mineur par des libéralités. Toutefois, les père et mère du mineur et, même du vivant des père et mère, les autres ascendants peuvent accepter une donation faite au mineur, sans avoir besoin de recourir à l'autorisation d'un conseil de famille (art. 935); la loi les considère comme des appréciateurs éclairés des questions morales concernant leurs descendants.

464. Aucun tuteur ne pourra introduire en justice une action relative aux droits immobiliers du mineur, ni acquiescer à une demande relative aux mêmes droits, sans l'autorisation du conseil de famille.

Toute action est personnelle ou réelle : dans l'action *personnelle*, le demandeur soutient qu'il est créancier de son adversaire ; dans l'action *réelle*, il soutient qu'il est propriétaire d'une chose, d'une qualité, d'un droit que son adversaire possède. Si l'action personnelle ou réelle a pour objet un immeuble, elle est *immobilière* ; si elle a, au contraire, pour objet un meuble, elle est *mobilière*.

Le tuteur a besoin d'être autorisé par le conseil de famille, lorsqu'il veut, soit intenter une action immobilière, soit *acquiescer* à une demande immobilière formée par un tiers, c'est-à-dire abandonner la défense ; car, par une pareille demande, par un pareil acquiescement, il pourrait exposer gravement les droits du mineur. Mais lorsqu'il s'agit de défendre à une action immobilière, ou bien d'intenter une action mobilière, d'y défendre ou même d'y acquiescer, le tuteur n'a pas besoin de l'autorisation du conseil de famille.

465. La même autorisation sera nécessaire au tuteur pour provoquer un partage; mais il pourra, sans cette autorisation, répondre à une demande en partage dirigée contre le mineur.

Pour intenter l'action en partage d'une succession, même entièrement mobilière, le tuteur doit recourir à l'autorisation du conseil de famille. En effet, le mineur peut avoir un intérêt à rester dans l'indivision jusqu'à sa majorité, parce qu'il pourra éviter alors les frais d'un partage judiciaire et, au moyen d'une convention amiable, obtenir dans son lot celles des choses héréditaires qui sont le plus à sa convenance. Mais le tuteur n'a pas besoin d'être autorisé par le conseil de famille pour défendre à une demande en partage formée par un tiers; car, nul n'étant tenu de rester dans l'indivision (art. 815), rien ne peut paralyser le droit du demandeur.

466. Pour obtenir à l'égard du mineur tout l'effet qu'il aurait entre majeurs, le partage devra être fait en justice, et précédé d'une estimation faite par experts nommés par le tribunal de première instance du lieu de l'ouverture de la succession. — Les experts, après avoir prêté, devant le président du même tribunal ou autre juge par lui délégué, le serment de bien et fidèlement remplir leur mission, procèderont à la division des héritages et à la formation des lots, qui seront tirés au sort, et en présence soit d'un membre du tribunal, soit d'un notaire par lui commis, lequel fera la délivrance des lots. — Tout autre partage ne sera considéré que comme provisionnel.

Les art. 815 et suiv. exposent la série des formes requises pour la validité du partage judiciaire. Lorsque ces formes ont été observées, le partage produit les mêmes effets irrévocables à l'égard des mineurs qu'à l'égard des majeurs. Si, au contraire, les formes n'ont pas été observées, le partage sera tantôt provisionnel, tantôt annulable. Or, il sera *provisionnel,* si les copartageants ont voulu fixer, jusqu'au partage définitif, un mode de jouissance séparée; tandis qu'il sera *annulable,* si les copartageants, qui ont omis quelques-unes des formes requises pour la validité du partage judiciaire, ont voulu faire cesser entièrement l'indivision. Lorsque le partage est annulable, les mineurs qui n'ont pas été suffisamment protégés, parce que les formes introduites en leur faveur n'ont pas été observées, peuvent demander la nullité du partage ; mais ce droit n'appartient pas aux capables.

467. Le tuteur ne pourra transiger au nom du mineur, qu'après y avoir été autorisé par le conseil de famille, et de l'avis de trois jurisconsultes désignés par le procureur impérial près le tribunal de première instance. — La transaction ne sera valable qu'autant qu'elle aura été homologuée par le tribunal de première instance, après avoir entendu le procureur impérial.

La *transaction* est un contrat par lequel les parties terminent une contestation née, ou préviennent une contestation à naître, au moyen de sacrifices réciproques (art. 2044). Elle diffère de l'*acquiescement,* qui est la reconnaissance du droit invoqué par le demandeur, et du *compromis,* par lequel les parties défèrent à des arbitres le droit de terminer par une sentence les difficultés qui existent entre elles. Le tuteur peut *acquiescer* seul à une demande de droits mobiliers, et, avec l'autorisation du conseil de famille, à une demande de droits immobiliers (art. 464) ; mais jamais il ne peut *compromettre,* parce que les droits des mineurs ne seraient pas aussi sûrement sauvegardés devant des arbitres que devant le tribunal. Quant à la *transaction,* le tuteur ne peut la faire sur des droits immobiliers, ou même mobiliers, qu'avec l'autorisation du conseil de famille, l'avis de trois jurisconsultes nommés par le procureur impérial et l'homologation du tribunal.

468. Le tuteur qui aura des sujets de mécontentement graves sur la conduite du mineur, pourra porter ses plaintes à un conseil de famille, et, s'il y est autorisé par ce conseil, provoquer la réclusion du mineur, conformément à ce qui est statué à ce sujet au titre de la *Puissance paternelle.*

Le tuteur ne peut exercer le droit de correction sur le mineur que par voie de réquisition (art. 377), et après en avoir obtenu l'autorisation du conseil de famille. Il n'a même pas ce droit, si le père ou la mère survit et a la surveillance de son enfant.

SECTION IX.

Des Comptes de la Tutelle.

469. Tout tuteur est comptable de sa gestion lorsqu'elle finit.

Tout tuteur, de même que tout autre administrateur de la chose d'autrui, est tenu, à la fin de sa gestion, d'en rendre compte; c'est là une obligation essentielle et d'ordre public. Lorsque la tutelle finit par le décès du tuteur, par sa décharge ou par sa destitution, le compte est rendu au nouveau tuteur. Lors, au contraire, qu'elle finit par le décès du mineur, par son émancipation ou par sa majorité, le compte de tutelle est rendu, selon les cas, aux héritiers du mineur, au mineur assisté d'un curateur, ou à l'ancien mineur devenu majeur et capable d'exercer seul ses droits.

470. Tout tuteur, autre que le père et la mère, peut être tenu, même durant la tutelle, de remettre au subrogé-tuteur des états de situation de sa gestion, aux époques que le conseil de famille aurait jugé à propos de fixer, sans néanmoins que le tuteur puisse être astreint à en fournir plus d'un chaque année. — Ces états de situation seront rédigés et remis, sans frais, sur papier non timbré, et sans aucune formalité de justice.

Les états de situation, qui se renouvellent périodiquement, se trouvent, pour raison d'économie, dispensés de timbre et d'enregistrement ; mis ainsi au courant des affaires du mineur, le subrogé-tuteur pourra plus aisément surveiller l'administration du tuteur. Mais les père et mère ne peuvent pas être astreints à remettre au subrogé-tuteur des états de situation, alors même qu'ils n'ont pas la jouissance des biens de leur enfant, car la loi se confie dans leur tendresse.

471. Le compte définitif de tutelle sera rendu aux dépens du mineur, lorsqu'il aura atteint sa majorité ou obtenu son émancipation. Le tuteur en avancera les frais. — On y allouera au tuteur toutes dépenses suffisamment justifiées, et dont l'objet sera utile.

Les frais et dépens du compte définitif de tutelle sont toujours supportés par le mineur ; cependant, il est généralement admis que le tuteur
destitué supporte les frais du compte particulier qu'il rend au tuteur qui
le remplace : sa mauvaise conduite ou son infidélité ne doit point tourner
au détriment de la fortune du mineur. Le compte de tutelle est rendu à
l'amiable, ou devant le tribunal du lieu où la tutelle s'est ouverte. Le
compte amiable peut être constaté par acte sous seing privé ou par acte
notarié. Dans tous les cas, le tuteur en avance les frais, puisque le mineur
n'a encore rien à sa disposition. Il peut réclamer toutes les dépenses utiles qu'il a faites pendant sa gestion, alors même qu'il s'agirait d'actes dépassant la limite de ses pouvoirs ; en effet, le principe que l'on ne peut
s'enrichir aux dépens d'autrui, est applicable au mineur comme aux autres
personnes. Il est admis à prouver ses dépenses utiles non-seulement par
écrit, mais encore par toute autre espèce de moyens.

472. Tout traité qui pourra intervenir entre le tuteur et le
mineur devenu majeur, sera nul, s'il n'a pas été précédé de la
reddition d'un compte détaillé, et de la remise des pièces justifi-
catives; le tout constaté par un récépissé de l'oyant-compte,
dix jours au moins avant le traité.

L'*oyant-compte* est l'ex-mineur qui *ouït*, c'est-à-dire entend le compte
de tutelle que lui rend son tuteur. Les dispositions de notre article ont
pour but d'empêcher que l'ex-mineur ne donne une décharge du compte
de tutelle, lorsqu'il se trouve encore sous l'influence de son tuteur et qu'il
n'a pas encore pu prendre une connaissance suffisante des actes de gestion.
Inspiré par les mêmes motifs, l'art. 907 frappe aussi de nullité les libéralités faites par le mineur au tuteur dont le compte n'a pas encore été
apuré. Le récépissé dont il s'agit dans notre article n'a pas besoin d'être
enregistré. — La nullité du traité qui a été passé dans les dix jours du récépissé ne peut être invoquée que par l'ex-mineur; elle est limitée à l'arrêté
de compte de tutelle, et ne doit point être appliquée aux autres actes qui
seraient intervenus entre l'ex-mineur et l'ex-tuteur.

Cette nullité n'est point applicable au traité passé : — 1° Entre l'ex-mineur
et les héritiers du tuteur, ainsi que le décide la Cour de cassation par le
motif suivant : — « Attendu que si les héritiers du tuteur sont responsables de sa gestion et tenus d'en rendre, dans les mêmes formes, le
compte qu'il n'aurait pas rendu lui-même, il ne s'ensuit pas que l'art. 472
C. Nap. leur soit applicable, quant à l'incapacité de traiter qu'il établit

contre le tuteur par des raisons qui tiennent principalement à sa personne »
(C. cass. 19 mai 1863) ; — 2° Ni entre l'héritier du mineur et le tuteur,
ainsi que le décide la même Cour : — « Attendu qu'il n'y a pas lieu à
l'application de l'art. 472 C. Nap., en ce que ledit article a statué en vue
de mettre le mineur à l'abri de toute surprise, et particulièrement de l'influence morale que le tuteur pourrait avoir conservée sur son pupille devenu majeur, et ne saurait dès lors être appliqué lorsque, comme dans
l'espèce, le traité intervient non avec l'ancien pupille lui-même, mais avec
un de ses héritiers » (C. cass. 9 juill. 1866) ; — 3° Ni, enfin, entre l'enfant et son père administrateur légal, car l'art. 472 « est une disposition
restrictive qui, à défaut d'un texte spécial, ne saurait être étendue de la
tutelle à l'administration légale du père pendant la durée du mariage »
(C. cass. 30 janv. 1866).

473. Si le compte donne lieu à des contestations, elles seront poursuivies et jugées comme les autres contestations en
matière civile.

Cette disposition, qui s'en réfère au droit commun, semble inutile. Le
tribunal qui connaît des contestations concernant la gestion du tuteur est
celui du lieu où la tutelle s'est ouverte.

474. La somme à laquelle s'élèvera le reliquat dû par le tuteur, portera intérêt, sans demande, à compter de la clôture
du compte. — Les intérêts de ce qui sera dû au tuteur par le
mineur, ne courront que du jour de la sommation de payer qui
aura suivi la clôture du compte.

Dans la balance qui a eu lieu du compte de tutelle entre les recettes et les
dépenses, il existe presque toujours une différence, appelée *reliquat*. Lorsque ce reliquat est en faveur de l'ex-mineur, la somme dont il se compose
porte intérêt de plein droit depuis la clôture du compte. Lors, au contraire, que le reliquat est en faveur de l'ex-tuteur, la somme qui lui est
due ne produit intérêt que par une sommation de payer faite à l'ex-mineur.
Notre article contient une double dérogation à la règle que les sommes
dues ne produisent d'intérêts que du jour de la demande en justice (art.
1153) ; cette dérogation est motivée sur la considération qu'une demande
judiciaire serait souvent pénible entre le protégé et le protecteur. La différence qui existe entre l'ex-tuteur et l'ex-mineur vient de ce que celui-ci

a peu d'expérience et doit d'ailleurs à son ancien tuteur du respect et de la reconnaissance : la loi a dû, par ces motifs, le protéger d'une manière toute spéciale.

475. Toute action du mineur contre son tuteur, relativement aux faits de la tutelle, se prescrit par dix ans, à compter de la majorité.

Le tuteur remplit gratuitement une charge très-lourde, à raison de laquelle tous ses immeubles sont grevés d'hypothèque légale. Il ne faut pas, du moins, qu'il reste trop longtemps dans l'anxiété relativement à son compte de recettes et de dépenses, qui s'appuie sur des papiers nombreux et souvent difficiles à garder. C'est pourquoi notre article dispose, par dérogation à la règle que les actions ne se prescrivent généralement que par trente ans, que l'action du mineur contre son tuteur se prescrit par dix ans, à compter de la majorité. Cette disposition n'est applicable qu'aux faits de tutelle ; aussi est-il certain que le reliquat dû par le tuteur au mineur, d'après l'arrêté de compte, n'est prescriptible que par trente ans. — Notre article ne parle que de l'action du mineur contre son tuteur ; il suit de là que l'action du tuteur contre le mineur n'est prescriptible que par le délai de trente ans.

Il importe de savoir que le mineur doit, sous peine d'encourir la déchéance de son rang hypothécaire, révéler l'existence de son hypothèque, en prenant une inscription sur les biens du tuteur, dans l'année de sa majorité (Loi 23 mars 1855, art. 8, rapportée textuellement sous le titre 18 du livre III).

CHAPITRE III.

DE L'ÉMANCIPATION.

L'*émancipation* est un acte qui fait cesser sur le mineur la puissance du père ou du tuteur, et qui lui confère le droit de se gouverner lui-même, de choisir son domicile et d'administrer ses biens dans les limites fixées par la loi. Le mineur émancipé se trouve, en ce qui concerne l'administration de ses biens, dans une sorte d'utile noviciat : il s'habitue aux actes de gestion, sans craindre de dissiper sa fortune. — L'émancipation est tacite ou expresse ; *tacite*, si elle résulte du mariage ; *expresse*, si elle résulte d'une déclaration faite devant le juge de paix ou d'une délibération du conseil de famille.

476. Le mineur est émancipé de plein droit par le mariage.

L'émancipation par mariage est d'ordre public : d'une part, le mari mineur, qui est chef de famille, ne doit pas être sous la puissance d'un autre ; d'autre part, la femme ne doit être que sous la puissance de son mari. Si l'un des époux mineurs devient veuf, il reste néanmoins émancipé.

477. Le mineur, même non marié, pourra être émancipé par son père, ou, à défaut du père, par sa mère, lorsqu'il aura atteint l'âge de quinze ans révolus. — Cette émancipation s'opèrera par la seule déclaration du père ou de la mère, reçue par le juge de paix assisté de son greffier.

Celui des père et mère qui exerce la puissance paternelle peut émanciper ses enfants légitimes ou même naturels, sans avoir besoin d'obtenir leur consentement. La mère a le droit d'émanciper son enfant non-seulement lorsque le père est mort ; mais encore lorsqu'il est absent, interdit, ou placé dans une maison d'aliénés ; car les mots, *à défaut du père,* comprennent tous les cas où le père est dans l'impossibilité de manifester sa volonté.

478. Le mineur resté sans père ni mère pourra aussi, mais seulement à l'âge de dix-huit ans accomplis, être émancipé, si le conseil de famille l'en juge capable. — En ce cas, l'émancipation résultera de la délibération qui l'aura autorisée, et de la déclaration que le juge de paix, comme président du conseil de famille, aura faite dans le même acte, *que le mineur est émancipé.*

Le mineur peut être émancipé par son père ou sa mère dès qu'il a quinze ans révolus ; tandis qu'il ne peut l'être par le conseil de famille que s'il a dix-huit ans révolus. Cette différence vient de ce que, mieux que tout autre, le père ou la mère peut apprécier la capacité de son enfant et saura, après l'émancipation, le diriger encore par ses conseils.

479. Lorsque le tuteur n'aura fait aucune diligence pour l'émancipation du mineur dont il est parlé dans l'article pré-

cédent, et qu'un ou plusieurs parents ou alliés de ce mineur,
au degré de cousin germain ou à des degrés plus proches, le
jugeront capable d'être émancipé, ils pourront requérir le
juge de paix de convoquer le conseil de famille pour délibérer
à ce sujet. — Le juge de paix devra déférer à cette réquisition.

Les personnes qui peuvent requérir le juge de paix de convoquer le
conseil de famille pour délibérer sur l'émancipation sont énumérées limitativement dans cet article. Il suit de là que le mineur ne peut pas faire
une pareille réquisition, et que le juge de paix n'a pas le droit de convoquer d'office le conseil de famille pour délibérer sur l'émancipation du
mineur.

480. Le compte de tutelle sera rendu au mineur émancipé,
assisté d'un curateur qui lui sera nommé par le conseil de famille.

Tout curateur est nommé par le conseil de famille; cependant, le mari
majeur devient de plein droit le curateur de sa femme mineure (art. 213,
2208). Le curateur nommé à l'émancipé qui reçoit son compte de tutelle
est toujours *ad hoc*, c'est-à-dire spécial. Lorsque le compte de tutelle est
rendu à l'amiable ou en justice, le curateur général, qui est presque toujours l'ex-tuteur, entre en fonctions, surveille l'administration de l'émancipé qu'il aide de ses conseils, et l'assiste dans les actes importants. Le curateur a pour mission de sauvegarder les intérêts pécuniaires : il *assiste* le
mineur émancipé, qui traite lui-même. Le tuteur, au contraire, est donné
à la personne et aux biens de son pupille : il *représente* le mineur qui
n'agit pas par lui-même, et qui n'est généralement pas présent aux actes
faits en son nom.

481. Le mineur émancipé passera les baux dont la durée
n'excédera point neuf ans; il recevra ses revenus, en donnera
décharge, et fera tous les actes qui ne sont que de pure administration, sans être restituable contre ces actes dans tous les
cas où le majeur ne le serait pas lui-même.

La capacité du mineur émancipé varie selon l'importance des actes. Il
peut faire seul les actes de pure administration, énoncés dans cet article;

il doit être assisté de son curateur pour les actes dépassant les limites de la pure administration (art. 480, 482, 935); pour les actes d'une haute gravité, il doit remplir les formalités imposées au tuteur (art. 483, 484); enfin, il y a des actes, comme la donation entre-vifs et le compromis, qu'il ne peut pas faire.

Le mineur émancipé peut seul passer des baux n'excédant pas neuf ans, recevoir ses revenus, réparer et entretenir ses biens et faire tous autres actes de pure administration. Pour de pareils actes, il est placé sous l'empire du droit commun, et, de même que le majeur, il ne peut les attaquer que pour cause d'erreur, de dol ou de violence (art. 1109).

482. Il ne pourra intenter une action immobilière, ni y défendre, même recevoir et donner décharge d'un capital mobilier, sans l'assistance de son curateur, qui, au dernier cas, surveillera l'emploi du capital reçu.

Le mineur émancipé peut, avec l'assistance de son curateur, ainsi que l'exprime cet article, intenter une action immobilière ou y défendre, et même provoquer un partage judiciaire (art. 840) et accepter une donation (art. 935); mais il a besoin de l'autorisation du conseil de famille pour acquiescer à une demande de droits immobiliers (art. 464 et 484 combinés). Lors, au contraire, qu'il s'agit de droits mobiliers, l'émancipé n'a besoin ni d'assistance ni d'autorisation pour agir, défendre, et donner son acquiescement à la demande.

Le tuteur peut recevoir seul un capital mobilier et en donner décharge ; mais l'émancipé ne peut faire de pareils actes qu'avec l'assistance de son curateur, qui, sous sa propre responsabilité, est tenu de surveiller l'emploi des sommes reçues. Si le débiteur fait un payement au mineur émancipé sans l'assistance du curateur, il continue néanmoins à rester obligé (art. 1312.)

L'émancipé qui est assisté de son curateur peut aussi faire vendre à la Bourse les rentes sur l'État dont le revenu annuel n'excède pas cinquante francs (Loi 24 mars 1806) et une action de la banque de France (Décret 25 sept. 1813).

483. Le mineur émancipé ne pourra faire d'emprunts, sous aucun prétexte, sans une délibération du conseil de famille, homologuée par le tribunal de première instance, après avoir entendu le procureur impérial.

Ces expressions de notre article, *sous aucun prétexte*, manifestent que le mineur émancipé ne s'oblige pas quand il fait seul un emprunt, même minime et dans les limites de l'administration ; celui qui lui prête s'expose donc à tout perdre (art. 1312).

484. Il ne pourra non plus vendre ni aliéner ses immeubles, ni faire aucun acte autre que ceux de pure administration, sans observer les formes prescrites au mineur non émancipé. — A l'égard des obligations qu'il aurait contractées par voie d'achats ou autrement, elles seront réductibles en cas d'excès : les tribunaux prendront, à ce sujet, en considération la fortune du mineur, la bonne ou mauvaise foi des personnes qui auront contracté avec lui, l'utilité ou l'inutilité des dépenses.

Le mineur émancipé qui ne peut aliéner ses immeubles, ne peut pas non plus les hypothéquer ; car il faut avoir la capacité d'aliéner pour pouvoir constituer des hypothèques (art. 2124). Ainsi, le mineur devra se conformer : 1° pour l'hypothèque, comme pour l'emprunt et l'aliénation, aux art. 457, 458, 459 ; 2° pour l'acceptation ou la répudiation d'une succession, à l'art. 461 ; 3° pour l'acceptation d'une donation, à l'art. 935 ; 4° pour la transaction, à l'art. 467. Le tuteur peut acheter des immeubles ; mais un pareil acte dépasse les limites de la pure administration et ne peut, par suite, être valablement fait par le mineur émancipé qu'avec l'assistance de son curateur.

Lorsque le mineur émancipé a fait un acte qui dépasse les bornes de sa capacité, il peut en obtenir la nullité, en prouvant que cet acte lui préjudicie (art. 1305). Lors, au contraire, que les actes qu'il a faits ne dépassent pas les bornes de sa capacité, il n'a pas le droit d'en demander la nullité ; cependant il peut obtenir du tribunal la réduction des obligations excessives qu'il a contractées par voie d'achats ou autrement.

485. Tout mineur émancipé dont les engagements auraient été réduits en vertu de l'article précédent, pourra être privé du bénéfice de l'émancipation, laquelle lui sera retirée en suivant les mêmes formes que celles qui auront eu lieu pour la lui conférer.

La réduction des engagements excessifs, qui prouve l'inhabileté du mineur dans la gestion, ne le prive pas cependant de plein droit du bénéfice de l'émancipation ; ce bénéfice ne lui est retiré que par une déclaration du père, ou de la mère, faite devant le juge de paix, ou, à défaut de père et mère, par une délibération du conseil de famille. Toutefois, l'époux mineur ne peut jamais, tant que le mariage existe, perdre le bénéfice de l'émancipation ; car il serait contraire à la raison, à la nature du mariage et à l'ordre public, de placer le mari, chef de famille, sous la dépendance d'un tiers en ce qui concerne l'administration des biens, ou de placer la femme sous la protection d'un autre que son mari.

486. Dès le jour où l'émancipation aura été révoquée, le mineur rentrera en tutelle, et y restera jusqu'à sa majorité accomplie.

Le mineur auquel l'émancipation a été retirée rentre sous la tutelle de son père ou de sa mère, qui ne recouvrent cependant jamais l'usufruit légal auquel ils ont renoncé par l'émancipation, ou bien sous la tutelle de ses ascendants ; mais, lorsque l'ancien tuteur n'était pas un ascendant, le conseil de famille nomme de nouveau un tuteur,

Si le mineur émancipé, qui peut seul demander la réduction de ses engagements, craint que son action n'ait pour effet de le faire rentrer en tutelle jusqu'à sa majorité, il peut attendre qu'il soit majeur pour former sa demande en réduction.

487. Le mineur émancipé qui fait un commerce est réputé majeur pour les faits relatifs à ce commerce.

＊Le mineur ne peut faire le commerce que sous certaines conditions. Il faut : 1° qu'il soit émancipé ; 2° qu'il ait au moins dix-huit ans accomplis ; 3° qu'il soit autorisé à cet effet par celui de ses père et mère qui exerce la puissance paternelle, ou, à défaut de père et mère, par une délibération du conseil de famille, homologuée par le tribunal civil ; 4° enfin, que l'acte d'autorisation soit enregistré au greffe du tribunal civil (art. 2 C. com.). Le mineur commerçant a beaucoup plus de capacité que celui qui est simplement émancipé : il peut, en ce qui concerne son commerce, contracter toute sorte d'engagements, emprunter des capitaux, et même engager et hypothéquer ses immeubles (art. 6 C. com.), sans pouvoir demander ni la nullité ni la réduction de ses engagements sous le prétexte qu'il a éprouvé une lésion.

TITRE XI.

DE LA MAJORITÉ, DE L'INTERDICTION ET DU CONSEIL JUDICIAIRE.

(Décrété le 29 mars 1803. Promulgué le 8 avril.)

CHAPITRE PREMIER.

DE LA MAJORITÉ.

488. La majorité est fixée à vingt-un ans accomplis; à cet âge on est capable de tous les actes de la vie civile, sauf la restriction portée au titre *du Mariage*.

La *majorité* est l'état du Français qui a plus de vingt-un ans. Elle se compte de jour à jour, de minute à minute : le Français qui est dans sa vingt-unième année devient majeur dès qu'il dépasse la minute anniversaire de sa naissance, et par conséquent il est, dès lors, capable d'exercer par lui-même tous les actes de la vie civile. Cependant, le fils a encore besoin, pour se marier, du consentement de ses père, mère, ou ascendants jusqu'à l'âge de vingt-cinq ans accomplis (art. 148 et suiv.). Pour se donner en adoption, le fils et la fille ont pareillement besoin, jusqu'à l'âge de vingt-cinq ans accomplis, du consentement de leurs père et mère (art. 346.)

Les lois qui régissent l'état et la capacité des personnes étant des statuts personnels, il s'ensuit que, sur la question de savoir si tel étranger est capable de contracter, il faut s'en référer à la loi de son pays. Mais cette règle reçoit un tempérament équitable : quand un Français a contracté de bonne foi, sans légèreté ni imprudence, avec un étranger qui avait plus de vingt-un ans, mais qui restait néanmoins mineur et incapable d'après la loi de son pays, il peut valablement demander l'exécution de la convention. Ainsi l'a décidé la Cour de cassation, par arrêt du 16 janvier 1861, rapporté sous l'art. 3.

CHAPITRE II.

DE L'INTERDICTION.

L'*interdiction* est l'état d'une personne qui est déclarée par jugement, ou par la loi, incapable d'administrer sa personne et ses biens. Cette définition révèle qu'il y a deux sortes d'interdiction. L'une, qui fait seule l'objet de notre matière, est appelée interdiction *judiciaire*, parce qu'un jugement la prononce dans l'intérêt du majeur qui est dans un état habituel de fureur, de démence ou d'imbécillité. L'autre est appelée interdiction *légale*, parce qu'elle est attachée par la loi aux condamnations afflictives et infamantes, qui sont les travaux forcés, la déportation, la détention et la réclusion (art. 29 C. pén.).

489. Le majeur qui est dans un état habituel d'imbécillité, de démence ou de fureur, doit être interdit, même lorsque cet état présente des intervalles lucides.

L'*imbécillité* est une faiblesse constante d'esprit, un idiotisme, qui rend un homme incapable de concevoir nettement une idée ; la *démence* est un dérangement d'esprit, qui produit des idées multipliées et incohérentes ; la *fureur* est le paroxysme de la démence, qui pousse l'homme à des excès dangereux pour lui et pour les autres. L'interdiction ne peut être prononcée que lorsque l'un de ces états se révèle par des actes *habituels ;* quelques actes isolés ne suffiraient donc point pour la faire prononcer.

Ceux que l'on interdit sont ordinairement majeurs. Cependant on peut interdire un mineur, surtout dans l'année qui précède sa majorité, afin qu'il n'ait pas un temps de capacité légale dans lequel il pourrait compromettre ses intérêts et sa fortune. On peut aussi interdire une femme mariée, surtout si elle conserve, en vertu de son régime matrimonial, l'administration de ses biens.

490. Tout parent est recevable à provoquer l'interdiction de son parent. Il en est de même de l'un des époux à l'égard de l'autre.

Le droit de provoquer l'interdiction d'une personne appartient à tous

ses parents, même à ceux qui n'en sont point les héritiers présomptifs.
Ce droit appartient aussi au mari à l'égard de sa femme, et à la femme à
l'égard de son mari; mais, par de graves raisons de convenance, celle-ci
ne pourra exercer ce droit qu'avec l'autorisation du tribunal. — Les termes
limitatifs de notre article manifestent qu'on ne peut provoquer ni sa propre
interdiction, puisque l'on jouerait alors les deux rôles incompatibles de
demandeur et de défendeur; ni celle d'un allié, puisque le demandeur ne
pourrait point justifier d'un intérêt suffisant.

491. Dans le cas de fureur, si l'interdiction n'est provoquée
ni par l'époux ni par les parents, elle doit l'être par le procureur impérial, qui, dans les cas d'imbécillité ou de démence,
peut aussi la provoquer contre un individu qui n'a ni époux,
ni épouse, ni parents connus.

Ainsi, s'agit-il d'un aliéné dont la fureur peut compromettre l'ordre
public et la sécurité des personnes? le procureur impérial a le droit et le
devoir de provoquer l'interdiction, alors même qu'il existe des parents,
qui négligent de la provoquer. S'agit-il, au contraire, d'un aliéné qui est
dans un état habituel d'imbécillité ou de démence, et qui ne se livre à
aucun acte de fureur? le procureur impérial ne peut provoquer l'interdiction de l'aliéné que si celui-ci n'a ni conjoint ni parents : en pareil cas, il
peut agir, soit parce que l'aliéné ne doit point être privé de toute protection, soit parce qu'il importe de sauvegarder les intérêts de l'Etat qui est
appelé à recueillir les successions en déshérence (art. 768).

La loi du 30 juin 1838, sur les *Aliénés*, contient, à l'égard des fous
furieux, une disposition remarquable. L'art. 19 de cette loi porte : — « En
cas de danger imminent, attesté par le certificat d'un médecin ou par la
notoriété publique, les commissaires de police à Paris, et les maires dans
les autres communes, ordonneront, à l'égard des personnes atteintes d'a-
liénation mentale, toutes les mesures provisoires nécessaires, à la charge
d'en référer dans les vingt-quatre heures au préfet, qui statuera sans
délai. » — Aux termes de l'art. 21 de la même loi, le préfet peut ordonner
le placement ou le maintien des fous furieux dans un établissement d'a-
liénés.

492. Toute demande en interdiction sera portée devant le
tribunal de première instance.

Le tribunal civil dont il s'agit est celui du domicile de la personne dont l'interdiction est provoquée.

493. Les faits d'imbécillité, de démence ou de fureur, seront articulés par écrit. Ceux qui poursuivront l'interdiction présenteront les témoins et les pièces.

La demande d'interdiction est formée par requête d'avoué. Dans cette requête, l'avoué *articule*, c'est-à-dire énonce article par article, les faits à l'appui de la demande.

494. Le tribunal ordonnera que le conseil de famille, formé selon le mode déterminé à la section IV du chapitre II du titre *de la Minorité, de la Tutelle et de l'Emancipation,* donne son avis sur l'état de la personne dont l'interdiction est demandée.

Le tribunal rend son jugement sur les conclusions du procureur impérial : selon la nature et la gravité des faits articulés, il rejette purement et simplement la demande, ou bien il ordonne la convocation du conseil de famille.

495. Ceux qui auront provoqué l'interdiction ne pourront faire partie du conseil de famille : cependant l'époux ou l'épouse, et les enfants de la personne dont l'interdiction sera provoquée, pourront y être admis sans y avoir voix délibérative.

Les enfants de la personne dont l'interdiction est provoquée font partie du conseil de famille; mais celui d'entre eux qui a provoqué l'interdiction ne peut point prendre part à la délibération, car il deviendrait ainsi juge dans sa propre cause. L'épouse peut faire partie du conseil; alors même qu'elle n'en ferait point partie, elle y est ordinairement entendue. Mais ce sont là des choses laissées à l'appréciation du conseil de famille, ainsi que l'a jugé la cour de Montpellier en ces termes : — « Attendu que, pour justifier sa demande en annulation de la délibération du conseil de famille qui a donné un tuteur à son mari, il ne suffit pas à la femme de prouver qu'elle aurait pu être appelée sans illégalité à faire partie de ce conseil; qu'il faudrait établir qu'elle devait nécessairement en faire partie; — Que l'appelante n'étend pas jusque-là ses prétentions ; — Qu'en autorisant le conseil de famille à entendre, dans certains cas, la femme de l'interdit, sans lui donner voix délibérative, le législateur n'a entendu en faire, en aucun cas, un des éléments de la constitution normale de ce conseil, car il veut qu'en tout cas le conseil de famille soit composé de parents empruntés, en nombre égal, aux lignes paternelle et maternelle, et la femme ne se place dans aucune de ces lignes ; — Sur les conclusions subsidiaires : — Attendu que la comparution de la femme de l'interdit devant le conseil de famille ne présente qu'une question de convenance et d'opportunité à apprécier selon les circonstances ; que, dans l'espèce, il n'y a ni convenance ni opportunité à ordonner une nouvelle réunion du conseil de famille. » (C. de Montpellier, 29 juill. 1862).

496. Après avoir reçu l'avis du conseil de famille, le tribunal interrogera le défendeur à la chambre du conseil : s'il ne peut s'y présenter, il sera interrogé dans sa demeure, par l'un des juges à ce commis, assisté du greffier. Dans tous les cas, le procureur impérial sera présent à l'interrogatoire.

La requête et l'avis du conseil de famille sont signifiés au défendeur avant son interrogatoire, afin qu'il puisse préparer ses moyens de défense (art. 893 C. pr.). Jusqu'ici le défendeur avait été étranger à la procédure ; il va maintenant y jouer un rôle actif.

497. Après le premier interrogatoire, le tribunal commettra, s'il y a lieu, un administrateur provisoire, pour prendre soin de la personne et des biens du défendeur.

Cet administrateur *provisoire* ne doit faire que des actes nécessaires et urgents. Ses biens ne sont pas grevés d'hypothèque pour sûreté de sa gestion.

498. Le jugement sur une demande en interdiction, ne pourra être rendu qu'à l'audience publique, les parties entendues ou appelées.

L'instruction sur la demande d'interdiction est secrète : elle se fait dans la chambre du conseil. Mais le jugement est rendu en audience publique ; les tiers connaîtront ainsi, quand la demande est rejetée, que les soupçons conçus sur l'état mental du défendeur n'ont pas de fondement, ou bien, quand la demande d'interdiction est admise, que le défendeur est maintenant interdit et, par suite, incapable de contracter.

499. En rejetant la demande en interdiction, le tribunal pourra néanmoins, si les circonstances l'exigent, ordonner que le défendeur ne pourra désormais plaider, transiger, emprunter, recevoir un capital mobilier, ni en donner décharge, aliéner, ni grever ses biens d'hypothèques, sans l'assistance d'un conseil qui lui sera nommé par le même jugement.

S'il résulte de l'instruction que le défendeur n'est pas dans un état habituel d'imbécillité, de démence ou de fureur, mais qu'il se trouve cependant dans un tel état de faiblesse ou de dérangement d'esprit qu'il soit par là gravement exposé à faire des actes préjudiciables à ses intérêts, le tribunal n'est point mis dans l'alternative impérieuse de rejeter ou d'admettre la demande en interdiction; il peut prendre un moyen terme, qui consiste à donner au défendeur un conseil, pour l'assister dans les actes importants. Ce conseil est appelé, comme celui qui est donné aux prodigues (art. 513), *conseil judiciaire*.

500. En cas d'appel du jugement rendu en première instance, la cour impériale pourra, si elle le juge nécessaire, interroger de nouveau, ou faire interroger par un commissaire, la personne dont l'interdiction est demandée.

Lorsque le tribunal statue sur une demande d'interdiction, son jugement est toujours rendu en premier ressort. L'appel est interjeté par le défendeur, si l'interdiction a été prononcée; par le demandeur, dans le cas contraire. La cour n'ordonne un nouvel interrogatoire que si elle l'estime utile. Le *commissaire* est ici l'un des juges de la cour.

501. Tout arrêt ou jugement portant interdiction, ou nomination d'un conseil, sera, à la diligence des demandeurs, levé, signifié à partie, et inscrit, dans les dix jours, sur les tableaux qui doivent être affichés dans la salle de l'auditoire et dans les études des notaires de l'arrondissement.

Le *jugement* est la sentence du tribunal ; l'*arrêt* est la sentence de la cour. Le jugement ou l'arrêt est *levé*, quand la partie qui l'a obtenu s'en est fait délivrer, par le greffier, une copie en forme exécutoire ; il est *signifié,* par huissier, à celui dont l'interdiction a été prononcée, afin de faire courir le délai d'appel ou de requête civile ; il est rendu public, alors même qu'il est frappé d'opposition, afin que les tiers soient avertis que telle personne est interdite et par conséquent incapable de s'obliger.

502. L'interdiction, ou la nomination d'un conseil, aura son effet du jour du jugement. Tous actes passés postérieurement par l'interdit, ou sans l'assistance du conseil, seront nuls de droit.

Il s'agit ici d'un jugement qui a interdit le défendeur ou qui lui a nommé un conseil judiciaire ; si, au contraire le jugement avait rejeté la demande, l'incapacité du défendeur ne pourrait exister que du jour de l'arrêt qui prononce l'interdiction ou la nomination d'un conseil. Celui qui est interdit ou pourvu d'un conseil judiciaire, fait des actes *nuls de droit,* en ce sens qu'il peut en obtenir la nullité, sans avoir besoin de prouver qu'ils lui préjudicient, ni qu'ils ont été faits dans un intervalle non lucide. Mais ces actes ne sont pas radicalement nuls ; ils sont seulement *annulables ;* le droit d'en obtenir la nullité n'appartient qu'à lui et à ses héritiers, et ce droit n'existe que pendant un certain délai (art. 1304). Quant au capable qui s'est volontairement obligé envers une personne dont il a connu ou a pu connaître l'incapacité, il n'a aucun moyen de se soustraire à l'exécution de ses engagements (art. 1125) ; il ne peut même pas alléguer que la publicité prescrite par l'article 501 n'a pas été faite, ni que l'incapable avait, au moment de l'acte, établi sa résidence dans un lieu éloigné de celui où le jugement d'interdiction avait été prononcé (C. cass. 1er août 1860).

503. Les actes antérieurs à l'interdiction pourront être annulés si la cause de l'interdiction existait notoirement à l'époque où ces actes ont été faits.

Cet article, qui dispose que les actes *antérieurs à l'interdiction* peuvent être annulés, n'est point applicable aux actes antérieurs à la nomination d'un conseil judiciaire, parce que cette nomination a lieu pour des faits moins publics, moins constants et moins graves que ceux qui motivent

l'interdiction. Au reste, tandis que les actes postérieurs à l'interdiction
sont nuls de droit (art. 502), les actes faits avant l'interdiction, dans une
époque où l'imbécillité, la démence ou la fureur était notoire, peuvent
seulement être annulés : le tribunal maintiendra ou bien annulera ces
actes, en prenant en considération la bonne ou mauvaise foi du créancier
capable, et la gravité du dommage éprouvé par celui qui a été ensuite
interdit.

504. Après la mort d'un individu, les actes par lui faits ne
pourront être attaqués pour cause de démence, qu'autant que
son interdiction aurait été prononcée ou provoquée avant son
décès ; à moins que la preuve de la démence ne résulte de
l'acte même qui est attaqué.

La disposition de notre article, qui a pour but de prévenir des procès
nombreux et difficiles, repose sur deux considérations : 1° quand une personne est décédée, la preuve la plus certaine de son insanité d'esprit, qui
consiste dans l'interrogatoire, n'existe plus ; 2° plusieurs héritiers, qui
auraient craint de provoquer l'interdiction de leur parent, sont très-enclins,
après son décès, à critiquer les actes de gestion qui leur paraissent préjudiciables. On refuse donc, avec une raison profonde, aux héritiers d'une
personne décédée, dont l'interdiction n'a été ni prononcée ni même provoquée, le droit d'attaquer les actes qui ne contiennent pas, dans leur contexte, la preuve de la démence. Toutefois, la jurisprudence, conforme à la
doctrine de la plupart des auteurs, décide que la disposition de notre
article ne s'applique point aux donations entre-vifs ou testamentaires, et
que, par suite, les héritiers peuvent en demander la nullité, en prouvant
par témoins que leur auteur avait ses facultés intellectuelles affaiblies
ou dérangées à l'époque où il a fait des libéralités.

Loi du 30 juin 1838 sur les aliénés. — Cette loi dispose, dans son
article 39, que les actes faits par une personne renfermée dans un établissement d'aliénés sont annulables. Cet article est ainsi conçu : « Les actes
faits par une personne renfermée dans un établissement d'aliénés, pendant le temps qu'elle y aura été retenue, sans que son interdiction ait
été prononcée ni provoquée, pourront être attaqués pour cause de démence, conformément à l'art. 1304 du Code Napoléon. »

505. S'il n'y a pas d'appel du jugement d'interdiction rendu
en première instance, ou s'il est confirmé sur l'appel, il sera

pourvu à la nomination d'un tuteur et d'un subrogé-tuteur à l'interdit, suivant les règles prescrites au titre *de la Minorité, de la Tutelle et de l'Emancipation*. L'administrateur provisoire cessera ses fonctions, et rendra compte au tuteur s'il ne l'est pas lui-même.

Dès que le jugement qui admet l'interdiction a été prononcé, le défendeur se trouve frappé d'une incapacité de contracter qui continue à subsister pendant toute l'instance d'appel; on ne lui donne cependant un tuteur que lorsque le délai d'appel est expiré, ou, en cas d'appel interjeté, que lorsque l'arrêt de la cour a confirmé le jugement. Ses biens étant gérés par un administrateur provisoire pendant les délais de l'appel, il n'est pas nécessaire de se hâter de lui donner un tuteur.

506. Le mari est, de droit, le tuteur de sa femme interdite.

La tutelle que le mari obtient sur sa femme interdite est une conséquence de sa puissance, de son rôle obligatoire de protecteur. Elle appartient, de droit, même au mari séparé de corps, car la disposition générale et absolue de notre article ne permet point de faire à cet égard une distinction.

507. La femme pourra être nommée tutrice de son mari. En ce cas, le conseil de famille règlera la forme et les conditions de l'administration, sauf le recours devant les tribunaux de la part de la femme qui se croirait lésée par l'arrêté de la famille.

La femme est généralement incapable d'être tutrice; cependant, par exception, la mère est tutrice légitime de ses enfants mineurs (art. 390); l'ascendante peut être nommée tutrice de ses petits-enfants (art. 442). L'épouse peut aussi être investie par le conseil de famille de la tutelle de son mari interdit : elle prend alors l'administration de tous les biens qu'administrait son mari; en conséquence, elle gère ses biens propres, les biens de son mari et les biens de la communauté; mais sa gestion est plus restreinte que celle de son mari, notamment en ce qu'elle a besoin de l'autorisation de justice pour figurer dans une instance judiciaire.

Le conseil de famille, qui a le droit de choisir pour tuteur de l'interdit une personne autre que l'épouse, règle les formes et les conditions de l'administration tutélaire qu'il confère à celle-ci ; mais l'épouse pourrait attaquer l'arrêté de famille lésant ses droits ou ceux de son mari. Lorsque l'épouse a stipulé par contrat de mariage qu'elle administrerait ses biens et contribuerait, dans une certaine proportion, aux charges du mariage, le conseil de famille ne peut en rien modifier une pareille stipulation.

508. Nul, à l'exception des époux, des ascendants et descendants, ne sera tenu de conserver la tutelle d'un interdit au-delà de dix ans. A l'expiration de ce délai, le tuteur pourra demander et devra obtenir son remplacement.

Le tuteur qui n'est point parent en ligne directe de l'interdit peut, après dix ans, se faire décharger de la tutelle, parce que cette tutelle n'a pas une durée fixe, et qu'elle cause, en général, beaucoup plus d'ennuis et de désagréments que la tutelle d'un mineur.

509. L'interdit est assimilé au mineur, pour sa personne et pour ses biens : les lois sur la tutelle des mineurs s'appliqueront à la tutelle des interdits.

En ce qui concerne l'administration et les pouvoirs du tuteur, les fonctions du subrogé-tuteur, la composition et les attributions du conseil de famille, les règles sur la tutelle des mineurs sont entièrement applicables à la tutelle des interdits. Toutefois, l'incapacité du mineur diffère de celle de l'interdit. Le *mineur* peut se marier (art. 144), être tuteur de ses enfants (art. 390, 442); s'il a seize ans, il a le droit de faire un testament (art. 904) ; ce n'est qu'en cas de lésion qu'il peut attaquer les actes qu'il a faits (art. 1305). Tandis que *l'interdit* ne peut ni se marier, ni devenir tuteur, ni faire un testament; ses actes sont annulables, alors même qu'ils ne lui causeraient aucune lésion.

510. Les revenus d'un interdit doivent être essentiellement employés à adoucir son sort et à accélérer sa guérison. Selon les caractères de sa maladie et l'état de sa fortune, le conseil de famille pourra arrêter qu'il sera traité dans son domicile, ou qu'il sera placé dans une maison de santé, et même dans un hospice.

Les revenus du mineur doivent, autant que possible, être économisés;

tandis que ceux de l'interdit doivent surtout être employés à l'adoucissement de son sort ; aussi peut-on prendre, s'il le faut, sur son capital,
alors principalement que l'on a l'espoir de parvenir, par ce moyen, à sa
guérison.

511. Lorsqu'il sera question du mariage de l'enfant d'un
interdit, la dot, ou l'avancement d'hoirie, et les autres conventions matrimoniales, seront réglés par un avis du conseil de
famille, homologué par le tribunal, sur les conclusions du procureur impérial.

Lorsque l'enfant mineur d'un interdit n'a point d'autre ascendant, il a
besoin, pour se marier, du consentement de son conseil de famille ;
mais, lorsqu'il s'agit de prendre, sur la fortune de l'interdit, des biens pour
constituer à un enfant mineur, ou même majeur, une dot, un avancement
d'*hoirie*, c'était-à-dire de succession, ou tout autre établissement, il
faudra l'autorisation du conseil de famille de l'interdit et l'homologation
du tribunal.

512. L'interdiction cesse avec les causes qui l'ont déterminée :
néanmoins la main-levée ne sera prononcée qu'en observant
les formalités prescrites pour parvenir à l'interdiction, et l'interdit ne pourra reprendre l'exercice de ses droits qu'après le
jugement de main-levée.

C'est l'interdit qui agit ordinairement lui-même en main-levée de son
interdiction ; il n'a besoin pour cela d'aucune autorisation, d'aucune assistance. Il intente son action contre son tuteur. Le tribunal consulte le
conseil de famille sur la question de savoir si les causes d'interdiction ont
cessé ; il interroge ensuite l'interdit ; puis il statue sur la demande en
main-levée. Mais s'il estime que les faits articulés dans la requête en
main-levée d'interdiction ne sont point suffisamment sérieux et concluants,
il peut aussitôt rejeter la demande comme ne présentant aucune chance
de succès et la déclarer mal fondée. Ainsi décidé par la Cour de cassation,
qui confirme un arrêt de la cour de Bourges, du 2 juin 1862 : —
« Attendu que si, aux termes de l'art. 512 C. Nap. et de l'art. 890 C. pr.
civ., la main-levée de l'interdiction ne peut être prononcée qu'avec les
formalités exigées pour l'interdiction elle-même ; si, en conséquence,

l'interdiction ne peut être levée sans que le conseil de famille ait été consulté, il n'est pas ordonné aux tribunaux de recourir à la convocation du conseil de famille toutes les fois qu'un interdit demandera la main-levée de son interdiction ; que la requête à présenter, aux termes de l'art. 890 C. pr. civ., devant énoncer les faits articulés à l'appui de la demande et indiquer les témoins, et le jugement à intervenir devant être précédé d'un rapport de juge et des conclusions du ministère public, il résulté de ces dispositions que le tribunal doit examiner les faits allégués et ne donner suite à la demande que si elle paraît sérieuse » (C. cass. 13 janv. 1864).

CHAPITRE III.

DU CONSEIL JUDICIAIRE.

513. Il peut être défendu aux prodigues de plaider, de transiger, d'emprunter, de recevoir un capital mobilier et d'en donner décharge, d'aliéner, ni de grever leurs biens d'hypothèques, sans l'assistance d'un conseil qui leur est nommé par le tribunal.

Le *prodigue* est celui qui fait des dépenses inutiles et excessives, et dissipe par là rapidement sa fortune. Quand il a reçu du tribunal un *conseil*, c'est-à-dire un homme versé dans les affaires, comme un avocat, un notaire ou un avoué, il conserve néanmoins la capacité de faire seul tous les actes qui ne sont point énumérés dans notre article. Par conséquent, il est capable d'administrer librement ses biens, de se marier, de faire son testament ; quant aux actes énumérés dans notre article, il peut les faire avec la seule assistance de son conseil, car il n'a ni tuteur ni conseil de famille. S'il a fait sans l'assistance de son conseil des actes qui excèdent la limite de son pouvoir, il peut en demander la nullité ; mais les actes antérieurs à la nomination du conseil ne sont jamais attaquables, alors même qu'ils auraient été faits à une époque où la prodigalité était notoire.

514. La défense de procéder sans l'assistance d'un conseil peut être provoquée par ceux qui ont droit de demander l'interdiction ; leur demande doit être instruite et jugée de la même manière. — Cette défense ne peut être levée qu'en observant les mêmes formalités.

Tout parent et le conjoint du prodigue peuvent demander qu'il lui soit nommé un conseil. Le ministère public peut aussi, à défaut de parents et de conjoint, provoquer cette nomination (art. 490, 491).

515. Aucun jugement, en matière d'interdiction, ou de nomination de conseil, ne pourra être rendu, soit en première instance, soit en cause d'appel, que sur les conclusions du ministère public.

Toutes les fois que le tribunal est saisi d'une demande d'interdiction ou de nomination de conseil, il ne peut prononcer sa sentence qu'après avoir entendu les conclusions du ministère public, c'est-à-dire du procureur impérial ou du procureur général, car les questions qui concernent l'état et la capacité des personnes sont des questions d'ordre public.

LIVRE DEUXIÈME.

DES BIENS ET DES DIFFÉRENTES MODIFICATIONS DE LA PROPRIÉTÉ.

Les *personnes* sont le sujet actif et passif des droits; tandis que les *choses* sont l'objet des droits.

Le mot *choses*, qui comprend, dans son sens général, tous les êtres physiques et moraux, sert à désigner, dans la langue juridique, seulement ce qui est susceptible d'être l'objet d'un droit.

Lorsque les choses susceptibles de droits sont dans le domaine de l'homme, on les appelle *biens*. Un animal sauvage est une chose ; dès qu'il tombe dans la propriété de celui qui s'en empare, c'est un bien.

La loi ne traite pas de toute espèce de choses ; mais seulement de celles qui sont dans notre domaine, c'est-à-dire des biens.

TITRE PREMIER.

DE LA DISTINCTION DES BIENS.

(Décrété le 25 janvier 1804. Promulgué le 4 février.)

516. Tous les biens sont meubles ou immeubles.

Les meubles sont mobiles, c'est-à-dire peuvent être changés de place, *moveri possunt;* les immeubles sont immobiles, c'est-à-dire ne peuvent pas être changés de place, *moveri non possunt.* — Cette division des biens en meubles et immeubles est d'une très-grande importance dans la pratique.

Voici quelques exemples : —1° L'acheteur d'un meuble en devient propriétaire à l'égard des tiers lorsqu'il a reçu la livraison du meuble acheté, par application de la règle, « En fait de meubles, la possession vaut titre ; » tandis que l'acheteur d'un immeuble n'en devient propriétaire à l'égard des tiers que par la transcription de son titre au bureau des hypothèques ; — 2° Les meubles ne sont pas susceptibles d'hypothèque; tandis que les immeubles en sont susceptibles; — 3° Les droits de mutation perçus par l'Etat sur les actes à titre onéreux sont beaucoup moins forts quand il s'agit de meubles, que lorsqu'il s'agit d'immeubles; — 4° La saisie et la vente des meubles sont soumises à des formalités plus simples que la saisie et l'expropriation des immeubles; — 5° Les meubles des époux mariés sous le régime de la communauté légale tombent dans la communauté; tandis que chaque époux conserve en propre la propriété de ses immeubles; — 6° L'action en revendication de meubles doit être portée devant le tribunal du domicile du défendeur; tandis que l'action en revendication d'un immeuble doit être portée devant le tribunal du lieu où cet immeuble est situé.

Les biens peuvent aussi se diviser : 1° en biens corporels, qui tombent sous nos sens, *quæ tangi possunt,* et biens incorporels, qui ne tombent pas sous nos sens, *quæ tangi non possunt;* 2° en biens divisibles, et biens indivisibles. Mais le Code ne donne pas expressément ces divisions, qui n'ont qu'une importance secondaire.

CHAPITRE PREMIER.

DES IMMEUBLES.

517. Les biens sont immeubles, ou par leur nature, ou par leur destination, ou par l'objet auquel ils s'appliquent.

Les immeubles *par nature* sont, à vrai dire, les seules choses immobiles. Cependant la loi donne aussi le nom d'immeubles aux meubles qui, par leur destination, sont attachés à un immeuble, et aux droits qui s'appliquent à un immeuble. Il existe ainsi, d'après notre article, trois sortes d'immeubles. Mais il y a encore une quatrième sorte d'immeubles : la loi permet de rendre immeubles les rentes sur l'Etat, les actions de la Banque de France et de certains canaux (décrets 16 janvier et 1er mars 1808; 16 mars 1810)); lorsque de pareils droits, qui sont meubles, ont été immobilisés par le propriétaire, on les appelle immeubles par détermination de la loi.

518. Les fonds de terre et les bâtiments sont immeubles par leur nature.

Le sol est immobile; les bâtiments sont immeubles par nature comme le sol auquel ils adhèrent, parce qu'ils ne peuvent être transportés d'une place dans une autre sans être démolis, c'est-à-dire sans cesser d'être bâtiments.

Lorsque le preneur d'un héritage stipule qu'il aura le droit de faire sur l'héritage des constructions, avec la faculté de les enlever à l'expiration du bail, les constructions qu'il fait sont immeubles; elles ne sont point l'accessoire du sol, mais appartiennent au preneur lui-même; par conséquent, elles peuvent, de la part des créanciers de celui-ci, être l'objet de saisies immobilières. Ainsi l'a décidé la Cour de cassation, qui confirme un arrêt de la cour de Rouen, dans les termes suivants : — « Attendu que, dans l'espèce, il avait été formellement stipulé que les bâtiments que celui-ci devrait élever sur le terrain affermé resteraient pendant la durée du bail affectés au payement des loyers, et qu'à son expiration, ils seraient enlevés par le même preneur qui devrait déblayer le terrain et niveler le sol; qu'en présence de ces stipulations.., l'arrêt attaqué a dû considérer comme constant et reconnu le droit de propriété du locataire sur ces constructions que, légalement, il déclarait immeubles, par application de l'art. 518 C. Nap., et, par suite, valider la saisie immobilière qui en avait été faite » (C. cass. 7 avril 1862).

Les mines sont aussi immeubles *par nature*, ou plutôt *par détermination de la loi*. Or, aux termes de l'art. 2 de la loi du 21 avril 1810, *sur les mines, minières et carrières*, sont considérées comme *mines* les masses de substances minérales « connues pour contenir, en filons ou en amas, de l'or, de l'argent, du platine, du mercure, du plomb, du fer en filons ou couches, du cuivre, de l'étain, du zinc, de la calamine, du cobalt, de l'arsenic, du manganèse, de l'antimoine, du molybdène, de la plombagine ou autres matières métalliques, du soufre, du charbon de terre ou de pierre, du bois fossile, des bitumes, de l'alun ou des sulfates à base métallique. »

L'art. 8 de cette loi est ainsi conçu : « Les mines sont immeubles. — Sont aussi immeubles les bâtiments, machines, puits, galeries et autres travaux établis à demeure, conformément à l'art. 524 C. Nap. — Sont aussi immeubles par destination, les chevaux, agrès, outils et ustensiles servant à l'exploitation. — Ne sont considérés comme chevaux attachés à l'exploitation, que ceux qui sont exclusivement attachés aux travaux intérieurs des mines. — Néanmoins, les actions ou intérêts, dans une société pour l'exploitation des mines, seront réputés meubles, conformément à l'art. 529 C. Nap. » — Au reste, ainsi que l'exprime d'ailleurs l'art. 9 de la même loi, « sont meubles les matières extraites, les approvisionnements et les autres objets mobiliers. »

519. Les moulins à vent ou à eau, fixes sur piliers et faisant partie du bâtiment, sont aussi immeubles par leur nature.

Les moulins sont immeubles par leur nature lorsqu'ils sont fixés sur piliers, ou bien lorsqu'ils font partie du bâtiment : la réunion de ces deux circonstances n'est pas nécessaire pour que les moulins soient immeubles (art. 531).

520. Les récoltes pendantes par les racines, et les fruits des arbres non encore recueillis, sont pareillement immeubles. — Dès que les grains sont coupés et les fruits détachés, quoique non enlevés, ils sont meubles. — Si une partie seulement de la récolte est coupée, cette partie seule est meuble.

Les récoltes pendantes par racines et les fruits des arbres qui ne sont pas encore cueillis, sont immeubles, parce qu'ils adhèrent au sol et en font partie. Mais chaque épi de blé, chaque fruit devient meuble, dès qu'il est coupé et cesse par là d'être adhérent au sol. Quant aux arbres, arbustes et fleurs qui sont en caisse, ils n'adhèrent pas au sol; aussi sont-ils meubles.

Lorsqu'un propriétaire vend ses récoltes pendantes, les fruits de ses arbres non cueillis, les coupes de ses bois, les masses de pierres existant dans sa propriété, cette vente est mobilière, parce qu'elle a pour objet de conférer à l'acheteur le droit de faire la moisson, de cueillir les fruits, de couper les bois, d'extraire les pierres et de les acquérir quand il les mobilise en les détachant du sol. Aussi la loi accorde-t-elle au créancier le droit de saisir comme meubles les fruits des champs du débiteur, dans les six semaines qui précèdent l'époque ordinaire de leur maturité (art. 626 C. pr.). Cette saisie, appelée *saisie-brandon*, est une saisie mobilière.

521. Les coupes ordinaires des bois taillis ou de futaies mises en coupes réglées, ne deviennent meubles qu'au fur et à mesure que les arbres sont abattus.

Les bois *taillis* sont ceux qui sont coupés à des époques périodiques ne dépassant pas quarante ans ; les bois de *futaies* sont ceux qui se coupent à des époques périodiques de plus de quarante ans et de moins de soixante ; les bois de *haute futaie* sont ceux que l'on ne coupe qu'après soixante ans. Tous ces bois sont immeubles, tant qu'ils adhèrent au sol ; mais lorsque la coupe se fait, chaque arbre devient meuble dès qu'il est détaché du sol, peu importe que le bois soit ou non mis en coupes réglées.

Celui qui a l'usufruit ou la jouissance d'un bois ne peut y faire aucune coupe, si ce bois n'est pas mis en coupes réglées ; dans le cas contraire, il peut y faire des coupes aux époques fixées par les anciens propriétaires, car ces coupes sont alors considérées comme des fruits.

522. Les animaux que le propriétaire du fonds livre au fermier ou au métayer pour la culture, estimés ou non, sont censés immeubles tant qu'ils demeurent attachés au fonds par l'effet de la convention.—Ceux qu'il donne à cheptel à d'autres qu'au fermier ou métayer sont meubles.

Le législateur commence, dans cet article, à énumérer les immeubles par destination.

Le *fermier* est celui qui prend à bail la ferme d'un autre, moyennant une certaine rétribution en argent ou en denrées. Le *métayer*, appelé aussi *colon partiaire*, est celui qui cultive les terres d'autrui, à la condition qu'il partagera la récolte avec le propriétaire ; celui-ci a quelquefois le tiers, quelquefois la moitié de la récolte, bonne ou mauvaise.

Les animaux sont évidemment meubles par leur nature. Pour qu'ils deviennent immeubles par destination, deux conditions sont requises. Il faut : 1° que les animaux, bœufs, chevaux, chèvres, moutons, soient livrés par le propriétaire du fonds à son fermier ou métayer pour la culture ; 2° qu'ils soient attachés au fonds par l'effet de la convention. Au reste, peu importe que les animaux soient ou non estimés, car l'estimation des animaux, que le propriétaire veut attacher à son fonds, n'a point pour effet d'en transférer la propriété au fermier ou métayer qui les reçoit, mais seulement de mettre aux risques de celui-ci les pertes et les dépréciations.

Sur la signification du mot *cheptel*, voir l'art. 1800. — Il est manifeste que celui qui donne en cheptel son troupeau à un autre qu'à son fermier ou métayer, n'a point l'intention de l'attacher comme immeuble à l'héritage d'autrui ; par conséquent, ce cheptel reste meuble.

523. Les tuyaux servant à la conduite des eaux dans une maison ou autre héritage sont immeubles et font partie du fonds auquel ils sont attachés.

Plusieurs auteurs pensent que les *tuyaux* ne sont pas immeubles par *destination,* mais par *nature :* l'examen de cette opinion ne peut guère produire de conséquence pratique. Quoi qu'il en soit, il est certain que les tuyaux mobiles dont se servent les jardiniers pour arroser les plantes sont meubles.

524. Les objets que le propriétaire d'un fonds y a placés pour le service et l'exploitation de ce fonds, sont immeubles par destination. — Ainsi, sont immeubles par destination, quand ils ont été placés par le propriétaire pour le service et l'exploitation du fonds : — Les animaux attachés à la culture ; — Les ustensiles aratoires ; — Les semences données aux fermiers ou colons partiaires ; — Les pigeons des colombiers ; — Les lapins des garennes ; — Les ruches à miel ; — Les poissons des étangs ; — Les pressoirs, chaudières, alambics, cuves et tonnes ; — Les ustensiles nécessaires à l'exploitation des forges, papeteries et autres usines ; — Les pailles et engrais. — Sont aussi immeubles par destination tous effets mobiliers que le propriétaire a attachés au fonds à perpétuelle demeure.

L'énumération contenue dans cet article n'est pas limitative, mais simplement énonciative, ainsi qu'il résulte du dernier paragraphe. En conséquence, toutes les fois que le propriétaire d'une maison, d'une usine, d'un fonds de terre, y attache à perpétuelle demeure des choses mobilières pour le service et l'exploitation de son héritage, il les rend par là immeubles par destination. Le propriétaire peut bien les détacher de son fonds et leur faire perdre ainsi le caractère d'immeubles par destination ; mais des créanciers n'ont pas le droit d'en faire l'objet de saisies mobilières ; ils ne peuvent les faire vendre qu'avec l'immeuble lui-même, qui ne doit pas être dépouillé de ses moyens d'exploitation.

Remarquons que les animaux attachés d'une manière perpétuelle à la culture, qui sont immeubles par destination quand ils sont livrés par le propriétaire au fermier ou métayer (art. 522), sont pareillement immeubles quand c'est le propriétaire qui cultive lui-même son fonds.

525. Le propriétaire est censé avoir attaché à son fonds des effets mobiliers à perpétuelle demeure quand ils y sont scellés en plâtre ou à chaux ou à ciment, ou lorsqu'ils ne peuvent être détachés sans être fracturés et détériorés, ou sans briser ou détériorer la partie du fonds à laquelle ils sont attachés. — Les glaces d'un appartement sont censées mises à perpétuelle demeure, lorsque le parquet sur lequel elles sont attachées fait corps avec la boiserie. — Il en est de même des tableaux et autres ornements. — Quant aux statues, elles sont immeubles lorsqu'elles sont placées dans une niche pratiquée exprès pour les recevoir, encore qu'elles puissent être enlevées sans fracture ou détérioration.

Les *glaces* qui ne sont point attachées sur parquet faisant corps avec la boiserie ne sont point considérées comme immeubles par destination. Mais cette règle souffre exception s'il apparaît que les glaces, même retenues par de simples pattes, ont été attachées à la maison à perpétuelle demeure, par exemple, pour compléter les cheminées et les tentures des appartements (C. cass. 8 mai 1850), ou bien pour faciliter la location des appartements, ainsi qu'il a été jugé en ces termes : — « Attendu que si l'art. 525 C. Nap., § 2, déclare que les glaces d'un appartement sont censées mises à perpétuelle demeure, lorsque le parquet sur lequel elles sont attachées fait corps avec la boiserie, cet article est simplement énonciatif et qu'il appartient aux tribunaux de rechercher si, d'après d'autres circonstances, il n'est pas évident que les glaces garnissant un appartement y ont été placées à perpétuelle demeure ; — Attendu que, dans l'espèce actuelle, les juges prenant en considération les faits et les circonstances de la cause, déclarent qu'il est constant que les glaces dont il s'agit ont été achetées pour faciliter la location de l'immeuble exploité en hôtel garni ; qu'elles étaient nécessaires, eu égard aux habitudes des habitants du quartier, pour maintenir et augmenter le prix de location » (C. cass. 11 mai 1853).

Les *statues* sont immeubles par destination non-seulement quand elles sont placées dans une niche pratiquée exprès pour les recevoir, mais

encore lorsqu'elles sont placées soit sur les colonnes extérieures d'un
édifice, soit même sur un piédestal en maçonnerie dans un jardin, comme
celles qui existent dans les jardins publics des grandes villes.

526. Sont immeubles, par l'objet auquel ils s'appliquent :
— L'usufruit des choses immobilières ; — Les servitudes ou
services fonciers ; — Les actions qui tendent à revendiquer
un immeuble.

Cet article contient la troisième classe d'immeubles. Les droits n'ont
pas d'existence matérielle, et, par suite, ils ne sont par eux-mêmes ni
meubles ni immeubles ; mais la loi les range parmi les meubles ou parmi
les immeubles, selon la nature de la chose qui est l'objet du droit.

1° L'usufruit et l'usage, qui sont des démembrements de la propriété,
sont meubles s'ils ont pour objet un meuble, par exemple, un cheval ; ils
sont, au contraire, immeubles, s'ils ont pour objet des choses immobilières, comme un fonds de terre, une maison. Le droit d'habitation, et
les droits d'emphytéose et de superficie dont l'existence, contestée en
doctrine, est généralement reconnue par la jurisprudence, sont toujours
immeubles, parce qu'ils ne peuvent avoir pour objet que des choses immobilières.

2° Les servitudes ou services fonciers, qui constituent des charges
imposées sur un héritage pour l'usage et l'utilité d'un héritage appartenant à un autre propriétaire (art. 637), sont toujours immeubles.

3° Le troisième paragraphe de notre article exige un court exposé des
actions. — Or, les actions se divisent principalement en deux classes :
elles sont personnelles, ou réelles ; mobilières, ou immobilières.

L'action est *personnelle* si le demandeur prétend qu'il est créancier de
son adversaire ; elle est *réelle*, au contraire, si le demandeur prétend qu'il a
un droit de propriété, d'usufruit, de servitude, d'hypothèque sur une
chose qui est dans la possession de son adversaire.

L'action personnelle est *mobilière* si le demandeur se prétend créancier
d'un meuble ; elle est *immobilière*, au contraire, quand il se prétend
créancier d'un immeuble. De même, l'action réelle est *mobilière* ou
immobilière, selon que la chose revendiquée est un meuble, ou bien un
immeuble. — Ainsi, que l'action soit personnelle ou réelle, on appliquera
toujours cette règle de l'ancien droit : « L'action relative à un meuble est
mobilière ; l'action relative à un immeuble est immobilière, *Actio ad
mobile, mobilis est ; actio ad immobile, est immobilis.* »

Notre troisième paragraphe semble ne comprendre parmi les immeubles que « les actions qui tendent à revendiquer les immeubles, » c'est-à-dire les actions *réelles* immobilières. Mais il est généralement reconnu que les actions personnelles qui ont pour objet un immeuble, sont aussi immobilières. Les actions personnelles immobilières sont moins fréquentes qu'autrefois, à cause du principe, introduit par le Code, que l'obligation dont l'objet est la translation de propriété d'un corps certain et déterminé, a pour effet d'en transférer la propriété au créancier, et, par suite, de lui donner une action en revendication (art. 711, 1138). Cependant, le créancier n'a qu'une action personnelle immobilière quand l'immeuble qui est l'objet de l'obligation n'existe pas encore, comme lorsqu'il s'agit de l'obligation de construire une maison, ou lorsque cet objet ne consiste point en un corps certain et déterminé, comme la créance de deux hectares de terre à prendre dans un domaine.

Il existe une quatrième classe d'immeubles, appelés *immeubles par détermination de la loi*. Cette classe renferme notamment les mines, dont il a été question sous l'art. 518, et les actions de la banque de France qui, aux termes de l'art. 7 du décret du 16 janvier 1808, sont immobilisées au moyen d'une déclaration faite par le propriétaire et inscrite sur le registre des transferts.

CHAPITRE II.

DES MEUBLES.

527. Les biens sont meubles par leur nature, ou par la détermination de la loi.

Tandis qu'il existe trois sortes principales d'immeubles, il n'y a que deux sortes de meubles. Un meuble prend la nature d'immeuble par destination, lorsqu'il devient l'accessoire d'un immeuble. Mais jamais un immeuble ne devient l'accessoire d'un meuble; il ne peut donc pas y avoir de meubles par destination.

528. Sont meubles par leur nature les corps qui peuvent se transporter d'un lieu à un autre, soit qu'ils se meuvent par eux-mêmes, comme les animaux, soit qu'ils ne puissent changer de place que par l'effet d'une force étrangère, comme les choses inanimées.

La distinction des meubles animés et des meubles inanimés ne renferme aucune utilité pratique.

529. Sont meubles par la détermination de la loi les obligations et actions qui ont pour objet des sommes exigibles ou des effets mobiliers, les actions ou intérêts dans les compagnies de finance, de commerce ou d'industrie, encore que des immeubles dépendant de ces entreprises appartiennent aux compagnies. Ces actions ou intérêts sont réputés meubles à l'égard de chaque associé seulement, tant que dure la société. — Sont aussi meubles par la détermination de la loi les rentes perpétuelles ou viagères, soit sur l'État, soit sur des particuliers.

Les meubles par détermination de la loi, ou, ce qui est la même chose, par l'objet auquel ils s'appliquent, sont des droits ayant pour objet des meubles.

Quelques expressions de cet article exigent des explications.

I. « Les *obligations* et *actions* qui ont pour objet des *sommes exigibles* ou des effets mobiliers. » — 1° L'*obligation* est un lien de droit qui nous astreint envers un autre à donner, à faire ou à ne pas faire quelque chose. Elle naît d'un contrat, et quelquefois sans contrat, comme celle qui résulte d'un délit. Considérée du côté du créancier, l'obligation s'appelle *créance;* considérée du côté du débiteur, elle s'appelle *dette*. Dans la pratique des affaires, on nomme souvent obligation l'écrit qui est destiné à en prouver l'existence. — 2° Le mot *action* est ici employé pour désigner la demande qu'une personne forme devant le tribunal pour faire constater publiquement son droit et obtenir des moyens de le faire exécuter. — 3° Les sommes *exigibles* sont celles dont le créancier peut actuellement demander le payement à son débiteur. Dans notre articlé, l'expression *exigibles* a un sens plus étendu ; elle comprend aussi les sommes dont le créancier ne pourra exiger le payement qu'après l'échéance d'un terme ou après l'événement d'une condition; car elle est ici opposée au mot *rente*, qui désigne un droit dont le créancier ne peut jamais demander le remboursement.

II. « Les *actions* ou *intérêts* dans les compagnies. » — Celui qui a une action et celui qui a un intérêt dans une compagnie ou société, sont deux associés d'espèces différentes. L'*actionnaire* n'expose aux chances de la société que la somme qui compose sa mise ; il peut céder son action par une remise de son titre ou par un transfert sur les registres de la compagnie, selon que cette action est au porteur ou bien nominative. L'*intéressé*, au contraire, est exposé à des chances qui dépassent indéfiniment sa mise, car il est tenu personnellement de tous les engagements sociaux ; son nom et sa personne font partie intégrante de la société ; il ne peut point céder son intérêt et cesser par là d'être associé. On voit par là que l'action est cessible, tandis que l'intérêt est incessible. Au reste, l'action et l'intérêt sont également meubles ; de même que l'actionnaire, l'intéressé n'a droit, tant que dure la société, qu'aux bénéfices ou dividendes. En effet, la compagnie ou société constitue un être moral, une personne juridique : elle a un actif et un passif distincts de l'actif et du passif des associés ; les immeubles qu'elle acquiert lui appartiennent en propre et exclusivement, et les associés n'ont sur ces immeubles aucun droit de copropriété. Toutefois, lorsque la société est dissoute, cet être moral laisse une sorte de succession ; les choses corporelles, meubles et immeubles, qui composent cette succession, appartiennent, dès lors, par indivis, aux divers associés. Ceux-ci ont alors des droits mobiliers sur les meubles de la société dissoute et des droits immobiliers sur les immeubles.

En conséquence, lorsqu'une mine, qui est immeuble aux termes de l'art. 8 de la loi du 21 avril 1810, rapporté sous notre art. 518, est exploitée en société, les actions ou intérêts dans cette société sont meubles ; par suite, la cession de ces actions ou intérêts, qui a par exemple pour objet le quatorzième du fonds social, donne ouverture à la perception des droits fixés non pour immeubles, mais bien pour meubles, alors même que les parties auraient considéré cette cession comme immobilière. Ainsi décidé : — « Attendu que l'associé n'a pu céder plus de droits que ceux qui lui appartenaient, et que le quatorzième dont s'agit étant réputé meuble par la détermination formelle de la loi, l'acte de cession consenti par lui au demandeur, quelles qu'aient été les énonciations qui s'y rencontrent, ne constituait qu'une cession de droits mobiliers, l'erreur des contractants dans les énonciations ne pouvant avoir pour effet de changer la nature légale de l'objet cédé ; — Qu'il suit de là que ledit acte ne pouvait être soumis à la perception des droits établis pour cession immobilière » (C. cass. 6 fév. 1860).

III. « Les *rentes perpétuelles* ou *viagères*. » — 1° La *rente* est le droit qui appartient à une personne d'exiger d'une autre des prestations périodiques en argent ou en denrées. Ces prestations, qui sont appelées *arrérages*, sont les fruits civils de la rente, être moral. La rente ne peut

jamais être exigée ; les arrérages seuls sont exigibles, lorsqu'ils sont échus.
La rente peut être constituée à titre gratuit, soit par donation entre-vifs,
soit par legs ; elle peut aussi être constituée à titre onéreux, moyennant
l'abandon d'un capital mobilier, ou moyennant l'abandon d'un immeuble.
Dans l'ancien droit, la rente qui avait été constituée moyennant l'abandon d'un immeuble était appelée rente *foncière ;* elle n'était pas rachetable et était immeuble : celui qui avait acquis la rente conservait sur l'immeuble abandonné le domaine direct, tandis que celui qui avait vendu
la rente avait sur l'immeuble le domaine utile ; celui-ci pouvait, en *déguer-*
pissant, c'est-à-dire en abandonnant son domaine utile, se soustraire à
l'obligation de payer des arrérages pour l'avenir. Maintenant, toutes les
rentes sont meubles et rachetables. — 2° La rente est *perpétuelle*
quand celui au profit duquel elle existe peut toujours lui-même, ou ses
héritiers et autres successeurs, jusqu'au rachat, qui s'opère par le remboursement du capital, exiger des prestations aux périodes convenues.
Elle est *viagère,* au contraire, quand le droit d'exiger des prestations
s'éteint avec la vie de certaines personnes désignées dans la convention.

IV. « Soit sur l'*Etat*, soit sur les *particuliers.* » — Les rentes constituées à titre onéreux sur des particuliers existaient autrefois en grand
nombre, parce que l'Eglise, qui prohibait le prêt à intérêts, permettait de
pareilles constitutions ; mais les rentes sur particuliers sont maintenant
très-rares. Les rentes sur l'Etat sont, au contraire, nombreuses : celui qui
a des rentes sur l'Etat jouit de l'avantage précieux de pouvoir négocier
facilement, promptement et à peu de frais ses titres à la Bourse, et de se
procurer ainsi l'argent dont il peut avoir besoin.

(Article 530, décrété le 21 mars 1804. Promulgué le 31 du même mois.)

530. Toute rente établie à perpétuité pour le prix de la vente
d'un immeuble ou comme condition de la cession à titre onéreux ou gratuit d'un fonds immobilier, est essentiellement rachetable. — Il est néanmoins permis au créancier de régler les
clauses et conditions du rachat. — Il lui est aussi permis de
stipuler que la rente ne pourra lui être remboursée qu'après
un certain terme, lequel ne peut jamais excéder trente ans :
toute stipulation contraire et nulle.

La constitution à titre onéreux d'une rente a tous les caractères d'une
vente. La partie qui vend l'être moral rente, est celle qui s'oblige à

payer les arrérages, fruits civils de la rente, et qui reçoit de l'autre partie, à titre de prix, un capital mobilier ou immobilier. Lorsqu'elle rachète la rente qu'elle a vendue, elle l'éteint et fait par là évanouir pour l'avenir son obligation de payer des arrérages. En opérant le rachat, elle ne restitue pas les choses qu'elle a reçues ; mais elle paye, à défaut de convention, vingt fois la valeur des arrérages annuels.

Quoique les rentes constituées moyennant l'abandon d'un immeuble ou d'un capital mobilier soient toutes meubles et qu'elles soient également rachetables quand elles sont établies à perpétuité, il reste néanmoins entre elles des différences notables. Dans la rente foncière, le rachat peut être prohibé pendant trente ans ; le créancier peut régler les clauses et conditions du rachat, et dire notamment, lorsqu'il reçoit 4000, fr. par an, que le rachat n'aura lieu que par le payement de 120,000 fr. ; il a, pour assurer le payement des arrérages, un privilége sur l'immeuble qu'il a abandonné et un droit de suite ; dès qu'il est créancier d'arrérages échus, que son débiteur refuse de payer, il peut demander la résolution du contrat de rente. Au contraire, dans la rente constituée moyennant l'abandon d'un capital mobilier, le rachat ne peut pas être prohibé pendant plus de dix ans (art. 1911) ; le créancier ne peut pas stipuler qu'en cas de rachat, il recevra une somme plus forte que celle qu'il a donnée ; il n'a pour sûreté de son payement qu'un privilége bien faible, car, le débiteur peut le faire évanouir en disposant des meubles abandonnés (art. 2102) ; il ne peut demander la résolution du contrat, pour défaut de payement des arrérages, que lorsque le débiteur a cessé de remplir ses obligations pendant deux années (art. 1912).

531. Les bateaux, bacs, navires, moulins et bains sur bateaux, et généralement toutes usines non fixées par des piliers, et ne faisant point partie de la maison, sont meubles : la saisie de quelques-uns de ces objets peut cependant, à cause de leur importance, être soumise à des formes particulières, ainsi qu'il sera expliqué dans le Code de la procédure civile.

L'art. 519 déclare immeubles les moulins à vent et à eau fixes sur piliers ou faisant partie d'un bâtiment ; quant aux moulins qui ne réunissent pas ces conditions, ils sont meubles. Les formes à suivre pour la vente des meubles compris dans notre article sont tracées par les art. 620 C. pr. et 197 suiv. C. com.

532. Les matériaux provenant de la démolition d'un édifice, ceux assemblés pour en construire un nouveau, sont meubles jusqu'à ce qu'ils soient employés par l'ouvrier dans une construction.

Lorsqu'un édifice est *démoli*, c'est-à-dire détruit, rasé, les pierres qui le composaient deviennent meubles aussitôt qu'elles sont détachées. Mais les pierres qui tombent par suite d'une brèche qui se fait dans un mur restent immeubles tant que le propriétaire est censé vouloir les employer à la réparation de la brèche; par suite, elles ne peuvent pas être l'objet d'une saisie mobilière. Quant aux pierres assemblées pour la construction d'un édifice, elles ne deviennent immeubles qu'au fur et à mesure qu'elles sont employées et font partie de la construction qui s'élève. Les échalas préparés pour la vigne ne deviennent pareillement immeubles que lorsqu'ils sont plantés; ceux qui sont arrachés et mis dans la vigne en javelles pour être replantés, restent immeubles.

533. Le mot *meuble,* employé seul dans les dispositions de la loi ou de l'homme, sans autre addition ni désignation, ne comprend pas l'argent comptant, les pierreries, les dettes actives, les livres, les médailles, les instruments des sciences, des arts et métiers, le linge de corps, les chevaux, équipages, armes, grains, vins, foins et autres denrées; il ne comprend pas aussi ce qui fait l'objet d'un commerce.

Le mot *meuble* a plusieurs significations : tantôt il comprend tout ce qui n'est pas immeuble; tantôt il a le sens restreint exprimé dans notre article; tantôt, enfin, il désigne seulement les meubles meublants. Lorsque le mot *meuble* n'est pas *employé seul,* on lui donnera le sens qui résulte de l'intention des parties. Ainsi, lorsqu'un testateur lègue ses meubles à Pierre, et ses immeubles à Paul, le legs fait à Pierre comprend tout ce qui n'est pas immeuble, car il est évident que le testateur a entendu léguer tous ses biens.

534. Les mots *meubles meublants* ne comprennent que les meubles destinés à l'usage et à l'ornement des appartements, comme tapisseries, lits, siéges, glaces, pendules, tables, porce-

laines et autres objets de cette nature. — Les tableaux et les
statues qui font partie du meuble d'un appartement y sont aussi
compris, mais non les collections de tableaux qui peuvent être
dans les galeries ou pièces particulières. — Il en est de même
des porcelaines : celles seulement qui font partie de la décora-
tion d'un appartement sont comprises sous la dénomination
de *meubles meublants*.

Les mots *meubles meublants* ont une signification moins étendue que
le mot *meuble*, employé seul : ils ne comprennent que les meubles qui
servent à l'usage et à l'ornement des appartements.

535. L'expression *biens meubles*, celles de *mobilier* ou d'*effets
mobiliers*, comprennent généralement tout ce qui est censé
meuble d'après les règles ci-dessus établies. — La vente ou le
don d'une maison meublée ne comprend que les meubles
meublants.

Les expressions *biens meubles*, ou *mobilier* ou *effets mobiliers*, ont une
très-large signification : elles comprennent tous les meubles corporels ou
incorporels ; cependant elles peuvent avoir une signification plus restreinte d'après l'intention des parties ou la volonté du testateur. Mais les
mots *maison meublée* ont toujours une signification restreinte : ils ne
comprennent pas d'autres meubles que ceux qui sont meublants.

536. La vente ou le don d'une maison, avec tout ce qui s'y
trouve, ne comprend pas l'argent comptant, ni les dettes actives et autres droits dont les titres peuvent être déposés dans la
maison ; tous les autres effets mobiliers y sont compris.

Lorsque les expressions *maison avec tout ce qui s'y trouve*, sont employées dans une vente, dans un échange ou dans une donation entre-
vifs ou testamentaire, elles ont moins d'étendue que les mots *biens meubles*, et plus d'étendue que les mots *maison meublée* : elles comprennent
tous les biens meubles qui sont dans la maison, excepté l'argent comptant, et les obligations et actions dont les titres s'y trouvent déposés.

CHAPITRE III.

DES BIENS DANS LEUR RAPPORT AVEC CEUX QUI LES POSSÈDENT.

Les biens sont ou dans le domaine public, ou dans le domaine de personnes morales, comme l'Etat, les communes, les établissements d'utilité publique, ou dans le domaine des particuliers.

537. Les particuliers ont la libre disposition des biens qui leur appartiennent, sous les modifications établies par les lois. — Les biens qui n'appartiennent pas à des particuliers sont administrés et ne peuvent être aliénés que dans les formes et suivant les règles qui leur sont particulières.

Les particuliers qui ne sont frappés d'aucune incapacité de contracter peuvent disposer librement de leurs biens, sous la seule condition de respecter les lois et les règlements. — Les biens qui n'appartiennent pas à des particuliers sont ceux qui sont dans le domaine de personnes morales; ils sont administrés par des représentants ou administrateurs qui ne peuvent les aliéner qu'en observant des règles particulières.

538. Les chemins, routes et rues à la charge de l'État, les fleuves et rivières navigables ou flottables, les rivages, laïs et relais de la mer, les ports, les havres, les rades, et généralement toutes les portions du territoire français qui ne sont pas susceptibles d'une propriété privée, sont considérés comme des dépendances du domaine public.

Les routes et chemins à la charge de l'Etat sont les routes impériales qui vont de Paris à une nation frontière ou à la mer, et les chemins stratégiques. On doit y comprendre aussi les grandes voies de chemins de fer; car les compagnies qui les exploitent n'en ont point la propriété; mais seulement la jouissance temporaire ; en les entretenant, elles remplissent une charge que l'Etat leur a imposée comme condition de leur jouissance. Les routes départementales et les chemins de grande communication, vicinaux et communaux sont, selon leur classification, à la charge des départements ou des communes.

Le savant Merlin (*Quest.* v° Cours d'eau, § 2) divise, conformément à la nature des choses, les cours d'eau en trois classes : 1° les rivières navigables; 2° les rivières non navigables ; 3° les simples ruisseaux : — Les premières sont assimilées aux routes impériales ; les secondes aux chemins publics ou vicinaux, et les troisièmes, dont l'utilité est bornée aux particuliers sur le terrain desquels ils passent, appartiennent aux riverains. Ainsi jugé : — « Attendu, en droit, qu'il s'est élevé des difficultés sur le point de savoir si les rivières non navigables et non flottables sont la propriété des riverains ou celle de l'Etat; mais que, indépendamment de ces cours d'eau, il en existe d'autres qui, à raison de leur complète insuffisance pour la navigation et le flottage, ne sont désignés que sous la dénomination de *ruisseaux;* — Attendu que, sous l'ancienne législation, on voit des auteurs dont la parole fait autorité, Loysel, Boutaric, Duparc-Poulain, faire nettement cette distinction, lorsqu'il s'agissait de savoir à qui, des seigneurs ou des tenanciers, appartenaient les cours d'eau, et attribuer les ruisseaux aux tenanciers ; — Attendu que les auteurs du Code Napoléon, qui avaient une profonde connaissance du droit ancien, ne peuvent être supposés avoir voulu effacer une distinction fondée sur la nature des choses et sur d'imposantes autorités ; — Qu'ainsi il faut tenir pour certain que les ruisseaux ne peuvent, ni grammaticalement ni juridiquement, être compris dans les cours d'eau que l'art. 538 attribue au domaine public ; que, sauf preuve contraire, ils appartiennent aux riverains » (C. de Bordeaux, 7 août 1862).

Les *lais* de la mer sont les alluvions qui se forment sur les bords ; les *relais* sont les terres que la mer laisse à découvert en se retirant. Les lais et relais de la mer appartiennent maintenant, non au domaine public, mais à l'Etat, et par conséquent les particuliers peuvent les prescrire (L. 16 sept. 1807, art. 41).

539. Tous les biens vacants et sans maître, et ceux des personnes qui décèdent sans héritiers, ou dont les successions sont abandonnées, appartiennent au domaine public.

Les biens *vacants,* dont il est ici question, sont ceux qui composent les successions des personnes décédées sans laisser ni testament ni parents aux degrés successibles : dès qu'ils sont vacants, ils ont aussitôt un maître ; ce maître est, non pas le domaine public, mais l'Etat, qui en a la propriété comme toute autre personne, et qui est soumis aux mêmes prescriptions que les particuliers (art. 2277). — Au reste, les animaux sauvages, les oiseaux, les poissons sont *sans maître ;* mais il ne faudrait pas conclure de notre article qu'ils appartiennent à l'Etat : ils deviennent la propriété du premier occupant.

540. Les portes, murs, fossés, remparts des places de guerre et des forteresses, font aussi partie du domaine public.

De même que les choses énumérées dans l'art. 538, les choses exprimées dans cet article ne sont pas susceptibles d'une propriété privée.

541. Il en est de même des terrains, des fortifications et remparts des places qui ne sont plus places de guerre : ils appartiennent à l'État, s'ils n'ont été valablement aliénés, ou si la propriété n'en a pas été prescrite contre lui.

Les biens dont il s'agit ici ont cessé d'être compris dans le domaine public ; ils appartiennent maintenant à l'Etat, ainsi que l'exprime la dernière partie de notre article ; par conséquent, ils sont susceptibles de devenir l'objet d'une propriété privée et sont, comme les biens des particuliers, soumis à la prescription.

542. Les biens communaux sont ceux à la propriété ou au produit desquels les habitants d'une ou plusieurs communes ont un droit acquis.

De même que les communes, les départements et les établissements publics autorisés par l'Empereur constituent des personnes morales, susceptibles d'avoir un patrimoine, des droits actifs et passifs.

Une commune peut avoir : 1° des biens qui sont à l'usage de tous, qui ne sont pas susceptibles d'une propriété privée et qui sont imprescriptibles, comme les rues, les chemins, les églises, les places publiques ; 2° des biens communaux, dont la jouissance appartient aux habitants, comme certaines prairies où paissent les troupeaux ; 3° des biens qui constituent son patrimoine particulier, et dont elle retire les fruits, produits et revenus, comme le ferait tout autre propriétaire.

543. On peut avoir sur les biens, ou un droit de propriété, ou un simple droit de jouissance, ou seulement des services fonciers à prétendre.

Les droits se divisent en personnels et réels. Les droits *personnels* sont les créances ; ils sont ainsi appelés, parce que le créancier ne peut invoquer son droit que contre une *personne* connue à l'avance et spécialement déterminée, qui est son débiteur, ou contre ses successeurs universels ou à titre universel. Le droit *réel* est un droit sur une chose ; ce droit est général, en ce sens que le propriétaire d'un pareil droit ne connaît point à l'avance la personne contre laquelle il l'invoquera ; en effet, toute personne est susceptible de violer un droit réel, et cette violation fera naître une action contre elle.

Les principaux droits réels sont : 1° la propriété ; 2° la jouissance, qui comprend l'usufruit, l'usage et l'habitation ; 3° les servitudes.

TITRE II.

DE LA PROPRIÉTÉ.

(Décrété le 29 janvier 1804. Promulgué le 6 février.)

Les expressions propriété et possession ne sont point synonymes. — La *propriété* est le rapport juridique qui existe entre une personne et une chose faisant partie de son domaine. La *possession* ne constitue point un droit, mais un simple fait de détention, alors même qu'elle réunirait tous les caractères requis pour produire la prescription. Ordinairement, le propriétaire d'une chose en a la possession. Il arrive cependant fréquemment que la propriété d'une chose appartient à une personne, et que la possession appartient à une autre personne. Pour faire rentrer cette chose dans ses mains, le propriétaire intente contre celui qui la détient une action réelle, appelée *revendication*.

544. La propriété est le droit de jouir et de disposer des choses de la manière la plus absolue, pourvu qu'on n'en fasse pas un usage prohibé par les lois ou par les règlements.

Le mot *propriété* désigne tantôt le *droit* d'une personne sur une chose, tantôt la chose elle-même qui est l'objet du droit. — Notre article exprime que le propriétaire a deux droits : celui de jouir et celui de disposer. Mais le droit de jouir est complexe : il renferme non-seulement le droit de percevoir les fruits, mais encore le droit d'*usage*, c'est-à-dire celui de se servir de la chose. Ce dernier droit est appelé *habitation*, quand il est constitué sur une maison. Le propriétaire a donc trois droits distincts, qui sont susceptibles d'appartenir à des personnes différentes : l'usage, *usus;* la jouissance, *fructus;* la disposition ou nue propriété, *abusus.* L'usage et la jouissance réunis dans une même personne et séparés de la nue propriété constituent l'usufruit, *ususfructus.* L'expression latine, *abusus,* ne signifie pas que l'on peut faire de sa chose un usage blâmable et réprouvé par la raison; elle signifie que le propriétaire peut disposer de sa chose, la vendre, la donner, et faire disparaître par là tous les droits qu'il a sur elle. Les droits du propriétaire sont restreints par les lois et par les règlements : ainsi, il n'est point permis de brûler sa maison, de fabriquer de la poudre, des cartes à jouer, d'exploiter, sans une concession du gouvernement, une mine dans sa propriété.

545. Nul ne peut être contraint de céder sa propriété, si ce n'est pour cause d'utilité publique, et moyennant une juste et préalable indemnité.

L'intérêt général doit l'emporter sur les intérêts particuliers. C'est pourquoi il arrive fréquemment que, dans un but d'utilité publique, des immeubles appartenant à des particuliers sont expropriés pour l'établissement, l'élargissement ou le redressement d'un chemin de fer, d'une route impériale ou départementale, d'un chemin de grande communication ou vicinal, d'une rue ou d'une place. Mais, pour concilier, autant que possible, les intérêts généraux avec les intérêts particuliers, notre article dispose que les propriétaires qui sont expropriés recevront une *juste* et *préalable indemnité.* Les lois sur l'expropriation pour cause d'utilité publique sont celles du 8 mars 1810, du 7 juillet 1833 et du 3 mai 1841. D'après ces lois, les travaux sont décrétés, selon leur importance, par l'Empereur ou par le préfet; le tribunal civil prononce l'expropriation, et un jury spécial, composé de propriétaires, détermine, à défaut d'arrangement amiable entre les parties, le montant de l'indemnité, qui doit toujours être payée ou au moins consignée avant le commencement des travaux.

Ceux qui établissent, réparent ou entretiennent une route ou un chemin classé ont le droit de fouiller les terrains voisins de la voie publique, et d'y prendre les matériaux qui leur sont nécessaires : en pareil cas, le propriétaire du terrain fouillé a droit à une indemnité qui est réglée à l'amiable, ou bien à dire de deux experts, dont l'un est nommé par le propriétaire, et l'autre par le préfet : s'il faut un troisième expert, il est nommé par le préfet (L. 21 mai 1836, art. 17).

546. La propriété d'une chose, soit mobilière, soit immobilière, donne droit sur tout ce qu'elle produit, et sur ce qui s'y unit accessoirement, soit naturellement, soit artificiellement. — Ce droit s'appelle *droit d'accession.*

L'accession est *naturelle*, si elle s'opère sans le travail de l'homme, comme l'alluvion; elle est *artificielle*, quand elle résulte du travail de l'homme, par exemple, si un tiers construit sur mon terrain avec ses matériaux.

CHAPITRE PREMIER.

DU DROIT D'ACCESSION SUR CE QUI EST PRODUIT PAR LA CHOSE.

547. Les fruits naturels ou industriels de la terre, — Les fruits civils, — Le croît des animaux, — Appartiennent au propriétaire par droit d'accession.

Le croît des animaux et leurs produits, comme la laine, le lait, le miel, sont des fruits naturels. Les art. 583 et 584 définissent les fruits naturels, industriels et civils.

548. Les fruits produits par la chose n'appartiennent au propriétaire qu'à la charge de rembourser les frais des labours, travaux et semences faits par des tiers.

Le propriétaire d'un fonds sur lequel un tiers a fait des frais de labours, travaux et semences, a le droit d'en récolter les fruits; mais, par application du principe que « personne ne doit s'enrichir aux dépens d'autrui, » il est tenu de rembourser au tiers, même de mauvaise foi, les frais que celui-ci a faits. Lorsque le tiers est possesseur du fonds, il a le droit de le retenir jusqu'à son payement; s'il n'en est pas possesseur, il n'a point de privilège sur les fruits; car l'art. 2102, qui dispose que les sommes dues à un tiers pour semences et frais de récolte de l'année sont privilégiées sur le prix de la récolte, n'est applicable que dans le cas où le bailleur d'un fonds poursuit le payement des fermages qui lui sont dus sur les fruits de ce fonds loué, et se trouve en lutte avec un tiers qui a fourni au fermier des semences et des travaux.

549. Le simple possesseur ne fait les fruits siens que dans le cas où il possède de bonne foi : dans le cas contraire, il est tenu de rendre les produits avec la chose au propriétaire qui la revendique.

Il s'agissait, dans l'article précédent, de fruits non récoltés ; tandis qu'il s'agit ici de fruits récoltés par un *simple possesseur*, c'est-à-dire par une personne qui, sans être propriétaire de la chose, la détient avec l'esprit de maître, *animo domini*. Pour savoir s'il garde les fruits, on distingue s'il est de bonne foi (voir l'art. 550 qui explique le sens de ces mots), ou si, au contraire, il est de mauvaise foi. Le possesseur de *bonne foi* acquiert les fruits naturels et industriels dès qu'il les perçoit, et les fruits civils, jour par jour. Quant au possesseur de *mauvaise foi*, il n'acquiert jamais les fruits : il est tenu de restituer au propriétaire de la chose les fruits qu'il a perçus, le prix de ceux qu'il a consommés et l'estimation de ceux qu'il a négligé de percevoir.

Mais il faut remarquer que le propriétaire, qui ne peut réclamer contre le tiers acheteur les fruits que celui-ci a perçus de bonne foi, peut les réclamer contre le vendeur de mauvaise foi, ainsi qu'il a été décidé en ces termes : — « Attendu que le possesseur de mauvaise foi, dont la possession a été dès l'origine le résultat du dol et de la fraude, est, comme l'auteur de tout quasi-délit, tenu de la réparation intégrale du préjudice causé par son usurpation au légitime propriétaire ; que sa responsabilité implique dès lors l'obligation d'indemniser le propriétaire de toute privation de jouissance, et, par conséquent, de lui faire compte, non-seulement des fruits perçus pendant l'indue possession, mais encore de ceux perçus de bonne foi par les tiers détenteurs à qui il a livré la chose usurpée, et de répondre, en outre, des restitutions de fruits perçus par ceux-ci depuis que le vice de leur possession leur a été révélé » (C. cass. 9 fév. 1864).

550. Le possesseur est de bonne foi quand il possède comme propriétaire, en vertu d'un titre translatif de propriété dont

il ignore les vices. — Il cesse d'être de bonne foi du moment
où ces vices lui sont connus.

Notre article a beaucoup de ressemblance avec l'art. 2265, qui dispose
que le possesseur d'un immeuble appartenant à autrui en acquiert la
propriété par la prescription de dix ou vingt ans, lorsqu'il a juste titre et
bonne foi. Or, le mot *titre* qui signifie souvent un écrit, une preuve littérale, sert ici à désigner la cause de la possession. Le titre est *juste*, lorsque celui qui a livré la chose a voulu transférer à celui qui l'a reçue
tous les droits qu'il avait sur elle : la vente, l'échange, la donation, le
legs sont, chacun, des justes titres. L'opposé du juste titre est le titre *précaire* : le dépositaire, le mandataire, le créancier gagiste ne détiennent
qu'en vertu de titres précaires. La *bonne foi*, en cette matière, est une
croyance erronée ; elle existe quand le possesseur croit qu'il a reçu la
chose de celui qui en avait la propriété. Le possesseur qui a juste titre est
présumé de bonne foi ; celui qui allègue que le possesseur est de mauvaise
foi doit par conséquent en faire la preuve.

Ces principes, qui concernent la prescription de la chose, sont aussi
applicables en matière de fruits. Il existe cependant les différences suivantes. 1° Si le titre a des vices, par exemple, si le testament est irrégulier, celui qui possède en vertu d'un pareil titre ne peut jamais prescrire par dix ans ; tandis que, s'il ignore les vices de son titre, il acquiert
les fruits de la chose qui lui a été léguée, dès qu'il les perçoit. 2° L'héritier du possesseur de mauvaise foi ne peut pas prescrire la chose d'autrui par dix ans ; tandis que, s'il est lui-même de bonne foi, il acquiert
par la perception les fruits que cette chose a produits.

CHAPITRE II.

DU DROIT D'ACCESSION SUR CE QUI S'UNIT ET S'INCORPORE A LA CHOSE.

551. Tout ce qui s'unit et s'incorpore à la chose appartient
au propriétaire, suivant les règles qui seront ci-après établies.

Ce chapitre traite : 1° de l'accession relativement aux choses immobilières ; 2° de l'accession relativement aux choses mobilières.

SECTION PREMIÈRE.

Du droit d'accession relativement aux choses immobilières.

552. La propriété du sol emporte la propriété du dessus et du dessous. — Le propriétaire peut faire au-dessus toutes les plantations et constructions qu'il juge à propos, sauf les exceptions établies au titre *des Servitudes ou Services fonciers*. — Il peut faire au-dessous toutes les constructions et fouilles qu'il jugera à propos, et tirer de ces fouilles tous les produits qu'elles peuvent fournir, sauf les modifications résultant des lois et règlements relatifs aux mines, et des lois et règlements de police.

Celui qui acquiert un terrain, une pièce de terre, un héritage, un fonds, entend avoir la propriété entière, c'est-à-dire le dessus et le dessous. On peut cependant concevoir que la propriété du dessus et celle du dessous soient séparées : dans ce cas, le propriétaire du dessus pourra cultiver le dessus, et y faire des plantations, des constructions et même des caves et des puits; tandis que le propriétaire du dessous pourra y faire des fouilles et en extraire des matériaux. Une pareille séparation du dessus et du dessous ne se conçoit guère que dans le cas de concession de mines. Le concessionnaire de mines n'a point la propriété des vides et des excavations. Quand un propriétaire vend à un carrier une masse de pierre qui existe dans son fonds, cette vente, qui, en général, ne sépare pas le dessous du dessus, confère seulement à l'acheteur le droit mobilier d'extraire les pierres et de les acquérir dès qu'elles sont séparées du fonds.

Le propriétaire du sol a son droit limité par les services fonciers acquis aux tiers, et par les dispositions de la loi qui, par exemple, ne permet pas de planter des arbres de haute tige sur la limite de sa propriété (art. 671).

La loi du 21 avril 1810 sur les mines a restreint les droits du propriétaire. Celui-ci avait autrefois le droit aux mines existant dans son fonds. Depuis cette loi, les mines d'or, d'argent, de platine, de fer, de plomb, de charbon de terre, etc., appartiennent à l'État, qui en concède l'exploitation à des personnes réunissant les conditions nécessaires pour une bonne exploitation. La concession est faite par l'Empereur, sur l'avis du conseil d'État, soit au profit du propriétaire du sol, soit au profit d'un tiers, qui doit une indemnité au propriétaire du sol. La mine concédée devient une propriété du dessous, distincte de celle du dessus ; elle est immeuble par détermination de la loi et susceptible d'hypothèque.

553. Toutes constructions, plantations et ouvrages sur un terrain, ou dans l'intérieur, sont présumés faits par le propriétaire à ses frais et lui appartenir, si le contraire n'est prouvé ; sans préjudice de la propriété qu'un tiers pourrait avoir acquise ou pourrait acquérir par prescription, soit d'un souterrain sous le bâtiment d'autrui, soit de toute autre partie du bâtiment.

La présomption que les ouvrages et travaux existant dans un fonds ont été faits par le propriétaire et à ses frais, repose sur le principe que le propriétaire seul a le droit de modifier la manière d'être de sa chose. Cette présomption cesse devant la preuve contraire : lorsqu'un tiers prouve qu'il a fait de pareils travaux sur le fonds d'autrui, avec ses matériaux et à ses frais, il ne devient cependant point propriétaire de la construction, car celle-ci fait toujours partie du fonds dont elle est un accessoire, *quia ædificium solo cedit*; il obtient seulement une indemnité.

Celui qui possède un souterrain sous le bâtiment d'autrui ne peut en acquérir la propriété par la prescription que s'il a une possession publique (art. 2229).

554. Le propriétaire du sol qui a fait des constructions, plantations et ouvrages avec des matériaux qui ne lui appartenaient pas, doit en payer la valeur ; il peut aussi être condamné à des dommages-intérêts, s'il y a lieu : mais le propriétaire des matériaux n'a pas le droit de les enlever.

Si quelqu'un fait dans son fonds des constructions avec les matériaux d'autrui, des plantations avec les arbres d'autrui, il en devient aussitôt propriétaire, parce que les constructions et les plantations sont des accessoires du sol. L'ancien maître de ces matériaux, de ces arbres, ne peut pas les faire enlever, car il causerait par là au propriétaire un grave préjudice, pour sauvegarder un intérêt souvent minime ; il n'a par conséquent qu'une action personnelle en indemnité : cette indemnité sera appréciée en considération du préjudice qu'il éprouve ; le juge aura aussi égard, pour en fixer le montant, à la bonne foi ou à la mauvaise foi du propriétaire du sol.

555. Lorsque les plantations, constructions et ouvrages ont été faits par un tiers et avec ses matériaux, le propriétaire du fonds a droit ou de les retenir, ou d'obliger ce tiers à les enlever. — Si le propriétaire du fonds demande la suppression des plantations et constructions, elle est aux frais de celui qui les a faites, sans aucune indemnité pour lui; il peut même être condamné à des dommages-intérêts, s'il y a lieu, pour le préjudice que peut avoir éprouvé le propriétaire du fonds. —Si le propriétaire préfère conserver ces plantations et constructions, il doit le remboursement de la valeur des matériaux et du prix de la main-d'œuvre, sans égard à la plus ou moins grande augmentation de valeur que le fonds a pu recevoir. Néanmoins, si les plantations, constructions et ouvrages ont été faits par un tiers évincé, qui n'aurait pas été condamné à la restitution des fruits, attendu sa bonne foi, le propriétaire ne pourra demander la suppression desdits ouvrages, plantations et constructions; mais il aura le choix, ou de rembourser la valeur des matériaux et du prix de la main-d'œuvre, ou de rembourser une somme égale à celle dont le fonds a augmenté de valeur.

Une personne a fait avec ses matériaux des constructions, des travaux, des plantations sur le sol d'autrui : quels sont ses droits? Notre article distingue si le constructeur est ou non possesseur de bonne foi. 1° Si le constructeur ne possède pas le fonds, ou s'il le possède de mauvaise foi, le propriétaire du fonds peut, à son gré, ou retenir les ouvrages en payant au constructeur la valeur des matériaux et le prix de la main-d'œuvre, ou bien le contraindre à supprimer ces ouvrages et à réparer le préjudice causé. 2° Si le constructeur est de bonne foi, le propriétaire du fonds ne peut pas le contraindre à supprimer les ouvrages : il doit, à son choix, payer au constructeur la valeur des matériaux et le prix de la main-d'œuvre, ou bien une somme équivalente à la valeur dont son fonds se trouve augmenté; en exerçant ce choix, il ne s'enrichit jamais aux dépens d'autrui. Lorsque le propriétaire entend conserver les ouvrages faits par un constructeur de mauvaise foi, il en obtient ordinairement de bonnes conditions ; en effet, il le tient à sa merci, puisqu'il peut le menacer de le contraindre à enlever à ses frais les ouvrages et à payer des dommages-intérêts. D'ailleurs, il peut, si bon lui semble, traiter le possesseur de mauvaise foi comme si ce possesseur était de bonne foi, afin de ne lui payer que la plus-value donnée au fonds par les travaux, constructions ou plantations, ainsi que le reconnaissent généralement les auteurs et les arrêts.

Au reste, le possesseur de bonne foi a le droit de retenir le fonds jusqu'au payement de l'indemnité qui lui est due ; mais la plupart des auteurs refusent le droit de rétention au possesseur de mauvaise foi, et cette opinion est confirmée par l'arrêt suivant : — « Attendu qu'il n'y a que le détenteur à juste titre qui puisse avoir le privilége de retenir l'immeuble qu'il est condamné à délaisser, jusqu'au payement de la plus-value qu'il y a donnée par ses impenses ; — Que le défendeur n'est pas dans ce cas, puisque sa vente est radicalement nulle, et qu'il est sans titre pour se maintenir en possession » (C. de Grenoble, 10 juill. 1860).

Le preneur qui a fait des constructions ou plantations, que le propriétaire entend garder, a le droit d'en faire la preuve testimoniale, même au-dessus de la valeur de 150 fr., et de réclamer à cet égard l'indemnité qui lui est due contre l'acquéreur de l'héritage loué. Ainsi décidé : — « Attendu que, dans le cas où un tiers a fait sur la propriété d'autrui des plantations ou constructions avec ses matériaux, et où le propriétaire du sol entend conserver ces constructions ou plantations, il doit payer à ce tiers, aux termes de l'art. 555 C. Nap., suivant les circonstances prévues par cette disposition, tantôt une somme égale à celle dont le fonds a augmenté de valeur, tantôt la valeur des matériaux et le prix de la main-d'œuvre ; — Attendu qu'en conséquence des droits qui résultaient de là pour lui, le défendeur a été admis avec juste raison à prouver la plantation par lui des arbres existant sur le sol du demandeur dont il s'agit au procès et que celui-ci entend conserver... ; — Attendu qu'en statuant ainsi qu'il l'a fait, le tribunal n'a violé ni les textes de loi qui interdisent d'opposer aux tiers les conventions auxquelles ils n'ont pas été parties, puisque la simple allégation de la non-opposition du propriétaire à la plantation des arbres n'impliquait pas l'existence d'une convention à ce sujet, entre lui et son fermier, ni les règles relatives à la prohibition de recevoir la preuve testimoniale, puisqu'il y est fait exception lorsque, comme dans l'espèce, l'obligation alléguée procèderait d'un pur fait ou d'un quasi-contrat » (C. cass. 23 mai 1860).

556. Les attérissements et accroissements qui se formént successivement et imperceptiblement aux fonds riverains d'un fleuve ou d'une rivière, s'appellent *alluvion*. —L'alluvion profite au propriétaire riverain, soit qu'il s'agisse d'un fleuve ou d'une rivière navigable, flottable ou non ; à la charge, dans le premier cas, de laisser le marche-pied ou chemin de halage, conformément aux règlements.

Le propriétaire dont le fonds est augmenté par alluvion n'a pas d'indemnité à payer, parce qu'il est impossible de connaître à qui apparténaient les molécules de terre et de sable qui constituent le lai. Toutefois, il devra laisser le marche-pied ou le chemin de halage le long des rivières navigables ou flottables. D'après une ordonnance de 1672, le chemin de halage doit avoir 24 pieds de largeur ; le marchepied, 4 pieds, et les arbres, haies ou clôtures, ne peuvent être plus près de 30 pieds du côté que les bateaux se tirent, ni de 10 pieds de l'autre bord.

557. Il en est de même des relais que forme l'eau courante qui se retire insensiblement de l'une de ses rives en se portant sur l'autre : le propriétaire de la rive découverte profite de l'alluvion, sans que le riverain du côté opposé y puisse venir réclamer le terrain qu'il a perdu. — Ce droit n'a pas lieu à l'égard des relais de la mer.

Le *relai* est le terrain que le fleuve laisse à découvert en se retirant vers l'autre rive ; tandis que le *lai*, dont il est question dans l'article précédent, résulte d'attérissements insensibles. Le propriétaire riverain profite du relai aussi bien que du lai. Celui qui a un fonds riverain peut défendre son terrain par des brisants ; mais il ne doit point faire de travaux tendant à changer la direction du cours d'eau.

Les lais et relais de la mer font partie non du domaine public (art. 538), mais du domaine de l'Etat (L. 16 sept. 1807).

558. L'alluvion n'a pas lieu à l'égard des lacs et étangs, dont le propriétaire conserve toujours le terrain que l'eau couvre quand elle est à la hauteur de la décharge de l'étang, encore que le volume de l'eau vienne à diminuer. — Réciproquement le propriétaire de l'étang n'acquiert aucun droit sur les terres riveraines que son eau vient à couvrir dans les crues extraordinaires.

Le lac et l'étang sont des amas d'eau. Mais ils diffèrent en ce que le lac résulte de la situation des lieux; tandis que l'étang est formé par la main de l'homme. Ils ont tous deux des limites fixes et invariables.

559. Si un fleuve ou une rivière, navigable ou non, enlève par une force subite une partie considérable et reconnaissable d'un champ riverain, et la porte vers un champ inférieur ou sur la rive opposée, le propriétaire de la partie enlevée peut réclamer sa propriéié; mais il est tenu de former sa demande dans l'année : après ce délai, il n'y sera plus recevable, à moins que le propriétaire du champ auquel la partie enlevée a été unie, n'eût pas encore pris possession de celle-ci.

Dans l'espèce de l'art. 556, le propriétaire acquiert instantanément par alluvion les molécules qui accroissent insensiblement son fonds, parce que leur origine n'est pas reconnaissable. Mais il en est tout autrement dans l'espèce de notre article, car il s'agit ici d'une partie considérable et reconnaissable d'un champ qui se détache et vient se juxtaposer ou se superposer à un autre champ : dans ce cas, le propriétaire de la partie enlevée peut, au moins pendant un an, la réclamer par une action réelle mobilière. Il n'est tenu, à raison de cet événement résultant d'un cas de force majeure, de déblayer le terrain de l'autre propriétaire et de lui payer des dommages-intérêts que s'il réclame sa partie enlevée. Au reste, il peut être mis dans la nécessité de prendre un parti avant la fin de l'année, l'autre propriétaire ne pouvant pas être contraint de laisser son champ inculte.

560. Les îles, îlots, attérissements, qui se forment dans le lit des fleuves ou des rivières navigables ou flottables, appartiennent à l'Etat, s'il n'y a titre ou prescription contraire.

Le lit des fleuves et des rivières navigables ou flottables appartient, comme les cours d'eau eux-mêmes, au domaine public; par conséquent, il est inaliénable et imprescriptible (art. 2226); tandis que les îles et îlots qui se forment dans le lit appartiennent à l'Etat et sont aliénables et prescriptibles (art. 2227).

561. Les îles et attérissements qui se forment dans les rivières non navigables et non flottables appartiennent aux propriétaires riverains du côté où l'île s'est formée : si l'île n'est pas formée d'un seul côté, elle appartient aux propriétaires riverains des deux côtés, à partir de la ligne qu'on suppose tracée au milieu de la rivière.

Pour déterminer les droits de chacun des propriétaires riverains sur les îles et îlots, notre article suppose l'existence d'une ligne qui, dans toutes ses parties, se trouve tracée au milieu du lit de la rivière; puis il dispose que chaque propriétaire riverain obtient, dans l'île ou îlot, jusqu'à la ligne médiane, une partie proportionnelle à la largeur de son terrain sur les bords de la rivière.

La question de savoir si le lit des rivières qui ne sont ni navigables, ni flottables, appartient au domaine public, ou bien aux propriétaires riverains, est fortement controversée. L'opinion qui semble réunir les plus fortes preuves est celle qui attribue ce lit au domaine public; elle s'appuie sur les dispositions de l'ancien droit, sur les discussions dans les assemblées législatives, et sur l'art. 563, qui attribue, sans indemnité pour les riverains, le lit délaissé par la rivière aux propriétaires des terrains occupés et formant le nouveau lit. C'est pourquoi l'étendue du lit de la rivière n'est point prise en considération pour la fixation de l'indemnité due aux riverains expropriés, ainsi que l'a, d'ailleurs, jugé la cour de Rennes, par arrêt du 27 février 1860.

562. Si une rivière ou un fleuve, en se formant un bras nouveau, coupe et embrasse le champ d'un propriétaire riverain, et en fait une île, ce propriétaire conserve la propriété de son champ, encore que l'île se soit formée dans un fleuve ou dans une rivière navigable ou flottable.

Le champ qui est entouré par la rivière conserve néanmoins sa substance et son identité; le droit du propriétaire continue par conséquent évidemment à subsister.

563. Si un fleuve ou une rivière navigable, flottable ou non, se forme un nouveau cours en abandonnant son ancien lit, les propriétaires des fonds nouvellement occupés prennent, à titre d'indemnité, l'ancien lit abandonné, chacun dans la proportion du terrain qui lui a été enlevé.

Dans le droit romain, le lit abandonné appartenait aux riverains. Notre article l'attribue, à titre d'indemnité, aux propriétaires des fonds nouvellement occupés par le fleuve ou par la rivière. Cette disposition, qui est moins utile au point de vue pratique que la disposition du droit romain, est motivée par un principe d'équité ; elle suppose évidemment que les propriétaires riverains n'ont pas le lit du fleuve ou de la rivière dans leur domaine, car elle les frapperait d'une injuste spoliation.

564. Les pigeons, lapins, poissons, qui passent dans un autre colombier, garenne ou étang, appartiennent au propriétaire de ces objets, pourvu qu'ils n'y aient point été attirés par fraude et artifice.

Le propriétaire d'un colombier, d'une garenne, d'un étang, acquiert les pigeons, lapins, poissons d'autrui qui viennent s'y établir ; car il est désormais impossible de constater leur identité. Mais lorsqu'il les a attirés par fraude ou artifice, il a, par de pareils moyens, volontairement causé aux anciens propriétaires de ces animaux un préjudice qu'il est tenu de réparer.

SECTION II.

Du droit d'accession, relativement aux choses mobilières.

565. Le droit d'accession, quand il a pour objet deux choses mobilières appartenant à deux maîtres différents, est entièrement subordonné aux principes de l'équité naturelle. — Les règles suivantes serviront d'exemple au juge pour se déterminer, dans les cas non prévus, suivant les circonstances particulières.

Cette section s'occupe : 1° de l'*adjonction* de deux choses mobilières, dont chacune conserve son identité ; 2° de la *spécification*, qui a pour effet de transformer une chose mobilière en une autre; 3° du *mélange*, qui confond en une seule deux choses mobilières.

Dans les cas prévus par les articles suivants, le juge est tenu d'appliquer la loi. Dans les cas non prévus, il doit prendre en considération les solutions admises dans les cas prévus et consulter les principes de l'équité naturelle. Au reste, quand l'adjonction, la spécification ou le mélange ont eu lieu du consentement des parties, c'est d'après leur intention que leurs droits seront réglés. Remarquons que le principe, « En fait de meubles la possession vaut titre, » fera souvent obstacle à l'application des règles sur le droit d'accession des choses mobilières.

566. Lorsque deux choses appartenant à différents maîtres, qui ont été unies de manière à former un tout, sont néanmoins séparables, en sorte que l'une puisse subsister sans l'autre, le tout appartient au maître de la chose qui forme la partie principale, à la charge de payer à l'autre la valeur de la chose qui a été unie.

Voici un exemple de pareille adjonction : mes boutons sont cousus à votre habit. — Les mots de l'article, *sont néanmoins séparables*, signifient, « quoiqu'ils soient séparables. » En effet, le tout qui est formé par l'union de deux choses appartient au maître de la chose principale, sans distinguer si l'autre chose peut ou non en être séparée.

567. Est réputée partie principale celle à laquelle l'autre n'a été unie que pour l'usage, l'ornement ou le complément de la première.

Une visière mise à une casquette en devient l'accessoire, parce qu'elle n'est ainsi unie que pour l'usage et le complément de la casquette.

568. Néanmoins, quand la chose unie est beaucoup plus précieuse que la chose principale, et quand elle a été employée à l'insu du propriétaire, celui-ci peut demander que la chose unie soit séparée pour lui être rendue, même quand il pourrait en résulter quelque dégradation de la chose à laquelle elle a été jointe.

Si un diamant est employé pour l'ornement d'une canne, le propriétaire de ce diamant sera propriétaire aussi de la canne; il peut donc revendiquer le tout, ou bien exiger que son diamant soit séparé de la canne pour lui être rendu.

569. Si de deux choses unies pour former un seul tout, l'une ne peut point être regardée comme l'accessoire de l'autre, celle-là est réputée principale qui est la plus considérable en valeur, ou en volume, si les valeurs sont à peu près égales.

Les articles qui précèdent concernent l'adjonction; les art. 570 et 571 concernent la spécification et les articles suivants de cette section concernent le mélange.

570. Si un artisan ou une personne quelconque a employé une matière qui ne lui appartenait pas à former une chose d'une nouvelle espèce, soit que la matière puisse ou non reprendre sa première forme, celui qui en était le propriétaire a le droit de réclamer la chose qui en a été formée, en remboursant le prix de la main-d'œuvre.

Dans le droit romain, la chose produite par la spécification appartenait au maître de la matière si cette chose pouvait revenir à son premier état; elle appartenait au spécificateur dans le cas contraire. Notre article abolit cette distinction, et dispose que le maître de la matière sera toujours propriétaire de la chose spécifiée, peu importe que cette chose « puisse ou non reprendre sa première forme; » toutefois, par application du principe que personne ne doit s'enrichir aux dépens d'autrui, il doit payer à l'artisan le prix de la main-d'œuvre.

571. Si cependant la main-d'œuvre était tellement importante qu'elle surpassât de beaucoup la valeur de la matière employée, l'industrie serait alors réputée la partie principale, et l'ouvrier aurait le droit de retenir la chose travaillée, en remboursant le prix de la matière au propriétaire.

Ainsi, un statuaire qui emploie un bloc de marbre à faire une statue, devient propriétaire de cette statue.

572. Lorsqu'une personne a employé en partie la matière qui lui appartenait, et en partie celle qui ne lui appartenait pas, à former une chose d'une espèce nouvelle, sans que ni l'une ni l'autre des deux matières soit entièrement détruite, mais de manière qu'elles ne puissent pas se séparer sans inconvénient, la chose est commune aux deux propriétaires, en raison, quant à l'un, de la matière qui lui appartenait; quant à l'autre, en raison à la fois et de la matière qui lui appartenait, et du prix de sa main-d'œuvre.

L'espèce nouvelle ne serait pas commune si la main-d'œuvre dépassait la valeur de la matière : elle appartiendrait alors au spécificateur.

573. Lorsqu'une chose a été formée par le mélange de plusieurs matières appartenant à différents propriétaires, mais dont aucune ne peut être regardée comme la matière principale, si les matières peuvent être séparées, celui à l'insu duquel les matières ont été mélangées peut en demander la division. — Si les matières ne peuvent plus être séparées sans inconvénient, ils en acquièrent en commun la propriété dans la proportion de la quantité, de la qualité et de la valeur des matières appartenant à chacun d'eux.

Il y a mélange lorsque, par exemple, votre vin est mêlé avec le mien dans le même tonneau.

574. Si la matière appartenant à l'un des propriétaires était de beaucoup supérieure à l'autre par la quantité et le prix, en ce cas le propriétaire de la matière supérieure en valeur pourrait réclamer la chose provenue du mélange, en remboursant à l'autre la valeur de sa matière.

La chose dont la valeur est de beaucoup inférieure à celle de l'autre est considérée comme un accessoire de cette dernière.

575. Lorsque la chose reste en commun entre les propriétaires des matières dont elle a été formée, elle doit être licitée au profit commun.

La licitation est la vente, faite aux enchères, d'une chose commune à plusieurs et non partageable en nature, pour arriver au partage du prix (art. 1686).

576. Dans tous les cas où le propriétaire dont la matière a été employée, à son insu, à former une chose d'une autre espèce, peut réclamer la propriété de cette chose, il a le choix de demander la restitution de sa matière en même nature, quantité, poids, mesure et bonté, ou sa valeur.

La disposition de cet article est fort équitable. Lorsque le propriétaire de la chose principale réclame l'espèce nouvelle, il faut qu'il paye le prix de l'autre chose et la valeur de la main-d'œuvre. Or, cette espèce nouvelle peut ne pas lui convenir, et, comme il n'est pas en faute, il est juste qu'il puisse demander, à son choix, une chose de la même nature que la sienne, ou le prix nécessaire pour s'en procurer une pareille.

577. Ceux qui auront employé des matières appartenant à d'autres, et à leur insu, pourront aussi être condamnés à des dommages-intérêts, s'il y a lieu, sans préjudice des poursuites par voie extraordinaire, si le cas y échet.

Les *poursuites par voie extraordinaire* sont les poursuites criminelles ou correctionnelles qui sont dirigées contre les auteurs de vol ou d'abus de confiance.

TITRE III.

DE L'USUFRUIT, DE L'USAGE ET DE L'HABITATION.

(Décrété le 30 janvier 1804. Promulgué le 9 février.)

L'art. 543 dispose qu'on peut avoir sur les biens un droit de propriété, ou un simple droit de jouissance, ou seulement des services fonciers. Le titre précédent traite de la *propriété;* le présent titre s'occupe de la *jouissance,* qui comprend l'usufruit, l'usage et l'habitation; le titre suivant a pour objet les *servitudes* ou *services fonciers.*

CHAPITRE PREMIER.

DE L'USUFRUIT.

578. L'usufruit est le droit de jouir des choses dont un autre a la propriété, comme le propriétaire lui-même, mais à la charge d'en conserver la substance.

Le sens des mots de cette définition a besoin d'être nettement précisé.

1° L'expression *usufruit*, qui vient des mots latins *usus* et *fructus*, sert à désigner le droit d'user d'une chose et celui d'en percevoir les fruits. Celui qui a ces deux droits se nomme *usufruitier*. Le maître de la chose dont un autre a l'usufruit est appelé *nu-propriétaire*.

2° L'usufruit est un *droit*. — Considéré par rapport à l'usufruitier, le droit d'usufruit est essentiellement personnel et temporaire, car il s'éteint nécessairement par la mort de l'usufruitier et se réunit alors à la nue propriété : un pareil droit ne peut être transmissible aux héritiers, car le nu-propriétaire n'aurait plus alors qu'un droit inutile et même onéreux. Considéré, au contraire, par rapport à la chose, l'usufruit constitue un droit réel, un démembrement de la propriété. Ce droit réel est mobilier ou immobilier, selon qu'il a pour objet des meubles ou des immeubles.

3° L'usufruit est le droit de *jouir des choses dont un autre a la propriété*. — Le droit d'usufruit ne peut exister que sur une chose d'autrui : *Nemini res sua servit*, disait déjà le droit romain. Celui qui a la pleine propriété d'une chose peut évidemment en user et en percevoir les fruits ; mais un pareil droit ne constitue point, à vrai dire, un usufruit, parce que, dans ce cas, il n'existe point de démembrement de la propriété.

4° L'usufruit est le droit de jouir..., *comme le propriétaire lui-même.* — L'usufruitier a droit, de même qu'un propriétaire, à tous les fruits et émoluments que la chose produit ; mais il est tenu de jouir en bon père de famille, tandis qu'un propriétaire peut jouir de sa chose comme bon lui semble ; à la différence de l'usufruitier, il n'a de compte à rendre à personne de sa manière d'administrer.

5° Mais à la charge *d'en conserver la substance.* — L'usufruitier, qui est tenu de conserver la *substance*, c'est-à-dire la manière d'être de la chose, ne peut en changer ni les qualités, ni la forme, ni la destination ; par suite, il n'a pas le droit de convertir un pré en bois, en vigne, ou en champ.

La définition que notre article donne de l'usufruit serait inexacte si on l'appliquait au *quasi-usufruit*, c'est-à-dire à l'espèce d'usufruit qui a pour objet des choses dont on ne peut faire usage sans les consommer (art. 587).

L'usufruit constitue un droit *personnel*, en ce sens qu'il profite directement à une personne, *res personæ servit*. Mais il constitue un droit *réel*, c'est-à-dire général, en ce sens que l'usufruitier, qui se trouve, par son *jus in re*, en rapport direct avec la chose, peut, de même qu'un propriétaire, invoquer son droit contre toute personne. — Lorsqu'il s'agit de services fonciers, une chose sert à une chose, *res rei servit*, c'est-à-dire un fonds sert à un fonds appartenant à un autre propriétaire (art. 637). — Or, les anciens auteurs donnaient aux droits d'usufruit et d'usage le nom de *servitudes personnelles*, et aux services fonciers, le nom de *servitudes réelles*. Mais nos lois ayant aboli les servitudes d'homme à homme, *personæ persona servit*, c'est-à-dire l'esclavage et le servage, le législateur n'a point voulu désigner les droits d'usufruit et d'usage par les noms de servitudes personnelles, de crainte de réveiller dans les esprits des idées inexactes et de pénibles souvenirs.

579. L'usufruit est établi par la loi, ou par la volonté de l'homme.

Il existe deux cas d'usufruit établi *par la loi :* 1° le père ou la mère, qui exerce la puissance paternelle, a la jouissance des biens de ses enfants n'ayant pas encore l'âge de dix-huit ans (art. 384) ; 2° le survivant des père et mère obtient, dans la succession de son enfant, le tiers en usufruit de la moitié qui revient aux parents collatéraux de l'autre ligne (art. 754).

L'usufruit établi *par la volonté de l'homme* est celui qui est constitué par le propriétaire, soit à titre onéreux, comme la vente et l'échange, soit à titre gratuit, comme la donation entre-vifs et le legs. Tout usufruit constitué par contrat de mariage, même en cas de communauté légale, soit au profit de la communauté, soit au profit du mari, est aussi un usufruit établi par la volonté de l'homme.

On admet généralement que l'usufruit peut être aussi établi, à l'égard des immeubles, par la prescription de dix ou vingt ans (art. 2265) ou de trente ans (art. 2262), et, à l'égard des meubles, par la seule possession (art. 2279).

580. L'usufruit peut être établi, ou purement, ou à certain jour, ou à condition.

L'usufruit est établi *purement*, si l'acte qui le constitue ne contient ni terme ni condition : il commence immédiatement pour finir à la mort de l'usufruitier. Il est établi *à certain jour*, s'il ne doit commencer qu'à une époque fixe, ou bien s'il commence immédiatement pour finir à une époque déterminée. Il est *à condition*, lorsque son existence dépend d'un événement futur et incertain. Il y a deux sortes de conditions : la condition suspensive, qui suspend la naissance de l'usufruit jusqu'à l'arrivée de l'événement futur et incertain; la condition résolutoire, qui n'empêche pas l'usufruit de commencer immédiatement, mais qui l'éteint lors de l'arrivée de l'événement.

581. Il peut être établi sur toute espèce de biens meubles ou immeubles.

L'usufruit peut être établi sur des biens meubles ou immeubles, sur des biens corporels ou incorporels, sur des objets particuliers ou des universalités, sur des choses dont la substance doit être gardée, ou qui sont destinées à être consommées ; mais, dans ce dernier cas, qui est prévu par l'art. 587, il existe seulement un usufruit improprement dit, appelé *quasi-usufruit*.

SECTION PREMIÈRE.

Des droits de l'usufruitier.

582. L'usufruitier a le droit de jouir de toute espèce de fruits, soit naturels, soit industriels, soit civils, que peut produire l'objet dont il a l'usufruit.

L'usufruitier a la jouissance de la chose; par suite, il acquiert les fruits et les produits périodiques de cette chose. Mais les produits qui ne sont pas périodiques n'ont pas le caractère de fruits; ils appartiennent au nu-propriétaire.

583. Les fruits naturels sont ceux qui sont le produit spontané de la terre. Le produit et le croît des animaux sont aussi des fruits naturels. — Les fruits industriels d'un fonds sont ceux que l'on obtient par la culture.

La distinction établie entre les fruits naturels, tels que les coupes des bois, les foins des prairies, la laine et le croît des animaux, et les fruits industriels, tels que les moissons et les vendanges, ne présente guère d'utilité pratique, parce que ces deux sortes de fruits s'acquièrent également par la perception (art. 585).

584. Les fruits civils sont les loyers des maisons, les intérêts des sommes exigibles, les arrérages des rentes. — Les prix des baux à ferme sont aussi rangés dans la classe des fruits civils.

Les fruits dont il s'agit dans cet article sont appelés fruits *civils*, parce que, au lieu d'être produits par la chose, comme les fruits naturels et industriels, ils ont pour cause une convention qui est sanctionnée par la loi civile. Les prix des baux à ferme étant rangés dans la classe des fruits civils, il s'ensuit que si l'usufruitier a donné des fonds à ferme et meurt avant la moisson ou la vendange, son héritier a droit à une partie du prix proportionnelle au temps pendant lequel l'usufruit a duré. Il en était différemment sous l'empire des coutumes : le prix du bail à ferme était rangé parmi les fruits industriels, et l'usufruitier n'acquérait de droit au prix du bail qu'à l'époque où les fruits étaient détachés du fonds.

585. Les fruits naturels et industriels, pendants par branches ou par racines au moment où l'usufruit est ouvert, appartiennent à l'usufruitier. — Ceux qui sont dans le même état au moment où finit l'usufruit, appartiennent au propriétaire, sans récompense de part ni d'autre des labours et des semences, mais aussi sans préjudice de la portion des fruits qui pourrait être acquise au colon partiaire, s'il en existait un au commencement ou à la cessation de l'usufruit.

Les fruits pendants par *branches* sont, par exemple, les pommes non cueillies ; ceux qui sont pendants par *racines* sont, par exemple, le blé non coupé. L'usufruitier a le droit de percevoir les fruits pendants lors de l'ouverture de l'usufruit ; il n'en devient cependant propriétaire que lorsqu'il les perçoit, en les détachant de l'arbre ou du sol. Mais, d'un autre côté, il n'a aucun droit sur les fruits pendants lors de la cessation de son usufruit. Le législateur, qui préfère l'égalité de chances à des comptes respectifs, toujours difficiles à régler, dispose que les frais de labours, semences et autres ne donneront jamais lieu à récompense entre l'usufruitier et le propriétaire ; toutefois, cette disposition ne, nuit point aux droits acquis à des tiers, notamment aux droits du colon partiaire, qui cultive sous la condition d'un partage des fruits.

L'usufruitier qui récolte des fruits non mûrs contrairement à l'usage et qui décède avant l'époque de leur maturité, doit des dommages-intérêts au propriétaire. S'il a vendu la récolte et meurt avant la perception des fruits, la vente est nulle : le propriétaire a, dans ce cas, seul droit à la récolte.

586. Les fruits civils sont réputés s'acquérir jour par jour, et appartiennent à l'usufruitier, à proportion de la durée de son usufruit. Cette règle s'applique aux prix des baux à ferme, comme aux loyers des maisons et aux autres fruits civils.

A la différence des fruits naturels et industriels, qui ne s'acquièrent que par la perception, les fruits civils s'acquièrent jour par jour. Cette acquisition jour par jour des fruits civils constitue, au profit de l'usufruitier, un simple droit de créance, dont l'exigibilité a lieu seulement au terme convenu ; si l'usufruitier décède avant ce terme, ses héritiers ont le droit de réclamer contre le fermier, à l'échéance, une part des fruits civils proportionnelle au nombre de jours que l'usufruit a duré.

587. Si l'usufruit comprend des choses dont on ne peut faire usage sans les consommer, comme l'argent, les grains, les liqueurs, l'usufruitier a le droit de s'en servir, mais à la charge d'en rendre de pareille quantité, qualité et valeur, ou leur estimation, à la fin de l'usufruit.

Les choses dont on ne peut faire usage sans les consommer, *quæ in abusu consistunt*, sont appelées choses *fongibles*. Or, sont fongibles les choses qui, d'après l'intention expresse ou présumée des parties, peuvent se remplacer exactement l'une par l'autre, *quarum altera alterius vice fungitur*. L'usufruit qui a pour objet des choses fongibles est un usufruit improprement dit, auquel la définition de l'art. 578 ne convient pas ; on peut l'appeler *quasi-usufruit*. Dans cette espèce d'usufruit, il est essentiel que l'usufruitier ait non-seulement le droit de se servir des choses, mais encore celui d'en disposer, car autrement sa jouissance serait illu-

soire. Son obligation ne consiste pas à restituer identiquement, à la fin de
son usufruit, les choses qu'il a reçues. Elle consiste à donner des choses
de la même espèce, en même quantité et qualité, quelle que puisse être
la différence de valeur ; mais, si les choses ont été estimées au commencement de l'usufruit, elle consiste à donner le prix de leur estimation. Tel
est le vrai sens de la fin de cet article qui a donné lieu à plusieurs inter-
prétations ; ainsi, l'usufruitier n'a jamais le choix entre d'autres choses
fongibles, et entre le prix d'estimation.

588. L'usufruit d'une rente viagère donne aussi à l'usufruitier, pendant la durée de son usufruit, le droit d'en percevoir
les arrérages, sans être tenu à aucune restitution.

La rente viagère s'éteint à la mort de celui sur la tête duquel elle est
constituée. Celui qui en avait l'usufruit aura-t-il seulement les intérêts
des arrérages ? ou bien gardera-t-il pour lui tous les arrérages échus
pendant l'existence de son usufruit ? Notre article tranche dans ce dernier sens cette question autrefois vivement controversée ; en conséquence,
l'usufruitier ne restitue que les titres de la rente viagère ; il n'a plus rien
à restituer si cette rente ne survit pas à son droit d'usufruit. La disposition de notre article est pareillement applicable lorsqu'un usufruit est
donné en usufruit.

589. Si l'usufruit comprend des choses qui, sans se consommer de suite, se détériorent peu à peu par l'usage, comme
du linge, des meubles meublants, l'usufruitier a le droit de
s'en servir pour l'usage auquel elles sont destinées, et n'est
obligé de les rendre, à la fin de l'usufruit, que dans l'état où
elles se trouvent, non détériorées par son dol ou par sa faute.

L'usufruitier a presque les mêmes droits qu'un propriétaire sur les choses
qui se détériorent peu à peu par l'usage ; il n'est tenu à aucune restitution relativement aux choses dont il prouve la perte ; et, comme il n'est
tenu de rendre les choses que dans l'état où elles se trouvent, il arrive
souvent qu'il ne restitue que des chiffons à la place du linge qu'il a reçu,
des débris à la place de meubles meublants. Toutefois, il répond des détériorations arrivées par sa faute. Si quelques objets manquent, il est présumé les avoir aliénés et, par suite, il en doit l'estimation, lorsqu'il n'en
prouve pas la perte arrivée par cas fortuit.

590. Si l'usufruit comprend des bois taillis, l'usufruitier est tenu d'observer l'ordre et la quotité dés coupes, conformément à l'aménagement ou à l'usage constant des propriétaires, sans indemnité toutefois en faveur de l'usufruitier ou de ses héritiers, pour les coupes ordinaires, soit de taillis, soit de baliveaux, soit de futaie, qu'il n'aurait pas faites pendant sa jouissance. — Les arbres qu'on peut tirer d'une pépinière sans la dégrader, ne font aussi partie de l'usufruit qu'à la charge par l'usufruitier de se conformer aux usages des lieux pour le remplacement.

Nous avons vu sous l'art. 521 le sens des mots *taillis, futaie, haute futaie.* Les *baliveaux* sont les arbres que l'on réserve lors des coupes. L'*aménagement* est le règlement de l'ordre des coupes : par exemple, une forêt de trente hectares peut être divisée en quinze coupes de deux hectares chacune, de telle sorte que l'on fasse tous les deux ans une coupe de bois âgé de trente ans. Lorsque l'usufruitier ne se conforme pas à l'ordre des aménagements et fait des coupes trop tôt ou trop tard, il est tenu, à la fin de l'usufruit, d'indemniser le propriétaire du préjudice que celui-ci peut éprouver; tandis qu'il ne peut jamais rien réclamer lorsque c'est lui qui souffre le préjudice. Toutefois, si le mari qui, sous le régime de la communauté, administre son patrimoine, le patrimoine de la femme et le patrimoine de la communauté, néglige de faire une coupe dans une forêt qui est propre à sa femme ou à lui-même, une indemnité est due par le propriétaire de la forêt à la communauté qui a la jouissance des propres des époux (art. 1403), par la raison qu'il ne peut pas dépendre du mari, qui administre les trois patrimoines, d'enrichir l'un d'eux au préjudice d'un autre.

591. L'usufruitier profite encore, toujours en se conformant aux époques et à l'usage des anciens propriétaires, des parties de bois de haute futaie qui ont été mises en coupes réglées, soit que ces coupes se fassent périodiquement sur une certaine étendue de terrain, soit qu'elles se fassent d'une certaine quantité d'arbres pris indistinctement sur toute la surface du domaine.

Les hautes futaies ne sont considérées comme fruits que lorsqu'elles sont mises en coupes réglées. Le règlement peut varier : quelquefois, on coupe, à certaines époques périodiques, tout le bois dans une certaine étendue de terrain; d'autres fois, lorsqu'il s'agit, par exemple, de bois de sapin, on coupe tous les ans un certain nombre d'arbres sur toute la surface du domaine.

Lorsque le propriétaire d'un bois de haute futaie l'exploitait en vendant chaque année un certain nombre d'arbres choisis dans toute la forêt, sans qu'il y eût identité dans le nombre ni dans l'essence des arbres vendus, l'usufruitier a le droit de faire la même exploitation. Ainsi jugé : — « Attendu que, d'après l'art. 591 C. Nap., l'usufruitier profite des parties de bois de haute futaie qui ont été mises en coupes réglées, quoique ces coupes se fassent d'une certaine quantité d'arbres, pris indistinctement sur toute la surface du domaine; — Attendu qu'il est constant, en fait, que, depuis 1825 jusqu'à 1860, le propriétaire exploitait ses bois en marquant annuellement un certain nombre d'arbres choisis dans toutes les parties de la forêt, et vendus par lui à des tiers; que ces opérations ont toutes été constatées par des registres à souches, régulièrement tenus; — Attendu que ce mode de jouissance constitue un aménagement dans le sens de la loi; que l'on y trouve la double circonstance de la destination imprimée au bois par le propriétaire, et de la périodicité annuelle dans la coupe des arbres; — Attendu que vainement les intimés argumentent du fait que, chaque année, il n'y avait eu ni identité du nombre d'arbres coupés, ni identité de leurs produits; que l'art. 591 ne fait pas dépendre l'aménagement du fait de cette identité et qu'il le place dans la circonstance de coupes, faites en jardinant, d'un certain nombre d'arbres pris dans toute la forêt...; — Par ces motifs, dit que le droit d'usufruit existe et consiste à percevoir, chaque année, une certaine quantité d'arbres pris indistinctement sur toute la surface du bois » (C. de Riom, 19 juill. 1862).

592. Dans tous les autres cas, l'usufruitier ne peut toucher aux arbres de haute futaie : il peut seulement employer, pour faire les réparations dont il est tenu, les arbres arrachés ou brisés par accident; il peut même, pour cet objet, en faire abattre s'il est nécessaire, mais à la charge d'en faire constater la nécessité avec le propriétaire.

Les arbres des hautes futaies qui ne sont pas mises en coupes réglées, ne sont pas considérés comme fruits, mais comme partie intégrante du fonds. L'usufruitier n'a donc pas le droit d'y toucher; cependant, il peut prendre les arbres brisés ou arrachés par accident, ou, à défaut, en faire abattre, pour réparer la ferme ou la maison comprise dans le domaine dont il a l'usufruit, car un propriétaire agirait ainsi. Mais l'usufruitier ne profite pas des branches, des bûchailles : celles-ci appartiennent au nu-propriétaire.

593. Il peut prendre, dans les bois, des échalas pour les vignes; il peut aussi prendre, sur les arbres, des produits annuels ou périodiques, le tout suivant l'usage du pays ou la coutume des propriétaires.

L'usufruitier d'un bois peut y prendre des échalas pour les vignes seulement qui sont comprises dans le domaine dont il a l'usufruit ; cependant, quand il s'agit d'un bois destiné à être coupé pour échalas, par exemple, tous les trois ans, l'usufruitier aura le droit de faire de pareilles coupes et de vendre les échalas. Les fruits périodiques des arbres de haute futaie sont les glands, l'ébranchage, etc.

594. Les arbres fruitiers qui meurent, ceux même qui sont arrachés ou brisés par accident, appartiennent à l'usufruitier, à la charge de les remplacer par d'autres.

L'usufruitier profite des arbres fruitiers qui meurent, ou qui sont arrachés ou brisés par accident ; mais il doit les remplacer par d'autres arbres de même essence.

595. L'usufruitier peut jouir par lui-même, donner à ferme à un autre, ou même vendre ou céder son droit à titre gratuit. S'il donne à ferme, il doit se conformer, pour les époques où les baux doivent être renouvelés, et pour leur durée, aux règles établies pour le mari à l'égard des biens de la femme, au titre *du Contrat de mariage et des Droits respectifs des époux.*

Lorsque l'usufruitier cède à titre onéreux ou à titre gratuit son droit d'usufruit, il ne cède, à vrai dire, que l'exercice de son droit, c'est-à-dire la faculté de percevoir les fruits; en effet, le droit d'usufruit est essentiellement personnel et incessible; par suite, il continue, malgré la cession, à reposer sur la tête du cédant, et, lorsque celui-ci vient à mourir, l'usufruit s'éteint et les droits du cessionnaire s'évanouissent. L'usufruitier

peut louer pour une durée de neuf ans les biens dont il a la jouissance
(art. 1429); il peut aussi renouveler les baux trois ans ou deux ans avant
l'expiration du bail courant, selon qu'il s'agit de fermes ou de maisons
(art. 1430). Le législateur a cru devoir, dans un but d'utilité générale, concilier ainsi les droits légitimes de l'usufruitier et ceux du nu-propriétaire.

596. L'usufruitier jouit de l'augmentation survenue par alluvion à l'objet dont il a l'usufruit.

Celui qui a l'usufruit d'un fonds a aussi l'usufruit de l'augmentation
survenue au fonds par alluvion, des îles et îlots et du lit abandonné
(art. 560, 563).

597. Il jouit des droits de servitude, de passage, et généralement de tous les droits dont le propriétaire peut jouir, et il en
jouit comme le propriétaire lui-même.

L'usufruitier a non-seulement le droit, mais encore le devoir d'exercer
les servitudes, afin d'empêcher qu'elles ne se prescrivent par le non-
usage. Il a aussi les droits de chasse et de pêche.

598. Il jouit aussi, de la même manière que le propriétaire,
des mines et carrières qui sont en exploitation à l'ouverture de
l'usufruit; et néanmoins, s'il s'agit d'une exploitation qui ne
puisse être faite sans une concession, l'usufruitier ne pourra en
jouir qu'après en avoir obtenu la permission de l'Empereur. —
Il n'a aucun droit aux mines et carrières non encore ouvertes,
ni aux tourbières dont l'exploitation n'est point encore commencée, ni au trésor qui pourrait être découvert pendant la
durée de l'usufruit.

L'usufruitier a-t-il droit aux produits des carrières et tourbières? Oui,
si ces carrières et tourbières étaient en exploitation à l'époque de l'ouverture de l'usufruit; non, si leur ouverture n'a lieu que postérieurement.
Selon notre article, la même distinction était applicable aux mines; mais
il n'en est plus ainsi depuis la loi du 27 avril 1810 : d'après cette loi, l'Empereur concède la mine au propriétaire ou même au non-propriétaire du
fonds; la mine concédée constitue une propriété nouvelle et indépendante
du fonds; elle est immeuble et susceptible d'hypothèque. Celui qui ac-

quiert l'usufruit du fonds n'obtient donc par là aucun droit sur le produit
de la mine en cours d'exploitation ; toutefois, il obtient l'indemnité que
le concessionnaire de la mine paye au propriétaire.

Le trésor n'est pas un fruit, car on entend par fruits ce qui a coutume
de naître et de renaître de la chose, *fructus est quidquid ex re nasci et
renasci solet.* L'usufruitier n'y a donc aucun droit ; il pourrait seulement,
en qualité d'inventeur, en obtenir la moitié (art. 716).

599. Le propriétaire ne peut, par son fait, ni de quelque
manière que ce soit, nuire aux droits de l'usufruitier. — De son
côté, l'usufruitier ne peut, à la cessation de l'usufruit, réclamer aucune indemnité pour les améliorations qu'il prétendrait
avoir faites, encore que la valeur de la chose en fût augmentée. —
Il peut cependant, ou ses héritiers, enlever les glaces, tableaux
et autres ornements qu'il aurait fait placer, mais à la charge de
rétablir les lieux dans leur premier état.

Le nu-propriétaire n'est pas tenu, comme le bailleur, de procurer la
jouissance de la chose, mais simplement de laisser jouir. S'il apporte, d'une
manière quelconque, un obstacle à cette jouissance, il viole son obligation
et devient passible de dommages-intérêts.

Le second paragraphe de notre article, qui refuse toute action en indemnité à l'usufruitier, à raison de ses améliorations augmentant la valeur de
la chose, comprend-il les constructions parmi les améliorations ? La solution affirmative est conforme aux dispositions du droit romain et de l'ancien droit français ; elle paraît avoir été consacrée dans notre article, qui
a pour but de prévenir de nombreuses contestations entre l'usufruitier et
le nu-propriétaire. L'usufruitier, qui ne peut rien réclamer pour ses constructions, est traité plus rigoureusement qu'un possesseur de mauvaise
foi, parce qu'il n'est ni mandataire ni gérant d'affaire du nu-propriétaire ;
qu'il n'a élevé les constructions qu'en vue de sa jouissance, dont il connaissait toutes les chances d'extinction, et qu'il ne se trouve point, comme
un tiers détenteur, en conflit d'intérêts avec un propriétaire négligent.
Toutefois, en pareil cas, la valeur des améliorations viendra se compenser,
jusqu'à due concurrence, avec la somme que l'usufruitier pourrait devoir
à raison des détériorations arrivées à l'immeuble par sa faute.

L'usufruitier peut enlever toutes les choses mobilières qu'il a mises
dans le fonds ; son droit n'étant point perpétuel, il est censé n'avoir pas

voulu attacher au fonds, à perpétuelle demeure, les meubles, glaces, tableaux et ornements qu'il y a mis.

SECTION II.
Des obligations de l'Usufruitier.

600. L'usufruitier prend les choses dans l'état où elles sont; mais il ne peut entrer en jouissance qu'après avoir fait dresser, en présence du propriétaire, ou lui dûment appelé, un inventaire des meubles et un état des immeubles sujets à l'usufruit.

Celui auquel un usufruit est vendu, donné ou légué, acquiert par là un démembrement de la propriété, une sorte de servitude personnelle, *res personæ servit*. Il prend les choses dans l'état où elles sont; car, à la différence du locataire et du fermier (art. 1720), il ne peut pas exiger que la chose soit mise en bon état, et c'est à lui à faire les dépenses et les réparations qui peuvent être nécessaires ou utiles pour l'exercice de son droit. L'usufruitier étant tenu de restituer les choses à la fin de l'usufruit, il faut que, avant son entrée en jouissance, il fasse dresser, en présence du nu-propriétaire, un inventaire des meubles et un état des immeubles, autrement il serait censé avoir pris les immeubles en bon état de réparations de toute espèce, et le propriétaire pourrait prouver contre lui la consistance du mobilier par témoins et même par la commune renommée (art. 1416); mais il n'encourt point par là la déchéance de son droit aux fruits. L'état des immeubles et l'inventaire des meubles sont aux frais de l'usufruitier. Cependant lorsque l'acte constitutif du droit d'usufruit exprime que l'usufruitier ne supportera pas ces frais, ou qu'il ne sera fait ni état ni inventaire, cet état et cet inventaire devront néanmoins être faits; mais, en pareil cas, les frais de ces actes seront supportés par le nu-propriétaire.

601. Il donne caution de jouir en bon père de famille, s'il n'en est dispensé par l'acte constitutif de l'usufruit; cependant les père et mère ayant l'usufruit légal du bien de leurs enfants, le vendeur ou le donateur, sous réserve d'usufruit, ne sont pas tenus de donner caution.

Le mot *caution* qui, dans un sens restreint, désigne l'engagement acces-

soire d'un tiers solvable, comprend, dans un sens large, toute espèce de
sûretés : aussi est-il admis que l'usufruitier, qui ne trouve pas de caution, peut la remplacer par un gage, par une hypothèque ou par la consignation d'une somme suffisante. L'obligation de fournir caution n'est pas
d'ordre public, comme celle de faire un inventaire des meubles et un état
des immeubles. C'est pourquoi l'usufruitier peut en être dispensé par le
titre constitutif d'usufruit.

Le législateur lui-même, dans notre article, dispense de caution : 1° celui
des père et mère qui a la jouissance légale des biens de ses enfants mineurs,
parce qu'il considère leur affection pour leurs enfants comme une garantie
suffisante de bonne gestion ; le survivant des père et mère qui exerce la
tutelle a d'ailleurs ses biens grevés d'hypothèque légale ; 2° le vendeur et
le donateur de la nue propriété, car ils sont censés, en l'absence de clause
contraire, n'avoir pas entendu s'astreindre à la nécessité de fournir caution ; mais l'acheteur et le donataire d'usufruit sont placés sous l'empire
de la règle et sont, par suite, tenus de donner caution.

602. Si l'usufruitier ne trouve pas de caution, les immeubles
sont donnés à ferme ou mis en séquestre ; — Les sommes comprises dans l'usufruit sont placées ; — Les denrées sont vendues,
et le prix en provenant est pareillement placé ; — Les intérêts de
ces sommes et les prix des fermes appartiennent, dans ce cas, à
l'usufruitier.

Cet article concilie d'une manière fort équitable les droits légitimes de
l'usufruitier, qui peut être sans crédit et sans fortune, avec ceux du nu-
propriétaire : l'usufruitier ne sera point privé de sa jouissance, et le nu-
propriétaire n'aura pas à craindre que ses droits ne soient rendues illusoires par l'insolvabilité de l'usufruitier. Lorsque les immeubles sont mis
en séquestre, celui qui les administre reçoit des salaires ou honoraires
qui sont prélevés sur les fruits, revenus et intérêts et qui, par suite, sont
supportés par l'usufruitier.

603. A défaut d'une caution de la part de l'usufruitier, le
propriétaire peut exiger que les meubles qui dépérissent par
l'usage soient vendus, pour le prix en être placé comme celui
des denrées, et alors l'usufruitier jouit de l'intérêt pendant son
usufruit ; cependant l'usufruitier pourra demander, et les juges

pourront ordonner, suivant les circonstances, qu'une partie des meubles nécessaires pour son usage lui soit délaissée sous sa simple caution juratoire, et à la charge de les représenter à l'extinction de l'usufruit.

Ainsi, à défaut de caution, on vend non-seulement les denrées (art 602), mais encore les meubles qui dépérissent par l'usage, tels que le linge, les vêtements et les meubles meublants. Cependant l'usufruitier peut demander qu'une partie des meubles nécessaires à son usage lui soit laissée sous sa *caution juratoire*, c'est-à-dire sous sa promesse, garantie par serment, de les représenter à la fin de son usufruit.

604. Le retard de donner caution ne prive pas l'usufruitier des fruits auxquels il peut avoir droit; ils lui sont dus du moment où l'usufruit a été ouvert.

L'art. 1014 dispose que le légataire particulier n'a droit aux fruits de la chose léguée que du jour de sa demande en délivrance; mais, d'après la plupart des auteurs, qui se fondent sur la disposition de notre article, cette règle n'est pas applicable au legs d'usufruit, à cause de la nature personnelle et intransmissible de ce legs; le légataire d'usufruit a donc droit aux fruits de la chose léguée depuis le jour où son droit a été ouvert.

605. L'usufruitier n'est tenu qu'aux réparations d'entretien. — Les grosses réparations demeurent à la charge du propriétaire, à moins qu'elles n'aient été occasionnées par le défaut de réparations d'entretien, depuis l'ouverture de l'usufruit; auquel cas l'usufruitier en est aussi tenu.

Les réparations dites locatives et celles d'entretien constituent une charge des fruits; l'usufruitier est donc tenu de les faire tant que son droit continue d'exister. Mais, comme il prend les choses dans l'état où elles se trouvent lors de l'ouverture de son droit (art. 600), il n'est point obligé de réparer les choses qui étaient déjà détériorées, et de les mettre ainsi dans un meilleur état. Quant aux *grosses réparations*, qui sont celles dont le besoin ne se révèle qu'à des périodes de temps éloignées, elles demeurent à la charge du nu-propriétaire toutes les fois qu'elles n'ont pas été rendues nécessaires par la faute de l'usufruitier. Cependant, le nu-propriétaire ne peut pas être contraint de les faire ; il les fait si bon lui semble, car son obligation ne consiste pas à procurer à l'usufruitier la jouissance, mais seulement à le laisser jouir. S'il fait les grosses réparations, il peut demander à l'usufruitier l'intérêt des sommes qu'il a dépensées. — Si, au contraire, l'usufruitier les fait, il peut demander au nu-propriétaire, lors de l'extinction de l'usufruit, la plus-value qui en résulte ; il a donc intérêt à faire constater, contradictoirement avec le nu-propriétaire, l'état de la propriété, la nécessité des travaux et leur importance, avant que de faire les réparations. C'est, d'ailleurs, ce qu'exprime un arrêt en ces termes. — « Attendu que rien ne s'oppose à ce que l'usufruitier fasse procéder lui-même aux grosses réparations que la jouissance des immeubles soumis à son droit peut rendre nécessaires ; — Qu'il faut en même temps reconnaître que, dans ce cas, l'usufruitier ou ses représentants pourront avoir à demander, pour la plus-value résultant des réparations effectuées, une indemnité au propriétaire à l'expiration de l'usufruit, et que de ce double droit il faut conclure qu'avant d'entreprendre les réparations, l'usufruitier a intérêt à faire constater, contradictoirement avec le propriétaire, en premier lieu, la nécessité et l'importance des travaux à exécuter ; en second lieu, que ces travaux n'ont point été motivés par le défaut des réparations d'entretien que la loi a mises à sa charge » (C. de Toulouse, 9 févr. 1865).

606. Les grosses réparations sont celles des gros murs et des voûtes, le rétablissement des poutres et des couvertures entières ; — Celui des digues et des murs de soutènement et de clôture aussi en entier. — Toutes les autres réparations sont d'entretien.

Les réparations à faire aux voûtes et aux *gros murs*, c'est-à-dire aux murs principaux, qui vont de bas en haut et soutiennent la couverture et les cheminées, sont de grosses réparations, alors même que ces voûtes et murs ne seraient à refaire qu'en partie ; tandis que celles qui concernent les poutres, couvertures, digues, murs de soutènement et de clôture, ne sont considérées comme grosses réparations que lorsque ces ouvrages sont à refaire en entier.

607. Ni le propriétaire, ni l'usufruitier, ne sont tenus de rebâtir ce qui est tombé de vétusté, ou ce qui a été détruit par cas fortuit.

Lorsqu'une construction vient à tomber par vétusté ou à être détruite par force majeure, l'obligation de la reconstruire ne peut pas peser sur le nu-propriétaire, qui n'est jamais tenu que de laisser jouir. Mais pèse-t-elle sur l'usufruitier ? Non, lorsqu'il s'agit de reconstruire, puisque les grosses réparations elles-mêmes ne sont pas à sa charge (art. 606); oui, dans les cas où les réparations à faire ne sont que d'entretien; mais, comme aucune faute ne lui est alors imputable, il peut se dispenser de faire ces réparations en renonçant à son droit d'usufruit sur les choses tombées ou détruites.

608. L'usufruitier est tenu, pendant sa jouissance, de toutes les charges annuelles de l'héritage, telles que les contributions et autres qui dans l'usage sont censées charge des fruits.

Il s'agit ici des contributions ordinaires, comme l'impôt foncier, l'impôt des portes et fenêtres, l'entretien des chemins vicinaux. L'usufruitier est tenu de ces contributions, proportionnellement à la durée de son droit d'usufruit.

609. A l'égard des charges qui peuvent être imposées sur la propriété pendant la durée de l'usufruit, l'usufruitier et le propriétaire y contribuent ainsi qu'il suit : — Le propriétaire est obligé de les payer, et l'usufruitier doit lui tenir compte des intérêts. — Si elles sont avancées par l'usufruitier, il a la répétition du capital à la fin de l'usufruit.

Les charges qui sont imposées sur la propriété sont des contributions extraordinaires ; elles ont pour cause, par exemple, l'invasion du territoire français par l'ennemi. Ces charges sont équitablement réparties par notre article entre le nu-propriétaire et l'usufruitier; comme elles diminuent le capital, elles doivent aussi diminuer le revenu. Lorsque le nu-propriétaire ne peut pas acquitter ces charges, et que l'usufruitier ne veut pas les avancer, une partie de la propriété doit être vendue pour y subvenir (art. 612, § 4).

610. Le legs fait par un testateur, d'une rente viagère ou pension alimentaire, doit être acquitté par le légataire universel de l'usufruit dans son intégrité, et par le légataire à titre universel de l'usufruit dans la proportion de sa jouissance, sans aucune répétition de leur part.

On distingue trois espèces de légataires : 1° les légataires universels, qui sont appelés à recueillir tous les biens du testateur (art. 1003); 2° les légataires à titre universel, qui sont appelés à recueillir une quotité des biens (art. 1010); 3° les légataires qui ne sont ni universels ni à titre universel, et que l'on nomme légataires particuliers (art. 1010). Or les légataires universels ou à titre universel d'usufruit n'ayant aucun droit sur la nue propriété des biens, ne sont, à vrai dire, que des légataires particuliers, mais d'une nature spéciale. En général, le légataire particulier ne contribue ni au payement des dettes ni au payement des arrérages ou intérêts (art. 871). Le légataire universel de l'usufruit doit, au contraire, payer les arrérages des rentes et les intérêts des dettes; le légataire à titre universel d'usufruit doit aussi, dans la proportion de son droit, payer les arrérages et intérêts : la raison en est que de pareilles charges ne s'acquittent généralement pas avec le capital, mais bien avec le revenu; en conséquence, ces deux espèces spéciales de légataires n'ont jamais, à raison du payement des arrérages, de recours contre le nu-propriétaire.

Le légataire ou donataire universel de l'usufruit est tenu de faire inventaire, avant que d'entrer dans l'exercice de son droit sur les biens mobiliers qui composent la succession. Mais s'il néglige de remplir cette formalité, quelle sera la sanction? Il n'est point privé par là du bénéfice de son legs; car aucune disposition de loi ne prononce contre lui une pareille déchéance. Il n'est pas non plus tenu de supporter les dettes du défunt; car sa position diffère essentiellement de celle d'un légataire universel des biens, qui, à défaut d'inventaire, est tenu du payement intégral des dettes de la succession. Il peut seulement être contraint, soit par le nu-propriétaire, soit par les créanciers, à se hâter de faire inventaire, sous peine de tous dommages-intérêts. Ainsi décidé par la cour de Paris : — « En ce qui concerne le défaut d'inventaire : — Considérant qu'il ne peut avoir aucune portée juridique; — Qu'effectivement si la dame Pattrinéri était astreinte à dresser inventaire, c'était uniquement à raison de son droit d'usufruit : — Que ce droit, étant devenu caduc, faute de biens sur lesquels il fût susceptible de s'exercer, la formalité qu'elle avait à remplir est, à son tour, devenue sans objet, et que, s'il y a eu quelques effets de peu de valeur dont la veuve ait disposé, quoiqu'ils appartinssent à la succession, cette circonstance peut bien l'obliger à tenir compte de leur valeur aux héritiers, mais ne saurait la rendre passible, envers les créanciers, d'une dette à laquelle elle est demeurée étrangère » (C. de Paris, 9 déc. 1861). — Sur pourvoi, la Cour de cassation a décidé : — « Qu'en jugeant ainsi, l'arrêt attaqué n'a violé aucune loi » (C. cass. 9 mars 1863).

611. L'usufruitier à titre particulier n'est pas tenu des dettes auxquelles le fonds est hypothéqué : s'il est forcé de les payer, il a son recours contre le propriétaire, sauf ce qui est dit à l'article 1020, au titre *des Donations entre-vifs et des Testaments.*

Le légataire particulier d'un immeuble ou d'usufruit sur un immeuble n'est jamais tenu au payement des dettes de la succession (art. 871). Toutefois, comme le créancier qui a une hypothèque sur un immeuble peut poursuivre son payement sur cet immeuble, dans quelques mains qu'il passe (art. 2114), il s'ensuit que ce créancier peut s'adresser même au légataire particulier d'usufruit, lorsque celui-ci est détenteur de l'immeuble hypothéqué; mais, après avoir payé la dette pour éviter l'expropriation de l'immeuble, ce légataire d'usufruit a un recours contre le nu-propriétaire, pour le capital et les intérêts de la dette payée. Le renvoi qui est fait à l'art. 1020 a pour but de rappeler que le testateur peut charger son héritier, ou son légataire universel, de l'obligation de délivrer au légataire particulier la chose dégagée de toute hypothèque.

612. L'usufruitier, ou universel, ou à titre universel, doit contribuer avec le propriétaire au payement des dettes, ainsi qu'il suit : — On estime la valeur du fonds sujet à usufruit; on fixe ensuite la contribution aux dettes à raison de cette valeur. — Si l'usufruitier veut avancer la somme pour laquelle le fonds doit contribuer, le capital lui en est restitué à la fin de l'usufruit, sans aucun intérêt. — Si l'usufruitier ne veut pas faire cette avance, le propriétaire a le choix, ou de payer cette somme, et, dans ce cas, l'usufruitier lui tient compte des intérêts pendant la durée de l'usufruit, ou de faire vendre jusqu'à due concurrence une portion des biens soumis à l'usufruit.

L'héritier unique qui accepte purement et simplement est tenu de payer toutes les dettes de la succession. Lorsqu'il y a concours de plusieurs héritiers, légataires universels ou à titre universel, ils contribuent tous au payement des dettes et charges de la succession, chacun dans la proportion de ce qu'il y prend (art. 870, 871). D'après notre article, la même règle est applicable aux légataires universels ou à titre universel d'usufruit, en ce qui concerne les intérêts des dettes, qui sont seuls à leur charge. Le légataire universel de l'usufruit est tenu de payer tous les intérêts des dettes de la succession; lorsqu'il y a concours de plusieurs légataires universels ou à titre universel de l'usufruit, ils contribuent au payement des intérêts des dettes de la succession, chacun dans la proportion de la valeur des biens qui font l'objet de son usufruit.

Mais qu'arrive-t-il lorsque le créancier héréditaire réclame son payement? De trois choses l'une. 1° Si l'usufruitier consent à payer la dette, il pourra, à la fin de son usufruit, réclamer au nu-propriétaire la somme payée, mais sans intérêts. 2° Si, au contraire, c'est le nu-propriétaire qui paye la dette, il peut en demander les intérêts à l'usufruitier, tant que dure l'usufruit. 3° Enfin, si le créancier n'est payé ni par l'usufruitier ni par le nu-propriétaire, les biens qui font l'objet de l'usufruit sont vendus jusqu'à concurrence de la somme nécessaire au payement de la dette : par la perte de sa nue propriété sur les biens vendus, le propriétaire est ainsi libéré de sa dette, et par la perte de son usufruit sur les mêmes biens, l'usufruitier est libéré de son obligation de payer les intérêts de la dette maintenant éteinte. Lorsque le prix des biens vendus excède le montant de la dette, l'usufruitier a la jouissance du surplus.

613. L'usufruitier n'est tenu que des frais des procès qui concernent la jouissance, et des autres condamnations auxquelles ces procès pourraient donner lieu.

Des procès peuvent s'engager sur la jouissance, sur la nue propriété, ou sur la pleine propriété. 1° Le procès qui s'engage sur la seule jouissance ne concerne que l'usufruitier : s'il succombe, il supporte personnellement les frais. A-t-il alors un recours en garantie contre celui qui a constitué l'usufruit? Non, si l'usufruit a été constitué à titre gratuit, c'est-à-dire par donation entre-vifs ou testamentaire; car celui qui fait une libéralité ne se soumet point par là à la garantie. Oui, au contraire, si l'usufruit a été constitué à titre onéreux, par exemple, par vente ou échange. 2° Lorsque le procès s'engage sur la nue propriété seulement, il ne concerne que le nu-propriétaire qui supporte par conséquent seul les frais, s'il vient à succomber. 3° Si le procès a pour objet la pleine propriété, lorsque l'usufruitier et le nu-propriétaire succombent, ils supportent ensemble les frais, chacun proportionnellement à la valeur de ses prétendus droits : l'estimation de l'usufruit, dans laquelle l'âge de l'usufruitier est pris en considération, s'élève souvent à la moitié de la valeur de la pleine propriété. Mais le nu-propriétaire supporterait évidemment tous les frais s'il était tenu de la garantie envers l'usufruitier évincé.

614. Si, pendant la durée de l'usufruit, un tiers commet quelque usurpation sur le fonds, ou attente autrement aux droits du propriétaire, l'usufruitier est tenu de le dénoncer à celui-ci : faute de ce, il est responsable de tout le dommage qui peut en résulter pour le propriétaire, comme il le serait de dégradations commises par lui-même.

L'usufruitier étant tenu de veiller en bon père de famille à la conservation des choses qui lui sont confiées à titre d'usufruit, il s'ensuit qu'il doit, sous peine de tous dommages-intérêts, dénoncer au nu-propriétaire les usurpations commises par des tiers et les atteintes portées à la propriété. Cette dénonciation, qui se fait ordinairement par acte d'huissier, peut se faire aussi par d'autres moyens, par exemple par lettre. Le délai pour faire cette dénonciation n'étant pas fixé, le tribunal apprécie, en cas de contestation, si l'usufruitier a commis une négligence qui préjudicie aux droits du propriétaire.

615. Si l'usufruit n'est établi que sur un animal qui vient à périr sans la faute de l'usufruitier, celui-ci n'est pas tenu d'en rendre un autre, ni d'en payer l'estimation.

L'usufruitier est tenu, dans ce cas, de remettre au nu-propriétaire la peau de l'animal péri par cas fortuit.

616. Si le troupeau sur lequel un usufruit a été établi périt entièrement par accident ou par maladie, et sans la faute de l'usufruitier, celui-ci n'est tenu envers le propriétaire que de lui rendre compte des cuirs ou de leur valeur. — Si le troupeau ne périt pas entièrement, l'usufruitier est tenu de remplacer, jusqu'à concurrence du croît, les têtes des animaux qui ont péri.

L'usufruit qui est établi sur un troupeau s'éteint quand ce troupeau vient à périr en entier ; car alors il n'a plus d'objet. L'usufruitier qui n'est pas en faute doit seulement, comme lorsqu'il s'agit d'usufruit constitué sur un seul animal, rendre les peaux à l'ancien nu-propriétaire. Quand, au contraire, il reste encore quelques têtes du troupeau, l'usufruit continue, alors même qu'il n'existerait plus qu'une seule femelle : dans ce cas, l'usufruitier garde les peaux des animaux péris ; mais il doit remplacer ces animaux par le croît présentement existant et par le croît futur. Toutefois, s'il estime que l'obligation de remplacer par le croît du troupeau les bêtes péries par cas fortuit, est pour lui plus onéreuse que sa jouissance ne lui serait profitable, il peut renoncer à son droit d'usufruit : alors, il est tenu de restituer au nu-propriétaire toutes les peaux des bêtes péries.

SECTION III.

Comment l'usufruit prend fin.

617. L'usufruit s'éteint : — Par la mort naturelle et par la mort civile de l'usufruitier ; — Par l'expiration du temps pour lequel il a été accordé ; — Par la consolidation ou la réunion sur la même tête des deux qualités d'usufruitier et de propriétaire ; — Par le non-usage du droit pendant trente ans ; — Par la perte totale de la chose sur laquelle l'usufruit est établi.

Cet article contient cinq manières d'éteindre le droit d'usufruit ; l'art. **618** indique encore un mode particulier d'extinction. — 1° Le droit d'usufruit, étant personnel et intransmissible aux héritiers, il s'éteint par la mort de l'usufruitier et se réunit alors à la nue propriété. La *mort civile*, qui éteignait aussi l'usufruit, est abolie par la loi du 31 mai 1854. — 2° La convention fait la loi des parties : le droit d'usufruit est donc éteint au terme fixé, ou à l'événement de la condition résolutoire ; il serait aussi éteint avant l'échéance du terme ou avant l'événement de la condition, par le décès de l'usufruitier, car le terme et la condition ont pour effet, non pas de diminuer, mais d'augmenter les chances d'extinction de l'usufruit. — 3° L'usufruit constitue un démembrement de la propriété d'autrui ; il ne peut donc plus exister quand il y a consolidation, c'est-à-dire quand les qualités d'usufruitier et de nu-propriétaire sont réunies dans la même personne. — 4° Le droit d'usufruit, qui s'éteint par le non-usage pendant trente ans, s'éteint aussi par le non-usage pendant dix ou vingt ans, quand l'immeuble grevé d'usufruit est passé entre les mains d'un tiers qui a juste titre et bonne foi (art. 2265). — 5° On entend par *perte de la chose* non-seulement sa destruction, mais encore son changement de substance; car le droit d'usufruit est éteint quand la chose est devenue impropre à l'usage auquel elle était destinée.

618. L'usufruit peut aussi cesser par l'abus que l'usufruitier fait de sa jouissance, soit en commettant des dégradations sur le fonds, soit en le laissant dépérir faute d'entretien. — Les créanciers de l'usufruitier peuvent intervenir dans les contestations pour la conservation de leurs droits : ils peuvent offrir la réparation des dégradations commises, et des garanties pour l'avenir. — Les juges peuvent, suivant la gravité des circonstances, ou prononcer l'extinction absolue de l'usufruit, ou n'ordonner la rentrée du propriétaire dans la jouissance de l'objet qui en est grevé, que sous la charge de payer annuellement à l'usufruitier, ou à ses ayants-cause, une somme déterminée, jusqu'à l'instant où l'usufruit aurait dû cesser.

L'usufruitier qui commet des dégradations sur le fonds, ou qui le laisse dépérir, faute d'entretien, viole essentiellement son obligation de conserver la substance (art. 578). L'extinction de l'usufruit ne résulte cependant pas de plein droit de cette violation; elle n'a lieu que par la décision du juge qui peut, au lieu de la prononcer, ordonner que les choses grevées d'usufruit seront mises en séquestre, ou bien que le nu-propriétaire ne rentrera en jouissance de ces choses qu'à la condition qu'il payera annuellement à l'usufruitier une somme déterminée.

· Les créanciers de l'usufruitier peuvent, pour la conservation de leurs droits, intervenir dans l'instance pendante entre l'usufruitier et le nu-propriétaire, afin d'empêcher que l'usufruit ne soit déclaré éteint; ils doivent, en pareil cas, offrir au nu-propriétaire la réparation du dommage qu'il a éprouvé et des garanties pour l'avenir.

619. L'usufruit qui n'est pas accordé à des particuliers, ne dure que trente ans.

L'usufruit qui n'est pas accordé à des *particuliers* est celui qui est accordé à une personne morale, comme un hospice, une commune. De pareilles personnes pouvant vivre éternellement, la nue propriété serait illusoire, et même onéreuse, si la loi n'avait pas fixé un terme à la durée de l'usufruit : cette durée, qui était, en droit romain, de cent ans, est réduite par notre article à trente ans. Au reste, si la personne morale venait à être supprimée avant le délai de trente ans, le droit d'usufruit constitué en sa faveur se trouverait par là manifestement éteint.

620. L'usufruit accordé jusqu'à ce qu'un tiers ait atteint un âge fixe, dure jusqu'à cette époque, encore que le tiers soit mort avant l'âge fixé.

Dans ce cas, on a pris en considération, non pas la vie du tiers, mais un certain nombre d'années. Toutefois, la jouissance légale donnée à celui des père et mère qui exerce la puissance paternelle, jusqu'à ce que ses enfants aient l'âge de dix-huit ans accomplis (art. 384), s'éteint par la mort des enfants. — Il peut être utile de répéter que si l'usufruitier meurt avant que le tiers ait atteint l'âge fixé, le droit d'usufruit, qui est essentiellement intransmissible, se trouve par là éteint.

621. La vente de la chose sujette à usufruit ne fait aucun changement dans le droit de l'usufruitier ; il continue de jouir de son usufruit s'il n'y a pas formellement renoncé.

L'usufruit et la nue propriété reposent séparément sur des têtes différentes ; chacune d'elles peut disposer de son droit, mais sans pouvoir nuire au droit de l'autre. Si l'usufruitier intervient dans la vente de la nue propriété et renonce à son usufruit, l'acheteur acquiert ainsi la pleine propriété. Mais une pareille renonciation ne se suppose pas ; elle doit être formellement exprimée : la simple présence de l'usufruitier dans l'acte de vente de la nue propriété ne suffit point pour faire présumer qu'il a voulu renoncer à ses droits. Au reste, cette renonciation n'a pas besoin d'être rédigée par acte notarié, alors même qu'elle est faite à titre gratuit.

622. Les créanciers de l'usufruitier peuvent faire annuler la renonciation qu'il aurait faite à leur préjudice.

Celui qui renonce à son usufruit ne peut nuire par là aux droits acquis à des tiers, qui, par exemple, auraient obtenu des hypothèques sur le droit d'usufruit. Il nuit, au contraire, à ses créanciers ordinaires, qui ont suivi sa foi. Mais ceux-ci peuvent faire annuler la renonciation qui leur préjudicie. Ont-ils besoin, pour obtenir cette annulation, de prouver, conformément à la règle exprimée dans l'art. 1167, l'existence de la fraude, qui consiste dans le fait du préjudice et dans l'intention du débiteur de causer ce préjudice? Oui, s'il s'agit de renonciation à titre onéreux; si, au contrarie, il s'agit de renonciation à titre gratuit, il leur suffira de prouver le simple préjudice, l'insolvabilité de leur débiteur; car l'intention frauduleuse est alors présumée.

623. Si une partie seulement de la chose soumise à l'usufruit est détruite, l'usufruit se conserve sur ce qui reste.

Un droit d'usufruit existe sur deux bâtiments contigus : l'un d'eux périt, et l'autre reste habitable. Le droit d'usufruit continue à subsister sur ce dernier bâtiment; mais il ne subsiste pas sur les matériaux et accessoires du bâtiment péri.

624. Si l'usufruit n'est établi que sur un bâtiment, et que ce bâtiment soit détruit par un incendie ou autre accident, ou qu'il s'écroule de vétusté, l'usufruitier n'aura le droit de jouir ni du sol ni des matériaux. — Si l'usufruit était établi sur un domaine dont le bâtiment faisait partie, l'usufruitier jouirait du sol et des matériaux.

Sur le point de savoir si la perte du bâtiment éteint l'usufruit, il faut, d'après notre article, distinguer si l'usufruit a été constitué principalement sur ce bâtiment, ou s'il a été constitué sur un domaine dont ce bâtiment faisait partie. Dans le premier cas, le droit d'usufruit est éteint; la reconstruction du bâtiment ne le ferait pas revivre, et l'usufruitier ne peut jouir ni du sol ni des matériaux. Dans le second cas, au contraire, le droit d'usufruit continue à subsister; l'usufruitier a la jouissance du sol et des matériaux, et, si la maison était reconstruite, elle serait comprise dans l'usufruit.

CHAPITRE II.

DE L'USAGE ET DE L'HABITATION.

L'*usage* est le droit d'*user* de la chose d'autrui, c'est-à-dire de s'en servir. Le droit d'user de la chose étant souvent illusoire, il a reçu une extension, par suite de laquelle l'usager a le droit de prendre des fruits jusqu'à concurrence de ses besoins. D'après cette extension, qui est consacrée par la loi, l'usage peut être ainsi défini : « C'est un droit d'usufruit restreint aux besoins de l'usager et de sa famille. »

L'*habitation* n'est rien autre chose qu'un droit d'usage appliqué aux maisons.

625. Les droits d'usage et d'habitation s'établissent et se perdent de la même manière que l'usufruit.

Cet article manque en un point d'exactitude : l'usufruit s'établit par la loi, ou par la volonté de l'homme (art. 579); mais l'usage et l'habitation ne s'établissent jamais que par la volonté de l'homme.

626. On ne peut en jouir, comme dans le cas de l'usufruit, sans donner préalablement caution, et sans faire des états et inventaires.

L'usager est tenu, comme l'usufruitier : 1° de donner préalablement caution; mais, à défaut de cette caution, les art. 602 et 603 ne seraient point applicables; 2° de faire inventaire des meubles, et, s'il obtient l'administration des immeubles, d'en faire un état.

627. L'usager et celui qui a un droit d'habitation doivent jouir en bons pères de famille.

Ordinairement celui qui a l'usage d'un fonds n'en jouit pas : son droit consiste alors à réclamer au propriétaire la portion de fruits nécessaires à ses besoins.

628. Les droits d'usage et d'habitation se règlent par le titre qui les a établis, et reçoivent, d'après ses dispositions, plus ou moins d'étendue.

L'intention des parties à pour elles force de loi.

629. Si le titre ne s'explique pas sur l'étendue de ces droits, ils sont réglés ainsi qu'il suit.

Dans tous les actes et contrats, la loi pose des règles générales qui sont présumées conformes à l'intention des parties; mais cette présomption disparaît lorsqu'une intention contraire est clairement exprimée dans un acte.

630. Celui qui a l'usage des fruits d'un fonds ne peut en exiger qu'autant qu'il lui en faut pour ses besoins et ceux de sa famille. — Il peut en exiger pour les besoins mêmes des enfants qui lui sont survenus depuis la concession de l'usage.

Les expressions, *celui qui a l'usage des fruits d'un fonds,* doivent être remplacées par celles-ci : « Celui qui a l'usage d'un fonds. » La culture du fonds n'est pas toujours laissée au propriétaire; elle passe à l'usager quand celui-ci absorbe tous les fruits du fonds. Parmi les personnes de la *famille,* que l'on prend en considération pour déterminer la mesure des droits de l'usager, on comprend : 1° sa femme, ou son mari; 2° ses enfants, ses petits-enfants et même ses ascendants, lorsque ces personnes ont le même domicile que lui; 3° ses domestiques. La quantité de fruits primitivement fixée peut, selon la modification des besoins, être augmentée ou diminuée. Au reste, l'usager n'est pas tenu de consommer en nature les fruits qui lui reviennent; il peut en disposer à son gré, les donner ou les vendre.

631. L'usager ne peut céder ni louer son droit à un autre.

L'usage est personnel et incessible, parce que les droits de l'usager se mesurent sur ses besoins. Par la même raison, il est insaisissable; par suite, il ne peut pas être vendu à la requête des créanciers de l'usager. Il diffère donc de l'usufruit, qui est cessible et saisissable; mais ces cessions n'ont évidemment point pour effet de prolonger la durée de l'usufruit.

632. Celui qui a un droit d'habitation dans une maison peut y demeurer avec sa famille, quand même il n'aurait pas été marié à l'époque où ce droit lui a été donné.

Cette disposition concernant l'habitation est semblable au second paragraphe de l'art. 630 sur le droit d'usage.

633. Le droit d'habitation se restreint à ce qui est nécessaire pour l'habitation de celui à qui ce droit est concédé, et de sa famille.

Cet article est semblable au paragraphe premier de l'art. 630 sur le droit d'usage. Dans le droit romain, celui qui avait l'usage d'une maison avait le droit de louer les appartements qu'il n'habitait pas ; mais c'était là une extension trop grande et que le législateur du Code n'a point admise.

634. Le droit d'habitation ne peut être ni cédé ni loué.

Cet article, semblable à l'art. 631, est fondé sur les mêmes raisons.

635. Si l'usager absorbe tous les fruits du fonds, ou s'il occupe la totalité de la maison, il est assujetti aux frais de culture, aux réparations d'entretien et au payement des contributions, comme l'usufruitier. — S'il ne prend qu'une partie des fruits, ou s'il n'occupe qu'une partie de la maison, il contribue au prorata de ce dont il jouit.

L'usager qui absorbe tous les fruits du fonds, ou qui habite toute la maison, est tenu de toutes les obligations d'un usufruitier ; mais son droit reste néanmoins incessible et insaisissable. S'il n'a qu'une partie des fruits ou des appartements, il supporte les réparations d'entretien et contribue aux impôts dans la proportion de cette partie.

636. L'usage des bois et forêts est réglé par des lois particulières.

Un particulier peut avoir dans un bois, dans une forêt, un droit d'usage régi par le Code Napoléon, et lui conférant le droit de prendre du bois pour ses besoins. Notre article s'en réfère à un usage réglé par des lois particulières, contenues maintenant dans le Code forestier : cet usage constitue, non pas un droit personnel, mais un droit réel, qui est perpétuel de sa nature ; il peut exister de commune à commune, de fraction de commune à une autre fraction, d'établissement public à commune. Cet usage prend divers noms, qui sont : l'*affouage*, droit au bois à brûler ; le *marronage*, droit au bois de construction ; le *pâturage*, le *pacage*, le *panage*, droit de faire paître les bœufs, les moutons, les porcs. Le gouvernement peut affranchir les forêts de l'Etat du droit d'usage en bois, au moyen du *cantonnement*, qui s'opère en attribuant à l'usager, à titre de compensation de la jouissance dont il est privé, la propriété entière et perpétuelle d'une portion de la forêt. Cette faculté a été accordée au gouvernement dans l'art. 63 de la loi du 17 juill. 1827, ainsi conçu : — « Le gouvernement pourra affranchir les forêts de l'Etat de tout usage en bois, moyennant un cantonnement qui sera réglé de gré à gré, et, en cas de contestation, par les tribunaux. — L'action en affranchissement d'usage par voie de cantonnement n'appartiendra qu'au gouvernement, et non aux usagers. »

Les propriétaires particuliers peuvent, au moyen du cantonnement, affranchir leurs bois du droit d'usage, ainsi que l'exprime en ces termes l'art. 118 de la même loi : — « Les particuliers jouiront, de la même manière que le gouvernement, et sous les conditions déterminées par l'art. 63, de la faculté d'affranchir leurs forêts de tous droits d'usage en bois. »

REMARQUE. — Aux termes des art. 1 et 2 de la loi du 23 mars 1855, qui est textuellement citée sous le titre 18 du livre III, les conventions qui confèrent sur des immeubles des droits d'usufruit, d'usage ou d'habitation, ne produisent d'effet à l'égard des tiers qu'à partir du jour où elles sont transcrites au bureau des hypothèques de la situation des immeubles.

TITRE IV.

DES SERVITUDES OU SERVICES FONCIERS.

(Décrété le 31 janvier 1804. Promulgué le 10 février.)

De même que l'usufruit et l'usage, les servitudes ou services fonciers constituent des droits réels, des démembrements de la propriété. Il y a cependant entre ces deux espèces de démembrements des différences notables. L'usufruit et l'usage peuvent exister sur toute espèce de biens ; ils ne sont constitués qu'au profit des personnes, *res personæ servit*, et, par conséquent, ils ne sont pas destinés à durer perpétuellement, mais à cesser au plus tard au décès de ceux qui les ont. Les servitudes, au contraire, ne peuvent exister que sur des immeubles par nature, c'est-à-dire sur des fonds de terre ou sur des maisons ; elles sont constituées au profit d'immeubles, *res rei servit*, et, par conséquent, elles sont destinées à durer autant que les immeubles eux-mêmes.

637. Une servitude est une charge imposée sur un héritage pour l'usage et l'utilité d'un héritage appartenant à un autre propriétaire.

Le mot *héritage* désigne ici un immeuble par nature, c'est-à-dire un fonds de terre ou une maison. L'immeuble grevé de servitude s'appelle fonds *servant*, et l'immeuble en faveur duquel existe la servitude s'appelle fonds *dominant*. La servitude, qui est une *charge* lorsqu'elle est considérée du côté du fonds servant, est un *droit réel* si elle est considérée du côté du fonds dominant.

Il résulte de la définition de notre article : 1° que la servitude suppose nécessairement l'existence de deux immeubles appartenant à des propriétaires différents ; 2° que ces deux immeubles sont contigus ou au moins voisins ; 3° qu'il est essentiel que la servitude procure un avantage, une utilité, ou au moins un agrément au fonds dominant, et, par suite, à quiconque en est ou en deviendra propriétaire.

La servitude une fois acquise continue à subsister comme charge, malgré l'aliénation du fonds servant, et comme droit réel, malgré l'aliénation du fonds dominant. De ce qu'elle constitue un droit réel immobilier, il s'ensuit que les contestations auxquelles elle peut donner lieu sont portées devant le tribunal de la situation des immeubles, et que les atteintes portées à son exercice donnent lieu à des actions possessoires.

638. La servitude n'établit aucune prééminence d'un héritage sur l'autre.

Il y avait autrefois des biens nobles et des biens roturiers. Des priviléges étaient attachés aux biens nobles, notamment l'exemption d'impôt et le droit, pour celui qui en était propriétaire, de chasser sur les biens roturiers. Une loi du 26 sept. 1791 a supprimé ces différences dans la déclaration suivante : « Le territoire de la France est libre comme les personnes qui l'habitent. » Ce principe d'égalité et de liberté des biens se trouve consacré par notre article.

639. Elle dérive ou de la situation naturelle des lieux, ou des obligations imposées par la loi, ou des conventions entre les propriétaires.

Ainsi, il y a trois causes de servitudes : 1° celles qui dérivent de la situation des lieux ; 2° celles que la loi seule impose ; 3° enfin, celles qui sont établies par le fait de l'homme, c'est-à-dire par des conventions ou par des dispositions testamentaires.

Les servitudes qui dérivent de la situation des lieux et celles qui sont imposées par la loi ne sont pas de véritables servitudes, parce qu'elles n'apportent pas de dérogations à la manière d'être des propriétés, que tous les fonds se trouvent réciproquement asservis et que, par suite, il n'y a pas, à proprement parler, un fonds dominant et un fonds servant. Le nom de *servitudes* ne convient donc, dans le vrai sens de ce mot, qu'à celles qui sont établies par le fait de l'homme.

Remarquons ici que, d'après les art. 1 et 2 de la loi du 23 mars 1855, dont les dispositions importantes sont citées sous le titre 18 du livre III, celui qui acquiert un immeuble n'en devient propriétaire, à l'égard des tiers, que par la transcription de son titre au bureau des hypothèques, et que les mêmes articles sont applicables aux actes qui, par la constitution de servitudes ou d'usufruit, modifient l'état général et la manière d'être des immeubles.

CHAPITRE PREMIER.

DES SERVITUDES QUI DÉRIVENT DE LA SITUATION DES LIEUX.

A la suite de l'art. 645, sont citées et expliquées les lois du 29 avril 1845, et du 11 juillet 1847 sur les irrigations, et la loi du 10 juin 1854 sur le drainage.

640. Les fonds inférieurs sont assujettis envers ceux qui sont plus élevés, à recevoir les eaux qui en découlent naturellement sans que la main de l'homme y ait contribué. — Le propriétaire inférieur ne peut point élever de digue qui empêche cet écoulement. — Le propriétaire supérieur ne peut rien faire qui aggrave la servitude du fonds inférieur.

Le fonds inférieur est assujetti à recevoir les eaux qui découlent naturellement des fonds plus élevés, comme les eaux pluviales, les eaux de source, les eaux provenant de la fonte des neiges, et, avec elles, le sable, la terre et les cailloux qu'elles entraînent ; toutefois, lorsque ce fonds est couvert de pierres et de terres par suite d'éboulement, le propriétaire du fonds plus élevé doit déblayer entièrement le terrain inférieur et payer des dommages-intérêts ou propriétaire de ce terrain, lorsque, en vertu de

I.   21

la disposition de l'art. 559, il réclame ses terres ou ses pierres. Mais le
fonds inférieur n'est pas assujetti à recevoir les eaux dont la main de
l'homme a fait naître ou a changé l'écoulement, comme celles qui proviennent de puits artésiens ou de l'égout des toits.

Le principe ci-dessus posé produit les deux conséquences suivantes : —
1° Le propriétaire du fonds inférieur ne peut pas élever de digues qui
empêchent l'écoulement des eaux; mais il a cependant le droit d'élever
des digues pour protéger son terrain contre les inondations auxquelles un
cours d'eau peut l'exposer, ainsi que l'a jugé la cour de Montpellier, par
arrêt du 29 juin 1859, ainsi confirmé par la Cour de cassation : — « Attendu, en fait, qu'ainsi qu'il est constaté par l'arrêt attaqué, il s'agissait
d'un cours d'eau torrentiel ayant sa pente naturelle et son lit ordinaire;
— Attendu, en droit, que les propriétaires riverains d'un cours d'eau peuvent faire les travaux nécessaires à la défense de leurs fonds contre les
inconvénients et les dangers auxquels un cours d'eau peut les exposer;
— Attendu qu'il est déclaré par l'arrêt que les travaux exécutés par les
défendeurs sont de la nature de ceux autorisés par la loi; que l'arrêt
déclare même que le demandeur peut faire exécuter de semblables travaux pour protéger sa propriété, et qu'il ne peut imputer qu'à sa négligence le dommage qu'il a éprouvé; qu'il résulte de ces principes et de ces
déclarations de fait que l'arrêt n'a pas violé les dispositions de l'art. 640,
mais qu'il en a fait, au contraire, une juste application » (C. cass. 11 juill.
1860). — 2° De son côté, le propriétaire du fonds supérieur ne peut point
aggraver, par des travaux, la servitude du fonds inférieur; il a cependant
le droit de pratiquer, pour l'écoulement des eaux, des sillons et des rigoles, et de faire tout ce qui est d'usage pour la culture des terres.

641. Celui qui a une source dans son fonds, peut en user à
sa volonté, sauf le droit que le propriétaire du fonds inférieur
pourrait avoir acquis par titre ou par prescription.

Celui qui a une source dans son fonds ayant le droit d'en user comme
sienne et à sa volonté, il s'ensuit qu'il peut retenir l'eau dans son fonds,
lui donner toute espèce de destination utile ou agréable, la perdre même,
en couper les veines, ou mettre à découvert celle qui existe à l'intérieur
du sol. Mais ce droit d'user de l'eau à sa volonté peut être restreint en
faveur de particuliers par titres ou par prescription (art. 642), ou en
faveur de communes, parce que l'eau est nécessaire à leur usage (art.
643). On admet généralement que ce droit peut être restreint non-seule-

ment par titres et par prescription, mais encore par destination du père de famille (art. 692, 693, 694).

642. La prescription, dans ce cas, ne peut s'acquérir que par une jouissance non interrompue pendant l'espace de trente années, à compter du moment où le propriétaire du fonds inférieur a fait et terminé des ouvrages apparents destinés à faciliter la chute et le cours de l'eau dans sa propriété.

Pour que la prescription du droit à l'eau de la source puisse s'accomplir au profit du fonds inférieur, trois conditions sont requises. Il faut : 1° qu'il existe des travaux *apparents*, et par conséquent publics, faits par le propriétaire inférieur, et qu'ils soient de nature à annoncer l'intention d'acquérir la propriété de l'eau ; 2° que ces travaux soient terminés depuis au moins trente ans ; 3° qu'ils soient destinés à faciliter le cours et la chute de l'eau. Mais faut-il que ces travaux soient faits sur le fonds supérieur ? Cette question est très-vivement controversée en doctrine. D'après une opinion, qui s'appuie sur la discussion survenue au sein du Corps législatif, il suffit que les travaux aient été faits sur le fonds inférieur. D'après une autre opinion, qui semble préférable, il faut que les travaux existent sur le fonds supérieur et qu'ils facilitent le cours et la chute de l'eau du fonds supérieur dans le fonds inférieur : on présume alors qu'ils ont été établis en vertu de conventions dont, après un long temps, les titres sont perdus. Cette dernière opinion est consacrée par une jurisprudence constante. La Cour de cassation, qui confirme un arrêt de la Cour de Grenoble, du 26 nov. 1840, s'exprime en ces termes : — « Attendu qu'il est de principe qu'on ne peut acquérir par la prescription des droits sur les eaux d'une source qui jaillit sur l'héritage d'autrui, qu'au moyen d'une possession trentenaire manifestée par des travaux apparents *pratiqués sur le fonds du propriétaire de la source*, travaux de telle nature qu'ils aient pour objet et destination évidente de faciliter la chute des eaux au profit de celui qui entend prescrire (C. cass. 30 nov. 1841). — Il a été décidé de même en ces termes : — « Vu les art. 641 et 642 C. Nap. : — Attendu qu'aux termes de ces articles, celui qui a une source dans son fonds, peut en user à sa volonté, sauf le droit que le propriétaire du fonds inférieur pourrait avoir acquis par titre ou par prescription ; — Que la prescription ne peut courir qu'à compter du jour où le propriétaire du fonds inférieur a fait et terminé, *sur le fonds supérieur d'où la source jaillit*, des ouvrages apparents destinés à faciliter la chute et le cours de l'eau dans sa propriété » (C. cass. 8 févr. 1858).

643. Le propriétaire de la source ne peut en changer le cours, lorsqu'il fournit aux habitants d'une commune, village ou hameau, l'eau qui leur est nécessaire; mais si les habitants n'en ont pas acquis ou prescrit l'usage, le propriétaire peut réclamer une indemnité, laquelle est réglée par experts.

Lorsque l'eau d'une source, ou même, d'après la doctrine et la jurisprudence, l'eau d'une fontaine ou d'un ruisseau, est nécessaire aux habitants d'une commune, d'un village ou d'un hameau, la loi donne à ces habitants le droit à l'eau, sous la condition qu'ils payeront une indemnité au propriétaire du fonds où est la source; mais ils sont affranchis de cette indemnité, s'ils usent de l'eau depuis plus de trente ans. On voit par là que c'est la loi qui donne le droit à l'eau, et que ce qui est prescriptible, c'est l'indemnité. Le droit à l'eau peut grever le fonds dotal, quoique ce fonds soit inaliénable et imprescriptible; de même que toutes les créances, le droit de la femme dotale à une indemnité est prescriptible par trente ans.

La loi ne donne le droit à l'eau que sous une double condition : — 1° Qu'il s'agisse d'une *source*, c'est-à-dire d'une eau courante : elle ne l'accorde donc pas quand il s'agit d'un puits, d'un étang, d'une citerne ; — 2° Que l'eau soit *nécessaire* à l'usage des personnes ou des animaux domestiques; ainsi le décide la Cour de cassation, par le motif « que le sacrifice de l'intérêt privé à l'intérêt général, ne peut pas être exigé du propriétaire, quand l'eau de la source, au lieu d'être nécessaire aux habitants, leur est seulement d'un usage plus agréable ou plus commode » (C. cass. 4 mars 1862).

Ce ne sont pas les tribunaux administratifs, mais bien les tribunaux civils qui sont compétents pour décider si quelques maisons réunies constituent un hameau, et si les eaux de la source sont vraiment nécessaires aux habitants. Au reste, la commune qui a droit à l'eau, a aussi, dans la mesure des nécessités, le droit de pénétrer dans le fonds pour arriver à la source; mais, en pareil cas, l'indemnité qui est due au propriétaire sera d'une somme plus élevée. Cette indemnité ne se calcule pas sur l'avantage qui résulte pour la commune, mais sur le préjudice qu'éprouve le propriétaire de la source.

644. Celui dont la propriété borde une eau courante, autre que celle qui est déclarée dépendance du domaine public par l'article 538, au titre *de la Distinction des biens*, peut s'en servir à son passage pour l'irrigation de ses propriétés. — Celui dont cette eau traverse l'héritage, peut même en user dans l'intervalle qu'elle y parcourt, mais à la charge de la rendre, à la sortie de ses fonds, à son cours ordinaire.

Cet article ne s'applique : — Ni aux canaux creusés par l'Etat, par des compagnies ou même par des particuliers, dans l'intérêt de la navigation ou de l'industrie; — Ni aux rivières navigables ou flottables, car l'intérêt de la navigation existe dans un but d'utilité générale et doit l'emporter sur l'intérêt privé. Toutefois, l'Etat peut, afin de favoriser l'industrie ou l'agriculture, concéder à des particuliers la permission de faire des prises d'eau dans les rivières navigables ou flottables; mais de pareilles concessions sont essentiellement révocables.

Les droits du propriétaire riverain varient, selon que son fonds est *bordé*, ou bien est *traversé* par la rivière qui n'est ni navigable ni flottable.

1° Quand le propriétaire a son fonds simplement bordé par la rivière, il peut, au moyen de rigoles, de saignées ou de toute autre manière, prendre de l'eau pour son usage, pour l'irrigation de son fonds et pour le mouvement de ses usines. Mais cet usage doit être modéré, et il ne peut avoir pour effet de changer le cours de l'eau, ni de nuire aux droits identiques des propriétaires de la rive opposée. Faut-il conclure de ces termes de notre article, *peut s'en servir à son passage*, que le propriétaire riverain ne peut pas exercer son droit de prise d'eau sur un fonds supérieur, avec le consentement du propriétaire de ce fonds? En aucune manière, ainsi que le décide la Cour de cassation qui confirme un arrêt de la cour de Caen, du 30 mai 1863, par les motifs suivants : — « Sur le moyen relatif à la violation de l'art. 644 C. Nap. : — Attendu que cet article concède au riverain un droit absolu, qui n'est soumis à aucune condition légale quant à son mode d'exercice; que le pourvoi, en soumettant le riverain à l'obligation d'établir la prise d'eau sur le fonds même à arroser et en lui interdisant de prendre l'eau en amont, par suite d'un accord avec le propriétaire supérieur, introduit dans la loi une distinction aussi contraire a son texte qu'à son esprit» (C. cass. 21 nov. 1864).

2° Le propriétaire dont le fonds est traversé par le cours d'eau, peut en user à sa volonté, pratiquer à son gré des barrages et faire serpenter

l'eau dans sá propriété; mais sous la condition qu'au sortir de son fonds,
il la rendra à son cours ordinaire. Il ne faut pas qu'elle soit alors altérée
par le mélange de matières qui la corrompent et la rendent impropre à
l'irrigation et aux usages de la vie. Ainsi décidé : — « Attendu que le droit
d'user de l'eau implique, pour le riverain supérieur, l'obligation de ne
point la rendre impropre, soit à l'irrigation, soit aux usages ordinaires de
la vie, en l'altérant ou en y mélangeant des matières qui la corrompent »
(C. cass. 16 janv. 1866).

Le droit de pêche appartient à l'Etat, lorsqu'il s'agit de rivières navigables ou flottables ; il appartient aux propriétaires riverains, s'il s'agit
d'autres rivières.

645. S'il s'élève une contestation entre les propriétaires aux-
quels ces eaux peuvent être utiles, les tribunaux, en prononcant, doivent concilier l'intérêt de l'agriculture avec le respect
dû à la propriété; et, dans tous les cas, les règlements parti-
culiers et locaux sur le cours et l'usage des eaux doivent être
observés.

Lorsqu'il existe un règlement sur le cours et l'usage des eaux, les
tribunaux, qui ont à décider une contestation, doivent prendre ce règlement pour base de leur sentence. S'il n'existe pas encore de règlement,
les parties intéressées doivent en demander un, non pas aux tribunaux,
mais au préfet ; car c'est à l'administration qu'il appartient de régler tout
ce qui concerne les eaux courantes. Le règlement peut être demandé
même par un propriétaire de l'un des fonds inférieurs à l'encontre des
propriétaires dont les fonds supérieurs sont bordés et même traversés par
le cours d'eau, ainsi que l'a décidé la Cour de cassation en ces termes : —
« Vu les art. 644 et 645 C. Nap. ; — Attendu que l'eau courante est une
chose commune entre ceux dont elle longe ou traverse les héritages ; —
Que si le riverain supérieur en use le premier, et s'il n'est pas tenu d'en
rendre la même quantité qu'il a reçue, il doit ménager, dans une juste
mesure, l'exercice du droit des riverains inférieurs, et qu'il ne peut absorber les eaux à leur préjudice, même pour rendre plus complète l'irrigation
de ses propriétés ; — Que si l'eau est insuffisante pour satisfaire à tous les
besoins, c'est le cas d'en régler l'usage, de manière à concilier l'intérêt de
l'agriculture avec le respect dû à la propriété » (C. cass. 17 déc. 1861).

Le préfet qui fait son règlement sur les eaux prend en considération le respect dû à la propriété et la protection qui est due, dans une équitable mesure, à l'industrie et à l'agriculture. — Toutéfois, les tribunaux civils ont, aux termes de notre article, le pouvoir de régler eux-mêmes l'usage des eaux quand une contestation est portée devant eux : — « Attendu qu'aux termes de l'art. 645 C. Nap., aucune demande spéciale en règlement d'eau n'est nécessaire pour mettre les tribunaux à même de faire usage du pouvoir discrétionnaire qui leur est conféré en cette matière par la loi ; que dès qu'il existe une contestation sur l'usage des eaux, l'art 645 devient applicable ; — Attendu, dès lors, que si, en cause d'appel, une partie forme, pour la première fois, une demande en règlement d'eau, cette demande ne peut être repoussée comme nouvelle, puisqu'elle était implicitement renfermée dans la demande principale » (C. cass. 18 déc. 1865). — Aux termes du même arrêt, le règlement d'eau peut être fait entre les deux parties en cause, sans que les autres riverains y soient appelés : — « Attendu que ni le texte ni l'esprit de l'art. 645 C. Nap. ne font un devoir aux tribunaux de ne procéder aux règlements d'eau qu'en présence de tous les riverains qui peuvent avoir droit à l'usage des eaux litigieuses ; qu'il leur appartient sans doute d'apprécier si ces riverains doivent être mis en cause, mais que rien ne les oblige de les appeler s'ils estiment que leur présence n'est pas nécessaire ; qu'en procédant à un règlement d'eau dans l'unique intérêt des parties qui sont en instance, les tribunaux se conforment strictement à la loi, et que leurs décisions, à cet égard, ne sauraient être l'objet d'une critique » (C. cass. 18 déc. 1865).

Au reste, le préfet et les tribunaux qui établissent le règlement de l'eau entre les propriétés riveraines, prennent pour base de leur règlement les besoins de ces propriétés ; en prenant en considération la grandeur de leurs contenances, ils n'examinent point leur étendue sur les bords du cours d'eau et ne recherchent pas si leur contenance actuelle résulte de la réunion successive de plusieurs pièces séparées. Ainsi décidé : — « Attendu qu'aux termes de l'art. 644 C. Nap., celui dont la propriété borde une eau courante, autre que celle qui est déclarée dépendance du domaine public, peut s'en servir à son passage pour l'irrigation *de ses propriétés ;* — Qu'il résulte de ces derniers mots que le législateur n'a pas entendu restreindre la faculté d'irrigation à la propriété riveraine du cours d'eau ; qu'il l'a étendue, au contraire, à toutes les propriétés contiguës à cette dernière et appartenant au même maître ; — Attendu que l'interprétation restrictive que le pourvoi donne à l'art. 644 précité est aussi contraire à son esprit qu'à son texte ; qu'il est manifeste, en effet, qu'en réconnaissant au propriétaire riverain d'un cours d'eau le droit d'irrigation, la loi s'est préoccupée principalement des intérêts généraux de l'agriculture ; que cette pensée se révèle dans l'art. 645 même Code, qui, en attribuant un pouvoir discrétionnaire pour réglementer l'usage des eaux entre les propriétaires à qui elles peuvent être utiles, n'assigne d'autre limite à ce pouvoir que le respect dû à la propriété, c'est-à-dire aux droits acquis à certains riverains sur le cours d'eau ». (C. cass. 24 janv. 1865.)

Lois du 29 avril 1845 et du 11 juillet 1847, sur les irrigations ; loi du 10 juin 1854, sur le drainage.

§ 1er. *Loi du 29 avril 1845, sur les irrigations.*

Cette loi et celle du 10 juillet 1847 ont pour but de faciliter l'irrigation de toutes sortes de propriétés, et notamment des prairies, jardins et rizières, et de les rendre par là plus fécondes. Elles n'établissent point une expropriation pour cause d'utilité privée, mais une servitude légale pour le passage des eaux. Cette servitude a une très-grande ressemblance avec celle du droit de passage que l'art. 582 donne, moyennant indemnité, au fonds enclavé.

« Art. 1er. Tout propriétaire qui voudra se servir, pour l'irrigation de ses propriétés, des eaux naturelles ou artificielles dont il a droit de disposer, pourra obtenir le passage de ces eaux sur les fonds intermédiaires, à la charge d'une préalable et juste indemnité. — Sont exceptés de cette servitude les maisons, cours, jardins, parcs et enclos attenant aux habitations. »

Les expressions *eaux naturelles ou artificielles* sont générales et s'appliquent à toute espèce d'eaux; elles comprennent donc non-seulement les eaux qui coulent naturellement, mais encore celles qui proviennent de la pluie et sont recueillies dans des réservoirs, et celles qui sont obtenues au moyen de puits artésiens.

Un exemple est nécessaire pour faire bien comprendre la portée de cet article. J'ai un droit à l'eau, parce que mon fonds est bordé ou traversé par une rivière, ou parce qu'il y naît une source naturelle ou artificielle. Ce fonds n'a pas besoin d'être irrigué; mais j'ai d'autres fonds près de là, auxquels l'irrigation donnerait une grande fécondité : je pourrai, en

vertu de notre article, conduire dans ces fonds les eaux dont je puis disposer, en leur faisant traverser les fonds intermédiaires. — Mais, s'il m'est
très-difficile et très-onéreux d'exercer sur ma rive mon droit à l'eau, parce
que les bords et la superficie de mon fonds sont plus élevés que l'eau qui
le borde, pourrai-je exercer mon droit en pratiquant une prise d'eau en
amont de la rivière et en faisant couler cette eau à travers les propriétés
supérieures pour arriver à mon fonds? Cette question est très-controversée
en doctrine et en jurisprudence. Mais nous pensons, en nous fondant sur
l'arrêt de la Cour de cassation, du 21 nov. 1864, cité sous l'art. 644, que
l'exercice du droit à l'eau ne peut pas être pratiqué en amont de la rivière
sans le consentement du propriétaire dont les fonds seront traversés par
le canal.

Quoi qu'il en soit, le canal que je vais établir causera aux propriétaires
voisins un préjudice, dont je dois préalablement les indemniser. Ce préjudice est apprécié en prenant en considération la valeur du terrain nécessaire au canal, et le préjudice résultant de ce que les propriétés tra-
versées sont pour ainsi dire coupées en deux et que l'on pourra y pénétrer pour établir, curer, réparer et surveiller le canal.

Remarquons : 1° que le droit de faire passer les eaux sur les fonds intermédiaires ne peut être accordé au riverain que pour irriguer d'autres
propriétés non riveraines qui lui appartiennent, et qu'il ne peut point les
faire passer pour irriguer des propriétés appartenant à d'autres, ainsi que
l'ont, d'ailleurs, décidé la cour d'Aix, par arrêt du 30 juin 1845 et la cour
de Montpellier, par arrêt du 17 février 1852 ; 2° que les mots, *irrigation
de ses propriétés*, qui s'appliquent lorsqu'il s'agit, par exemple, de prairies, de jardins potagers ou de rizières, ne comprennent point les exploitations d'usines ; 3° que les mots, *pourra obtenir*, manifestent que les
tribunaux ont le droit d'examiner s'il existe des raisons suffisantes
d'utilité pour accorder, ou pour refuser le passage des eaux.

La servitude du passage des eaux s'arrête au seuil de l'habitation ;
le dogme de l'inviolabilité du domicile, qui protége la maison du citoyen
contre les importunités, le trouble, le danger même d'un accès contraire
à sa volonté, s'applique aussi aux dépendances de l'habitation. C'est
pourquoi le mot *maisons*, qui est employé dans le dernier paragraphe de
notre article, est pris dans une large acception : il comprend non-seulement les maisons d'habitation, mais encore toutes les propriétés bâties,
comme les manufactures, les magasins, les écuries, les granges et les celliers.

« 2. Les propriétaires des fonds inférieurs devront recevoir le

eaux qui s'écouleront des terrains ainsi arrosés, sauf l'indemnité
qui pourra leur être due. — Seront également exceptés de cette
servitude, les maisons, cours, jardins, parcs et enclos attenant
aux habitations. »

L'art. 640, qui assujettit le fonds inférieur à recevoir l'eau découlant
naturellement des fonds supérieurs, sans que la main de l'homme y ait
contribué, n'est pas applicable quand il s'agit d'eaux naturelles ou artificielles qu'une personne a introduites dans sa propriété. Notre article
comble cette lacune : il assujettit les fonds inférieurs à recevoir, moyennant une juste et préalable indemnité, les eaux dérivées, qui leur seront
d'ailleurs souvent très-utiles ; mais, de même que l'art. 1er, il affranchit de cette servitude les propriétés bâties.

« 3. La même faculté de passage sur les fonds intermédiaires
pourra être accordée aux propriétaires d'un terrain submergé
en tout ou en partie, à l'effet de procurer aux eaux nuisibles
leur écoulement. »

Cet article s'écarte de l'irrigation et se rattache à la matière du drainage, réglée par la loi du 10 juin 1854, que nous citons ci-après (p. 333) ;
il ne distingue pas si la submersion est continuelle ou momentanée. Le
propriétaire qui fait écouler ses eaux nuisibles à travers les fonds inférieurs devra évidemment aussi payer, aux propriétaires de ces fonds,
une juste et préalable indemnité.

« 4. Les contestations auxquelles pourront donner lieu l'établissement de la servitude, la fixation du parcours de la conduite d'eau, de ses dimensions et de sa forme, et les indemnités
dues soit au propriétaire du fonds traversé, soit à celui qui
recevra l'écoulement des eaux, seront portées devant les tribunaux, qui, en prononçant, devront concilier l'intérêt de l'opération avec le respect dû à la propriété. — Il sera procédé devant ces tribunaux comme en matière sommaire, et, s'il y a
lieu à expertise, il pourra n'être nommé qu'un seul expert. »

Dans cette matière toute nouvelle, le législateur de 1845 a donné aux tribunaux civils un pouvoir souverain en ce qui concerne l'établissement de la servitude et la fixation de l'indemnité.

Mais la loi du 10 juin 1854, art. 5, a déféré ce pouvoir au juge de paix, dont la sentence est, en pareille matière, susceptible d'appel.

« 5. Il n'est aucunement dérogé par les présentes dispositions aux lois qui règlent la police des eaux. »

Nous avons dit déjà, sous l'art. 645, que le règlement des eaux qui ne sont ni navigables ni flottables est fait par le préfet, et, dans le cours d'une contestation, par les tribunaux civils.

§ 2. Loi du 11 juillet 1847, sur les irrigations.

« ART. 1er. Tout propriétaire qui voudra se servir, pour l'irrigation de ses propriétés, des eaux naturelles ou artificielles dont il a droit de disposer, pourra obtenir la faculté d'appuyer sur la propriété du riverain opposé les ouvrages d'art nécessaires à sa prise d'eau, à la charge d'une juste et préalable indemnité. — Sont exceptés de cette servitude les bâtiments, cours et jardins attenant aux habitations. »

Celui qui a un fonds bordé par un cours d'eau non navigable ni flottable et qui, par suite, a droit à une partie de l'eau, a quelquefois besoin, pour exercer ce droit en faveur de son fonds riverain ou de ses fonds non riverains, d'appuyer des ouvrages d'art, des barrages, sur la propriété du riverain opposé : il doit, pour cela, s'adresser au tribunal et démontrer que ces ouvrages lui procureront un avantage réel et important, et qu'ils ne causeront aux tiers aucun grave préjudice, aucune crainte sérieuse d'inondations. Ainsi éclairé, le tribunal, ou plutôt, depuis la loi de 10 juin 1854, le juge de paix, qui statue en premier ressort, accorde ou refuse la faculté d'appuyer des ouvrages sur la rive opposée.

La loi de 1845 (art. 1, 2) affranchit de la servitude légale de conduite d'eau, non-seulement les bâtiments, cours et jardins, mais encore les parcs et enclos ; tandis que notre article n'affranchit pas de la servitude d'appui d'ouvrages d'art, les parcs et enclos, parce qu'ils ne peuvent pas en recevoir une grave atteinte.

« 2. Le riverain sur le fonds duquel l'appui sera réclamé pourra toujours demander l'usage commun du barrage, en contribuant pour moitié aux frais d'établissement et d'entretien ; aucune indemnité ne sera respectivement due dans ce cas, et celle qui aura été payée devra être rendue. — Lorsque cet usage commun ne sera réclamé qu'après le commencement ou la confection des travaux, celui qui le demandera devra supporter seul l'excédant de dépense auquel donneront lieu les changements à faire au barrage pour le rendre propre à l'irrigation des deux rives. »

Le riverain du fonds opposé qui réclame l'usage commun du barrage doit toujours contribuer pour moitié aux frais d'établissement et d'entretien de ce barrage, quels que soient d'ailleurs le volume d'eau dont il peut disposer et l'étendue des terrains qu'il entend irriguer. Cependant, ainsi qu'il résulte clairement du rapport de la loi, si le riverain ne forme sa demande que plusieurs années après l'établissement du barrage, qui est déjà peut-être dégradé par le temps, il ne sera tenu de payer que la moitié de la valeur actuelle de ce barrage. Mais sa demande tardive peut nécessiter des changements dans la forme, la direction et la dimension des ouvrages établis ; il est conforme à l'équité que les frais de ces changements soient mis entièrement à sa charge.

« 3. Les contestations auxquelles pourra donner lieu l'application des deux articles ci-dessus, seront portées devant les tribunaux. — Il sera procédé comme en matière sommaire, et s'il y a lieu à expertise, le tribunal pourra ne nommer qu'un seul expert. »

L'art. 5 de la loi du 10 juin 1854 défère ces contestations au juge de paix.

« 4. Il n'est nullement dérogé, par les présentes dispositions, aux lois qui règlent la police des eaux. »

Cette disposition est la reproduction textuelle de l'art. 5 de la loi du 29 avril 1845. — Voir page 331.

§ 3. *Loi du 10 juin 1854, sur le libre écoulement des eaux provenant du drainage.*

« ART. 1er. Tout propriétaire qui veut assainir son fonds par le drainage, ou autre mode d'assèchement, peut, moyennant une juste et préalable indemnité, en conduire les eaux, souterrainement ou à ciel ouvert, à travers les propriétés qui séparent ce fonds d'un cours d'eau ou de toute autre voie d'écoulement. — Sont exceptés de cette servitude les maisons, cours, jardins, parcs et enclos attenant aux habitations. »

On entend par *drainage* l'assèchement des terres humides et conservant l'eau. L'art. 3 de la loi du 29 avril 1845 contient déjà, sur cette matière, une disposition qui méritait d'être généralisée. — Le drainage remonte à la plus haute antiquité : les Romains faisaient servir l'assèchement à l'irrigation; ils enlevaient aux terrains humides les eaux qui leur étaient funestes, et s'en servaient pour vivifier des terres qui languissaient de sécheresse. Les conduits souterrains s'appellent *drains* : ils peuvent être établis en pierre, en bois, en fascines, en gazon, en tourbe, en tuile, en ciment, en tuyaux de poterie.

Voici le procédé qui donne ordinairement les meilleurs résultats. On pratique deux sortes de conduits souterrains en tuyaux de terre cuite et de forme cylindrique. Les tuyaux qui reçoivent l'écoulement du sol sont appelés *drains d'assèchement*. Ceux qui reçoivent les eaux des drains d'assèchement sont nommés *drains collecteurs;* ceux-ci conduisent les eaux dans des canaux de décharge.

Le propriétaire qui veut drainer son fonds ne peut pas faire passer ses eaux à travers les maisons d'habitation, parce que le domicile des citoyens est inviolable. Au reste, il doit payer aux propriétaires des fonds traversés par ses eaux une indemnité juste et préalable.

« 2. Les propriétaires de fonds voisins ou traversés ont la faculté de se servir des travaux faits, en vertu de l'article précédent, pour l'écoulement des eaux de leurs fonds. — Ils supportent, dans ce cas : 1° une part proportionnelle dans la valeur des travaux dont ils profitent ; 2° les dépenses résultant des modifications que l'exercice de cette faculté peut rendre nécessaires; et 3° pour l'avenir, une part contributive dans l'entretien des travaux devenus communs. »

Il est équitable que le propriétaire qui, pour drainer aussi son fonds, veut rendre communs les travaux faits par un autre, paye à celui-ci une partie de la valeur de ces travaux, et qu'il contribue pour l'avenir à leur entretien. Si les drains d'assèchement qu'il établit rendent nécessaire la pose de drains collecteurs d'une plus grande dimension, il est juste qu'il en supporte seul la dépense; en effet, cette dépense est causée par lui, et elle est faite dans son seul intérêt.

« 3. Les associations des propriétaires qui veulent, au moyen de travaux d'ensemble, assainir leurs héritages par le drainage ou tout autre mode d'assèchement, jouissent des droits et supportent les obligations qui résultent des articles précédents; ces associations peuvent, sur leur demande, être constituées, par arrêtés préfectoraux, en syndicats auxquels sont applicables les articles 3 et 4 de la loi du 14 floréal an XI. »

Les associations de propriétaires pour le drainage des fonds sont, en France, d'autant plus utiles que le sol y est très-morcelé. Cependant la loi laisse à chacun la faculté de s'associer. Les art. 3 et 4 de la loi du 14 floréal an XI, applicables à l'association de drainage qui est constituée en syndicat par arrêtés du préfet, sont ainsi conçus : « Art. 3. Les rôles de répartition des sommes nécessaires au payement des travaux d'entretien, réparation ou reconstruction, seront dressés sous la surveillance du préfet et rendus exécutoires par lui : le recouvrement s'en opèrera de la même manière que celui des contributions. — Art. 4. Toutes les contestations relatives au recouvrement de ces rôles, aux réclamations des individus imposés, et à la confection des travaux, seront portées devant le conseil de préfecture, sauf le recours au gouvernement, qui décidera en conseil d'Etat. »

« 4. Les travaux que voudraient exécuter les associations syndicales, les communes ou les départements, pour faciliter le drainage ou tout autre mode d'assèchement, peuvent être déclarés d'utilité publique par décret rendu en conseil d'Etat. —

Le règlement des indemnités dues pour expropriation est fait conformément aux paragraphes 2 et suivants de l'article 6 de la loi du 21 mai 1836. »

Lorsque les travaux de drainage nécessitent l'expropriation de terrains pour l'établissement de fossés d'écoulement ou de canaux de décharge, les associations syndicales, les communes et les départements peuvent seuls être autorisés à les faire. Cette autorisation leur est donnée par décret impérial rendu en conseil d'État, qui déclare l'utilité publique des travaux. Les indemnités dues aux propriétaires des terrains expropriés sont réglées par la loi du 21 mai 1836, sur les chemins vicinaux.

« 5. Les contestations auxquelles peuvent donner lieu l'établissement et l'exercice de la servitude, la fixation du parcours des eaux, l'exécution des travaux de drainage ou d'assèchement, les indemnités ou les frais d'entretien sont portées en premier ressort devant le juge de paix du canton, qui, en prononçant, doit concilier les intérêts de l'opération avec le respect dû à la propriété. — S'il y a lieu à expertise, il pourra n'être nommé qu'un seul expert. »

La loi du 29 avril 1845, art. 4, et celle du 11 juillet 1847, art. 3, déféraient aux tribunaux civils la connaissance des contestations relatives à la servitude établie pour les irrigations. Mais on a bientôt reconnu que la juridiction, lente et dispendieuse, des tribunaux de première instance et des cours d'appel, paralysait les effets bienfaisants de ces lois. C'est pourquoi notre article modifie ces lois et défère la connaissance des contestations, aussi bien sur l'irrigation que sur le drainage, au juge de paix, qui statue en premier ressort. Homme du pays et de conciliation, le juge de paix, plus éclairé sur les besoins locaux que les juges civils, saura mieux concilier les intérêts des particuliers.

« 6. La destruction totale ou partielle des conduites d'eau ou fossés évacuateurs est punie des peines portées en l'article 456 C. pén. — Tout obstacle apporté volontairement au libre écoulement des eaux est puni des peines portées par l'article 457 du même Code. — L'article 463 C. pén. peut être appliqué. »

La peine portée par l'art. 456 C. pén. est : 1° emprisonnement d'un mois à un an ; 2° amende égale au quart des restitutions, sans pouvoir être au-dessous de cinquante francs, et dommages-intérêts. La peine portée par l'art. 457 est : 1° emprisonnement de six jours à un mois ; 2° amende qui est la même que celle ci-dessus indiquée dans l'art. 456 C. pén. Mais les circonstances atténuantes, prévues par l'art. 463 C. pén., permettent au juge de baisser ces peines et de n'en appliquer qu'une seule.

« 7. Il n'est aucunement dérogé aux lois qui règlent la police des eaux. »

Cette disposition est semblable à celle des lois du 29 avril 1845, art. 5, et du 11 juillet 1847, art. 4.

---

646. Tout propriétaire peut obliger son voisin au bornage de leurs propriétés contiguës. Le bornage se fait à frais communs.

Le *bornage* est l'acte par lequel des propriétaires déterminent les limites de leurs fonds contigus au moyen de signes visibles, qui sont appelés *bornes*. Ces bornes sont ordinairement de grosses pierres plantées en terre, et placées chacune entre deux autres pierres que l'on nomme *témoins*.

Le bornage se fait souvent à l'amiable. Quand les parties ne s'accordent pas, l'action en bornage est portée devant le juge de paix, qui connaît aussi de l'action en déplacement de bornes (art. 6 de la loi du 25 juin 1838). Mais si le déplacement ou la suppression des bornes sont volontaires, ces actes constituent un délit punissable par le tribunal correctionnel d'emprisonnement d'un mois à un an, et d'amende, qui ne peut pas être au-dessous de cinquante francs (art. 456 C. pén.). — Si le bornage soulève une question de propriété, de règlement des limites, la contestation doit alors être portée devant le tribunal de première instance dans le ressort duquel les fonds sont situés.

Dans le bornage, l'achat et le placement des bornes se font à frais communs, en ce sens que chacun en supporte la moitié ; mais l'équité demande que chacun paye le géomètre qui procède à l'arpentage, dans la proportion des vacations faites sur son fonds.

L'action en bornage est imprescriptible ; elle peut généralement être exercée malgré l'existence des bornes ; elle appartient non-seulement au propriétaire, mais encore à l'usufruitier, parce que celui-ci a un intérêt évident à l'exercer.

647. Tout propriétaire peut clore son héritage, sauf l'exception portée en l'article 682.

La faculté de se clore ne constitue pas une servitude, mais l'affranchissement d'une servitude qui, dans le régime féodal, tendait à favoriser la chasse des seigneurs, le parcours et la vaine pâture. La faculté générale de clore son fonds souffre exceptions : 1º dans le cas où un droit de passage est valablement constitué sur ce fonds par acte entre-vifs ou testamentaire; 2º dans le cas prévu par l'art. 682, qui confère au propriétaire d'un fonds enclavé le droit de passage sur le fonds d'autrui, moyennant indemnité; 3º dans le cas où le propriétaire a formellement renoncé, au profit d'un voisin, au droit de se clore, par exemple pour ne pas nuire au droit de prospect du voisin. Mais la servitude de ne pas bâtir, *non œdificandi*, afin de conserver au voisin un droit de vue ou de prospect, ne suffit point, par elle-même, pour enlever le droit de clôture. Ainsi décidé : — « Attendu que la faculté de se clore est un droit précieux dont l'abandon ne doit pas se présumer facilement; — Attendu que la convention authentique du 16 déc. 1826 ne contient aucune prohibition à cette faculté de se clore; — Attendu que le petit mur d'un mètre de hauteur, destiné à servir de support à une grille en fer, doit être considéré comme l'exercice licite du droit de clôture, et non comme une véritable construction condamnée par la convention de 1826 » (C. de Metz, 12 juill. 1859).

648. Le propriéfaire qui veut se clore, perd son droit au parcours et vaine pâture, en proportion du terrain qu'il y soustrait.

Le *parcours* est le droit qui appartient réciproquement aux habitants d'une commune de faire paître leurs troupeaux sur les héritages d'une autre commune, après que les foins et autres récoltes ont été enlevés. La *vaine pâture* est semblable au parcours : c'est le droit qui appartient réciproquement à chaque habitant d'une commune de faire paître, après l'enlèvement des récoltes, ses troupeaux sur les héritages de tous les autres habitants de la commune. Chaque habitant peut envoyer au parcours, ou à la vaine pâture, un nombre de têtes d'animaux, qui est proportionné à l'étendue de ses fonds soumis à ces droits ; s'il se clôt, le nombre des têtes qu'il avait le droit d'envoyer au parcours ou à la vaine pâture, diminue en proportion du terrain que lui-même y soustrait.

CHAPITRE II.

DES SERVITUDES ÉTABLIES PAR LA LOI.

649. Les servitudes établies par la loi ont pour objet l'utilité publique ou communale, ou l'utilité des particuliers.

Les servitudes établies par la loi peuvent avoir aussi pour objet l'utilité départementale, car un décret du 9 avril 1811 a donné aux départements la qualité de personnes morales.

650. Celles établies pour l'utilité publique ou communale ont pour objet le marchepied le long des rivières navigables ou flottables, la construction ou réparation des chemins et autres ouvrages publics ou communaux. — Tout ce qui concerne cette espèce de servitude, est déterminé par des lois ou des règlements particuliers.

Il faut comprendre parmi les servitudes établies par la loi celles qui concernent l'utilité départementale. — Il existe deux voies le long des rivières navigables ou flottables en trains. D'un côté, est le chemin de halage, destiné aux chevaux employés à tirer les bateaux ; il a une largeur de 8 mètres : les propriétaires ne peuvent faire aucunes constructions ni plantations à moins de 2 mètres de ce chemin. De l'autre côté, est le marchepied destiné au passage des personnes; c'est un sentier qui a une largeur de 3 mètres 33 cent. Le long des rivières flottables seulement à bûches perdues, il y a, des deux côtés, un chemin qui n'a qu'une largeur de 1 mètre 33 cent.; il est destiné au passage des ouvriers préposés par les marchands de bois (ord. de 1672). — Les lois et règlements auxquels se réfère le dernier paragraphe de notre article sont généralement remplacés par une loi du 21 mai 1836.

651. La loi assujettit les propriétaires à différentes obligations l'un à l'égard de l'autre, indépendamment de toute convention.

Les obligations dont sont tenus les propriétaires, l'un à l'égard de l'autre, résultent de servitudes ; par suite, leur exécution doit être demandée au tribunal de la situation des immeubles.

652. Partie de ces obligations est réglée par les lois sur la police rurale ; les autres sont relatives au mur et au fossé mitoyens, au cas où il y a lieu à contre-mur, aux vues sur la propriété du voisin, à l'égout des toits, au droit de passage.

La police rurale est réglée par une loi de 1791 ; elle est incomplète. Une loi nouvelle sur cette matière est soumise au corps législatif.

SECTION PREMIÈRE.

Du Mur et du Fossé mitoyens.

Cette section traite non-seulement du mur et du fossé mitoyens, mais encore de la haie mitoyenne et de la distance à observer quand un propriétaire fait des plantations près du voisin. — Un mur est *mitoyen* quand il appartient à deux voisins. Suivant d'anciens auteurs, mitoyen vient des mots latins, *mihi tibi*, signifiant à moi et à toi. — La *mitoyenneté* diffère de la *communauté*. Quand une chose est *commune* à deux personnes par égales parts, chacune d'elles est propriétaire de moitié de chaque molécule de cette chose, qui est indivise, et elle peut en demander le partage. Quand, au contraire, un mur est *mitoyen*, chaque voisin est propriétaire du terrain et des matériaux jusqu'à la moitié du mur ; mais si le mur est démoli, les matériaux seuls, et non le terrain, deviennent communs.

653. Dans les villes et les campagnes, tout mur servant de séparation entre bâtiments jusqu'à l'héberge, ou entre cours et jardins, et même entre enclos dans les champs, est présumé mitoyen, s'il n'y a titre ou marque du contraire.

On entend par *titre*, un écrit, une preuve littérale, et, par *présomption*, la conséquence que la loi ou le magistrat tire d'un fait connu à un fait inconnu (art. 1349). D'après notre article, il y a, sauf titre ou marque du contraire, présomption de mitoyenneté du mur dans les trois cas suivants.

1° Si le mur est *entre bâtiments*, jusqu'à l'héberge. — L'*héberge* est l'endroit où s'arrête l'un des deux bâtiments établis sur le même mur; c'est, en d'autres termes, le point le plus élevé du toit du bâtiment qui a le moins de hauteur. Le mur est réputé mitoyen jusqu'à l'héberge, car il n'est pas supposable que l'un des voisins ait fourni seul le terrain sur lequel le mur est bâti et ait seul supporté les frais de construction, lorsque l'autre voisin profite aussi de ce mur. Mais le mur n'est pas présumé mitoyen au-dessus de l'héberge, car rien ne fait croire que le propriétaire dont la construction est moins élevée que celle de son voisin, ait consenti à payer les frais de la surélévation qui ne lui est d'aucune utilité. — Remarquons que la présomption de mitoyenneté établie entre bâtiments, n'existerait pas entre un bâtiment et une cour ou un jardin. Ainsi jugé : — « Attendu que la partie de l'arrêt sur laquelle porte la critique du demandeur est suffisamment motivée et ne blesse aucun principe, en décidant que si, aux termes de l'art. 653 C. Nap., les murs servant de séparation entre bâtiments sont présumés mitoyens, cette présomption de mitoyenneté ne pouvait être invoquée par Lefebvre, puisque le mur dont il s'agissait n'ayant de construction que du côté de Gillot, sans en avoir du côté de Lefebvre, ne servait point de séparation entre bâtiments » (C. cass. 4 juin 1845);

2° Si le mur est *entre cours et jardins*. — Le mur qui sépare deux propriétés est également utile aux deux voisins. La présomption de mitoyenneté existe alors non-seulement de cour à cour, de jardin à jardin; mais encore de cour à jardin, car notre article ne fait à cet égard aucune distinction;

3° Enfin, si le mur est *entre enclos dans les champs*. — Quand il s'agit de mur séparant des bâtiments, des cours et jardins, la présomption de mitoyenneté existe, alors même que l'une des propriétés, située dans la ville, ou même dans la campagne, ne serait pas close; tandis que le mur construit entre deux propriétés situées dans les champs n'est réputé mitoyen que lorsque les propriétés sont également closes. La présomption de mitoyenneté existerait cependant si aucune des propriétés n'était close.

654. Il y a marque de non-mitoyenneté lorsque la sommité du mur est droite et à plomb de son parement d'un côté, et présente de l'autre un plan incliné; — Lors encore qu'il n'y a que d'un côté ou un chaperon ou des filets et corbeaux de pierre qui y auraient été mis en bâtissant le mur. — Dans ces cas, le mur est censé appartenir exclusivement au propriétaire du côté duquel sont l'égout ou les corbeaux et filets de pierre.

Ainsi, les marques de non-mitoyenneté sont au nombre de trois.

Le *chaperon* est le *chapeau* du mur, c'est-à-dire sa couverture, qui peut être en tuiles, en briques, en ardoises, en ciment, en plâtre ou en chaux. Les *filets*, appelés aussi *larmiers*, parce qu'ils servent à faire couler les eaux goutte à goutte comme des larmes, sont les briques ou pierres de la partie du chaperon mise en saillie, afin que l'eau soit rejetée et que sa chute ne dégrade pas le mur. Les *corbeaux* sont de grosses pierres plates en dessus, arrondies et courbes en dessous, qui sont placées dans toute l'épaisseur du mur lors de sa construction, avec saillie d'un côté, et qui sont destinées à recevoir les poutres des bâtiments que le propriétaire voudrait y adosser : ils diffèrent des pierres d'attente qui sont mises en saillie au bout du mur d'une construction, afin que, si la construction se prolonge, les deux bâtiments soient liés ensemble plus solidement.

Les trois sortes de marques de non-mitoyenneté exprimées dans notre article, l'emportent sur les présomptions de mitoyenneté établies dans l'article précédent; mais elles cèdent elles-mêmes devant un titre contraire, encore qu'elles existent depuis plus de trente ans.

655. La réparation et la reconstruction du mur mitoyen sont à la charge de tous ceux qui y ont droit, et proportionnellement au droit de chacun.

Le mur peut n'être mitoyen que pour une partie de la longueur, de la hauteur et même de l'épaisseur : alors, chacun des voisins contribue aux frais de réparation et de reconstruction dans la proportion de ses droits sur le mur. — En général, les propriétaires doivent veiller en bons pères de famille à la conservation du mur mitoyen; si l'un d'eux l'endommage ou le dégrade, il commet un délit ou un quasi-délit qui le met dans l'obligation de supporter seul tous les frais de réparations nécessitées par son méfait.

656. Cependant tout copropriétaire d'un mur mitoyen peut se dispenser de contribuer aux réparations et reconstructions en abandonnant le droit de mitoyenneté, pourvu que le mur mitoyen ne soutienne pas un bâtiment qui lui appartienne.

Le voisin a consenti aux frais d'élévation d'un mur mitoyen, parce qu'il espérait en retirer de l'utilité. Si cette utilité ne se réalise point, il peut du moins se soustraire aux obligations de réparer et de reconstruire ce mur, en faisant l'abandon de son droit de mitoyenneté; car il n'est tenu de ces obligations qu'à raison de sa qualité de copropriétaire du mur. Bien plus, le droit de mitoyenneté du mur étant essentiellement divisible, l'un des copropriétaires peut abandonner la mitoyenneté seulement de la partie à réparer. Ainsi le décide la Cour de cassation, en cassant un arrêt de la cour de Besançon qui avait jugé en sens contraire : — « Attendu que l'arrêt déclare d'une manière générale et absolue que, d'après l'art. 656 C. Nap., le propriétaire du mur mitoyen ne peut faire l'abandon de son droit de mitoyenneté que sous la condition que cet abandon portera sur la totalité du mur; — Mais, attendu que l'art. 661, même Code, dispose que le propriétaire joignant un mur, a la faculté de le rendre mitoyen en remboursant au maître du mur la moitié de sa valeur ou la moitié de la portion qu'il veut rendre mitoyenne, et la moitié de la valeur du sol sur lequel le mur est bâti; — D'où il suit que le droit de mitoyenneté est essentiellement divisible, en ce sens qu'il peut également porter sur la totalité du mur ou seulement sur une portion de ce mur; — Attendu que l'on ne saurait admettre que cette condition de divisibilité puisse cesser d'exister lorsque, en vertu des art. 655 et 656 C. Nap., le copropriétaire du mur mitoyen veut se dispenser de contribuer aux réparations et reconstructions, en abandonnant son droit de mitoyenneté; que dans les deux cas, en effet, soit qu'il s'agisse de l'acquisition de ce droit, conformément à l'art. 661, soit qu'il s'agisse de son abandon, conformément à l'art. 656, le droit ne change pas de nature; qu'il peut et doit, dès lors, être exercé dans les mêmes termes, et que, particulièrement, il n'y a pas à distinguer entre ses effets légaux » (C. cass. 3 avr. 1865). — Mais si le mur mitoyen, qu'un propriétaire veut abandonner, soutient un bâtiment qui lui appartient, il en retire évidemment de l'utilité; en conséquence, il n'est pas recevable à faire un abandon qui aurait pour effet de rejeter sur le voisin toutes les charges de réparation et de reconstruction.

Le propriétaire d'un mur mitoyen peut-il, dans le cas de l'art. 663, où la clôture est forcée, se dispenser, par l'abandon de la mitoyenneté, de l'obligation de contribuer aux réparations et reconstructions du mur? Cette question est très-vivement controversée. La Cour de cassation a embrassé

l'affirmative dans deux arrêts du 3 déc. 1862 et du 7 nov. 1864. Ce dernier arrêt est ainsi motivé : — « Vu l'art. 656 C. Nap ; — Attendu
qu'aux termes de cet article, tout copropriétaire d'un mur mitoyen peut se
dispenser de contribuer aux réparations et reconstructions, en abandonnant le droit de mitoyenneté ; que cette faculté d'abandon est générale
et absolue, s'appliquant aux murs mitoyens dans les villes et les campagnes ;
que l'art. 663, qui contient, quant aux constructions et réparations de
clôtures dans les villes et faubourgs, des dispositions semblables à celles
de l'art. 655 sur les réparations et constructions de tout mur mitoyen,
n'a en rien dérogé à la faculté d'abandon édictée en l'art. 656 ; que, par
conséquent, soit qu'il s'agisse, comme dans ce dernier article, d'une
reconstruction, soit qu'il s'agisse, comme dans l'art. 663, d'une première construction, la faculté de renoncer à la mitoyenneté persiste,
la raison étant la même pour se dispenser de concourir à la confection
d'un mur destiné à être mitoyen, et pour renoncer à la mitoyenneté de
ce mur, après qu'il aurait été construit » (C. cass. 7 nov. 1864).

657. Tout copropriétaire peut faire bâtir contre un mur mitoyen, et y faire placer des poutres ou solives dans toute l'épaisseur du mur, à cinquante-quatre millimètres (deux pouces)
près, sans préjudice du droit qu'a le voisin de faire réduire à
l'ébauchoir la poutre jusqu'à la moitié du mur, dans le cas où il
voudrait lui-même asseoir des poutres dans le même lieu, ou y
adosser une cheminée.

Le mur fatigue moins quand les poutres sont placées dans toute son
épaisseur, que lorsqu'elles n'arrivent qu'à la moitié. On entend par *ébauchoir*, un ciseau de charpentier : avec cet outil, on peut réduire la
poutre sans avoir besoin de l'enlever du mur.

658. Tout copropriétaire peut faire exhausser le mur mitoyen ; mais il doit payer seul la dépense de l'exhaussement, les
réparations d'entretien au-dessus de la hauteur de la clôture
commune, et en outre l'indemnité de la charge en raison de
l'exhaussement et suivant la valeur.

Le voisin qui exhausse seul le mur mitoyen, devient seul propriétaire
de la partie surélevée ; les dépenses qui concernent cette partie doivent
donc rester toutes à sa charge. Cet exhaussement surcharge la partie du

mur qui est mitoyenne et nécessite par là des réparations plus fréquentes ;
une indemnité est donc due à l'autre copropriétaire. La coutume de
Paris, art. 197, réglait le prix de la surcharge au sixième de la valeur de
l'exhaussement. Notre article, en employant les mots, « *en raison de
l'exhaussement et suivant la valeur,* » semble reproduire la disposition
de cette coutume ; mais il est généralement admis que l'estimation de
l'indemnité, à raison de la surcharge, doit être fixée par experts.

Un voisin peut supprimer une clôture mitoyenne en planches, pour
la remplacer par un mur : ce mur, construit sur son terrain et à ses frais,
devient alors sa propriété exclusive, ainsi que l'a décidé la Cour de cassation par arrêt du 23 janvier 1860.

659. Si le mur mitoyen n'est pas en état de supporter l'exhaussement, celui qui veut l'exhausser doit le faire reconstruire en
entier à ses frais, et l'excédant d'épaisseur doit se prendre de
son côté.

Le mur mitoyen qu'un voisin veut faire exhausser est peut-être trop
étroit ou en trop mauvais matériaux pour supporter l'exhaussement : en
pareil cas, il doit le démolir et le reconstruire à ses frais, et prendre de
son côté l'excédant d'épaisseur qui peut être nécessaire, parce que c'est
la réalisation de son but qui exige ces frais et ces modifications à l'ancien
état des choses. Le mur reconstruit est mitoyen jusqu'à la hauteur primitive ;
tandis que l'excédant en hauteur et en épaisseur appartient à celui qui a
fait la reconstruction. Au reste, l'autre voisin, qui a maintenant la copropriété d'un mur plus solide, n'a droit à aucune indemnité de surcharge ;
en outre, si la reconstruction est faite sans retard ni négligence, il n'a rien
à réclamer à raison du préjudice qu'il aurait subi, des bénéfices dont il
aurait été privé, ni de la perte momentanée de la jouissance de sa maison.

660. Le voisin qui n'a pas contribué à l'exhaussement, peut
en acquérir la mitoyenneté en payant la moitié de la dépense
qu'il a coûté, et la valeur de la moitié du sol fourni pour l'excédant d'épaisseur, s'il y en a.

Le propriétaire qui veut exhausser le mur mitoyen a coutume de
demander le concours de son voisin. Celui-ci est ainsi mis en demeure de
contribuer aux frais ; s'il refuse, et s'il veut ensuite rendre l'exhaussement

mitoyen, il est traité plus rigoureusement que celui qui sé trouve dans le cas prévu par l'article suivant : quelle que soit la valeur actuelle du mur, il doit payer la moitié de la dépense que le mur a coûté et la valeur de la moitié du sol fourni pour l'excédant d'épaisseur.

661. Tout propriétaire joignant un mur, a de même la faculté de le rendre mitoyen, en tout ou en partie, en remboursant au maître du mur la moitié de sa valeur, ou la moitié de la valeur de la portion qu'il veut rendre mitoyenne, et moitié de la valeur du sol sur lequel le mur est bâti.

La faculté donnée à tout voisin d'acquérir la mitoyenneté du mur qui joint sa propriété, constitue une remarquable dérogation au pouvoir absolu du propriétaire sur sa chose. Cette dérogation est introduite dans un but d'utilité générale et particulière : elle tend à diminuer l'ensemble des terrains, des matériaux, des travaux et des frais nécessaires aux constructions, et à rendre plus agréable l'aspect des villes.

Toutefois, lorsqu'il s'agit de murs d'édifices placés hors du commerce, comme les églises, la mitoyenneté n'en peut pas être acquise. Il en est de même lorsque le mur a des fenêtres existant en vertu d'un droit légitimement acquis. Il en est pareillement de même, lorsqu'il n'y a pas contiguïté entre le mur et la propriété du voisin. Ainsi décidé : — « Vu l'art. 661 C. Nap. ; — Attendu que si, d'après les termes de cet article, tout propriétaire joignant un mur a la faculté d'en acquérir la mitoyenneté, en remboursant la moitié de sa valeur, cette faculté, d'après ces expressions mêmes, ne saurait être exercée que lorsqu'il y a contiguïté entre la propriété voisine du mur et le mur lui-même ; — Que le propriétaire du mur a, par conséquent, le droit, en le construisant, de s'affranchir de cette servitude et de s'assurer la propriété exclusive de son mur, en laissant au delà un espace intermédiaire qui le protége contre l'exercice de la faculté introduite par l'art. 661 ; — Que, quel que soit le motif qui le détermine à agir ainsi, il ne fait qu'user de son droit de propriété dont il ne peut être tenu de faire le sacrifice que dans les cas voulus par la loi, et que, dès lors, il n'appartient pas aux juges de rechercher et d'apprécier ses motifs ; — Que, quelque peu important que soit, par sa valeur et son étendue, l'espace de terrain ainsi conservé, il suffit pour protester du droit que le propriétaire a entendu se réserver » (C. cass. 26 mars 1862).

Les expressions de notre article, « *en tout ou en partie,* » manifestent

que le voisin peut rendre mitoyenne une partie seulement du mur, soit
en hauteur, soit en largeur, soit même en épaisseur, lorsqu'il s'agit d'un
mur très-épais; mais il ne serait pas admis, lorsque le mur est en pierres
de taille, à ne payer que la moitié du prix d'un mur ordinaire. Le voisin qui acquiert la mitoyenneté du mur joignant sa propriété est traité
plus favorablement que le propriétaire du mur mitoyen qui a refusé de
concourir à l'exhaussement; car, au lieu de payer la moitié de ce que
le mur ou la partie du mur qu'il acquiert a coûté, il n'est tenu de payer
que la moitié de la valeur *actuelle* de la partie du mur qu'il rend mitoyenne. Au reste, dans tous les cas, celui qui acquiert la mitoyenneté
est tenu de payer les frais d'acquisition, parmi lesquels il faut évidemment comprendre les frais d'expertise ayant pour but de fixer la valeur
du mur. Toutefois, il n'est point assimilé à un acheteur et n'a point d'action en garantie à raison des vices cachés dont l'effet est de nécessiter la
reconstruction du mur; par suite, cette reconstruction se fait à frais
communs. La Cour de cassation l'a ainsi décidé par les motifs suivants :
— « Attendu qu'il résulte des termes mêmes des art. 1641 et suiv.
C. Nap., qui règlent la garantie à laquelle le vendeur est tenu à raison
des vices cachés de la chose vendue qui la rendent impropre à l'usage
auquel elle est destinée, que ces articles, pris dans leur sens précis et
rigoureux, ne sont pas applicables au cas où un propriétaire joignant
un mur, use de la faculté de le rendre mitoyen, ouverte à son profit par
l'art. 661 du même Code; — Attendu, d'ailleurs, qu'il ne pourrait y avoir
lieu, dans ce cas, à l'application des articles précités, même par voie
d'induction ou d'analogie, qu'autant que la faculté exercée, à titre de
servitude, par le voisin contigu contre le propriétaire du mur, pourrait
être considérée comme une vente, telle qu'on l'entend dans les termes
généraux du droit, particulièrement en ce sens qu'elle réunirait tous les
éléments légaux, et en offrirait tous les caractères, ce qui n'est point;
qu'il est vrai de dire, au contraire, que, sous ce rapport, elle en diffère
essentiellement; qu'on ne peut méconnaître, en effet, que, tandis que
pour la vente, le libre consentement des parties est le point de départ
obligé et la condition fondamentale de la convention, le voisin, au contraire, lorsqu'il s'agit du droit qui lui est conféré par l'art. 661 C.
Nap., peut, par une simple manifestation de sa volonté, avoir péremptoi-
rement raison de la résistance du propriétaire du mur, et forcer son consentement...; — D'où il suit que l'application des art. 1641 et suiv.
précités C. Nap., ne saurait être justement étendue au simple fait de
copropriété du mur mitoyen » (C. cass. 17 févr. 1864).

Celui qui acquiert la mitoyenneté du mur, a le droit de faire supprimer les jours qui y ont été pratiqués et toutes les marques de non-mitoyenneté. Ainsi décidé en ces termes : — « Attendu que l'art. 661 C. Nap., en accordant au propriétaire joignant un mur la faculté de le rendre mitoyen, crée en sa faveur une servitude légale dont l'exercice, bien que facultatif, n'est limité par aucune restriction, et a pour effet de transférer à celui qui veut s'en prévaloir la jouissance pleine et entière de tous les droits que la loi attache à la mitoyenneté ; — Que la conséquence essentielle de la mitoyenneté du mur est de constituer une copropriété de ce mur sur la tête de l'acquéreur et du vendeur, de les établir tous les deux sur un pied complet d'égalité, et de faire cesser tous les faits de propriété exclusive qui, quoique exécutés par le vendeur avant la cession de mitoyenneté, n'en sont pas moins demeurés subordonnés à l'exercice possible de la servitude à laquelle le mur est assujetti ; — Attendu, cela posé, qu'en ordonnant la suppression de la gouttière construite sur le couronnement du mur de la quatrième partie de la maison, comme formant obstacle à l'exhaussement de ce mur, et comme contraire au droit de mitoyenneté.., l'arrêt déféré, loin de violer les articles précités, en a fait une juste application » (C. cass. 1er juill. 1861).

662. L'un des voisins ne peut pratiquer dans le corps d'un mur mitoyen aucun enfoncement, ni y appliquer ou appuyer aucun ouvrage sans le consentement de l'autre, ou sans avoir, à son refus, fait régler par experts les moyens nécessaires pour que le nouvel ouvrage ne soit pas nuisible aux droits de l'autre.

L'un des voisins n'a pas besoin du consentement de l'autre pour construire sur le mur mitoyen (art. 657). Mais il en a besoin, lorsqu'il veut pratiquer un enfoncement dans ce mur, ou y appuyer des ouvrages, parce qu'il pourrait détériorer ainsi le mur. S'il a obtenu le consentement de son voisin, ou si, à son refus, des experts ont fait un règlement, auquel il s'est ensuite conformé, il est néanmoins tenu de réparer le préjudice que ses ouvrages auraient causés à son voisin.

663. Chacun peut contraindre son voisin, dans les villes et faubourgs, à contribuer aux constructions et réparations de la clôture faisant séparation de leurs maisons, cours et jardins assis èsdites villes et faubourgs; la hauteur de la clôture sera

fixée suivant les règlements particuliers ou les usages constants
et reconnus; et, à défaut d'usages et de règlements, tout mur
de séparation entre voisins, qui sera construit ou rétabli à l'a-
venir, doit avoir au moins trente-deux décimètres (dix pieds)
de hauteur, compris le chaperon, dans les villes de cinquante
mille âmes et au-dessus, et vingt-six décimètres (huit pieds)
dans les autres.

Cet article diffère de l'art. 656. En effet, dans l'art. 656, il s'agit d'un
mur mitoyen construit volontairement par des propriétaires voisins : chacun
d'eux peut, dans ce cas, se soustraire à l'obligation de réparer et de reconstruire le mur, en faisant l'abandon de la mitoyenneté. Dans notre article,
au contraire, il s'agit d'un mur de clôture faisant séparation des maisons,
cours et jardins situés dans les villes et faubourgs, dont la hauteur se trouve
légalement fixée, et à la construction et réparation duquel l'un des voisins
peut contraindre l'autre, dans un but évident de sécurité réciproque. Si l'un
des voisins demande à l'autre, dans l'espèce dont il s'agit, de contribuer
à construire le mur mitoyen ou à le réparer, celui-ci peut-il se soustraire à une pareille obligation, par l'abandon de la moitié du terrain
nécessaire pour l'épaisseur du mur, ou par l'abandon de la mitoyenneté ?
Cette question est très-vivement controversée. La Cour de cassation a plusieurs fois décidé, notamment par arrêts du 3 décembre 1862 et du 7 novembre 1864 dont les termes sont rapportés sous l'art. 656, que la faculté
d'abandon, contenue dans l'art. 656, est générale et absolue, et qu'elle
s'applique aussi aux murs mitoyens des propriétés situées dans les villes
et les faubourgs. Mais l'opinion contraire, qui est conforme à l'ancienne jurisprudence, qui est adoptée par plusieurs cours, notamment par la cour
d'Amiens (11 déc. 1861), ainsi que par la majorité des auteurs, semble
mieux reproduire l'esprit et les termes de notre article. En effet, le droit
de *contrainte* est nécessairement exclusif de la faculté de se dispenser des
frais de construction et de réparation du mur, par l'abandon soit d'une
langue de terrain de la moitié de l'épaisseur du mur à construire, soit de
la mitoyenneté du mur construit. L'obligation dont il s'agit résulte d'une
servitude établie dans un but de sécurité publique et pesant sur toutes
les parties des fonds; un voisin ne pourrait par conséquent se soustraire à cette obligation, qu'en abandonnant la totalité de son fonds.

664. Lorsque les différents étages d'une maison appartiennent.à divers propriétaires, si les titres de propriété ne règlent pas le mode de réparations et reconstructions, elles doivent être faites ainsi qu'il suit : —Les gros murs et le toit sont à la charge de tous les propriétaires, chacun en proportion de la valeur de l'étage qui lui appartient.—Le propriétaire de chaque étage fait le plancher sur lequel il marche. — Le propriétaire du premier étage fait l'escalier qui y conduit; le propriétaire du second étage fait, à partir du premier, l'escalier qui conduit chez lui, ainsi de suite.

Lorsque des héritiers se partagent ainsi une maison héréditaire, ils font un véritable partage qui fait cesser l'indivision : chacun d'eux devient propriétaire exclusif et unique de l'étage qu'il obtient, ou plutôt, d'après la fiction de l'art. 883, il est censé en avoir été l'unique propriétaire et n'avoir jamais eu aucun droit sur les étages échus à ses cohéritiers. Quoique ces héritiers se trouvent, après un pareil partage, dans un état appelé par les auteurs *servitude d'indivision*, aucun d'eux ne peut en provoquer un autre. Des exemples de tels partages étaient très-fréquents dans le moyen âge : les enfants qui avaient peu de fortune se divisaient ainsi la maison paternelle, pleine de leurs souvenirs de respect et d'affection : leur cœur eût été profondément blessé si cette maison eût passé par le vente dans des mains étrangères. Mais maintenant un pareil partage est extrêmement rare ; il serait souvent une cause d'ennuis et de troubles. Lorsqu'il a lieu, chaque propriétaire contribue aux dépenses qui concernent les gros murs et le toit, dans la proportion de la valeur de son étage, parce qu'elles sont faites dans l'intérêt de tous : la même règle doit être appliquée à l'impôt foncier et à celui de la porte commune. Chacun supporte la totalité des dépenses qui concernent spécialement son étage, et l'impôt de ses portes et fenêtres. Il est généralement admis que l'un des propriétaires peut contraindre les autres à contribuer aux réparations de la chose commune.

665. Lorsqu'on reconstruit un mur mitoyen ou une maison, les servitudes actives et passives se continuent à l'égard du nouveau mur ou de la nouvelle maison, sans toutefois qu'elles puissent être aggravées, et pourvu que la reconstruction se fasse avant que la prescription soit acquise.

La disposition de cet article est reproduite dans l'art. 704. La *prescription* dont il s'agit est celle de trente ans.

666. Tous fossés entre deux héritages sont présumés mitoyens s'il n'y a titre ou marque du contraire.

Le fossé qui existe entre deux fonds est réputé mitoyen, alors même qu'un seul fonds serait entouré de fossés ; car il n'a pas seulement pour objet la clôture, mais encore et surtout l'écoulement des eaux. Cette présomption de mitoyenneté cesse devant un *titre*, c'est-à-dire un écrit, et devant la marque du contraire, dont il est question dans les deux articles suivants.

667. Il y a marque de non-mitoyenneté lorsque la levée ou le rejet de la terre se trouve d'un côté seulement du fossé.

La *levée* est un amas de terre placé sur le bord du fossé pour retenir l'eau ; le *rejet* est formé des terres provenant du curage. C'est ordinairement avec les terres que l'on obtient en creusant ou en curant le fossé que l'on fait la levée. Il n'existe pas d'autre marque de non-mitoyenneté que celle qui est exprimée par notre article.

668. Le fossé est censé appartenir exclusivement à celui du côté duquel le rejet se trouve.

La présomption de mitoyenneté cesse seulement lorsque le rejet n'existe que d'un seul côté. Elle ne cesse même pas aussitôt que le rejet est fait ; mais cet acte met l'autre voisin dans la nécessité d'intenter, dans l'année, une action possessoire ; car après l'année, il ne pourrait plus agir qu'au pétitoire, et alors, selon nous, il devrait détruire, au moyen soit d'un titre, soit de la preuve d'une possession trentenaire, la présomption de non-mitoyenneté qui résulte de la possession annale du rejet de la terre d'un seul côté.

669. Le fossé mitoyen doit être entretenu à frais communs.

Chaque propriétaire a droit à la moitié des herbes et autres produits du fossé mitoyen. Il peut contraindre son voisin à contribuer aux réparations et à l'entretien ; mais celui-ci peut, à moins de convention contraire, se soustraire à la nécessité de contribuer à ces réparations, en abandonnant la mitoyenneté du fossé lorsqu'il n'en retire plus aucune utilité.

670. Toute haie qui sépare des héritages est réputée mitoyenne, à moins qu'il n'y ait qu'un seul des héritages en état de clôture, ou s'il n'y a titre ou possession suffisante au contraire.

La présomption de mitoyenneté de la haie cesse dans deux cas : — 1° *Si un seul des héritages est en état de clôture*. Alors, celui dont l'héritage est, depuis plus d'un an, entièrement clos, soit par une haie vive, soit par une haie sèche, est présumé propriétaire de la haie entière. Cette présomption cesserait devant un titre contraire ou bien devant une possession commune et trentenaire de la haie ; — 2° *S'il y a possession suffisante au contraire*. La possession de la haie résulte de ce qu'un seul des voisins la taille, en récolte les fruits, et en ramasse les feuilles. La présomption légale de mitoyenneté de la haie cesse devant une possession annale ; celui qui a cette possession est présumé propriétaire de toute la haie, tant que son adversaire ne prouve pas le contraire, soit par titre, soit par une possession trentenaire. Celui qui a seul possédé la haie pendant trente ans est protégé par une prescription qui n'admet aucune espèce de preuve contraire.

Des auteurs et plusieurs arrêts prétendent que la possession, par un seul des voisins, du fossé au de la haie pendant plus d'un an, laisse néanmoins subsister la présomption légale de mitoyenneté. Cette opinion ne paraît pas admissible ; car elle tend à faire considérer comme inutiles et frustratoires les actions possessoires, qui sont fréquentes en cette matière et dont l'effet essentiel est, dans toutes les questions, de mettre celui qui a succombé au possessoire dans la nécessité de jouer le rôle de demandeur au pétitoire et, en conséquence, de supporter le fardeau de la preuve.

671. Il n'est permis de planter des arbres de haute tige qu'à la distance prescrite par les règlements particuliers actuellement existants, ou par les usages constants et reconnus ; et, à défaut de règlements, et usages, qu'à la distance de deux mètres de la ligne séparative des deux héritages pour les arbres à haute tige, et à la distance d'un demi-mètre pour les autres arbres et haies vives.

Les arbres qui sont plantés dans un fonds peuvent nuire aux fonds voisins non-seulement par leurs branches et leur ombre, mais encore et surtout par leurs racines. C'est pourquoi la liberté des fonds a dû recevoir une rectification qui était commandée par les principes d'équité. Or, à défaut de règlements particuliers et d'usages locaux, la distance qui doit exister entre les arbres et les confins est de deux mètres pour les arbres de haute tige, et de 50 centimètres pour les arbres de basse tige. Les arbres de haute tige n'étant pas spécifiés par la loi, le droit de les apprécier rentre dans le domaine souverain du juge, qui prend en considération l'essence des arbres plutôt que leur élévation. Toutefois, on doit considérer comme arbres de haute tige, par exemple, les peupliers, les acacias, les ormes, les chênes, les châtaigners, les noyers, les pommiers et poiriers en plein vent, les figuiers, les oliviers et les bois taillis.

La disposition générale de notre article s'applique à tous les fonds, quels qu'en soient la nature et le mode de jouissance, et même aux héritages en nature de bois, ainsi que l'a décidé en ces termes la Cour de cassation : — « Attendu que l'art. 671 C. Nap. dispose qu'il n'est permis de planter des arbres à haute tige qu'à la distance de deux mètres de la ligne séparative des héritages ; — Attendu que cette prohibition est absolue, et que, dès lors, elle s'applique aux héritages en nature de bois comme aux héritages soumis à d'autres genres de culture ; que c'est donc à tort que le pourvoi cherche à établir une exception à cette règle générale, en se-fondant sur cette allégation, démentie d'ailleurs par l'expérience, qu'un héritage en nature de bois ne peut recevoir aucun dommage d'une plantation d'arbres de haute tige à moins de deux mètres de distance » (C. cass. 24 juill. 1860).

Si les deux voisins sont copropriétaires du mur, du fossé ou de la haie qui sépare leurs fonds, ou s'il existe entre les deux fonds un chemin non classé ou un ruisseau, la distance légale doit être comptée à partir du milieu du mur, du fossé, de la haie, du chemin ou du ruisseau ; mais s'il s'agit d'un chemin classé ou d'une rivière dont l'usage est considéré comme public, la distance se calcule à partir de la limite du fonds opposé. Au reste, on admet généralement que, pour le calcul de la distance, on compte, non pas à partir du milieu de l'arbre, mais à partir de son écorce au moment même où l'arbre est planté.

Remarquons que, d'après un usage constant, aucune distance n'est prescrite pour la plantation, dans les villes, des arbustes, des espaliers et même des arbres de haute tige, ainsi que le jugent la cour de Bordeaux et la cour de Paris. La cour de Bordeaux s'exprime à cet égard en ces termes : — « Attendu que l'art. 671 C. Nap. n'établit de distance légale pour les plantations qu'à défaut de règlements ou d'usages locaux ; — Attendu que dans l'intérieur des villes, et surtout lorsqu'on est séparé par un mur de la propriété du voisin, il a toujours été d'usage de planter même les arbres en espalier, et à plus forte raison les arbustes, jusqu'à l'extrême limite de sa propriété » (C. de Bordeaux, 13 mars 1860). — L'arrêt de la cour de Paris est ainsi conçu : — « Considérant que l'art. 671 C. Nap. n'établit une distance légale pour les plantations qu'à défaut de règlements ou usages locaux ; — Considérant que l'existence des ces usages est nécessairement réservée à l'appréciation du juge ; que les monuments de la jurisprudence sont d'accord pour établir que, dans l'intérieur de la ville de Paris, aucune distance déterminée n'a jamais été imposée pour la plantation d'arbres ; que l'usage constant a été, au contraire, de planter jusqu'à l'extrême limite des jardins, sauf à élaguer ces plantations si la voirie ou la partie l'exige ; — Que cet usage s'explique, d'ailleurs, par des nécessités spéciales ; que la plupart des plantations intérieures de Paris eussent été impossibles et le deviendraient tous les jours davantage, si la distance fixée par l'art. 671 pouvait prévaloir contre cet usage local » (C. de Paris, 27 août 1858).

672. Le voisin peut exiger que les arbres et haies plantés à une moindre distance soient arrachés. — Celui sur la propriété duquel avancent les branches des arbres du voisin, peut contraindre celui-ci à couper ces branches. — Si ce sont les racines qui avancent sur son héritage, il a le droit de les y couper lui-même.

Le propriétaire qui a planté des arbres est présumé les avoir plantés à la distance légale ; mais ce n'est là qu'une simple présomption qui est abandonnée aux lumières et à la prudence du juge. Ainsi décidé : — « Attendu que si l'art. 671 C. Nap. ne permet de planter des arbres de haute tige qu'à la distance de deux mètres de la ligne séparative des deux héritages, il ne résulte pas, en faveur de celui qui a planté des arbres sur son terrain à une moindre distance du fonds voisin, une présomption légale de propriété sur le terrain qu'il devait laisser entre ses plantations et l'héritage voisin, mais une simple présomption abandonnée par l'art. 1353 aux lumières et à la prudence du magistrat » (C. cass. 22 juin 1863). — Cette simple présomption est loin cependant d'être dénuée d'effet : elle met le voisin, qui veut faire arracher les arbres, comme étant trop rapprochés de son fonds, dans la nécessité de prouver que ces arbres n'ont pas été plantés à la distance légale. — Le voisin ne peut pas exiger que les arbres qui ne sont pas plantés à la distance légale soient arrachés, lorsque leur plantation remonte à plus de trente ans. Mais lorsqu'il s'agit d'arbres de haute tige qui croissent dans une haie non mitoyenne, le délai

de trente ans ne commence à courir qu'à partir de l'époque où ces arbres
s'élèvent au-dessus de. la haie.

Le propriétaire qui a acquis, par la prescription, le droit de conserver
des arbres plantés depuis plus de trente ans en deçà de la distance légale,
n'a cependant acquis par là ni le droit de les remplacer, ni celui d'en
planter d'autres; il ne peut pas même conserver les arbres accrus sur les
souches des anciens arbres plus que trentenaires qui ont été abattus ou
qui sont dépéris, ainsi que le décide en ces termes la Cour de cassation :
— « Attendu que la prescription se mesurant sur l'étendue de la possession, on ne peut prescrire au delà de ce qu'on a possédé; qu'en appliquant ce principe à des arbres de haute tige, la possession, en ce qui les
concerne, n'a effet qu'à l'égard de ces arbres eux-mêmes, pour lesquels
elle s'est manifestée pendant le temps et dans les conditions nécessaires
pour prescrire; que lorsque ces anciens arbres ont disparu, le droit commun de la servitude de distance édicté par l'art. 671 reprend son empire;
qu'ainsi la prescription acquise au profit des arbres trentenaires n'affranchit pas de cette servitude les jeunes arbres accrus naturellement sur les
souches des anciens arbres abattus ou dépéris; que ces produits des souches ne sauraient être assimilés aux arbres auxquels ils succèdent et dont
ils diffèrent par leur nombre, par leur forme, par les directions qu'ils
affectent; que si l'on peut soutenir qu'ils sont moins dommageables pour
la propriété voisine que les arbres à haute tige, parce qu'ils apportent
moins d'ombre et d'humidité, on peut répondre, d'un autre côté, qu'ils
sont en réalité plus compromettants pour l'héritage voisin par les envahis-
sements successifs dont ils le menacent » (C. cass. 31 juill. 1865).

Lorsque des arbres ayant moins de trente ans sont plantés en deçà de
la distance légale, le voisin ne peut pas exiger qu'ils soient arrachés
lorsqu'il y a *destination du père de famille,* c'est-à-dire lorsque les deux
fonds, maintenant séparés, ont appartenu au même propriétaire qui a
fait lui-même les plantations.

Quand le propriétaire voisin ne peut pas faire arracher les arbres plantés
dans les limites de la servitude, soit à cause de la prescription trentenaire, soit à cause de la destination du père de famille, il conserve néanmoins le droit de couper les racines qui avancent dans son fonds; il conserve pareillement le droit d'exiger que les branches qui s'avancent sur
son héritage soient coupées. Ainsi jugé : — « Considérant que si la
destination du père de famille peut mettre obstacle à l'application de
l'art. 671 pour les arbres plantés en deçà de la distance prescrite par la
loi, il en est autrement du droit établi par l'art. 672 pour les branches

qui avancent sur le fonds voisin, et que cette différence tient à la nature intime des choses ; — Que les arbres, en effet, par leur adhérence à la terre, impriment au sol, par rapport au point qu'ils occupent, une modification fixe et permanente, et que cette modification, par suite, est destinée, quelles que soient les transmissions ou les divisions successives de la propriété, à se perpétuer avec le fonds et à durer autant que les arbres eux-mêmes ; — Que les branches, au contraire, éprouvent dans leur état, par l'effet de leur accroissement annuel, un changement continu ; que le fait de les abandonner, dans le principe, à leur libre développement, n'est qu'un simple mode de jouissance qui n'implique point une disposition définitive, et dont le maintien, à mesure que les arbres grandissent, se subordonne essentiellement au goût du propriétaire ou à l'intérêt de la propriété ; d'où il suit qu'au moment où l'héritage se divise dans l'action d'un partage ou d'une vente, chacun des contractants reçoit et garde, avec la possession de sa part, le droit de faire couper, conformément à la règle générale de l'art. 672, les branches que les arbres du fonds limitrophe projettent sur son terrain » (C. de Paris, 15 juin 1865). — Toutefois, l'art. 150 C. for. contient une remarquable exception à la règle que nous venons d'exprimer : aux termes de cet article, lorsque les arbres des bois et forêts ont plus de trente ans, leur élagage ne peut pas être exigé.

Remarquons que le propriétaire a toujours le droit d'aller ramasser les fruits qui sont tombés de son arbre dans l'héritage voisin ; mais, s'il y cause quelque préjudice, il est évident qu'il est tenu de le réparer.

673. Les arbres qui se trouvent dans la haie mitoyenne sont mitoyens comme la haie ; et chacun des deux propriétaires a droit de requérir qu'ils soient abattus.

La situation du tronc d'un arbre planté sur les confins sert à déterminer quel est celui des voisins qui en a la propriété. Si l'arbre est dans la haie mitoyenne, il est mitoyen comme elle, et chaque voisin a droit à la moitié des fruits. Mais l'arbre mitoyen peut faire naître des contestations ; c'est pourquoi chaque voisin peut exiger qu'il soit abattu.

SECTION II.

De la Distance et des Ouvrages intermédiaires requis pour certaines constructions.

674. Celui qui fait creuser un puits ou une fosse d'aisance

près d'un mur mitoyen ou non; — Celui qui veut y construire
cheminée ou âtre, forge, four ou fourneau, — Y adosser une
étable, — Ou établir contre ce mur un magasin de sel ou amas
de matières corrosives, — Est obligé à laisser la distance prescrite par les règlements et usages particuliers sur ces objets,
ou à faire les ouvrages prescrits par les mêmes règlements et
usages, pour éviter de nuire au voisin.

Les expressions, « *mur mitoyen ou non*, » montrent que les ouvrages qui
sont prescrits doivent être faits même par celui auquel le mur appartient
entièrement. — Quelques servitudes énoncées dans cet article sont établies
dans un intérêt privé; les autres, dans un intérêt public. Les voisins peuvent déroger aux premières, mais non aux secondes. Le propriétaire qui
a fait des ouvrages en se conformant aux conditions prescrites par les
règlements ou usages particuliers, est néanmoins responsable du préjudice
que ses ouvrages pourraient causer à ses voisins.

SECTION III.
Des vues sur la propriété de son voisin.

675. L'un des voisins ne peut, sans le consentement de l'autre, pratiquer dans le mur mitoyen aucune fenêtre ou ouverture, en quelque manière que ce soit, même à verre dormant.

Chacun des voisins étant propriétaire du mur mitoyen jusqu'à la ligne
séparative des fonds, l'un deux porterait atteinte à la propriété de l'autre
s'il pratiquait dans ce mur un jour, même à *verre dormant*, expressions
qui désignent un *verre* placé dans un châssis *immobile*. Mais le voisin
qui a seul exhaussé le mur mitoyen, peut pratiquer des jours à verre
dormant dans la partie dont il a la propriété entière.

676. Le propriétaire d'un mur non mitoyen, joignant immédiatement l'héritage d'autrui, peut pratiquer dans ce mur
des jours ou fenêtres à fer maillé et verre dormant. — Ces fenêtres doivent être garnies d'un treillis de fer, dont les mailles
auront un décimètre (environ trois pouces huit lignes) d'ouverture au plus, et d'un châssis à verre dormant.

Lorsque le mur non mitoyen est placé sur les confins, celui qui en a la propriété peut y pratiquer des jours, mais seulement à fer maillé et verre dormant, afin que rien ne puisse être jeté par là dans l'héritage du voisin. Si celui-ci acquiert la mitoyenneté du mur, il peut en faire boucher les jours, alors même qu'ils existeraient depuis plus de trente ans.

677. Ces fenêtres ou jours ne peuvent être établis qu'à vingt-six décimètres (huit pieds) au-dessus du plancher ou sol de la chambre qu'on veut éclairer, si c'est à rez-de-chaussée, et à dix-neuf décimètres (six pieds) au-dessus du plancher pour les étages supérieurs.

Les jours dont il s'agit diffèrent des vues. Tandis que les *jours* donnent seulement passage à la lumière, les *vues* permettent encore de regarder chez le voisin. Les jours ouverts dans un mur qui sépare deux héritages sont considérés comme des jours de souffrance, alors même qu'ils ne sont pas munis de treillages et de verres dormants ; par conséquent, le voisin peut néanmoins acquérir la mitoyenneté du mur et faire boucher les jours qui y ont été pratiqués depuis plus de trente ans. Ainsi jugé : — « Considérant que l'état desdits jours établis dans une partie du mur, non mitoyenne, la hauteur où ils sont placés, leur dimension étroite, les barreaux dont ils sont garnis, démontrent qu'ils n'ont jamais été établis comme vues droites et d'aspect, mais seulement comme jours de souffrance, et que leur condition doit être réglée en conséquence ; — Considérant que l'acquisition par le voisin de la mitoyenneté du mur l'autorise à réclamer la suppression des jours dont il s'agit, sans qu'il soit besoin de statuer sur la question de prescription » (C. de Paris, 12 mars 1857). — Cet arrêt a, sur pourvoi, été ainsi confirmé : — « Attendu que les servitudes continues et apparentes peuvent, sans doute, s'acquérir par une possession de trente ans ; mais qu'il faut que cette possession, pour fonder la prescription, réunisse les caractères déterminés par l'art. 2279 C. Nap. ; — Et attendu qu'il a été reconnu, en fait, par l'arrêt attaqué, que les jours ouverts par le propriétaire du mur n'existaient qu'à titre de tolérance ; d'où il suit qu'en autorisant la suppression desdits jours, ledit arrêt a fait une juste application des art. 2229 et 2232 C. Nap. » (C. cass. 18 juill. 1859).

678. On ne peut avoir des vues droites ou fenêtres d'aspect, ni balcons ou autres semblables saillies sur l'héritage clos ou non clos de son voisin, s'il n'y a dix-neuf décimètres (six pieds) de distance-entre le mur où on les pratique et ledit héritage.

Les vues *droites*, ou fenêtres d'aspect, sont celles qui sont parallèles à la limite des fonds et qui permettent, par conséquent, de regarder dans l'héritage du voisin d'une manière directe, sans qu'il soit nécessaire de se tourner ni à droite ni à gauche. Ces vues doivent être à 1 mètre 90 cent. de l'héritage voisin.

679. On ne peut avoir des vues par côté ou obliques sur le même héritage, s'il n'y a six décimètres (deux pieds) de distance.

La vue est *oblique* lorsqu'elle est perpendiculaire à la limite des fonds et que, par suite, elle ne permet de regarder dans l'héritage du voisin qu'en se tournant à droite ou à gauche. S'il s'agit de balcon, terrasse ou autre saillie, notre article n'est plus applicable; on peut facilement s'y tourner à droite ou à gauche, et par conséquent la distance à observer sera, non pas celle de *six décimètres*, c'est-à-dire 60 centimètres, mais celle de *dix-neuf décimètres*, c'est-à-dire 1 mètre 90 centimètres.

680. La distance dont il est parlé dans les deux articles précédents se compte depuis le parement extérieur du mur où l'ouverture se fait, et, s'il y a balcons ou autres semblables saillies, depuis leur ligne extérieure jusqu'à la ligne de séparation des deux propriétés.

Quand il existe entre les deux fonds un mur mitoyen, un ruisseau, un chemin particulier, la ligne séparative se trouve, ainsi que nous l'avons vu déjà sous l'art. 671, au milieu du mur, du ruisseau ou du chemin. Les propriétaires riverains d'une rue, même très-étroite, y ont toujours le droit de vue, ainsi que l'exprime la cour d'Orléans, par arrêt du 30 juillet 1861, en se fondant sur ce motif : — « Attendu que les rues et places publiques sont affectées par la loi à l'usage de tous, notamment des propriétaires riverains, et que les servitudes exercées par eux, en vertu de cette affectation, font partie de leurs propriétés et participent aux mêmes garanties. » — En conséquence, si la rue sur laquelle des fenêtres ont été ouvertes devient ensuite un terrain privé, l'acquéreur de ce terrain ne pourra pas nuire au droit de vue, ainsi que le décide d'ailleurs le même arrêt.

Le voisin ne peut point faire supprimer les fenêtres ou autres vues existant dans un bâtiment placé sur la limite, lorsque ces fenêtres ont été établies par titre ou par destination du père de famille (art. 692), ou lorsqu'elles ont plus de trente ans ; en pareil cas, il n'a pas le droit d'acquérir la mitoyenneté du mur. S'il veut construire, il faut qu'il se conforme à la disposition de l'art. 678 et qu'il laisse, entre sa construction et les fenêtres du voisin, la distance de 1 mètre 90 centimètres. Ainsi décidé par la Cour de cassation, qui casse un arrêt de la cour d'Aix ayant jugé en sens contraire : — « Attendu, en droit, d'une part, que les vues s'annonçant par des fenêtres que les art. 688 et 689 C. Nap. rangent dans la catégorie des servitudes continues et apparentes, s'acquièrent, aux termes de l'art. 690, par titre ou par la possession de trente ans, et que, suivant l'art. 701, le propriétaire du fonds débiteur de la servitude ne peut rien faire qui tende à en diminuer l'usage ou à le rendre plus incommode ; — Attendu que l'art. 690 place sur la même ligne, comme mode d'acquisition des servitudes, le titre et la prescription ; qu'ils ont aussi la même force et doivent avoir les mêmes effets, et que, par suite, les servitudes acquises par l'un et par l'autre de ces deux moyens tombent sous l'empire de la règle établie par l'art. 701 ; — Attendu, d'autre part, que, par une conséquence nécessaire et juridique de l'art. 678, le propriétaire de l'héritage sur lequel une servitude de vue est établie par titre ou par la prescription, ne peut élever de constructions, balcons ou terrasses, s'il n'y a 19 décimètres entre le mur où ces vues sont pratiquées et lesdites constructions, balcons ou terrasses » (C. cass. 22 août 1853).

Au reste, lorsqu'un fonds est grevé de la servitude de ne pas bâtir, le propriétaire a néanmoins le droit de le clore de murs et d'y planter des arbres. Il en est de même si le fonds est grevé de la servitude de prospect ; mais il faut alors que le mur de clôture et les arbres ne puissent pas nuire au droit du fonds dominant.

SECTION IV.

De l'Egout des toits.

681. Tout propriétaire doit établir des toits de manière que les eaux pluviales s'écoulent sur son terrain ou sur la voie publique ; il ne peut les faire verser sur le fonds de son voisin.

- L'art. 640, qui grève le fonds inférieur de la servitude consistant à recevoir les eaux découlant naturellement des fonds supérieurs, n'est évidemment pas applicable quand il s'agit des eaux découlant des toits, puisque la main de l'homme a changé l'état naturel des choses. Aussi est-il généralement admis que notre article n'établit pas une servitude, mais qu'il proclame, au contraire, l'absence de servitude. Il y aurait servitude si le propriétaire du bâtiment avait acquis par titre, par destination du père de famille, ou par prescription, le droit de faire écouler les eaux de ses toits sur le fonds du voisin.

La servitude qui consiste à recevoir les égouts des toits peut s'acquérir aussi bien par prescription que par titre ; tandis que la servitude *d'évier*, consistant à recevoir les eaux ménagères qui proviennent des fonds supérieurs, ne peut s'établir que par titres. Cette différence est ainsi expliquée par la Cour de cassation : — « Attendu que la servitude d'égout des toits est continue, parce que si elle n'est pas toujours exercée, elle peut cependant toujours être exercée sans le fait de l'homme, *tamen semper apta est exerceri sine facto hominis*; mais qu'il n'en est pas de même de la servitude d'évier ; — Attendu, en effet, que la servitude d'évier a pour destination spéciale l'écoulement des eaux ménagères, et que cet écoulement n'a et ne peut avoir lieu que par le fait actuel et incessamment renouvelé de l'homme » (C. cass. 19 juin 1865).

SECTION V.

Du Droit de passage.

682. Le propriétaire dont les fonds sont enclavés, qui n'a aucune issue sur la voie publique, peut réclamer un passage sur les fonds de ses voisins pour l'exploitation de son héritage, à la charge d'une indemnité proportionnée au dommage qu'il peut occasionner.

Afin que les fonds ne deviennent pas stériles et inutiles, la loi accorde, dans un but d'utilité générale et particulière, un droit de passage au propriétaire du fonds enclavé, de la même manière qu'elle donne aux habitants d'une commune le droit à l'eau qui leur est nécessaire (art. 643), c'est-à-dire en le soumettant au payement d'une indemnité préalable. — Le propriétaire d'une carrière enclavée n'a généralement qu'un droit mobilier et temporaire; quoiqu'il ne soit point, à proprement parler, propriétaire d'un *fonds*, il a cependant le droit, pour exploiter sa carrière, de passer sur la surface du fonds voisin : l'indemnité qu'il paye, dans ce cas, est fixée chaque année proportionnellement au dommage causé, auquel on donne, dans l'usage, le nom de *délit*. Mais peut-il réclamer le passage à travers les tranchées et galeries souterraines qui existent dans le fonds voisin? Il existe, sur cette question, deux arrêts en sens contraire. L'un, qui refuse le passage à travers les galeries : — « Considérant que le droit de passage ne peut s'exercer ailleurs qu'à la surface du fonds enclavé; que les couches inférieures du sol sont toutes enclavées; que l'art. 682, prévoyant un cas particulier, ne peut s'entendre d'une situation générale qui dérive de la nature même du sol terrestre, et qu'une servitude ne pourrait ainsi exister partout et toujours sans une disposition expresse et formelle de la loi » (C. d'Amiens, 2 févr. 1854). — L'autre arrêt, qui accorde le passage à travers les galeries souterraines du fonds voisin, nous semble mieux motivé et plus conforme à l'utilité générale. Il est ainsi conçu : — « Attendu que la règle de l'art. 682 est générale; qu'elle s'applique à tous les cas d'enclave et à tous les genres de propriété foncière; que le bénéfice d'une pareille disposition appartient à une carrière d'ardoises comme à toute autre propriété, qu'elle soit exploitée à ciel ouvert ou au moyen de galeries souterraines; — Attendu que, dans le cas d'enclave, le passage est dû non-seulement à la surface des fonds voisins, mais sur le fonds et sur toutes les couches qui le constituent; que, s'il est coupé par une tranchée ou par une galerie souterraine qui sépare l'héritage enclavé de la voie publique et qui doit nécessairement servir d'accès pour y arriver, la servitude existe également sur la tranchée et la galerie, d'autant mieux que la superficie du sol ou du fonds servant reste ainsi dégrevée et laissée à sa fertilité, à son utilité agricole; — Attendu que la loi, interprétée et appliquée autrement, frapperait d'interdit, dans bien des circonstances, la propriété et l'exploitation des carrières » (C. d'Aix, 9 févr. 1863).

Lorsqu'un propriétaire a sur la voie publique une issue longue et difficile, il ne peut pas exiger un autre passage plus court et plus facile; car il n'a pas son fonds *enclavé*, et par conséquent notre article ne lui est point applicable (C. de Caen, 16 mars 1861). Mais lorsque le passage qu'il a sur le fonds voisin est trop étroit et insuffisant pour l'exploitation de son fonds, il peut exiger de ce voisin un supplément de largeur. Ainsi jugé : — « Considérant, relativement aux conclusions tendant à obtenir un passage plus étendu, que la question d'enclave est une question relative; qu'encore bien qu'on puisse se rendre d'un terrain enclavé à la voie publique, il appartient aux tribunaux d'examiner si ce passage, tel qu'il est exercé, suffit aux besoins de l'exploitation et si, dans l'intérêt de l'agriculture, on ne devrait pas en étendre l'exercice ; — Or, considérant que c'est en 1818 que la concession de la servitude a été établie ; que, depuis ce temps, le mode d'exploitation des propriétés rurales a progressé, et que ce qui était suffisant alors peut ne l'être plus aujourd'hui ; que le pré dont il s'agit est d'une contenance de 44 ares ; qu'il donne chaque année 2,000 kilogr. de foin ; qu'il est entouré de haies qui fournissent tous les sept ans une assez grande quantité de fagots ; que, dans ces haies, se trouvent plusieurs gros bois qui ne pourraient être enlevés à dos d'homme ; qu'il y a donc nécessité de faire cesser l'enclave partielle qui, sous ce rapport, existerait s'il n'était pas possible d'arriver à ce même pré avec voitures et charrettes » (C. de Caen, 10 janv. 1861).

Lorsqu'un fonds est divisé par legs, par échange, par donation, par partage de succession, ou de toute autre manière, la portion qui se trouve séparée de la voie publique, par suite de ce morcellement, a droit au passage sur l'autre partie, et cela sans avoir à payer aucune indemnité ; en effet, les parties ont évidemment entendu que l'exploitation de la portion maintenant séparée de la voie pourrait s'opérer comme elle s'opérait antérieurement (C. cass. 14 nov. 1859 et 1er août 1861).

Au reste, lorsque l'enclave vient à cesser d'une manière quelconque, la servitude de passage, imposée au fonds voisin contre le gré du propriétaire, se trouve éteinte, alors même que cette servitude aurait été exercée depuis plus de trente ans. Ainsi jugé : — « Attendu que la servitude de passage étant discontinue, ne saurait s'acquérir par la prescription ; qu'en cas d'enclave, cette servitude résulte de la loi et de la situation des lieux, et non du laps de temps pendant lequel le fonds enclavé a été desservi par le fonds grevé de la servitude de passage; que la possession trentenaire ne peut donc avoir d'autre effet que de déterminer le mode de jouissance et de libérer le propriétaire enclavé de l'indemnité due au fonds assujetti ; — Qu'au surplus, au delà de ces deux résultats, on ne peut comprendre une prescription fondée sur des faits de possession et des actes de jouissance auxquels, tant que dure l'enclave, il n'est pas légalement possible au propriétaire du fonds grevé de s'opposer ; — Attendu, d'ailleurs, que le droit commun proclame la liberté des héritages ; que cette liberté n'ayant été entravée par la loi que pour céder à l'empire de la nécessité, cette liberté doit revivre dès que cette nécessité n'existe plus ; — Attendu, enfin, que l'on ne peut considérer ce droit de servitude comme un droit absolu et définitif tel que celui résultant d'une convention librement consentie et indépendante de toute condition; que, dans la cause, imposé contre son gré au propriétaire du fonds servant, par la nécessité qui seule lui a donné naissance, le droit est résoluble, car il est soumis à une condition d'enclave qui lui est invinciblement attachée, et dont la défaillance le fait tomber, en lui enlevant toute raison d'être et tout principe de vie » (C. de Rouen, 13 déc. 1862). — Toutefois, si la servitude de passage est établie par une convention expresse ou tacite, comme la vente, l'échange, la donation, ou même par legs ou par partage de succession, elle continue à subsister, malgré la cessation de l'enclave. Ainsi décidé par la Cour suprême : — « Attendu que lorsque, par le résultat d'un partage, un des lots se trouve enclavé, le cohéritier enclavé a droit au passage sur le lot de ses copartageants, et que l'achat postérieur fait par ce cohéritier personnellement d'un fonds faisant cesser l'enclave ne peut porter aucune atteinte à des droits acquis par le partage lui-même et qui en devient la condition » (C. cass. 1er août 1861).

683. Le passage doit régulièrement être pris du côté où le trajet est le plus court du fonds enclavé à la voie publique.

Le mot *régulièrement* manifeste que la règle posée par notre article n'est pas absolue, et qu'elle fléchira dans beaucoup de circonstances, selon l'intérêt des voisins. En cas de contestation, l'emplacement du passage est déterminé par experts.

684. Néanmoins il doit être fixé dans l'endroit le moins dommageable à celui sur le fonds duquel il est accordé.

Lorsque le trajet le plus court présente des obstacles, comme une maison, un enclos, le propriétaire du fonds enclavé peut être contraint de prendre ailleurs son passage. Si, pour arriver du fonds enclavé à la voie publique, il y a plusieurs fonds à traverser, les divers propriétaires de ces fonds doivent tous être en même temps mis en cause.

685. L'action en indemnité, dans le cas prévu par l'article 682, est prescriptible; et le passage doit être continué, quoique l'action en indemnité ne soit plus recevable.

Ce qui est prescriptible, ce n'est pas le droit de passage; car la loi le donne; c'est donc seulement l'indemnité. Cette prescription de l'indemnité court même contre la femme dont le fonds a été constitué en dot sous le régime dotal. Elle s'accomplit par la longue prescription de trente ans (art. 2262). Pour que cette prescription puisse s'accomplir, il n'est pas nécessaire que le passage s'exerce toujours sur la même partie du fonds servant. Ainsi jugé : — « Attendu qu'il importerait peu, dans cette hypothèse, que le passage eût été pratiqué tantôt sur un point, tantôt sur un autre, dans la même propriété, le droit de passage sans indemnité sur ces terrains pouvant être acquis par prescription sans que l'assiette en soit définitivement fixée » (C. de Metz, 19 janv. 1865). — Mais, comme l'observe l'arrêt cité, il faut du moins que le passage s'exerce *dans la même propriété*; il suit de là que, si le passage s'exerce tantôt sur un fonds et tantôt sur un autre fonds, la prescription de l'indemnité ne court point. C'est d'ailleurs ce qui a été jugé en termes formels : — « Considérant que cette indemnité n'est prescriptible qu'autant que le passage a eu lieu dans les conditions voulues par la loi, sinon sur un même endroit, au moins sur un point quelconque du fonds soumis à la servitude » (C. de Besançon, 12 janv. 1865). — Dans un très-grand nombre de communes, les propriétaires ont coutume de se livrer réciproquement passage pour l'exploitation de leurs fonds et notamment de leurs prairies ; cet usage, qui ne s'exerce généralement que sur les fonds dépouillés de leurs récoltes, ne constitue qu'une tolérance réciproque qui ne peut pas servir de base à la presrciption de l'indemnité de passage, ainsi que l'a décidé la Cour de cassation, par arrêt du 30 nov. 1864.

CHAPITRE III.

DES SERVITUDES ÉTABLIES PAR LE FAIT DE L'HOMME.

Les servitudes proprement dites sont seulement celles qui sont établies par le fait de l'homme : elles seules, en effet, font apparaître une charge imposée sur le fonds servant, pour l'usage et l'utilité du fonds dominant. Elles peuvent être constituées par vente, par échange, par donation entre-vifs ou testamentaire, par acte de partage, par destination du père de famille, et quelques-unes par prescription.

SECTION PREMIÈRE.

Des diverses espèces de Servitudes qui peuvent être établies sur les Biens.

686. Il est permis aux propriétaires d'établir sur leurs propriétés, ou en faveur de leurs propriétés, telles servitudes que bon

leur semble, pourvu néanmoins que les services établis ne soient
imposés ni à la personne, ni en faveur de la personne, mais seulement à un fonds et pour un fonds, et pourvu que ces services n'aient d'ailleurs rien de contraire à l'ordre public. —
L'usage et l'étendue des servitudes ainsi établies se règlent par le
titre qui les constitue; à défaut de titres, par les règles ci-après.

La servitude établie par le fait de l'homme opère un démembrement de la
propriété d'un immeuble au profit d'un autre immeuble, et elle constitue
elle-même un droit réel et immobilier. Il suit de là que, pour grever un
fonds de servitude, il faut en avoir la propriété et avoir le droit de l'aliéner. Or, le fermier, le locataire, l'administrateur de la chose d'autrui, l'u-
sufruitier et l'usager n'étant pas propriétaires, ils ne peuvent point constituer de servitudes. Il en est de même des femmes mariées, des mineurs et
des interdits, parce que ces personnes ne peuvent pas valablement aliéner
leurs immeubles. Quant à celui qui est propriétaire sous condition résolutoire,
il ne peut constituer qu'une servitude dont l'existence est soumise à la même
condition que son droit lui-même. Mais on admet généralement que les diverses personnes qui ne peuvent constituer des servitudes, peuvent cependant en acquérir, parce qu'elles sont considérées comme ayant une capacité
suffisante pour rendre meilleure la manière d'être des immeubles qu'elles
régissent ou qui leur appartiennent.

Le propriétaire capable peut constituer sur son immeuble toute espèce de
servitudes, pourvu qu'elles ne soient point contraires à l'ordre public. Toutefois, la servitude constituant un rapport de fonds à fonds, il serait contraire à son essence qu'elle fût constituée sur une personne, ou en faveur
d'une personne. Notre article prohibe les servitudes imposées à la personne ou en faveur de la personne : de pareilles servitudes étaient très-fréquentes sous le régime féodal; mais elles entravaient la liberté et l'aliénation des immeubles, qui se trouvaient par là gravement dépréciés. Par suite
de cette prohibition, je ne puis point stipuler que le fonds de mon voisin
devra dix journées par an à mon fonds, ni que mon fonds aura le droit
de chasse sur le fonds voisin; car, en réalité, ces journées sont imposées à la personne du propriétaire voisin, et le droit de chasse n'est utile
qu'à la personne. Toutefois, si je stipule que mon voisin devra me fournir
dix journées par an pour labourer mon champ, ou que j'aurai le droit de
chasse sur le fonds de mon voisin, la stipulation est valable, parce que,
au lieu de créer un rapport réel de fonds à fonds et d'entraver ainsi l'alié-

nation des fonds, elle crée un rapport de personne à personne, un droit d'obligation qui naît dans la personne du promettant et ne viendra jamais reposer sur la personne de l'acquéreur à titre particulier du fonds voisin.

687. Les servitudes sont établies ou pour l'usage des bâtiments, ou pour celui des fonds de terre. — Celles de la première s'appellent *urbaines*, soit que les bâtiments auxquels elles sont dues soient situés à la ville ou à la campagne. — Celles de la seconde espèce se nomment *rurales*.

Les servitudes *urbaines* concernent, par exemple, l'égout des toits, les vues et le prospect ; les servitudes *rurales* sont notamment le passage, la conduite, la voie et l'aqueduc à travers le fonds servant. Cette division des servitudes avait, dans le droit romain, une grande utilité qui n'existe plus en droit français.

688. Les servitudes sont ou continues, ou discontinues. — Les servitudes continues sont celles dont l'usage est ou peut être continuel sans avoir besoin du fait actuel de l'homme : tels sont les conduites d'eau, les égouts, les vues, et autres de cette espèce. — Les servitudes discontinues sont celles qui ont besoin du fait actuel de l'homme pour être exercées : tels sont les droits de passage, puisage, pacage et autres semblables.

Cette division, dont l'utilité apparaît dans la section suivante, est parfaitement claire. — Si une prise d'eau ne doit avoir lieu que tous les deux jours et exige la levée ou l'abaissement d'une planche, doit-elle être rangée parmi les servitudes continues ? Oui ; en effet, dès que l'obstacle est levé, l'exercice de la servitude a lieu sans avoir besoin du fait actuel de l'homme. C'est ce qui a été décidé par la Cour suprême dans les termes suivants : — « Attendu que la continuité de la servitude résulte de ce que la planche étant une fois abaissée, l'eau s'écoule d'elle-même par la rigole sans fait actuel de l'homme postérieurement à l'abaissement de la planche ; que le fait actuel est celui qui accompagne constamment et nécessairement l'exercice de la servitude, et qu'on ne peut ainsi qualifier le fait initial et instantané qui précède et prépare cet exercice ; — Attendu que si la prise d'eau ne s'effectue que du samedi au lundi, cette intermittence de la ser-

vitūde n'en change pas la nature, et ne lui ôté pas le caractère de continuité » (C. cass. 19 juill. 1864).

689. Les servitudes sont apparentes ou non apparentes. —
Les servitudes apparentes sont celles qui s'annoncent par des
ouvrages extérieurs, tels qu'une porte, une fenêtre, un aqueduc. — Les servitudes non apparentes sont celles qui n'ont
pas de signe extérieur de leur existence, comme, par exemple,
la prohibition de bâtir sur un fonds, ou de ne bâtir qu'à une
hauteur déterminée.

Cette division des servitudes a la même importance que celle qui est exprimée dans l'article précédent. Pour que la servitude soit apparente, il n'est
pas nécessaire qu'elle s'annonce *par des ouvrages*, il suffit qu'elle s'annonce
par des signes extérieurs, comme les traces visibles d'un passage battu.

En combinant la division de notre article avec celle qui est exprimée
dans l'article précédent, on trouve quatre espèces particulières de servitudes : 1° celles qui sont *continues et apparentes*, comme un droit de vue ;
2° celles qui sont *continues et non apparentes*, comme la servitude de
ne pas bâtir ; 3° celles qui sont *discontinues et apparentes*, comme un
droit de passage manifesté par une porte, par des ouvrages ou par un
chemin battu ; 4° celles qui sont *discontinues et non apparentes*, comme
un droit de pacage.

SECTION II.

Comment s'établissent les Servitudes.

690. Les servitudes continues et apparentes s'acquièrent par
titre, ou par la possession de trente ans.

Les servitudes peuvent s'acquérir de trois manières : 1° par titres ;
2° par prescription ; 3° par destination du père de famille (art. 692).

On entend par *titre* une convention ou un testament. Le titre règle ordinairement l'usage et l'étendue de la servitude qu'il établit (art. 686, § 2);
à défaut, le règlement se ferait par le tribunal sur rapport d'experts.
Toutes les sortes de servitudes peuvent s'établir par titres émanant du
propriétaire capable d'aliéner le fonds lui-même ; tandis qu'il n'y a
que les servitudes continues et apparentes qui puissent s'acquérir par

prescription. Cette prescription, aux termes de notre article, s'accomplit par une *possession de trente ans.* Si un tiers de bonne foi achète un immeuble en faveur duquel existe la possession d'une servitude continue et apparente, cette servitude sera-t-elle acquise, conformément à l'art. 2265, par une possession de dix ans entre présents ou de vingt ans entre absents ? Cet acheteur mérite certainement, à raison de son juste titre et de sa bonne foi, une grande faveur. Cependant la jurisprudence décide, en s'attachant strictement à la lettre de notre article, que la seule prescription qui soit applicable aux servitudes est celle de trente ans. Quoi qu'il en soit sur cette question qui est gravement controversée parmi les auteurs, il est généralement admis que celui qui a prescrit un certain nombre de fenêtres d'aspect établies en deçà de la distance légale (art. 678), ne peut cependant pas en pratiquer de nouvelles dans le même mur. C'est, d'ailleurs, ce qui a été décidé par la Cour suprême dans les termes suivants : — « Attendu que, bien que Fornari ait acquis par prescription le droit de conserver les deux fenêtres d'aspect qui existent, dès un temps immémorial, dans le mur de la deuxième partie de sa maison, il ne peut, toutefois, d'après la règle *tantum præscriptum quantum possessum,* se prévaloir de cette prescription pour ouvrir d'autres fenêtres de même nature dans l'exhaussement ou les autres parties de ce mur » (C. cass. 1er juill. 1861).

691. Les servitudes continues non apparentes, et les servitudes discontinues apparentes ou non apparentes, ne peuvent s'établir que par titres. — La possession même immémoriale ne suffit pas pour les établir ; sans cependant qu'on puisse attaquer aujourd'hui les servitudes de cette nature déjà acquises par la possession, dans les pays où elles pouvaient s'acquérir de cette manière.

Un propriétaire ne peut acquérir par prescription : — Ni une servitude *non apparente,* parce que sa possession manque d'un élément essentiel, la publicité (art. 2229), qui est nécessaire pour mettre l'adversaire en demeure d'exercer ses droits ; — Ni une servitude *discontinue* (art. 2229), parce que l'exercice d'une pareille servitude, qui n'a lieu qu'à de rares intervalles, peut être considéré comme un acte de pure tolérance et de bon voisinage de la part du propriétaire qui, sans éprouver un sensible préjudice, laisse, par exemple, traverser son fonds par son voisin.

Les servitudes qui ne peuvent point s'acquérir par prescription, ne donnent jamais lieu aux actions possessoires. Ainsi décidé par la Cour suprême dans un cas où il s'agissait d'un passage pratiqué de temps immémorial : — « Attendu que si la possession, *à titre de propriétaire*, d'un chemin ou sentier existant entre les propriétaires voisins pour le service et l'exploitation de leurs fonds, peut avoir des effets utiles au point de vue du possessoire comme au point de vue de la prescription, il n'en saurait être de même de la possession, *à titre de servitude*, d'un passage sur un fonds que l'on prétend être assujetti à cette charge ; qu'une semblable possession ne pouvant, aux termes de l'art. 691 C. Nap., être un moyen d'acquisition du passage par la prescription, ne peut, par conséquent, donner lieu à la complainte ou action possessoire ; qu'il en est ainsi même, soit dans le cas où la possession invoquée aurait pu avoir pour effet, avant la promulgation de l'art. 691 précité, de faire acquérir le droit de passage, et se serait continuée depuis, soit aussi dans le cas où le passage serait réclamé comme servant à l'exploitation des fonds des demandeurs au possessoire ; que le principe de l'art. 691 s'applique sans distinction à toute servitude de passage, à la seule exception du cas d'enclave ; — Attendu que, d'après les conclusions des parties aux deux degrés de juridiction, l'action possessoire des demandeurs avait pour objet leur maintenue en possession, non du chemin litigieux et du sol de son assiette à titre de propriété, mais d'un simple droit de passage au travers du fonds du défendeur, à titre de servitude ; que c'est en ce sens, d'ailleurs, que la possession a été appréciée et caractérisée par le jugement dénoncé ; d'où il suit qu'en déclarant, dans l'état des faits constatés, qu'il s'agissait, dans l'espèce, d'une servitude discontinue dont la possession était sans effet utile, et en confirmant, en conséquence, la sentence du juge du premier degré, qui déboute les demandeurs de leur action possessoire, le tribunal civil n'a violé aucune loi » (C. cass. 25 juin 1860). — A l'égard des servitudes qui ne sont pas continues et apparentes, il n'existe donc que l'action *pétitoire*. Cette action est appelée *confessoire*, si elle est intentée par celui qui prétend avoir une servitude sur le fonds voisin ; elle est appelée *négatoire*, si elle est intentée par le propriétaire qui prétend que son fonds n'est pas grevé de servitude. Dans cette action, on ne tient nul compte de la question de savoir si la servitude est ou non exercée, et, quel que soit le demandeur, c'est toujours à celui qui allègue l'existence d'une servitude à en fournir la preuve, car la liberté des héritages se présume.

Dans l'ancien droit français, les servitudes dont il s'agit dans notre article pouvaient s'acquérir par une possession immémoriale, qui était de cent ans ; notre article abroge cette manière d'acquérir, mais sans donner à sa disposition un effet rétroactif.

692. La destination du père de famille vaut titre à l'égard des servitudes continues et apparentes.

Les expressions *vaut titre* signifient que la destination du père de famille a la même force qu'un titre, lorsqu'il s'agit de servitude ayant le double caractère énoncé dans notre article.

693. Il n'y a destination du père de famille que lorsqu'il est prouvé que les deux fonds actuellement divisés ont appartenu au même propriétaire, et que c'est par lui que les choses ont été mises dans l'état duquel résulte la servitude.

Un exemple suffit pour rendre cet article parfaitement clair. Un propriétaire élève sur son fonds un bâtiment dans lequel il ouvre des fenêtres donnant sur une partie de son terrain : il y a là une destination du père de famille qui n'établit pas de servitude, par la raison que les fenêtres ne donnent pas sur un héritage appartenant à un autre propriétaire. Mais le fonds est ensuite divisé par donation, vente, échange, partage ou legs, de sorte que le bâtiment appartient à une personne, et la partie du terrain sur laquelle s'ouvrent les fenêtres appartient à une autre personne ; celle-ci ne pourra pas faire boucher les fenêtres, parce qu'il existe en faveur du propriétaire du bâtiment une servitude de vue qui, par suite de la destination du père de famille et de la division du fonds, se trouve maintenant constituée.

694. Si le propriétaire de deux héritages entre lesquels il existe un signe apparent de servitude dispose de l'un des héritages sans que le contrat contienne aucune convention relative à la servitude, elle continue d'exister activement ou passivement en faveur du fonds aliéné ou sur le fonds aliéné.

L'espèce posée par notre article diffère de celle qui est exprimée dans l'article précédent. Une servitude, qui existait entre deux fonds voisins, a été éteinte par la réunion de ces deux fonds dans la personne d'un seul des propriétaires ; ensuite, ce propriétaire dispose de l'un des fonds sans faire mention de la servitude qui a un signe *apparent;* alors cette ancienne servitude, qui avait été pendant quelque temps éteinte par la réunion dans la même personne du fonds dominant et du fonds servant, revit par suite de leur séparation.

Notre article suppose que c'est le propriétaire lui-même qui « dispose de l'un des héritages sans que le contrat contienne aucune convention relativement à la servitude. » Mais il en serait exactement de même si la séparation des deux fonds s'opérait d'une autre manière, par exemple dans un acte de partage. C'est d'ailleurs ainsi que l'a décidé la Cour suprême dans les termes suivants : — « Attendu que si l'art. 694 C. Nap., par le mot *dispose*, semble se référer plus particulièrement à un acte de vente, d'échange ou de donation, on ne saurait en conclure que cet article cesse de recevoir son application au cas où une propriété d'origine commune a été divisée par l'effet du partage ; que la raison de décider est la même dans ces divers cas ; qu'en effet, la disposition étant fondée sur une présomption de consentement tirée du silence des parties, cette présomption s'applique aussi bien aux partages qu'aux aliénations à titre onéreux ou gratuit ; qu'elle est peut-être même plus forte en cas de partage, à cause des opérations préparatoires qui ont pour objet d'assurer une égale composition des lots » (C. cass. 7 avr. 1863).

Aux termes de l'article 692, il faut que la servitude soit *continue* et *apparente*, pour qu'elle puisse être constituée par la destination du père de famille ; tandis que pour faire revivre une ancienne servitude, il suffit que cette servitude conserve, d'après notre article, un signe apparent : le caractère de continuité n'est par conséquent pas ici nécessaire. Ainsi décidé : — « Attendu que pour déclarer l'existence de la servitude qui fait l'objet du litige, l'arrêt attaqué se fonde uniquement sur les dispositions de l'art. 694 C. Nap. ; que cet article ne se réfère pas aux articles précédents, qu'il a une existence propre, et qu'il n'exige, au cas prévu pour le maintien de la servitude, d'autre condition qu'un signe apparent de cette servitude ; — Attendu qu'après avoir constaté le signe apparent, la cour de Paris n'avait plus à rechercher si la servitude était ou non continue, et qu'à bon droit, l'arrêt attaqué en a maintenu l'exercice » (C. cass. 7 avr. 1863).

695. Le titre constitutif de la servitude, à l'égard de celles qui ne peuvent s'acquérir par la prescription, ne peut être remplacé que par un titre récognitif de la servitude, et émané du propriétaire du fonds asservi.

Le mot *titre*, qui sert souvent à désigner la cause d'un droit, comme la vente, la donation, désigne ici la preuve littérale du droit. Le titre qui prouve l'existence d'une servitude continue et apparente est remplacé par une possession de trente ans. Mais la servitude *non apparente* ou *discontinue* est éteinte par la prescription de trente ans, qui court à partir de la date du titre, parce qu'elle n'est susceptible ni de véritable possession, ni, par suite, de prescription acquisitive. Pour empêcher l'extinction de cette servitude, le propriétaire du fonds dominant doit donc, dans les trente ans de la date de son titre, obtenir du propriétaire du fonds servant la reconnaissance de la servitude par un acte que, par opposition au titre primitif ou *primordial*, on appelle titre *récognitif*. Ce nouveau titre, qui interrompt la prescription de la servitude, vaut lui-même pendant trente ans; il doit, comme le titre primordial, être remplacé, dans les trente ans de sa date, par un second titre récognitif; puis, celui-ci par un troisième, et ainsi de suite. Les frais du titre récognitif sont supportés par le propriétaire du fonds dominant.

696. Quand on établit une servitude, on est censé accorder tout ce qui est nécessaire pour en user. — Ainsi la servitude de puiser de l'eau à la fontaine d'autrui, emporte nécessairement le droit de passage.

Cet article est l'application de la maxime : « Qui veut la fin, veut les moyens. »

SECTION III.

Des droits du propriétaire du fonds auquel la servitude est due.

697. Celui auquel est due une servitude, a droit de faire tous les ouvrages nécessaires pour en user et pour la conserver.

Ainsi, le propriétaire du fonds dominant qui a, par exemple, un droit d'aqueduc, peut envoyer ses ouvriers sur le fonds servant et déposer sur ce fonds les matériaux qui sont nécessaires pour l'établissement et la réparation de son aqueduc; mais il est tenu de dommages-intérêts à raison du préjudice qu'il cause par ses travaux au propriétaire du fonds servant.

698. Ces ouvrages sont à ses frais, et non à ceux du propriétaire du fonds assujetti, à moins que le titre d'établissement de la servitude ne dise le contraire.

La servitude ne consiste pas, de la part du propriétaire du fonds servant, *à faire*, mais seulement *à laisser faire;* c'est ce que la loi romaine exprimait déjà en ces termes : *Servitus non in faciendo, sed in patiendo consistit.* Le propriétaire du fonds dominant, qui a un démembrement de la propriété du voisin, doit donc faire à ses frais tout ce qui est nécessaire ou utile pour user de son droit. Cependant les voisins peuvent valablement convenir, dans l'acte constitutif de la servitude, ou dans un acte postérieur, que les frais concernant l'usage et la conservation de la servitude seront supportés par le propriétaire du fonds servant : une pareille obligation constitue une modalité de la servitude, qui grève a perpétuité le fonds assujetti. C'est, d'ailleurs, en ce sens que la Cour de cassation a décidé en ces termes : — « Attendu qu'il résulte de l'ensemble des stipulations consenties et acceptées par toutes les parties intéressées, que l'obligation imposée à Rampas, de supporter exclusivement les frais d'entretien de la prise d'eau et du canal, est devenue, aux termes de l'art. 698 C. Nap., une modalité de la servitude établie sur ce canal au profit du moulin de Cadenet, par la vente du 30 octobre 1849, et que, comme la servitude elle-même, elle constitue une charge réelle qui grève à perpétuité le fonds assujetti et le suit en quelques mains qu'il passe, sauf les modes d'extinction prévus par les art. 702 et suiv. C. Nap. » (C. cass. 3 avr. 1865). — Il suit de là que l'exécution d'une pareille obligation doit être demandée, non pas devant le tribunal du domicile du défendeur, mais devant le tribunal dans l'arrondissement duquel est situé le fonds grevé de servitude.

699. Dans le cas même où le propriétaire du fonds assujetti est chargé par le titre de faire à ses frais les ouvrages nécessaires pour l'usage ou la conservation de la servitude, il peut toujours s'affranchir de la charge, en abandonnant le fonds assujetti au propriétaire du fonds auquel la servitude est due.

Lorsque le propriétaire du fonds servant est obligé de faire les ouvrages nécessaires pour l'usage et la conservation de la servitude, il n'est tenu de cette obligation qu'à raison de sa qualité de propriétaire du fonds assujetti, *propter rem.* S'il aliène son fonds, son obligation vient reposer sur l'acquéreur. S'il abandonne son fonds au propriétaire du fonds auquel la servitude est due, la servitude et l'obligation se trouvent éteintes par la réunion, dans la même personne, du fonds dominant et du fonds servant. Comme la servitude est indivisible et existe en faveur de toutes les parties du fonds dominant sur toutes les parties du fonds servant, le propriétaire du fonds assujetti ne pourra se libérer qu'en abandonnant la totalité de son fonds. Cette décision est conforme au texte formel de notre article ; elle est cependant combattue par des auteurs qui prétendent que le propriétaire du fonds servant peut se libérer de son obligation en abandonnant la partie de son terrain sur laquelle s'exerce la servitude ; mais cette dernière opinion ne paraît nullement fondée.

700. Si l'héritage pour lequel la servitude a été établie vient à être divisé, la servitude reste due pour chaque portion, sans néanmoins que la condition du fonds assujetti soit aggravée. —Ainsi, par exemple, s'il s'agit d'un droit de passage, tous les copropriétaires seront obligés de l'exercer par le même endroit.

Cet article exprime une conséquence du principe de l'indivisibilité des servitudes. Toute servitude étant due à toutes les parties du fonds dominant, il s'ensuit qu'elle pourra être exercée par tous ceux qui obtiendront une partie de ce fonds divisé. — L'expression *copropriétaires*, employée dans le dernier paragraphe de notre article, est critiquée par quelques auteurs, par la raison que les copartageants ne sont point ou ne sont plus copropriétaires du fonds, mais que chacun d'eux est propriétaire absolu et exclusif d'une partie distincte du fonds maintenant divisé.

Lorsque c'est le fonds servant qui est divisé, cette division ne peut évidemment en rien modifier ni amoindrir la condition du fonds dominant.

701. Le propriétaire du fonds débiteur de la servitude ne peut rien faire qui tende à en diminuer l'usage ou à le rendre plus incommode. —Ainsi, il ne peut changer l'état des lieux, ni transporter l'exercice de la servitude dans un endroit différent de celui où elle a été primitivement assignée. —Mais cependant, si cette assignation primitive était devenue plus onéreuse au propriétaire du fonds assujetti, ou si elle l'empêchait d'y faire des réparations avantageuses, il pourrait offrir au propriétaire

de l'autre fonds un endroit aussi commode pour l'exercice de ses droits, et celui-ci ne pourrait pas le refuser.

Le maître du fonds servant ne peut, en général, ni diminuer ni même modifier l'usage de la servitude; car il porterait par là atteinte au démembrement de propriété, qui appartient au maître du fonds dominant. Toutefois, la rigueur de ce principe reçoit, dans le dernier paragraphe de notre article, un adoucissement équitable qui, sans nuire au maître du fonds dominant, est très-utile au maître du fonds servant.

702. De son côté, celui qui a un droit de servitude ne peut en user que suivant son titre, sans pouvoir faire, ni dans le fonds qui doit la servitude, ni dans le fonds à qui elle est due, de changement qui aggrave la condition du premier.

Le principe que la servitude ne peut pas être aggravée est rigoureux et absolu : le maître du fonds dominant ne peut donc en user que dans les termes de son titre, ou, lorsqu'il s'agit d'une servitude continue et apparente qui a été acquise par prescription, que dans les limites de sa possession. Cependant lorsque, par suite d'accident, le passage est devenu *impraticable* dans le lieu primitivement fixé pour l'exercice de la servitude, le propriétaire du fonds dominant peut exiger que son passage soit exercé dans une autre partie du fonds servant.

SECTION IV.

Comment les Servitudes s'éteignent.

Les servitudes s'éteignent : 1° par l'impossibilité d'en user (art. 703); 2° par la confusion ou consolidation (art. 705) ; 3° par le non-usage (art. 706). Elles s'éteignent encore si le propriétaire du fonds dominant renonce à la servitude, et, si la servitude a été constituée sous une condition résolutoire, lorsque cette condition vient à se réaliser.

703. Les servitudes cessent lorsque les choses se trouvent en tel état qu'on ne peut plus en user.

Lorsque l'exercice de la servitude est pour toujours impossible, la servitude est éteinte. Par exemple, si le fonds servant est exproprié pour être consacré à un service public, à l'usage d'un canal ou d'une chaussée de chemin de fer, le droit de passage dont il était grevé se trouve par là éteint : en pareil cas, le propriétaire du fonds dominant a droit à une indemnité. Mais, si l'usage de la servitude n'est que momentanément impossible, la servitude n'est pas éteinte ; elle ne fait que sommeiller, et elle se réveille dès qu'il redevient possible d'en user.

704. Elles revivent si les choses sont rétablies de manière qu'on puisse en usèr, à moins qu'il ne se soit déjà écoulé un espace de temps suffisant pour faire présumer l'extinction de la servitude, ainsi qu'il est dit à l'article 707.

Les expressions, « *elles revivent,* » ne sont pas exactes ; il vaut mieux dire, « elle se réveillent, » ou, comme l'art. 665, « elles *se continuent.* » Le droit de passage constitué sur un fonds, maintenant inondé, ne peut être exercé que lorsque l'inondation a cessé. Pareillement, l'exercice du droit de puiser de l'eau à une source qui tarit en été peut avoir lieu quand, après la sécheresse, la source reprend son cours ; mais si la source demeurait tarie pendant plus de trente ans (art. 707), la servitude serait éteinte.

Lorsqu'un bâtiment sur lequel existe un droit d'usufruit vient à être détruit, l'usufruit est irrévocablement éteint (art 624) ; tandis que s'il est grevé d'un droit de servitude, ce droit continue à exister quand le bâtiment est reconstruit dans les trente ans qui suivent sa destruction (art. 665).

705. Toute servitude est éteinte lorsque le fonds à qui elle est due, et celui qui la doit, sont réunis dans la même main.

Quand les deux fonds, dominant et servant, sont réunis dans la même main, la servitude est éteinte par *confusion ;* par là, les rapports d'héritage dominant à héritage servant disparaissent, parce qu'ils sont absorbés dans le droit de propriété.

706. La servitude est éteinte par le non-usage pendant trente ans.

Toute servitude est éteinte par le non-usage pendant trente ans. On présume alors que le propriétaire du fonds dominant a renoncé à la servitude. Mais cette présomption n'existe pas lorsqu'il s'agit d'un droit de passage à pied, à cheval et en voiture, et que le passage a eu lieu seulement à pied dans les trente ans : en pareil cas, la servitude est conservée pour le tout (C. cass. 5 juin 1860). Toutefois, le droit de passage n'est ainsi conservé que dans le cas où son existence se manifeste par une chaussée ou d'autres signes bien visibles ; autrement, faute d'acte récognitif, il serait éteint par trente ans (art. 695), parce qu'il constitue généralement une servitude discontinue (même arrêt du 5 juin 1860).

La plupart des auteurs enseignent que la servitude s'éteint aussi par la prescription de dix ans entre présents ou vingt ans entre absents, lorsque le fonds servant est passé entre les mains d'un tiers de bonne foi et ayant un juste titre qu'il a fait transcrire au bureau des hypothèques. Cette opinion, qui semble conforme au texte et à l'esprit des art. 2180 et 2265, est cependant repoussée par la jurisprudence, qui décide que l'art. 2265 n'est point applicable aux servitudes (C. cass. 28 mars 1837).

707. Les trente ans commencent à courir, selon les diverses espèces de servitudes, ou du jour où l'on a cessé d'en jouir, lorsqu'il s'agit de servitudes discontinues, ou du jour où il a été fait un acte contraire à la servitude, lorsqu'il s'agit de servitudes continues.

Ainsi, s'agit-il d'une servitude continue, comme le droit de vue ? la prescription court du jour où la fenêtre est murée. S'agit-il, au contraire, d'une servitude discontinue, comme un droit de passage ? la prescription court du jour où le propriétaire du fonds dominant a cessé de passer.

708. Le mode de la servitude peut se prescrire comme la servitude même, et de la même manière.

Le *mode de la servitude* est la manière de l'exercer. Les servitudes continues et apparentes peuvent seules être augmentées par la prescription; tandis que, par ce moyen, elles peuvent toutes être diminuées et éteintes. Ainsi, j'avais obtenu le droit d'ouvrir trois fenêtres sur la propriété de mon voisin : si j'en ai ouvert quatre depuis plus de trente ans, mon droit se trouve augmenté ; tandis qu'il se trouve diminué, si je n'en ai ouvert que deux. — Mon voisin a dans son fonds deux sources, A et B; il m'a conféré le droit de puiser de l'eau à la source A; depuis plus de trente ans, ce n'est pas à cette source, mais à la source B que je puise : j'ai perdu mon droit à la source A, et je n'ai pas acquis de droit à la source B, parce qu'il s'agit ici d'une servitude discontinue, qui ne peut pas s'acquérir par prescription.

709. Si l'héritage en faveur duquel la servitude est établie, appartient à plusieurs par indivis, la jouissance de l'un empêche la prescription à l'égard de tous.

La servitude est conservée par le fait que des représentants du propriétaire du fonds dominant l'exercent, tels qu'un usufruitier, un usager, un fermier ou même un ouvrier. Elle est conservée, à bien plus forte raison, lorsqu'elle est exercée par l'un des propriétaires du fonds dominant qui reste dans l'indivision. En effet, la servitude étant indivisible, et affectant, en faveur de toutes les parties du fonds dominant, toutes les parties du fonds servant, elle ne peut ni se constituer ni s'éteindre partiellement ; d'ailleurs, on ne peut pas concevoir qu'elle soit conservée pour le propriétaire indivis qui l'a exercée, tandis qu'elle serait éteinte pour les autres propriétaires. Mais, quand le fonds dominant est divisé, l'un des propriétaires, maintenant distincts, peut bien perdre par le non-usage pendant trente ans son droit de servitude, tandis que les autres propriétaires conservent le leur.

710. Si, parmi les propriétaires, il s'en trouve un contre lequel la prescription n'ait pu courir, comme un mineur, il aura conservé le droit de tous les autres.

La prescription ne court pas contre les mineurs et les interdits (art. 2252) ; s'il y a parmi les propriétaires d'un immeuble indivis un mineur ou un interdit, la prescription de la servitude n'a point pu courir contre lui, et, comme la servitude est indivisible, il a conservé intact le droit de ses copropriétaires majeurs et capables. Mais ensuite le partage a lieu : l'un des propriétaires majeurs et capables obtient dans son lot le fonds dominant ; peut-il, en invoquant la minorité de son cohéritier, soutenir que la prescription n'a pas pu courir contre lui pendant l'indivision ? La Cour suprême a décidé la négative par deux arrêts du 26 déc. 1845 et du 29 août 1853. Ce dernier arrêt est ainsi motivé : « — Attendu que l'art. 883 C. Nap. dispose d'une manière générale et absolue que chaque héritier est censé avoir succédé seul et immédiatement à tous les objets compris dans son lot, et n'avoir jamais eu la propriété des autres effets de la succession ; — Attendu que le défendeur au pourvoi est censé avoir succédé seul et immédiatement au jardin et à la maison dont il s'agit, comme les ayant recueillis dans son lot... ; — Attendu que la prescription a pu courir utilement contre lui pendant l'indivision de fait qui a subsisté entre lui et ses cohéritiers, dans l'intervalle écoulé entre le décès de l'auteur commun et l'époque du partage ; — Attendu que ceux de ses cohéritiers qui étaient alors mineurs sont censés, d'après l'art. 883 C. Nap. précité, n'avoir jamais eu la propriété des deux immeubles dont il s'agit, et qu'ainsi le privilége de minorité qui leur appartenait d'après l'art. 2252, n'a pu empêcher le cours de la prescription à l'encontre des immeubles qui sont censés aujourd'hui leur avoir toujours été étrangers ; — Attendu que l'art. 710 C. Nap. statue pour le cas d'une copropriété permamente et définitive, et non pour celui d'une simple indivision transitoire qui a cessé, et que ce dernier cas est celui de l'art. 883, qui est fait uniquement pour régler les effets d'un partage dont l'art. 710 ne pouvait ni-ne devait s'occuper ; — Attendu que ces deux art. 883 et 710 doivent être appliqués chacun pour les cas qu'ils ont voulu régler ; — Attendu que l'art. 883, en proclamant la rétroactivité des partages, en détermine le caractère essentiel, qui est de rattacher immédiatement à la personne du défunt la personne de l'héritier copartageant, en faisant abstraction de l'époque intermédiaire entre l'ouverture de la succession et le partage » (C. cass. 29 août 1853). — Cette jurisprudence de la Cour de cassation est, avec juste raison, critiquée par les plus éminents jurisconsultes. En effet, la disposition de notre article est conçue dans les termes les plus généraux et absolus ; elle repousse donc nettement la distinction, établie par l'arrêt ci-dessus rapporté, entre le cas « d'une copropriété permanente et définitive, » qui est d'ailleurs extrêmement rare, et le cas « d'une simple indivision transitoire », qui est très-fréquente. Notre article est donc aussi bien applicable dans un cas que dans l'autre. D'ailleurs, la fiction de l'art. 883 est établie uniquement dans l'intérêt des héritiers, pour les mettre à l'abri des hypothèques et aliénations qui auraient pu être consenties pendant l'indivision par l'un des cohéritiers. Les fictions doivent être rigoureusement renfermées dans leur objet. Or, en décidant que le cohéritier majeur ne peut, à cause de l'art. 883, invoquer la suspension de la prescription, résultant de la minorité de l'un des héritiers, la Cour de cassation fait dépasser à la fiction de l'art. 883 le but que le législateur a voulu atteindre, et rétorque contre les héritiers une disposition qui n'a été établie qu'en leur faveur.

LIVRE TROISIÈME.

DES DIFFÉRENTES MANIÈRES DONT ON ACQUIERT LA PROPRIÉTÉ.

Acquérir, c'est devenir propriétaire. Les manières d'acquérir sont des actes ou faits qui nous donnent sur une chose un droit de propriété ou un démembrement de la propriété.

Les modes d'acquérir se divisent en trois classes. Ils sont : 1° originaires ou dérivés ; 2° à titre onéreux ou à titre gratuit ; 3° à titre universel ou à titre particulier.

I. — *Modes d'acquérir originaires* ou *dérivés*. — Il y a mode *originaire* d'acquisition si je m'empare d'une chose qui n'appartient à personne, par exemple, d'un animal sauvage, avec l'intention d'en acquérir la propriété : c'est ce que l'on nomme *occupation*. — Il y a mode *dérivé* d'acquisition quand une personne transfère à une autre le droit de propriété qu'elle a sur une chose.

II. — *Modes d'acquérir à titre onéreux* ou *à titre gratuit*. — L'acquisition a lieu à titre *onéreux* si l'une des parties s'engage envers l'autre à donner ou à faire une chose qui est considérée comme l'équivalent d'une autre chose qu'elle acquiert. — L'acquisition a lieu à titre *gratuit* si celui qui acquiert une chose la reçoit comme pure libéralité, c'est-à-dire sans s'obliger à donner lui-même un équivalent, comme le donataire, le légataire particulier. A la différence des actes à titre onéreux, qui sont généralement consensuels, les actes à titre gratuit sont assujettis à des formes solennelles ; ils exigent, dans la personne du déposant, une plus grande capacité, et ils donnent lieu au rapport, à la réduction et à la révocation pour cause d'ingratitude.

III. — *Modes d'acquérir à titre universel* ou *à titre particulier*. — L'acquisition à titre *universel* existe quand une personne reçoit, par hérédité par legs, ou par donation, tous les biens ou une quotité des biens d'une autre personne. Elle est tenue, dans la proportion de la quotité des biens qu'elle acquiert, de payer les dettes de son auteur. — L'acquisition à titre *particulier* a lieu lorsqu'une personne reçoit d'une autre une seule chose ou plusieurs choses, comme un acheteur, un échangiste, un légataire particulier. Cet acquéreur n'est point tenu des dettes de son auteur, parce qu'il ne peut pas être considéré comme le continuateur de la personne de celui-ci.

Ce livre semblerait, d'après son intitulé, devoir traiter seulement des manières d'acquérir la propriété; mais il traite aussi de matières qui ne sont point des modes d'acquisition, par exemple, du commodat, du dépôt, des priviléges et des hypothèques.

DISPOSITIONS GÉNÉRALES.

(Décrété le 19 avril 1803. Promulgué le 29 du même mois).

711. La propriété des biens s'acquiert et se transmet par succession, par donation entre-vifs ou testamentaire, et par l'effet des obligations.

Les trois manières d'acquérir qui sont exprimées dans cet article font partie du droit dérivé; en effet, elles opèrent, chacune, la *transmission* de la propriété, c'est-à-dire l'aliénation d'une chose par une personne et l'acquisition de cette chose par une autre personne.

1° La *succession* est une manière d'acquérir l'universalité dés biens et des dettes d'une personne décédée. Ses règles sont exposées dans le titre Ier de ce livre.

2° Les *donations entre-vifs* et les *donations testamentaires* ou legs, sont des libéralités qui peuvent avoir pour objet soit l'universalité des biens et des dettes du disposant, soit seulement des objets particuliers. Elles font l'objet du titre II.

3° Les *obligations*, dont les règles générales sont exposées dans les titres III et IV, sont ordinairement des manières d'acquérir à titre particulier. — Dans le droit romain et dans l'ancien droit français, la propriété n'était jamais transférée par l'effet de l'obligation : celui qui achetait une chose obtenait simplement un droit de créance, un moyen de contraindre son vendeur à lui livrer la chose vendue ; ce n'est que par cette livraison, appelée *tradition*, qu'il acquérait la propriété de cette chose. D'après les principes du Code, qui a innové en cette matière, celui qui achète une chose en devient aussitôt propriétaire par *l'effet de l'obligation*, quand même il n'en reçoit pas encore la tradition. Cette innovation renfermait pour les tiers des dangers auxquels la loi du 23 mars 1855, rapportée sous le titre XVIII de ce livre, à remédié, en disposant que le créancier d'immeubles n'en deviendrait propriétaire, à l'égard des tiers, qu'à partir de la publicité donnée à son acquisition par la transcription de son titre au bureau des hypothèques de la situation des immeubles.

Toutefois, pour que la propriété soit transmise par l'effet de l'obligation, trois conditions sont requises. Il faut : 1° que le débiteur soit propriétaire de la chose due, et capable de l'aliéner ; 2° que l'obligation soit pour le créancier une juste cause d'acquisition, comme l'achat, l'échange ; mais si la cause est précaire, comme celle du locataire, ou du commodataire, l'obligation ne transmet point la propriété ; 3° enfin, que l'obligation ait pour objet un corps certain et déterminé, comme telle maison, tel meuble ; si, au contraire, elle a pour objet un genre, comme cent francs, dix mesures de blé, le créancier ne devient propriétaire de la chose due que lorsque la tradition lui en est faite.

712. La propriété s'acquiert aussi par accession ou incorporation, et par prescription.

L'accession ou *incorporation*, qui est souvent un moyen originaire d'acquérir (art. 547, 556, 557), est quelquefois un mode dérivé (art. 547, 554, 556). La *prescription*, qui est un moyen de se libérer d'une obligation, est aussi un moyen dérivé d'acquérir la propriété d'une chose par une possession continuée pendant un certain temps (art. 2219). — Il existe encore un mode particulier d'acquisition ; c'est la *tradition*, qui a lieu lorsque le propriétaire remet sa chose mobilière à une personne avec l'intention de lui en transmettre la propriété.

713. Les biens qui n'ont pas de maître appartiennent à l'État.

Cet article est applicable aux immeubles qui n'ont pas de maître et aux biens meubles et immeubles dont se compose une succession en déshérence : dès que ces biens sont sans maître, ils en ont un, qui est l'État. Mais la disposition de notre article est conçue en termes trop généraux : les animaux sauvages et les meubles abandonnés par le propriétaire n'appartiennent pas à l'État ; ils sont des choses n'appartenant à personne, *res nullius*, et ils deviennent la propriété du premier occupant.

714. Il est des choses qui n'appartiennent à personne et

dont l'usage est commun à tous. — Des lois de police règlent la
manière d'en jouir.

Les choses dont il est ici question sont celles qui sont communes à tous,
res communes omnium, comme l'air, la mer et ses rivages : chacun peut
en jouir en se conformant aux règlements de police. Mais, ainsi que nous
venons de le voir sous l'article précédent, il y a d'autres choses qui
n'appartiennent à personne, *res nullius*, et qui deviennent la propriété
du premier occupant, comme les poissons, les animaux sauvages, les
coquillages existant dans la mer ou sur ses rivages.

715. La faculté de chasser ou de pêcher est également réglée
par des lois particulières.

L'ordonnance de 1681 règle la pêche maritime. La loi du 15 avril 1829
et celle du 24 janvier 1867 exposent les principes qui concernent la pêche
fluviale. La loi du 3 mai 1844, qui contient beaucoup d'articles et forme
presque un Code, pose les règles concernant la chasse. Celui qui pêche ou
qui chasse en violant les lois, et prend des poissons ou du gibier, ne commet point de vol; mais son infraction le soumet à une amende et à des
dommages-intérêts. Le droit de pêche appartient : 1° dans la mer, à tous ;
2° dans les fleuves et rivières navigables ou flottables, à l'Etat, qui loue son
droit aux particuliers, et tolère la pêche à ligne flottante; 3° dans les rivières qui ne sont ni navigables ni flottables, aux propriétaires riverains.
Tout propriétaire peut chasser sur son terrain; mais il ne peut exercer
ce droit qu'avec un port d'armes, et seulement dans le temps où la
chasse est ouverte par le préfet.

716. La propriété d'un trésor appartient à celui qui le trouve
dans son propre fonds : si le trésor est trouvé dans le fonds
d'autrui, il appartient pour moitié à celui qui l'a découvert, et
pour l'autre moitié au propriétaire du fonds. — Le trésor est
toute chose cachée ou enfouie sur laquelle personne ne peut
justifier sa propriété, et qui est découverte par le pur effet du
hasard.

Le trésor n'est pas une chose abandonnée par le propriétaire et destinée
à devenir la propriété du premier occupant; il n'est pas non plus un fruit,

un produit du terrain, devant appartenir au propriétaire de ce terrain : sa découverte est une bonne fortune, qui doit équitablement profiter à l'inventeur et au propriétaire du sol.

- Notre article, qui définit le trésor, suppose que la chose enfouie, sur laquelle personne ne peut justifier sa propriété, a été « *découverte par le pur effet du hasard* ». Cette chose garderait cependant le nom de trésor si des fouilles avaient été faites par un tiers ou par le propriétaire du terrain en vue de la découvrir ; mais, dans ce cas, elle serait entièrement attribuée au propriétaire du terrain, car le tiers qui, par ses fouilles, a porté atteinte au droit d'autrui, ou le ouvriers employés par le propriétaire à la recherche du trésor, n'y auraient aucun droit.

717. Les droits sur les effets jetés à la mer, sur les objets que la mer rejette, de quelque nature qu'ils puissent être, sur les plantes et herbages qui croissent sur les rivages de la mer, sont aussi réglés par des lois particulières. — Il en est de même des choses perdues dont le maître ne se représente pas.

Les choses perdues ou égarées prennent le nom d'*épaves*. Cette expression ne s'appliquait, dans l'origine, qu'aux animaux domestiques, bœufs, chevaux, qui avaient été effarouchés et s'étaient égarés en s'enfuyant, *quæ longe expavefacta fugerant*. Les épaves se divisent en épaves *de terre*, épaves *maritimes*, épaves de *fleuves et rivières*.

Les *épaves de terre* sembleraient devoir appartenir à l'État, par application des art. 539 et 713. Mais une circulaire du ministre des finances, en date du 5 août 1825, dispose que les objets trouvés doivent être déposés entre les mains de la justice, c'est-à-dire au greffe du tribunal. Si ces objets ne sont pas réclamés dans les trois ans par le propriétaire, ils sont remis à l'inventeur qui en acquiert la propriété. Cette décision ministérielle est généralement suivie : elle est fondée sur de graves raisons de justice et d'équité ; en excitant l'inventeur à faire le dépôt de la chose trouvée, elle assure mieux les droits du propriétaire. — Celui qui ne fait pas le dépôt des choses qu'il trouve, s'expose à être poursuivi comme voleur pendant le délai de trois ans.

Les *épaves maritimes* sont les objets naufragés ou jetés à la mer pour alléger et sauver le navire. Le propriétaire n'a qu'un court délai, qui est, selon les cas, de trois mois ou d'un an, pour les réclamer. Après ce délai, si les choses ont été tirées du fond de la mer, elles appartiennent a celui qui les a péchées ; si elles ont été trouvées sur les flots, le tiers de leur

I.   25

valeur appartient à l'inventeur et les deux autres tiers à l'Etat. Mais ceux qui retirent des épaves immédiatement après un naufrage n'ont droit qu'aux frais de sauvetage.

3° Les *épaves de fleuves et rivières*, tirées du fond de l'eau, ou trouvées sur la rive, appartiennent à l'Etat ou sont soumises aux règles des épaves de terre, selon qu'il s'agit de rivières navigables ou non navigables.

TITRE PREMIER.

DES SUCCESSIONS.

(Décrété le 19 avril 1804. Promulgué le 29 du même mois.)

On peut définir ainsi la *succession* : « C'est la transmission des droits actifs et passifs d'une personne décédée à une ou à plusieurs personnes. » — On donne aussi le nom de succession à l'ensemble des droits actifs et passifs d'une personne décédée.

On distingue deux sortes de successions : la succession *légitime*, qui est déférée par la loi, et la succession *testamentaire*, qui est déférée par la volonté expresse du défunt. Les successions dont il s'agit dans ce titre sont seulement celles qui sont déférées par la loi à des personnes qui prennent la qualité d'héritiers. Les successions testamentaires, qui sont ordinairement appelées *legs universels* ou *à titre universel*, font l'objet du titre suivant.

Les héritiers sont appelés *légitimes*, s'ils étaient unis au défunt par un lien de parenté légitime. Ils sont appelés *irréguliers*, s'ils n'étaient unis au défunt que par le lien de la parenté naturelle, ou s'ils n'étaient pas ses parents. L'enfant naturel, le conjoint survivant et l'Etat sont des héritiers irréguliers.

CHAPITRE PREMIER.

DE L'OUVERTURE DES SUCCESSIONS ET DE LA SAISINE DES HÉRITIERS.

718. Les successions s'ouvrent par la mort naturelle et par la mort civile.

Depuis la loi du 31 mai 1854, par laquelle la mort civile a été abolie, il n'y a plus que la mort naturelle qui ouvre la succession. La déclaration d'absence, par suite de laquelle les héritiers présomptifs sont envoyés en possession des biens de l'absent, n'ouvre point la succession, mais la fait seulement traiter comme ouverte (art. 130).

Le mot, *ouverture* de la succession, manifeste que les deux plus proches parents ont un droit réciproque et aléatoire à la succession l'un de l'autre ; mais que ce droit est fermé de leur vivant ; dès que l'un d'eux meurt, il perd son droit à la succession de l'autre, tandis que celui qui survit a un droit *ouvert*, c'est-à-dire acquis, à la succession de son parent décédé.

719. La succession est ouverte par la mort civile, du moment où cette mort est encourue, conformément aux dispositions de la section 2 du chapitre II du titre *de la Jouissance et de la Privation des Droits civils.*

Cet article est abrogé par la loi du 31 mai 1854, qui abolit la mort civile.

720. Si plusieurs personnes respectivement appelées à la succession l'une de l'autre, périssent dans un même événement, sans qu'on puisse reconnaître laquelle est décédée la première, la présomption de survie est déterminée par les circonstances du fait, et, à leur défaut, par la force de l'âge ou du sexe.

Il importe de bien préciser l'époque du décès ; en effet, dès qu'une personne meurt, sa succession est aussitôt acquise à son plus proche parent ; si celui-ci meurt un instant après, il transmet à ses propres héritiers la succession qu'il vient d'acquérir. On voit par là qu'en déplaçant d'un instant l'époque du décès, on peut quelquefois changer l'ordre de dévolution d'une succession.

L'acte de décès exprime ordinairement et sert ainsi à prouver l'heure de la mort. Cependant, celui qui prétend que la mort a eu lieu à une autre heure, à un autre instant, peut combattre la preuve qui résulte de l'acte de décès ; en cela, il n'attaque point la véracité de l'officier de l'état civil, mais seulement celle des déclarants ; c'est pourquoi il n'a pas besoin de recourir à la procédure difficile de l'inscription de faux ; il est admis à prouver sa prétention par les moyens ordinaires.

Lorsque plusieurs personnes « *respectivement appelées à la succession l'une de l'autre* » meurent dans le même événement, par exemple, dans un éboulement, dans un accident de chemin de fer, dans un naufrage, ou dans un incendie, notre article détermine la présomption de survie d'après les circonstances du fait, et, à défaut, d'après la force de l'âge ou du sexe. Mais cette présomption ne doit être admise que lorsqu'il s'agit de successions légitimes ; elle n'est point applicable aux successions testamentaires, qui enlèvent à des parents leurs légales espérances. Par conséquent, ceux qui prétendent que leur auteur a recueilli un legs, sont tenus de prouver que cet auteur vivait encore à l'époque de l'ouverture du legs.

Deux frères meurent dans le même événement ; l'un deux n'a point d'enfants, et l'autre laisse des enfants : la présomption de survie établie par notre article est-elle applicable ? La raison de douter vient de ce que l'un des frères laisse sa succession à ses enfants, et non à son frère ; on pourrait conclure de là que les deux frères ne sont pas appelés *respectivement* à la succession l'un de l'autre. On admet cependant généralement, et avec juste raison, que la présomption de survie est applicable dans ce cas ; en effet, le frère est appelé à recueillir la succession de son frère, alors même que celui-ci a des enfants, et cet appel devient efficace, si les enfants de celui-ci renoncent à la succession de leur père.

Au reste, la présomption légale de survie n'est admise que s'il s'agit du *même événement ;* on ne l'applique donc jamais lorsque deux parents meurent le même jour dans des événements différents.

721. Si ceux qui ont péri ensemble, avaient moins de quinze ans, le plus âgé sera présumé avoir survécu. — S'ils étaient tous au-dessus de soixante ans, le moins âgé sera présumé avoir survécu. — Si les uns avaient moins de quinze ans, et les autres plus de soixante, les premiers seront présumés avoir survécu.

Cet article divise la vie humaine en trois grandes périodes. La première commence à la naissance et finit à quinze ans révolus. La seconde commence à quinze ans révolus et finit à soixante. La troisième commence à soixante ans révolus et se prolonge jusqu'à la dernière limite de la vie humaine. — Deux parents meurent dans le même événement, quel est celui qui est présumé avoir survécu ? C'est le plus âgé, s'ils ont tous deux moins de quinze ans ; c'est le plus jeune, s'ils ont tous deux plus de soixante ans ; c'est encore le plus jeune, si l'un a moins de quinze ans, et l'autre plus de soixante. On ne peut s'empêcher de faire remarquer que, dans certains cas, ces présomptions, qui sont généralement bien fondées, paraissent contrarier la raison.

722. Si ceux qui ont péri ensemble avaient quinze ans accomplis et moins de soixante, le mâle est toujours présumé avoir survécu, lorsqu'il y a égalité d'âge, ou si la différence qui existe n'excède pas une année. — S'ils étaient du même sexe, la présomption de survie, qui donne ouverture à la succession dans l'ordre de la nature, doit être admise : ainsi le plus jeune est présumé avoir survécu au plus âgé.

Dans la seconde période de la vie humaine, il n'y a pas entre les personnes une grande différence de force. C'est pourquoi le plus jeune est présumé avoir survécu. Cependant, quand l'âge est presque égal, l'homme est présumé avoir survécu à la femme, parce qu'il est, en général, physiquement et moralement le plus fort.

Lorsque trois personnes appartenant à des périodes différentes meurent dans le même événement, celle qui a plus de quinze ans et moins de soixante est présumée avoir survécu aux deux autres. Cette décision résulte clairement, non pas d'un texte formel, mais du moins de l'esprit de la loi.

723. La loi règle l'ordre de succéder entre les héritiers légitimes ; à leur défaut, les biens passent aux enfants naturels, ensuite à l'époux survivant ; et, s'il n'y en a pas, à l'Etat.

Par opposition aux héritiers *institués* ou *testamentaires*, tous les héritiers appelés par la loi à une succession peuvent être appelés *légitimes*. Les divers héritiers appelés par la loi, se divisent en deux classes : 1° les héritiers qui étaient unis au défunt par un lien de parenté légitime ; 2° les héritiers qui étaient unis au défunt seulement par un lien de parenté naturelle, comme les enfants naturels, les père et mère naturels, les frères et sœurs naturels, et les héritiers qui n'étaient unis au défunt par aucun lien de parenté, et qui sont le conjoint survivant et l'État. Les premiers sont appelés héritiers *légitimes;* les seconds prennent le nom d'*héritiers irréguliers*. Au reste, ce n'est pas seulement à défaut d'héritiers légitimes, comme semble le supposer notre article, que l'enfant naturel vient à la succession de ses père et mère ; car il concourt, pour prendre une certaine part, avec tous les héritiers légitimes de celui de ses père et mère qui est décédé, peu importe que ces héritiers soient ou non des parents en ligne directe ou en ligne collatérale du défunt (art. 757).

724. Les héritiers légitimes sont saisis de plein droit des biens, droits et actions du défunt, sous l'obligation d'acquitter toutes les charges de la succession : les enfants naturels, l'époux survivant et l'État, doivent se faire envoyer en possession par justice, dans les formes qui seront déterminées.

La saisine, qui appartient à l'héritier *légitime*, a deux objets, qui sont : 1° la propriété de tous les droits actifs et passifs du défunt ; 2° la possession de ces mêmes droits. Notre article reproduit cette ancienne règle du droit français : « Le mort saisit le vif, son hoir plus proche, et habile à succéder. » Dans son *Traité des Successions*, Pothier commente ainsi cette règle : « Le *mort*, c'est-à-dire celui de la succession duquel il s'agit, *saisit*, c'est-à-dire est censé mettre en possession de tous ses droits et biens, *le vif, son hoir plus proche*, c'est-à-dire celui qui lui survit et qui, comme son plus proche parent, est appelé à être son héritier. » — « Cette saisine, ajoute Pothier, consiste en ce que tous les droits du défunt, toutes ses obligations, dès l'instant de sa mort, passent de sa personne en celle de ses héritiers, qui deviennent en conséquence, dès cet instant, chacun pour la part dont ils sont héritiers, sans qu'il intervienne rien de leur part, propriétaires de toutes les choses dont le défunt était propriétaire, créanciers de tout ce dont il était créancier, débiteurs de tout ce dont il était débiteur ; ils ont, dès cet instant, le droit d'intenter toutes les actions que le défunt aurait eu le droit d'intenter, et sont sujets à toutes celles auxquelles le défunt aurait été sujet. Il y a plus, la possession qu'avait le défunt, des choses de la succession, quoique la possession soit une chose de fait, est, par cette règle, réputée passer à l'héritier, sans aucune appréhension, de fait, de sa part. »

Ainsi, l'héritier légitime devient immédiatement le continuateur de la personne du défunt ; il est tenu de payer, comme siennes, toutes les dettes et charges héréditaires, même au delà de la valeur des biens de la succession qu'il recueille. Mais nous verrons plus tard que l'héritier légitime, qui est saisi à son insu, n'est pas saisi malgré lui ; qu'il peut changer sa situation, soit en acceptant la succession sous bénéfice d'inventaire, soit en la répudiant.

De même que l'héritier légitime, l'héritier *irrégulier* acquiert à son insu les biens actifs et passifs de la succession; s'il meurt, il transmet aussi à ses héritiers ses droits acquis. Sous se rapport, il a donc la saisine; Mais sa saisine est imparfaite, incomplète; car, à la différence de l'héritier légitime, il n'a pas la *possession* des biens ni des droits actifs et passifs de la succession; il est tenu de la demander soit au tribunal, soit, dans certains cas (art. 757), aux héritiers légitimes. Lorsqu'il a obtenu l'envoi en possession, les prescriptions qui avaient commencé dans la personne du défunt se continuent sans interruption et sans suspension dans sa personne; mais il n'est cependant pas considéré comme étant complétement le continuateur de la personne du défunt, car il n'est tenu de payer les dettes et charges héréditaires que dans la limite de l'émolument qu'il a recueilli, lorsqu'il a eu soin de faire inventaire.

En résumé, l'héritier légitime et l'héritier irrégulier sont également saisis par la loi des droits actifs et passifs du défunt; mais ils diffèrent entre eux principalement en ce que l'héritier légitime a la saisine légale de la POSSESSION *des droits héréditaires*, tandis que l'héritier irrégulier a besoin *d'obtenir du tribunal la* POSSESSION de ces droits, afin de pouvoir les exercer.

CHAPITRE II.

DES QUALITÉS REQUISES POUR SUCCÉDER.

Succéder, c'est venir prendre la place d'un autre. Sous la rubrique de ce chapitre, le législateur expose les qualités qui sont requises pour acquérir le succession, et pour la conserver. L'absence des qualités requises pour devenir héritier constitue l'*incapacité;* et l'absence des qualités requises pour conserver la qualité acquise d'héritier constitue l'*indignité.*

725. Pour succéder, il faut nécessairement exister à l'instant de l'ouverture de la succession. — Ainsi, sont incapables de succéder : — 1° Celui qui n'est pas conçu; — 2° L'enfant qui n'est pas né viable; — 3° Celui qui est mort civilement.

La mort civile étant abolie par la loi du 31 mai 1854, le dernier paragraphe de notre article se trouve abrogé.

Ordinairement, la durée de l'existence d'une personne ne compte qu'à partir de sa naissance. Mais la loi considère l'enfant conçu comme déjà né et par conséquent comme capable de succéder. Cependant, si l'enfant conçu lors de l'ouverture d'une succession, ne naît pas *vivant*, il est réputé *non viable* et, par suite, incapable de succéder. Quant à l'enfant qui naît vivant, il est réputé *viable*, c'est-à-dire conformé de manière à pouvoir vivre ; quiconque allègue le contraire doit prouver sa prétention au moyen d'un rapport de médecins qui ont inspecté le corps de l'enfant.

D'après les art. 312 et 314, la durée de la grossesse de le mère peut varier de 180 à 300 jours : faut-il toujours prendre, dans les questions de succession, la durée de 300 jours, qui est la plus favorable à l'enfant ? La question de capacité de l'enfant peut se lier à celle de sa légitimité : ainsi, un enfant naît le trois-centième jour de la mort du mari de sa mère ; il est légitime, et par conséquent il devient héritier de son père ; par suite, il est capable de succéder à tous ceux qui ont survécu à son père. Si, au contraire, la question de capacité ne se lie point à la question de légitimité, les juges pourront décider, à la suite d'un rapport de médecins, qu'un enfant né, par exemple, 290 jours après l'ouverture d'une succession, n'était alors pas encore conçu, et, que, par conséquent, il n'était pas capable de succéder.

726. *(Abrogé par la loi du 14 juillet 1819.)* Un étranger n'est admis à succéder aux biens que son parent, étranger ou français, possède dans le territoire de l'Empire, que dans les cas et de la manière dont un Français succède à son parent possédant des biens dans le pays de cet étranger, conformément aux dispositions de l'article 11, au titre *de la Jouissance et de la Privation des Droits civils.*

Dans notre ancien droit, pareil en ce point aux législations des peuples de l'antiquité et du moyen âge, les étrangers étaient incapables de succéder à des Français, ou d'en recevoir des legs : s'ils décédaient en France, les biens qu'ils y laissaient appartenaient à l'État par droit d'aubaine. Ensuite, une loi du 6 août 1790 a conféré aux étrangers la capacité de succéder aux Français, et elle a en même temps aboli le droit d'aubaine. Cette loi dispose ainsi dans son article 1er : — « Le droit d'aubaine et le droit de détraction sont abolis pour toujours. » — Le législateur français espérait que les autres nations imiteraient ses généreuses inspirations. Mais cet espoir ne s'étant pas réalisé, le législateur du Code a établi un système de réciprocité. En 1819, on a voulu inspirer aux étrangers un sentiment de confiance qui leur permit d'engager leurs capitaux dans l'industrie française ; dans ce but, notre article a été abrogé par la loi du 14 juillet 1819, qui, tout en accordant aux étrangers une capacité générale de recueillir en France les successions et les legs, sauvegarde néanmoins d'une manière satisfaisante les intérêts des nationaux.

Cette loi est ainsi conçue : — « Art 1er. Les art. 726 et 912 du Code Napoléon sont abrogés : en conséquence, les étrangers auront droit de succéder, de disposer et de recevoir de la même manière que les Français dans toute l'étendue de l'empire. — Art. 2. Dans le cas de partage d'une même succession entre des cohéritiers étrangers et Français, ceux-ci prélèveront sur les biens situés en France une portion égale à la valeur des biens situés en pays étranger dont ils seraient exclus, à quelque titre que ce soit, en vertu des lois et coutumes locales. »

727. Sont indignes de succéder, et, comme tels, exclus des successions : — 1° Celui qui serait condamné pour avoir donné ou tenté de donner la mort au défunt ; — 2° Celui qui a porté contre le défunt une accusation capitale jugée calomnieuse ; — 3° L'héritier majeur qui, instruit du meurtre du défunt, ne l'aura pas dénoncé à la justice.

L'*indigne* est celui qu'un jugement a exclu d'une succession à cause de certains faits très-graves envers le défunt ou envers sa mémoire.

L'*incapacité* diffère beaucoup de l'*indignité*. En effet, celui qui est *incapable* à l'époque de l'ouverture d'une succession ne succède point ; à l'égard de tous, il n'existe point et se trouve dans le néant ; il ne peut donc rien acquérir, rien transmettre. L'*indigne* est, au contraire, capable de succéder, et il succède ; mais à raison de certains faits, il perd, par la sentence qui l'exclut pour cause d'indignité, ses droits acquis à la succession. En outre, chacun peut invoquer l'incapacité d'une personne et notamment les véritables successeurs, les débiteurs héréditaires et les détenteurs des choses dépendant de la succession ; tandis que ceux qui seraient appelés à recueillir la succession, à défaut de l'indigne, sont les seules personnes qui puissent faire prononcer l'indignité ; selon une opinion très-probable, leurs créanciers, qui sont généralement admis à exercer tous les droits et actions de leur débiteur (art. 1166), ne seraient pas admis à intenter une pareille action, qui est toute personnelle.

L'action en déclaration d'indignité tend à infliger au plus proche parent du défunt, par l'exclusion de l'hérédité, une sorte de peine pécuniaire; aussi, de même que les poursuites en matière criminelle, elle ne peut ni commencer ni même se continuer que contre l'indigne; jamais elle ne s'exerce contre ses héritiers. Cette action est tellement personnelle que celui qui a fait prononcer l'indignité ne peut point critiquer les payements faits par les débiteurs héréditaires, ni les aliénations que l'indigne a consenties.

Celui qui a reçu des libéralités entre-vifs ou testamentaires peut en être privé pour cause d'ingratitude (art. 955, 1046); on demande si le légataire universel peut, de même que les héritiers légitimes, être déclaré indigne, et, par suite, être tenu de restituer tous les fruits et revenus des biens dont il a eu la jouissance depuis l'ouverture de la succession (art. 729). Cette question, qui est gravement controversée, a été résolue dans le sens de l'affirmative par arrêt de la cour de Lyon. Cet arrêt, rendu dans l'affaire fameuse des héritiers Crépin contre la femme Favre, est ainsi conçu : — « Sur la question d'indignité : — Considérant que l'art. 727 C. Nap., placé au chap. 2 du titre 1, livre 3, sous l'intitulé, *des Qualités requises pour succéder*, définit les cas dans lesquels il y a indignité de succéder, et, par cette cause, exclusion de la succession ; — Que rien n'indique que le législateur ait entendu restreindre aux héritiers légitimes l'indignité de succéder; que les graves considérations morales d'où dérive l'indignité de succéder s'appliquent, avec la même force, à tous ceux qui ont le titre d'héritiers ou de représentants *in universum jus* de la personne du défunt, soit que leurs titre vienne de la vocation de la loi, soit qu'il vienne d'un testament ; — Que pour les seconds, aussi bien que pour les premiers, les circonstances prévues aux trois paragraphes de l'art. 727 marquent, dans le système annoncé par l'intitulé du chapitre, l'absence d'une qualité ou condition de dignité requise pour succéder; — Considérant que le droit romain rendait ainsi l'indignité de succéder commune à l'héritier légitime et à l'héritier testamentaire, et qu'il n'y a aucune raison de penser que le législateur français ait voulu s'écarter de cette tradition ; — Considérant que, pour limiter aux héritiers du sang les dispositions de l'art. 727, on allègue que le Code Napoléon aurait, dans les art. 955 et suivants, combinés avec l'art. 1046, réglementé la même matière, et établi à ce sujet un droit spécial en ce qui concerne les donations et les testaments ; — Mais que l'argument invoqué pèche par la base, le législateur n'ayant pas réglé, dans les art. 955 et 1046, le même ordre de faits que celui auquel s'appliquent les prévisions de l'art. 727 ; — Qu'autres choses sont, en effet, la simple ingratitude envers le *de cujus* et l'indignité de lui succéder, situations entre lesquelles il y avait une différence assez tranchée pour comporter deux classes de dispositions légales bien distinctes ; — Que les art. 1046 et 955 déterminent dans quels cas, autres et beaucoup plus largement compréhensifs que ceux de l'art. 727, une libéralité entre-vifs ou testamentaire est nulle pour cause d'ingratitude ; — Que le législateur a eu des motifs de poser à cet égard des règles particulières au donataire et au légataire ; — Qu'on s'explique que, malgré des torts du même genre, il n'ait pas soumis à des règles semblables les héritiers du sang, en considération des raisons qui font que le patrimoine est ordinairement réputé le bien commun de la famille ; — Mais qu'il en est autrement de ce qui a rapport à l'indignité de succéder ; — Qu'on ne comprendrait pas pourquoi les causes odieuses qui rendent l'héritier du sang indigne de succéder, ne produiraient pas la même indignité, avec toutes ses conséquences, dans la personne du légataire universel ou à titre universel, qui est généralement assimilé à l'héritier » (C. de Lyon, 12 janv. 1863).

Voyons maintenant les trois causes d'indignité, que notre article énumère d'une manière limitative.

1° Celui qui est condamné pour avoir donné ou tenté de donner la mort au défunt. » — Celui-là peut seul être déclaré indigne qui a été *condamné* comme auteur ou comme complice du crime commis ou tenté contre le défunt. Toutefois, les circonstances atténuantes et les causes d'excuse, qui diminuent la peine, la grâce accordée par l'Empereur et la prescription de la peine prononcée, laissent néanmoins subsister la cause d'indignité. — Mais celui qui est condamné pour fait d'homicide causé involontairement et par imprudence, n'est point susceptible d'être déclaré indigne, parce que l'on ne peut lui reprocher aucune intention coupable. Il en est de même, à plus forte raison, de celui qui a tué son parent dans un moment de folie, ou à son corps défendant, ou, enfin, sans avoir encore un discernement suffisant, car alors il n'intervient aucune condamnation.

2° « Celui qui a porté contre le défunt une accusation capitale jugée calomnieuse. » — L'accusation *capitale* est celle qui tend à faire condamner à mort ou à une peine privant le condamné de la qualité de Français. Depuis l'abolition de la mort civile par la loi du 31 mai 1854, la peine de mort est la seule peine capitale. Les expressions, « *porté accusation*, » sont inexactes : le ministère public porte seul accusation ; un particulier ne peut que faire une dénonciation ou porter une plainte. Au reste, le dénonciateur ou le plaignant ne peut être écarté de la succession que s'il a été *condamné* comme calomniateur.

3° « L'héritier majeur qui, instruit du meurtre du défunt, ne l'a pas dénoncé à la justice. » — Cet héritier est considéré, sinon comme complice du meurtrier, au moins comme coupable d'une grave indifférence en ce qui concerne le meurtre de son auteur. L'héritier qui était mineur lors du meurtre est tenu de le dénoncer lorsqu'il est devenu majeur. Au reste, le temps d'inaction, qui peut suffire pour faire prononcer l'indignité, est laissé à l'appréciation souveraine du juge.

728. Le défaut de dénonciation ne peut être opposé aux ascendants et descendants du meurtrier, ni à ses alliés au même degré, ni à son époux ou à son épouse, ni à ses frères ou sœurs, ni à ses oncles et tantes, ni à ses neveux et nièces.

Les expressions, « ni à ses alliés au même degré, » doivent, de l'avis de tous les auteurs, être reportées à la fin de l'article. La disposition de notre article est sage et équitable : il serait contraire à la nature et à la morale d'infliger une sorte de peine à une personne, parce qu'elle n'a pas dénoncé à la justice le crime commis par son proche parent, par son proche allié.

Mais un héritier n'a pas dénoncé à la justice le meurtre du défunt; bientôt il est poursuivi en déclaration d'indignité par des personnes prouvant qu'il avait connaissance du meurtre. Cet héritier se trouve alors placé dans la pénible alternative, ou bien de perdre la succession, pour ne pas dénoncer et par là envoyer à l'échafaud son parent ou allié meurtrier, ou bien de prouver, en désignant son parent comme étant le meurtrier, qu'il se trouvait par là dispensé de faire la dénonciation du meurtre. On voit que, dans ce cas, qui ne se présentera peut-être jamais, la prévoyance du législateur peut se trouver en défaut.

729. L'héritier exclu de la succession pour cause d'indignité, est tenu de rendre tous les fruits et les revenus dont il a eu la jouissance depuis l'ouverture de la succession.

L'héritier qui est déclaré indigne doit restituer au parent du défunt, qui succède à sa place, tous les fruits, revenus et intérêts des biens héréditaires, alors même qu'il n'aurait connu le meurtre du défunt que huit ans, par exemple, après l'ouverture de la succession. Il est traité avec une très-grande rigueur, parce que, par son silence, il a violé un grave devoir de famille. Il est considéré comme s'il n'eût jamais succédé : il suit de là, d'une part, que ses dettes envers le défunt revivent; mais, d'autre part, qu'il peut réclamer le payement des créances qu'il avait contre le défunt et le remboursement de tout ce qu'il a payé en sa qualité d'héritier. Ainsi, par le jugement qui déclare l'indignité et qui fait disparaître la confusion qui s'était opérée de la personne du défunt dans la personne de son héritier, tout revit, actif et passif.

Les actes que l'indigne a passés avec des tiers de bonne foi, jusqu'au jugement déclarant l'indignité, ne peuvent jamais être critiqués par celui qui recueille la succession à sa place. En conséquence, restent valables, non-seulement les payements que l'indigne a reçus des débiteurs héréditaires et les aliénations qu'il a consenties à titre onéreux, mais encore les donations qu'il a faites, car celui qui remplace l'indigne acquiert un avantage qui ne doit point porter atteinte aux droits que les tiers avaient antérieurement acquis.

Le délai pour faire déclarer un héritier indigne n'étant pas fixé d'une manière spéciale, il faut conclure de là que cette action, qui est purement civile, dure trente ans.

730. Les enfants de l'indigne, venant à la succession de leur chef, et sans le secours de la représentation, ne sont pas exclus pour la faute de leur père; mais celui-ci ne peut, en aucun cas, réclamer, sur les biens de cette succession, l'usufruit que la loi accorde aux pères et mères sur les biens de leurs enfants.

Trois exemples feront ressortir le principe posé dans cet article. — 1° Celui qui décède laisse seulement un fils, qui est déclaré indigne : les enfants de ce fils viennent de leur chef recueillir la succession de leur aïeul. De même, si le défunt a laissé deux fils dont l'un renonce et dont l'autre est déclaré indigne, les enfants de ces deux fils viendront de leur chef à la succession de leur aïeul, car on ne représente ni les renonçants ni les indignes (art. 744). — 2° Si le défunt a laissé deux fils dont l'un est déclaré indigne, les enfants de celui-ci ne pouvant représenter leur père, ils sont donc exclus de la succession de leur aïeul par leur oncle qui l'accepte. De même, si le défunt a laissé un fils, qui est déclaré indigne, et des petits-fils nés d'un autre fils prédécédé, ceux-ci viennent à la succession de leur aïeul en représentant leur père (art. 740), et par conséquent ils excluent les enfants de l'indigne. — 3° Enfin, si le fils qui se trouvait dans le cas d'être déclaré indigne meurt avant son père, ses enfants le représentent pour venir à la succession de leur aïeul, car la question d'indignité ne peut plus être agitée.

L'indigne est privé de la jouissance légale des biens que ses enfants mineurs recueillent dans la succession dont il a été exclu. Cette disposition de notre article est fondée sur des raisons justes et équitables.

CHAPITRE III.

DES DIVERS ORDRES DE SUCCESSION.

On entend par *ordres de succession*, les diverses classifications de successeurs. Ce n'est pas toujours le plus proche parent du défunt qui est appelé à lui succéder ; c'est celui qui est le plus proche dans l'ordre préférable.

SECTION PREMIÈRE.

Dispositions générales.

731. Les successions sont déférées aux enfants et descendants du défunt, à ses ascendants et à ses parents collatéraux, dans l'ordre et suivant les règles ci-après déterminés.

En fixant les divers ordres de succession, la loi se conforme au vœu de la nature et à l'intention présumée du défunt. D'après notre article, il y a trois ordres d'héritiers : les descendants, les ascendants, et les collatéraux. Mais l'ordre des ascendants et celui des collatéraux se divisant, chacun, en parents privilégiés et parents non privilégiés (art. 748, 749, 750, 751), on peut dire qu'il y a cinq ordres d'héritiers.

732. La loi ne considère ni la nature ni l'origine des biens pour en régler la succession.

Dans les anciennes coutumes, les successions étaient réglées d'après la nature des biens et d'après leur origine. D'une part, les mâles, et surtout le fils aîné, avaient sur les immeubles une plus grande part que les femmes ; tandis que les meubles se partageaient par égales parts entre tous les héritiers. D'autre part, les immeubles qui provenaient de la branche paternelle appartenaient exclusivement aux parents de cette branche ; et ceux qui provenaient de la branche maternelle revenaient aussi exclusivement aux parents de cette branche, conformément à la règle ainsi formulée : « *Paterna, paternis ; Materna, maternis ;* tandis que, de même que les meubles, les immeubles non patrimoniaux qui avaient été acquis par le défunt se partageaient également entre les deux branches. Les recherches sur la nature et surtout sur l'origine des biens faisaient souvent naître de grandes difficultés. Notre article les supprime en confondant dans une seule masse tous les biens du défunt.

733. Toute succession échue à des ascendants ou à des collatéraux, se divise en deux parts égales ; l'une pour les parents de la ligne paternelle, l'autre pour les parents de la ligne maternelle. — Les parents utérins ou consanguins ne sont pas exclus par les germains ; mais ils ne prennent part que dans leur ligne, sauf ce qui sera dit à l'article 752. Les germains prennent part dans les deux lignes. — Il ne se fait aucune dévolution d'une ligne à l'autre, que lorsqu'il ne se trouve aucun ascendant ni collatéral de l'une des deux lignes.

La loi plaçant sur le pied d'une égalité complète les deux lignes paternelle et maternelle, moitié de la succession appartient ainsi à ceux qui, dans l'ordre préférable, sont les plus proches parents paternels du défunt, et l'autre moitié, aux plus proches parents maternels. Cette division de la succession en deux parts égales n'a lieu que lorsque le défunt laisse pour héritiers des ascendants ou des collatéraux ; elle est sans application si le défunt laisse des descendants ou bien seulement des frères germains ou des neveux nés de frères germains, car les enfants, les frères germains et leurs descendants sont unis au défunt par son père et par sa mère ; ils sont donc ses parents paternels et maternels.

Si le défunt laisse des frères germains, consanguins et utérins, la succession se divise en deux parts, comme lorsqu'il s'agit d'autres collatéraux ou d'ascendants : les frères *consanguins,* qui ont le même père que le défunt, prennent une portion dans la moitié qui revient à la branche paternelle ; les frères *utérins,* qui ont la même mère que le défunt, prennent une portion dans la moitié qui revient à la branche maternelle, et les frères *germains,* qui jouissent du double lien, c'est-à-dire qui sont à la fois frères consanguins et frères utérins, prennent une portion dans chacune des moitiés.

La division de la succession en deux parts fait quelquefois venir un ascendant en concours avec un parent du défunt, qui, dans l'autre ligne, est un collatéral d'un degré très-éloigné. Toutefois, si le défunt ne laisse qu'un frère consanguin ou un frère utérin, ce frère jouit du privilége d'exclure tous les parents collatéraux de l'autre ligne, et de recueillir ainsi la succession entière (art. 752). Ce privilége du frère ou des frères soit consanguins, soit utérins, appartient pareillement à leurs enfants, car ceux-ci jouissent du bénéfice de la représentation (art. 742).

734. Cette première division opérée entre les lignes paternelle et maternelle, il ne se fait plus de division entre les diverses branches; mais la moitié dévolue à chaque ligne appartient à l'héritier ou aux héritiers les plus proches en degrés, sauf le cas de la représentation, ainsi qu'il sera dit ci-après.

La division de la succession entre les deux lignes paternelle et maternelle était appelée *fente* dans les anciennes coutumes; dans chaque ligne, il y avait encore des divisions nouvelles, appelées *refentes*. Ces refentes se trouvent maintenant abolies.

735. La proximité de parenté s'établit par le nombre de générations; chaque génération s'appelle un *degré*.

La parenté est le lien existant entre deux personnes qui descendent soit l'une de l'autre, soit d'un auteur commun.

736. La suite des degrés forme la ligne : on appelle *ligne directe* la suite des degrés entre personnes qui descendent l'une de l'autre; *ligne collatérale,* la suite des degrés entre personnes qui ne descendent pas les unes des autres, mais qui descendent d'un auteur commun. — On distingue la ligne directe, en ligne directe descendante et ligne directe ascendante. — La première est celle qui lie le chef avec ceux qui descendent de lui; la deuxième est celle qui lie une personne avec ceux dont elle descend.

Cet article est d'une netteté admirable; toute explication serait au moins superflue.

737. En ligne directe, on compte autant de degrés qu'il y a de générations entre les personnes : ainsi le fils est, à l'égard du père, au premier degré ; le petit-fils, au second ; et réciproquement du père et de l'aïeul à l'égard des fils et petits-fils.

Le calcul des degrés de parenté en ligne directe n'offre jamais de difficulté.

738. En ligne collatérale, les degrés se comptent par les générations, depuis l'un des parents jusques et non compris l'auteur commun, et depuis celui-ci jusqu'à l'autre parent. — Ainsi, deux frères sont au deuxième degré ; l'oncle et le neveu sont au troisième degré ; les cousins germains au quatrième ; ainsi de suite.

Les expressions, « *depuis et non compris l'auteur commun,* » sont inexactes : pour compter les générations, il faut nécessairement comprendre l'auteur commun. — En ligne collatérale, il y a entre deux personnes autant de degrés qu'il y a de générations des deux côtés, en remontant à l'auteur commun. Le nombre des personnes ainsi comptées égale, moins une, le nombre des degrés ou générations, parce qu'une génération suppose essentiellement deux personnes, le générateur et le généré.

SECTION II.

De la représentation.

La *représentation* est établie pour faire arriver les enfants qui ont perdu leur père ou bien leur mère à la succession d'un aïeul ou d'un oncle. Elle est conforme à l'intention présumée du défunt. En effet, quelqu'un perd-il un fils ? il reporte toutes les affections qu'il avait pour lui sur les petits-fils nés de ce fils. Perd-il un frère ? lorsqu'il n'a pas lui-même d'enfants, il reporte toutes les affections qu'il avait pour son frère sur ses neveux nés de ce frère. D'ailleurs, le bénéfice de la représentation a l'avantage considérable d'établir l'égalité de fortune entre les membres de la même famille.

739. La représentation est une fiction de la loi, dont l'effet est de faire entrer les représentants dans la place, dans le degré et dans les droits du représenté.

Quelques auteurs prétendent que le mot, « *fiction*, » employé dans cet article, est inexact, et qu'il doit être remplacé par le mot *disposition*. Mais cette critique ne paraît point fondée ; car c'est vraiment par l'effet d'une fiction que les enfants d'une personne décédée viennent, dans certains cas, prendre le degré et les droits que leur père aurait eus s'il eût survécu à l'ouverture de la succession de son parent, et sont ainsi les plus proches parents du défunt.

740. La représentation a lieu à l'infini dans la ligne directe descendante. — Elle est admise dans tous les cas, soit que les enfants du défunt concourent avec les descendants d'un enfant prédécédé, soit que tous les enfants du défunt étant morts avant lui, les descendants desdits enfants se trouvent entre eux en degrés égaux ou inégaux.

Trois exemples sont nécessaires pour faire bien comprendre, dans ses applications, le principe que la représentation a lieu en ligne directe à l'infini.

1° Le *de cujus*, c'est-à-dire celui de la succession duquel il s'agit, *is de cujus successione agitur*, laisse un fils et des petits-fils ou arrière-petits-fils qui descendent d'une fille prédécédée : les petits-fils ou arrière-petits-fils représentent leur mère ou leur aïeule, concourent avec leur oncle ou leur grand-oncle, et prennent ainsi la moitié de la succession de leur aïeul ou bisaïeul.

2° Le *de cujus* laisse pour héritiers deux petits-fils nés d'un fils décédé, et un petit-fils né d'une fille aussi décédée : celui-ci représente sa mère, et prend la moitié de la succession ; tandis que les deux autres petits-fils se partagent entre eux l'autre moitié.

3° Le *de cujus* laisse pour héritiers, d'une part, un petit-fils né de son fils, et, d'autre part, un petit-fils et deux arrière-petits-fils qui descendent de sa fille : le petit-fils né du fils prend la moitié de la succession ; l'autre moitié revient au petit-fils né de la fille, qui a le quart de la succession, et aux arrière-petits-fils qui, par représentation d'un autre fils de la fille du *de cujus*, se partagent ensemble l'autre quart.

On voit, par ces exemples, que la représentation a lieu lorsque les descendants se trouvent entre eux, ainsi que l'exprime notre article, *en degrés égaux ou inégaux*.

Au reste, la représentation existe en faveur des enfants légitimes : 1° de l'enfant légitimé, 2° de l'enfant putatif, 3° et de l'enfant naturel ; mais, ainsi que nous l'avons exprimé ci-dessus sous l'art. 350, page 175, le bénéfice de la représentation n'existe point en faveur des enfants légitimes de l'enfant adoptif.

741. La représentation n'a pas lieu en faveur des ascendants ; le plus proche, dans chacune des deux lignes, exclut toujours le plus éloigné.

L'affection d'un père, qui perd son fils, se reporte, pleine et entière, sur les enfants de ce fils, qui, par suite, représenteront leur père pour arriver à la succession de leur aïeul. Mais l'affection d'un descendant pour son aïeul qui vient à décéder, ne se reporte pas avec une même force sur le père de cet aïeul : c'est pourquoi la représentation n'est pas admise en faveur des ascendants. Ainsi, le *de cujus* laisse son aïeule paternelle et un bisaïeul qui est le père de son aïeul paternel : celui-ci ne représentera pas son fils, et par conséquent l'aïeule, qui est, dans ce cas, l'ascendant le plus proche, recueillera, dans la succession de son petit-fils, à l'exclusion du bisaïeul, la moitié de la succession qui revient à la branche paternelle.

742. En ligne collatérale, la représentation est admise en faveur des enfants et descendants de frères ou sœurs du défunt, soit qu'ils viennent à sa succession concurremment avec des oncles ou tantes, soit que tous les frères et sœurs du défunt étant prédécédés, la succession se trouve dévolue à leurs descendants en degrés égaux ou inégaux.

. Les parents collatéraux ne sont admis à représenter leur père ou leur aïeul que lorsque le *de cujus* est à un seul degré de l'auteur commun, c'est-à-dire lorsqu'il est leur oncle ou leur grand-oncle. Le frère sans enfants reporte ordinairement l'affection qu'il avait pour ses frères et sœurs sur les enfants ou petits-enfants que ceux-ci ont laissés en mourant ; il est donc conforme au sentiment naturel d'admettre ces enfants ou petits-enfants au bénéfice de la représentation , et de les faire ainsi arriver à la succession de leur oncle ou grand-oncle. Par suite , la représentation existe lorsque le *de cujus* laisse : 1° un frère ou une sœur, et des neveux ou petits-neveux nés de frères ou sœurs décédés ; 2° des neveux ou petits-neveux nés d'un frère ou d'une sœur décédés et des neveux ou petits-neveux nés d'autres frères ou sœurs également décédés.

743. Dans tous les cas où la représentation est admise, le partage s'opère par souche : si une même souche a produit plusieurs branches, la subdivision se fait aussi par souche dans chaque branche, et les membres de la même branche partagent entre eux par tête.

Supposons que, d'une part, un seul enfant représente son père où sa mère pour arriver à la succession d'un aïeul ou d'un oncle, et que, d'autre part, six autres enfants représentent leur père ou mère : dans ce cas, la succession du *de cujus* se partage par *souches*, en deux lots égaux ; le premier héritier prend une moitié, et les six autres prennent ensemble l'autre moitié, qu'ils se partagent ensuite par têtes, en faisant six lots égaux.

744. On ne représente pas les personnes vivantes, mais seulement celles qui sont mortes naturellement ou civilement. — On peut représenter celui à la succession duquel on a renoncé.

La mort mort civile étant abolie par loi du 31 mai 1854, on ne peut plus représenter que celui qui était mort naturellement à l'époque où la succession du *de cujus* s'est ouverte. Les enfants d'une personne qui était vivante à cette époque et qui, ensuite, a renoncé à la succession ou a été exclue comme indigne, ne peuvent donc jamais recueillir cette succession que de leur chef (art. 730, 787).

Une personne qui n'est pas appelée de son chef à une succession peut cependant quelquefois la recueillir, soit par transmission, soit par représentation.

I. *Transmission.* — Primus décède ; il laisse pour héritier Sécundus. Quand celui-ci décède lui-même sans avoir ni accepté ni répudié la succession de Primus, il *transmet* les droits qu'il a sur cette succession à ses propres héritiers, quels qu'ils soient, légitimes, irréguliers ou testamentaires. Mais ces héritiers ne peuvent recueillir la succession de Primus que s'ils acceptent la succession de Sécundus.

II. *Représentation.* — La représentation est un bénéfice tout particulier. Pour qu'elle ait lieu, il faut : 1° que celui qu'il s'agit de représenter ait eu la qualité d'enfant ou de frère du *de cujus*, et qu'il soit mort avant celui-ci ; 2° que ceux qui veulent le représenter soient ses descendants, et aient aussi la qualité de descendants ou au moins de neveux ou petits-neveux du *de cujus*. La représentation n'est pas fondée sur la qualité d'héritier du représenté, mais sur la présomption d'affection du *de cujus* pour les représentants. Ceux-ci sont donc admis à représenter leur père, alors, même qu'ils auraient renoncé à sa succession.

SECTION III.

Des successions déférées aux descendants.

745. Les enfants ou leurs descendants succèdent à leurs père et mère, aïeuls, aïeules, ou autres ascendants, sans distinction de sexe ni de primogéniture et encore qu'ils soient issus de différents mariages. — Ils succèdent par égales portions et par tête, quand ils sont tous au premier degré et appelés de leur chef : ils succèdent par souche lorsqu'ils viennent tous ou en partie par représentation.

La loi, qui se conforme au vœu de la nature et à la présomption d'affection, appelle les descendants du *de cujus* à lui succéder, à l'exclusion des ascendants et des collatéraux, même d'un degré plus proche. Entre les descendants, la préférence se règle par la proximité du degré que chacun d'eux occupe, lorsqu'il vient de son chef ou par représentation.

Dans le moyen âge, le fils aîné du défunt recueillait le manoir paternel et au moins la moitié des immeubles de la succession. Les autres fils et les filles prenaient l'autre moitié : dans le partage qui avait lieu entre ceux-ci, la part de la fille n'était que la moitié de la part du fils. Ainsi, il y avait de notables différences entre les droits de l'aîné et ceux des puînés, entre les droits des héritiers du sexe masculin et ceux du sexe féminin. Mais, au nom du principe d'égalité, une loi du 15 mars 1790, a disposé que « les droits d'aînesse et de masculinité, à l'égard des fiefs, domaines et alleux nobles » étaient abolis et que toutes les successions seraient partagées « sans égard à l'ancienne qualité noble des biens et des personnes. » — Puis une autre loi, du 8 avril 1791, est venue abolir « toute inégalité résultant des qualités d'aîné et de puîné, de la distinction des sexes ou des exclusions coutumières. »

Notre article confirme les lois de 1790 et de 1791, en disposant que les privilèges qui existaient sous les coutumes en faveur des aînés et des mâles sont désormais abolis, comme contraires au grand principe de l'égalité des membres de la famille. En conséquence, tous les enfants légitimes, légitimés, putatifs et adoptifs jouissent des mêmes droits. Toutefois, l'adoption, qui n'est qu'une fiction de parenté, profite seulement à l'adopté; les enfants de celui-ci ne peuvent, ni en le représentant, ni de leur chef, venir recueillir la succession de l'adoptant (voir ci-dessus, p. 375).

Lorsque les descendants du *de cujus* sont tous du premier degré, ils succèdent par têtes; il en est de même lorsqu'ils sont du second degré, s'ils viennent tous de leur chef, parce que leur père ou mère a renoncé à la succession ou a été déclaré indigne. Si les descendants du *de cujus* viennent tous ou en partie à sa succession par représentation, le partage se fait entre eux par souches, et, dans la même souche, par têtes.

SECTION IV.

Des successions déférées aux ascendants.

746. Si le défunt n'a laissé ni postérité, ni frère, ni sœur, ni descendants d'eux, la succession se divise par moitié entre les ascendants de la ligne paternelle et les ascendants de la ligne maternelle. — L'ascendant qui se trouve au degré le plus proche recueille la moitié affectée à sa ligne, à l'exclusion de tous autres. — Les ascendants au même degré succèdent par tête.

L'ordre des descendants exclut tous les ascendants. Mais l'ordre des ascendants n'exclut pas tous les collatéraux. En effet, certains collatéraux, qui sont les frères, sœurs et descendants d'eux, concourent avec les père et mère et excluent tous les autres ascendants. C'est pourquoi l'ordre des ascendants se divise en ascendants privilégiés, et en ascendants non privilégiés; et l'ordre des collatéraux se divise aussi en collatéraux privilégiés, qui concourent avec les père et mère et excluent les autres ascendants, et en collatéraux non privilégiés, qui sont exclus de la succession par tous les ascendants de la même ligne.

S'il n'existe point de collatéraux privilégiés, la moitié de la succession du *de cujus* est dévolue au plus proche ascendant de la ligne paternelle, et l'autre moitié au plus proche ascendant de la ligne maternelle. C'est là une application des deux règles portant : 1° que la succession se divise par moitié entre les deux lignes (art. 733) ; 2° que la représentation n'a pas lieu en faveur des ascendants (art. 741).

747. Les ascendants succèdent, à l'exclusion de tous autres, aux choses par eux données à leurs enfants ou descendants décédés sans postérité, lorsque les objets donnés se retrouvent en nature dans la succession. — Si les objets ont été aliénés, les ascendants recueillent le prix qui peut en être dû. Ils succèdent aussi à l'action en reprise que pouvait avoir le donataire.

La succession dont il s'agit dans cet article est appelée *anomale*, parce qu'elle s'écarte des règles générales ; elle est aussi appelée *retour légal*, parce que les choses données reviennent à l'ascendant donateur par l'effet d'une disposition de la loi, qui tend ainsi à soulager la douleur que cause à l'ascendant la perte de son descendant. Ce retour *légal* diffère du retour *conventionnel*. En effet, quand le donateur stipule que les biens faisant l'objet de sa libéralité lui reviendront dans le cas où le donataire viendrait à prédécéder sans postérité, il fait une donation sous condition résolutoire ; lorsque cette condition se réalise, le retour conventionnel s'opère, la donation est considérée comme n'ayant jamais eu lieu, et les biens dont elle se composait reviennent au donateur, entièrement libres des charges et hypothèques constituées par le donataire (art. 952). En cas de retour légal, au contraire, l'ascendant est un *successeur ;* par conséquent, il recueille les biens qu'il avait donnés tels qu'ils se trouvent dans la succession, avec toutes les charges et hypothèques dont ils ont été grevés par le donataire, et sans pouvoir jamais réclamer aucune indemnité pour cause de détériorations résultant de la négligence ou du fait du donataire ; en outre, il contribue, avec les héritiers, au payement des dettes de la succession, proportionnellement à la valeur des biens qui lui retournent. Mais s'il a été poursuivi par un créancier hypothécaire et a payé la dette entière, il a une action en recours contre les héritiers du défunt pour tout ce qui dépasse sa part contributoire.

La succession anomale est surtout utile à l'ascendant donateur lorsqu'il se trouve exclu de la succession ordinaire de son descendant mort sans postérité, soit par des ascendants plus proches, soit par des collatéraux privilégiés. Elle peut encore lui offrir de l'avantage lorsqu'il est appelé à la succession ordinaire, parce qu'il peut avoir intérêt à répudier cette succession, pour réclamer la succession anomale.

Le droit de l'ascendant au retour légal s'éteint quand le donataire meurt en laissant de la *postérité*, c'est-à-dire des enfants ou descendants légitimes, légitimés ou putatifs, ou même des enfants adoptifs ; il ne revivrait pas si les enfants qui ont recueilli la succession de leur père venaient à décéder ensuite eux-mêmes sans postérité. Toutefois, si les enfants du donataire renoncent tous à sa succession, ou s'ils sont déclarés indignes, leur existence ne fait point obstacle au droit de retour légal, car ils sont alors considérés comme n'ayant jamais été héritiers (art 765).

L'ascendant donateur ne pourrait pas renoncer valablement à son droit de retour légal du vivant du donataire, parce que, d'une part, ce droit de retour constitue une succession, et que, d'autre part, il n'est pas permis de renoncer à la succession d'une personne vivante (art. 791).

Pour que le retour légal puisse s'opérer, il faut, aux termes de notre article, « que les objets donnés se retrouvent en nature dans la succession. » Or, les objets donnés, que le donataire a aliénés d'une manière perpétuelle et irrévocable, qu'il a ensuite acquis en vertu d'une cause nouvelle, par exemple, à titre d'achat, et qu'il laisse dans son patrimoine à son décès, ne sont plus en *nature* dans sa succession, parce qu'ils ne s'y trouvent pas en *qualité de choses données*, mais en *qualité de choses achetées.* Les objets donnés que le donataire a légués ne sont plus dans sa succession, et par conséquent ils ne retournent point à l'ascendant donateur. S'agit-il de libéralités ayant pour objet une somme d'argent, des billets de banque, des actions ou obligations de chemins de er ? si l'ascendant donateur prétend au droit de retour, il doit prouver que des choses pareilles existent dans la succession et que ces choses sont dentiquement celles qu'il a données. Cette preuve sera d'autant plus difficile qu'un long délai se sera écoulé entre l'époque de la libéralité et celle du décès du donataire.

Si les objets donnés ont été aliénés par le donataire, le droit de retour est éteint. Toutefois, si le prix de la vente reste encore dû, ou si le donataire conserve, à l'égard de ces objets, des *actions en reprise*, c'est-à-dire des actions en nullité, en rescision ou en résolution, la créance ou les actions sont comprises dans la succession anomale. Il en est de même des objets acquis à titre d'échange. Mais si le donataire a reçu le prix de la vente et n'a plus aucune action en reprise, le droit de retour a pour toujours disparu : c'est en vain que l'ascendant donateur voudrait prouver que le prix de vente a servi à l'acquisition d'un immeuble et que cet immeuble se trouve dans la succession.

748. Lorsque les père et mère d'une personne morte sans postérité lui ont survécu, si elle a laissé des frères, sœurs, ou des descendants d'eux, la succession se divise en deux portions égales, dont moitié seulement est déférée au père et à la mère, qui la partagent entre eux également. — L'autre moitié appartient aux frères, sœurs ou descendants d'eux, ainsi qu'il sera expliqué dans la section V du présent chapitre.

Le *de cujus*, c'est-à-dire le défunt, n'a pas laissé de postérité. Il laisse des ascendants autres que père et mère, et des collatéraux *privilégiés*, c'est-à-dire des frères et sœurs ou descendants d'eux, de pareils ascendants sont exclus de la succession par ces collatéraux. Si le *de cujus* laisse à la fois des ascendants *privilégiés*, c'est-à-dire ses père et mère, et des collatéraux privilégiés, moitié de la succession appartient aux ascendants, et l'autre moitié aux collatéraux. Ainsi, l'existence d'un petit-neveu qui vient à la succession par représentation, ou même de son chef, exclut les ascendants autres que père et mère, et, s'il est en concours avec les père et mère du *de cujus*, il prend la moitié de la succession.

749. Dans le cas où la personne morte sans postérité laisse des frères, sœurs, où des descendants d'eux, si le père ou la mère est prédécédé, la portion qui lui aurait été dévolue, conformément au précédent article, se réunit à la moitié déférée aux frères, sœurs, ou à leurs représentants, ainsi qu'il sera expliqué à la section V du présent chapitre.

Si l'un des père et mère ne vient pas à la succession, soit parce qu'il ne survit pas à son enfant, soit parce qu'il répudie, son conjoint qui accepte n'a cependant que le quart de la succession ; les trois autres quarts appartiennent alors aux collatéraux privilégiés.

SECTION V.

Des successions collatérales.

750. En cas de prédécès des père et mère d'une personne morte sans postérité, ses frères, sœurs, ou leurs descendants, sont appelés à la succession, à l'exclusion des ascendants et des autres collatéraux. — Ils succèdent, ou de leur chef, ou par représentation, ainsi qu'il a été réglé dans la section II du présent chapitre.

Les collatéraux privilégiés, c'est-à-dire les frères et sœurs du *de cujus* et leurs descendants, qui les représentent (art. 742), excluent tous les ascendants autres que père et mère et tous les collatéraux non privilégiés ; il n'y a pas à distinguer à cet égard s'ils sont germains, utérins ou consanguins, ni s'ils viennent à la succession de leur chef ou par représentation.

751. Si les père et mère de la personne morte sans postérité lui ont survécu, ses frères, sœurs, ou leurs représentants, ne sont appelés qu'à la moitié de la succession. Si le père ou la mère seulement a survécu, ils sont appelés à recueillir les trois quarts.

Quand même les frères et sœurs du défunt, ou leurs *représentants*, c'est-à-dire les descendants d'eux (art. 742), sont seulement consanguins ou utérins, ils prennent la moitié ou les trois quarts de la succession, selon qu'ils concourent avec les père et mère ou avec celui d'entre eux qui a survécu (art. 748, 749).

752. Le partage de la moitié ou des trois quarts dévolus aux frères ou sœurs, aux termes de l'article précédent, s'opère entre eux par égales portions, s'ils sont tous du même lit ; s'ils sont de lits différents, la division se fait par moitié entre les deux lignes paternelle et maternelle du défunt : les germains prennent part dans les deux lignes, et les utérins et consanguins chacun dans leur ligne seulement : s'il n'y a de frères ou sœurs que d'un côté, ils succèdent à la totalité, à l'exclusion de tous autres parents de l'autre ligne.

Lorsque des frères, sœurs ou descendants d'eux succèdent, il n'y a lieu de diviser la succession entre les deux lignes que lorsqu'ils sont de différents lits ; en ce cas, la division a seulement pour but de régler leurs droits réciproques. S'il y a un frère germain, un frère consanguin et un frère utérin, la division s'opère, et le partage se fait ainsi : le frère germain, qui tient au défunt par la ligne paternelle et la ligne maternelle, concourt avec le frère consanguin, relativement à la moitié revenant à la branche paternelle, et avec le frère utérin, relativement à la moitié reve-

nant à la branche maternelle ; il prend ainsi la moitié de la succession
entière, tandis que chacun des deux autres frères ne prend que le quart
de la succession. Mais, dans les rapports avec les ascendants ou avec les
collatéraux, le frère consanguin ou le frère utérin a les mêmes droits que
s'il était germain ; car la loi qui règle l'ordre des successions d'après l'intention supposée du défunt, présume que l'affection est toujours très-vive
entre tous les frères et sœurs. Cette présomption, parfaitement fondée en
raison et en équité, produit des résultats qui surprennent et étonnent
tous ceux qui ne connaissent pas bien les bases des dispositions du Code,
et qui restent encore pénétrés de cet ancien principe : « Aux parents
paternels, les biens venant de la ligne paternelle ; aux parents maternels,
les biens venant de la ligne maternelle, *Paterna, paternis; materna, maternis.* » Cette surprise et cet étonnement existent surtout dans l'exemple
suivant. Le mari prédécède, en laissant un enfant, qui recueille toute la
succession de son père, puis celles de ses ascendants et oncles paternels.
Sa mère se remarie et elle a un enfant de son nouveau mariage. L'enfant
du premier lit, qui est riche des successions qu'il a recueillies dans sa branche paternelle, vient à décéder. En pareil cas, rien de cette brillante succession ne revient à la branche paternelle ; tout appartient à la branche
maternelle de cet enfant décédé : la mère recueille le quart de l'hérédité,
et son enfant du second lit en recueille les trois quarts.

753. A défaut de frères ou de sœurs ou de descendants d'eux,
et à défaut d'ascendants dans l'une ou l'autre ligne, la succession est déférée pour moitié aux ascendants survivants; et pour
l'autre moitié, aux parents les plus proches de l'autre ligne. —
S'il y a concours de parents collatéraux au même degré, ils partagent par tête.

Quand le *de cujus* laisse, dans une ligne, des ascendants, et, dans
l'autre ligne, des collatéraux non privilégiés, les ascendants prennent la
moitié afférente à leur ligne, et les plus proches collatéraux de la ligne
opposée prennent l'autre moitié.

Si le *de cujus* ne laisse, dans les deux lignes, que des collatéraux non
privilégiés, ceux qui sont, dans chaque ligne, les plus proches en degré
recueillent la moitié qui revient à leur ligne.

754. Dans le cas de l'article précédent, le père ou la mère survivant a l'usufruit du tiers des biens auxquels il ne succède pas en propriété.

Quand le survivant des père et mère est en concours avec des collatéraux non privilégiés, il jouit d'une faveur particulière, fondée sur le lien étroit qui l'unissait au défunt : il a, en outre de la moitié afférente à sa ligne, l'usufruit du tiers de la portion dévolue aux collatéraux de l'autre ligne ; mais il est tenu, sous ce rapport, comme tout usufruitier, de fournir caution de jouir en bon père de famille (art. 601).

755. Les parents au-delà du douzième degré ne succèdent pas. — A défaut de parents au degré successible dans une ligne, les parents de l'autre ligne succèdent pour le tout.

La loi pose, avec raison, une limite au droit de succession en ligne collatérale. Lorsqu'il n'existe point de parents jusqu'au douzième degré dans une ligne, la succession entière revient aux parents de l'autre ligne : il y a ainsi dévolution d'une ligne à l'autre.

CHAPITRE IV.

DES SUCCESSIONS IRRÉGULIÈRES.

Les successions *irrégulières* sont celles qui ne sont pas fondées sur un lien civil de famille. Celui qui recueille une pareille succession diffère de l'héritier légitime, en ce qu'il n'a pas une saisine complète : la loi le rend *propriétaire* des biens et des droits de la succession ; mais elle ne le rend pas *possesseur* de ces biens et droits (art. 724) ; elle lui confère seulement le moyen d'en obtenir du tribunal la possession.

SECTION PREMIÈRE.

Des Droits des Enfants naturels sur les biens de leur père ou mère, et de la succession aux Enfants naturels décédés sans postérité.

756. Les enfants naturels ne sont point héritiers ; la loi ne leur accorde de droit sur les biens de leur père ou mère décédés, que lorsqu'ils ont été légalement reconnus. Elle ne leur accorde aucun droit sur les biens des parents de leur père ou mère.

Le mariage est la seule base de la famille civile. L'enfant né de relations illicites est en dehors de la famille civile et par conséquent il ne jouit point de la qualité d'héritier légitime. Cependant, inspirée par un sentiment d'humanité, la loi donne à l'enfant naturel légalement reconnu le droit de réclamer des aliments à ses père et mère, et celui d'obtenir une certaine portion des biens qu'ils ont laissés. La reconnaissance de l'enfant naturel est *légale*, lorsqu'elle résulte soit d'une déclaration faite par le père ou par la mère dans un acte authentique, soit d'une sentence judiciaire (art. 334, 340, 341). Il y a un cas où l'enfant naturel légalement reconnu n'a aucun droit à la succession de celui qui l'a reconnu ; en effet, si un époux reconnaît pendant son mariage un enfant naturel qu'il a eu antérieurement d'un autre que de son conjoint, cette reconnaissance volontaire, ou même la reconnaissance judiciaire, pareillement faite pendant le mariage, ne nuit ni au conjoint ni aux enfants nés du mariage (art. 337).

757. Le droit de l'enfant naturel sur les biens de ses père ou mère décédés est réglé ainsi qu'il suit : — Si le père ou la mère a laissé des descendants légitimes, ce droit est d'un tiers de la portion héréditaire que l'enfant naturel aurait eu s'il eût été légitime ; il est de la moitié lorsque les père ou mère ne laissent pas de descendants, mais bien des ascendants ou des frères ou sœurs ; il est des trois quarts lorsque les pères ou mère ne laissent ni descendants ni ascendants, ni frères ni sœurs.

D'après cet article, l'enfant naturel a, dans la succession de son père ou de sa mère qui l'a reconnu, tantôt le tiers, tantôt la moitié, et tantôt les trois quarts de ce qu'il aurait s'il eût été enfant légitime, selon la qualité des héritiers laissés et acceptants.

1° L'enfant naturel a le tiers de la part d'un enfant légitime, s'il se trouve en concours avec des enfants légitimes du défunt ou même avec des enfants adoptifs. Un enfant naturel peut être adopté, et, dans ce cas, il a les mêmes droits qu'un enfant légitime ; d'où il suit que les autres enfants naturels sont par là réduits au tiers de ce qu'ils auraient s'ils étaient enfants légitimes. C'est, d'ailleurs, ce qui a été décidé dans les termes suivants : — « Attendu que l'adoption n'est permise qu'aux personnes qui n'ont ni enfants ni descendants légitimes ; que l'existence d'enfants naturels ne fait donc pas obstacle à l'adoption ; que cette interprétation de l'art. 343 C. Nap. est conforme non-seulement à son texte, mais également à son esprit, selon la discussion du Code Napoléon au conseil d'Etat et devant les chambres législatives ; — Attendu que l'adoption opère au profit de l'enfant naturel un changement d'état qui l'assimile à l'enfant légitime » (C. cass. 3 juin 1861). — Ainsi, par exemple, le défunt a laissé un enfant légitime ou adoptif, et un enfant naturel ; sa succession comprend des valeurs montant à la somme de 12,000 fr. : l'enfant naturel, qui aurait 6,000 fr. s'il était légitime, n'a que le tiers de cette somme, c'est-à-dire 2,000 fr. ; l'enfant légitime recueille donc 10,000 fr. S'il existe un enfant légitime et trois enfants naturels, tous ces enfants sont comptés d'abord comme enfants légitimes et sont considérés comme ayant droit chacun, dans l'espèce ci-dessus posée, à 3,000 fr. ; puis, la part de chaque enfant naturel est réduite au tiers de cette somme, c'est-à-dire à 1,000 fr. ; la part de l'enfant légitime est donc alors de 9,000 fr.

2° L'enfant naturel a la *moitié* de ce qu'il aurait s'il était enfant légitime, et par conséquent il a la moitié de toute la succession, si le défunt laisse pour héritiers des ascendants ou des frères et sœurs. S'il y a, dans une ligne, des ascendants, et, dans l'autre ligne, des collatéraux autres que frères et sœurs, l'enfant naturel prend la moitié de la part dévolue aux ascendants, et les trois quarts de la moitié qui revient aux collatéraux.

3° Enfin, l'enfant naturel a les *trois quarts* de la succession lorsque son père laisse pour héritiers, dans les deux lignes, des collatéraux autres que frères et sœurs. S'il n'existait de collatéraux au degré successible que dans une ligne, l'enfant naturel prendrait les trois quarts de la moitié qui revient à cette ligne, et la totalité de la moitié qui eût été dévolue à l'autre ligne, s'il y eût eu des collatéraux successibles. Il a donc, dans ce cas, les sept huitièmes de la succession entière.

On se demande si la part de l'enfant naturel sera des trois quarts de la succession, ou seulement de la moitié, lorsque le défunt laisse des neveux et nièces ? Cette question est vivement controversée en doctrine. Mais une jurisprudence fortement établie attribue, dans ce cas, les trois quarts de la succession à l'enfant naturel. C'est ce que décide la Cour suprême dans les termes suivants : — « Attendu que l'art. 757 C. Nap. ne réduit à la moitié de ce qu'il aurait eu s'il eût été légitime la part de l'enfant naturel dans la succession de ses père et mère qui l'ont reconnu, qu'autant qu'il se

trouve en concours avec des descendants ou des frères ou sœurs ; qu'il ne
fait aucune mention des neveux et nièces, et ne les assimile, par aucune
disposition, aux frères et sœurs, pour le règlement et la détermination
des droits qu'ils peuvent avoir à l'encontre de l'enfant naturel ; qu'il les
laisse ainsi, par son silence, en ce qui les concerne, dans la catégorie
des parents dont le concours avec l'enfant naturel n'enlève à celui-ci
que le quart de la succession ; — Attendu que les neveux et nièces, pour
se substituer à leurs auteurs et exercer les mêmes droits qu'eux, invoque-
raient vainement le bénéfice de la représentation admise par l'art. 742 en
faveur des enfants et des descendants des frères et sœurs ; que la représentation est une fiction de la loi dont les effets ne sauraient s'étendre au-
delà des cas spécialement prévus par elle ; que l'art. 742 régit exclusivement les successions régulières, et que l'appliquer aux successions irrégulières, que le législateur soumet à des règles exceptionnelles qu'il a pris
soin de formuler nettement dans un chapitre distinct, ce serait méconn-
naître tout à la fois et la lettre de la loi et l'esprit qui l'a inspirée » (C.
cass. 13 janv. 1862).

758. L'enfant naturel a droit à la totalité des biens, lorsque
ses père ou mère ne laissent pas de parents au degré successible.

- Lorsque l'enfant naturel concourt avec des héritiers légitimes, ceux-ci
ont seuls la saisine complète (art. 724) ; c'est par conséquent à eux qu'il
doit s'adresser pour obtenir la possession des biens auxquels il a droit.
Quand, au contraire, il n'existe pas d'héritier légitime, l'enfant naturel
demande au tribunal l'envoi en possession des biens de la succession.

Au reste, de même que les enfants légitimes, l'enfant naturel a, dans
la proportion de sa part, un droit à la réserve : cela résulte d'une jurisprudence fortement établie (C. cass. 15 mars 1847, 13 janv. 1862).

759. En cas de prédécès de l'enfant naturel, ses enfants ou
descendants peuvent réclamer les droits fixés par les articles
précédents.

Il s'agit, dans cet article, des enfants et descendants *légitimes* de l'enfant naturel, puisque la loi n'accorde jamais aux enfants naturels aucun
droit sur les biens des parents de leurs père et mère (art. 756). Ces enfants
et descendants légitimes de l'enfant naturel peuvent arriver à la succes-

sion de leur aïeul naturel, soit en représentant leur père, soit de leur chef.

760. L'enfant naturel ou ses descendants sont tenus d'imputer sur ce qu'ils ont droit de prétendre, tout ce qu'ils ont reçu du père ou de la mère dont la succession est ouverte, et qui serait sujet à rapport, d'après les règles établies à la section II du chapitre VI du présent titre.

Les enfants naturels et leurs descendants ne peuvent recevoir, par donation entre-vifs ou testamentaire, rien au-delà de ce qui est fixé par la loi (art. 908). Il suit de là que si l'enfant naturel a reçu directement ou indirectement des libéralités de son père ou de sa mère, il sera tenu, lors du partage de la succession du donateur, de les imputer sur sa part.

Le *rapport* et l'*imputation* se ressemblent beaucoup : tout ce qui est rapportable est aussi imputable. Cependant il y a entre eux de notables différences. En effet, le *rapport* ne peut être demandé que par un héritier à son cohéritier; il se fait en nature ou en moins prenant; l'auteur de la libéralité peut en dispenser (art. 844 et suiv.). L'*imputation,* au contraire, ne se fait jamais en nature, mais seulement en moins prenant, et l'auteur de la libéralité ne peut en dispenser son enfant naturel. Au reste, quoique l'enfant naturel ne soit pas héritier et ne puisse par conséquent point demander le rapport (art. 843), il a cependant, pour le calcul de ce qui lui revient, le droit de faire comprendre dans la masse des biens de la succession la valeur des choses données ou léguées aux divers héritiers.

761. Toute réclamation leur est interdite, lorsqu'ils ont reçu, du vivant de leur père ou de leur mère, la moitié de ce qui leur est attribué par les articles précédents, avec déclaration expresse, de la part de leur père ou mère, que leur intention est de réduire l'enfant naturel à la portion qu'ils lui ont assignée. — Dans le cas où cette portion serait inférieure à la moitié de ce qui devrait revenir à l'enfant naturel, il ne pourra réclamer que le supplément nécessaire pour parfaire cette moitié.

La loi défend aux père et mère d'augmenter les droits successifs de leurs enfants naturels; mais, par exception au principe, que toute convention sur la succession d'une personne vivante est nulle (art. 791, 1130), elle leur permet de les restreindre. Si le père ou la mère pense que la présence de son enfant naturel au partage de sa succession peut donner à ses écarts une publicité fâcheuse pour sa mémoire, ou bien devenir pour ses héritiers légitimes une source de débats pénibles et d'altercations, notre article lui fournit le moyen d'écarter du partage cet enfant naturel et de le réduire à la moitié des droits que la loi lui accorde. Mais il faut, pour cela, qu'il donne entre-vifs à cet enfant une valeur égale au moins à la moitié de ce qui lui revient, et qu'il exprime que son intention est de le réduire à cette moitié. « Une pareille donation, disait au sein du Corps législatif le tribun Siméon, est utile et pour l'enfant qu'elle fait jouir plus tôt, et pour la famille qu'elle débarrasse d'un créancier odieux. »

Est-il indispensable que l'enfant naturel consente à la donation, pour qu'il soit écarté du partage de la succession de son père et réduit à la moitié de sa part? Cette question est vivement controversée en doctrine. On dit, dans le sens de l'affirmative, qu'il s'agit ici d'une donation ; que toute donation suppose essentiellement l'existence de la volonté du donataire, et que, par suite, l'enfant naturel doit librement apprécier si les avantages qu'il va recevoir compensent les espérances légales qu'il s'agit de sacrifier. Dans le sens de la négative, qui a été consacrée par plusieurs arrêts de la Cour suprême (C. cass. 21 avril 1833; 31 août 1847), on dit, au contraire, que la faculté accordée au père d'écarter son enfant naturel de sa succession et de le réduire à la moitié de la part fixée par la loi, dérive de sa puissance paternelle; que son effet n'est point subordonné à l'acceptation de l'enfant naturel; qu'à défaut d'acceptation, des offres réelles peuvent être valablement faites, et que la déclaration par le tribunal de la validité des offres équivaut à une donation acceptée par l'enfant naturel. Voici, du reste, les termes de l'arrêt du 31 août 1847, qui exprime, en outre, qu'il n'est pas nécessaire que la déclaration de réduire l'enfant naturel à la moitié de ses droits successifs soit exprimée dans l'acte même de donation : — « Attendu que, pour interdire toute réclamation à l'enfant naturel, lorsqu'il a reçu de son père, du vivant de celui-ci, la moitié de ce qui lui est attribué par la loi, l'art. 761 C. Nap. se borne à exiger une déclaration expresse du père que son intention est de réduire l'enfant naturel à la portion qui lui a été assignée ; — Qu'en prescrivant cette déclaration, l'art. 761 ne dit pas qu'elle doive être acceptée par l'enfant naturel ; — Qu'en usant de la faculté qui lui est accordée par cet article, le père fait un acte de la puissance paternelle; que le but de la loi a été de lui permettre d'écarter de toute participation au partage de sa succes-

I.   27

sion l'enfant naturel à qui il procure un avantage immédiat; — Que le droit du père serait illusoire s'il dépendait de l'enfant naturel d'en empêcher l'exercice par son refus; — Que l'art. 761 n'exige pas davantage que la déclaration d'intention de réduction soit faite en même temps que la donation; que ces mots dudit article : *avec déclaration expresse*, n'ont pas pour objet de préciser l'instant où la déclaration peut valablement intervenir; qu'ils signifient seulement que la donation même acceptée ne suffit pas pour réduire les droits de l'enfant naturel, mais qu'il faut, en outre, de la part du père, une déclaration formelle et explicite d'intention de réduction; que la donation, légalement irrévocable de sa nature, n'est révoquée ni en tout ni en partie par la déclaration ultérieure du père, qu'il entend réduire l'enfant naturel au bénéfice de la donation dont les effets sont, au contraire, maintenus » (C. cass. 31 août 1847).

Au reste, il est généralement admis que l'enfant naturel a, de même que l'enfant légitime, droit à une réserve (art. 913). Lorsqu'il vient en concours avec un neveu du défunt, sa part légale est des trois quarts de la succession (art. 757); sa réserve est de la moitié des trois quarts de la succession, c'est-à-dire des trois huitièmes de la succession entière; mais elle n'est plus que des trois seizièmes lorsqu'il a reçu entre-vifs des dons de son père qui a exprimé l'intention de le réduire à la moitié de ce qui devrait lui revenir. Ainsi l'a décidé la Cour suprême par les motifs suivants : — « Attendu que l'art. 757 C. Nap., lorsque le père d'un enfant naturel laisse un neveu, attribue à l'enfant naturel les trois quarts de la portion héréditaire qu'il aurait eue s'il eût été légitime; — Que si la demanderesse eût été légitime, elle aurait eu droit à la totalité de la succession *ab intestat*; que, conséquemment, comme enfant naturel, elle aurait recueilli les trois quarts de cette succession; — Mais, attendu que si le père a fait des dispositions entre-vifs ou testamentaires au profit d'autres personnes, jusqu'à concurrence de la quotité disponible fixée par l'art. 913, l'enfant légitime, en ce cas, se trouvant réduit à la moitié de la succession, les droits attribués à l'enfant naturel par l'art. 757 sont, dans le même cas, de la moitié de ces trois quarts ou des trois huitièmes de la succession; — Qu'en permettant, sous les conditions qu'il détermine, au père de l'enfant, de réduire celui-ci à la moitié des droits attribués par l'art. 757, l'art. 761 lui permet, par cela même, de le réduire, audit cas, à la moitié des trois huitièmes ou aux trois seizièmes au total; qu'autrement, quand le père, laissant des neveux ou nièces, aurait épuisé au profit de personnes quelconques, la quotité disponible fixée par l'art. 913, l'enfant naturel aurait droit aux trois huitièmes, soit que le père ait ou n'ait pas usé de la faculté accordée par l'art. 761 » (C. cass. 31 août 1847). — Il existe plusieurs autres arrêts rendus dans le même sens par la Cour suprême, notamment celui du 13 janv. 1862.

762. Les dispositions des articles 757 et 758 ne sont pas applicables aux enfants adultérins ou incestueux. — La loi ne leur accorde que des aliments.

La loi est plus indulgente pour les enfants simples naturels, qui sont les fruits d'une faiblesse, que pour les fruits de l'inceste ou de l'adultère : elle n'accorde à ceux-ci qu'un droit à des aliments. — Nous avons vu ci-dessus (art. 335), comment un enfant est légalement constaté adultérin ou incestueux.

763. Ces aliments sont réglés eu égard aux facultés du père ou de la mère, au nombre et à la qualité des héritiers légitimes.

Les enfants incestueux ou adultérins ne pouvant obtenir de leurs père et mère que des aliments, il s'ensuit que les dons et legs qu'ils en auraient reçus à titre de pension alimentaire seraient réductibles, s'ils étaient excessifs (art. 908).

764. Lorsque le père ou la mère de l'enfant adultérin ou incestueux lui auront fait apprendre un art mécanique, ou lorsque l'un d'eux lui aura assuré des aliments de son vivant, l'enfant ne pourra élever aucune réclamation contre leur succession.

On voit par là que le droit de l'enfant adultérin ou incestueux est restreint dans des limites très-rigoureuses.

Quand un testateur fait à une personne un legs ayant pour cause déterminante la croyance que le légataire est son enfant incestueux ou adultérin, ce legs est nul; mais la nullité d'un pareil legs ne peut cependant être prononcée que lorsque l'expression de la cause résulte des termes mêmes du testament, ainsi qu'il a été décidé par ces motifs : — « Attendu que les dispositions à titre gratuit sont nulles, tout aussi bien que les dispositions à titre onéreux, lorsqu'elles reposent sur une cause illicite, et que l'on devrait considérer comme telle la libéralité faite par un testateur au profit de ceux qu'il croyait être ses enfants adultérins, si d'ailleurs il était prouvé que cette libéralité n'a eu pour mobile et pour cause déterminante que l'opinion qu'il avait de sa paternité ; — Mais, attendu que si l'on ne peut confondre dans les prohibitions édictées par les art. 335 et 342 C. Nap. la preuve de la filiation adultérine du gratifié et de son incapacité de recevoir, et la preuve de l'opinion que le testateur avait de sa paternité, celle-ci, du moins, ne peut être légalement acceptée qu'autant qu'elle se présente d'elle-même entière et complète, et que, résultant des dispositions attaquées, elle ne permet pas de mettre en doute l'influence déterminante qu'a dû exercer sur ces dispositions l'opinion du testateur que ceux qu'il gratifiait étaient ses enfants ; qu'en effet, cette preuve ne saurait s'induire avec le caractère de certitude nécessaire pour invalider un acte complet et régulier en lui-même, d'une reconnaissance antérieure que le testament ne rappellerait pas, et à laquelle ne se rattacherait, par aucun lien, la libéralité qu'il renferme ; qu'à plus forte raison ne peut-il être permis de la chercher dans des papiers domestiques ou dans les confidences de la correspondance, puisque cette preuve conduirait indirectement à la preuve de la paternité du testateur, l'opinion qu'il en avait ne pouvant être établie que par des faits et des circonstances de nature à la justifier, et qu'ainsi l'autoriser, ce serait provoquer ces révélations scandaleuses que, dans un intérêt de moralité publique, la loi a entendu prévenir lorsqu'elle a proscrit la recherche de la paternité et la reconnaissance des enfants adultérins » (C. cass. 31 juill. 1860). — Il suit de là que le père ou la mère peut valablement donner ou léguer à son enfant naturel simple, adultérin ou incestueux, tout ce dont il pourrait disposer au profit d'une autre personne, lorsqu'il ne l'a pas légalement reconnu, et qu'il ne révèle pas dans l'acte la cause illicite qui a pu motiver sa libéralité.

765. La succession de l'enfant naturel décédé sans postérité est dévolue au père ou à la mère qui l'a reconnu, ou par moitié à tous les deux, s'il a été reconnu par l'un et par l'autre.

Après avoir déterminé dans les articles précédents les droits des enfants naturels dans la succession de leurs père et mère, le Code expose quelles personnes viennent recueillir la succession des enfants naturels.

Tout d'abord, l'enfant naturel laisse sa succession à ses enfants légitimes et à leurs descendants légitimes, et, pour une certaine portion, à ses enfants naturels (art. 757). — Ensuite, à défaut de descendants légitimes, le *de cujus* laisse sa succession irrégulière à ses enfants naturels et à leurs descendants légitimes. Ceux-ci excluent entièrement les père et mère naturels ; en effet, lorsque le *de cujus* laisse des descendants légitimes et des ascendants légitimes, ceux-ci sont exclus par les descendants (art. 745, 746) ; de même, et par une raison pareille, les descendants naturels excluent les père et mère naturels du *de cujus*.

Lorsque l'enfant naturel ne laisse ni postérité légitime ni postérité naturelle, ses père et mère, qui l'ont reconnu de son vivant, deviennent ses héritiers irréguliers ; mais, à la différence des ascendants légitimes (art. 915), ils n'ont droit à aucune réserve. Cette question, qui est cependant controversée en doctrine, est décidée dans ce sens par arrêts de la Cour de cassation des 26 déc. 1860 et 29 janv. 1862. Ce dernier arrêt est ainsi conçu : — « Attendu que toutes personnes peuvent donner et recevoir, excepté celles que les lois en déclarent incapables ; que la réduction des libéralités ne peut être demandée que par ceux au profit desquels la loi fait la réserve ; que la loi n'accorde aucune réserve dans la succession de l'enfant naturel au père ou à la mère qui l'a reconnu ; que la dévolution à leur profit de cette succession, lorsque l'enfant naturel décède sans postérité, ne saurait, en l'absence d'une prohibition formelle, lui enlever le droit absolu de disposer qu'il tient de la loi ; que les art. 913 et 916 C. Nap., rapprochés des deux articles qui les précèdent, et interprétés par leurs termes mêmes, ne s'appliquent évidemment qu'à la succession légitime ; — Qu'enfin, des considérations tirées soit de l'assistance due au père ou à la mère par l'enfant naturel, soit de la convenance d'une réciprocité qui, en fait, serait contestable, ne peuvent, en pareille matière, suppléer au silence de la loi » (C. cass. 29 janv. 1862).

Au reste, il est généralement admis : 1° que les père et mère naturels ne jouissent pas du bénéfice de la succession anomale établie par l'art. 747 ; que, par suite, ils n'ont pas, comme les ascendants légitimes, le droit de succéder aux choses qu'ils ont données à leurs descendants morts sans postérité ; 2° que les père et mère d'un enfant naturel n'ont aucun droit à la succession des descendants légitimes de cet enfant.

766. En cas de prédécès des père et mère de l'enfant naturel, les biens qu'il en avait reçus passent aux frères ou sœurs légitimes, s'ils se retrouvent en nature dans la succession : les actions en reprises, s'il en existe, ou le prix de ces biens aliénés, s'il est encore dû, retournent également aux frères et sœurs légitimes. Tous les autres biens passent aux frères et sœurs naturels, ou à leurs descendants.

On entend, dans cet article, par *frères et sœurs légitimes*, les enfants légitimes des père et mère qui ont reconnu l'enfant naturel.

Lorsque l'enfant naturel a survécu à ses père et mère, et laisse des frères et sœurs légitimes et des frères et sœurs naturels, sa succession se divise en deux parts. L'une de ces parts est composée des biens que l'enfant naturel a reçus de ses père et mère ; elle constitue une succession anomale, pareille à celle qui est établie par l'art. 747 en faveur de l'ascendant donateur, ou par l'art. 351 en faveur des enfants de l'adoptant ; les frères et sœurs légitimes recueillent cette succession par portions virilement égales, sans distinguer s'ils sont germains, utérins ou consanguins, et ils contribuent au payement des dettes de la succession proportionnellement à la valeur des biens qu'ils recueillent ; mais ce droit leur est personnel, et n'appartient jamais à leurs descendants légitimes. L'autre part comprend tous les autres biens de la succession irrégulière : elle appartient aux frères et sœurs naturels du *de cujus*, ou, à défaut, à leurs descendants légitimes. La loi présume que l'enfant naturel entend laisser sa succession à ceux de ses frères et sœurs qui sont, comme lui, des enfants naturels, plutôt qu'aux frères et sœurs qui jouissent de la condition d'enfants légitimes. Cette présomption a d'autant plus de force que jamais l'enfant naturel n'est appelé par la loi à recueillir la succession de ses frères et sœurs légitimes.

SECTION II.

Des Droits du Conjoint survivant et de l'État.

767. Lorsque le défunt ne laisse ni parents au degré successible, ni enfants naturels, les biens de sa succession appartiennent au conjoint non divorcé qui lui survit.

Le divorce, qui a été aboli par la loi du 8 mai 1816, brisait le mariage et anéantissait par conséquent le droit de l'époux survivant de succéder à son conjoint. La séparation de corps est fondée sur les mêmes causes que le divorce (art. 306) ; cependant, comme elle ne brise pas le mariage, elle ne prive pas l'époux contre lequel elle a été prononcée, de la succession de son conjoint prédécédé. Lorsque le mariage est putatif, l'époux qui est de bonne foi jouit de tous les droits qui résultent d'un mariage légitime (art. 201).

L'époux survivant ne succède à son conjoint que dans le cas où celui-ci ne laisse ni descendants, ni ascendants, ni collatéraux au degré successible, ni enfants naturels, ni père et mère naturels, ni frères ou sœurs naturels, ni descendants légitimes de frères ou sœurs naturels.

Quelques auteurs prétendent que le législateur du Code a été, à l'égard du conjoint survivant, d'une excessive rigueur, et qu'il a méconnu la présomption d'affection résultant de l'union des cœurs et des corps dans une société perpétuelle et indissoluble de joies et de peines, de travaux et de périls, de bonnes et de mauvaises fortunes, quoique l'affection présumée ait servi de base à l'ordre général des successions. Ces reproches amers adressés au législateur paraissent immérités. En effet, tout époux a la liberté de faire à son conjoint, soit par contrat de mariage, soit par acte de dernière volonté, des libéralités aussi considérables et même plus considérables que celles qu'il lui est permis de faire à une autre personne (art. 1094). De pareilles libéralités sont très-fréquentes. Mais si un époux vient à décéder sans avoir fait aucune libéralité à son conjoint, il faut conclure de là, quand il laisse des parents successibles, qu'il n'a rien voulu lui donner. D'ailleurs, le mariage, qui confond les époux dans l'unité et l'égalité, laisse subsister pour chacun d'eux sa personnalité, son patrimoine, ses liens de famille et ses droits de succession ; il doit aussi, par une raison de réciprocité, laisser subsister dans leur intégralité les droits que les membres de la famille tiennent de la nature et de la loi de succéder à leur parent, maintenant marié. S'il en était autrement, la vénalité pourrait corrompre l'union qui est et doit rester la pépinière des bons citoyens.

768. A défaut du conjoint survivant, la succession est acquise à l'État.

L'Etat, qui représente l'universalité des citoyens, ne vient qu'après tous les successeurs, *fiscus post omnes*; il empêche ainsi les dilapidations d'une succession en déshérence. Toutefois, les hospices succèdent, de préférence à l'Etat, aux enfants qu'ils ont recueillis, et aux effets mobiliers apportés par les malades traités gratuitement (L. 15 pluv. an XIII ; avis conseil d'Etat, 3 nov. 1809).

769. Le conjoint survivant et l'administration des domaines qui prétendent droit à la succession, sont tenus de faire apposer les scellés, et de faire faire inventaire dans les formes prescrites pour l'acceptation des successions sous bénéfice d'inventaire.

L'apposition des scellés a pour but de conserver les valeurs de la succession; et l'inventaire, de constater le montant de ces valeurs. Le défunt laisse peut-être des héritiers légitimes, qui priment le conjoint survivant et l'Etat ; or, comme les héritiers peuvent réclamer la succession pendant trente ans, l'inventaire devient pour eux un moyen de connaître et de prouver la consistance des valeurs auxquelles ils ont droit.

770. Ils doivent demander l'envoi en possession au tribunal de première instance dans le ressort duquel la succession est ouverte. Le tribunal ne peut statuer sur la demande qu'après trois publications et affiches dans les formes usitées, et après avoir entendu le procureur impérial.

L'époux survivant ou l'Etat qui demande au tribunal, par requête d'avoué, l'envoi en possession des biens de la succession, allègue qu'il n'existe point de parents successibles; mais il n'est pas tenu de faire la preuve, souvent impossible, de cette allégation négative : les publications et affiches, qui se font dans la forme usitée pour la vente des immeubles, suffisent pour avertir les parents d'avoir à se présenter; d'ailleurs, le ministère public, qui a pour mission de veiller aux intérêts des incapables et des absents, prend des renseignements pour découvrir si le défunt n'a pas laissé des parents au degré successible.

Par une circulaire du 8 juill. 1806, le grand juge ajoute aux formes prescrites dans notre article ce qui suit : « Le tribunal décerne acte de la demande ; ordonne qu'une expédition de ce premier acte sera adressée au ministre de la justice pour l'insertion au *Moniteur*; les trois affiches sont apposées, dans le ressort de l'ouverture de la succession, de trois mois en trois mois; le jugement d'envoi en possession n'est prononcé qu'un an après la demande. »

L'époux survivant ou l'Etat qui a obtenu du tribunal l'envoi en possession est réputé de bonne foi; par conséquent, il gagne toujours les fruits, et n'est tenu de restituer à l'héritier, qui se présente dans les trente ans, que les biens qui composaient la succession. Au reste, lorsqu'un curateur a été nommé à la succession vacante, il doit rendre ses comptes au successeur irrégulier qui a obtenu l'envoi en possession.

771. L'époux survivant est encore tenu de faire emploi du mobilier, ou de donner caution suffisante pour en assurer la restitution, au cas où il se présenterait des héritiers du défunt dans l'intervalle de trois ans; après ce délai, la caution est déchargée.

L'Etat est toujours présumé solvable. C'est pourquoi l'obligation de faire emploi du mobilier ou de fournir caution n'est imposée qu'au conjoint survivant et, par l'art. 773, aux parents naturels. Lorsque la caution est déchargée par l'expiration du délai de trois ans, les parents successibles, qui sont les véritables héritiers, peuvent encore, et cela dans les trente ans qui suivent le décès de leur auteur, revendiquer la succession contre le successeur irrégulier qui a été envoyé en possession, ou contre tout autre héritier putatif. Mais, si celui-ci est insolvable, peuvent-ils soutenir, contre les tiers de bonne foi, que les actes par lui faits sont nuls ? Il faut, distinguer. 1° Si les tiers ont payé à l'héritier putatif ce qu'ils devaient au défunt, ces payements sont valables (art. 1240); en outre, s'ils ont acquis des meubles corporels qui leur ont été livrés, ils en sont devenus propriétaires, par application de la règle ainsi formulée par l'art. 2279 : « En fait de meubles, la possession vaut titre. » 2° Si, au contraire, les tiers ont reçu, à titre d'achat, ou en vertu de tout autre juste titre, des immeubles héréditaires, le véritable héritier peut les revendiquer, tant que les tiers ne les ont pas acquis par la prescription de dix ou vingt ans (art. 2265); en effet, l'héritier qui avait la possession, et non la propriété de ces immeubles, n'a pas pu transférer plus de droits qu'il n'avait lui-même. Mais ce principe de droit est ainsi tempéré par la jurisprudence qui s'inspire des faits particuliers : s'il est prouvé que les tiers acheteurs n'ont commis aucune imprudence, qu'ils ont traité avec une personne qui passait aux yeux de tous pour le véritable successeur du défunt, et si l'héritier a une grave négligence à s'imputer, celui-ci succombera dans son action en revendication ; en effet, il y a là une question d'équité et de bonne foi que les juges apprécient d'une manière souveraine.

772. L'époux survivant ou l'administration des domaines qui n'auraient pas rempli les formalités qui leur sont respectivement prescrites, pourront être condamnés aux dommages-intérêts envers les héritiers, s'il s'en représente.

L'époux survivant ou l'Etat qui s'est mis en possession dés biens héréditaires sans faire inventaire, ou sans obtenir du tribunal l'envoi en possession, est réputé de mauvaise foi ; par suite, il doit tenir compte, au véritable héritier qui se présente dans les trente ans, de tous les fruits qu'il a perçus ou qu'il a négligé de percevoir, ainsi que de toutes les pertes ou détériorations survenues par sa faute.

773. Les dispositions des articles 769, 770, 771 et 772 sont communes aux enfants naturels appelés à défaut de parents.

L'enfant naturel n'est tenu de remplir les obligations imposées au conjoint survivant que s'il est appelé « à défaut de parents, » en d'autres termes, s'il prétend avoir droit à toute la succession. Quant aux successeurs irréguliers de l'enfant naturel, ils sont tenus seulement de se faire envoyer en possession : aucun texte de loi n'exige de leur part ni apposition de scellés, ni inventaire, ni caution, et la situation particulière de l'enfant naturel ne permet pas, en cette matière, de suppléer au texte de la loi.

CHAPITRE III.

DE L'ACCEPTATION ET DE LA RÉPUDIATION DES SUCCESSIONS.

Ce chapitre contient quatre sections qui traitent : 1° de l'acceptation; 2° de la répudiation; 3° de l'acceptation sous bénéfice d'inventaire; 4° enfin, des successions vacantes.

SECTION PREMIÈRE.

De l'Acceptation.

Le plus proche parent du défunt devient héritier à son insu. Dès que s'ouvre la succession, ce parent acquiert la propriété et la possession de tous les biens et de tous les droits actifs et passifs dont elle se compose. Voilà ce qu'exprime cette maxime ancienne du droit français : « Le mort saisit le vif, son hoir le plus proche et habile à succéder. » Ainsi, le parent le plus proche acquiert l'hérédité à son insu; mais il ne l'acquiert cependant pas malgré lui. Il peut la répudier, conformément à cette maxime : « Nul n'est héritier qui ne veut. »

Le parent le plus proche est présumé vouloir accepter la succession qui lui est échue; mais ce n'est que par la manifestation de sa volonté, c'est-à-dire par son *acceptation*, que la présomption devient ferme et irrévo-

cable. L'acceptation de la succession peut être définie, avec le grand jurisconsulte Pothier : « La déclaration que fait celui à qui la succession est
déférée, de la volonté qu'il a d'être héritier. » Par cette acceptation, le
plus proche parent n'acquiert rien, car, à l'époque même où la succession
s'est ouverte, il a acquis tous les biens dont elle se compose ; bien plus,
au lieu d'acquérir, il *perd*. Quoi ? il perd la faculté qui lui avait été réservée : celle de renoncer.

774. Une succession peut être acceptée purement et simplement, ou sous bénéfice d'inventaire.

Comme il existe deux sortes d'acceptation, l'héritier peut, lorsque la
succession est ouverte à son profit, choisir entre ces trois partis : accepter
purement et simplement ; accepter sous bénéfice d'inventaire ; renoncer.
Toutefois, le tuteur autorisé par le conseil de famille ne peut jamais accepter purement et simplement la succession échue au mineur ou à l'interdit (art. 776, 461) ; le choix n'existe donc alors qu'entre les deux autres
partis.

1° Par l'acceptation *pure et simple*, qui est le seul parti qui se présume,
parce qu'il est le seul qui soit conforme au principe de la saisine (art.
724), l'héritier devient irrévocablement propriétaire de tous les biens, de
tous les droits et de toutes les créances qui composent la succession ; mais
il est tenu personnellement d'en acquitter toutes les dettes et charges. Par
cette acceptation, en effet, la personne du défunt et la personne de l'héritier se trouvent mêlées, confondues et tellement identifiées qu'elles ne
forment désormais perpétuellement qu'une seule personne.

2° Par l'acceptation *bénéficiaire*, qui ne se présume jamais et doit être
expresse, l'héritier sépare la personne et le patrimoine du défunt de sa
personne propre et de son patrimoine propre. Il administre la succession ;
il en fait vendre les biens pour acquitter les dettes. Si l'actif de la masse
des biens laissés est inférieur au passif, les créanciers héréditaires reçoivent seulement une partie de ce qui leur est dû, et ils perdent définitivement l'autre partie, car ils n'ont plus de débiteur. Si, au contraire, l'actif
est supérieur au passif, la différence appartient à l'héritier bénéficiaire.

3° Enfin, par la *renonciation*, l'héritier repousse la qualité d'héritier :
l'actif et le passif de la succession lui deviennent complétement étrangers.

L'acceptation bénéficiaire n'est pas toujours le parti le plus avantageux :
si l'héritier croit la succession bonne, il fera bien de l'accepter purement
et simplement, car il évitera bien des formalités et des frais qui diminuent

et quelquefois absorbent l'actif net de la succession ; s'il la croit mauvaise, il fera bien d'y renoncer, car il se dispensera par là de faire le rapport des libéralités qu'il a reçues du défunt, et il s'épargnera les ennuis et les peines d'une difficile et périlleuse liquidation.

775. Nul n'est tenu d'accepter une succession qui lui est échue.

Cet article reproduit la maxime : « Nul n'est héritier qui ne veut. » Il signifie, d'une part, que l'héritier le plus proche, qui est saisi et présumé acceptant, peut renoncer, et, d'autre part, que les héritiers non saisis, comme les parents venant après l'héritier le plus proche qui a répudié et les héritiers irréguliers, peuvent se dispenser d'accepter.

776. Les femmes mariées ne peuvent pas valablement accepter une succession sans l'autorisation de leur mari ou de justice, conformément aux dispositions du chapitre VI du titre *du Mariage*. — Les successions échues aux mineurs et aux interdits ne pourront être valablement acceptées que conformément aux dispositions du titre *de la Minorité, de la Tutelle et de l'Emancipation*.

L'acceptation pure et simple d'une succession peut, s'il y a plus de passif que d'actif, causer la ruine de l'héritier, et l'acceptation sous bénéfice d'inventaire peut avoir aussi pour l'héritier de graves conséquences, car elle l'oblige à rapporter à la succession les donations entre-vifs et testamentaires qu'il a reçues du défunt (art. 843). C'est pourquoi la femme mariée ne peut accepter la succession qui lui est échue sans l'autorisation de son mari ou de justice. Quand la femme ne veut pas accepter une succession qui lui est échue, le mari a-t-il le droit de l'accepter, lorsque cette acceptation lui procurera à lui-même, ou à la communauté qu'il administre, un grand avantage ? Il ne peut jamais accepter la succession de son chef, puisque ce n'est pas à lui qu'elle est directement déférée ; mais il peut l'accepter du chef de sa femme, en exerçant les droits de celle-ci (art. 1166) ; pour faire cette acceptation, il faut qu'il ait obtenu l'autorisation du tribunal.

Lorsqu'une succession est échue à un mineur ou à un interdit, elle ne peut être acceptée que sous bénéfice d'inventaire, par le tuteur autorisé à cet effet par le conseil de famille (art. 461). Le majeur qui est pourvu d'un conseil judiciaire accepte la succession qui lui est échue avec l'assistance de ce conseil ; de même que la femme mariée qui est autorisée, il peut, avec cette assistance, accepter la succession purement et simplement.

777. L'effet de l'acceptation remonte au jour de l'ouverture de la succession.

Le plus proche héritier légitime étant saisi de la propriété et de la possession des biens de la succession, depuis l'instant où son parent est décédé (art. 724), l'effet de son acceptation ne « remonte au jour de l'ouverture de la succession, » qu'en ce sens qu'il est considéré comme n'ayant jamais eu la faculté de renoncer, et comme ayant dit à son parent exhalant le dernier soupir et lui offrant sa succession : « Je l'accepte. » Relativement à la propriété et à la possession des biens héréditaires, l'acceptation de cet héritier n'a point d'effet rétroactif ; car la réalité qui existe à cet égard exclut essentiellement la fiction.

Mais la fiction est nécessaire quand l'héritier saisi renonce : alors, il « est censé n'avoir jamais été héritier » (art. 785). S'il revient sur sa renonciation, et accepte (art. 790), ou si un parent du degré subséquent accepte la succession répudiée par l'héritier le plus proche, qui avait été seul saisi, il arrive, dans ces deux cas, que l'acceptant est censé avoir été propriétaire et possesseur des biens héréditaires *du jour de l'ouverture de la succession*. La fiction se place ainsi là seulement où la réalité n'a pas existé.

778. L'acceptation peut être expresse ou tacite : elle est expresse, quand on prend le titre ou la qualité d'héritier dans un acte authentique ou privé ; elle est tacite, quand l'héritier fait un acte qui suppose nécessairement son intention d'accepter, et qu'il n'aurait droit de faire qu'en sa qualité d'héritier.

L'acceptation pure et simple peut être expresse ou tacite, parce que la loi la présume. Mais l'acceptation bénéficiaire, que la loi ne présume point, ne peut avoir lieu que par une déclaration expressément faite au greffe du tribunal civil du lieu où la succession s'est ouverte (art. 793).

1° *Acceptation expresse.* — L'acceptation pure et simple de la succession est expresse quand l'habile à succéder prend dans un *acte*, c'est-à-dire dans un écrit, le titre ou la qualité d'héritier. Les mots *titre* et *qualité* sont ici synonymes. Celui qui n'est pas encore fixé sur le parti qu'il doit prendre agirait bien imprudemment s'il déclarait dans un écrit ou même dans une lettre « qu'il est héritier. » Cependant, le mot *héritier* signifiant quelquefois *habile à succéder*, le juge recherche le sens que l'auteur de l'écrit a entendu lui donner. C'est ce que la Cour suprême a décidé dans les termes suivants : — « Attendu qu'aux termes de l'art. 778 C. Nap., il y a acceptation d'une succession lorsque la qualité d'héritier à été prise dans un acte authentique ou privé, et que, suivant l'art. 800 du même Code, celui qui a fait acte d'héritier ne peut plus l'accepter sous bénéfice d'inventaire ; — Mais, attendu que le mot *héritier* a une double signification, ainsi que cela résulte d'un grand nombre d'articles du Code, et notamment des art. 724, 778, 785, 787, 790 et 800 ; qu'il indique tantôt la simple qualité de *successible*, et tantôt la qualité d'*héritier définitif;* — Qu'il en résulte que lorsque, dans un acte, un individu s'est désigné ou a été indiqué comme héritier, il est nécessaire de rechercher dans quel sens ce mot a été employé, et que les art. 778 et 800 ne peuvent être appliqués qu'à la personne qui a entendu prendre ou accepter la qualité d'héritier pur et simple » (C. cass. 18 nov. 1863).

2° *Acceptation tacite.* — L'acceptation tacite est celle qui résulte d'un *acte*, c'est-à-dire d'un fait, qui suppose nécessairement l'intention d'accepter, comme la vente à l'amiable d'immeubles ou même de meubles appartenant à la succession. Un pareil acte est appelé acte de *propriétaire*, acte de *maître*. Pour qu'un acte de maître emporte acceptation, il faut que l'habile à succéder sache : 1° que la succession est ouverte et qu'elle lui est déférée ; 2° que les biens sur lesquels il agit en maître appartiennent à la succession ; 3° qu'il n'a droit de faire cet acte qu'en qualité d'héritier. Pour déterminer si des payements de dettes héréditaires sont des actes de maître, on prend en considération la nature et l'importance des dettes et l'urgence de leur payement. L'appréciation des tribunaux à cet égard est souveraine, ainsi qu'il a été décidé en ces termes : — « Attendu que la question que soulevait le pourvoi était celle de savoir si l'acceptation tacite de la succession du sieur Charlemaine résultait d'actes supposant nécessairement de la part de ses héritiers l'intention d'accepter ; — Attendu que la cour de Caen, appréciant chacun de ces faits, a reconnu et constaté que les uns impliquaient contradiction avec l'intention des défendeurs éventuels de se porter héritiers purs et simples de leur père, et que les autres ne constituaient que des actes de sage administration autorisés par l'art. 779 C. Nap. ; — Attendu que l'appréciation de ces actes, par les circonstances qui les ont accompagnés et caractérisés, rentrait dans le pouvoir discrétionnaire des juges du fait, et ne peut tomber sous la censure de la Cour de cassation » (C. cass. 13 mai 1863).

779. Les actes purement conservatoires, de surveillance et d'administration provisoire, ne sont pas des actes d'addition d'hérédité, si l'on n'y a pas pris le titre ou la qualité d'héritier.

L'habile à succéder fait des actes *conservatoires*, par exemple, lorsqu'il prend ou renouvelle des inscriptions, ou qu'il proteste, à l'échéance, des lettres de change, des billets à ordre dépendant de la succession, et poursuit en payement les divers souscripteurs. Il fait des actes de *surveillance et d'administration*, s'il récolte une moisson arrivée à sa maturité, s'il fait des réparations urgentes, ou s'il passe ou renouvelle des baux pour une faible durée.

780. La donation, vente ou transport que fait de ses droits successifs un des cohéritiers, soit à un étranger, soit à tous ses cohéritiers, soit à quelques-uns d'eux, emporte de sa part acceptation de la succession. — Il en est de même, 1° de la renonciation, même gratuite, que fait un des héritiers au profit d'un ou de plusieurs de ses cohéritiers; — 2° De la renonciation qu'il fait même au profit de tous ses cohéritiers indistinctement, lorsqu'il reçoit le prix de sa renonciation.

L'habile à succéder qui fait un acte d'héritier, de maître, devient irrévocablement héritier (art. 778). Or, dans tous les cas cités par notre article, il fait un acte de maître. Donc il devient irrévocablement héritier et doit, par suite, personnellement acquitter les dettes de la succession.

1° Lorsque l'habile à succéder vend, échange ou donne ses droits successifs, il accepte l'hérédité; car il ne peut disposer que de ce qu'il a acquis. S'il a *vendu*, il a droit à un prix; s'il a *échangé*, il a droit à ce qui fait l'objet de l'obligation de son coéchangiste; s'il a *donné*, il a fait naître entre lui et l'autre contractant des rapports de donateur à donataire, et, par suite, les choses qui font l'objet de cet acte sont rapportables (art. 843), réductibles (art. 920), révocables pour inexécution des conditions, pour ingratitude et pour survenance d'enfant au donateur (art. 953). Il peut donc être poursuivi en payement par les créanciers héréditaires; mais il a une action en recours contre son acquéreur des droits successifs (art. 1698).

2° Si l'habile à succéder *renonce* à ses droits dans la succession au profit d'un ou de plusieurs de ses cohéritiers, alors, en réalité, il vend, échange ou donne ses droits successifs, selon que cette renonciation est faite à titre onéreux ou à titre gratuit. Un pareil acte, qui ne profite qu'à quelques-uns des héritiers, diffère essentiellement de la renonciation générale et absolue qui est faite au greffe du tribunal, par laquelle le renonçant est considéré comme n'ayant jamais été héritier (art. 785), et par laquelle la part répudiée est acquise à tous les héritiers acceptants (art. 786), qui la reçoivent alors non pas du renonçant, mais de la loi.

3° Enfin, si l'héritier renonce à ses droits successifs au profit de tous ses cohéritiers indistinctement, il fait une véritable vente quand il reçoit un prix; il devient par conséquent héritier irrévocable. Si, au contraire, il ne reçoit pas de prix, sa renonciation, qui ne constitue point une acceptation, est une véritable renonciation, qui reste cependant imparfaite à l'égard des tiers, et notamment à l'égard des créanciers héréditaires, tant qu'elle n'est pas inscrite sur les registres tenus au greffe du tribunal civil.

781. Lorsque celui à qui une succession est échue, est décédé sans l'avoir répudiée ou sans l'avoir acceptée expressément ou tacitement, ses héritiers peuvent l'accepter ou la répudier de son chef.

Primus décède, il laisse pour héritier Sécundus. Celui-ci décède lui-même sans avoir pris parti sur la succession qui lui était échue : ses héritiers auront, comme lui, la faculté de l'accepter ou de la répudier. Le droit à la succession de Primus est alors *transmis* aux héritiers de Sécundus.

782. Si ces héritiers ne sont pas d'accord pour accepter ou pour répudier la succession, elle doit être acceptée sous bénéfice d'inventaire.

Dans l'espèce posée sous l'article précédent, chacun des héritiers de Sécundus a le droit de prendre le parti qui lui convient relativement à la succession de Sécundus : les uns peuvent donc accepter cette succession purement et simplement ; d'autres, l'accepter sous bénéfice d'inventaire ; d'autres, enfin, la répudier. Mais Sécundus n'avait qu'un parti à prendre relativement à la succession de Primus, qui lui était déférée, car une seule personne ne peut pas accepter une succession en partie et la répudier en partie. De même, ses héritiers acceptants, qui exercent seuls ses droits, sont tenus de prendre tous ensemble, relativement à la succession de Primus, un parti unique : ou d'accepter purement et simplement, ou d'accepter sous bénéfice d'inventaire, ou bien de répudier. S'ils ne s'accordent pas, l'acceptation a nécessairement lieu sous bénéfice d'inventaire. — En pareil cas, le juge, dans l'ancien droit, décidait quel était le parti le plus avantageux aux héritiers de Sécundus. Cette décision était préférable à la disposition de notre article ; en effet l'acceptation bénéficiaire impose l'obligation de rapporter à la succession les choses données ; or, lorsque Sécundus avait des cohéritiers, la renonciation qui dispense du rapport, peut être beaucoup plus avantageuse que l'acceptation bénéficiaire de la succession de Primus.

783. Le majeur ne peut attaquer l'acceptation expresse ou tacite qu'il a faite d'une succession, que dans le cas où cette acceptation aurait été la suite d'un dol pratiqué envers lui : il ne peut jamais réclamer sous prétexte de lésion, excepté seulement dans le cas où la succession se trouverait absorbée ou diminuée de plus de moitié, par la découverte d'un testament inconnu au moment de l'acceptation.

Lorsqu'un majeur accepte une succession, il devient par là héritier irrévocable. Il peut cependant, par exception à cette règle, se faire restituer contre son acceptation dans les deux cas suivants :

1° Lorsque l'acceptation de l'héritier est le résultat du *dol*, c'est-à-dire de manœuvres frauduleuses pratiquées envers lui. — Dans un contrat, le dol n'est une cause de nullité que lorsque les manœuvres frauduleuses émanent de l'une des parties contractantes (art. 1116). Mais le dol est toujours une cause générale de rescision de l'acceptation de l'hérédité ; il n'y a pas à distinguer s'il émane d'un cohéritier, d'un créancier héréditaire, d'un légataire ou d'un tiers sans intérêt ; car celui qui accepte la qualité de continuateur de la personne du défunt, fait un acte très-grave, pour lequel il doit agir librement et n'être pas soumis à l'empire d'une

I.   28

influence étrangère. De même que le dol, et même à plus forte raison, la *violence*, qui vicie le consentement d'une manière encore plus grave (art. 1111), est une cause de rescision de l'acceptation.

2° Lorsque, postérieurement à l'acceptation, un testament qui enlève à l'héritier plus de moitié de la succession, vient à être découvert. — Dans ce cas, l'héritier qui a accepté n'a commis aucune imprudence; il est donc équitable de venir à son secours, et de ne pas le laisser exposé aux poursuites des créanciers héréditaires, lorsque la majeure partie de la succession lui échappe.

Hors les deux cas que nous venons d'exposer, l'héritier majeur ne peut jamais se faire restituer par le tribunal contre son acceptation. En conséquence, si, après son acceptation pure et simple, il surgit une masse de dettes dont il n'avait pu soupçonner l'existence, c'est pour lui un malheur irréparable : il est tenu d'acquitter sur ses propres biens toutes les dettes héréditaires.

Notre article ne parle que de l'héritier *majeur*. Mais les mêmes principes sont applicables à la femme mariée qui a accepté la succession, à elle échue, avec l'autorisation de son mari ou de justice, et au mineur ou interdit au nom desquels l'acceptation a été régulièrement faite par le tuteur (art. 461). Mais si la femme non autorisée, le mineur ou l'interdit acceptent une succession, ils peuvent, pour cause d'incapacité, attaquer leur acceptation, alors surtout qu'il en résulte pour eux du préjudice; on devrait même dire qu'en pareil cas, l'acceptation est non-seulement annulable, mais qu'elle est même radicalement nulle (art. 776).

SECTION II.

De la renonciation aux successions.

La *renonciation*, ou répudiation, est l'acte par lequel l'habile à succéder déclare expressément qu'il entend ne pas être héritier. Par cette déclaration, faite selon les formes prescrites par la loi, il devient étranger aux droits et aux charges de la succession.

784. La renonciation à une succession ne se présume pas : elle ne peut plus être faite qu'au greffe du tribunal de première instance dans l'arrondissement duquel la succession s'est ouverte, sur un registre particulier tenu à cet effet.

L'acceptation de la succession par l'héritier saisi se présume : aussi peut-elle être faite d'une manière expresse ou tacite (art. 778). La renonciation, au contraire, ne se présume point de la part de l'héritier saisi : elle doit être expresse et solennelle. Elle pouvait autrefois avoir lieu par-devant notaires. Mais il faut maintenant que l'habile à succéder se présente, accompagné d'un avoué, au greffe du tribunal de l'ouverture de la succession : il y fait au greffier sa déclaration, qui est inscrite sur un registre destiné à recevoir les renonciations et les acceptations bénéficiaires. La renonciation est ainsi rendue publique, dans l'intérêt des cohéritiers, des parents du degré subséquent, des créanciers héréditaires et des légataires.

Celui qui veut renoncer à un legs qui lui a été fait est-il tenu de faire sa renonciation au greffe du tribunal civil de l'ouverture de la succession ? Cette question ne peut évidemment pas s'élever quand il s'agit d'un legs particulier. Elle ne peut pas non plus s'élever, avec apparence de fondement, quand il s'agit d'un legs universel d'usufruit, qui n'est, en réalité, qu'un legs particulier d'une nature spéciale ; en effet, ainsi que l'a jugé la cour de Riom, par arrêt du 26 juillet 1862, « le légataire de l'usufruit d'une universalité de biens n'est ni un légataire universel ni un légataire à titre universel, puisqu'il ne se trouve dans aucun des cas indiqués et précisés dans les art. 1003 et 1010 C. Nap. » La question ne peut donc sérieusement s'élever que lorsqu'il s'agit d'un véritable legs universel. Or, à cet égard, il faut distinguer si le légataire universel a la saisine (art. 1006), ou si, au contraire, il n'a pas la saisine (art. 1004, 1007). Le légataire universel a-t-il la saisine ? Il peut être poursuivi en payement, comme un héritier légitime, par les créanciers de la succession ; s'il veut répudier, il faut donc, dans le but de se soustraire aux poursuites, qu'il fasse sa renonciation d'une manière *publique*, c'est-à-dire au greffe du tribunal civil de l'ouverture de la succession. Le légataire universel est-il, au contraire, privé de la saisine ? Il n'a pas besoin d'aller faire sa renonciation au greffe du tribunal ; en effet, par cela seul qu'il ne se fait pas envoyer par le tribunal en possession des biens de la succession, il est réputé renonçant et il ne peut pas être poursuivi en payement par les créanciers héréditaires. Ce que nous disons du légataire universel non saisi s'applique, à plus forte raison, au légataire à titre universel et à l'héritier irrégulier, qui n'ont jamais la saisine légale.

785. L'héritier qui renonce, est censé n'avoir jamais été héritier.

Le plus proche parent du défunt était saisi de sa succession sous une condition résolutoire : lorsqu'il renonce, la condition résolutoire s'accomplit ; par cette renonciation, il anéantit en lui l'effet de la saisine légale, et il est considéré comme ayant toujours été étranger à la succession. En conséquence, lorsqu'il était créancier ou débiteur du défunt, sa créance ou sa dette, qui avaient été éteintes par la confusion, renaissent. — La grave question de savoir si l'enfant qui renonce à la succession, et qui garde la quotité disponible, a droit à la réserve, est exposée sous l'art. 913.

786. La part du renonçant accroît à ses cohéritiers ; s'il est seul, elle est dévolue au degré subséquent.

La part du renonçant n'accroît pas indistinctement à tous ses cohéritiers ; mais elle leur accroît selon les règles ordinaires des successions, car elle profite à ceux auxquels nuisait la présence de celui qui a renoncé. En conséquence, si, par exemple, un parent paternel du défunt vient à renoncer, sa part accroît entièrement aux cohéritiers de sa ligne ; s'il n'a pas de cohéritiers dans sa ligne, mais seulement des parents du degré subséquent, c'est à ces parents que sa part est dévolue. Ainsi, ce n'est qu'à défaut de parents au degré successible dans la ligne du renonçant, que sa part est dévolue aux cohéritiers de l'autre ligne (art. 733).

Au reste, l'expression de notre article, *accroît*, montre que l'accroissement s'opère de plein droit ; qu'au lieu d'être volontaire, il s'opère d'une manière nécessaire et forcée dans la personne des cohéritiers qui ont déjà accepté ou qui viennent ensuite à accepter.

787. On ne vient jamais par représentation d'un héritier qui a renoncé : si le renonçant est le seul héritier de son degré, ou si tous ses cohéritiers renoncent, les enfants viennent de leur chef et succèdent par tête.

C'est là une application du principe posé dans l'art. 744, qui dispose que l'on ne représente jamais les personnes vivantes.

788. Les créanciers de celui qui renonce au préjudice de leurs droits, peuvent se faire autoriser en justice à accepter la succession du chef de leur débiteur, en son lieu et place. — Dans ce cas, la renonciation n'est annulée qu'en faveur des créanciers, et jusqu'à concurrence seulement de leurs créances : elle ne l'est pas au profit de l'héritier qui a renoncé.

Les droits des créanciers de celui qui a renoncé diffèrent selon que le renonçant peut, ou ne peut plus, revenir sur sa renonciation.

I° Lorsque le débiteur n'a pas encore renoncé, ou lorsqu'il a renoncé et peut encore revenir sur sa renonciation, parce que la succession n'a pas encore été appréhendée par d'autres, tous ses créanciers peuvent, par application de l'art. 1166, être autorisés par le tribunal à exercer ses droits et à accepter la succession en son nom.

2° Si, au contraire, la renonciation de l'héritier débiteur est pour lui définitive, parce que la succession se trouve appréhendée par d'autres cohéritiers ou par des héritiers du degré subséquent, ses créanciers dont la cause est antérieure à la renonciation, peuvent, en agissant en leur propre nom et par application de l'art. 1167, faire annuler la renonciation que leur débiteur aurait faite en fraude de leurs droits. La fraude se compose ici, comme lorsqu'il s'agit de libéralités (V. les explications de l'art. 1167), du fait de préjudice et de l'intention du débiteur de causer ce préjudice. Lorsque les créanciers ont fait annuler la renonciation frauduleuse émanée de leur débiteur, l'annulation a lieu seulement dans leur intérêt ; en conséquence, ils se font payer sur les biens de la successsion ; mais l'émolument héréditaire qui reste après leur payement appartient, non pas au débiteur qui a répudié, mais aux héritiers qui ont accepté. Ceux-ci n'ont aucun recours à exercer contre le renonçant, sous le prétexte que les biens de la succession, qui leur appartenaient, ont servi à payer ses dettes.

Au reste, les créanciers peuvent aussi, par application de l'art. 1167, obtenir du tribunal l'annulation de l'acceptation frauduleuse que leur débiteur aurait faite purement et simplement d'une succession onéreuse.

789. La faculté d'accepter ou de répudier une succession se prescrit par le laps de temps requis pour la prescription la plus longue des droits immobiliers.

La prescription « *la plus longue des droits immobiliers,* » est celle de trente ans (art. 2262), qui court ici du jour de l'ouverture de la succession.

Quelle est, après trente ans, la position de l'héritier qui n'a ni accepté, ni répudié ? Est-il héritier irrévocablement ? Ou bien, au contraire, est-il irrévocablement étranger à la succession ? Il existe à cet égard un grand nombre de systèmes. Le plus conforme à l'esprit de la loi est celui qui distingue s'il s'agit d'un héritier saisi, c'est-à-dire du parent légitime le plus proche et habile à succéder (art. 724), ou s'il s'agit d'un héritier non saisi.

1° S'agit-il d'un héritier saisi ? Un pareil héritier qui est non-seulement propriétaire, mais encore possesseur de plein droit de tous les biens actifs, et passifs de la succession (art. 724), est présumé accepter cette succession telle qu'elle lui est offerte, c'est-à-dire purement et simplement. Il a pendant trente ans une double faculté : celle d'accepter sous bénéfice d'inventaire et celle de renoncer. Mais l'acceptation bénéficiaire et la renonciation ne se présumant pas et devant être faites expressément au greffe du tribunal civil du lieu de l'ouverture de la succession (art. 784, 793), il s'ensuit que l'héritier saisi qui garde le silence est censé renoncer à cette faculté; chaque jour de silence augmente la force de la présomption que cet héritier accepte la succession purement et simplement; après trente ans, cette présomption devient une vérité; par conséquent, après ce délai, la double faculté d'accepter sous bénéfice d'inventaire et de renoncer est prescrite; l'héritier saisi est devenu héritier irrévocable, et, par suite, il est tenu d'acquitter, sur ses propres biens, toutes les dettes du défunt.

Cette règle *générale* souffre deux exceptions.

Première exception. — La prescription de la faculté de renoncer ne s'accomplit pas contre l'héritier, quand celui-ci ignore qu'il est saisi d'une succession; car, par application de la maxime, « Nul n'est héritier qui ne veut, » il ne devient pas irrévocablement héritier malgré lui. Voilà ce qu'ont décidé avec raison la cour de Caen, par arrêt du 22 juill. 1862, et la cour de Paris, qui a statué en ces termes : — « Considérant que l'attribution de la qualité d'héritier, rendue irrévocable par l'abstention, placerait la fortune de tous les citoyens dans un état d'incertitude inévitable, nul ne pouvant garantir qu'il n'a pas un parent inconnu mort insolvable il y a trente années, dont il n'a pas été possible de répudier la succession complétement ignorée; qu'un tel résultat ne peut être entré dans la pensée du législateur à aucun titre » (C. de Paris, 26 nov. 1862).

Seconde exception. — L'héritier saisi dont la part est possédée, même depuis peu de temps, par des cohéritiers acceptants, ou par des parents du degré subséquent, est irrévocablement exclu de la succession lorsqu'il s'est écoulé trente ans depuis le jour où cette succession a été ouverte; en effet, la possession légale, qui n'est que fictive, faiblit et s'efface devant la possession réelle et efficace des autres cohéritiers ou des parents du degré subséquent : dans cette situation, le silence de l'héritier saisi est, après trente ans, assimilé à une renonciation; par conséquent, la succession doit être partagée comme si cet héritier n'eût jamais existé. Voilà ce qui a été consacré par deux notables arrêts de la cour de Caen et de la cour de Paris. La cour de Caen s'exprime ainsi : — « Considérant que les intimés ayant laissé passer le délai de trente ans sans accepter la succession qui leur était dévolue, sont non recevables et mal fondés à faire valoir leurs droits héréditaires à l'encontre de l'héritier en degré subséquent qui a appréhendé la succession » (C. de Caen, 25 juill. 1862). — La cour de Paris s'exprime en ces termes : — « Considérant qu'étant écartée la qualité d'héritier par le fait de la prescription, attribuée aux successibles qui ne se sont pas présentés pendant trente ans, il en résulte qu'ils sont étrangers à la succession, laquelle doit être partagée comme s'ils n'avaient jamais existé » (C. de Paris, 25 nov. 1862).

2º S'agit-il, au contraire, d'héritiers non saisis qui restent dans le silence? Trente ans après l'ouverture de la succession, ils en sont exclus irrévocablement. Les héritiers non saisis sont : le plus proche parent légitime qui a renoncé, les parents du degré subséquent et les héritiers irréguliers. Comme ils ne sont pas possesseurs de la succession, ils sont présumés y renoncer tant qu'ils ne l'acceptent pas; après trente ans, cette présomption devient une vérité irrévocable, et, par suite, ils ont perdu la faculté qu'ils avaient d'accepter.

Au reste, ce que nous disons de l'héritier s'applique pareillement aux légataires. En conséquence, d'une part, après trente ans, le légataire universel qui a la saisine (art. 1006), ne peut plus ni renoncer ni accepter sous bénéfice d'inventaire. D'autre part, après trente ans, le légataire universel qui n'a pas la saisine (art. 1004,1007), le légataire à titre universel et le légataire à titre particulier, qui n'ont jamais la saisine, ont irrévocablement perdu les legs qui ont été faits à leur profit.

790. Tant que la prescription du droit d'accepter n'est pas acquise contre les héritiers qui ont renoncé, ils ont la faculté d'accepter encore la succession, si elle n'a pas été acceptée par d'autres héritiers; sans préjudice néanmoins des droits qui peuvent être acquis à des tiers sur les biens de la succession, soit par prescription, soit par actes valablement faits avec le curateur à la succession vacante.

L'héritier saisi qui a exercé sa faculté de renoncer, et qui est devenu par là étranger à la succession, peut néanmoins revenir contre sa renonciation : il a maintenant la *faculté d'accepter*. Il peut exercer cette dernière faculté et, à son gré, accepter purement et simplement ou sous bénéfice d'inventaire, s'il ne s'est pas encore écoulé trente ans depuis l'ouverture de la succcesion, et si cette succession n'a pas été encore acceptée par d'autres héritiers, réguliers ou irréguliers.

L'art. 462, conçu en termes pareils à ceux de notre article, ne parle pas de la prescription; mais il faut décider que le mineur ne conserve plus, après le délai de trente ans écoulés depuis l'ouverture de la succession qui a été répudiée régulièrement en son nom par le tuteur, le droit de revenir contre la renonciation et d'accepter; toutefois, si la succession n'a pas été régulièrement répudiée, aucune prescription ne court contre le mineur (art. 2252).

Lorsque l'héritier qui a renoncé à la succession au greffe du tribunal, veut maintenant l'accepter purement et simplement, il n'est pas nécessaire qu'il aille faire au greffe une déclaration de volonté contraire à la première; son acceptation peut résulter tacitement d'un acte d'héritier, ainsi que la Cour de cassation l'a décidé : — « Attendu qu'aux termes de l'art. 790 C. Nap., l'héritier qui a renoncé à une succession, conserve encore la faculté de l'accepter, si elle n'a pas déjà été acceptée par d'autres héritiers; que l'art. 778 du même Code admet deux sortes d'acceptation, l'une expresse, l'autre tacite; que l'acceptation est expresse quand on prend le titre ou la qualité d'héritier dans un acte authentique ou privé; — Attendu que l'art. 790 se réfère nécessairement à l'art. 778, puisque, tout en consacrant la faculté d'accepter une succession répudiée, il ne subordonne cette acceptation à aucune forme spéciale et la soumet, par conséquent, aux règles édictées par le droit commun » (C. cass. 5 juin 1860).

791. On ne peut, même par contrat de mariage, renoncer à la succession d'un homme vivant, ni aliéner les droits éventuels qu'on peut avoir à cette succession.

La succession d'une personne vivante n'a pas encore d'existence ; c'est pourquoi elle ne peut être ni acceptée ni répudiée. Les art. 1130 et 1389 expriment le même principe que notre article. Toutefois, par exception, le père peut réduire de moitié les droits successifs de son enfant naturel (art. 761). Dans l'ancienne jurisprudence, les filles qui se mariaient et recevaient une dot, renonçaient souvent, par contrat de mariage, à tous droits sur la succession de leurs père et mère. Notre article prohibe ces renonciations, qui avaient pour effet d'établir entre les enfants une inégalité de droits, contraire à la nature. Rien n'empêche cependant une personne de donner, par contrat de mariage, à l'un des futurs époux, qui est l'un de ses héritiers présomptifs, tout ou partie des biens qu'elle laissera à son décès (art. 1082).

792. Les héritiers qui auraient diverti ou recélé des effets d'une succession, sont déchus de la faculté d'y renoncer : ils demeurent héritiers purs et simples, nonobstant leur renonciation, sans pouvoir prétendre aucune part dans les objets divertis ou recélés.

Divertir, c'est détourner des effets de la succession, afin qu'ils ne soient point compris dans l'inventaire, ou dans le partage, et qu'ils deviennent la propriété exclusive de celui qui commet le détournement. *Recéler*, c'est, ou recevoir les effets que l'on sait avoir été divertis par un autre dont on est le complice, ou bien ne pas comprendre dans le partage des choses que l'on a en sa possession, lorsque l'on sait que ces choses appartiennent à la succession. Les expressions, *divertir* et *recéler*, impliquent nécessairement l'idée du dol et de la fraude, ainsi qu'il a été décidé : — « Attendu que le recel et le divertissement impliquent l'idée du dol et de la fraude, et, par conséquent, celle que les faits qui les constituent ont été commis sciemment et de mauvaise foi » (C. cass. 14 déc. 1859). — Le recel peut précéder l'ouverture de la succession. Ainsi, lorsqu'un père fait à l'un de ses enfants, sous forme de vente, une donation déguisée d'immeubles dépendant de la communauté, pendant la maladie grave et dernière de sa femme, il y a là recel des biens de la communauté et des biens de la succession de la femme ; en conséquence, le mari est privé de tout droit sur ces immeubles communs, qui sont, par suite, entièrement attribués à la succession de la femme, et le fils est privé de tout droit sur les mêmes immeubles qui reviennent exclusivement à ses cohéritiers. Ainsi jugé par la cour de Paris, le 11 févr. 1861, dont l'arrêt a été confirmé par la Cour de cassation, le 27 nov. 1861.

L'héritier qui omet, de mauvaise foi, de comprendre dans l'inventaire ou dans le partage des objets ou des droits, mobiliers ou immobiliers (C. de Poitiers, 17 juill. 1860), en vue de se les approprier entièrement, est assimilé au recéleur ; mais, en ce cas, la mauvaise foi ne se présume pas, et celui qui l'invoque doit en faire la preuve par des faits qui rentrent dans l'appréciation souveraine du juge, ainsi que le décide en ces termes la Cour suprême, dans une espèce où il s'agissait de déchéance du bénéfice d'inventaire : — « Quant au reproche d'omission de mobilier : — Attendu que les omissions ne suffisent pas pour faire prononcer la déchéance du bénéfice d'inventaire; qu'il faut, aux termes de l'art. 801, que ces omissions aient été commises sciemment et de mauvaise foi, et que l'application en est laissée à l'appréciation souveraine et à la conscience du juge (C. cass. 13 mai 1863).

Le divertissement, le recel et l'omission faite de mauvaise foi produisent, chacun, contre celui qui s'en est rendu coupable un double effet : 1° à l'égard des créanciers de la succession, le coupable, devient héritier pur et simple; 2° à l'égard de ses cohéritiers, le coupable n'est point, il est vrai, punissable comme voleur de peines correctionnelles, parce que la raison s'oppose à ce que, par rapport aux choses de la succession, l'action de vol puisse naître entre les continuateurs de la personne du défunt; mais il est privé de sa part héréditaire dans les effets divertis, recélés ou omis de mauvaise foi, et cette part est dévolue aux autres cohéritiers *franche de toutes dettes*, ce qui signifie que la part pour laquelle l'héritier coupable est tenu de contribuer au payement des dettes héréditaires, n'est point par là diminuée. C'est ainsi que la Cour de Paris a jugé sur cette question, qui est controversée en doctrine : — « Considérant que des termes des art. 792 et 1477 C. Nap., il résulte qu'en cas de divertissement de tout ou partie des effets de la communauté, les valeurs détournées doivent être considérées, à l'égard des auteurs du recel, comme ne faisant pas partie de la succession ; — Considérant que la volonté du législateur a été évidemment que le recélé produisît, contre ceux qui s'en étaient rendus coupables, les conséquences qu'il aurait pu avoir contre leurs cohéritiers ; — Considérant que, de ces principes, ressort que les biens divertis ne doivent, sous la réserve des droits des tiers, être employés ni au payement des dettes dont chaque héritier demeure tenu dans la proportion de ses droits dans la succession, ni à l'exécution des libéralités soit par l'époux, soit par l'héritier spoliateur » (C. de Paris, 26 mars 1862).

Toutefois, lorsque l'héritier renonçant ne peut pas revenir contre sa répudiation, parce que d'autres parents ont accepté la succession, s'il dérobe alors des effets héréditaires, il peut être poursuivi comme voleur.

Au reste, lorsque l'héritier qui dérobe ou recèle des effets héréditaires ne peut pas accepter valablement la succession, comme le mineur, l'interdit et la femme mariée, il ne devient point par là héritier pur et simple; mais du moins il est privé de sa part dans les effets dérobés ou recélés.

SECTION III.

Du Bénéfice d'inventaire, de ses Effets, et des Obligations de l'Héritier bénéficiaire.

L'acceptation sous bénéfice d'inventaire sépare le patrimoine du défunt du patrimoine de l'héritier, qui, par suite, n'est tenu de payer les dettes du défunt que sur les biens de la succession. Elle a été introduite dans la législation romaine par l'empereur Justinien, qui la considérait avec la plus grande bienveillance. Conservée dans notre droit coutumier, elle y était vue avec défaveur : le cohéritier ou même un parent du degré subséquent, qui acceptait purement et simplement, excluait l'héritier qui ne voulait accepter que sous bénéfice d'inventaire. Maintenant, l'acceptation bénéficiaire produit les mêmes effets, à l'égard des cohéritiers et des parents du degré subséquent, que l'acceptation pure et simple. Cependant, elle ressemble, sous plusieurs rapports, à une espèce de faillite ou déconfiture du défunt (art. 2146).

793. La déclaration d'un héritier, qu'il entend ne prendre cette qualité que sous bénéfice d'inventaire, doit être faite au greffe du tribunal de première instance dans l'arrondissement duquel la succession s'est ouverte : elle doit être inscrite sur le registre destiné à recevoir les actes de renonciation.

De même que la renonciation (art. 784), l'acceptation bénéficiaire, qui modifie essentiellement le principe que l'héritier devient le continuateur de la personne du défunt (art. 724), ne se suppose point; c'est pourquoi elle doit, ainsi que la renonciation, être faite expressément au greffe du tribunal civil du lieu de l'ouverture de la succession, afin qu'elle se révèle aux créanciers du défunt et leur apprenne qu'ils ne doivent point compter, pour leur payement, sur les biens personnels de l'héritier.

794. Cette déclaration n'a d'effet qu'autant qu'elle est précédée ou suivie d'un inventaire fidèle et exact des biens de la succession, dans les formes réglées par les lois sur la procédure, et dans les délais qui seront ci-après déterminés.

Le Code de procédure dispose que l'inventaire est fait par un notaire, avec l'assistance d'experts et en présence du juge de paix (C. pr. art. 941, 942, 943).

La déclaration que l'héritier doit faire au greffe peut précéder l'inventaire. Mais l'ordre le plus naturel est de faire procéder d'abord à l'inventaire ; puis, lorsqu'on est ainsi éclairé sur les forces actives et passives de la succession, de faire au greffe sa déclaration que l'on accepte bénéficiairement. Quoi qu'il en soit, l'inventaire est : 1° *fidèle*, s'il est fait de bonne foi ; 2° *exact*, s'il contient la mention de tous les effets de l'hérédité. Lorsque l'inventaire est infidèle, le successible qui est de mauvaise foi devient héritier pur et simple. Lors, au contraire, qu'il est inexact, mais de bonne foi, le successible ne devient point héritier pur et simple ; mais dès qu'il découvre les inexactitudes de l'inventaire, il doit se hâter de les faire rectifier.

795. L'héritier a trois mois pour faire inventaire, à compter du jour de l'ouverture de la succession. — Il a de plus, pour délibérer sur son acceptation ou sur sa renonciation, un délai de quarante jours, qui commencent à courir du jour de l'expiration des trois mois donnés pour l'inventaire, ou du jour de la clôture de l'inventaire s'il a été terminé avant les trois mois.

Si l'héritier accepte la succession purement et simplement, il doit payer les dettes du défunt comme les siennes propres, et, s'il a des cohéritiers, il est tenu de rapporter à la succession les libéralités qu'il a reçues du défunt. S'il renonce, il s'affranchit de l'obligation de payer les dettes et de rapporter. S'il accepte sous bénéfice d'inventaire, il est tenu du rapport des libéralités qu'il a reçues du défunt, comme s'il eût accepté purement et simplement (art. 843) ; mais il n'est tenu du payement des dettes que jusqu'à concurrence de son émolument. L'héritier bénéficiaire administre la succession et doit, sous peine de devenir héritier pur et simple, observer des formes lentes et coûteuses pour tous les actes de maître. Afin qu'il puisse s'éclairer, au moyen de l'inventaire dont la confection sauvegarde aussi les intérêts des tiers, il a trois mois, qui courent du jour de l'ouverture de la succession ; pour délibérer et prendre un parti, il a quarante jours, qui courent du jour où l'inventaire a été fait ou, à défaut, du jour de l'expiration des trois mois accordés pour faire inventaire.

796. Si cependant il existe dans la succession des objets susceptibles de dépérir ou dispendieux à conserver, l'héritier peut, en sa qualité d'habile à succéder, et sans qu'on puisse en induire de sa part une acceptation, se faire autoriser par justice à procéder à la vente de ces effets. — Cette vente doit être faite par officier public, après les affiches et publications réglées par les lois sur la procédure.

L'habile à succéder n'a pas besoin de l'autorisation du juge pour faire, pendant les délais qui lui sont accordés pour prendre parti, les actes d'administration provisoire et urgente, tels que les protêts d'effets de commerce non payés à l'échéance et les poursuites en payement contre les signataires, les prises et renouvellements d'inscription. Mais pour les ventes de biens héréditaires et pour tous les autres actes de maître, il doit, sous peine d'être déchu du bénéfice d'inventaire, se faire autoriser par justice, sur requête d'avoué.

797. Pendant la durée des délais pour faire inventaire et pour délibérer, l'héritier ne peut être contraint à prendre qualité, et il ne peut être obtenu contre lui de condamnation : s'il renonce lorsque les délais sont expirés ou avant, les frais par lui faits légitimement jusqu'à cette époque sont à la charge de la succession.

L'héritier saisi qui délibère reste néanmoins le représentant du défunt, et, par suite, il peut être valablement poursuivi par les créanciers héréditaires. Mais la loi, qui lui accorde un délai pour prendre son parti, lui donne aussi une exception dilatoire, au moyen de laquelle il suspend les poursuites qui sont dirigées contre lui (art. 174 C. proc.). S'il renonce ensuite à la succession, ou s'il l'accepte sous bénéfice d'inventaire, les frais légitimes des poursuites sont supportés par la succession elle-même ; mais si, au contraire, il accepte purement et simplement, c'est lui qui supporte ces frais. Quoiqu'il jouisse d'une exception dilatoire, les créanciers de la succession peuvent avoir de l'avantage à le poursuivre ; car leurs demandes judiciaires ont pour effet d'interrompre la prescription, et de faire courir les intérêts des sommes qui leur sont dues.

798. Après l'expiration des délais ci-dessus, l'héritier, en cas de poursuite dirigée contre lui, peut demander un nouveau délai, que le tribunal saisi de la contestation accorde ou refuse suivant les circonstances.

Les causes et la durée du nouveau délai sont abandonnées à l'appréciation du juge. Le délai accordé par la loi se nomme *délai légal;* celui qui est donné par le juge est appelé *délai judiciaire,* ou *délai de grâce.*

799. Les frais de poursuite, dans le cas de l'article précédent, sont à la charge de la succession, si l'héritier justifie, ou qu'il n'avait pas eu connaissance du décès, ou que les délais ont été insuffisants, soit à raison de la situation des biens, soit à raison des contestations survenues : s'il n'en justifie pas, les frais restent à sa charge personnelle.

L'héritier qui laisse expirer les délais fixés par la loi pour faire inventaire et délibérer, sans prendre parti, est par là présumé en faute. Il peut encore, il est vrai, renoncer à la succession ou l'accepter sous bénéfice d'inventaire ; mais, s'il ne justifie point qu'il se trouve dans l'un des trois cas exprimés par notre article, il supporte alors personnellement, malgré sa renonciation, les frais des poursuites des créanciers, car c'est à cause de la négligence qu'il a mise à rendre publique son intention, que ces frais ont été faits.

800. L'héritier conserve néanmoins, après l'expiration des délais accordés par l'article 795, même de ceux donnés par le juge, conformément à l'article 798, la faculté de faire encore inventaire et de se porter héritier bénéficiaire, s'il n'a pas fait d'ailleurs acte d'héritier, ou s'il n'existe pas contre lui de jugement passé en force de chose jugée, qui le condamne en qualité d'héritier pur et simple.

Après l'expiration des délais légaux et des délais judiciaires pour faire inventaire et délibérer, l'habile à succéder peut encore, pendant les trente ans qui suivent l'ouverture de la succession, modifier ou faire cesser la saisine légale, en acceptant sous bénéfice d'inventaire ou en renonçant. Cette règle reçoit exception dans deux cas : 1° Si l'héritier a accepté la succession expressément, ou même tacitement soit en faisant un acte de maître, soit en détournant ou en omettant de mauvaise foi dans l'inventaire ou dans le partage des effets de la succession (art. 801) ; 2° S'il existe « *contre lui un jugement passé en force de chose jugée qui le condamne comme héritier pur et simple.* »

L'habile à succéder, qui a été condamné comme héritier pur et simple, doit-il être considéré comme tel à l'égard de tous les créanciers héréditaires? Cette question, qui est vivement controversée, nous semble devoir être résolue par une distinction.

1° Si l'habile à succéder a lutté contre la qualité d'héritier pur et simple que le jugement lui a donnée, et a succombé malgré tous ses efforts, la sentence ne produit d'effet qu'en faveur du créancier qui l'a obtenue ; elle ne profite pas aux tiers, conformément à la règle exprimée par l'art. 1351. Il sera donc héritier pur et simple à l'égard du créancier qui a obtenu gain de cause, tandis qu'il peut être héritier bénéficiaire ou renonçant à l'égard des autres créanciers. Quoique la qualité d'héritier soit, en principe, une qualité indivisible, il est certain que les présomptions de vérité résultant de la chose jugée ne constituent que des vérités relatives, dont les effets sont limités entre les personnes qui ont figuré au procès.

2° Mais si, au contraire, l'habile à succéder n'a pas lutté contre la qualité d'héritier pur et simple que lui a donnée le jugement, il est considéré comme héritier pur et simple à l'égard de tous les créanciers héréditaires. Ainsi, le jugement qui lui a donné cette qualité était susceptible d'opposition ou d'appel ; au lieu de former opposition ou d'agir en appel, l'habile à succéder a laissé acquérir au jugement une force qu'il n'avait lors de sa prononciation, en le laissant passer *en force de chose jugée*. Il est par là devenu héritier pur et simple à l'égard de tous. En effet, il était saisi de tous les droits et de tous les biens actifs et passifs du défunt ; la loi présumait son acceptation, et il pouvait rendre cette présomption irrévocable en manifestant son intention d'une manière expresse ou tacite. Lorsque, dans cette position, il est déclaré héritier pur et simple par un jugement susceptible d'être rétracté ou réformé, et qu'il ne fait, à cet égard, aucune réclamation, son inaction, son silence le fait considérer comme acceptant la qualité d'héritier pur et simple qui lui a été donnée par le jugement, et par conséquent il devient irrévocablement héritier pur et simple à l'égard de tous les créanciers de la succession. C'est bien là le cas d'appliquer la maxime : « Celui qui se tait lorsqu'il devrait parler est considéré comme acceptant, *Qui tacet, cum loqui deberet, consentire videtur.* » Cependant la Cour de cassation a décidé, dans un cas où le successible avait été condamné comme héritier pur et simple par jugement passé en force de chose jugée, que ce jugement ne lui attribuait cette qualité que vis-à-vis des parties qui l'avaient obtenu : — « Attendu que la chose jugée n'a lieu qu'entre les parties qui ont figuré au jugement ; que l'art 800 C. Nap. ne déroge pas à ce principe ; qu'il n'en est, au contraire, que l'application; qu'en décidant que le jugement, qui déclarait la veuve Lebure héritière pure et simple de son père, ne pouvait être invoqué que par les parties au profit desquelles il avait acquis l'autorité de la chose jugée, l'arrêt n'a donc violé aucune loi » (C. cass. 19 avr. 1866). — Cet arrêt est conforme aux décisions de plusieurs cours impériales et à la doctrine d'un grand nombre d'auteurs. Nous persistons néanmoins dans notre conviction, que c'est là une mauvaise interprétation de notre article qui a entendu investir irrévocablement de la succession, à l'égard de tous, l'héritier contre lequel il existe un jugement *passé en force de chose jugée.*

801. L'héritier qui s'est rendu coupable de recélé, ou qui a omis, sciemment et de mauvaise foi, de comprendre dans l'inventaire des effets de la succession, est déchu du bénéfice d'inventaire.

La mauvaise foi n'est pas présumée en cas d'omission, ainsi que le décide la Cour de cassation par arrêt du 13 mai 1863, rapporté sous l'art. 792; c'est donc à celui qui prétend qu'elle existe à en faire la preuve. L'habile à succéder qui est déchu du bénéfice d'inventaire dans les deux cas spécifiés par notre article, est aussi, s'il a des cohéritiers, privé de sa part dans les effets recélés ou omis sciemment, ainsi que nous l'avons exprimé sous le même art. 792.

802. L'effet du bénéfice d'inventaire est de donner à l'héritier l'avantage, — 1° De n'être tenu du payement des dettes de la succession que jusqu'à concurrence de la valeur des biens qu'il a recueillis, même de pouvoir se décharger du payement des dettes en abandonnant tous les biens de la succession aux créanciers et aux légataires; — 2° De ne pas confondre ses biens personnels avec ceux de la succession, et de conserver contre elle le droit de réclamer le payement de ses créances.

Cet article exprime quatre idées. L'idée principale, et dont les autres ne sont que les conséquences, est celle-ci : l'habile à succéder qui accepte sous bénéfice d'inventaire ne confond pas « ses biens personnels avec ceux de la succession. » Lors de l'ouverture de la succession, la personne du défunt s'est unie et confondue avec la personne de son héritier, de telle sorte qu'il n'y a plus qu'une seule personne, un seul patrimoine, une seule masse de biens. Par cette confusion générale et intime, les droits et créances qui existaient réciproquement entre le défunt et l'héritier se sont trouvés éteints; les créanciers personnels du défunt et ceux de l'héritier ont eu un seul et même débiteur et, pour gage de leur payement, une seule et même masse de biens. Par l'acceptation bénéficiaire, la confusion des personnes et des biens du défunt et de l'héritier disparaît; maintenant la personne et le patrimoine du défunt sont séparés de la personne et du patrimoine de l'héritier; leurs droits, créances et dettes réciproques revivent; les créanciers héréditaires n'ont plus pour gage de leur payement que les biens du défunt, et les créanciers personnels de l'héritier ne peuvent plus exercer de poursuites sur les biens de la succession.

Du fait que la confusion légale qui s'était opérée dans la personne de l'héritier cesse par son acceptation bénéficiaire, on voit découler les trois conséquences suivantes, énoncées dans notre article :

1° L'héritier bénéficiaire est affranchi de son obligation personnelle d'acquitter les dettes héréditaires; toutefois, il est tenu de les payer en sa qualité d'administrateur, mais sur les biens de la succession et seulement jusqu'à concurrence de la valeur des biens qu'il a recueillis.

2° L'héritier bénéficiaire n'étant pas tenu personnellement des dettes et charges de l'hérédité, il peut faire, par une déclaration au greffe du tribunal, l'abandon aux créanciers et légataires de tous les biens de la succession; mais il garde cependant sa part des choses données qui ont été rapportées ou réduites, car le rapport et la réduction des libéralités faites entre-vifs par le défunt sont introduits en faveur des héritiers, et non pas en faveur des créanciers et légataires (art. 857, 924). Par l'abandon qu'il fait des biens de la succession aux créanciers du défunt et aux légataires, l'héritier bénéficiaire n'abdique point sa qualité d'héritier, car, par son acceptation bénéficiaire, il a acquis cette qualité d'une manière irrévocable, perpétuelle et indélébile; il ne renonce qu'à sa qualité d'administrateur légal des biens héréditaires. Par suite de cet abandon, la succession est assimilée à une succession vacante (art. 811), et le tribunal nomme un curateur à cette succession sur la demande des créanciers et légataires; les valeurs et les biens qui peuvent rester après le payement intégral des dettes et charges appartiennent, non pas aux créanciers ni aux héritiers du degré subséquent, mais à l'héritier bénéficiaire qui a fait l'abandon.

3° L'héritier bénéficiaire qui a des droits de créances peut en réclamer le payement; il vient, pour ce qui lui est dû, en concours avec les autres créanciers héréditaires; toutefois, il primerait les créanciers ordinaires s'il avait des droits de préférence, c'est-à-dire des privilèges ou des hypothèques. Mais, de son côté, il est tenu de payer tout ce qu'il devait au défunt. Contre qui l'héritier bénéficiaire fera-t-il valoir ses droits de créance? S'il a des cohéritiers, c'est à eux qu'il fera ses réclamations est ses justifications; s'il n'a pas de cohéritiers, il fera nommer par le tribunal un curateur spécial contre lequel il exercera ses droits (art. 996 C. proc.).

L'héritier bénéficiaire est tenu, de même que l'héritier pur et simple, de payer les frais de mutation; mais il se rembourse de ces frais sur le prix de vente des biens héréditaires. S'il paye de son argent des créanciers de la succession, il est subrogé de plein droit à leurs privilèges et hypothèques (art. 1251-4°; il peut ainsi, en désintéressant tous les créanciers, conserver en nature des biens de la succession.

803. L'héritier bénéficiaire est chargé d'administrer les biens de la succession, et doit rendre compte de son administration aux créanciers et aux légataires. — Il ne peut être contraint sur ses biens personnels qu'après avoir été mis en demeure de présenter son compte, et faute d'avoir satisfait à cette obligation. — Après l'apurement du compte, il ne peut être contraint sur ses biens personnels que jusqu'à concurrence seulement des sommes dont il se trouve réliquataire.

Lorsqu'il existe plusieurs héritiers bénéficiaires, ils sont tous administrateurs de la succession. Comme ils ne sont tenus dans leur administration que des fautes graves (art. 804), il s'ensuit qu'ils ne sont point solidaires et que l'un d'eux ne répond point des fautes graves commises par les autres. D'après une jurisprudence fortement établie, le juge peut, lorsqu'il y a plusieurs héritiers bénéficiaires éloignés les uns des autres et ayant des intérêts opposés, choisir un administrateur unique, même étranger à la succession. Cette jurisprudence, qui est très-équitable, est ainsi consacrée par la Cour suprême : — « Attendu que l'arrêt attaqué, sans méconnaître ce principe que l'héritier sous bénéfice d'inventaire est un véritable héritier, qu'il peut être considéré comme propriétaire des biens de l'hérédité et que l'administration de la succession lui appartient de plein droit, a constaté qu'à raison du nombre des héritiers et des circonstances particulières où ils se trouvaient, l'intérêt de toutes les parties exigeait que les droits et pouvoirs existant dans leur personne fussent transportés à un tiers pour la liquidation et l'apurement définitif de la succession; qu'une

pareille mesure; fondée sur l'utilité des parties intéressées, sur l'impossibilité de suivre la marche ordinaire en matière d'administration de
succession, n'étant pas prohibée par la loi, a pu être ordonnée par la
cour » (C. cass. 5 août 1846).

Administrateur des biens de la succession, l'héritier bénéficiaire est
tenu, en cette qualité, de rendre compte de sa gestion. Ce compte peut
être rendu aux créanciers et aux légataires par acte notarié et même par
acte sous seing privé; mais s'il y a parmi eux des incapables ou des
non consentants, il ne peut être rendu que devant le tribunal civil. S'il
y a plusieurs héritiers, le tribunal compétent est évidemment celui du
domicile du défunt. S'il n'y a qu'un seul héritier, plusieurs auteurs pensent que c'est celui du domicile de cet héritier; mais cette opinion ne
paraît point fondée, parce que l'héritier qui accepte sous bénéfice d'inventaire fait revivre, en quelque sorte, le patrimoine et le domicile du
défunt comme distincts de son propre patrimoine et de son propre
domicile; par conséquent, le tribunal du domicile du défunt paraît être,
dans tous les cas, seul compétent pour connaître du compte de l'héritier
bénéficiaire.

Si, par une sommation, les créanciers et les légataires ont mis l'héritier
bénéficiaire en demeure de rendre compte de sa gestion, lorsque cet héritier refuse de satisfaire à cette obligation essentielle, il semble par là
répudier la qualité de comptable pour prendre celle d'héritier pur et simple;
c'est pourquoi il peut être poursuivi personnellement en payement de
toutes les dettes et charges héréditaires. Si, au contraire, il a rendu ses
comptes et reste reliquataire, son refus de payement ne lui fait point encourir la déchéance du bénéfice d'inventaire; mais il confère aux créanciers
et légataires le droit de le poursuivre comme débiteur personnel, sur ses
biens propres, mais jusqu'à concurrence seulement du reliquat.

804. Il n'est tenu que des fautes graves dans l'administration dont il est chargé.

L'héritier bénéficiaire administre gratuitement les biens de la succession. Très-souvent il ne reste aucun actif net, et cependant l'héritier a subi
bien des peines, des ennuis et des pertes de temps. C'est pourquoi notre
article ne le rend responsable que des fautes *graves*, c'est-à-dire des
fautes qui touchent au dol, *culpa gravis, proxima dolo*. Cette gravité des
fautes est appréciée par le juge qui prend en considération la position,
l'instruction et surtout les habitudes de l'héritier bénéficiaire.

805. Il ne peut vendre les meubles de la succession que par le ministère d'un officier public, aux enchères, et après les affiches et publications accoutumées. — S'il les représente en nature, il n'est tenu que de la dépréciation ou de la détérioration causée par sa négligence.

L'héritier bénéficiaire n'est pas tenu de vendre les meubles : s'il les garde, il doit les représenter aux créanciers et légataires qui n'ont pas été intégralement payés lors de la reddition qu'il leur fait de son compte ; mais cependant il ne peut jamais être autorisé par le juge à en devenir propriétaire, quand même il offrirait, à raison de leur valeur d'affection, un prix de beaucoup supérieur à celui de leur estimation. Ainsi décidé : — « Attendu que la cour de Dijon, en même temps qu'elle reconnaissait la nécessité de vendre le mobilier dont il s'agit, a introduit un nouveau mode de vendre le mobilier en laissant l'option au défendeur de le conserver pour le prix de l'estimation, ou de le faire vendre ; ce qu'elle n'a pu faire sans violer ouvertement les dispositions de l'art. 805 C. Nap. » (C. cass. 19 févr. 1821).

L'héritier bénéficiaire répond des pertes, des dépréciations et des détériorations provenant de sa faute grave. Ordinairement, il se hâte de liquider la succession, en vendant les biens et en acquittant les dettes et charges. La vente des meubles ne peut jamais être faite à l'amiable ; elle a lieu selon les formes énoncées dans les art. 986 et suiv., 583 et suiv. du Code de proc. Celle des rentes a lieu par le ministère d'agents de change ; si leur revenu annuel excède 50 fr., l'autorisation du tribunal est nécessaire. C'est ce que le conseil d'État a décidé en ces termes : — « Est d'avis que l'héritier bénéficiaire ne peut pas faire le transfert des rentes au-dessus de 50 fr. sans être autorisé. Qu'est-ce qu'un héritier bénéficiaire ? On en trouve la définition dans l'art. 803 : c'est un homme chargé d'administrer les biens d'une succession, et qui doit rendre compte de son administration aux créanciers et légataires.... La loi du 24 mars 1806 a fait tout ce qui pouvait être convenable pour faciliter la disponibilité des rentes ; elle a affranchi les tuteurs et curateurs des mineurs et interdits de la nécessité d'une autorisation spéciale pour le transfert des inscriptions au-dessous de 50 fr. La modicité de l'objet et une raison d'économie ont motivé cette dérogation : mais la loi, art. 3, exige toujours l'autorisation pour les ventes d'inscriptions au-dessus de 50 fr. Il est sensible que ces dispositions s'appliquent à tous les administrateurs comptables et aux héritiers bénéficiaires, qui ne doivent, par conséquent, transférer les rentes au-dessus de 50 fr. qu'après une autorisation préalable » (Avis cons. d'Etat, 11 juin 1808).

806. Il ne peut vendre les immeubles que dans les formes prescrites par les lois sur la procédure : il est tenu d'en déléguer le prix aux créanciers hypothécaires qui se sont fait connaître.

Si l'héritier bénéficiaire vend des meubles à l'amiable, il *peut* être déclaré héritier pur et simple; s'il vend à l'amiable des immeubles, il *doit* être déclaré héritier pur et simple. Les formes à suivre pour la vente des immeubles sont fixées par les art. 988 et suiv. C. proc.

Les expressions de notre article : « *Il est tenu d'en déléguer le prix,* » etc., demandent quelques explications historiques. Autrefois, les hypothèques étaient occultes et résultaient de tout acte notarié : alors, d'après les dispositions d'un édit de 1771, l'acquéreur d'immeubles déposait son acte d'acquisition au greffe du tribunal, où cet acte restait exposé pendant deux mois ; pendant ce délai, les créanciers hypothécaires se révélaient au greffe, et c'est à eux que l'héritier bénéficiaire devait déléguer le prix de la vente. Notre article se réfère à ce système, parce que, à l'époque où il a été rédigé, l'édit de 1771 restait en vigueur et que l'on ignorait si les hypothèques resteraient occultes. Mais l'ancien système se trouve maintenant abrogé; les hypothèques doivent être rendues publiques par inscription au bureau des hypothèques de la situation des immeubles (art. 2134); et les acquéreurs d'immeubles grevés d'hypothèques ne peuvent les purger qu'en remplissant des formalités nouvellement introduites (art. 2183 et suiv.). C'est pourquoi l'art. 991 C. proc. dispose : « Le prix de la vente des immeubles sera distribué selon l'ordre des priviléges et hypothèques. » Ainsi, il n'y a plus de dépôt de l'acte d'acquisition au greffe du tribunal, ni de déclaration, dans les deux mois du dépôt, de l'existence des hypothèques, ni de délégation du prix des immeubles « *aux créanciers hypothécaires qui se sont fait connaître.* » L'acquéreur d'immeubles remplit maintenant les formalités de la purge; puis un ordre est ouvert sur le prix entre les créanciers privilégiés et hypothécaires (art. 2218), et ce qui reste libre est distribué entre les créanciers ordinaires.

807. Il est tenu, si les créanciers ou autres personnes intéressées l'exigent, de donner caution, bonne et solvable, de la valeur du mobilier compris dans l'inventaire, et de la portion

du prix des immeubles non déléguée aux créanciers hypothécaires. — Faute par lui de fournir cette caution, les meubles
sont vendus, et leur prix est déposé, ainsi que la portion non
déléguée du prix des immeubles, pour être employés à l'acquit
des charges de la succession.

Chaque créancier ou légataire peut demander caution de la valeur du
mobilier à l'héritier bénéficiaire; il fait sa demande par un acte extrajudiciaire, c'est-à-dire par une sommation d'huissier (art. 992,993 C. proc.).
Cette caution doit être fournie dans les trois jours de la sommation; autrement les meubles sont vendus; le prix qui en provient, et celui qui reste
libre après le payement des créanciers privilégiés ou hypothécaires sur
les immeubles vendus, sont déposés à la Caisse des dépôts et consignations.

L'héritier sommé de donner caution ne peut pas s'en dispenser, sous
le prétexte qu'il possède des immeubles libres qui sont plus que suffisants pour la garantie des valeurs dépendant de la succession. Mais il a
le droit, à défaut de caution, de consigner à la Caisse des dépôts et consignations une somme suffisante; ou de consentir une hypothèque sur ses
immeubles pour sûreté de sa gestion.

808. S'il y a des créanciers opposants, l'héritier bénéficiaire
ne peut payer que dans l'ordre et de la manière réglés par le
juge. — S'il n'y a pas de créanciers opposants, il paye les créanciers et les légataires à mesure qu'ils se présentent.

Chaque créancier peut former entre les mains de l'héritier bénéficiaire
une opposition par acte d'huissier, dans laquelle il fait connaître ses titres;
en pareil cas, les sommes héréditaires seront réparties entre les créanciers
et légataires selon l'ordre fixé par le juge (art. 656 et suiv. C. proc.). A
défaut d'opposition, c'est l'héritier qui fait les payements aux créanciers
et légataires dans l'ordre où ils se présentent; s'il se présente en même
temps un créancier et un légataire, il payera d'abord le créancier.

809. Les créanciers non opposants qui ne se présentent qu'a-
près l'apurement du compte et le payement du reliquat, n'ont de
recours à exercer que contre les légataires. — Dans l'un et l'autre
cas, le recours se prescrit par le laps de trois ans, à compter
du jour de l'apurement du compte et du payement du reliquat.

Quand le créancier non opposant se présente à l'héritier bénéficiaire qui a déjà rendu son compte, qui a payé le reliquat et qui n'a plus rien à répartir, il subit les conséquences de sa négligence : il ne peut élever aucune réclamation ni contre l'héritier bénéficiaire, ni contre les créanciers payés ; mais il a encore, pendant trois ans, un recours contre les légataires, par la raison qu'il combat pour éviter une perte, *certat de damno vitando*, tandis que les légataires combattent pour garder un gain, *certant de lucro captando*. — Les expressions de notre article : « *Dans l'un et l'autre cas,* » sont inexactes, parce qu'un seul cas y est mentionné. La première rédaction contenait deux cas : 1° celui où le créancier non opposant se présentait avant l'apurement du compte ; 2° celui où il ne se présentait qu'après l'apurement. Se présentait-il avant l'apurement ? il avait un recours aussi bien contre les créanciers payés que contre les légataires. Se présentait-il après l'apurement ? il n'avait de recours que contre les légataires. Le premier cas a été retranché, et cependant le second paragraphe, qui devenait inexact, a été, par inadvertance, conservé sans modification. Toutefois, d'après l'ensemble de l'article et d'après les principes de justice et d'équité, le créancier qui se présente avant l'apurement du compte et le payement du reliquat, a pendant trois ans un recours contre les créanciers relativement aux sommes qu'ils ont reçues postérieurement. Celui, au contraire, qui fait une opposition en temps utile, pourrait, pendant trente ans, demander contre l'héritier bénéficiaire, et même contre les créanciers, la nullité des payements faits au mépris de son opposition.

810. Les frais de scellés, s'il en a été apposé, d'inventaire et de compte, sont à la charge de la succession.

Les frais funéraires, de mutation, d'administration, de réparations et d'entretien sont aussi à la charge de la succession. Tous ces frais sont payés par préférence aux créances de la succession.

SECTION IV.

Des successions vacantes.

La succession est *vacante*, s'il n'y a point d'héritier saisi ou si l'on n'en connaît pas. Elle est en *deshérence*, quand il est certain qu'il n'existe aucun héritier : la succession est alors dévolue à l'Etat (art. 539, 723).

811. Lorsque, après l'expiration des délais pour faire inven-

taire et pour délibérer, il ne se présente personne qui réclame
une succession, qu'il n'y a pas d'héritier connu, ou que les
héritiers connus y ont renoncé, cette succession est réputée
vacante.

Pour que la succession soit réputée *vacante*, trois conditions sont requises. Il faut : — 1° Qu'il se soit écoulé trois mois et quarante jours
depuis l'ouverture de la succession. Ce délai est fixé dans le double intérêt
des héritiers et des créanciers : s'il fallait attendre que tous les parents
qui peuvent être appelés en différents ordres se fussent expliqués, ou s'il
fallait agir successivement contre ces divers parents pour les forcer à
s'expliquer sur le parti qu'ils ont l'intention de prendre, il s'écoulerait un
long temps pendant lequel les biens de la succession dépériraient et les
droits des créanciers resteraient en souffrance ; les frais considérables qu'il
faudrait alors faire pourraient, d'ailleurs, absorber tout l'actif net de la
succession ; — 2° Qu'il n'y ait pas d'héritier saisi, ou que l'héritier saisi
ait renoncé ou soit inconnu ; — 3° Enfin, que personne né se présente pour
réclamer la succession. S'il existe un héritier saisi et connu, les créanciers
et tous autres qui ont des droits à exercer contre la succession peuvent
agir contre lui. Mais si cet héritier saisi renonce, il cesse d'être saisi ; les
parents des degrés subséquents ne sont pas alors saisis, car la loi né saisit
que le *« parent le plus proche; »* par conséquent, les créanciers héréditaires
ne peuvent poursuivre ni le renonçant ni les parents du degré subséquent.
Les héritiers irréguliers ne sont jamais saisis ; en conséquence, ils ne peuvent être poursuivis par les créanciers héréditaires-que s'ils ont obtenu ou
au moins demandé au tribunal l'envoi en possession des biens de la succession. Mais, dès qu'ils se sont présentés et ont demandé cette possession, ils peuvent être poursuivis, même avant l'expiration des délais fixés
pour faire inventaire et délibérer, ainsi qu'il a été d'ailleurs jugé en ces
termes : — « En ce qui touche l'expiration des délais pour faire inventaire
et délibérer : — Considérant qu'aux termes de l'art. 811 C. Nap., une succession n'est réputée vacante qu'autant qu'il ne se présente personne pour
la réclamer, qu'il n'y a pas d'héritier connu, ou que les héritiers connus
y ont renoncé ; — Considérant que, dans l'espèce, l'administration des
domaines se présente pour recueillir la succession de Bonaventure, en
vertu des art. 723 et 768 C. Nap., qui déclarent, à défaut d'héritiers légitimes, d'enfants naturels et de conjoint survivant, les successions acquises
à l'Etat ; — Qu'on ne peut considérer comme vacante une succession réclamée par un prétendant droit ; que, dès lors, l'art. 811 était inapplicable,

et qu'il n'y avait pas lieu d'attendre, à l'effet de pourvoir à la gestion des biens de la succession de Bonaventure, l'expiration des délais pour faire inventaire et délibérer » (C. de Paris, 25 juill. 1863).

812. Le tribunal de première instance dans l'arrondissement duquel elle est ouverte, nomme un curateur sur la demande des personnes intéressées, ou sur la réquisition du procureur impérial.

Les personnes *intéressées* à la nomination d'un curateur sont les créanciers de la succession et les légataires particuliers ; car ils ont des actions à exercer. Le procureur impérial, chargé de veiller aux intérêts des mineurs, des absents et de l'Etat, peut aussi provoquer la nomination d'un curateur.

813. Le curateur à une succession vacante est tenu, avant tout, d'en faire constater l'état par un inventaire : il en exerce et poursuit les droits ; il répond aux demandes formées contre elle ; il administre, sous la charge de faire verser le numéraire qui se trouve dans la succession, ainsi que les deniers provenant du prix des meubles ou immeubles vendus, dans la caisse du receveur de la régie impériale, pour la conservation des droits, et à la charge de rendre compte à qui il appartiendra.

Ainsi, le curateur fait procéder à l'inventaire, représente et administre la succession et en fait vendre les biens. Mais ce n'est pas lui qui reçoit le prix des ventes et qui paye les créanciers : ce prix est versé par les acheteurs, par les débiteurs héréditaires, à la Caisse des dépôts et consignations, et cette Caisse fait aux créanciers les payements ordonnancés par le tribunal.

814. Les dispositions de la section III du présent chapitre, sur les formes de l'inventaire, sur le mode d'administration et sur les comptes à rendre de la part de l'héritier bénéficiaire, sont, au surplus, communes aux curateurs à successions vacantes.

Il existe de notables différences entre l'héritier bénéficiaire et le curateur à la succession vacante. L'héritier bénéficiaire, n'est pas salarié ; il a droit à ce qui reste de l'actif de la succession après la liquidation, et il ne répond que de ses fautes graves ; c'est lui qui reçoit ce qui est dû à la succession et qui, en général, paye les créanciers ; s'il fait un acte qui dépasse les limites de l'administration, il agit valablement, mais il devient par là héritier pur et simple. Le curateur à la succession vacante, au contraire, reçoit un salaire ; il répond de ses fautes légères ; ce n'est pas lui qui reçoit ni qui fait les payements ; s'il dépasse la limite de ses pouvoirs, les actes qu'il fait sont nuls.

CHAPITRE VI.

DU PARTAGE ET DES RAPPORTS.

Le *partage* et le *rapport* supposent essentiellement l'existence de plusieurs héritiers. Le rapport constitue l'une des opérations intégrantes du partage, car les choses rapportées entrent dans la composition des lots ; cependant le législateur a pensé qu'il était utile d'en exposer les principes dans une section distincte.

SECTION PREMIÈRE.

De l'action en partage, et de sa forme.

Il y a deux sortes de partage : le partage *provisionnel*, qui a pour but d'établir une jouissance séparée et provisoire, et le partage *définitif*, ou partage proprement dit. Les règles du Code ne concernent que le partage *définitif*, qui peut être ainsi défini : « C'est un acte qui a pour objet de faire cesser l'indivision entre cohéritiers » (art. 888). Or, sont dans l'indivision seulement les choses corporelles de la succession. Chaque héritier a sur les choses corporelles et sur chacune de leurs molécules une part proportionnelle à ses droits héréditaires. En faisant cesser l'indivision, le partage limite le droit de chaque héritier à certains objets qui deviennent sa propriété exclusive. Cet acte est, en réalité, *translatif* de la propriété, car il a le caractère d'un échange si les objets indivis sont partagés en nature, ou le caractère d'une vente si les objets sont licités et adjugés à celui des héritiers qui offre le plus fort prix. Mais la loi française dispose, dans un

but d'utilité générale, que le partage est *déclaratif* de la propriété ; que
« chaque cohéritier est censé avoir succédé seul et immédiatement à tous
les effets compris dans son lot, ou à lui échus sur licitation, et n'avoir
jamais eu la propriété des autres effets de la succession » (art. 883). La
fiction introduite par cet art. 883 a pour but de mettre chaque héritier
à l'abri des actions qui auraient pu résulter, au profit des tiers, des aliéna-
nations ou des constitutions d'hypothèques consenties par des cohéritiers,
pendant l'indivision des choses héréditaires.

Mais les choses incorporelles, comme les créances, les dettes, les
rentes, ne sont pas dans l'indivision ; elles se divisent de plein droit entre
les héritiers (art. 1220). En conséquence, s'il y a une créance héréditaire
de 20,000 fr. et deux héritiers pour portions égales, chacun des héritiers
devient, au moment même de l'ouverture de la succession, créancier de
10,000 fr. Si, lors du partage, cette créance est mise dans un lot, l'héritier qui l'obtient et qui en avait déjà la moitié comme héritier, acquiert
l'autre moitié en qualité de cessionnaire de son cohéritier. Dans le cas où
le cohéritier cédant aurait reçu du débiteur 6,000 fr. avant le partage, il
n'était plus créancier que de 4,000 fr. et il ne pouvait par conséquent
céder que cette dernière somme. L'héritier cessionnaire ne peut donc
exiger du débiteur que 14,000 fr., c'est-à-dire 10,000 fr. en sa qualité
d'héritier, et 4,000 fr. en sa qualité de cessionnaire de son cohéritier.
Ainsi, relativement aux créances et aux autres choses incorporelles, le
partage n'est pas déclaratif, mais il est translatif de droits.

Remarquons que les choses corporelles qui appartiennent à une personne morale, comme un société, une corporation ou une communauté,
ne sont pas dans l'indivision ; que l'indivision ne naît entre les associés,
les membres de la corporation ou les époux qu'à l'instant où la personne
morale se dissout (art. 529).

815. Nul ne peut être contraint à demeurer dans l'indivision ;
et le partage peut être toujours provoqué, nonobstant prohibitions et conventions contraires. — On peut cependant convenir
de suspendre le partage pendant un temps limité : cette convention ne peut être obligatoire au-delà de cinq ans ; mais elle
peut être renouvelée.

L'indivision peut présenter des avantages aux héritiers ou aux copropriétaires des biens qui appartenaient à une personne morale maintenant

dissoute, car elle est quelquefois pour eux un moyen de faire des opérations importantes et utiles qu'aucun d'eux ne pourrait isolément réaliser.
Mais elle peut présenter de très-graves inconvénients : dans cet état, aucun héritier ne peut ni vendre ni hypothéquer des biens héréditaires
d'une manière sûre, à cause de l'effet rétroactif du partage qui est déclaratif de la propriété (art. 883); la circulation et la liberté des biens se
trouvent ainsi entravées; d'ailleurs, l'indivision forcée pourrait faire
naître des luttes intestines et des querelles qui tourneraient au détriment
et à la ruine des héritiers; car, lorsque l'accord entre eux a disparu, les
choses vont toujours de mal en pire. Ce sont ces inconvénients qui ont
motivé la disposition de notre article.

Les héritiers peuvent rester dans l'indivision autant de temps qu'il leur
plaît; mais chacun d'eux garde toujours le droit de provoquer le partage
et de faire par là cesser l'indivision; il dicte ainsi la loi à tous les autres.
Le testateur ne peut point, même au moyen d'une clause pénale, prohiber
le partage : la prohibition et la clause pénale sont pareillement frappées
de nullité. De même est nulle la convention dans laquelle les héritiers
stipulent qu'ils resteront toujours dans l'indivision. Toutefois, la loi permet aux héritiers de convenir qu'ils resteront dans l'indivision pendant
un terme qui n'excède pas cinq ans; elle leur permet aussi de renouveler
cette convention pour cinq ans, qui courent du jour même du renouvelle-
ment. C'est à ce terme de cinq ans que doit être ramenée toute convention faite pour une plus longue durée.

Notre article, qui déclare nulles les prohibitions et les conventions tendant à maintenir l'indivision, autorise cependant, dans une certaine mesure, les conventions; mais il ne dit rien des prohibitions. Il faut conclure
de là que la prohibition de partage, même pendant un très-court délai,
est placée sous l'empire de la règle générale et qu'elle n'est jamais valable.
Les héritiers, qui font librement une convention d'indivision pour quelques
années, savent qu'ils pourront vivre en bonne harmonie pendant ce court
délai; mais, en prohibant le partage, le testateur ferait subir à ses héritiers, dont il ignore les dispositions intimes, une indivision forcée qui renfermerait pour eux tous les inconvénients que notre article a voulu prévenir.

Remarquons : — 1º Que les propriétaires indivis d'un droit d'usufruit
peuvent aussi, chacun, en provoquer le partage, ainsi qu'il a d'ailleurs
été décidé : — « Attendu qu'il existe une véritable indivision entre la
demanderesse, légataire du quart en usufruit, et les héritiers, nu-proprié-
taires, investis des trois quarts de ce même usufruit; — Qu'en le déclarant
ainsi et en ordonnant en conséquence la licitation des immeubles, reconnus

et déclarés impartageables, même au regard de la veuve usufruitière, l'arrêt attaqué, loin de violer les dispositions de loi visées dans le pourvoi, en a fait, au contraire, une juste application » (C. cass. 24 juin 1863); — 2° Que les copropriétaires d'un mur, d'une haie, d'un fossé mitoyens ne peuvent jamais en demander le partage, parce qu'ils ne sont pas dans une véritable indivision (page 339); — 3° Que les envoyés en possession provisoire des biens d'un absent ne peuvent provoquer le partage ni de la propriété de ces biens, ni même de la jouissance, ainsi qu'il a été jugé en ces termes : — « Attendu que l'art. 129 C. Nap. interdit tout partage des biens de l'absent avant le jour de l'envoi définitif; que cette prohibition s'étend aussi bien à la jouissance de ces mêmes biens qu'à leur propriété nue, la loi ne faisant à cet égard aucune distinction » (C. d'Orléans, 1er déc. 1859).

816. Le partage peut être demandé, même quand l'un des cohéritiers aurait joui séparément de partie des biens de la succession, s'il n'y a eu un acte de partage, ou possession suffisante pour acquérir la prescription.

Le droit de demander le partage est imprescriptible, puisque les héritiers ne peuvent pas valablement convenir qu'ils resteront toujours dans l'indivision (art. 815). Lorsqu'un partage a été fait par écrit ou autrement, cet acte fait la loi des parties, et il ne dépend pas de la volonté de l'une d'elles de demander un nouveau partage. Mais l'existence d'un partage fait sans écrit peut-elle, au-dessus de la valeur de 150 fr., être prouvée par témoins et par présomptions, lorsqu'il existe un commencement de preuve par écrit? La Cour suprême a décidé l'affirmative, en consacrant un arrêt de la cour de Bordeaux, dans ces termes : — « Attendu que, de droit commun, les conventions se forment légalement par le seul consentement des parties entre lesquelles elles interviennent, et qu'à l'exception de certains contrats qu'à raison de leur importance, la loi, par des dispositions expresses et spéciales, soumet à des formes solennelles, l'écriture n'est exigée que pour la preuve, et non pour la validité de la convention; — Attendu que l'exception au droit commun ne se présume pas, et qu'elle ne peut résulter que d'un texte clair et formel, qu'en ce qui concerne le partage, on ne rencontre nulle part; — Que vainement le pourvoi prétend faire sortir une exception de cette nature de l'art. 816 C. Nap.; que le mot *acte*, que cet article emploie, n'est point par lui-même assez significatif pour que l'on doive nécessairement en induire que, dans la pensée de la loi, l'écriture est de l'essence du partage; qu'il résulte du rapprochement de diverses dispositions du Code, qu'employé seul et sans addition du mot *écrit*, il n'exprime le plus souvent que la convention, et non l'instrument destiné à la constater; — Que la vérité de cette interprétation restreinte devient plus évidente encore, lorsqu'on voit l'art. 816, dans sa disposition finale, placer la prescription sur la même ligne que l'acte dont il a d'abord parlé, et en faire, comme de l'acte, une fin de non-recevoir contre la demande en partage;... Qu'il suit de là que le partage verbal est valable; que la preuve en reste soumise au droit commun, et que, dès lors, l'arrêt attaqué, en se fondant sur des présomptions graves, précises et concordantes qu'il déclare étayées d'un commencement de preuve par écrit, pour reconnaître et valider le partage de 1840, n'a pu ni violer les art. 816 et 819, ni faussement appliquer les art. 1353 et 1347 C. Nap. » (C. cass. 21 janv. 1867).

Si l'un des héritiers détient tous les objets héréditaires, peut-il prescrire, contre ses cohéritiers, l'action en partage de la succession ? Cette question doit être résolue par une distinction. 1° Si cet héritier possède la succession au nom de tous ses cohéritiers, il a la qualité de mandataire et d'administrateur; par conséquent, la prescription de l'action en partage ne court pas en sa faveur (art. 2236). 2° Si, au contraire, il possède toute la succession pour lui-même, avec l'intention exclusive d'en être propriétaire, il acquiert les parts de ses cohéritiers par la prescription de trente ans, et l'action en partage se trouve par là prescrite.

Quand la succession a été partagée entre les parents successibles de la ligne paternelle et quelques-uns seulement des successibles de la ligne maternelle, les autres successibles de cette dernière ligne ne peuvent point demander un nouveau partage entre les deux lignes; ils ont uniquement le droit de demander un sous-partage des biens attribués à leur ligne. Ainsi jugé : — « Attendu que ces partages, ainsi consommés de bonne foi, devaient être considérés comme irrévocables entre les parties qui étaient toutes majeures, du moins à l'égard des héritiers paternels; — Que s'il existait d'autres héritiers maternels, quoique saisis de plein droit de la succession, ils n'étaient pas obligés de se porter héritiers, et que jusqu'à ce qu'ils se fussent fait connaître en prenant qualité, la ligne maternelle avait été représentée vis-à-vis des tiers, et notamment vis-à-vis de l'autre ligne, par ceux qui avaient fait valoir leurs droits; que les héritiers de l'autre ligne ne pouvaient plus désormais agir que contre leurs cohéritiers de la même ligne, afin d'être admis au partage des valeurs recueillies, à leur préjudice, par ces derniers » (C. cass. 19 avr. 1865).

817. L'action en partage, à l'égard des cohéritiers mineurs ou interdits, peut être exercée par leurs tuteurs, spécialement autorisés par un conseil de famille. — A l'égard des cohéritiers absents, l'action appartient aux parents envoyés en possession.

Quoique le partage soit, par une fiction de la loi (art. 883), *déclaratif* de la propriété, il est, en réalité, *translatif* de la propriété : c'est un acte d'aliénation qui a le caractère d'échange ou de vente. Pour figurer au partage, il semble qu'il faudrait avoir la capacité d'aliéner; mais la loi abandonne un peu la rigueur des principes, parce qu'elle voit avec faveur les partages qui font disparaître les inconvénients ordinaires de l'état d'indivision. 1° L'héritier est-il un mineur non émancipé ou un interdit? le tuteur pourra provoquer le partage, avec la seule autorisation du conseil de famille; pour défendre au partage, il n'a même besoin d'aucune autorisation, car l'autre héritier qui intente l'action dicte la loi à tous ses cohéritiers (art. 815). 2° Le mineur héritier est-il émancipé? il pourra lui-même provoquer le partage avec l'autorisation de son conseil de famille et l'assistance de son curateur (art. 484); tandis qu'il n'a besoin que de l'assistance de son curateur pour défendre à l'action en partage. 3° L'héritier est-il absent? si l'absence n'a pas encore été déclarée, il est représenté par un notaire nommé par le tribunal (art. 113); si, au contraire, l'absence a été déclarée, il est représenté par les envoyés en possession provisoire. Dans ces deux cas, on suppose que la succession a été ouverte avant la disparition de l'absent ou avant ses dernières nouvelles; car si elle n'était ouverte qu'après, elle serait dévolue exclusivement aux autres héritiers (art. 136).

818. Le mari peut, sans le concours de sa femme, provoquer le partage des objets meubles ou immeubles à elle échus qui tombent dans la communauté : à l'égard des objets qui ne tombent pas en communauté, le mari ne peut en provoquer le partage sans le concours de sa femme; il peut seulement, s'il a le droit de jouir de ses biens, demander un partage provisionnel. — Les cohéritiers de la femme ne peuvent provoquer le partage définitif qu'en mettant en cause le mari et la femme.

La femme mariée ne peut jamais, quel que soit le régime de son union conjugale, accepter une succession qui lui est échue, ni figurer dans un partage, sans l'autorisation de son mari, ou, à défaut, sans l'autorisation de la justice (art. 215, 218). Le mari peut-il provoquer le partage de la succession échue à sa femme et par elle acceptée ? Oui, si toutes les valeurs qui composent la succession sont, d'après leur nature et le régime de la société conjugale, de nature à tomber dans la communauté. Si les valeurs de la succession restent propres à la femme, et si la jouissance de ces valeurs appartient à la communauté ou au mari, les deux époux devront agir ensemble pour provoquer un partage définitif ; mais le mari pourra demander seul un partage *provisionnel,* c'est-à-dire qui sera valable seulement pour la jouissance. Si, enfin, le mari n'a aucune espèce de droit sur les biens composant la succession échue à sa femme, il n'a pas qualité pour agir en partage : la femme seule y figure avec l'autorisation de son mari ou de justice.

Lorsque la femme mariée sous le régime dotal a constitué en dot ses biens à venir, et qu'une succession lui échoit, le mari qui, sous ce régime, a toutes les actions, mobilières et immobilières, personnelles et réelles, (art. 1549), pourra-t-il aussi provoquer le partage de la succession sans le concours de sa femme ? Cette question est gravement agitée ; mais le mari n'ayant que la jouissance des biens dotaux, il faut conclure de là, d'après notre article, qui est applicable à tous les régimes, que le mari ne peut pas provoquer seul un partage définitif.

Au reste, lorsque les cohéritiers de la femme provoquent le partage, ils doivent toujours mettre en cause le mari et la femme, celle-ci ne pouvant ester en justice sans autorisation de son mari (art. 215).

819. Si tous les héritiers sont présents et majeurs, l'apposition des scellés sur les effets de la succession n'est pas nécessaire, et le partage peut être fait dans la forme et par tel acte que les parties intéressées jugent convenables. — Si tous les héritiers ne sont pas présents, s'il y a parmi eux des mineurs ou des interdits, le scellé doit être apposé dans le plus bref délai, soit à la requête des héritiers, soit à la diligence du procureur impérial près le tribunal de première instance, soit d'office par le juge de paix dans l'arrondissement duquel la succession est ouverte.

Les héritiers sont-ils tous majeurs et *présents*, c'est-à-dire domiciliés dans la même commune que le défunt ou dans des communes peu éloignées ? L'apposition des scellés n'est pas nécessaire, et les héritiers peuvent faire entre eux un partage appelé *amiable*, par opposition au partage judiciaire. Existe-t-il, au contraire, des héritiers non présents, ou des mineurs ou interdits ? Afin d'empêcher le détournement des effets de la succession, les scellés doivent être apposés par le juge de paix. L'apposition des scellés n'a cependant pas lieu si le mineur ou interdit est pourvu d'un tuteur ou si le mineur est émancipé. Ainsi jugé dans les termes suivants : — « Attendu, en droit, que si l'art. 819 C. Nap. dispose que les scellés doivent être apposés d'office sur les effets de la succession, lorsque parmi les héritiers il y a des mineurs, l'art. 911 C. pr. explique que cette apposition n'est obligatoire que dans le cas où le mineur est sans tuteur ; — Attendu que l'apposition des scellés étant donc facultative lorsque le mineur est pourvu d'un tuteur, l'obligation imposée à ce dernier, par l'art. 451 C. Nap., de faire faire l'inventaire, n'implique ni l'apposition des scellés, ni l'inventaire en présence du juge et de son greffier, la loi n'ayant pas voulu grever la famille de frais inutiles ; — Attendu que le mineur émancipé se trouve dans une position plus favorable encore, à raison des droits étendus que lui confère l'émancipation, et que l'on dirait vainement que le défaut d'inventaire de sa part n'a pas de sanction comme de la part du tuteur responsable à l'égard du mineur, les créanciers ayant pour sanction leur vigilance et le droit de requérir l'apposition des scellés suivie de l'inventaire fait en présence du juge » (C. de Grenoble, 5 avr. 1863).

820. Les créanciers peuvent aussi requérir l'apposition des scellés, en vertu d'un titre exécutoire ou d'une permission du juge.

Chaque héritier peut faire apposer les scellés. Les créanciers de la succession ont aussi chacun ce droit ; mais celui qui n'a pas de titre *exécutoire*, c'est-à-dire de grosse, d'un jugement ou d'un acte notarié, ne peut exercer un pareil droit qu'après en avoir obtenu l'autorisation du président du tribunal ou du juge de paix du canton où les scellés doivent être apposés (art. 909 C. pr.) Bien plus, en cas d'absence du conjoint ou de l'un des héritiers, les personnes qui demeuraient avec le défunt et ses serviteurs et domestiques peuvent aussi requérir l'apposition des scellés (art. 909 C. pr.).

821. Lorsque le scellé a été apposé, tous créanciers peuvent y former opposition, encore qu'ils n'aient ni titre exécutoire ni permission du juge. — Les formalités pour la levée des scellés et la confection de l'inventaire sont réglées par les lois sur la procédure.

Le créancier de la succession n'a besoin ni de titre exécutoire ni de permission du juge, pour s'opposer à ce que les scellés apposés ne soient levés sans qu'il en soit averti; car il n'occasionne par là aucuns frais. Il forme cette opposition par une déclaration sur le procès-verbal de scellés, ou par exploit signifié au greffier du juge de paix (art. 926 C. pr.).

822. L'action en partage, et les contestations qui s'élèvent dans le cours des opérations, sont soumises au tribunal du lieu de l'ouverture de la succession. — C'est devant ce tribunal qu'il est procédé aux licitations, et que doivent être portées les demandes relatives à la garantie des lots entre copartageants, et celles en rescision du partage.

La succession s'ouvre au domicile du défunt (art. 111). C'est là que se trouvent ordinairement les biens et les titres de la succession, et c'est là que l'intérêt réunit les héritiers; c'est donc le tribunal de ce domicile qui doit connaître des demandes en partage, en rescision de partage et en garantie des lots. L'art. 59 C. pr., qui dispose que le tribunal du domicile du défunt connaît des demandes entre les héritiers jusqu'au partage *inclusivement,* n'est pas en opposition avec notre article; en effet, la demande en *rescision* d'un partage vicié est elle-même, en réalité, une véritable demande en partage, et la demande en *garantie* des lots révèle que le partage, qui a besoin d'être rectifié, n'a pas été parfait.

L'action en partage d'une société se porte devant le tribunal du siége social; l'action en partage d'immeubles laissés en France par un étranger est portée devant le tribunal de la situation de ces immeubles, et l'on applique alors aux héritiers étrangers, à l'égard de ces immeubles, les dispositions de la loi française sur les successions, notamment en ce qui concerne l'ordre des héritiers et la quotité de leurs droits.

823. Si l'un des cohéritiers refuse de consentir au partage, ou s'il s'élève des contestations soit sur le mode d'y procéder, soit sur la manière de le déterminer, le tribunal prononce comme en matière sommaire, ou commet, s'il y a lieu, pour les opérations du partage, un des juges, sur le rapport duquel il décide les contestations.

Quand tous les héritiers sont capables et consentants, le partage est alors *amiable*. En pareil cas, les héritiers ne sont assujettis à aucune forme, et ils procèdent comme bon leur semble à la formation des lots ; leur volonté commune a toujours pour elles force de loi, pourvu cependant que le principe de l'égalité des lots ne soit point gravement violé ; car si l'un des héritiers était lésé de plus du quart de sa part héréditaire, il aurait le droit de demander aussi bien la rescision du partage amiable que celle du partage judiciaire (art. 887).

Mais s'il y a parmi les héritiers un mineur, un interdit, un absent ou même un majeur capable qui n'est pas consentant, le partage doit alors être *judiciaire*. Le tribunal qui accueille la demande en partage nomme ordinairement : 1.º un *juge-commissaire*, qui surveille et accélère les opérations du partage, cherche à concilier les parties et fait son rapport au tribunal ; 2° des *experts*, qui estiment les biens de la succession et indiquent les bases de la formation des lots ; 3° enfin, un *notaire*, dont les fonctions sont déterminées dans l'art. 828.

Toutes les questions qui ont pour objet les formalités du partage sont jugées par le tribunal comme en matière sommaire. Or, on entend par matière *sommaire* celle qui a pour objet une question facile à juger ou de peu d'importance : elle est portée à l'audience après les délais de la citation, sur simple acte, sans autres procédures ni formalités (art. 405 C. pr.). Les questions qui s'élèvent, dans un partage, sur des matières autres que la forme de procéder et la manière de les terminer, sont jugées suivant les formes ordinaires, notamment celles qui concernent la qualité d'héritier, les rapports et la réduction des libéralités.

824. L'estimation des immeubles est faite par experts choisis par les parties intéressées, ou, à leur refus, nommés d'office. — Le procès-verbal des experts doit présenter les bases de l'estimation : il doit indiquer si l'objet estimé peut être commodément partagé ; de quelle manière ; fixer enfin, en cas de division, chacune des parts qu'on peut en former, et leur valeur.

D'après notre article, le tribunal qui accueille la demande en partage doit ordonner l'estimation des immeubles ; or, cette estimation, qui est une opération préparatoire du partage, est faite par trois experts nommés par les parties intéressées, ou bien, à défaut d'accord, ou s'il y a des héritiers mineurs, interdits ou présumés absents, par le tribunal.

Le Code de procédure modifie ces règles : le tribunal peut déclarer qu'il ne sera nommé qu'un seul expert (art. 971 C. pr.), et même qu'il sera procédé immédiatement au partage, sans estimation préalable (art. 970 C. pr.).

825. L'estimation des meubles, s'il n'y a pas eu de prisée faite dans un inventaire régulier, doit être faite par gens à ce connaissant, à juste prix et sans crue.

L'estimation des meubles, qui est faite ordinairement par un commissaire priseur, est utile pour former des lots de valeurs égales. Les expressions, « *à juste prix et sans crue*, » abolissent un ancien usage. Un édit de 1556, porté par Henri II, disposait que les experts seraient tenus de prendre, sur le prix de leur estimation, les meubles qui ne trouvaient pas d'enchérisseurs. Pour atténuer les conséquences de cette responsabilité, les experts ont eu soin de n'estimer les meubles qu'aux trois quarts de leur valeur, et de porter un quart en crue. Ainsi, les experts qui estimaient un meuble 400 fr., le portaient comme étant d'une valeur de 300 fr., et, en marge de leur procès-verbal d'estimation, ils mettaient le quart en crue, c'est-à-dire 100 fr. : s'il n'y avait point d'enchérisseurs, le meuble leur restait pour 300 fr. Maintenant les experts ne sont plus responsables de leur estimation ; ils doivent donc la faire « *à juste prix.* »

826. Chacun des cohéritiers peut demander sa part en nature des meubles et immeubles de la succession : néanmoins, s'il y a des créanciers saisissants ou opposants, ou si la majorité des cohéritiers juge la vente nécessaire pour l'acquit des dettes et charges de la succession, les meubles sont vendus publiquement en la forme ordinaire.

La règle que *chaque héritier peut demander sa part en nature des meubles et immeubles de la succession*, est absolue à l'égard des immeubles. Mais elle souffre deux exceptions relativement aux meubles. 1° Lorsque des créanciers de la succession ont saisi les biens qui la composent, chaque

héritier peut exiger que les meubles héréditaires soient vendus, jusqu'à concurrence de la somme nécessaire pour payer les créanciers saisissants; par
là, les frais seront diminués, et les immeubles saisis ne seront point vendus
d'après les formes coûteuses et désagréables de l'expropriation forcée.
2° La vente des meubles doit avoir lieu lorsque la majorité en nombre des
héritiers juge cette vente nécessaire pour payer les dettes de la succession.
Cette décision de la majorité, qui fait loi pour la minorité, peut avoir pour
cause la crainte de poursuites imminentes des créanciers, ou l'intérêt moral de voir toutes les dettes du défunt promptement et intégralement acquittées. Lorsque les dettes ne sont ni indivisibles ni solidaires, un héritier
n'est pas responsable, envers les créanciers de la succession, lorsque son
cohéritier ne paye pas la part dont il est tenu (art. 1220). Mais il est
honorable pour les héritiers et pour la mémoire du défunt que les dettes
soient intégralement payées; c'est pourquoi la majorité, qui craint l'insolvabilité de quelques héritiers, dicte la loi à la minorité et impose la nécessité de vendre les meubles pour l'acquittement immédiat des dettes
héréditaires.

827. Si les immeubles ne peuvent pas se partager commodément, il doit être procédé à la vente par licitation devant le
tribunal. — Cependant les parties, si elles sont toutes majeures,
peuvent consentir que la licitation soit faite devant un notaire,
sur le choix duquel elles s'accordent.

Le procès-verbal des experts nommés pour procéder à l'estimation des
immeubles indique ceux qui ne peuvent pas commodément entrer dans la
composition des lots et qui, par suite, doivent être *licités* (art. 824), c'est-
à-dire vendus aux enchères à celui qui offre le plus fort prix (art. 1686,
1687). Par décision du tribunal, un juge ou un notaire est commis pour
recevoir les enchères (art. 970 C. pr.). Mais les héritiers qui sont tous capables peuvent choisir eux-mêmes, pour procéder aux enchères, le notaire
qui leur convient.

828. Après que les meubles et immeubles ont été estimés et
vendus, s'il y a lieu, le juge-commissaire renvoie les parties
devant un notaire dont elles conviennent, ou nommé d'office
si les parties ne s'accordent pas sur le choix. — On procède,
devant cet officier, aux comptes que les copartageants peuvent

se devoir, à la formation de la masse générale, à la composition des lots, et aux fournissements à faire à chacun des copartageants.

Le tribunal choisit le juge-commissaire parmi l'un de ses membres (art. 823); il choisit aussi le notaire, s'il n'a pas été nommé par les héritiers tous capables et consentants. Les *comptes* des copartageants ont pour objet, par exemple, les dépenses qu'un héritier a faites dans un intérêt commun, les fruits qu'il a perçus, les fautes dont il est responsable, les obligations du rapport et les droits de prélèvement. Les fournissements consistent dans l'exécution des diverses obligations qui existent entre la succession et les héritiers. La manière de procéder devant le notaire est réglée par les art. 975 et suiv. C. pr.

829. Chaque cohéritier fait rapport à la masse, suivant les règles qui seront ci-après établies, des dons qui lui ont été faits, et des sommes dont il est débiteur.

L'héritier rapporte à la succession toutes les libéralités qu'il a reçues du défunt (art. 843 et suiv.). Les fruits des choses sujettes à rapport, les intérêts des sommes données ou prêtées sans intérêts par le défunt, profitent à la succession du jour où celle-ci a été ouverte.

830. Si le rapport n'est pas fait en nature, les cohéritiers à qui il est dû prélèvent une portion égale sur la masse de la succession. — Les prélèvements se font, autant que possible, en objets de même nature, qualité et bonté que les objets non rapportés en nature.

L'héritier fait le rapport *en nature*, quand il remet à la succession la chose même qu'il a reçue. Il fait le rapport *en moins prenant*, quand il garde la chose qu'il a reçue du défunt : dans ce cas, les autres héritiers prélèvent, sur les biens de la succession et proportionnellement à leurs droits, des biens de mêmes valeur, nature, espèce, qualité et bonté.

831. Après ces prélèvements, il est procédé, sur ce qui reste dans la masse, à la composition d'autant de lots égaux qu'il y a d'héritiers copartageants, ou de souches copartageantes.

Lorsque les héritiers sont tous capables et consentants, ils font le partage comme bon leur semble : leur volonté fait loi pour eux. Souvent
chacun obtient, dans un partage *amiable*, les choses qui lui conviennent :
il y a alors *attribution de lots*. Mais, dans le partage *judiciaire*, qui a
lieu lorsqu'il existe des mineurs, des interdits, des non présents, des
absents ou des non consentants, il faut observer des règles précises, sous
peine de nullité des partages.

D'abord, en ce qui concerne la composition des lots, plusieurs espèces
peuvent se présenter. S'il y a, par exemple, un seul héritier dans la
branche paternelle, et quatre héritiers dans la branche maternelle, au
lieu de faire huit lots égaux, et d'en attribuer quatre au parent de la
branche paternelle, on ne fera que deux lots égaux : l'un pour la branche
paternelle, et l'autre pour la branche maternelle, et ensuite le lot échu à
cette dernière branche sera subdivisé en quatre parts égales. On partagera aussi d'abord la succession en deux parts égales, si le défunt a laissé
ses père et mère et des frères ou sœurs; ensuite le lot échu aux père et
mère sera divisé en deux parts, et celui échu aux frères, sœurs ou descendants d'eux sera divisé en autant de parts qu'il y a de copartageants
ou de souches copartageantes, et la part obtenue par une souche sera
elle-même subdivisée en autant de parts égales qu'il y a de membres dans
cette souche.

832. Dans la formation et composition des lots, on doit éviter, autant que possible, de morceler les héritages et de diviser
les exploitations ; et il convient de faire entrer dans chaque lot,
s'il se peut, la même quantité de meubles, d'immeubles, de
droits ou de créances de même nature et valeur.

Les lots doivent être tous de même valeur, comprendre des héritages
d'une exploitation commode et être composés, autant que possible, de
choses de même nature. La fin de notre article montre que les créances,
qui se divisent de plein droit (art. 1220), sont cependant souvent mises
dans les lots afin de faciliter les partages : l'héritier dans le lot duquel se
trouve une créance devient le cessionnaire des parts que ses cohéritiers
avaient dans cette créance; mais il n'est saisi de ces parts, à l'égard des
tiers, que par la signification du transport faite au débiteur (art. 1690).

833. L'inégalité des lots en nature se compense par un retour, soit en rente, soit en argent.

Le retour de lots en rente ou en argent se nomme *soulte*, expression qui vient du latin *solvere, solutum*, et désigne que celui qui a un lot trop fort est tenu de payer quelque chose à l'un ou à plusieurs de ses cohéritiers. Comme le partage est, à l'égard des choses corporelles qui sont seules dans l'indivision, déclaratif de la propriété (art. 883), il ne constitue point un titre d'acquisition et ne donne par conséquent pas ouverture au droit de mutation. Cependant l'héritier qui reçoit une soulte est considéré, au regard de la Régie de l'enrégistrement, comme un acquéreur jusqu'à concurrence de la somme qu'il doit, et, sous ce rapport, il est tenu des droits de mutation qui sont perçus sur les ventes ordinaires. Nous verrons plus tard (art. 2103) que l'héritier qui a droit à une soulte a, pour son payement, un privilége sur les immeubles échus à son cohéritier débiteur; mais qu'il doit révéler ce privilége en prenant inscription dans un bref délai (art. 2109).

834. Les lots sont faits par l'un des cohéritiers, s'ils peuvent convenir entre eux sur le choix, et si celui qu'ils avaient choisi accepte la commission : dans le cas contraire, les lots sont faits par un expert que le juge-commissaire désigne. — Ils sont ensuite tirés au sort.

Les lots ne sont faits qu'après qu'il a été procédé aux rapports et aux prélèvements. Une seule personne est nommée pour les former : c'est l'un des héritiers, s'il a le suffrage de ses cohéritiers tous capables; dans le cas contraire, c'est un expert nommé par le tribunal. La mission des trois experts, nommés en vertu de l'art. 824, n'avait qu'un but préparatoire et partiel, qui se bornait aux seuls immeubles; tandis que celle de l'expert dont il s'agit dans notre article s'étend à la masse des biens partageables.

L'héritier ou l'expert qui a procédé à la composition des lots fait un rapport; ce rapport est ensuite reçu par le notaire qui rédige le procès-verbal de la composition des lots. Puis, ces lots « *sont tirés au sort.* » Ce tirage au sort est de l'essence du partage judiciaire. Mais, ainsi qu'il est dit sous l'art. 831, la volonté des héritiers qui sont tous majeurs, capables et consentants fait toujours loi pour eux.

835. Avant de procéder au tirage des lots, chaque copartageant est admis à proposer ses réclamations contre leur formation.

L'héritier qui estime, par exemple, que les héritages sont morcelés, que les exploitations sont divisées, que les lots ne sont pas de même valeur ou qu'ils ne sont pas composés de biens de même nature peut, avant le tirage au sort, faire ses réclamations devant le notaire. Celui-ci dresse procès-verbal des réclamations, et il dépose ce procès-verbal au greffe du tribunal, pour être communiqué au juge-commissaire.

836. Les règles établies pour la division des masses à partager sont également observées dans la subdivision à faire entre les souches corpartageantes.

Cependant lorsque, dans un partage judiciaire, les héritiers d'une souche sont tous capables et consentants, ils peuvent partager amiablement entre eux le lot qui leur est échu, et en faire les attributions qui leur plaisent.

837. Si, dans les opérations renvoyées devant un notaire, il s'élève des contestations, le notaire dressera procès-verbal des difficultés et des dires respectifs des parties, les renverra devant le commissaire nommé pour le partage; et, au surplus, il sera procédé suivant les formes prescrites par les lois sur la procédure.

Les contestations qui s'élèvent devant le notaire entre les héritiers peuvent avoir pour objet les comptes qui se forment entre eux, les rapports des choses données par le défunt, ou la composition des lots. Le juge-commissaire, devant lequel le notaire renvoie les parties, cherche à les concilier, et, à défaut de conciliation, il les renvoie à l'audience, en leur indiquant le jour à comparaître (art. 977 C. pr.).

838. Si tous les cohéritiers ne sont pas présents, ou s'il y a parmi eux des interdits, ou des mineurs, même émancipés, le partage doit être fait en justice, conformément aux règles prescrites par les articles 819 et suivants, jusques et compris l'article précédent. S'il y a plusieurs mineurs qui aient des intérêts opposés dans le partage, il doit leur être donné à chacun un tuteur spécial et particulier.

On voit, dans cet article, que les mineurs *émancipés* ne jouissent pas d'une capacité suffisante pour faire valablement un partage amiable. — Les mineurs n'ont généralement pas des intérêts opposés, lorsqu'ils viennent ensemble représenter, dans la succession d'un aïeul, ou d'un oncle, leur père ou leur mère; en ce cas, ils sont tous représentés dans le partage, par leur tuteur commun. Mais lorsque, dans la subdivision, le partage se fait par têtes entre les mineurs, ceux-ci ont alors des intérêts opposés et par conséquent chacun d'eux doit alors avoir un tuteur spécial et particulier, choisi par un avis de parents, conformément à l'art. 882 C. pr. — Mais si, dans un partage, il y avait opposition d'intérêts entre le mineur et son tuteur, le subrogé-tuteur viendrait, en vertu des pouvoirs que lui confère l'art. 420, soutenir les intérêts du mineur; par conséquent, il n'y aurait pas lieu à la nomination d'un tuteur spécial, *ad hoc.*

839. S'il y a lieu à licitation dans le cas du précédent article, elle ne peut être faite qu'en justice, avec les formalités prescrites pour l'aliénation des biens des mineurs. Les étrangers y sont toujours admis.

La *licitation* est la vente de biens indivis (art. 1685). Lorsqu'il y a des incapables ou des non consentants, la licitation est précédée d'affiches (art. 459); elle est faite, selon que l'estime le tribunal, devant un juge commis ou devant un notaire (art. 970 C. pr.); les *étrangers*, c'est-à-dire les non successibles, sont admis à prendre part aux enchères. Au reste, dans tous les cas où les héritiers ont la capacité requise pour faire un partage amiable, ils peuvent valablement convenir que les étrangers ne seront pas admis à surenchérir (art. 1687).

La jurisprudence établit avec raison quelques règles spéciales relativement : 1° aux parchemins qui concernent la généalogie de la famille et le rôle politique que cette famille a joué; 2° aux portraits des membres de la famille. — En ce qui concerne les documents et papiers de famille, la cour de Paris a jugé en ces termes : — « Considérant que les deux premières filles et la troisième petite-fille de la marquise de Bassompierre ont des droits égaux dans tous les effets mobiliers et immobiliers dépendant de la succession de leur père ou grand-père; que le Code Napoléon ne fait aucune distinction entre les papiers de famille et les autres valeurs de la succession; que la qualité d'aîné ne donne, dans notre droit, à l'enfant né le premier du mariage, qu'il soit fille ou garçon, aucun droit de préférence sur aucuns des objets héréditaires, et que, dès lors, pour tous les cas où il n'intervient pas entre les héritiers un arrangement amiable sur lesdits objets, ils doivent être, comme tout le reste de la succession, l'objet d'un partage en nature, ou d'une licitation si le partage en nature n'est pas possible » (C. de Paris, 19 mars 1864). Toutefois, d'après le même arrêt, les étrangers ne peuvent pas être admis à surenchérir, parce qu'il « est d'un intérêt évident pour les héritiers que la licitation ait lieu entre les héritiers seulement. »

De même que les documents et papiers de famille, les portraits de famille appartiennent également à tous les enfants et doivent être licités, mais seulement entre les enfants. Ainsi jugé par la cour de Lyon qui réserve avec sagesse aux enfants, non adjudicataires des portraits, le droit d'en faire prendre des copies : — « Attendu que l'on ne saurait admettre le motif énoncé au jugement dont est appel, à savoir : *que, suivant un usage constant, qui a aujourd'hui force de loi, les portraits de la famille appartiennent à l'aîné des enfants;* — Qu'en premier lieu, rien n'est moins constant que le prétendu usage allégué; qu'en second lieu, fût-il établi, il ne pourrait prévaloir contre le principe de l'égalité en matière de partage et contre l'économie de toute la législation qui règle le sort des successions ; — Attendu que ces portraits constituent l'une des valeurs successorales ; — Qu'il pourrait même arriver, s'ils étaient de grands maîtres, que leur prix excédât celui de toutes les autres valeurs de la succession ; — Attendu que ces objets n'ont pas figuré au partage ; — Attendu qu'il est dès à présent démontré, pour la cour, que ces portraits ne sont point partageables en nature ; qu'il y a lieu, dès lors, d'en ordonner la licitation entre les enfants Raynaud seulement, sans y appeler les étrangers ; — Attendu, toutefois, qu'il paraît juste que ceux des enfants qui ne resteraient pas adjudicataires ne se trouvent pas complétement privés d'images qui leur doivent être chères, et que pour cela il convient de leur accorder un délai, dans lequel ils auront la faculté d'en faire prendre copie, à leurs frais et sans déplacement ; — Ordonne que les portraits de famille seront licités pour être adjugés, au plus offrant et dernier enchérisseur, entre les enfants Raynaud seulement ; — Réserve à ceux qui ne resteraient pas adjudicataires la faculté de prendre ou faire prendre copie et à leurs frais desdits portraits, mais seulement pendant le délai de six mois, à partir du jour de l'adjudication et sans déplacement » (C. de Lyon, 20 déc. 1861).

840. Les partages faits conformément aux règles ci-dessus prescrites, soit par les tuteurs, avec l'autorisation d'un conseil de famille, soit par les mineurs émancipés, assistés de leurs curateurs, soit au nom des absents ou non présents, sont définitifs: ils ne sont que provisionnels, si les règles prescrites n'ont pas été observées.

Les expressions de cet article rendent nécessaires deux observations. 1° Le tuteur n'a pas besoin de l'autorisation du conseil de famille pour défendre à la demande d'un partage définitif (art. 465). 2° Pour provoquer un partage définitif, le mineur émancipé a non-seulement besoin de l'assistance de son curateur, mais encore de l'autorisation de son conseil de famille (art. 484); quoiqu'il puisse intenter une action immobilière avec la seule assistance de son curateur (art. 482), il lui faut aussi l'autorisation du conseil de famille pour demander un partage judiciaire et définitif, parce que cet acte important a le caractère réel d'une aliénation et qu'il nécessite des frais considérables que l'on pourrait éviter en attendant la majorité des mineurs.

Le mot *provisionnel* est employé dans notre article par opposition à *définitif*. Cependant un partage qui n'est pas définitif peut être ou provisionnel ou annulable. Or, le partage est *provisionnel*, si les parties ont manifesté expressément ou même tacitement leur intention de faire un partage valable seulement pour la jouissance, afin d'avoir une gestion plus commode et moins coûteuse; alors chacune d'elles conserve le droit de provoquer un partage définitif. Le partage est *annulable*, si les parties qui ont manifesté leur intention de faire un partage définitif, ont violé quelques-unes des formes prescrites pour la validité des partages judiciaires : dans ce cas, les capables ne peuvent pas faire annuler ce partage (art. 1125); mais les incapables, dans l'intérêt desquels les formes judiciaires ont été introduites, ont le droit, pendant un certain délai (art. 1304), de faire prononcer la nullité du partage.

Les principes que nous venons d'exposer en ce qui concerne le partage annulable et le partage provisionnel, ont été nettement formulés dans cet arrêt de la Cour suprême : — « Attendu, en droit, qu'en refusant au majeur qui a traité sciemment avec un mineur, le droit de changer de volonté, le droit d'opposer l'incapacité qu'il connaissait en traitant, l'art. 1125 C. Nap. suppose un acte que le mineur n'avait pas le droit de faire, un acte exécutoire à perpétuité s'il avait été passé entre majeurs, un acte dont le vice résulte seulement de l'incapacité du mineur : le mineur qui a pu être trompé a seul le droit de réclamer; — Mais s'il s'agit d'un acte déclaré par la loi ou par la convention *provisoire* ou *provisionnel*, la réciprocité est une conséquence de la nature des choses, à moins d'une dérogation conventionnelle au caractère légalement provisoire de l'acte dont il s'agit, le majeur renonçant, en ce cas, à la réciprocité résultant du caractère légal du partage, et faisant un partage définitif dans l'intention réciproque des contractants, comme il ferait un échange ou tout autre contrat synallagmatique, sans droit personnel de l'attaquer, et restant exposé au droit exclusif accordé au mineur par l'art. 1125 C. Nap. (C. cass. 9 mars 1846).

841. Toute personne, même parent du défunt, qui n'est pas son successible, et à laquelle un cohéritier aurait cédé son droit à la succession, peut être écartée du partage, soit par tous les cohéritiers, soit par un seul, en lui remboursant le prix de la cession.

Le droit établi par cet article en faveur des héritiers se nomme *retrait successoral.* L'art. 1699 établit, en matière de cession de créances, un autre retrait, appelé *retrait litigieux.* — Lorsqu'un héritier cède à un non successible sa part héréditaire, les autres héritiers ont le droit d'exercer le retrait successoral; par là, ils écartent le cessionnaire qui a agi dans un esprit de spéculation et de lucre, et ils l'empêchent de pénétrer dans les secrets de la famille, de jeter parmi ses membres le trouble et la discorde, et de rendre difficiles et coûteuses les opérations du partage qui exige, de la part de toutes les parties, un esprit de bienveillance, de conciliation et de concorde.

Voyons quels sont les cessionnaires de droits successifs qui peuvent être écartés du partage; par qui les cessionnaires peuvent être écartés, et sous quelles conditions.

1º Le retrait successoral peut être exercé contre tout cessionnaire de droits successifs qui n'est pas lui-même du nombre des *successibles,* c'est-à-dire qui n'a qualité pour figurer au partage ni en vertu de la loi générale des successions, ni en vertu de dispositions testamentaires. Ainsi, le parent du défunt qui n'est pas héritier, le légataire particulier, le légataire universel ou à titre universel d'usufruit, ne sont pas *successibles;* il suit de là que le retrait peut être exercé contre eux lorsqu'ils deviennent cessionnaires de droits successifs. Le mari de la femme héritière est aussi soumis au retrait, car il n'est point personnellement successible, alors même qu'il a la jouissance de tous les biens de sa femme. Ainsi décidé :
— « Attendu que le droit d'assister au partage comme mari, non plus que

son droit d'administration des biens de sa femme, ne lui conférant pas la qualité de successible; il est, comme cessionnaire, soumis au retrait successoral.» (C. de Riom, 9 mars 1846). La plupart des auteurs prétendent même que le successible qui a renoncé à la succession et qui se présente au partage comme cessionnaire d'un autre héritier, peut être écarté au moyen du retrait, parce que sa renonciation a eu pour effet de le faire considérer comme n'ayant jamais été héritier (art. 785); mais cette opinion ne doit cependant pas être admise, car il n'est pas entré dans l'esprit du législateur d'étendre à ce parent le plus proche la disposition exceptionnelle de notre article, qui a eu pour but d'écarter des étrangers ou des parents non successibles qui, poussés par la cupidité ou l'envie de nuire à acheter des droits dans une succession, viendraient s'immiscer dans le secret des familles et porter au sein des partages un esprit d'intérêt et de chicane. Mais les héritiers réguliers ou même irréguliers, les institués par contrat de mariage ou par testament ont, indépendamment de la cession, le droit de figurer au partage; par conséquent, le retrait successoral ne peut jamais être exercé contre eux. Quant aux cessionnaires de quelques objets déterminés, ils ne sont point soumis au retrait successoral, parce qu'ils n'acquièrent point par là le droit de pénétrer dans les secrets de la famille.

2° Le retrait successoral peut être exercé non-seulement par chacun des héritiers purs et simples, mais encore par les héritiers bénéficiaires, par les héritiers irréguliers, par les institués contractuels et par les légataires universels ou à titre universel. Lorsqu'un parent de la branche paternelle a vendu ses droits successifs, un héritier de la branche maternelle peut aussi exercer le retrait; c'est ce qui a été jugé avec raison dans les termes suivants : — « Attendu que le mot *cohéritier*, employé dans l'art. 841 C. Nap., est pris dans son acception la plus étendue; — Que, jusqu'au partage qui opère la division entre les deux lignes, les parts prenants doivent être considérés comme réciproquement *cohéritiers;* que, dès lors, tant que cette première division n'a pas eu lieu, l'héritier d'une des lignes a la faculté d'exercer le retrait contre le cessionnaire des droits d'un héritier de l'autre ligne; que cela n'a rien de contraire aux dispositions de l'art. 733 du même Code, qui ne veut pas qu'il se fasse de dévolution d'une ligne à l'autre tant qu'il se trouve des parents dans le degré successible; que cette règle n'a été posée que pour les cas ordinaires où la succession se distribue dans l'ordre légal, et qu'elle est inapplicable au cas exceptionnel du retrait » (C. de Pau, 14 févr. 1860). Mais lorsque le partage a été opéré entre les deux lignes, si un héritier cède ses droits, le retrait successoral ne peut plus être exercé que par les héritiers de sa ligne. Cette solution, qui résulte de l'arrêt cité de la cour de Pau, est généralement admise par la doctrine.

Le droit d'exercer le retrait appartient à tous les héritiers acceptants et privativement à chacun d'eux. Si tous l'exercent, le bénéfice qui peut en résulter se partage entre eux dans la proportion de leurs droits héréditaires. Si, au contraire, un seul l'exerce, il paraît que les autres peuvent prendre part à cette opération, à moins que ceux-ci n'aient été vainement engagés à exercer le retrait, ou qu'ils n'aient laissé expirer un certain délai sans manifester qu'ils veulent aussi participer aux conséquences d'une pareille opération, qui renferme, à l'origine, des chances de gains et de pertes.

Au reste, dès que les héritiers ont volontairement consenti à laisser intervenir le cessionnaire dans les opérations du partage, ils ont par là perdu le droit de l'écarter par l'exercice du retrait.

3° Les héritiers qui exercent le retrait successoral sont tenus d'indemniser le cessionnaire, en lui payant, en outre du prix de cession, ou de la valeur des choses qu'il a données à titre d'échange, les intérêts de la somme payée, et les frais et loyaux coûts du contrat de cession.

Remarque. — Presque toujours le cédant et le cessionnaire de droits successifs s'entendent pour empêcher le retrait successoral : tantôt ils simulent une donation ou une procuration ; tantôt ils exagèrent considérablement le prix de la cession. Mais les héritiers sont admis à déjouer la fraude, et à prouver, par toute sorte de moyens, que le prétendu donataire ou mandataire est, en réalité, un cessionnaire qui cherche à cacher l'existence de sa spéculation, ou que le prix de cession indiqué dans le contrat a été, pour mieux garantir le succès de la spéculation, porté à une somme bien supérieure au véritable prix.

842. Après le partage, remise doit être faite, à chacun des copartageants, des titres particuliers aux objets qui lui seront échus. — Les titres d'une propriété divisée restent à celui qui a la plus grande part, à la charge d'en aider ceux de ses copartageants qui y auront intérêt, quand il en sera requis. — Les titres communs à toute l'hérédité sont remis à celui que tous les héritiers ont choisi pour en être le dépositaire, à la charge d'en aider les copartageants, à toute réquisition. — S'il y a difficulté sur ce choix, il est réglé par le juge.

Dans l'ancien droit français, les titres communs à toute l'hérédité étaient, en général, remis à l'aîné mâle. Mais le législateur du Code, qui proclame entre tous les membres de la famille le principe de l'égalité, a dû, par suite, abroger en ce point les anciennes lois. Ordinairement les héritiers s'entendent pour déposer chez un notaire les titres communs à toute l'hérédité.

SECTION II. '

Des rapports.

Le *rapport* constitue l'une des principales opérations qui préparent le partage. On peut ainsi le définir : « C'est un acte par lequel chacun des héritiers fait à la masse de la succession la remise réelle ou fictive des choses qui lui ont été données par le défunt, et laisse dans cette masse les choses qui lui ont été léguées. » — On voit, par cette définition, que le rapport comprend les *legs* comme les *donations entre-vifs* : la loi présume que le défunt, qui n'a pas manifesté une intention contraire, veut maintenir l'égalité entre ses héritiers, et que la libéralité qu'il a faite à l'un deux n'est qu'un avancement d'hoirie.

Plusieurs articles de notre section paraissent confondre le *rapport* et la *réduction*. Mais ces deux opérations sont distinctes ; elles ont d'ailleurs des différences qu'il importe de signaler : 1º le rapport ne peut être demandé qu'à un héritier ; la réduction peut être demandée à toute personne ; 2º tout héritier peut demander le rapport ; l'héritier réservataire, c'est-à-dire le descendant ou l'ascendant du défunt, peut seul demander la réduction ; 3º le rapport comprend la valeur totale des libéralités ; la réduction ne s'opère que sur la valeur qui dépasse la quotité disponible ; 4º l'auteur de la libéralité peut dispenser son héritier du rapport ; il ne peut jamais dispenser le donataire de la réduction ; 5º enfin, l'héritier qui a reçu une libéralité peut s'affranchir du rapport, en renonçant à la succession ; le donataire, au contraire, n'a aucun moyen de s'affranchir de la réduction.

843. Tout héritier, même bénéficiaire, venant à une succession, doit rapporter à ses cohéritiers tout ce qu'il a reçu du défunt, par donation entre-vifs, directement ou indirectement : il ne peut retenir les dons ni réclamer les legs à lui faits par le défunt, à moins que les dons et legs ne lui aient été faits expressément par préciput et hors part, ou avec dispense du rapport.

Cet article contient en germe toutes les règles sur le rapport; les autres articles de cette section ne font que les expliquer.

De même que l'héritier pur et simple, l'héritier bénéficiaire est tenu du rapport et peut, de son côté, le demander à ses cohéritiers; car l'acceptation bénéficiaire n'affaiblit en rien le principe de l'égalité entre héritiers; elle donne seulement à l'héritier l'avantage de n'être tenu de payer les dettes héréditaires que sur sa part de la succession. Quant à l'enfant naturel qui a reçu des libéralités de son père ou de sa mère, il est tenu d'en faire l'imputation (art. 760) sur sa part; or, l'imputation est la même chose que le rapport en moins prenant. Mais, de son côté, il a le droit d'exiger des héritiers légitimes le rapport en moins prenant.

L'héritier a fait addition de l'hérédité, lorsqu'il ignorait l'existence d'un testament postérieurement découvert et contenant, à son profit, un legs non dispensé du rapport : peut-il, en se fondant sur l'erreur, faire rescinder son acceptation, à l'effet de recouvrer son droit d'option entre la qualité d'héritier et celle de légataire? Non. Ainsi l'a décidé la Cour de cassation dans les termes suivants : — « Attendu qu'on ne saurait, sans violer l'art. 783 C. Nap., admettre que l'acceptation puisse être révoquée au cas où, comme dans l'espèce, il a été découvert, depuis l'acceptation de l'héritier, un testament qui contient, au profit de cet héritier, un legs sans clause de préciput; que si, en pareille circonstance, le successible peut dire qu'il a accepté l'hérédité par erreur, ignorant le legs qui lui a été fait; qu'il a été privé ainsi du droit qui devait lui appartenir de choisir entre la qualité d'héritier et celle de légataire, et qu'il en résulte pour lui un dommage, c'est-à-dire une diminution des avantages qu'il pouvait retirer de la succession, les termes précis et restrictifs de l'art. 783 ne permettent pas d'attaquer pour ces causes une acceptation de succession qui n'a été viciée ni par le dol ni par la lésion spécialement déterminés par ledit article » (C. cass. 3 mai 1865).

Ainsi que l'exprime la fin de notre article, celui qui fait une libéralité à son parent successible peut déroger à la règle de l'égalité établie par la loi, en lui faisant la donation entre-vifs *avec dispense de rapport*, ou en lui léguant *par préciput*, ou *hors part*. Mais la dispense de rapport, qui n'est pas soumise à des formules sacramentelles, existe-t-elle seulement lorsque l'auteur de la libéralité a manifesté à cet égard son intention expressément? L'affirmative, admise par quelques auteurs, semblerait résulter du mot *expressément*, employé dans notre article; elle semblerait aussi résulter de la disposition portant que le donataire, par acte entre-vifs ou testamentaire, est tenu de rapporter les libéralités qu'il a reçues même *indirectement* du défunt. Des auteurs se fondent sur ces dispositions pour soutenir que l'héritier doit rapporter les libéralités qu'il a reçues *directement* du défunt par dons manuels, ou *indirectement* par rénonciation à succession, ou par personnes interposées, ou enfin par donations entre-vifs déguisées sous la forme de contrats à titre onéreux. Mais, selon d'autres auteurs, l'intention de dispenser du rapport, qui ne doit pas être nécessairement formulée en termes sacramentels, n'a pas même besoin d'être manifestée en termes exprès, ainsi qu'il résulte d'exemples établis par le législateur lui-même dans les art. 847, 849 et 918; et l'existence de cette intention est manifestée suffisamment dans les cas de dons manuels ou de donations déguisées.

La Cour de cassation prend un moyen terme : d'après sa jurisprudence, l'appréciation de la volonté du donateur de dispenser du rapport est abandonnée souverainement aux juges du fait, lorsqu'il s'agit de dons manuels, de donations déguisées et de donations indirectes. Elle a décidé ainsi :

1° Relativement aux *dons manuels :* — « Attendu que si les dons manuels ne doivent pas être nécessairement affranchis du rapport, il appartient aux juges du fait de rechercher et de constater quelle a été, en réalité, la volonté du donateur; que l'arrêt ne peut donc avoir violé l'art. 843 en recherchant, dans les documents de la cause et les papiers de famille, quelle avait été cette volonté » (C. cass. 19 nov. 1861).

2° Relativement aux *donations déguisées,* par arrêt du 20 mars 1843 : — « Considérant que la donation déguisée n'est pas, par elle-même, nécessairement dispensée du rapport; mais qu'il appartient aux juges du fait d'examiner si la volonté du donateur a été de dispenser sa libéralité du rapport à la masse; » — Ensuite, par arrêt du 10 janvier 1852 : — « Attendu que si, à raison de la nature particulière des actes de libéralité déguisés sous la forme de contrats à titre onéreux, il est permis aux juges du fait, par exception au principe général, d'interpréter l'intention du donateur, de décider qu'il a voulu donner avec dispense de rapport et d'attacher à la volonté ainsi implicitement exprimée les mêmes effets qu'à une déclaration expresse de la volonté, cette circonstance du déguisement de la donation ne suffit pas à elle seule pour créer, de plein droit, la présomption que la dispense de rapport, qui doit toujours être claire et certaine, a réellement été dans la volonté de l'auteur de la disposition. » — Enfin, par arrêt du 18 août 1862 : — « Attendu qu'il s'agissait dans l'espèce d'une donation indirecte qui, par elle-même, n'est pas nécessairement dispensée du rapport. »

3° Enfin, relativement aux *donations indirectes*, dans une espèce où il s'agissait de renonciation à succession, la Cour de cassation a décidé en ces termes : — « Attendu que l'arrêt attaqué déclare, en fait, que la renon- ciation de la dame de Saint-James aux successions de ses deux filles n'a- vait pas eu d'autre objet que de faire passer à ses autres enfants les biens qu'elle était appelée à recueillir dans les successions, et présentait tous les caractères d'une véritable libéralité ; que le même arrêt, appréciant, comme il en avait le droit, les faits et les circonstances de la cause, a reconnu qu'il n'avait pas été dans l'intention de la dame de Saint-James de dispenser ses donataires de l'obligation de rapporter ; qu'en les sou- mettant à cette obligation, la cour de Caen n'a donc fait que se conformer textuellement à la loi » (C. cass. 6 mars 1858).

Au reste, lorsque les dons manuels, les donations déguisées et les avan- tages indirects sont faits à des personnes incapables de recevoir, ils sont frappés d'une nullité radicale. Lorsqu'ils sont faits à des personnes capa- bles de recevoir, mais que leur valeur entame la part réservée aux descen- dants ou aux ascendants, on fait une distinction : 1° si les libéralités ont été faites avec l'intention de frauder les héritiers réservataires, elles sont frappées d'une nullité absolue ; 2° si, au contraire, elles ont été faites sans intention de fraude, elles sont seulement réductibles jusqu'à concurrence de la quotité disponible. Ces solutions sont consacrées par un grand nombre d'arrêts de la Cour suprême.

844. Dans le cas même où les dons et legs auraient été faits par préciput ou avec dispense du rapport, l'héritier venant à partage ne peut les retenir que jusqu'à concurrence de la quo- tité disponible : l'excédant est sujet à rapport.

Celui qui a des descendants ou des ascendants doit leur laisser une part de ses biens, que l'on appelle *réserve ;* l'autre part, qu'il peut donner ou léguer, se nomme *portion disponible*. S'il a fait, avec dispense de rapport, à l'un de ses successibles, des dons ou legs dépassant la portion disponible et entamant par conséquent la réserve, l'excédant est sujet à *réduction*. Le mot *rapport*, employé dans cet article, est une expression inexacte.

845. L'héritier qui renonce à la succession peut cependant retenir le don entre-vifs, ou réclamer le legs à lui fait, jusqu'à concurrence de la portion disponible.

L'héritier qui a reçu des dons et legs, et qui n'a pas été dispensé du rapport, peut avoir plus d'avantage à répudier la succession qu'à l'accepter. S'il accepte, il doit le rapport. Si, au contraire, il renonce, il garde les dons qui lui ont été faits, et peut réclamer ce qui lui a été légué, car il est réputé n'avoir jamais été héritier ; mais les libéralités qu'il a reçues sont réductibles, malgré sa répudiation, lorsque leur valeur dépasse la quotité disponible.

L'enfant qui renonce à la succession de son père, ou de sa mère, peut-il retenir les dons qu'il a reçus, jusqu'à concurrence de la quotité disponible et de sa part dans la réserve ? La Cour de cassation avait admis l'affirmative dans de nombreux arrêts. Mais elle a changé de jurisprudence dans un arrêt très-remarquable rendu, chambres réunies, sur les conclusions du procureur général Dupin : d'après cet arrêt, en date du 27 novembre 1863, l'héritier qui renonce est réputé n'avoir jamais été héritier et n'avoir par conséquent jamais eu droit à la réserve ; il ne peut donc retenir les dons qui lui ont été faits que jusqu'à concurrence de la quotité disponible. Nous rapporterons sous l'art. 913 les principales dispositions de cet arrêt, qui jouit de la plus grande autorité.

846. Le donataire qui n'était pas héritier présomptif lors de la donation, mais qui se trouve successible au jour de l'ouverture de la succession, doit également le rapport, à moins que le donateur ne l'en ait dispensé.

Celui qui fait une donation à un parent qui n'est point successible, n'a pas la pensée de le dispenser du rapport, parce qu'il est loin de croire que ses héritiers présomptifs viendront à prédécéder. Lorsque le parent donataire devient héritier et accepte, il sera néanmoins tenu du rapport. Cette disposition peut paraître singulière ; mais elle se justifie d'une manière satisfaisante : d'abord, elle est conforme au principe de l'égalité entre les héritiers ; ensuite, on peut dire que le donateur a fait une libéralité à son parent, par suite de la considération même que celui-ci ne lui succèderait pas ; lorsqu'il a vu que ce parent était devenu son héritier présomptif, il aurait pu le dispenser du rapport ; de ce qu'il ne l'a pas fait, on conclut qu'il n'a pas voulu le dispenser.

847. Les dons et legs faits au fils de celui qui se trouve successible à l'époque de l'ouverture de la succession sont toujours

réputés faits avec dispense du rapport. — Le père venant à la
succession du donateur n'est pas tenu de les rapporter.

Le successible profite souvent des choses données à son fils; c'est
pourquoi le père et le fils sont, en général, considérés comme personnes
interposées (art. 911). Ainsi, le successible veut donner 20,000 fr. pour
établir son fils ou sa fille; le père ou le frère de ce successible, lui dit :
« Garde cette somme, je la donne à ta place. » En pareil cas, le successible profite de ce don, mais il ne le rapportera pas à la succession du
donateur, parce que celui-ci est censé avoir voulu le dispenser du rapport
en faisant le don au fils ou à la fille.

848. Pareillement, le fils venant de son chef à la succession
du donateur n'est pas tenu de rapporter le don fait à son père,
même quand il aurait accepté la succession de celui-ci : mais
si le fils ne vient que par représentation, il doit rapporter ce
qui avait été donné à son père, même dans le cas où il aurait
répudié sa succession.

Lorsque le fils du donataire succède au donateur, doit-il rapporter ce
qui a été donné à son père? Notre article fait une distinction. 1° Si le
fils du donataire vient de son chef à la succession du donateur, il ne rapporte pas, et n'est même pas tenu d'imputer sur sa réserve (C. cass.
2 avr. 1862), ce qui a été donné à son père, alors même qu'il aurait
accepté la succession de celui-ci et aurait trouvé la chose donnée dans la
succession. 2° Si, au contraire, le fils vient à la succession du donateur
par représentation de son père, il n'a pas plus de droit que le représenté,
et par conséquent il doit rapporter ce que celui-ci aurait rapporté s'il eût
été lui-même héritier.

Le fils qui représente son père est-il tenu de rapporter non-seulement
ce que son père a reçu, mais encore ce qu'il a reçu lui-même du défunt?
La question est vivement controversée. Dans les anciennes coutumes de
Paris et d'Orléans, le successible rapportait non-seulement les dons qu'il
avait lui-même reçus, mais encore ceux qui avaient été faits à son fils;
alors, le fils qui représentait son père et qui ne pouvait pas avoir plus de
droits que le représenté, rapportait ce qui avait été donné soit à son
père, soit à lui-même. Mais, d'après l'art. 847, le père ne rapporte plus
ce qui a été donné à son fils; celui-ci aura-t-il moins de droits que le

représenté et sera-t-il tenu de rapporter, par application de l'art. 846, ce qu'il a reçu lui-même? Il semble qu'il faut décider que l'art. 846 n'est applicable qu'au cas où l'héritier succède de son chef; mais que, dans le cas de représentation, le représentant ne rapportera que ce que le représenté aurait rapporté s'il eût été lui-même héritier.

849. Les dons et legs faits au conjoint d'un époux successible sont réputés faits avec dispense du rapport. — Si les dons et legs sont faits conjointement à deux époux, dont l'un seulement est successible, celui-ci en rapporte la moitié; si les dons sont faits à l'époux successible, il les rapporte en entier.

Lorsque des valeurs mobilières sont données au successible ou à son conjoint, et que les époux sont mariés sous le régime de la communauté, ces valeurs tombent pareillement dans le patrimoine commun (art. 1409-1°). Mais ces deux cas diffèrent essentiellement en ce qui concerne le rapport. En effet, si le don a été fait directement et personnellement au successible, il est rapportable; si, au contraire, il a été fait personnellement au conjoint du successible, celui-ci ne sera pas tenu de le rapporter, parce que le donateur, qui lui a fait cette libéralité indirecte, est censé avoir voulu le dispenser du rapport. Au reste, lorsque la libéralité a été faite conjointement aux deux époux, celui d'entre eux qui est successible en reçoit directement la moitié, et, par suite, il doit rapporter cette moitié à la succession du donateur.

850. Le rapport ne se fait qu'à la succession du donateur.

Le successible qui a reçu des dons est tenu de les rapporter à la succession du donateur, afin que l'égalité soit rétablie entre les divers héritiers. Mais il n'est jamais tenu d'en faire le rapport à une autre succession. Ainsi, une personne qui a un fils et, de ce fils, deux petits-fils, fait un don à l'un de ses petits-fils; puis, il décède laissant son fils pour héritier : le petit-fils ne rapporte pas à la succession de son aïeul le don qu'il en a reçu, parce qu'il ne lui succède pas; il ne rapporte pas non plus ce don à la succession de son père, parce que ce n'est pas de lui qu'il a reçu la libéralité. Par appplication de la même règle, lorsque deux époux dotent conjointement leur enfant par portions égales, moitié de la dot doit être rapportée à la succession du père, et l'autre moitié à la succession de la mère. Si le mari constitue seul la dot au nom de la communauté, cette dot doit aussi être rapportée pour moitié à chacune des successions, si la mère accepte la communauté conjugale; tandis que si la mère renonce à cette communauté, la dot entière doit être rapportée à la succession du père.

851. Le rapport est dû de ce qui a été employé pour l'établissement d'un des cohéritiers, ou pour le payement de ses dettes.

Le mot *établissement* est pris ici dans un sens large : il comprend tout ce que le successible a reçu du défunt pour dot, pour achat de fonds de commerce, d'office ministériel, pour acquisition de livres ou instruments destinés à l'exercice de sa profession ou de son art, pour son exonération du service militaire, alors qu'il n'apparaît pas que cette exonération a été faite dans l'intérêt même de la famille : dans tous ces cas et autres semblables, ce que le successible a reçu est censé lui avoir été donné *en avancement d'hoirie*, c'est-à-dire à compte de la part qui lui revient dans la succession du donateur.

Le successible doit aussi rapporter ce que le défunt lui a prêté ou a payé pour le libérer de dettes. Lorsque le successible pouvait faire annuler la dette, par exemple, pour cause d'incapacité, sera-t-il tenu de rapporter ce que le défunt a payé pour l'acquittement d'une pareille dette? Sur cette question vivement controversée, l'affirmative nous semble conforme au texte et à l'esprit de la loi. Mais si le successible a fait faillite et a obtenu par concordat la remise d'une grande partie de ses dettes, sera-t-il néanmoins tenu de rapporter à la succession du défunt, qui lui avait prêté des sommes, tout ce qu'il en a reçu? La Cour suprême fait la distinction suivante : 1° si le prêt ne produisait pas d'intérêts et avait ainsi le caractère d'un acte à titre gratuit, le successible sera tenu, malgré le concordat, de rapporter toutes les sommes qui lui ont été prêtées par le défunt; 2° si, au contraire, le prêt avait le caractère d'un acte à titre onéreux, le successible n'est tenu de rapporter que le dividende convenu dans le concordat (C. cass. 22 août 1843; 17 avr. 1850).

Dans les relations entre héritiers acceptants, la donation et la dette sont placées sur le même niveau et doivent également être rapportées. Mais, à la différence du donataire, qui conserve la donation s'il renonce à la succession, le débiteur qui renonce ne s'affranchit point par là de l'obligation d'acquitter sa dette.

852. Les frais de nourriture, d'entretien, d'éducation, d'apprentissage, les frais ordinaires d'équipement, ceux de noces et présents d'usage, ne doivent pas être rapportés.

Les frais énoncés dans cet article sont aussi dispensés d'imputation (art. 760), et, de plus, on n'en tient pas compte pour le calcul de la réserve. De pareils frais ne sont ni rapportables, ni imputables, ni réductibles, soit parce qu'ils sont la plupart du temps l'acquittement d'une obligation civile ou du moins naturelle, soit parce que celui qui les fait en prend le montant sur ses revenus, soit, enfin, parce que ces frais, alors même qu'ils auraient entamé le capital du disposant, n'ont pas augmenté le patrimoine du successible. Les frais assez considérables qui sont faits pour acheter les livres nécessaires aux études du successible, et même pour lui faire obtenir des grades en droit ou en médecine, ne sont pas rapportables. Mais l'argent donné pour l'achat d'une bibliothèque est rapportable, parce que le successible se trouve par là enrichi d'une valeur appréciable. Il faut décider de même relativement aux présents de noces, ou autres, s'ils dépassaient notablement, eu égard à la fortune du disposant, la valeur de ce que l'on a coutume de donner.

853. Il en est de même des profits que l'héritier a pu retirer de conventions passées avec le défunt, si ces conventions ne présentaient aucun avantage indirect lorsqu'elles ont été faites.

Lorsque l'héritier a retiré quelque profit de conventions passées avec le défunt, qui aurait traité avec un étranger aux mêmes conditions, il ne sera pas tenu au rapport de ce profit; mais, dans le cas contraire, il sera tenu au rapport. Ainsi, l'héritier a acheté du défunt un immeuble pour 12,000 fr. et a fait un profit de 4,000 fr. Si celui-ci n'eût pas vendu plus cher à un autre, le profit n'est pas rapportable; s'il eût vendu à un autre cet immeuble pour 16,000 fr., 4,000 fr. sont rapportables. Mais si le défunt a déclaré qu'il a reçu comptant les 12,000 fr., prix de la vente, lorsqu'il n'a, en réalité, rien reçu et qu'il s'est proposé de faire une donation de cette somme à son parent successible, celui-ci sera-t-il tenu de rapporter les 12,000 fr. ? Il semble que non, car il est alors bien certain que le défunt a entendu dispenser son parent du rapport. Mais cette libéralité serait réductible si elle dépassait la quotité disponible; elle serait même complétement nulle, si elle avait été faite avec l'intention de frauder les héritiers réservataires.

Le profit rapportable que l'héritier a retiré d'un bail passé avec le défunt s'apprécie, non pas au moment de l'ouverture de la succession, mais au moment où la convention de bail a été passée, ainsi que le décide la Cour suprême dans les termes suivants : — « Vu les art. 853 et 922 C. Nap.; — Attendu que l'art. 922 C. Nap., qui ordonne de former une masse de tous les biens de la succession, en y réunissant fictivement ceux dont il a été disposé par donation entre-vifs d'après leur état à l'époque de la donation et leur valeur au temps du décès, ne doit s'appliquer qu'aux actes d'aliénation, et non aux baux constituant des avantages indirects, lesquels ne donnent pas lieu à une réunion fictive, mais à l'application résultant des avantages, aux termes de l'art. 853, de conventions faites entre le défunt et son héritier; que ces conventions doivent être considérées, par rapport à ces avantages, eu égard au temps où elles ont été faites; — Attendu qu'un bail qui serait fait dans ces conditions, moyennant un prix représentant la valeur réelle de l'immeuble au moment du bail, ne présenterait aucun avantage susceptible de rapport, quel que pût être le revenu réel à l'époque du décès du bailleur; que l'avantage à rapporter ne doit donc consister que dans la différence entre le prix stipulé et la valeur réelle au temps du bail » (C. cass. 29 juill. 1863).

854. Pareillement, il n'est pas dû de rapport pour les associations faites sans fraude entre le défunt et l'un de ses héritiers, lorsque les conditions en ont été réglées par un acte authentique.

Le mot *fraude*, employé dans cet article, suppose essentiellement que le défunt laisse des héritiers réservataires. S'il n'en laisse point, le successible n'est jamais tenu de rapporter les bénéfices qu'il a retirés d'associations faites avec le défunt, car celui-ci n'a pu commettre une *fraude* envers des parents auxquels il a le droit de ne rien laisser. Si, au contraire, le défunt laisse des héritiers réservataires, les bénéfices qu'il a procurés à l'un deux par une association, seront rapportables, excepté dans le cas où l'association a été faite sans fraude et a été constatée par acte authentique. Or, l'association est présumée faite *sans fraude*, quand le défunt n'a pas voulu favoriser son associé successible, au moyen de supposition d'apports ou de services fictifs tendant à rendre sa condition meilleure. Cette association doit être constatée *par acte authentique*, afin que les autres héritiers réservataires puissent, dans le cas où la société ne prospère pas, en prouver l'existence et contraindre l'associé successible à supporter sa part dans les pertes. — Remarquons que l'art. 1840 déclare nulle toute association *universelle* que le défunt a faite avec son enfant naturel, ou avec l'un de ses héritiers réservataires.

Un père fait avec l'un de ses fils une société qui n'est entachée d'aucune fraude ; mais cette société n'est point constatée par acte authentique, et, plusieurs années après, le père décède. En pareil cas, la société est nulle ; mais, à cause de l'absence de fraude, le juge reconnaîtra qu'il a existé une société de fait, et il fixera souverainement l'indemnité qui est due au fils, non pas d'après les clauses de l'acte social, mais d'après les règles de l'équité. Ainsi jugé par la cour de Paris, le 2 août 1860, et son arrêt a été confirmé par la Cour suprême dans les termes suivants : — « Attendu que la somme allouée au sieur Maillard l'a été à titre d'indemnité et de rémunération ; que les demandeurs ont eux-mêmes reconnu que cette indemnité était due, et qu'il ne s'agissait plus entre les parties que d'en fixer le chiffre ; — Attendu que, pour la fixation de ce chiffre, les juges n'avaient à consulter que les lumières de leur conscience, et que l'appréciation des services rendus par le sieur Maillard, de leur valeur, de la rémunération qui lui était due, ne sort pas des attributions des juges du fait » (C. cass. 19 nov. 1861).

855. L'immeuble qui a péri par cas fortuit et sans la faute du donataire n'est pas sujet à rapport.

Lorsqu'un successible reçoit une donation de son parent, cette libéralité lui est faite tacitement sous une condition résolutoire, qui se réalise à l'instant même où le donataire devient héritier, c'est-à-dire au moment du décès du donateur. Quand la chose donnée est un corps certain et déterminé, par exemple, un immeuble, on distingue si cet immeuble existe encore lors de l'ouverture de la succession, ou s'il a péri.

1° Existe-t-il encore ? l'héritier donataire est obligé, lorsqu'il possède l'immeuble, de le remettre à la succession ; par l'effet de cette obligation, la propriété de cet immeuble est même transférée de plein droit à la succession (art. 711). Lors, au contraire, que l'héritier a aliéné l'immeuble donné, il doit rapporter le prix que vaut l'immeuble au moment où s'ouvre la succession (art. 860).

2° L'immeuble donné a-t-il péri par cas fortuit avant l'ouverture de la succession ? la condition résolutoire, tacitement insérée dans la donation, ne se réalise pas, faute d'objet. Par conséquent, l'héritier donataire n'est pas tenu au rapport. S'il a vendu l'immeuble qui a péri pendant la vie du donateur, et en a touché le prix, ou s'il a obtenu d'une compagnie d'assurance la valeur de la maison incendiée, il garde ce prix, cette valeur; car ce qu'il a touché ainsi est la conséquence d'un contrat qui lui est personnel, et dont les avantages et les pertes ne peuvent concerner que lui. Mais si le donataire avait été exproprié pour cause d'utilité publique, il devrait rapporter à la succession le prix qu'il a obtenu ; car, à défaut de donation, le défunt eût eu le même prix. Au reste, le donataire qui est dispensé du rapport de la chose périe doit les accessoires qui existent encore; il serait tenu d'indemniser la succession si c'était par sa faute ou par la faute de ses acheteurs ou autres ayants-cause, que l'immeuble a péri pendant la vie du donateur.

856. Les fruits et les intérêts des choses sujettes à rapport ne sont dus qu'à compter du jour de l'ouverture de la succession.

L'héritier qui est donataire de choses sujettes à rapport en conserve irrévocablement les fruits civils échus, et les fruits naturels ou industriels perçus jusqu'à l'époque de l'ouverture de la succession ; car, en abandonnant ces fruits pendant sa vie, le donateur n'a pas entamé son capital. Mais les fruits qui sont échus ou perçus après cette époque appartiennent de plein droit à la succession. La rente viagère et le droit d'usufruit que le défunt a constitués au profit de l'un de ses successibles sont éteints à son décès; mais les arrérages échus et les fruits perçus jusqu'à cet instant restent la propriété irrévocable de l'héritier, car ils constituent des produits des choses données (art. 588).

857. Le rapport n'est dû que par le cohéritier à son cohéritier ; il n'est pas dû aux légataires ni aux créanciers de la succession.

En instituant le rapport, le législateur a voulu établir l'égalité dans les partages entre les héritiers qui tenaient pareillement au défunt par les liens civils du sang. Aussi, ne peut-il être demandé que par un héritier à son cohéritier. L'enfant naturel du défunt n'est point un héritier proprement dit (art. 756); mais, comme il tient au défunt par les liens du sang et a droit à une portion déterminée de sa succession, les héritiers légitimes peuvent lui demander l'*imputation*, c'est-à-dire le rapport en moins prenant des libéralités qu'il a reçues (art. 761), et, de son côté, il peut demander aussi aux héritiers l'imputation des choses dont il pourrait demander le rapport s'il avait la qualité d'héritier. Quant aux autres personnes, c'est-à-dire les créanciers héréditaires et ceux qui ont reçu du défunt des donations entre-vifs ou testamentaires, elles n'ont jamais de leur chef le droit de demander le rapport. C'est pourquoi, lorsque la succession est acceptée sous bénéfice d'inventaire par des héritiers à réserve, on distingue deux patrimoines : l'un qui se compose des choses laissées par le défunt, et qui est le seul gage du payement des créanciers et légataires ; l'autre, qui se compose des biens donnés, sur lesquels les héritiers prennent la part qui leur est réservée. Il peut ainsi arriver que la masse des biens laissés soit insuffisante pour l'acquittement des dettes héréditaires, et que la succession bénéficiaire d'un homme décédé insolvable soit très-bonne pour les héritiers, surtout pour les héritiers à réserve. Les créanciers héréditaires auraient cependant le droit d'attaquer de leur chef et de faire annuler les donations que le défunt aurait faites en fraude de leurs droits (art. 1167).

Toutefois, les créanciers personnels d'un héritier peuvent exercer les droits et actions appartenant à leur débiteur (art. 1166), et par conséquent ils ont le droit de demander, en son nom, le rapport à d'autres héritiers. L'héritier qui accepte purement et simplement la succession devient, dans la proportion de sa part héréditaire, débiteur personnel des créanciers du défunt et des légataires ; par suite, ceux-ci ont alors le droit de demander, en son nom, le rapport aux autres héritiers. Ainsi, les créanciers n'ont jamais d'action directe pour demander aux héritiers le rapport des choses données entre-vifs, mais seulement une action indirecte, et cette dernière action n'appartient point aux créanciers d'une succession acceptée sous bénéfice d'inventaire par tous les héritiers.

858. Le rapport se fait en nature ou en moins prenant.

Ainsi il y a deux sortes de rapports. 1° Le rapport *en nature*, appelé aussi rapport *réel* : l'héritier fait alors à la masse de la succession la remise des choses mêmes que le défunt lui a données. 2° Le rapport *en moins prenant*, appelé aussi rapport *fictif* : le donataire garde les choses qu'il a reçues, mais ses cohéritiers prélèvent, sur la masse de la succession, des choses égales en nature et en valeur (art. 830), de sorte que l'égalité proportionnelle aux parts héréditaires soit ainsi rétablie.

Le successible qui reçoit de son parent une donation contracte alors tacitement l'obligation d'en faire le rapport s'il succède au donateur : cette condition suspensive se réalise au moment où le donataire devient héritier du donateur; tandis qu'elle est censée défaillie, si le donataire répudie la succession.

L'obligation de rapporter une somme, dix mesures de blé, ou d'autres choses qui s'apprécient au compte, au poids ou à la mesure, ne s'éteint point par leur perte, parce que les genres ne périssent pas; tandis que l'obligation de rapporter un corps certain et déterminé, meuble ou immeuble, est éteinte lorsque ce corps vient à périr (art. 855, 1302). Or, si le corps certain, par exemple, l'immeuble donné, périt par cas fortuit avant l'ouverture de la succession, la condition suspensive, tacitement apposée à l'obligation du rapport, se trouve par là défaillie; en ce cas, l'obligation du rapport ne naissant pas, faute d'objet, l'héritier donataire n'a pas le droit de réclamer le montant des impenses qu'il a faites sur l'immeuble. Si, au contraire, l'immeuble existe encore lors de l'ouverture de la succession, l'obligation d'en faire le rapport est née; quand il vient ensuite à périr par cas fortuit, l'héritier qui ne l'a pas aliéné se trouve libéré de son obligation d'en faire le rapport, mais il peut néanmoins réclamer à la succession le montant des dépenses qu'il a faites sur l'immeuble; mais, réciproquement, il doit rapporter une somme égale à la valeur que, par sa faute ou négligence, l'immeuble avait perdue lors de l'ouverture de la succession.

En résumé, le rapport des meubles et des sommes se fait en moins prenant (art. 868, 869); celui des immeubles se fait en nature, sauf les deux exceptions contenues dans les art. 859 et 860.

859. Il peut être exigé en nature, à l'égard des immeubles, toutes les fois que l'immeuble donné n'a pas été aliéné par le donataire, et qu'il n'y a pas, dans la succession, d'immeubles de même nature, valeur et bonté, dont on puisse former des lots à peu près égaux pour les autres cohéritiers.

L'immeuble donné à un héritier, qui ne l'a pas aliéné, fait retour de plein droit à la succession lors du décès du donateur. L'héritier peut-il, lors du partage, le retenir pour le prix qu'il vaut alors? Il faut faire une distinction. L'immeuble doit être rapporté en nature s'il n'en existe pas de pareils dans la succession pour les autres héritiers, car, autrement, il y aurait violation du principe d'égalité. Si, au contraire, il existe d'autres

: immeubles pareils dans la succession, l'héritier donataire peut, à son gré, faire le rapport en nature ou en moins prenant.

860. Le rapport n'a lieu qu'en moins prenant quand le donataire a aliéné l'immeuble avant l'ouverture de la succession ; il est dû de la valeur de l'immeuble à l'époque de l'ouverture.

Le successible qui reçoit en don un immeuble de son parent n'en devient propriétaire que sous une condition résolutoire, qui se réalise, comme il a déjà été dit, à l'instant même où il devient héritier du donateur. Or, en principe, celui qui a sur une chose un droit de propriété soumis à une condition résolutoire, ne peut transférer à d'autres, sur cette chose, que des droits soumis à la même condition ; par suite, la réalisation de la condition résolutoire fait évanouir tous les droits constitués. La rigueur de ce principe est adoucie dans notre article, parce qu'il doit régner entre les héritiers une bienveillante équité : le tiers acquéreur de l'immeuble donné en conserve la possession paisible ; l'héritier donataire qui l'a vendu se trouve ainsi à l'abri de l'action en garantie qu'aurait fait naître contre lui l'éviction de l'acheteur. Mais, quel qu'ait été d'ailleurs le prix de la vente, l'héritier doit rapporter en moins prenant le prix de l'immeuble à l'époque de l'ouverture de la succession et les intérêts de ce prix jusqu'au partage ; on ajoute à ce prix la valeur des dégradations, et on en déduit le montant des améliorations, d'après les règles exposées dans les trois articles suivants. Au reste, ainsi que nous l'avons vu ci-dessus (art. 855), si l'immeuble aliéné a péri par cas fortuit avant l'ouverture de la succession, l'héritier donataire n'est tenu à aucune espèce de rapport ; s'il a été exproprié pour cause d'utilité publique, l'héritier est tenu au rapport du prix même qu'il a touché, parce que le donateur eût, à défaut de donation, reçu le même prix. Pareillement, toutes les fois que l'héritier donataire a perdu la propriété de l'immeuble en vertu d'une cause antérieure à la donation, il doit rapporter le prix qu'il a touché. Cette règle est applicable lorsque celui qui a vendu l'immeuble au donateur a exercé contre le donataire la faculté de rachat (art. 1659), ou qu'il a fait prononcer la rescision de la vente pour vileté de prix (art. 1674), ou lorsque le copropriétaire a fait liciter l'immeuble dont une part indivise avait été donnée et s'est rendu adjudicataire.

861. Dans tous les cas, il doit être tenu compte au donataire des impenses qui ont amélioré la chose, eu égard à ce dont sa valeur se trouve augmentée au temps du partage.

Quand l'immeuble donné a été aliéné par le donataire, c'est le prix qu'il vaut à l'époque de l'ouverture de la succession qui est rapporté; il n'y a donc point, dans ce cas, à s'occuper des améliorations postérieures à cette époque. Quand, au contraire, l'immeuble est resté dans les mains du donataire, on tient compte à celui-ci des améliorations qu'il a faites non-seulement jusqu'à l'ouverture de la succession, mais encore jusqu'au partage, même lorsque le rapport a lieu en moins prenant; car l'héritier rapporte alors le prix que vaut l'immeuble au moment même du partage. Aussi, jusque-là, les augmentations et les pertes arrivées par cas fortuit sont pour la succession.

Le donataire qui a déboursé 10,000 fr. en impenses utiles, et qui n'a donné à l'immeuble qu'une plus-value de 5,000 fr., ne peut réclamer que cette dernière somme; car l'équité demande seulement que la succession ne s'enrichisse pas à ses dépens. L'héritier donataire supporte ainsi les conséquences fâcheuses de l'opération mauvaise qu'il lui a plu de faire.

862. Il doit être pareillement tenu compte au donataire des impenses nécessaires qu'il a faites pour la conservation de la chose, encore qu'elles n'aient point amélioré le fonds.

On distingue trois sortes d'impenses : 1º les impenses *nécessaires*, qui tendent à conserver la chose, à l'empêcher de périr, *quibus non factis, res deterior fieret;* 2º les impenses *utiles,* qui, sans conserver la chose, en augmentent la valeur, *quibus factis, res fructuosior effecta est;* 3º enfin, les impenses *voluptuaires,* qui, sans augmenter la valeur de la chose, en rendent l'usage plus agréable. Or, le donataire qui rapporte l'immeuble donné a droit au montant de ses impenses *nécessaires;* il a droit au remboursement de ses impenses *utiles,* mais seulement jusqu'à concurrence de la plus-value qu'elles ont donnée à l'immeuble; il ne peut rien réclamer à raison de ses impenses *voluptuaires,* ni à raison des augmentations de valeur qui proviennent de cas fortuits.

863. Le donataire, de son côté, doit tenir compte des dégradations et détériorations qui ont diminué la valeur de l'immeuble par son fait ou par sa faute et négligence.

Le donataire doit tenir compte à la succession des dégradations, détériorations ou dépréciations qui lui sont imputables ; car il doit supporter les conséquences de sa faute.

864. Dans le cas où l'immeuble a été aliéné par le donataire, les améliorations ou dégradations faites par l'acquéreur doivent être imputées conformément aux trois articles précédents.

Lorsque l'immeuble donné par le défunt a été aliéné avant l'ouverture de la succession par l'héritier donataire, celui-ci doit rapporter à la succession le prix que vaut cet immeuble, non pas au moment du partage, mais à celui de l'ouverture de la succession. On ajoute à ce prix la moins-value résultant de détériorations imputables au donataire ; mais on en soustrait le montant des impenses nécessaires et la plus-value résultant des impenses utiles.

865. Lorsque le rapport se fait en nature, les biens se réunissent à la masse de la succession, francs et quittes de toutes charges créées par le donataire ; mais les créanciers ayant hypothèque peuvent intervenir au partage, pour s'opposer à ce que le rapport se fasse en fraude de leurs droits.

Ainsi, la loi, qui maintient les aliénations consenties par l'héritier donataire (art. 860), fait évanouir les *charges*, c'est-à-dire les hypothèques, les servitudes et les droits d'usage et d'usufruit constitués par cet héritier sur l'immeuble rapporté en nature à la succession. L'acquéreur mérite une protection particulière, parce qu'il améliore généralement l'immeuble. Mais il en est tout autrement de celui qui a un droit d'hypothèque ou un simple demembrement de la propriété : il n'y a donc point ici de raison assez puissante pour faire fléchir le principe, que celui qui n'a sur une chose qu'un droit résoluble, ne peut conférer à d'autres qu'un droit pareillement résoluble. Mais ceux qui ont, du chef du donataire, un droit réel sur l'immeuble, peuvent intervenir au partage et empêcher que le rapport ne soit fait en nature, quand il existe dans la succession, pour les autres héritiers, des immeubles de même valeur et bonté. S'ils n'ont point empêché cette sorte de rapport, les droits constitués par le donataire revivent quand l'immeuble rapporté en nature tombe ensuite dans son lot ; l'événement du partage, qui a un effet rétroactif et fait considérer le donataire comme n'ayant pas cessé d'être propriétaire de l'immeuble, prouve d'ailleurs que le rapport en nature n'était pas nécessaire.

De même que les créanciers hypothécaires, les créanciers ordinaires peuvent intervenir au partage, pour empêcher que le lot de leur débiteur ne soit composé entièrement de meubles qui échapperaient facilement à leurs poursuites.

866. Lorsque le don d'un immeuble fait à un successible avec dispense du rapport, excède la portion disponible, le rapport de l'excédant se fait en nature, si le retranchement de cet excédant peut s'opérer commodément. — Dans le cas contraire, si l'excédant est de plus de moitié de la valeur de l'immeuble, le donataire doit rapporter l'immeuble en totalité, sauf à prélever sur la masse la valeur de la portion disponible : si cette portion excède la moitié de la valeur de l'immeuble, le donataire peut retenir l'immeuble en totalité, sauf à moins prendre, et à récompenser ses cohéritiers en argent ou autrement.

Il s'agit ici de réduction, puisque l'article suppose que le don fait au successible avec dispense de rapport excède la portion disponible. — Les divers cas énoncés sont clairs, nets. Remarquons seulement que, lorsque le retranchement de la portion réservée ne peut pas s'opérer d'une manière commode, l'héritier préciputaire ne remettra l'immeuble en nature dans la succession que si la part réservée dépasse la part disponible et que s'il n'existe pas, pour les héritiers, d'autres immeubles pareils en valeur et en bonté (art. 859).

867. Le cohéritier qui fait le rapport en nature d'un immeuble, peut en retenir la possession jusqu'au remboursement effectif des sommes qui lui sont dues pour impenses ou améliorations.

La *rétention* constitue un droit particulier, aussi efficace qu'un privilége. Elle suppose essentiellement que le donataire reste en possession de l'immeuble ; lorsqu'il en a perdu la possession, il n'a plus, pour arriver au payement des sommes qui lui sont dues, qu'une action personnelle contre ses cohéritiers.

I.   32

868. Le rapport du mobilier ne se fait qu'en moins prenant. Il se fait sur le pied de la valeur du mobilier lors de la donation, d'après l'état estimatif annexé à l'acte ; et, à défaut de cet état, d'après une estimation par experts, à juste prix et sans crue.

Le rapport des immeubles qui n'ont pas été aliénés par le donataire se fait presque toujours en nature (art. 859, 860) ; mais tout ce qui n'est pas immeuble doit être rapporté en moins prenant, car le mot *mobilier*, employé dans notre article, comprend non-seulement les meubles corporels, mais encore les meubles incorporels, tels que les rentes sur l'Etat et sur les particuliers, les actions et obligations dans une compagnie de finance ou d'industrie, et toutes les créances de sommes et d'autres choses mobilières. Dans tous les cas, l'héritier rapporte la valeur qu'avait le mobilier lors de la donation. Une condition meilleure appartient à l'héritier donataire d'usufruit portant sur des meubles qui ne se consomment pas par l'usage, car cet héritier rapporte les meubles en nature et tels qu'ils se trouvent, sans être responsable des détériorations et pertes arrivées sans sa faute.

869. Le rapport de l'argent donné se fait en moins prenant dans le numéraire de la succession. — En cas d'insuffisance, le donataire peut se dispenser de rapporter du numéraire, en abandonnant, jusqu'à due concurrence, du mobilier, et, à défaut de mobilier, des immeubles de la succession.

Lorsque les monnaies ont subi des variations, le donataire, qui en devient propriétaire, subit les chances d'augmentation et de diminution, car il doit toujours rapporter la valeur qu'elles avaient lors de la donation.

SECTION III.

Du Payement des Dettes.

Cette section traite : 1º des parts pour lesquelles les héritiers doivent contribuer chacun au payement des dettes de la succession, et des parts que les créanciers de la succession peuvent demander à chacun des héritiers ; 2º de l'effet que produisent contre les héritiers les titres exécutoires que les créanciers avaient contre le défunt ; 3º enfin, du droit qu'ont les

créanciers de la succession et les légataires de demander la séparation
des patrimoines.

Les héritiers et autres représentants du défunt succèdent au passif
comme à l'actif; chacun d'eux doit contribuer au payement des dettes
dans la proportion de sa part héréditaire. La *contribution* est donc le
payement par chaque héritier de la part qu'il doit supporter dans les dettes
de la succession.

Les créanciers de la succession peuvent actionner les héritiers en payement de ce qui leur est dû : la fixation de ce qu'ils ont le droit de
demander à chaque héritier constitue le *droit de poursuite* ou *droit d'obligation*. Sous l'empire des coutumes, les créanciers connaissaient difficilement la part contributoire des héritiers, parce que les droits et les obligations des divers héritiers variaient selon l'origine et la nature des biens
compris dans la succession. C'est pourquoi les créanciers poursuivaient
chacun des héritiers pour une part *virile* de la dette, sans rechercher
quelle était sa part *contributoire*. Mais, comme les parts contributoires
apparaissent facilement maintenant, chaque héritier ne peut être poursuivi en payement des dettes du défunt que proportionnellement à la part
qu'il recueille dans la succession (art. 1220). Ce principe souffre trois
exceptions : 1° si la dette est garantie par une hypothèque, l'héritier
détenteur de l'immeuble peut être poursuivi hypothécairement en payement de toute la dette (art. 1221); 2° si la dette est indivisible, chaque
héritier peut être poursuivi en payement de la dette entière (art. 1223);
3° enfin si, à raison de l'existence de successions anomales (art. 351, 352,
747, 748), les parts contributoires apparaissent difficilement, chaque
héritier peut être poursuivi pour une part virile de la dette. Au reste, dans
ces trois cas, l'héritier qui a payé plus que sa part contributoire a un recours contre ses cohéritiers.

870. Les cohéritiers contribuent entre eux au payement
des dettes et charges de la succession, chacun dans la proportion de ce qu'il y prend.

Ceux qui contribuent au payement des dettes de la succession, dans la
proportion de la part qu'ils y prennent, sont : 1° les héritiers légitimes ;
2° les héritiers irréguliers; 3° ceux qui recueillent des successions anomales (art. 351, 352, 747, 748); 4° les institués par contrat de mariage
(art. 1085); 5° les légataires universels (art. 871, 1009); 6° enfin, les
légataires à titre universel (art. 871, 1013). Quoique tous les successeurs

ne contribuent au payement des dettes héréditaires et ne puissent, en général, être poursuivis par les créanciers que proportionnellement à la part que chacun d'eux recueille dans la succession, il existe néanmoins de notables différences entre les héritiers légitimes qui ont accepté purement et simplement, et les autres classes de successeurs qui ont eu soin de faire inventaire; en effet, les premiers contribuent et peuvent être poursuivis au-delà de leur émolument, tandis que les autres ne contribuent et ne peuvent être poursuivis que jusqu'à concurrence des forces de leur émolument. Au reste, remarquons que les divers successeurs peuvent, par des conventions, modifier leurs rapports en ce qui concerne la contribution aux dettes, mais qu'ils ne peuvent jamais apporter aucune modification au droit de poursuite qui appartient aux créanciers.

871. Le légataire à titre universel contribue avec les héritiers au prorata de son émolument; mais le légataire particulier n'est pas tenu des dettes et charges, sauf toutefois l'action hypothécaire sur l'immeuble légué.

Les légataires universels et à titre universel contribuent au payement des dettes de la succession, proportionnellement à la part que chacun d'eux prend dans l'actif. Comme ils n'ont pas la qualité de continuateurs de la personne du défunt, ils ne sont tenus des dettes, soit entre eux, soit envers les créanciers, que jusqu'à concurrence de leur émolument, lorsqu'ils ont fait dresser un inventaire fidèle et exact des biens de la succession. Une opinion, qui ne paraît pas devoir être admise, prétend que les légataires universels sont des *héritiers* testamentaires, comme dans le droit romain, et que, de même que les héritiers légitimes, ils ont besoin d'accepter sous bénéfice d'inventaire pour n'être point tenus des dettes au-delà de leur émolument.

Quant au légataire particulier, il n'est point tenu personnellement des dettes et charges de la succession; mais les dettes auront quelquefois pour effet de diminuer et même d'éteindre le bénéfice de son legs; car les créanciers, qui combattent pour ne pas perdre, *certant de damno vitando*, sont payés sur les biens du défunt par préférence aux légataires particuliers, qui tendent à faire un gain. Au reste, comme l'hypothèque confère au créancier le droit de poursuivre son payement sur l'immeuble affecté à sa garantie, en quelques mains qu'il passe (art. 2114), il s'ensuit que le légataire particulier d'un immeuble hypothéqué peut être poursuivi par une action hypothécaire; mais il aura un recours contre les héritiers (art. 874), puisqu'il n'est point tenu de contribuer au payement des dettes de la succession.

Le légataire universel de l'usufruit n'est, en réalité, qu'un légataire à titre particulier : aussi n'est-il point tenu du payement des dettes. Mais, comme il ne doit pas avoir des revenus plus abondants que le défunt, il supporte les intérêts des dettes et les arrérages des rentes passives (art. 612).

872. Lorsque des immeubles d'une succession sont grevés de rentes par hypothèque spéciale, chacun des cohéritiers peut exiger que les rentes soient remboursées et les immeubles rendus libres avant qu'il soit procédé à la formation des lots. Si les cohéritiers partagent la succession dans l'état où elle se trouve, l'immeuble grevé doit être estimé au même taux que les autres immeubles ; il est fait déduction du capital de la rente sur le prix total ; l'héritier dans le lot duquel tombe cet immeuble demeure seul chargé du service de la rente, et il doit en garantir ses cohéritiers.

Si l'immeuble hypothéqué pour sûreté du payement des arrérages d'une rente perpétuelle était mis tel quel dans les lots, l'héritier qui le recevrait serait tenu, lorsqu'il serait poursuivi par l'action hypothécaire, de payer chaque année, chaque semestre, chaque trimestre, la totalité des arrérages échus ; puis il agirait en recours contre ses cohéritiers ou contre leurs divers-héritiers pour la part que chacun d'eux doit supporter dans la dette d'arrérages. Mais ces recours, qui pourraient se multiplier à l'infini, auraient pour lui les plus graves inconvénients. Le législateur indique deux moyens de remédier à ces inconvénients. 1° Chaque héritier peut exiger que la rente soit rachetée avant la formation des lots et que l'immeuble grevé d'hypothèque soit par là rendu libre. 2° Si aucun héritier ne demande le rachat, ou si la rente n'est pas actuellement rachetable (art. 530, 1911), l'immeuble hypothéqué est mis dans les lots pour sa valeur réelle, soit 20,000 fr. ; on déduit de cette somme le capital de la rente, soit 8,000 fr. ; l'immeuble est alors mis dans l'un des lots pour 12,000 fr., mais à la charge par l'héritier qui l'obtiendra de payer seul les arrérages de la rente, et d'en garantir ses cohéritiers, s'ils étaient poursuivis personnellement par le créancier en payement de leur part héréditaire d'arrérages.

Les mêmes inconvénients existeraient quand, au lieu d'être *spéciale*, l'hypothèque serait générale et frapperait, par suite, sur tous les immeubles de la succession; dans ce cas, le premier des moyens indiqués serait seul applicable. Mais lorsqu'un immeuble héréditaire est grevé d'hypothèque pour sûreté d'une somme exigible, les inconvénients qui en résultent pour les héritiers sont moins graves que s'il s'agissait d'une rente; en conséquence, la disposition de notre article n'est point alors applicable.

873. Les héritiers sont tenus des dettes et charges de la succession, personnellement pour leur part et portion virile, et hypothécairement pour le tout; sauf leur recours, soit contre leurs cohéritiers, soit contre les légataires universels, à raison de la part pour laquelle ils doivent y contribuer.

Cet article, qui a pour objet le *droit de poursuite* ou *droit d'obligation*, règle les rapports qui existent entre les créanciers et les héritiers.

Les expressions, *part et portion virile*, sont inexactes sous deux points de vue : d'abord, les mots *part* et *portion* sont des expressions synonymes et constituent une redondance; ensuite, le mot *virile* doit être remplacé par le mot *héréditaire*, conformément à la règle nettement posée par l'art. 1220. Supposons, en effet, que le défunt laisse pour héritiers un parent paternel et trois parents maternels : si les héritiers étaient tenus pour part *virile,* chacun d'eux serait poursuivi en payement du quart des dettes; mais ils sont tenus pour part *héréditaire,* en sorte que le parent paternel, qui a moitié de la succession, peut être poursuivi en payement de la moitié de chaque dette, et les trois parents maternels, qui ont ensemble l'autre moitié de la succession, ne peuvent être poursuivis chacun que pour un sixième de chaque dette. Le mot, *virile,* a été ici employé par souvenir du droit coutumier : sous l'empire de ce droit, la part *contributoire* des héritiers apparaissait difficilement, parce que, dans le partage des successions, on recherchait l'origine et la nature des biens; c'est pourquoi chaque héritier qui contribuait au payement des dettes proportionnellement à la valeur des biens qu'il recueillait, pouvait être poursuivi en payement, par les créanciers héréditaires, pour part virile. Mais il en est autrement sous le Code : la part contributoire est, en général, facilement connue; c'est pourquoi chaque héritier ne peut poursuivre les débiteurs de la succession et ne peut être poursuivi par les créanciers que proportionnellement à sa part héréditaire (art. 1220). Toutefois, les créanciers pourront demander à chacun des héritiers une part virile, conformément à l'ancien droit et à la disposition de notre article, lorsque l'existence de successions anomales (art. 352, 747) ou de legs à titre universel de meubles ou d'immeubles (art. 1010), empêchera les créanciers de connaître facilement les parts contributoires des héritiers.

Nonobstant le principe que les créances et les dettes se divisent de plein droit entre les héritiers, le successeur dans le lot duquel est tombé un immeuble hypothéqué peut, à raison de la nature indivisible de l'hypothèque, être poursuivi en payement de toute la dette par une action hypothécaire. Il peut pareillement être poursuivi pour toute la dette si l'obligation est indivisible (art. 1223), ou si elle est régie par la disposition exceptionnelle de l'art. 1221. Mais, après avoir payé au-delà de sa part contributoire, l'héritier aura, dans tous les cas, un recours contre ses cohéritiers, et il pourra demander à chacun d'eux ce qu'il aura payé à sa décharge.

874. Le légataire particulier qui a acquitté la dette dont l'immeuble légué était grevé, demeure subrogé aux droits du créancier contre les héritiers et successeurs à titre universel.

Le légataire particulier d'un immeuble hypothéqué peut être poursuivi en payement par une action hypothécaire (art. 871). Lorsqu'il a payé la dette, délaissé l'immeuble, ou subi l'expropriation, il a contre les héritiers et autres successeurs à titre universel un recours en payement; quoiqu'il ait déjà, de son chef, une hypothèque sur les immeubles de la succession (art. 1017), il est, en outre, subrogé aux droits d'hypothèque que le créancier par lui payé avait sur des immeubles restés entre les mains des héritiers. L'avantage de cette subrogation consiste en ce que l'hypothèque du créancier était d'une date antérieure et par conséquent préférable à celle du légataire. Mais, lorsque le légataire subrogé agit contre les héritiers par une action hypothécaire, peut-il demander à chacun d'eux le remboursement intégral de ce qu'il a payé? Cette question est gravement controversée. D'après une opinion qui nous semble conforme au texte et à l'esprit de la loi, le subrogé qui agit par une action hypothécaire ne peut demander aux débiteurs que la part que chacun d'eux doit définitivement supporter dans la dette. En conséquence, il n'a jamais aucun recours ni contre les légataires particuliers d'immeubles hypothéqués à la même dette, ni contre les tiers détenteurs (art. 1252), par la raison qu'ils ne sont point personnellement obligés.

875. Le cohéritier ou successeur à titre universel qui, par l'effet de l'hypothèque, a payé au-delà de sa part de la dette commune, n'a de recours contre les autres cohéritiers ou successeurs à titre universel que pour la part que chacun d'eux doit personnellement en supporter, même dans le cas où le cohéritier qui a payé la dette se serait fait subroger aux droits des créanciers; sans préjudice néanmoins des droits d'un cohéritier qui, par l'effet du bénéfice d'inventaire, aurait conservé la faculté de réclamer le payement de sa créance personnelle, comme tout autre créancier.

Pourquoi l'héritier ou tout autre successeur à titre universel qui, par l'effet de l'hypothèque, a payé la dette entière, n'a-t-il jamais, alors même qu'il est subrogé aux droits du créancier (art. 1251), de recours contre ses cohéritiers que pour la part que chacun d'eux doit supporter dans la dette? On dit souvent que cette disposition a pour but d'éviter un circuit d'actions entre les héritiers qui se doivent réciproquement garantie. Mais voici le véritable motif de cette disposition, qui a une portée plus générale : celui qui paye une dette et obtient la subrogation n'acquiert point par là tous les droits du créancier; il ne peut agir contre les débiteurs, par action hypothécaire, que dans la mesure de ce qu'il a payé pour chacun d'eux.

Au reste, l'héritier qui était personnellement créancier du défunt et qui avait obtenu des hypothèques pour sûreté de son payement, a le droit, lorsqu'il accepte sous bénéfice d'inventaire, de demander à chacun des héritiers qui détiennent des immeubles hypothéqués le payement de toute sa créance, ainsi que pourrait le faire un créancier étranger à la succession.

876. En cas d'insolvabilité d'un des cohéritiers ou successeurs à titre universel, sa part dans la dette hypothécaire est répartie sur tous les autres au marc le franc.

L'expression ancienne, *au marc le franc*, signifie que l'insolvabilité d'un successible se répartit sur tous les autres, proportionnellement à la part que chacun d'eux recueille dans la succession. Si cette insolvabilité était entièrement supportée par celui qui a été évincé, le principe de l'égalité entre les successibles serait violé. Les art. 885 et 1214 contiennent des dispositions semblables à celle de notre article.

Au reste, lorsque la dette divisible n'est pas garantie par hypothèque, l'insolvabilité de l'un des héritiers n'est pas répartie entre les autres : elle est supportée par le créancier lui-même.

877. Les titres exécutoires contre le défunt sont pareillement exécutoires contre l'héritier personnellement ; et néanmoins les créanciers ne pourront en poursuivre l'exécution que huit jours après la signification de ces titres à la personne ou au domicile de l'héritier.

Dans l'ancien droit, le créancier qui avait un titre exécutoire contre le défunt devait recourir à la justice pour le rendre exécutoire contre les héritiers. Cette formalité a été supprimée par le Code, parce qu'elle nécessitait des lenteurs et des frais inutiles. Toutefois, afin que les héritiers ou les successibles à titre universel ne soient point pris à l'improviste par des actes d'exécution qui seraient faits en vertu de titres dont ils ignorent l'existence, et qui pourraient nuire gravement à leur crédit, le créancier doit, huit jours avant que de procéder contre eux aux voies d'exécution, leur faire la signification de son titre.

Mais le créancier peut-il former une saisie-arrêt sur les héritiers, sans leur faire préalablement la signification de ses titres ? Sur cette question, qui est controversée, l'affirmative semble conforme à l'esprit de la loi, parce que la saisie-arrêt est un moyen conservatoire qui diffère, par le fond et par la forme, des voies d'exécution. Ainsi jugé : — « Attendu que la saisie-arrêt ne constitue par elle-même qu'un *acte conservatoire*, qualification qui lui a été donnée lors des travaux préparatoires du Code de procédure civile, et qu'elle diffère par le fond et par la forme des voies exécutoires proprement dites ; qu'en effet, ces dernières poursuites supposent l'existence d'un titre exécutoire, dont elles ont pour but et pour fin d'amener l'exécution ; qu'en outre, elles ont pour préliminaire indispensable un commandement accompagné de la notification du titre ; — Attendu, au contraire, que la saisie-arrêt, affranchie de tout commandement préalable, ne doit point s'appuyer sur un titre authentique, et que, non-seulement la loi admet le titre sous seing privé, mais qu'elle permet de suppléer le défaut de toute espèce de titre par une simple permission du juge, laquelle est seule soumise à une notification ; que l'ensemble des dispositions du Code de procédure sur cet objet, et spécialement l'art. 537, a attaché à la seule qualité de créancier le droit de pratiquer une saisie-

arrêt, et que, par cela seul que le créancier dépourvu de titre est admis à
y recourir, il faut reconnaître qu'elle a été conçue et organisée dans un
ordre d'idées différent de celui qui a fait introduire les poursuites d'exécution dont il a été ci-dessus question ; — Attendu qu'il importe, à cause
des différences marquées existant entre ces deux genres de voies judiciaires, de ne pas étendre à l'une des dispositions spéciales à l'autre ;...
Attendu, à la vérité, que la saisie-arrêt, mesure conservatoire dans son
origine, emprunte, dans le cours de la procédure, le caractère d'une exécution, et que cette transformation se réalise lorsque, à la suite de la
demande en validité, il intervient un jugement qui, tout en accueillant
cette demande, ordonne que les deniers dont le tiers saisi sera reconnu
débiteur seront versés en mains du créancier qui a pratiqué la saisie-
arrêt, jusqu'à concurrence de ce qui lui est dû ; mais que, dans cette
matière spéciale, où il peut n'exister aucun titre exécutoire, l'exécution
dérive moins des actes originaires de la poursuite, que du jugement qui en
prononce la validité » (C. de Liége, 16 avr. 1859).

878. Ils peuvent demander, dans tous les cas, et contre tout
créancier, le séparation du patrimoine du défunt d'avec le
patrimoine de l'héritier.

Lorsque l'héritier accepte la succession sous bénéfice d'inventaire, la
demande de séparation des patrimoines est inutile, ainsi que l'a décidé
la Cour de cassation dans les termes suivants : — « Attendu que l'acceptation sous bénéfice d'inventaire empêche de confondre les biens personnels de l'héritier et les biens de la succession; que, par conséquent,
elle opère de plein droit la séparation des patrimoines, sans que les
créanciers du défunt aient besoin de remplir les formalités prescrites par
l'art. 878 C. Nap.; que la séparation des patrimoines, une fois opérée,
persiste nécessairement au profit des créanciers, tant qu'ils ont intérêt
à s'en prévaloir, et que, le droit de préférence qui en résulte pour eux,
en vertu de l'art. 2111 C. Nap., étant une fois acquis, ils ne peuvent en
être privés par le seul fait de celui qui a accepté bénéficiairement »
(C. cass. 8 juin 1863). — La jurisprudence des cours impériales est
fortement établie dans le même sens (C. de Bordeaux, avr. 1864; C. de
Metz, 25 juill. 1865; C. de Lyon, 13 mars 1867).

Mais lorsque l'héritier accepte purement et simplement, les biens de
la succession se confondent avec ses propres biens, et ne forment plus
ensemble qu'un seul patrimoine, qui est le gage commun des créanciers

du défunt et des créanciers de l'héritier. Par cette confusion, les créanciers
héréditaires et les légataires particuliers (art. 2111) peuvent éprouver un
grave préjudice. En effet, dans le cas où l'héritier a beaucoup plus de dettes
que de biens et où la succession est bonne, ils obtiendront une plus
faible somme, sur la masse résultant des deux patrimoines confondus,
que celle qu'ils obtiendraient en venant sur les biens du défunt, à
l'exclusion des créanciers personnels de l'héritier. Or, comme les créanciers du défunt et les légataires particuliers n'ont pas traité avec l'héritier et n'ont point suivi sa foi, ils peuvent demander la séparation des
patrimoines et se faire payer ainsi sur le patrimoine du défunt par
préférence aux créanciers personnels de l'héritier. Au reste, cette séparation des patrimoines, qui confère, à l'encontre des créanciers de
l'héritier, une sorte de privilége aux créanciers personnels du défunt et
aux légataires, ne modifie nullement la situation de ceux-ci dans les
rapports entre eux ; il suit de là que si un seul des créanciers a demandé
la séparation, il ne reçoit pas sur le prix des biens du défunt une somme
plus grande que si tous les autres créanciers l'eussent aussi demandée.
Ainsi jugé : — « Attendu que la séparation des patrimoines ne constitue un privilége au profit des créanciers et légataires du défunt que
contre les créanciers de l'héritier ; que l'inscription n'est requise par
l'art. 2111 C. Nap. que pour la conservation de ce privilége à l'encontre de ces derniers ; mais qu'entre les créanciers et les légataires du
défunt, lorsqu'ils ne se trouvent pas en concours avec des créanciers
hypothécaires de l'héritier, le bénéfice de la séparation des patrimoines,
que l'art. 878 leur donne le droit de demander pour empêcher la confusion avec les biens de l'héritier, ne constitue pas un privilége proprement dit ; que sa conservation n'est pas subordonnée à la formalité de
l'inscription, exigée par l'art. 2111 à l'égard des créanciers de l'héritier
seulement » (C. de Bordeaux, 26 avr. 1864).

Lorsqu'un créancier qui a demandé la séparation des patrimoines
n'est pas entièrement payé sur le prix des biens du défunt, a-t-il l'héritier pour débiteur ? Cette question vivement controversée semble devoir
être résolue dans le sens de la négative. En acceptant purement et simplement, l'héritier a fait aux créanciers héréditaires l'offre de devenir leur
débiteur ; mais les créanciers ont refusé l'offre qui leur était faite en demandant la séparation des patrimoines ; comme ils n'ont pas voulu accepter
l'héritier pour débiteur, ils n'ont le droit de se faire payer sur ses biens ni
en concours avec ses créanciers personnels, ni même après que ces créanciers ont reçu leur payement intégral : ils n'ont pas *l'héritier pour débiteur*.

879. Ce droit ne peut cependant plus être exercé lorsqu'il y a novation dans la créance contre le défunt par l'acceptation de l'héritier pour débiteur.

Lorsque le créancier du défunt ou le légataire particulier accepte expressément ou tacitement « *l'héritier pour débiteur,* » il y a *novation* dans sa créance, en ce sens restreint qu'il a perdu le droit de demander la séparation des patrimoines, et qu'il a l'héritier pour débiteur irrévocable. Mais sa créance n'est cependant pas vraiment novée : il conserve toutes ses garanties personnelles et réelles, qui seraient éteintes s'il existait une véritable novation (art. 1271 et suiv.).

880. Il se prescrit, relativement aux meubles, par le laps de trois ans. — A l'égard des immeubles, l'action peut être exercée tant qu'ils existent dans la main de l'héritier.

Lorsqu'il s'est écoulé trois ans depuis l'acceptation pure et simple de la succession, les meubles du défunt se trouvent tellement confondus avec ceux de l'héritier, que leur séparation ferait naître de graves difficultés et de nombreux procès. Mais l'identité des immeubles peut toujours être facilement constatée; de là, tant que la créance n'est pas prescrite, la séparation des patrimoines peut être demandée à leur égard. Toutefois, le créancier du défunt ou le légataire particulier doit se hâter de rendre public son privilège, en le faisant inscrire au bureau des hypothèques de la situation des immeubles héréditaires : s'il prend cette inscription dans les six mois qui suivent l'ouverture de la succession, il est préféré aux créanciers qui ont une hypothèque inscrite du chef de l'héritier (art. 2111); en outre, il obtient un droit de suite sur les immeubles que l'héritier aliènerait postérieurement à la date de son inscription (art. 2166).

881. Les créanciers de l'héritier ne sont point admis à demander la séparation des patrimoines contre les créanciers de la succession.

Les créanciers personnels de l'héritier pourraient avoir un intérêt à demander la séparation des patrimoines, afin d'être payés sur les biens de l'héritier solvable par préférence aux créanciers personnels du défunt insolvable. Mais ils ne peuvent cependant pas la demander, par la raison qu'ils ont suivi la foi de leur débiteur et ont par là consenti à courir les chances bonnes et mauvaises de ses contrats et de ses actes. Toutefois, si leur débiteur acceptait sciemment une succession onéreuse en fraude de leurs droits, ils pourraient, en vertu de l'art. 1167, faire annuler cette acceptation frauduleuse.

882. Les créanciers d'un copartageant, pour éviter que le partage ne soit fait en fraude de leurs droits, peuvent s'opposer à ce qu'il y soit procédé hors de leur présence : ils ont le droit d'y intervenir à leurs frais; mais ils ne peuvent attaquer un partage consommé, à moins toutefois qu'il n'y ait été procédé sans eux et au préjudice d'une opposition qu'ils auraient formée.

Les héritiers peuvent, dans un partage, commettre, à l'égard des créanciers de l'un deux qui est insolvable, des fraudes de natures diverses : 1° faire le lot du débiteur plus faible ; 2° composer son lot de valeurs mobilières ou de sommes, afin qu'il lui soit facile de les soustraire aux poursuites ; 3° mettre les immeubles qu'il a hypothéqués dans le lot d'un autre héritier. Le créancier qui craint l'exécution d'une pareille fraude doit se hâter de signifier aux divers héritiers, par le ministère d'un huissier, qu'il s'oppose au partage : il pourra ainsi intervenir dans les opérations du partage et veiller à la conservation de ses droits; si le partage se faisait à son insu, il aurait le droit de l'attaquer comme ayant eu lieu au préjudice de son opposition. Mais le créancier qui n'a point formé d'opposition n'aurait aucun moyen pour attaquer le partage qui a été consommé en fraude de ses droits, car l'art. 1167 n'est pas applicable en cette matière. C'est ainsi que s'est prononcée la Cour suprême par les motifs suivants : — « Attendu qu'après avoir posé en principe général que tout créancier peut attaquer les actes faits par son débiteur en fraude de ses droits, l'art. 1167, dans sa disposition finale, soumet, pour le créancier, l'exercice de cette action, lorsqu'il s'agit de ceux de ses droits énoncés au titre des *Successions* et au titre du *Contrat de mariage et des Droits respectifs entre les époux*, aux règles qui y sont prescrites ; qu'il annonce ainsi, pour certains cas spéciaux, des restrictions au droit proclamé d'abord, et que, s'il ne les formule pas lui-même, il suffit, pour les connaître, de recourir aux titres auxquels il se réfère; — Attendu qu'en matière de partage, ces restrictions se rencontrent évidemment dans l'art. 882, qui autorise les créanciers d'un copartageant, qui veulent éviter que le partage ne soit fait en fraude de leurs droits, à s'opposer à ce qu'il y soit procédé hors de leur présence, et leur interdit toute action contre un partage consommé, à moins toutefois qu'il n'y ait été procédé sans eux, au mépris d'une opposition qu'ils auraient formée ; — Attendu que cette interdiction est absolue et comprend, dans sa généralité, toutes les actions qu'un créancier pourrait vouloir exercer contre un partage consommé avec son débiteur, par conséquent celle basée sur la fraude, comme toutes les autres, quel qu'en soit le motif; qu'à cet égard aucun doute n'est permis en présence de la disposition si formelle de l'art. 882, qui ne donne au créancier le droit d'opposition que dans la prévision d'une fraude possible, et pour le mettre en situation de la déjouer » (C. cass. 9 juill. 1866).

L'arrêt que nous venons de citer contient encore deux remarquables dispositions : — 1° Notre article est applicable au partage de la communauté conjugale (art. 1456), comme au partage d'une succession ; — 2° Mais, à l'égard du partage d'une société civile ou commerciale, l'arrêt décide que, dans le silence de la loi, le principe général posé par l'art. 1167 conserve tout son empire, et que l'action du créancier contre le partage de société fait avec son débiteur en fraude de ses droits, n'est soumise à aucune restriction et s'exerce en toute liberté.

Au reste, le créancier pourrait attaquer un partage de succession ou de communauté, lorsque ce partage ne serait que simulé, ou lorsqu'il aurait été fait avec une telle précipitation que le créancier n'aurait pas eu le temps moralement suffisant pour former une opposition (C. de Bordeaux, 29 août 1864).

SECTION IV.

Des effets du Partage et de la garantie des Lots.

Le *partage* est : « Un acte qui a pour objet de faire cesser l'indivision entre les héritiers. » Or, sont dans l'indivision les choses corporelles, meubles et immeubles, qui font partie de la succession. Quant aux choses incorporelles, créances et dettes, elles se divisent de plein droit entre les héritiers (art. 1220) et ne sont par conséquent pas dans l'indivision. Le partage est, en réalité, à l'égard des choses corporelles, *translatif de la propriété* : c'est un acte d'aliénation, qui participe de la vente ou de l'échange, selon que les choses sont licitées ou qu'elles sont mises dans les lots. Mais le législateur dispose que le partage est, par fiction, *dé-*

claratif de-la, propriété. Cette fiction est établie uniquement dans le but de mettre un héritier à l'abri des évictions résultant de ce que, pendant l'indivision, son cohéritier aurait aliéné ou hypothéqué sa part indivise des choses héréditaires.

Si un héritier est, en vertu d'une cause antérieure à l'ouverture de la succession, évincé d'une chose corporelle comprise dans son lot, il a, comme un acheteur ou comme un échangiste, une action en garantie contre ses cohéritiers : car la fiction que le partage est déclaratif de la propriété ne peut pas avoir pour effet de consacrer l'inégalité des partages.

883. Chaque cohéritier est censé avoir succédé seul et im- médiatement à tous les effets compris dans son lot, ou à lui échus sur licitation, et n'avoir jamais eu la propriété des autres effets de la succession.

Quand l'un des héritiers ou autres communistes hypothèque, vend, échange, ou donne un immeuble héréditaire dans l'intervalle qui s'écoule entre l'ouverture de la succession et le partage, quel est le sort d'un pareil acte ? L'effet de cet acte dépend de l'événement du partage. 1° Si l'héritier qui a, par exemple, hypothéqué l'immeuble, l'acquiert en entier ou pour partie, l'hypothèque qu'il a consentie frappe irrévocablement sur tout l'immeuble ou sur la partie qu'il a acquise. 2° Si, au contraire, par suite du partage ou de la licitation, l'immeuble appartient à un autre héritier, celui qui a consenti l'hypothèque est censé n'avoir jamais eu aucun droit sur cet immeuble ; par suite, l'hypothèque qu'il a consentie est nulle, comme si, dès l'origine, elle avait eu pour objet une chose appartenant à autrui. 3° Si, enfin, un tiers s'est rendu adjudicataire de l'immeuble licité, la fiction que le partage est déclaratif de la propriété n'est pas applicable, car elle n'a été introduite qu'en faveur des héritiers ; le tiers acquiert donc sans effet rétroactif ; l'immeuble reste, par suite, grevé d'hypothèque dans la proportion de le part indivise de l'héritier qui l'a constituée.

Comme les créances se divisent de plein droit (art. 1220), il s'ensuit que l'héritier dans le lot duquel a été mise une créance entière devient par là cessionnaire des parts de ses cohéritiers. Cette cession ne peut pas avoir d'effet rétroactif, de manière à nuire aux tiers débiteurs qui, par payement ou par compensation, se trouveraient libérés, pour partie, à l'égard d'un autre héritier. Voilà ce que la cour de Limoges a décidé dans

ces termes : — « Attendu que, suivant l'art. 724 C. Nap., les héritiers
légitimes sont saisis de plein droit des biens, droits et actions du défunt,
sous l'obligation d'acquitter toutes les charges de la succession ; qu'aux
termes de l'art. 1220, l'obligation qui est susceptible de division se divise
aussi de plein droit entre les héritiers, dans la proportion de la part que
chacun d'eux est appelé à recueillir dans l'hérédité ; que de cette divisibilité légale des créances héréditaires, il résulte que, immédiatement après
l'ouverture de la succession, chaque héritier, s'il ne peut demander la
dette que pour la part dont il est saisi, a du moins le droit de l'exiger
pour cette part, et d'en donner valable quittance, sans s'inquiéter du
fait de ses cohéritiers et de leur défaut de concours ; que le débiteur
auquel il demande payement ne peut le repousser par aucune exception
fondée sur ce qu'il n'existe encore aucun acte de partage ou de liquidation ; que, par la combinaison de ce double principe de la saisine et de la
divisibilité du droit, l'héritier a en effet la propriété pleine et absolue de
la créance héréditaire, à concurrence de sa part, et qu'il est autorisé,
sans attendre les attributions éventuelles du partage, à faire valoir les
droits qui en résultent en sa faveur, à la charge d'établir, envers le
débiteur ou les tiers, l'existence ou la qualité de son droit comme héritier ; que, puisque, d'une part, il peut régulièrement demander et recevoir
le payement, et que, d'autre part, le débiteur est en droit d'offrir et de se
libérer valablement pour la portion de créance dont il est saisi, la compensation, qui n'est qu'un double et réciproque payement, doit s'opérer
elle-même par la force de la loi ou de la convention, à due concurrence,
lorsque l'héritier qui est devenu créancier du chef du défunt se trouve de
son chef débiteur de la même personne ; que les effets de ce payement ou
de cette compensation sont définitifs et irrévocables, non-seulement envers
les parties, mais encore envers les tiers ; que l'extinction de la créance héréditaire pour la part virile de l'héritier est désormais irrévocablement
acquise, indépendamment des résultats du partage et de la liquidation qui
interviennent ensuite entre les cohéritiers » (C. de Limoges, 19 juin 1866).

La Cour suprême a, sur pourvoi, consacré l'arrêt de la Cour de Limoges
dans les termes suivants : — « Attendu que, d'après l'art. 1220 C. Nap.,
les créances divisibles d'une succession se partagent de droit entre les
héritiers, chacun d'entre eux ne pouvant en demander le payement que
pour la part dont il est saisi ; qu'il en résulte que si chaque héritier ne
peut demander que sa part, il peut néanmoins exiger celle-ci dès l'instant
où il en est saisi, c'est-à-dire dès l'instant de l'ouverture de la succession ;
— Attendu que si l'héritier peut réclamer sa part, il en résulte, comme

corollaire forcé, que le débiteur doit la lui payer, et que s'il la paye, il est valablement libéré de son obligation, au moins jusqu'à concurrence de la part qu'il a dû payer ; — Attendu qu'on ne saurait enlever à ce tiers le bénéfice de sa libération partielle et le forcer à payer une seconde fois en plaçant, par suite du partage, dans le lot d'un autre héritier, la totalité de la créance dont il aurait déjà payé une partie à l'héritier qui avait droit de la réclamer ; — Attendu que, si l'art. 883 C. Nap. veut que, par un effet rétroactif, chaque héritier soit censé avoir possédé seul et immédiatement les objets compris dans son lot, il faut cependant restreindre cet effet rétroactif du partage à des objets qui se trouvaient encore dans la masse successorale au moment du partage ; mais qu'il y aurait abus à vouloir étendre l'effet rétroactif du partage à des objets qui, au moment où l'on y procédait, n'étaient plus dans la succession, soit pour les uns par la force de la loi, soit pour les autres par des conventions légalement formées, et qui avaient ainsi créé pour des tiers des droits irrévocablement acquis » (C. cass. 4 déc. 1866).

Il résulte du même principe de la divisibilité des créances que si, avant ou après le partage, les héritiers agissent en commun en payement d'une créance héréditaire, ils doivent être considérés comme agissant chacun pour sa part ; par suite, le débiteur poursuivi peut opposer la compensation de sa créance personnelle contre un héritier, jusqu'à concurrence de la part de celui-ci. Voilà ce que la Cour suprême décide en ces termes : — « Attendu que la division des actions est un principe de droit certain qui a été reproduit dans l'art. 1220 C. Nap. ; qu'il résulte de ce principe que les héritiers du défunt, quand, en qualité de représentants de celui-ci, ils poursuivent en commun, comme créanciers, quelque débiteur de la succession, ne constituent pas un être moral, unique et indivisible ; qu'au contraire, ils agissent, chacun, pour la part distincte qui leur appartient dans la créance réclamée ; — Attendu que si chaque héritier ne demande que sa part dans la créance, objet de la poursuite, cette sorte de demande engendre, pour le débiteur poursuivi, un droit de défense correspondant au mode d'action, et autorise le débiteur à se prévaloir de toutes les exceptions propres à faire repousser la demande, non-seulement dans son ensemble, mais encore pour chaque part individuellement dévolue à chaque héritier ; qu'il lui est permis notamment d'opposer en compensation les créances qu'il peut avoir contre un héritier personnellement, puisque la compensation est un moyen régulier d'éteindre la dette » (C. cass. 23 fév. 1864).

I.   33

884. Les cohéritiers demeurent respectivement garants, les uns envers les autres, des troubles et évictions seulement qui procèdent d'une cause antérieure au partage. — La garantie n'a pas lieu si l'espèce d'éviction soufferte a été exceptée par une clause particulière et expresse de l'acte de partage : elle cesse si c'est par sa faute que le cohéritier souffre l'éviction.

On entend par *trouble* l'inquiétude que ressent le possesseur d'une chose, lorsqu'un tiers prétend avoir sur cette chose un droit de propriété ou un droit réel quelconque : ce trouble est appelé *trouble de droit*, par opposition au *trouble- de fait* causé au possesseur par les menaces ou les actes de malfaiteurs. On entend par *éviction* la défaite judiciaire du possesseur d'une chose, sur laquelle un tiers a prétendu qu'il avait un droit de propriété ou un autre droit réel et a judiciairement triomphé dans sa prétention. Or, de même que les vendeurs et les échangistes, les cohéritiers sont respectivement garants des troubles de droit et des évictions qui procèdent d'une cause antérieure au partage.

Mais le principe de la garantie est inapplicable dans les deux cas suivants : — 1° Si les héritiers ont prévu la cause d'éviction et ont, par exemple, mis un immeuble dans les lots en exprimant que l'éviction totale ou partielle de l'immeuble, en vertu de la cause spécifiée, ne donnerait lieu à aucun recours en garantie ; en effet, à cause des chances d'éviction, l'immeuble a été mis alors dans les lots avec une estimation inférieure à sa valeur réelle ; il y avait donc là, du consentement de tous les héritiers, quelque chose d'aléatoire ; l'héritier dans le lot duquel cet immeuble est tombé a eu des chances de gains et de pertes ; s'il est évincé, il n'a aucun recours en garantie ; — 2° Si l'héritier a souffert l'éviction par sa faute ; comme il avait un moyen triomphant pour repousser la demande de son adversaire, et a négligé de l'invoquer devant le juge, il doit subir les conséquences de sa faute.

885. Chacun des cohéritiers est personnellement obligé, en proportion de sa part héréditaire, d'indemniser son cohéritier de la perte que lui a causée l'éviction. — Si l'un des cohéritiers se trouve insolvable, la portion dont il est tenu doit être également répartie entre le garanti et tous les cohéritiers solvables.

L'éviction ne fait jamais naître d'action en rescision du partage. En

vain l'héritier évincé prétendrait-il que le principe de l'égalité en nature
se trouverait gravement violé si l'on ne procédait pas à un nouveau partage :
la loi ne lui accorde qu'une action en indemnité. Mais à quelle époque
estime-t-on la valeur de l'immeuble dont un héritier exempt de faute a
été évincé ? Cette estimation est faite, non pas à l'époque du partage,
mais à celle de l'éviction, puisque l'indemnité due à l'héritier est, d'après
notre article, « de la perte que l'éviction lui a causée. » Au reste, tous les
héritiers, même celui qui est évincé, contribuent à la perte, chacun proportionnellement à sa part héréditaire. S'il y a parmi eux des insolvables,
leurs parts contributoires sont, dans la même proportion, supportées
par les autres.

Pour rendre plus efficace le recours en garantie, l'art. 2103 accorde à
l'héritier évincé un privilége, qui doit être inscrit au bureau des hypothèques dans un certain délai fixé tant par la loi du 23 mars 1855, textuellement citée sous le titre XVIII des *Priviléges et Hypothèques*, que pa
l'art. 2109.

886. La garantie de la solvabilité du débiteur d'une rente ne
peut être exercée que dans les cinq ans qui suivent le partage.
Il n'y a pas lieu à garantie à raison de l'insolvabilité du débiteur, quand elle n'est survenue que depuis le partage consommé.

L'action en garantie est, en général, de trente ans (art. 2262), qui courent du jour de l'éviction (art. 2257). Les héritiers qui mettent une
rente ou bien une créance exigible dans les lots sont aussi, pendant trente
ans, garants de son existence (art. 1693). Ils étaient aussi autrefois garants pendant le même délai de la solvabilité du débiteur d'une rente.
Mais notre article dispose que la garantie n'existe que dans le cas où le
débiteur de la rente était déjà insolvable à l'époque du partage et que
l'action qui en résulte ne pourra être exercée que pendant les cinq ans qui
suivent cette époque. La disposition de cet article paraît spéciale aux
rentes, et, par suite, elle n'est pas applicable aux créances exigibles.
Lorsque les héritiers mettent de pareilles créances dans les lots, ils sont
soumis aux règles de la cession ordinaire ; en conséquence, ils ne garan-
tissent ni la solvabilité actuelle du débiteur, ni sa solvabilité future
(art. 1694).

SECTION V.

De la Rescision en matière de partage.

887. Les partages peuvent être rescindés pour cause de
violence ou de dol. — Il peut aussi y avoir lieu à rescision, lorsqu'un des cohéritiers établit, à son préjudice, une lésion de
plus du quart. La simple omission d'un objet de la succession ne
donne pas ouverture à l'action en rescision, mais seulement à
un supplément à l'acte de partage.

Ainsi, il y a trois causes de rescision du partage : la violence, le dol et
la lésion qu'éprouve l'un des successibles de plus du quart de sa portion
héréditaire. L'art. 1109 contient aussi trois causes de rescision des contrats, qui sont la violence, le dol et l'erreur. La *lésion* n'est pas mentionnée dans l'art. 1109, et l'*erreur* n'est pas exprimée dans notre
article. — Dans le partage et dans les contrats, la *violence* est une cause
de rescision qui peut être invoquée, quel que soit l'auteur de la violence.
Le *dol*, au contraire, ne donne lieu à la rescision d'un contrat que s'il
émane de l'une des parties contractantes (art. 1116) ; tandis que, dans les
partages, où chacune des parties doit être dans une égale liberté d'esprit,
le dol est mis sur la même ligne que la violence ; en conséquence, il
donne lieu à la rescision du partage, alors même que les manœuvres frauduleuses ne seraient pas imputables aux cohéritiers, mais seulement à
un tiers. La *lésion* qui, en général, n'est pas une cause de rescision des
contrats, suffit pour faire rescinder un partage dans lequel un héritier a
été lésé de plus du quart, car alors la loi d'égalité entre les héritiers se
trouve gravement violée.

Quant à l'*erreur*, qui est une cause de rescision des contrats, elle ne
suffit pas pour faire rescinder le partage. En conséquence, le partage
n'est rescindable : — 1° Ni quand les biens mis dans un lot ont été estimés à une valeur trop faible ou trop forte, si cette estimation n'a pas eu
pour effet de léser un héritier de plus du quart de sa portion ; — 2° Ni
quand on a mis dans les lots des choses étrangères à la succession, ou
quand on a omis d'y mettre des choses héréditaires ; car il y a seulement
lieu, dans le premier cas, à la garantie, et, dans le second, à un supplément de partage ; — 3° Ni quand un successible a figuré au partage avec

des droits plus forts ou plus faibles, ou quand un non-successible a été admis au partage; car, dans le premier cas, il y a lieu à une action en indemnité tendant à rétablir entre les héritiers une égalité en valeur, et, dans le second, on procède à un supplément de partage. Toutefois, le partage est nul quand un héritier a été omis et n'a pas été représenté par des cohéritiers de sa ligne (art. 1078).

888. L'action en rescision est admise contre tout acte qui a pour objet de faire cesser l'indivision entre cohéritiers, encore qu'il fût qualifié de vente, d'échange et de transaction, ou de toute autre manière. — Mais après le partage, ou l'acte qui en tient lieu, l'action en rescision n'est plus admissible contre la transaction faite sur les difficultés réelles que présentait le premier acte, même quand il n'y 'aurait pas eu à ce sujet de procès commencé.

Ainsi, «*tout acte qui a pour objet de faire cesser l'indivision entre cohéritiers*» est un partage, quel que soit d'ailleurs le nom que les parties lui ont donné; car, pour déterminer la nature d'un acte, ce n'est pas à son appellation, mais au fond des choses et à la réalité qu'il faut s'attacher. La donation qu'un héritier fait de sa part à son cohéritier a *pour effet* de faire cesser l'indivision; mais elle n'est point un partage, qui constitue un acte essentiellement à titre onéreux, parce qu'elle n'a pas *pour objet*, c'est-à-dire pour but, de faire cesser l'indivision.

Le partage est rescindable pour lésion de plus du quart, parce que les héritiers qui figurent dans cet acte ne doivent point avoir en vue de faire des bénéfices les uns au détriment des autres. Mais la vente, l'échange, la transaction et tous autres contrats à titre onéreux ne sont point, en général, rescindables pour cause de lésion, car les parties qui figurent dans de pareils actes jouent des rôles très-distincts et se proposent d'ailleurs chacune de faire des bénéfices. S'il suffisait de donner à un véritable partage la qualification mensongère d'un autre acte pour rendre non recevable la demande en rescision pour lésion, il pourrait arriver qu'un héritier rusé réaliserait impunément de grands bénéfices au détriment de ses cohéritiers.

L'action en rescision pour violence, dol ou lésion est applicable aussi bien au partage judiciaire qu'au partage amiable. Elle est portée devant le tribunal de première instance du lieu où la succession s'est ouverte,

Mais elle n'est admise pour lésion, ni sur une difficulté qui a été décidée
par jugement pendant les opérations du partage, ni sur une convention
relative aux difficultés qui ont surgi entre les héritiers après le premier
acte qui a fait cesser l'indivision; car ce jugement, cette convention ne
constituent point un partage.

889. L'action n'est pas admise contre une vente de droit
successif faite sans fraude à l'un des cohéritiers, à ses risques et
périls, par ses autres cohéritiers ou par l'un d'eux.

La vente qu'un héritier fait de sa *part indivise* dans la succession à son
cohéritier est un partage, car cet acte a *pour objet de faire cesser l'indivision;* par suite, elle est rescindable pour lésion de plus du quart. Mais il
en est bien différemment de la vente de *droits successifs* faite par un héritier à son cohéritier, car cette vente comprend non-seulement la part que
l'héritier vendeur a dans les choses corporelles qui sont dans l'indivision,
mais encore sa part dans les créances et les dettes qui se divisent de
plein droit (art. 1220); c'est pourquoi, à la différence de l'héritier qui a
vendu sa part indivise, celui qui a vendu sa part de droits successifs
peut réclamer à son cohéritier acheteur, de même qu'il pourrait réclamer à tout autre acheteur de ses droits successifs, le montant de ce qu'il
a payé aux créanciers héréditaires. La vente de droits successifs à un
cohéritier constitue donc un contrat aléatoire, qui ne peut pas être rescindé pour lésion, mais seulement pour dol et fraude.

890. Pour juger s'il y a eu lésion, on estime les objets suivant leur valeur à l'époque du partage.

Pour connaître quelle a été la lésion dans un partage, il faut, de même
que lorsqu'il s'agit de vente d'immeubles (art. 1675), examiner la valeur
des objets à l'époque de l'acte. Quoique l'action en rescision dure dix
ans (art. 1304), l'héritier lésé doit se hâter d'agir, car autrement il lui
serait difficile de prouver d'une manière évidente l'existence de la lésion.

891. Le défendeur à la demande en rescision peut en arrêter
le cours et empêcher un nouveau partage, en offrant et en fournissant au demandeur le supplément de sa portion héréditaire,
soit en numéraire, soit en nature.

Le partage d'une succession est une opération difficile et compliquée,
qui occasionne souvent beaucoup de lenteurs et de frais. C'est pourquoi le
défendeur qui a succombé dans une action en rescision pour cause de
lésion, jouit de la faculté d'empêcher un nouveau partage en fournissant
au demandeur le juste supplément de sa part héréditaire, soit en argent,
soit en nature. Il a grand intérêt à exercer cette faculté quand les biens
tombés dans son lot ont, par événement fortuit, beaucoup augmenté de
valeur depuis l'époque du partage. Au reste, lorsque le partage est annulé
pour cause de lésion, les héritiers rapportent à la succession les fruits
qu'ils ont perçus depuis le jour de la demande en rescision, et, si le défendeur qui a succombé offre au demandeur *le supplément de sa portion héréditaire*, il doit payer aussi, à partir de la même époque, les intérêts de ce supplément (C. cass. 11 juill. 1866).

Il est généralement reconnu que notre article est particulier au cas de
lésion, et que, par suite, le défendeur qui succombe dans l'action en
rescision pour cause de violence, ou de dol, n'a pas la faculté d'empêcher
un nouveau partage en offrant à son cohéritier qui aurait été lésé le supplément de sa part héréditaire.

892. Le cohéritier qui a aliéné son lot en tout ou partie
n'est plus recevable à intenter l'action en rescision pour dol ou
violence, si l'aliénation qu'il a faite est postérieure à la découverte du dol, ou à la cessation de la violence.

Cet article est spécial au vice de consentement, résultant de la violence
ou du dol. Il ne doit pas être étendu au cas de lésion; en conséquence,
lorsque le principe de l'égalité en nature ou en valeurs a été gravement
violé, l'héritier qui a été lésé de plus du quart de sa part héréditaire
peut, malgré l'aliénation des choses comprises dans son lot, valablement
agir en rescision du partage.

L'héritier dont le consentement a été vicié dans l'acte de partage peut
néanmoins avoir obtenu un lot composé de valeurs qui le satisfont; il
manifeste qu'il est content de son lot, quand, après la cessation de la
violence ou la découverte du dol, il aliène les objets qu'il a obtenus; en
conséquence, il renonce ainsi à son action en rescision et ratifie tacitement l'acte de partage.

L'action en rescision du partage dure dix ans, qui courent, pour cause
de lésion, du jour du partage; pour cause de violence, du jour où elle a
cessé, et, pour cause de dol, du jour où les manœuvres frauduleuses ont

été découvertes (art. 1304). Elle est portée devant le tribunal du lieu où la succession s'est ouverte (art. 822). Lorsque le partage est rescindé, les aliénations que les héritiers ont faites dans l'intervalle qui s'est écoulé entre le partage et la demande en rescision sont respectées; il y a donc lieu, dans ce cas, à une sorte de rapport en moins prenant. Cette solution équitable est admise généralement dans le cas de rescision pour cause de lésion et de dol; elle paraît devoir être aussi admise, par identité de motifs, dans le cas de rescision pour cause de violence.

TITRE II.

DES DONATIONS ENTRE-VIFS ET DES TESTAMENTS.

(Décrété le 3 mai 1803. Promulgué le 13 du même mois.)

Les actes à *titre gratuit* sont soumis à des règles qui diffèrent notablement de celles qui sont applicables aux actes à titre onéreux. 1° Un mineur ne peut pas disposer valablement de ses biens à titre onéreux; tandis qu'il peut, dès qu'il est parvenu à l'âge de seize ans, disposer par testament de la moitié des biens dont il pourrait disposer s'il était majeur (art. 905). 2° Les actes à titre onéreux ne sont soumis à aucune forme; tandis que les actes à titre gratuit ne sont valables que s'ils sont faits dans certaines formes fixées par la loi (art. 931, 967 et suiv.). 3° Un capable peut se dépouiller de tous ses biens à titre onéreux; tandis qu'il ne peut disposer que d'une certaine quotité de ses biens à titre gratuit, s'il laisse des héritiers à réserve (art. 913, 915). 4° Lorsqu'il survient des enfants au disposant, cet événement n'a aucune influence sur les actes à titre onéreux qu'il a consentis; mais il révoque de plein droit les donations entre-vifs (art. 960).

CHAPITRE PREMIER.

DISPOSITIONS GÉNÉRALES.

893. On ne pourra disposer de ses biens, à titre gratuit, que par donation entre-vifs ou par testament, dans les formes ci-après établies.

Dans le droit romain, il y avait, outre la donation entre-vifs et la donation testamentaire, une troisième espèce de libéralité, appelée *donation à
cause de mort*. Cette donation, qui exigeait le concours du donataire et
qui était révocable au gré du donateur, était une source de difficultés et
de procès; abolie en France par une ordonnance de 1731, elle n'est pas
admise dans nos Codes.

Les donations entre-vifs et testamentaires sont en général soumises, pour
leur validité, à l'observation de formes particulières; cependant les dons
manuels, les remises de dettes et les libéralités faites sous la forme de
contrats à titre onéreux sont dispensés de toutes formalités.

894. La donation entre-vifs est un acte par lequel le donateur se dépouille actuellement et irrévocablement de la chose
donnée, en faveur du donataire qui l'accepte.

La donation entre-vifs est un simple *acte* tant que le donataire n'a pas
encore accepté la libéralité qui lui est offerte par le donateur; mais, dès
que cette acceptation a eu lieu, le concours des deux volontés a élevé
l'acte de donation au rang de contrat. La donation acceptée est donc un
contrat.

Deux éléments essentiels caractérisent la donation entre-vifs : le dépouillement *actuel* de la chose donnée, et l'*irrévocabilité* de ce dépouillement.

1° Le dépouillement est *actuel* non-seulement quand la donation a pour
objet un corps certain, dont la propriété est immédiatement transférée du
donateur au donataire; mais encore quand elle a pour objet un genre, par
exemple une somme d'argent, dont le donateur devient débiteur envers
le donataire; car, dans ce cas, le donateur est considéré comme s'étant
dépouillé de la chose donnée, parce qu'il a contracté envers le donataire
une obligation qu'il est tenu d'exécuter. Au reste, l'existence d'un terme,
qui a été inséré dans l'acte de donation, n'empêche point le dépouillement
d'être *actuel*, car le terme ne met obstacle ni à la translation de la propriété, ni à la naissance de l'obligation; il ne fait que retarder l'exécution
de l'engagement; aussi, est-il admis que la donation de sommes payables
après le décès du donateur est valable comme donation entre-vifs (C. cass.
7 mars 1860). Lorsque l'acte de donation renferme une condition qui suspend et rend incertaine l'existence de la libéralité, cette condition, lorsqu'elle vient à se réaliser, produit un effet qui rétroagit au moment même
de la convention; à raison de cette rétroactivité, le donateur est censé

avoir été dépouillé de la chose donnée au moment de la convention; le
donataire a, d'ailleurs, dès ce moment, une espérance dont il peut disposer, qu'il transmet à ses héritiers et que le donateur n'a pas la faculté de
faire évanouir.

2° Le dépouillement doit être *irrévocable*. Cette règle était formulée
en ces termes dans l'ancien droit français : « Donner et retenir ne vaut. »
La nécessité du dépouillement irrévocable met un frein aux libéralités, à
cause de l'attache naturelle que l'on a aux choses que l'on possède, et elle
protége ainsi les droits de la famille ; elle empêche d'ailleurs la propriété
de rester incertaine et prévient ainsi une foule de procès. Le principe de
l'irrévocabilité des donations ne fait point obstacle à l'insertion de conditions résolutoires, pourvu que ces conditions soient *casuelles*, c'est-à-
dire dépendent du hasard et ne soient point au pouvoir du donateur ou
du donataire (art. 1169); mais si les conditions dépendent de la volonté
du donateur ou même de sa volonté et du hasard, les donations sont
frappées d'une nullité absolue.

Remarquons cependant que les donations qui sont faites en faveur de
mariage jouissent, comme le mariage lui-même, d'une faveur particulière;
qu'elles sont valables, quoiqu'elles n'opèrent point le dépouillement actuel du donateur au profit du donataire, et quoiqu'elles ne soient point
irrévocables (art. 1086 et suiv.).

895. Le testament est un acte par lequel le testateur dispose,
pour le temps où il n'existera plus, de tout ou partie de ses
biens, et qu'il peut révoquer.

La donation entre-vifs a des caractères qui la distinguent parfaitement
du testament. Dans la donation entre-vifs, il y a concours de la volonté du
donateur et de celle du donataire, qui accepte la libéralité en termes exprès; c'est au moment même de ce concours des volontés que le donateur se dépouille de la chose donnée au profit du donataire, et ce dépouillement est alors irrévocable. Le testament, au contraire, n'est l'œuvre que
du seul testateur; celui-ci ne se dépouille point de son vivant des choses
qu'il donne ; il n'en dispose que pour le temps où il ne sera plus, et il
conserve jusqu'à son décès le droit de révoquer sa libéralité, car le légataire, qui n'intervient jamais dans le testament, n'acquiert de droit aux
choses léguées qu'à l'instant où le testateur décède. Ajoutons que la donation entre-vifs ne peut comprendre que les choses qui appartiennent

au donateur au moment de la confection de l'acte ; tandis que la donation testamentaire peut comprendre aussi les biens à venir.

896. Les substitutions sont prohibées. — Toute disposition
par laquelle le donataire, l'héritier institué, ou le légataire,
sera chargé de conserver et de rendre à un tiers, sera nulle,
même à l'égard du donataire, de l'héritier institué, ou du légataire. — Néanmoins, les biens libres formant la dotation d'un
titre héréditaire que l'Empereur aurait érigé, en faveur d'un
prince ou d'un chef de famille, pourront être transmis héré-
ditairement, ainsi qu'il est réglé par l'acte du 30 mars 1806 et
par celui du 14 août suivant.

Dans un sens large, on entend par *substitution* une institution conditionnelle qui est subordonnée à une première institution. Dans notre article, le mot *substitution*, qui est employé dans un sens restreint et spécial, désigne une disposition entre-vifs ou testamentaire faite au profit
d'une personne qui est chargée de conserver les biens qui lui sont donnés ou légués pour les rendre, lors de sa mort, à un tiers désigné, si
celui-ci est alors capable de recevoir.

Dans cette substitution, on nomme *disposant* celui qui fait la libéralité ; *grevé*, celui qui reçoit la libéralité avec la charge de conserver et de
rendre à un tiers désigné les biens qui la composent, et *appelé*, le tiers
qui est désigné pour profiter de la libéralité que lui fait indirectement le
disposant.

Les substitutions qui sont prohibées par notre article, et auxquelles on
donne souvent le nom de substitutions *fidéicommissaires*, ont été introduites dans le moyen âge : elles tendaient à perpétuer, sur la tête des fils
aînés, de grandes fortunes. Elles ont été restreintes à deux degrés au
XVIe siècle. Une loi du 14 novembre 1792 les a abrogées par les raisons suivantes : 1° elles étaient contraires au principe nouveau d'égalité
parmi les membres de la famille et de la nation, parce qu'elles concentraient
de génération en génération les fortunes sur la tête des fils aînés, qu'elles
plaçaient les puînés et les femmes dans une condition inférieure, quelquefois dans un misérable dénuement, et qu'elles jetaient ainsi, au sein
des familles, parmi les frères et sœurs, de saillantes inégalités et, par
suite, des semences fécondes de dissensions, de discordes et de haines;

2° elles empêchaient la libre disposition et l'amélioration des biens, entravaient le crédit et faisaient naître une foule de procès, parce que le grevé ne pouvait ni aliéner ni affecter d'hypothèque les biens qu'il était chargé de conserver et de rendre, que sous une condition résolutoire qui se réalisait à son décès au profit de l'appelé.

Comme la loi de 1792, et par les mêmes raisons, notre article prohibe les substitutions; afin d'en faire disparaître sûrement l'usage, contraire au principe naturel de l'égalité, il déroge au principe que, dans les actes à titre gratuit, les conditions contraires aux lois sont réputées non écrites (art. 900), en disposant que les substitutions prohibées sont *nulles*, non-seulement à l'égard de l'appelé, mais encore à l'égard du grevé. En conséquence, la nullité profite toujours à l'héritier légitime, alors même qu'il se trouverait en lutte avec un légataire universel qui a été chargé de conserver et de rendre à son décès certains objets à des tiers désignés. Telle est, sur ce point, la décision de la Cour suprême : — « Vu l'art. 896 C. Nap.; — Attendu que l'article précité, en s'écartant de la règle générale établie par l'art. 900 du même Code, veut que, dans la matière spéciale qu'il régit, la disposition principale soumise à la charge de conserver et de rendre soit elle-même annulée dans la mesure de cette charge; — Que, pour étendre ainsi la nullité qu'elle prononce, la loi a eu deux motifs; qu'à l'impossibilité de diviser les deux dispositions corrélatives dont se compose la substitution sans encourir le risque d'intervertir la volonté du testateur, se joignait la nécessité de donner une sanction énergique à la prohibition portée en tête de l'art. 896 C. Nap. ; — Que l'efficacité de cette prohibition aurait été compromise si le droit de faire annuler la substitution avait été laissé, à l'exclusion des héritiers du sang, dans les mains de l'héritier testamentaire placé entre les devoirs contraires qui lui seraient imposés d'un côté par la loi, de l'autre par le testateur qui l'aurait gratifié; — Qu'en frappant de nullité, même à l'égard de l'héritier institué, la disposition faite à la charge de conserver et de rendre, la loi assure l'effet de la prohibition portée contre les substitutions, en ouvrant aux héritiers du sang le droit d'en profiter et de l'invoquer; — Que cette nullité de la disposition principale est d'ordre public, comme la nullité de la substitution qu'elle a pour but d'assurer ; — Qu'il n'appartient donc point à la cour impériale de décider souverainement, par appréciation de la volonté du testateur, impuissante contre celle de la loi, que l'institution d'héritier peut être séparée de la charge de conserver et de rendre, et maintenue en son entier, la nullité de la substitution profitant au grevé, qui serait seul admis à l'invoquer; — Que le pouvoir de rompre, suivant les circonstances, le lien qui unit l'institution à la substitution et rend leur sort commun, ne saurait se concilier avec les termes absolus de l'art. 896 C. Nap., qui veut que toute disposition faite à la charge de conserver et de rendre soit annulée, sans distinction ni exception, même à l'égard de l'institué ou légataire » (C. cass. 6 janv. 1863).

La Cour de cassation détermine parfaitement les caractères auxquels on reconnaît qu'il y a substitution prohibée : — « Attendu que la substitution prohibée se reconnaît à deux caractères essentiels : 1° l'ordre successif par lequel le donateur ou le testateur appelle successivement deux gratifiés, mais de manière que le second gratifié ne recueille le bénéfice de la substitution qu'après le décès du premier ; 2° l'obligation, pour le premier gratifié, de conserver et de rendre à son décès la chose donnée ou léguée au second gratifié, obligation qui la frappe d'indisponibilité du vivant du grevé » (C. cass. 30 avr. 1867).

Quelques exemples notables servent à faire parfaitement distinguer les cas où existe la substitution prohibée de ceux où la substitution prohibée n'existe pas.

Or, la substitution est prohibée si le testateur exprime : 1° que le légataire ne pourra ni vendre ni aliéner les biens légués, et qu'il ne pourra en disposer qu'en faveur des enfants de son frère (C. cass. 7 mai 1862) ; 2° ou que le légataire ne pourra disposer des biens qui lui sont légués qu'en cas de nécessité justifiée, car le légataire ne peut alors transmettre sur ces biens qu'une propriété contestable (C. cass. 24 avr. 1860) ; 3° ou que, si le légataire décède sans enfants, les biens légués passeront à certaines personnes désignées, car alors le légataire est assujetti à la nécessité de garder les biens jusqu'à son décès, afin de les rendre aux tiers désignés, s'il décède sans enfants (C. cass. 1er août 1864).

Mais, au contraire, il n'y a pas substitution prohibée, si le testateur exprime : — 1° Qu'il désire, sans en imposer la charge, que les biens légués passent à un tiers désigné : — « Attendu, dit la Cour suprême, que la loi ne reconnaît le caractère de substitution prohibée qu'à la disposition par laquelle le donataire, l'héritier institué ou le légataire est chargé de conserver l'objet pour le rendre, à sa mort, à un tiers désigné dans l'acte de libéralité ; — Attendu, dès lors, que l'existence de la substitution implique l'interdiction absolue d'aliéner, imposée en termes impératifs par le disposant ; que cette condition ne résulte pas suffisamment de la clause dans laquelle le testateur se borne à un simple désir, qui laisse au légataire une complète liberté de conserver ou d'aliéner la chose léguée (C. cass. 11 juin 1860) ; — 2° Ou que ce qui pourra rester des biens légués, *quod supererit*, dans la succession du légataire, passera à un tiers désigné, car le légataire peut, en ce cas, disposer valablement des biens qui lui sont légués (C. de Rennes, 29 mai 1861); — 3° Ou que le légataire ne pourra pas disposer des biens légués par testament; car celui-ci peut alors disposer valablement de ces biens entre-vifs et surtout à titre onéreux (C. cass. 11 août 1864).

Le dernier paragraphe de notre article, qui permettait l'institution de majorats, se trouve abrogé par une loi du 12 mai 1835. Cette loi dispose ainsi dans son art. 1er : « Toute institution de majorats est interdite à l'avenir. »

897. Sont exceptées des deux premiers paragraphes de l'article précédent les dispositions permises aux pères et mères et aux frères et sœurs, au chapitre VI du présent titre.

Les règles des substitutions permises, dont il est question dans cet article, sont exposées dans les art. 1048 et suiv. Une loi du 17 mai 1826 avait fait une large brèche au principe que les substitutions sont prohibées; mais elle a été abrogée par une autre loi du 7 mai 1849. Ces deux lois sont textuellement citées sous l'art. 1048.

898. La disposition par laquelle un tiers serait appelé à recueillir le don, l'hérédité ou le legs, dans le cas où le donataire, l'héritier institué ou le légataire, ne le recueillerait pas, ne sera pas regardée comme une substitution, et sera valable.

La disposition dont il s'agit, et que notre article ne considère point comme substitution, était appelée, en droit romain, substitution *vulgaire*. Elle était faite en ces termes : «Que Paul soit mon héritier : — Si Paul n'est pas mon héritier, que Pierre soit mon héritier. » Une pareille substitution, qui appelle à la succession ou au legs une seconde personne, si la première fait défaut, ne présente aucun des inconvénients de la substitution appelée *fidéicommissaire*, car Paul n'étant point chargé de conserver et de rendre les biens qui composent la succession testamentaire, il en devient, par son acceptation, propriétaire absolu et perpétuel : s'il ne recueille pas la succession, celle-ci est dévolue purement et simplement à Pierre, qui doit être capable de recueillir au décès du testateur.

899. Il en sera de même de la disposition entre-vifs ou tes-

tamentaire par laquelle l'usufruit sera donné à l'un, et la nue
propriété à l'autre.

Celui qui lègue l'usufruit d'un bien à l'un, et la nue propriété du même
bien à l'autre, fait par là deux dispositions distinctes et valables, qui diffèrent essentiellement de la substitution prohibée. En effet, quand il s'agit
de substitution, l'appelé ne pourrait, d'après l'intention du disposant,
profiter de la libéralité que s'il était capable de recevoir au décè sdu
grevé; tandis que le légataire de la nue propriété a un droit acquis et
transmissible à ses héritiers, s'il est capable de recevoir à l'époque du
décès du testateur. La capacité de l'appelé s'apprécie au moment du
décès du grevé, tandis que celle du légataire de nue propriété s'apprécie
au moment du décès du testateur.

Lorsqu'un testateur dispose ainsi : « Je lègue à Paul l'usufruit de telle
maison ; après sa mort, le même usufruit appartiendra à Pierre, » il fait
par là, non pas une substitution, mais deux legs d'usufruit ; en effet, le
droit d'usufruit étant essentiellement personnel et intransmissible, il arrive
que l'usufruit légué à Paul s'éteint a son décès, et qu'un nouvel usufruit
naît alors dans la personne de Pierre.

900. Dans toute disposition entre-vifs ou testamentaire, les
conditions impossibles, celles qui seront contraires aux lois ou
aux mœurs, seront réputées non écrites.

Les dispositions *impossibles* sont celles qui, d'après la nature physique,
ne peuvent jamais être accomplies. Les conditions *contraires aux lois ou
aux mœurs* sont celles dont l'exécution, qui est physiquement possible,
blesserait l'ordre public ou les bonnes mœurs. Les parties sont libres, en
général, d'insérer dans leurs actes, dans leurs contrats, toute espèce de
conditions. Mais, lorsqu'elles insèrent des conditions physiquement ou
moralement impossibles, le législateur doit ou bien annuler la disposition
entière, ou bien valider cette disposition, en considérant de pareilles conditions comme non écrites. Il a pris le premier parti, lorsqu'il s'agit d'actes
à titre onéreux ; en effet, l'art. 1172 porte : « Toute condition d'une chose
impossible, ou contraire aux bonnes mœurs, ou prohibée par la loi, est
nulle, et *rend nulle* la convention qui en dépend. » Il a pris, au contraire,
le second parti, lorsqu'il s'agit d'actes à titre gratuit.

Dans l'ancien droit romain, les conditions physiquement ou moralement
impossibles frappaient toujours d'une nullité radicale toute espèce d'actes.

Bientôt, la faveur qui s'attachait aux actes de dernière volonté a fait décider, par les jurisconsultes, que de pareilles conditions ne vicieraient plus ni les institutions d'héritiers, ni les legs, ni les fédéicommis, et qu'elles seraient considérées désormais comme non écrites. Notre article, qui admet la décision des jurisconsultes romains en ce qui concerne les dispositions testamentaires, l'étend aux donations entre-vifs. Cette extension est motivée par la considération que le donateur dicte lui-même les clauses de sa libéralité, et que le donataire, qui ne jouit pas d'une indépendance suffisante pour critiquer ces clauses, ne doit point, à raison de leur existence, être puni par la privation du bénéfice de la libéralité qui lui a été faite.

Au reste, la cause illicite qui rend nulles les dispositions à titre onéreux, rend pareillement nulles les dispositions à titre gratuit. C'est ainsi que la Cour suprême l'a décidé dans les termes suivants : — « Attendu que les dispositions à titre gratuit sont nulles tout aussi bien que les dispositions à titre onéreux, lorsqu'elles reposent sur une cause illicite, et que l'on devrait considérer comme telle la libéralité faite par un testateur au profit de ceux qu'il croyait être ses enfants adultérins, si d'ailleurs il était prouvé que cette libéralité n'a eu pour mobile et pour cause déterminante que l'opinion qu'il avait de sa paternité » (C. cass. 31 juill. 1860). — Dans un arrêt récent, elle décide de même en ces termes : — « Attendu que les dispositions à titre gratuit sont nulles aussi bien que les dispositions à titre onéreux quand elles reposent sur une cause illicite, et qu'on doit considérer comme telle celle qui est fondée sur l'opinion exprimée par le testateur qu'il est le père adultérin du gratifié » (C. cass. 29 janv. 1867).

CHAPITRE II.

DE LA CAPACITÉ DE DISPOSER OU DE RECEVOIR PAR DONATION ENTRE-VIFS OU PAR TESTAMENT.

En général, toute personne est capable de faire des libéralités et d'en recevoir. La capacité est donc de droit commun ; tandis que l'incapacité constitue une exception qui ne peut résulter que d'une disposition particulière de la loi. On distingue deux sortes d'incapacités : l'incapacité *absolue,* qui existe à l'égard de tous, et l'incapacité *relative,* qui n'existe qu'entre certaines personnes.

901. Pour faire une donation entre-vifs ou un testament, il faut être sain d'esprit.

Celui qui n'est pas *sain d'esprit*, c'est-à-dire qui est dans un état d'imbécillité, de démence, de fureur ou d'ivresse, ne peut ni contracter ni disposer valablement de ses biens à titre gratuit. En exprimant ici que le disposant doit être *sain d'esprit*, le législateur a voulu, en ce qui concerne les donations entre-vifs et testamentaires, déroger à l'art. 504, d'après lequel les actes faits par une personne dont l'interdiction n'a été ni prononcée ni provoquée ne peuvent, après son décès, être attaqués pour cause de démence, que si la preuve de démence résulte de l'acte même qui est attaqué ; en faisant cette dérogation, il a voulu laisser au juge, lorsqu'il s'agit d'actes à titre gratuit, l'appréciation souveraine des faits tendant à prouver que l'auteur de la libéralité n'était pas sain d'esprit, que, par exemple, il était dominé par une passion au moment où il a fait la disposition. C'est d'ailleurs ce qui a été décidé dans les termes suivants : — « Attendu qu'il résulte des constatations de l'arrêt attaqué qu'au moment de la confection de son testament, Lamothe se trouvait depuis quelque temps déjà dans un état d'imbécillité sénile qui ne lui permettait plus d'avoir une volonté libre et réfléchie ; que si le même arrêt déclare que les dispositions de ce testament sont incontestablement raisonnables, il constate aussi que cet acte n'a pas été l'œuvre personnelle et spontanée de son auteur apparent ; que ces appréciations en fait rentraient dans les attributions souveraines de la cour impériale » (C. cass. 7 mars 1864). — Au reste, l'individu, qui n'est pas interdit est présumé sain d'esprit. Ceux qui allèguent l'insanité d'esprit du disposant au moment où l'acte a été fait, sont tenus de prouver leur prétention ; mais ils sont admis à faire cette preuve par toute sorte de moyens, alors même que le notaire a déclaré, dans un testament authentique, que le testateur lui a paru sain d'esprit. Quoique la donation ait été déguisée sous la forme d'un contrat à titre onéreux, elle peut aussi être annulée pour insanité d'esprit, ainsi que le décide la Cour suprême en ces termes : — « Attendu que la loi n'a soumis à aucune règle spéciale la preuve de l'existence des donations déguisées ; que dès lors la preuve qu'un acte, en apparence à titre onéreux, n'est qu'une libéralité déguisée, peut résulter des pièces et documents de la cause et même de simples présomptions ; — Attendu qu'il est déclaré, par l'arrêt attaqué, que l'acte de cession qui a donné lieu au procès n'était, d'après les documents et les circonstances énoncés et les propres aveux de la demanderesse, qu'une donation déguisée, soumise aux règles ordinaires d'annulations des libéralités ; qu'en déclarant, dans cet état de la cause, que le défendeur éventuel n'était pas sain d'esprit au moment de la donation, et qu'en outre cet acte était le résultat de la captation et des manœuvres artificieuses de ladite demanderesse, l'arrêt a fait une appréciation souveraine qui échappe au contrôle de la Cour de cassation » (C. cass. 12 avr. 1865).

902. Toutes personnes peuvent disposer et recevoir, soit par donation entre-vifs, soit par testament, excepté celles que la loi en déclare incapables.

La capacité de disposer et de recevoir est la règle ; l'incapacité est l'exception. Or, l'incapacité est absolue, quand elle existe à l'égard de tous ; tandis qu'elle est relative, quand elle existe seulement à l'égard de certaines personnes.

I. — Sont absolument incapables de *disposer* par donations entre-vifs et testamentaires : 1° ceux qui ont été condamnés contradictoirement à une peine afflictive perpétuelle, et, cinq ans après l'exécution par effigie, ceux qui ont été condamnés à la même peine par *contumace*, c'est-à-dire par défaut (Loi du 31 mai 1854, art. 3. *Voir* p. 27) ; 2° les interdits (art. 502) ; 3° les mineurs âgés de moins de seize ans (art. 903).

II. — Sont absolument incapables de *disposer* par donation entre-vifs, et capables néanmoins de disposer par testament : 1° celui qui est pourvu d'un conseil judiciaire (art. 499, 513) ; 2° le mineur âgé de plus de seize ans (art. 903, 904) ; 3° la femme mariée non autorisée (art. 905).

III. — Sont absolument incapables de *recevoir* par donations entre-vifs et testamentaires : 1ᵉ ceux qui ont été condamnés à une peine afflictive perpétuelle, si ce n'est pour cause d'aliments (Loi 31 mai 1854, art. 3) ; 2° celui qui n'est pas conçu (art. 906), et les corporations non autorisées par l'Empereur.

IV. — Sont frappés d'une incapacité *relative de recevoir* des libéralités, le tuteur, le médecin et l'enfant naturel (art. 908, 909). — Comme il n'y a d'incapables de donner et de recevoir que ceux qui sont déclarés tels par la loi, il suit de là que les concubins, qui étaient frappés d'incapacité par l'ordonnance de 1629, art. 132, ne sont plus, sous le Code, qui garde le silence à leur égard, incapables de recevoir l'un de l'autre. Ainsi l'a décidé la Cour de cassation, par arrêts du 26 mars 1860 et du 2 juillet 1866. Ce dernier arrêt porte : — « Attendu qu'aux termes de l'art. 902 C. Nap., toutes personnes peuvent disposer et recevoir, soit par donation entre-vifs, soit par testament, excepté celles que la loi en déclare incapables ; — Attendu que, par des motifs d'intérêt général, par respect pour la décence publique et le respect des familles, le Code Napoléon n'a pas rétabli l'incapacité résultant du concubinage, admise par l'art. 132 de l'ordonnance de 1629 » (C. cass. 2 juill. 1866).

Cependant lorsque le concubinage est indiqué dans l'acte comme la cause de la donation entre-vifs ou testamentaire, cette donation est nulle, parce qu'elle a évidemment une cause illicite. Voilà ce que la cour d'Amiens a jugé dans les termes suivants : — « Attendu qu'une disposition testamentaire ne peut être entachée de nullité pour cause de concubinage, qu'autant que l'acte qui la constitue énoncerait expressément que le but du testateur a été la formation et l'entretien de relations immorales ; dans ce cas, en effet, la cause finale offensant les bonnes mœurs, et l'acte en donnant la preuve par ses propres termes, les inquisitions que la loi a voulu éviter ne seraient plus à craindre, et les art. 1131 et 1132 deviendraient applicables aux concubins comme à toutes autres personnes capables » (C. d'Amiens, 5 août 1865).

903. Le mineur âgé de moins de seize ans ne pourra aucunement disposer, sauf ce qui est réglé au chapitre IX du présent titre.

Celui qui n'a pas encore l'âge de seize ans n'est pas capable, à raison du peu de développement de son intelligence, de disposer de ses biens à titre gratuit. Toutefois, s'il se marie avant cet âge (art. 144, 145), il peut, avec l'assistance des personnes dont le consentement est requis pour le mariage, donner par contrat de mariage tout ce qu'un majeur peut donner à son conjoint (art. 1095).

904. Le mineur parvenu à l'âge de seize ans ne pourra disposer que par testament, et jusqu'à concurrence seulement de la moitié des biens dont la loi permet au majeur de disposer.

Le mineur émancipé ou non émancipé, marié ou non marié, qui peut disposer d'une certaine quotité de ses biens par testament, ne peut cependant faire valablement aucune donation entre-vifs. La raison de différence entre ces deux actes est que, par la donation entre-vifs, on se dépouille soi-même d'une manière irrévocable ; tandis que, dans le testament, on ne dépouille que ses héritiers et l'on peut, pendant toute sa vie, révoquer un pareil acte.

La loi qui détermine la capacité de disposer est un statut personnel. Il suit de là : 1° que le testament fait par un mineur de seize ans est radicalement nul, et qu'il restera tel alors même que le testateur décéderait dans un âge où il peut valablement tester ; 2° que le testament fait par un mineur âgé de plus de seize ans, qui décède ensuite majeur, ne confère jamais au légataire plus de la moitié de la quotité dont le testateur eût pu disposer en testant dans le temps de sa majorité.

905. La femme mariée ne pourra donner entre-vifs sans l'assistance ou le consentement spécial de son mari, ou sans y être autorisée par la justice, conformément à ce qui est prescrit par les articles 217 et 219, au titre *du Mariage.* — Elle n'aura besoin ni de consentement du mari, ni d'autorisation de la justice, pour disposer par testament.

La raison pour laquelle la femme mariée, qui ne peut faire de donation entre-vifs sans l'autorisation de son mari ou de justice, a le droit de disposer librement de ses biens par testament, a été exposée sous l'art. 220. Quand la femme fait une donation entre-vifs avec l'autorisation de justice, le mari conserve néanmoins la jouissance qu'il avait sur les biens donnés, car cet acte, dans lequel il n'est pas intervenu, ne peut pas nuire à ses droits.

906. Pour être capable de recevoir entre-vifs, il suffit d'être conçu au moment de la donation. — Pour être capable de recevoir par testament, il suffit d'être conçu à l'époque du décès du testateur. — Néanmoins la donation ou le testament n'auront leur effet qu'autant que l'enfant sera né viable.

Pour acquérir une libéralité, il faut évidemment être capable de recevoir à l'époque où cette libéralité doit produire ses effets, c'est-à-dire, pour les donations entre-vifs, au moment de l'acceptation, et, pour les legs, au moment du décès du testateur ; mais si le legs est conditionnel, il faut que le légataire soit encore capable de recevoir à l'événement de la condition (art. 1040).

Une communauté qui n'était pas encore autorisée par le gouvernement lors du décès du testateur, ne peut pas recueillir le legs qui lui a été fait : — « Attendu qu'il est de droit public en France qu'aucune communauté, association ou corps moral ne peut exister qu'en vertu d'acte de l'autorité publique ; que jusque-là un corps semblable ne constitue pas une personne civile et ne peut acquérir ni posséder légalement ; — Attendu que c'est au moment du décès du testateur que se déterminent les droits de chacun à sa succession légitime ou testamentaire ; qu'à ce moment les héritiers du sang sont saisis de plein droit, à moins qu'ils ne se trouvent en présence d'ayants droit capables de recueillir ; — Qu'une société non légalement reconnue n'ayant pas, lors du décès, une existence légale une personnalité juridique, est sans qualité pour recueillir le bénéfice du legs fait à son profit, et qu'un acte postérieur d'autorisation ne peut rétroagir à une époque antérieure au décès, ni priver les héritiers légitimes de droits à eux acquis par le fait même de ce décès » (C. cass. 12 avr. 1864. — Conf. C. cass. 14 août 1866).

La libéralité faite à un capable avec charge de remettre les biens à un incapable, est nulle, parce qu'elle constitue une substitution fidéicommissaire qui est prohibée par l'art. 896. Cette sorte de substitution est présumée exister, lorsque le testateur dit que son légataire devra remplir les conditions qu'il lui a verbalement indiquées.

907. Le mineur, quoique parvenu à l'âge de seize ans, ne pourra, même par testament, disposer au profit de son tuteur. — Le mineur, devenu majeur, ne pourra disposer, soit par donation entre-vifs, soit par testament, au profit de celui qui aura été son tuteur, si le compte définitif de la tutelle n'a été préalablement rendu et apuré. — Sont exceptés, dans les deux cas ci-dessus, les ascendants des mineurs, qui sont ou qui ont été leurs tuteurs.

Le mot *tuteur* est ici employé dans un sens large : il comprend le protuteur qui gère les biens que le pupille possède dans une colonie (art. 477), ainsi que le second mari, qui est cotuteur des enfants de sa femme (art. 396) ; mais il ne comprend ni le tuteur spécial, ni le subrogé tuteur, ni le curateur. La loi frappe d'une incapacité relative de recevoir des libéralités le tuteur et même l'ex-tuteur qui n'a pas encore rendu son compte définitif de tutelle : elle craint les abus de l'influence qu'ils exercent sur celui qui est soumis ou qui a été soumis à leur tutelle. Mais cette crainte d'abus d'influence n'existe pas à l'égard des ascendants qui gèrent la tutelle ; il y a présomption que les libéralités qui leur sont faites ont pour cause un pur sentiment d'affection et de reconnaissance.

908. Les enfants naturels ne pourront, par donation entre-vifs ou par testament, rien recevoir au-delà de ce qui leur est accordé au titre *des Successions*.

- L'enfant naturel reconnu ne peut recevoir de son père ou de sa mère que ce qui est déterminé par les art. 757 et 762. Cette incapacité relative de l'enfant naturel s'étend à ses descendants légitimes ; elle a été établie afin que les enfants conçus de relations illicites ne fussent pas mis au niveau des enfants légitimes et que le mariage fût ainsi plus honoré. Quand une personne qui meurt en laissant un enfant naturel et des frères et sœurs, a nommé un légataire universel, celui-ci a le droit de faire réduire les libéralités faites à l'enfant naturel, si elles excèdent, non pas le quart, qui est la portion réservée, mais la moitié de la succession. Ainsi l'a décidé la Cour suprême dans ces termes : — « Attendu que le droit de l'enfant naturel sur les biens de ses père et mère est réglé par l'art. 757 C. Nap., lorsqu'il se trouve en concours avec la famille légitime ; que son droit est de la moitié de ce qu'il aurait eu s'il eût été enfant légitime, dans le cas où il se trouve en présence de frères et sœurs du défunt ; qu'aux termes de l'art. 908, l'enfant naturel ne peut rien recevoir par donations entre-vifs ou testament au-delà de ce qui lui est attribué par la loi ; que ces dispositions sont d'ordre public et peuvent être invoquées par toutes parties y ayant droit, et notamment par le légataire universel dont les droits sont déterminés d'après l'état de la famille tel qu'il existe au moment de l'ouverture de la succession ; par application des principes ci-dessus énoncés, la part de l'enfant naturel était de moitié de la succession ; d'où il suit qu'en décidant qu'elle serait réduite au quart, l'arrêt attaqué a violé les articles ci-dessus visés » (C. cass. 7 fév. 1865). — Au reste, aucune incapacité n'existe à l'égard des enfants naturels qui n'ont pas été reconnus, et l'incapacité cesse à l'égard de l'enfant naturel reconnu qui a été élevé au rang d'enfant légitime par la légitimation ou par l'adoption.

909. Les docteurs en médecine ou en chirurgie, les officiers de santé et les pharmaciens qui auront traité une personne pendant la maladie dont elle meurt, ne pourront profiter des dispositions entre-vifs ou testamentaires qu'elle aurait faites en leur faveur pendant le cours de cette maladie. — Sont exceptées, 1° les dispositions rémunératoires faites à titre particulier, eu égard aux facultés du disposant et aux services rendus; — 2° Les dispositions universelles, dans le cas de parenté jusqu'au quatrième degré inclusivement, pourvu toutefois que le décédé n'ait pas d'héritiers en ligne directe, à moins que celui au profit de qui la disposition a été faite, ne soit lui-même du nombre de ces héritiers. — Les mêmes règles seront observées à l'égard du ministre du culte.

Les personnes qui exercent l'art de guérir et les ministres du culte ont ordinairement sur l'esprit des malades un grand empire; afin que cet empire ne devienne point une occasion d'abus, la loi frappe ces personnes d'une incapacité relative de recevoir. Mais les incapacités ne se suppléent pas; en conséquence, malgré la puissance des raisons d'analogie, on ne peut déclarer incapables ni les gardes-malades ni les sages-femmes. On admet cependant généralement que l'incapacité établie par notre article frappe aussi les empiriques, les charlatans et tous autres qui exercent l'art de guérir sans titre légal.

L'incapacité dont il s'agit suppose essentiellement : 1° que la personne décédée a fait la libéralité pendant sa dernière maladie; 2° que l'homme de l'art qui a reçu la libéralité a traité le défunt pendant cette maladie. Lorsque ces deux conditions se trouvent réunies, le legs fait au médecin doit être annulé, alors même que celui-ci ne traitait pas le malade dans la période de temps pendant laquelle le testament a été fait. Ainsi jugé, dans une affaire d'une très-haute importance : — « Considérant que la sentence dont est appel ayant fait application des dispositions de l'art. 909 C. Nap. au testament du duc de Gramont-Caderousse, du 24 janv. 1865, l'appelant en demande la réformation : 1° parce qae, en droit, pour que l'art. 909 soit applicable, il faut que le testament soit contemporain du traitement ordonné par le médecin légataire, ce qui n'existerait point dans la cause; 2° parce que le testament n'a point été écrit pendant la dernière maladie du testateur, dont le docteur Déclat n'était point d'ailleurs le médecin pendant cette dernière maladie; — Sur le premier moyen : — Considérant que l'art. 909 C. Nap. établit une présomption légale résultant de deux circonstances, à savoir : la confection du testament et le traitement donné pendant la dernière maladie; — Qu'on éluderait là volonté de la loi en ajoutant une troisième condition à celles qu'elle a limitativement édictées ; — Considérant qu'avant la promulgation de l'art. 909, l'incapacité qu'il établit ne résultait point d'une disposition formelle ; que la valeur des legs faits au médecin du testateur était livrée complétement à l'appréciation des tribunaux, lesquels pouvaient alors prendre en considération l'éloignement du médecin au moment de la rédaction du testament; — Mais qu'il n'en est point ainsi sous l'empire de la règle posée par l'art. 909, que les conditions établies audit article se trouvant remplies, le juge est lié et contraint d'annuler la disposition testamentaire, quels que soient d'ailleurs les autres éléments de la cause et les garanties dont ils peuvent entourer l'acte de dernière volonté ; — Considérant que, le droit étant ainsi reconnu, il n'y a pas lieu d'examiner, au point de vue de ce premier moyen, si le docteur Déclat était le médecin du duc de Gramont-Caderousse au 24 janvier 1865 » (C. de Paris, 8 mars 1867).

Toutefois, le médecin qui a donné une consultation, ou le pharmacien qui n'a fait que préparer et vendre ses remèdes, n'a pas vraiment *traité*, et n'est par conséquent pas incapable de profiter des libéralités qui lui ont été faites. Quant au mari médecin qui a donné à sa femme le secours de son art, il a rempli un devoir d'époux qui ne saurait avoir pour effet de le frapper d'incapacité.

La libéralité qu'un malade fait au médecin ou au ministre d'un culte quelconque, qui remplit auprès de lui ses fonctions, est aussi valable que si elle était faite hors de maladie quand le malade vient à guérir. Mais s'agit-il de legs? le disposant peut le révoquer. S'agit-il, au contraire, de donation entre-vifs? il peut l'attaquer pour défaut de liberté ou pour captation. Remarquons que la guérison n'a pas eu lieu et que la libéralité faite au médecin ou au confesseur est nulle, s'il y a eu, non pas guérison, mais seulement des intermittences dans le cours d'une longue maladie, qui a été fatale. Ainsi jugé : — « Attendu que le P. Lacordaire est décédé le 21 nov. 1861, en laissant un testament olographe à la date du 17 déc. 1860; que cet acte est attaqué par Léon Lacordaire, l'un des trois frères du testateur, d'abord comme renfermant, au profit du P. dominicain Mourey, confesseur du P. Lacordaire, une institution prohibée par l'art. 909 C. Nap.; — Qu'un premier fait n'a pas été contesté, c'est que le P. Lacordaire, pendant les dernières années de sa vie, a toujours eu pour confesseur le P. Mourey, sous-directeur de l'école de Sorèze ; qu'un second fait a été également reconnu, c'est que la santé du P. Lacordaire s'était gravement altérée dès le commencement de l'année 1860 ; que la seule question à résoudre est celle de savoir si, à la date du 17 déc. 1860, le testateur était déjà atteint de la maladie à laquelle il a succombé onze mois plus tard ; — Attendu que, parmi les documents dont il a été fait usage dans les débats, il faut distinguer ceux qui émanent du P. Lacordaire lui-même et du P. Mourey ; qu'en rapprochant ces derniers documents des faits et circonstances de la cause, il est facile de se convaincre que le P. Lacordaire, pendant les années 1860 et 1861, n'a eu qu'une seule maladie, persévérante dans son cours, fatale dans son issue, dont le point de départ le plus certain se fixe au carême de 1860.... — Attendu que la prohibition écrite dans l'art. 909 est absolue, tellement qu'il ne convient pas même d'examiner si le P. Lacordaire, à raison de la supériorité de son esprit, était à l'abri de la captation que la loi présume, et qu'elle a voulu atteindre par l'application d'une règle inflexible ; qu'il y a donc lieu d'annuler le testament du 17 déc. 1860, fait par le P. Lacordaire pendant le cours de la maladie dont il est mort, en faveur du P. Mourey, son confesseur à cette époque » (C. de Toulouse, 18 janv. 1864).

Notre article admet des exceptions à la règle prohibitive qu'il vient de poser. Ainsi sont valables :

1° Les dispositions *rémunératoires*. — Pour être considérées comme *rémunératoires*, il faut que les dispositions soient faites à titre particulier et qu'elles soient en proportion avec les services rendus et avec les facultés du disposant. Quand elles sont excessives, le juge doit, non pas les réduire, mais les déclarer nulles, car alors il y a présomption qu'elles ont eu pour cause l'influence exercée sur le malade ;

2° Les dispositions *universelles* faites à des parents qui ne dépassent pas le quatrième degré. — En ce cas, il y a présomption que les libéralités ont pour cause l'affection, et non pas l'abus d'influence. Un cas particulier a soulevé des doutes. Une personne, qui avait fait un premier legs universel au profit d'un étranger, a fait ensuite, pendant sa maladie fatale, un legs universel au profit de son médecin, qui était à la fois son parent du *cinquième* degré, et son plus proche héritier légitime. L'étranger peut-il, dans ce cas, prétendre que le legs fait au médecin est nul ? Oui, car la nullité prononcée par notre article est fondée, non pas sur l'intérêt des héritiers légitimes, mais sur la présomption de suggestion et de captation. Ainsi décidé : — « Attendu que la disposition de l'art. 909 est absolue, et qu'elle comprend, dans sa généralité, toutes les libéralités faites au médecin par celui qu'il a soigné dans le cours de la maladie dont il est mort ; que cette disposition ne comporte pas d'autres exceptions que celles spécialement prévues et déterminées par la loi ; — Attendu qu'il ne s'agit pas, dans l'espèce, de legs purement rémunératoires pouvant rentrer dans la classe de ceux compris dans la première exception apportée par l'art. 909 à la nullité qu'il prononce ; — Attendu qu'en supposant que la seconde exception faite en faveur du successible soit applicable au legs particulier comme au legs universel, seul mentionné dans le § 3 de l'art. 909, il résulte des termes de ces articles que, en ligne collatérale, le bénéfice de cette exception ne peut profiter aux parents que jusqu'au quatrième degré inclusivement ; — Attendu, en fait, que si le demandeur était appelé à recueillir une part dans la succession du défunt, dans le cas où celui-ci n'en aurait pas autrement disposé, il est constant qu'il n'est son parent qu'en ligne collatérale et au cinquième degré seulement ; — Attendu que vainement, pour échapper à la loi, le demandeur objecte que la nullité qu'elle prononce, dans le cas prévu par elle, n'est édictée qu'en faveur des parents, et que, dans l'espèce, elle profiterait à un étranger qui, en sa qualité de légataire universel, recueillerait seul, à l'exclusion des parents, et le montant des legs particuliers à lui faits et la part qui, comme successible, lui était dévolue ; qu'il n'est pas permis au juge de distinguer là où la loi ne distingue pas, et que, dans le silence de l'art. 909, qui ne fait à cet égard aucune distinction, l'étranger, appelé par la volonté du défunt à recueillir sa succession, est recevable, comme le seraient les parents eux-mêmes, s'ils n'étaient pas évincés par lui, à invoquer la présomption de suggestion et de captation sur laquelle repose l'incapacité de recevoir dont cet article frappe le médecin dans les conditions qu'il prévoit » (C. cass. 7 avr. 1863).

Le legs universel qu'un malade a fait pendant sa maladie fatale au profit de son médecin, qui est son parent jusqu'au quatrième degré, est quelquefois nul : c'est lorsque, d'une part, le légataire n'est pas héritier en ligne directe du testateur, et que, d'autre part, le testateur laisse des héritiers en ligne directe.

910. Les dispositions entre-vifs ou par testament, au profit des hospices, des pauvres d'une commune, ou d'établissements d'utilité publique, n'auront leur effet qu'autant qu'elles seront autorisées par un décret de l'Empereur.

Ces établissements, appelés autrefois *gens de mainmorte*, ne pouvaient recevoir aucune libéralité. Mais ils ne sont maintenant affectés d'aucune incapacité de recevoir, lorsqu'ils sont autorisés par décret de l'Empereur, et constituent par là des personnes morales ; toutefois, ils ne peuvent accepter les libéralités qui leur sont faites qu'après avoir été autorisés à cet effet par le gouvernement. Celui-ci veille à ce que les parents pauvres d'un testateur riche ne restent pas dans le dénuement; il veille aussi à ce que ces établissements n'acquièrent pas de grandes fortunes qui, dans leurs mains, sont pour ainsi dire enlevées à la circulation et au commerce.

Par application de l'art. 48 de la loi du 18 juillet 1837, et de l'art. 11 de la loi du 7 août 1851, le maire peut accepter, à titre conservatoire, les donations faites à la commune et aux établissements communaux, tels que les hospices et hôpitaux. C'est à compter de cette acceptation, qui empêche le donateur de révoquer sa libéralité, que la donation est considérée comme parfaite; car l'autorisation du gouvernement a un effet rétroactif jusqu'au jour de l'acceptation faite par le maire (C. cass. 12 nov. 1866).

911. Toute disposition au profit d'un incapable sera nulle, soit qu'on la déguise sous la forme d'un contrat onéreux, soit qu'on la fasse sous le nom de personnes interposées. — Seront réputées personnes interposées, les père e mère, les enfants et descendants, et l'époux de la personne incapable.

La disposition est « *déguisée sous la forme d'un contrat à titre onéreux,* » quand la libéralité est faite, par exemple, sous la forme d'une vente ; l'héritier légitime de celui qui a fait ainsi une libéralité à l'incapable est admis à prouver par toute sorte de moyens, et notamment par témoins, par lettres, par les circonstances du fait et par des présomptions précises et concordantes, que l'acte qualifié vente est, au fond, une donation entre-vifs.

La disposition est faite « *sous le nom de personnes interposées,* » quand elle est faite à un capable qui est secrètement chargé de la restituer à un incapable, par exemple à l'enfant naturel ou au médecin du disposant. Les père, mère, enfants, descendants et époux de celui qui est incapable de recevoir sont réputés personnes interposées : la présomption que, d'après l'intention des parties, la libéralité doit, au moyen de pareilles personnes, parvenir à l'incapable de recevoir, est si forte qu'elle ne peut être attaquée par aucune preuve contraire. Ainsi jugé : — « Attendu que l'effet des dispositions combinées des art. 908 et 911 C. Nap. est nettement déterminé par l'art. 1352 C. Nap., aux termes duquel nulle preuve n'est admise contre la présomption de la loi, lorsque, sur le fondement de cette présomption, elle annule certains actes » (C. de Metz, 10 août 1864).

Les ascendants autres que père et mère de l'incapable, ses frères, sœurs, oncles, tantes et alliés et le supérieur d'une corporation non autorisée ne sont point considérés comme personnes interposées : mais l'héritier légitime du disposant sera admis à prouver le fait de l'interposition par toute sorte de moyens.

912. (*Abrogé par la loi du 14 juillet* 1819). On ne pourra disposer au profit d'un étranger, que dans le cas où cet étranger pourrait disposer au profit d'un Français.

La loi du 14 juillet 1819 est rapportée textuellement sous l'art. 726. Elle abroge notre article et confère aux étrangers la même capacité de recevoir en France des libéralités que celle qui appartient aux Français.

CHAPITRE III.

DE LA PORTION DE BIENS DISPONIBLE ET DE LA RÉDUCTION.

Chacun peut, en général, disposer librement de ses biens. Cette règle, qui s'applique d'une manière absolue aux actes à titre onéreux, reçoit une équitable restriction en ce qui concerne les actes à titre gratuit. Celui qui a des descendants ou des ascendants ne peut point, à leur préjudice, épuiser sa fortune en faisant des libéralités, parce qu'il violerait gravement, à leur égard, les devoirs de piété qui découlent de la parenté directe. La portion dont on ne peut disposer gratuitement au préjudice de ses parents en ligne directe s'appelle *réserve*, *légitime*, ou *quotité réservée*; les parents au profit desquels existe cette réserve sont appelés héritiers *réservataires*, héritiers *légitimaires*. La portion qui n'est pas réservée prend le nom de *portion disponible*, ou *quotité disponible*. Celui qui dépasse en libéralités la quotité disponible entame par là nécessairement la réserve; par conséquent ses libéralités sont soumises à la *réduction*. La réserve constituant un certain droit à la succession d'un parent en ligne directe, il faut s'attacher, non à l'époque des libéralités, mais à l'époque du décès du disposant, pour savoir si, d'après la quotité et le nombre de ses héritiers réservataires, il a dépassé la portion disponible.

SECTION PREMIÈRE.

De la portion de biens disponible.

913. Les libéralités, soit par acte entre-vifs, soit par testament, ne pourront excéder la moitié des biens du disposant, s'il ne laisse à son décès qu'un enfant légitime; le tiers, s'il laisse deux enfants; le quart, s'il en laisse trois ou un plus grand nombre.

Ainsi, quand le défunt ne laisse pas plus de trois enfants, il a pu valablement donner par acte entre-vifs ou testamentaire une *part d'enfant*, c'est-à-dire, la moitié de ses biens, s'il laisse un enfant; le tiers, s'il laisse deux enfants, et le quart, s'il laisse trois enfants. Quelque grand que soit le nombre de ses enfants, il a pu disposer valablement du quart de ses biens. — Par *enfants*, on comprend non-seulement les enfants légitimes, mais encore les enfants putatifs (art. 201), les enfants légitimés (art. 383) et les enfants adoptifs (art. 350); mais les enfants adoptifs ne pourront cependant point faire réduire les donations entre-vifs qui auraient été faites avant l'adoption. On admet aussi généralement que les enfants naturels ont, dans la proportion de la quotité de biens que la loi leur accorde (art. 757), un droit à la réserve. Voir, à cet égard, l'arrêt cité sous l'art. 761, page 418.

Sur l'interprétation de cet article, deux questions d'une haute utilité pratique ont été soulevées.

1° L'héritier réservataire qui renonce à la succession, conserve-t-il son droit à la réserve?

Dans un arrêt appelé arrêt *Laroque de Mons*, la Cour de cassation a décidé, le 18 février 1818, que l'enfant renonçant n'a pas le droit de réclamer sa réserve; mais qu'il peut cependant, lorsqu'il est donataire, retenir le don qui lui a été fait jusqu'à concurrence de la portion disponible et de sa part dans la réserve. Cette théorie du cumul, établie en faveur de l'enfant non précipitaire, a été aussi admise ensuite par de très-nombreux arrêts de la Cour de cassation et des cours impériales. Mais elle a été rejetée, par de très-graves motifs, dans un arrêt que, sur les conclusions conformes du procureur général Dupin, la Cour de cassation a rendu, toutes les chambres réunies. Cet arrêt-principe, dont la solution paraît ne devoir plus être contesté, est conçu dans les termes suivants :

— « Attendu que de l'art. 913 C. Nap., qui détermine la portion de biens que les pères et mères peuvent donner, soit à leurs enfants hors part, soit à des étrangers, il résulte que la réserve n'est autre chose que la succession elle-même, diminuée de cette portion, s'il en a été disposé ; que les enfants n'ont, dès lors, droit à cette réserve et ne la recueillent qu'à titre d'héritiers, et qu'aucune disposition du Code ne sépare la qualité de réservataire et celle d'héritier ; — Attendu que si la donation a été faite à un successible réservataire, il y a lieu de distinguer si elle a été faite avec ou sans dispense de rapport ; que ce n'est que lorsqu'elle a été faite avec dispense de rapport, en vertu du droit que la loi a conféré aux pères et mères, comme un attribut de la puissance paternelle, que le donataire peut, en venant à la succession, cumuler avec la quotité disponible sa part dans la réserve ; mais que, lorsque cette dispense n'a pas été expressément stipulée par le donateur, le donataire doit, s'il accepte, faire le rapport du don qu'il a reçu, et que, s'il renonce, il ne peut le retenir qu'à titre de donataire, et jusqu'à concurrence de la quotité disponible ; que si le don excède cette quotité, il ne peut y avoir lieu de l'imputer d'abord sur la part du donataire dans la réserve, et subsidiairement sur la portion disponible, puisque, suivant l'art. 785, le donataire renonçant n'a plus la qualité d'héritier ; enfin, que les héritiers acceptants ne peuvent être privés du droit de demander la réduction, sous prétexte qu'ils seraient nantis de leur part personnelle, ou que les biens seraient sortis de la succession, puisque, d'une part, les héritiers sont appelés collectivement à la succession et, par conséquent, à la réserve, et puisque, d'une autre part, ils exercent tous les droits et actions qui sont attachés à leur titre d'héritiers » (C. cass. 27 nov. 1863). — Les cours impériales se prononcent généralement dans le même sens.

2° Pour fixer la quotité disponible, faut-il compter tous les enfants laissés, ou bien seulement les enfants acceptants ? Par exemple, le défunt a laissé trois enfants, dont deux viennent ensuite à renoncer : celui d'entre eux qui accepte seul et qui se trouve en présence de donataires et de légataires, a-t-il droit à la réserve des trois quarts, ou seulement à la réserve de la moitié des biens qui composent la succession ?

Cette question, qui est très-vivement controversée, n'est point décidée par l'arrêt des chambres réunies, du 27 nov. 1863, que nous venons de citer ; et cet arrêt a des considérants qui pourraient être invoqués par les deux opinions opposées. Or, selon nous, le législateur qui, pour le calcul de la réserve, s'en réfère, dans notre article, au nombre des enfants *laissés,* suppose le cas fréquent et toujours présumé de l'acceptation de la succession par les enfants laissés. Mais si cette supposition vient à faire défaut, si les enfants laissés ou quelques-uns d'entre eux renoncent à la succession, les renonçants, qui sont censés n'avoir jamais été héritiers (art. 785), ne doivent point être compris parmi les réservataires pour le calcul de la quotité disponible. Les auteurs de l'opinion contraire invoquent en leur faveur l'art. 786, portant : « La part du renonçant accroît à ses cohéritiers; s'il est seul, elle est dévolue au degré subséquent. » Mais cet article, qui est placé au titre des Successions, est relatif à la part héréditaire, et non à la réserve ; il ne suppose nullement une lutte existante entre les héritiers et des personnes qui ont reçu du défunt des libéralités. D'ailleurs, lorsque tous les héritiers réservataires renoncent à la succession, le légataire universel profite bien certainement de ces répudiations, et recueille tous les biens héréditaires, à l'exclusion des parents du degré subséquent qui n'ont pas la qualité personnelle de réservataires : aucun auteur, aucun arrêt ne conteste cette solution, en prétendant que l'art. 786 doit être ici appliqué. Or, la raison et la logique sont d'accord pour faire décider que si, de deux ou trois enfants *laissés* par le défunt, un seul accepte, le légataire universel doit recueillir, non pas seulement le quart ou le tiers de la succession, mais la moitié; que la part réservée par la loi aux enfants qui viennent à répudier, accroît aux héritiers réservataires qui acceptent, et au légataire universel, et, par suite, que les héritiers réservataires qui renoncent sont réputés n'avoir jamais eu aucun droit, et ne doivent, pas plus dans ce cas que dans le cas précédent, être comptés pour le calcul de la réserve.

Mais cette solution, qui nous semble en harmonie parfaite avec les principes et l'esprit du Code, est fortement contestée. Huit arrêts viennent d'être rendus sur cette question; la Cour de Rennes, par arrêt du 10 août 1863 et la Cour de Pau, par arrêt du 26 mai 1865, ne comprennent que les enfants acceptants pour le calcul de la réserve; tandis que les arrêts de la Cour de Montpellier, du 8 mars 1864 ; de Paris, du 9 juin 1864 ; de Grenoble, du 30 juin 1864; de Paris, du 11 mai 1865; de Pau, du 21 décembre 1865, et de Dijon, du 20 novembre 1867, comptent, pour le calcul de la réserve, tous les enfants laissés. Cette dernière jurisprudence est confirmée par la Cour suprême, qui a cassé l'arrêt de la Cour de Rennes, du 10 août 1863, par les motifs suivants : — « Vu l'art. 913 C. Nap. ; — Attendu que la disposition de cet article a réglé et limité les libéralités permises au père de famille sur le nombre d'enfants qu'il laisserait à son décès; que c'est le nombre d'enfants qui devient la base fixe et invariable d'après laquelle est déterminée, à l'instant même, la quotité de la portion disponible, sans que cette quotité puisse être modifiée plus tard par des événements ou des incidents qui, postérieurs au décès du père de famille, ne sauraient ni accroître ni restreindre les droits qu'il pouvait exercer de son vivant; — Qu'il importe donc peu que, sur le nombre des enfants laissés par l'auteur commun, les uns acceptent la succession, et que d'autres la répudient; qu'avant l'intervention de ces actes, la quotité disponible se trouvait déjà fixée d'une manière invariable, et que cette quotité ne saurait s'élever ou s'abaisser, suivant le parti que l'un ou l'autre des enfants jugerait prudent de prendre au point de vue de ses intérêts personnels » (C. cass. 13 août 1866). — Est-il vrai que le nombre des enfants laissés soit, dans le cas où ils renoncent, *la base fixe et invariable* servant à fixer la quotité disponible? C'est difficile à admettre, et c'est d'ailleurs en opposition avec l'arrêt rendu par la Cour suprême, le 24 févr. 1861, arrêt rapporté sous l'art. 915.

914. Sont compris dans l'article précédent, sous le nom d'*enfants*, les descendants en quelque degré que ce soit ; néanmoins ils ne sont comptés que pour l'enfant qu'ils représentent dans la succession du disposant.

Les descendants ont tous la qualité de réservataires. Mais lorsque, pour une cause quelconque, un enfant du premier degré ne recueille pas la succession, ses descendants ne comptent ensemble, dans le calcul de la réserve, que pour un seul enfant, sans distinguer s'ils succèdent par représentation ou de leur chef ; en effet, les mots de notre article, « *pour l'enfant qu'il représentent,* » ont un sens large, et signifient, pour l'enfant *dont ils sont issus.*

915. Les libéralités, par actes entre-vifs ou par testament, ne pourront excéder la moitié des biens, si, à défaut d'enfant, le défunt laisse un ou plusieurs ascendants dans chacune des lignes paternelle et maternelle ; et les trois quarts, s'il ne laisse d'ascendants que dans une ligne. — Les biens ainsi réservés au profit des ascendants, seront par eux recueillis dans l'ordre où la loi les appelle à succéder ; ils auront seuls droit à cette réserve, dans tous les cas où un partage en concurrence avec des collatéraux ne leur donnerait pas la quotité de biens à laquelle elle est fixée.

Ce n'est pas d'après le nombre des ascendants, mais d'après les lignes, que l'on détermine la réserve ; dans chacune des deux lignes, le plus proche des ascendants exclut celui qui est plus éloigné.

Le père et la mère n'ont pas droit à la réserve sur les biens de leurs enfants naturels reconnus. Ainsi décidé par la Cour suprême : — « Attendu que si le législateur eût entendu attribuer, sur les biens de l'enfant naturel, aux père et mère qui l'ont reconnu, un droit analogue à celui de l'enfant sur leurs propres biens, il aurait eu le soin d'en régler la proportion ; qu'après avoir, sous le rapport de la réserve, établi une profonde différence entre l'enfant légitime et l'enfant naturel, de telle manière qu'il ne qualifie pas même de *réserve* la part de celui-ci dans la succession paternelle ou maternelle, et qu'en restreignant cette part à une modique portion de la part réservée à l'enfant légitime, il autorise même, par l'art. 761, à réduire encore de moitié cette part proportionnelle, il n'a pu être dans sa pensée de placer dans des conditions de parfaite égalité les père et mère naturels et les ascendants légitimes, en réglant dans la même mesure la quotité indisponible qui leur serait réservée sur les biens de l'enfant » (C. cass. 26 déc. 1860). — La Cour de cassation a décidé encore dans le même sens par arrêt du 12 décembre 1865.

Quant aux ascendants légitimes, ils n'ont droit à la réserve déterminée par notre article que s'ils ne sont pas primés par des descendants qui acceptent. Lorsqu'il s'agit d'ascendants non privilégiés, c'est-à-dire autres que père et mère (art. 750), ils n'ont droit à la réserve que s'il n'existe pas de collatéraux privilégiés, frères, sœurs ou descendants d'eux qui acceptent. On a conclu de là que celui qui laisse des ascendants non privilégiés et des collatéraux privilégiés, peut valablement disposer de tous ses biens. S'il arrive que les enfants laissés par le défunt répudient, les ascendants ont alors droit à la réserve, telle qu'elle est fixée par notre article. Si les collatéraux privilégiés répudient, les ascendants non privilégiés ont-ils droit à la réserve ? Cette question est vivement controversée. On a prétendu, notamment lorsqu'il existe un legs universel fait au profit d'un étranger, que la renonciation des collatéraux privilégiés, qui n'ont droit alors à rien, est un acte inutile, et que cet acte ne saurait avoir pour effet de conférer aux ascendants non privilégiés un droit à la réserve. Mais la Cour suprême a repoussé cette prétention et décidé que, même en ce cas, les ascendants non privilégiés ont droit à la réserve, par les raisons suivantes : — « Attendu qu'aux termes de l'art. 785 C. Nap., l'héritier qui renonce est censé n'avoir jamais été héritier, et qu'aux termes de l'art. 786, la succession que la loi l'appelait à recueillir se trouve, de plein droit, dévolue, par l'effet de sa renonciation, aux héritiers du degré subséquent; — Attendu que, dans ce cas, l'héritier du degré subséquent vient à la succession de son chef en vertu d'un droit qui lui est personnel, et non par représentation du renonçant; que, dès lors, c'est par rapport à lui, d'après sa qualité et les droits que la loi lui confère, que doivent se déterminer la réserve et la quotité disponible » (C. cass. 24 févr. 1864). — Ainsi, la qualité personnelle des héritiers acceptants sert à déterminer s'il y a une réserve, et à en fixer la quotité. Cet arrêt, qui nous semble parfaitement motivé, est en opposition avec l'arrêt de la Cour suprême du 13 août 1866, cité sous l'art. 913, page 543.

La fin de notre article, qui semble obscure, a besoin d'être éclaircie par des exemples. — Le défunt, dont la succession comprend des valeurs de 40,000 fr., laisse son père et son oncle maternel. 1° S'il existe un legs universel, le père a sa réserve de 10,000 fr., et le légataire garde 30,000 fr. 2° Au lieu de legs universel, il existe des legs particuliers montant à la valeur de 35,000 fr.: le père prend les 5,000 fr. qui restent dans la succession, et il réclame encore 5,000 fr., pour compléter sa réserve. 3° Les legs particuliers sont d'une valeur de 25,000 fr.: le père prend, sur les 15,000 fr. qui restent dans la succession, des valeurs de 10,000 fr., parce que dans un partage en concurrence avec l'oncle, au lieu d'obtenir la quotité fixée pour sa réserve, il n'aurait que 7,500 fr. 4° Enfin, si les legs ne sont que de 12,000 fr., le père partage également avec l'oncle-maternel du défunt les 28,000 fr. qui restent dans la succession; car, dans le partage égal, il obtient 14,000 fr., valeur qui dépasse la quotité de sa réserve. Ainsi les ascendants qui sont en concours avec des collatéraux peuvent se présenter à la succession, selon leur intérêt, comme simples héritiers *ab intestat*, ou comme héritiers réservataires.

916. A défaut d'ascendants et de descendants, les libéralités par actes entre-vifs ou testamentaires pourront épuiser la totalité des biens.

Il résulte de cet article que les collatéraux privilégiés, qui sont traités très-favorablement lorsque, dans les successions légitimes, ils sont en présence d'ascendants (art. 748, 749, 750), n'ont cependant pas droit à la réserve, et sont placés à cet égard au rang des collatéraux ordinaires.

917. Si la disposition par acte entre-vifs ou par testament est d'un usufruit ou d'une rente viagère dont la valeur excède la quotité disponible, les héritiers au profit desquels la loi fait une réserve auront l'option, ou d'exécuter cette disposition, ou de faire l'abandon de la propriété de la quotité disponible.

Un testateur qui laisse trois enfants et une fortune de 40,000 fr., a légué soit l'usufruit d'un immeuble dont la valeur dépasse la quotité disponible qui, dans l'espèce, est de 10,000 fr., soit une rente viagère dont les arrérages annuels dépassent 500 fr., qui représentent l'intérêt au taux légal de la somme de 10,000 fr. : a-t-il par là entamé la réserve? C'est là une question que l'on ne peut pas résoudre d'une manière certaine au moment de l'ouverture de la succession, parce que l'usufruit et la rente viagère s'éteignent par la mort du légataire, mort dont l'époque est nécessairement incertaine. Dans ce cas, le législateur veut éviter des estimations qui ne reposeraient que sur des probabilités : pour concilier les droits des héritiers avec ceux des légataires, il donne aux héritiers le droit d'opter entre l'exécution de la disposition, ou l'abandon de la quotité disponible. Si les héritiers ne sont pas d'accord, chacun d'eux prend le parti qui lui convient ; l'un exécute pour sa part la disposition ; l'autre, au contraire, abandonne la quotité disponible de sa part héréditaire. Ainsi, le don d'usufruit ou de rente viagère ne peut pas être réduit ; il peut seulement être transformé en pleine propriété de la quotité disponible. Mais cette règle souffre exception dans certains cas auxquels se réfère l'art. 1970 qui dispose ainsi : « La rente viagère est réductible si elle excède ce dont il est permis de disposer. » Or, la réduction a lieu quand il existe plusieurs libéralités dont la valeur dépasse la quotité disponible ; chaque libéralité, quel que soit d'ailleurs son objet, doit alors être estimée et réduite, s'il y a lieu, pour compléter la réserve.

918. La valeur en pleine propriété des biens aliénés, soit à charge de rente viagère, soit à fonds perdu, ou avec réserve d'usufruit, à l'un des successibles en ligne directe, sera imputée sur la portion disponible ; et l'excédant, s'il y en a, sera rapporté à la masse. Cette imputation et ce rapport ne pourront être demandés par ceux des autres successibles en ligne directe qui auraient consenti à ces aliénations, ni, dans aucun cas, par les successibles en ligne collatérale.

L'aliénation de capitaux, de meubles ou d'immeubles a lieu *à charge de rente viagère*, quand celui qui aliène stipule de son acquéreur une certaine somme annuelle qui lui sera payée, à titre de prix, tant qu'il vivra. L'aliénation *à fonds perdu* se confond souvent avec l'aliénation à charge de rente viagère; elle a lieu moyennant un droit viager qui peut avoir pour objet des choses autres que des sommes d'argent. L'aliénation *avec réserve d'usufruit*, est celle qui a pour objet la nue propriété. Dans ces trois sortes d'aliénations, celui qui dispose de sa chose en conserve encore, pendant sa vie, la jouissance réelle ou par équivalent.

La loi de nivôse an II, art. 26, qui voulait maintenir, entre tous les héritiers directs ou collatéraux, une parfaite égalité, considérait de pareilles aliénations comme ayant pour but de déguiser des libéralités, et les frappait de nullité. Notre article admet l'idée de cette loi dont il adoucit la rigueur. Maintenant, quand des aliénations sont faites à fonds perdu, ou avec réserve d'usufruit entre parents collatéraux, elles sont considérées comme des actes à titre onéreux. Mais, quand elles sont faites entre parents en ligne directe, il y a présomption, à raison de leur nature particulière et de la qualité respective des parties, qu'elles constituent des libéralités. Toutefois, ces libéralités ne sont pas frappées de nullité; elles sont valables et sont considérées comme faites avec dispense de rapport; il y a donc lieu seulement à la réduction de la valeur qui dépasse la quotité disponible. La présomption que les aliénations dont il s'agit sont des libéralités n'admet point la preuve contraire : l'acquéreur prétendrait donc vainement, en produisant des quittances, que l'aliénation a été vraiment à titre onéreux, qu'il a payé les arrérages de la rente viagère ou le prix de la propriété et que, par suite, il a droit au remboursement de la somme payée : sa prétention serait toujours considérée comme frauduleuse. Cependant, les successibles en ligne directe qui sont personnellement intervenus dans de pareils actes d'aliénation, en ont par là reconnu la sincérité, et ils ne peuvent plus prétendre que ces actes constituent des libéralités soumises à la réduction.

919. La quotité disponible pourra être donnée en tout ou en partie, soit par acte entre-vifs, soit par testament, aux enfants ou autres successibles du donateur, sans être sujette au rapport par le donataire ou le légataire venant à la succession, pourvu que la disposition ait été faite expressément à titre de préciput ou hors part. La déclaration que le don ou le legs est à titre de préciput ou hors part pourra être faite soit par l'acte qui contiendra la disposition, soit postérieurement dans la forme des dispositions entre-vifs ou testamentaires.

Lorsque la déclaration de dispense de rapport est faite après l'acte qui contient la disposition, elle ajoute à cette disposition et constitue ainsi une nouvelle donation. Il suit de là : 1° que cette déclaration doit être faite dans les formes requises pour la validité des dispositions à titre gratuit; 2° que lorsqu'il s'agit de réduction des libéralités, où l'on commence par la dernière (art. 923), il faudra s'en référer, non pas à la date de la disposition, mais à celle de la déclaration.

SECTION II.

De la Réduction des Donations et Legs.

920. Les dispositions soit entre-vifs, soit à cause de mort, qui excèderont la quotité disponible, seront réductibles à cette quotité lors de l'ouverture de la succession.

Ce n'est qu'au décès du disposant que l'on peut connaître sûrement, d'après la valeur des biens qu'il laisse et d'après la qualité et le nombre de ses héritiers acceptants, s'il a dépassé la quotité disponible. Pour obtenir la réduction des donations entre-vifs et des *donations à cause de mort*, c'est-à-dire des institutions contractuelles et des legs, l'héritier réservataire a une action qui dure trente ans à partir du jour du décès du disposant; en effet, jusque-là, il n'a point de droit, point d'action; et, par suite, aucune prescription ne peut courir contre lui, ainsi que l'exprime cette maxime romaine : « La prescription ne court pas contre celui qui ne peut agir, *Contrà non valentem agere, non currit præscriptio.* »

921. La réduction des dispositions entre-vifs ne pourra être demandée que par ceux au profit desquels la loi fait la réserve, par leurs héritiers ou ayants-cause : les donataires, les légataires, ni les créanciers du défunt, ne pourront demander cette réduction, ni en profiter.

Il n'y a que les héritiers *réservataires*, c'est-à-dire les descendants et ascendants du défunt, qui puissent demander la réduction ; mais, dès que ce droit est né dans leur personne, il est transmissible à leurs successeurs, et il peut être exercé par leurs créanciers, par application de l'art. 1166. Quant aux ayants-cause du défunt, tels que donataires, légataires et créanciers, ils ne peuvent point faire réduire les donations, car ce n'est pas en leur faveur que la réserve a été établie ; ils ne peuvent point non plus profiter de la réduction obtenue par l'héritier ou par ses ayants-cause. Il arrive ainsi quelquefois qu'en acceptant sous bénéfice d'inventaire, l'héritier réservataire d'une personne morte dans un état d'insolvabilité complète, recueille néanmoins et garde pour lui un émolument important, tandis que les créanciers héréditaires n'ont aucun moyen d'obtenir leur payement. Ce résultat, qui peut paraître inique, est cependant parfaitement juste ; en effet, si la donation est antérieure à la créance, le créancier n'a pas dû compter pour son payement sur la valeur de biens qui n'étaient plus dans le domaine de son débiteur ; si, au contraire, la donation est postérieure à la créance, le créancier qui n'a pas exigé de garanties, doit s'imputer à faute d'avoir mis sa confiance dans le débiteur ; mais il pourrait attaquer les donations qui auraient été faites en fraude de ses droits (art. 1167). Remarquons que, sur les biens laissés, les créanciers de la succession sont payés par préférence aux légataires (art. 809).

Lorsque l'héritier accepte purement et simplement la succession, il devient par là débiteur personnel des créanciers héréditaires ; ceux-ci peuvent alors, en exerçant ses droits (art. 1166), demander non-seulement le rapport (art. 857), mais encore la réduction des donations entre-vifs et testamentaires.

922. La réduction se détermine en formant une masse de tous les biens existants au décès du donateur ou testateur. On y réunit fictivement ceux dont il a été disposé par donations entre-vifs, d'après leur état à l'époque des donations et leur valeur au temps du décès du donateur. On calcule, sur tous ces biens, après en avoir déduit les dettes, quelle est, eu égard à la qualité des héritiers qu'il laisse, la quotité dont il a pu disposer.

Pour connaître s'il y a lieu de réduire les libéralités faites par le défunt, il faut : — 1° Composer la masse des biens *laissés* ; alors on estime les biens meubles et immeubles selon leur état et leur valeur au jour de l'ouverture de la succession, et les créances héréditaires, selon leur valeur vénale ; — 2° Composer la masse des biens meubles ou immeubles dont le défunt a *disposé entre-vifs* : on estime ces biens selon leur état à l'époque

des donations et selon leur valeur à l'époque du décès du donateur; par suite,
il faut déduire la plus-value résultant des améliorations faites par le donataire, et y ajouter la moins-value résultant des détériorations qui lui
sont imputables; — 3° Faire la somme totale de la masse des biens laissés
et donnés; — 4° Déduire de ce total le montant des dettes héréditaires,
afin d'avoir l'actif net, car il n'y a de biens que déduction faite des dettes,
Non sunt bona nisi deducto œre alieno; toutefois, lorsque la masse des
dettes d'une succession acceptée sous bénéfice d'inventaire dépasse la valeur des biens laissés, il ne faut tenir compte ni de ces biens ni de ces
dettes; la masse des biens donnés sert alors seule à déterminer la quotité
disponible; — 5° Enfin, après ces opérations, on détermine quelle est, d'a-
près le nombre et la qualité des héritiers réservataires, la valeur dont le
défunt a pu disposer.

L'héritier réservataire doit toujours imputer sur sa réserve la valeur des
dons et legs qu'il a reçus du défunt. De même, les libéralités sujettes à
rapport que l'un des héritiers acceptants a reçues, faisant retour à la masse,
elles s'imputent sur la réserve de tous, dans la mesure des droits de
chacun d'eux.

Voici une question qui a soulevé des doutes très-graves. Un père donne
à son fils ou à sa fille des biens en avancement d'hoirie; mais le donataire prédécède, et il laisse des enfants qui viennent de leur chef, sans le
secours de la représentation, à la succession de leur aïeul : les dons faits
en avancement d'hoirie s'imputent-ils sur la réserve ou sur la quotité disponible ? Comme les dons faits au fils ou à la fille ne sont pas alors rapportables par les petits-fils (art. 848), ils ne s'imputent pas sur la réserve,
mais seulement sur la quotité disponible; par suite, les autres dons postérieurs et les legs ne peuvent recevoir leur effet que sur la partie de la
quotité disponible restée libre après la date de la donation faite en avancement d'hoirie. C'est ainsi que la Cour de cassation s'est prononcée,
d'abord par arrêt du 12 nov. 1860, qui casse un arrêt de la cour d'Alger
rendu en sens contraire, et ensuite par arrêt du 2 avril 1862, qui casse
aussi un arrêt de la cour de Montpellier.

Au reste, les sommes que le défunt a données, même à un successible,
ne sont pas soumises à la réunion fictive dont il est question dans notre
article, lorsque ces donations ont le caractère d'œuvres de charité faites
par un parent riche sur ses revenus à son parent pauvre. Ainsi jugé en
ces termes : — « Attendu que le père de famille contracte envers les enfants auxquels il donne le jour une dette qui, sans lui ôter la disposition
de ses biens, sans lui interdire de se montrer généreux envers ceux qu'il

affectionne, l'oblige de mettre des termes à ses libéralités ; que la loi, mesurant d'après le nombre des enfants l'étendue de cette dette, fait deux parts du patrimoine, l'une qui est réservée aux enfants et descendants, l'autre dont il peut disposer gratuitement envers des tiers ; mais que, s'il ne lui est pas permis d'épuiser son patrimoine et d'appauvrir ses enfants par des libéralités excessives, il doit avoir une certaine latitude dans l'emploi de ses revenus ; que ce serait aller trop loin, comprimer les sentiments les plus généreux, et tarir la source de la bienfaisance et de la charité, que de supputer minutieusement après sa mort les sommes modiques qu'il prend sur ses économies pour venir en aide au malheur, et de les imputer sur le disponible » (C. de Bordeaux, 28 juill. 1860). — Cet arrêt a été confirmé par la Cour suprême : — « Attendu qu'il appartenait aux juges du fait d'apprécier, d'après les circonstances, le véritable caractère des libéralités faites ainsi par le défunt, et qu'ils ont pu, sans violer l'art. 922 C. Nap., les considérer comme des œuvres de charité, et non comme des donations entre-vifs devant servir à la fixation de la quotité disponible » (C. cass. 29 juill. 1861).

923. Il n'y aura jamais lieu à réduire les donations entrevifs, qu'après avoir épuisé la valeur de tous les biens compris dans les dispositions testamentaires ; et, lorsqu'il y aura lieu à cette réduction, elle se fera en commençant par la dernière donation, et ainsi de suite en remontant des dernières aux plus anciennes.

Tant que le défunt qui a fait des libéralités est resté dans les limites de la quotité disponible, il a usé d'un droit légitime et a conféré aux donataires des avantages irrévocables ; mais, dès qu'il a dépassé les limites de la quotité disponible, il a par là causé du préjudice à ses héritiers réservataires : en conséquence, ceux-ci doivent respecter les premières libéralités ; mais ils ont le droit de faire réduire les dernières, qui seules leur préjudicient.

Il suit de là : 1° que la réduction doit d'abord atteindre les dispositions testamentaires ; 2° que la valeur des biens laissés et légués étant insuffisante pour compléter la réserve, il faut réduire les donations les plus nouvelles avant les plus anciennes.

La donation d'une somme payable après le décès du donateur est une véritable donation entre-vifs ; par suite, elle ne doit être réduite qu'après les autres donations entre-vifs qui sont postérieures en date, alors même que celles-ci seraient garanties par des hypothèques. C'est ainsi que la Cour de cassation l'a décidé dans ces termes : — « Attendu que l'hypothèque consentie par le donateur pour assurer le payement d'une somme donnée, exigible après son décès, ne peut créer un droit de préférence au préjudice des donations antérieures de sommes payables aussi après le décès du donateur ; que, s'il en était autrement, il dépendrait du donateur de rendre illusoires les donations qu'il aurait précédemment faites sans affectation hypothécaire, et de révoquer ainsi à son gré des donations que la loi déclare irrévocables ; que, d'ailleurs, l'hypothèque n'est qu'un accessoire du contrat, et si le donateur a épuisé la valeur de ses biens disponibles par des donations antérieures à celle qu'il a faite avec affectation d'hypothèque, cette donation ne devant produire aucun effet, l'hypothèque cessait d'avoir une existence utile » (C. cass. 7 mars 1860).

Le donataire d'une somme réductible est-il insolvable ? Cette somme, considérée comme perdue par le défunt, n'entre pas en compte pour le calcul de la réserve.

924. Si la donation entre-vifs réductible a été faite à l'un des successibles, il pourra retenir, sur les biens donnés, la valeur de la portion qui lui appartiendrait, comme héritier, dans les biens non disponibles, s'ils sont de la même nature.

L'héritier réservataire qui a reçu des libéralités du défunt, renonce-t-il à la succession ? il est alors réputé comme n'ayant jamais été héritier (art. 785) ; par suite, selon une opinion très-probable, sur laquelle la jurisprudence est partagée, il ne compte point pour le calcul de la réserve. En tous cas, il n'a lui-même aucun droit à la réserve (art. 913) ; considéré comme étranger à la succession, il n'a plus que la qualité de donataire, et la libéralité qu'il a reçue peut être réduite, de même que les autres libéralités. Accepte-t-il, au contraire, la succession ? il faut alors distinguer si la donation qu'il a reçue lui a été faite sans dispense de rapport ou avec dispense de rapport : dans le premier cas, les choses données sont considérées, tant à l'égard des donataires qu'à l'égard des héritiers, comme n'étant jamais sorties du patrimoine du donateur ; dans le second cas, au contraire, la donation est réductible lorsqu'elle a entamé la réserve ; toutefois, cette réduction a de l'analogie avec le rapport, car l'héritier donataire peut imputer ce qu'il a reçu, et qui est réductible, sur sa part héréditaire, lorsqu'il existe dans la succession d'autres biens de même nature.

925. Lorsque la valeur des donations entre-vifs excèdera ou égalera la quotité disponible, toutes les dispositions testamentaires seront caduques.

Les legs devant être réduits avant les donations entre-vifs, il s'ensuit qu'ils sont caducs et nuls si la valeur des choses données excède ou égale la quotité disponible.

926. Lorsque les dispositions testamentaires excèderont, soit la quotité disponible, soit la portion de cette quotité qui resterait après avoir déduit la valeur des donations entre-vifs, la réduction sera faite au marc le franc, sans aucune distinction entre les legs universels et les legs particuliers.

Cet article suppose que la valeur des donations entre-vifs ne comprend qu'une partie de la quotité disponible, et que l'autre partie de cette quotité ne suffit pas pour acquitter l'intégralité des legs : dans ce cas, tous les legs sont réduits au *marc le franc*, c'est-à-dire proportionnellement à leur valeur. Il n'y a pas à distinguer, à cet égard, si les legs sont universels ou particuliers ; ni s'ils ont pour objet des sommes d'argent ou des corps certains (C. cass. 25 nov. 1861) ; ni s'ils sont faits par le même testament ou par des testaments de différentes dates, car ce n'est qu'au décès du testateur que les actes de dernière volonté produisent leur effet et confèrent aux légataires des droits aux choses léguées ; les legs sont censés, par suite, avoir tous la même date.

927. Néanmoins, dans tous les cas où le testateur aura expressément déclaré qu'il entend que tel legs soit acquitté de préférence aux autres, cette préférence aura lieu ; et le legs qui en sera l'objet, ne sera réduit qu'autant que la valeur des autres ne remplirait pas la réserve légale.

La réduction proportionnelle des legs est fondée sur l'intention présumée du testateur ; mais cette présomption cesse lorsque le testateur déclare expressément que tel legs sera préféré aux autres.

928. Le donataire restituera les fruits de ce qui excèdera la portion disponible, à compter du jour du décès du donateur, si la demande en réduction a été faite dans l'année ; sinon, du jour de la demande.

Le donataire ne restitue jamais aux héritiers réservataires les fruits que la chose donnée a produits du vivant du donateur, car il était alors non-seulement possesseur de bonne foi de cette chose, mais il en était encore propriétaire irrévocable à l'égard du donateur. Il doit, au contraire, les fruits de la portion réductible à compter du décès du donateur, parce que cette portion appartient à l'hérédité, et que, d'ailleurs, le fait du décès du donateur, qui laisse des héritiers réservataires et une fortune peu importante, a dû ébranler la bonne foi du donataire. Toutefois, si celui-ci n'est pas attaqué dans l'année du décès du donateur, sa bonne foi renaît à cause de la négligence des héritiers réservataires ; et par conséquent il ne devra les fruits de la portion réductible qu'à partir du jour où les héritiers réservataires forment contre lui une demande en réduction. La loi est plus rigoureuse quand il s'agit du rapport : l'héritier donataire doit toujours les fruits et les intérêts des choses rapportables depuis l'ouverture de la succession (art. 856) ; cette disposition, qui est fondée principalement sur le principe de l'égalité entre les héritiers, se justifie d'ailleurs par la considération que l'héritier ne peut point ignorer l'existence de son obligation de rapporter les dons qu'il a reçus du défunt.

929. Les immeubles à recouvrer par l'effet de la réduction, le seront sans charge de dettes ou hypothèques créées par le donataire.

Le donataire n'est propriétaire des biens donnés que sous une condition résolutoire, qui se réalise en cas de réduction ; il est par là réputé n'en avoir jamais été propriétaire. Or, comme il n'a pu conférer aux tiers que des droits soumis à la même condition résolutoire, les charges et hypothèques qu'il a constituées sur les immeubles donnés sont pareillement résolues et anéanties.

930. L'action en réduction ou revendication pourra être exercée par les héritiers contre les tiers détenteurs des immeubles faisant partie des donations et aliénés par les donataires, de la même manière et dans le même ordre que contre les donataires eux-mêmes, et discussion préalablement faite de leurs biens. Cette action devra être exercée suivant l'ordre des dates des aliénations, en commençant par la plus récente.

L'arrivée de la condition résolutoire fait, en général, évanouir les hypothèques et les aliénations d'immeubles qui avaient été consenties par celui dont le droit se trouve résolu (art. 1183), ainsi que l'exprime cette maxime du droit romain, *Resoluto jure dantis, resolvitur jus accipientis*. Cette règle, qui fléchit en matière de rapports (art. 860), est adoucie en matière de réduction : la loi ne veut pas que l'héritier réservataire, qui peut obtenir du donataire solvable une somme équivalente aux valeurs nécessaires pour compléter sa réserve, aille troubler les tiers acquéreurs et faire par là naître une action en garantie et en dommages-intérêts contre le donataire. L'héritier doit donc d'abord agir par une action personnelle contre le donataire qui a aliéné les immeubles ; si celui-ci est insolvable, l'héritier agit alors contre le tiers détenteur des immeubles, par une action en revendication.

Lorsqu'il existe plusieurs tiers détenteurs d'immeubles donnés par le défunt, l'héritier observe l'ordre suivant : il agit d'abord contre le tiers détenteur qui a acquis du dernier donataire ; s'il y a plusieurs tiers détenteurs qui ont acquis du même donataire, il agit contre celui dont l'acquisition est la dernière en date.

Observons : 1° que l'héritier réservataire n'a aucune action contre les tiers qui ont cessé d'être détenteurs des immeubles donnés par le défunt, et que son droit d'agir n'existe jamais que contre le donataire du défunt et contre les tiers qui détiennent actuellement les immeubles donnés ; 2° que l'action personnelle de l'héritier contre le donataire dure trente ans, à partir de l'ouverture de la succession ; tandis que l'action réelle contre les tiers détenteurs des immeubles donnés est soumise à la prescription de dix ou vingt ans (art. 2265), qui court aussi du jour du décès du donateur.

CHAPITRE IV.

DES DONATIONS ENTRE-VIFS.

SECTION PREMIÈRE.

De la Forme des Donations entre-vifs.

Dans cette section, le mot *forme* s'entend d'une manière large, et comprend non-seulement la forme extérieure de l'acte de donation, mais encore sa *forme intrinsèque*, c'est-à-dire tout ce qui est nécessaire pour que la donation ait une existence civile.

En général, tous les contrats sont *consensuels*, c'est-à-dire parfaits par le seul consentement des parties (art. 1138) ; l'écrit qui intervient ordinairement n'est pas rédigé pour rendre le contrat valable, mais seulement pour en prouver l'existence. Mais, au contraire, le contrat de donation est solennel ; il n'est *parfait*, c'est-à-dire, civilement obligatoire, que s'il est constaté par un écrit authentique, dressé par un notaire. L'authenticité de l'acte est exigée non pas seulement pour la preuve de la donation, mais bien pour son existence civile. La donation ayant pour effet de dépouiller actuellement et irrévocablement de la chose donnée le donateur qui ne reçoit du donataire aucun équivalent appréciable en argent, le législateur veut, dans l'intérêt du donateur, des membres de sa famille et des tiers, que cet acte à titre gratuit soit revêtu de formes solennelles qui sont destinées à garantir sa moralité et à le préserver du dol, de la captation et de la fraude.

931. Tous actes portant donation entre-vifs seront passés devant notaires, dans la forme ordinaire des contrats ; et il en restera minute, sous peine de nullité.

Notre article ne prescrit pas la forme d'un acte notarié pour toutes donations, mais seulement pour *tous actes*, c'est-à-dire *tous écrits portant donation*. Il suit de là que des libéralités, qui ont lieu *sans qu'il y ait acte portant donation*, peuvent être faites valablement sans l'intervention d'un notaire. C'est, d'ailleurs, ce qui a été décidé par la Cour suprême : 1° en ce qui concerne les dons manuels de choses mobilières, par arrêt du 19 novembre 1861 ; 2° en ce qui concerne les donations déguisées sous la forme d'un contrat à titre onéreux, par arrêt du 18 août 1862 ; 3° en ce qui concerne la remise gratuite de la dette, par arrêt du 2 janvier 1843 ; 4° enfin, en ce qui concerne la reconnaissance d'une dette naturelle, par arrêt conçu en ces termes : — « Attendu que, pour condamner le demandeur en cassation à payer une pension alimentaire à deux des enfants de la défenderesse jusqu'à ce qu'ils aient atteint leur dix-huitième année, la cour de Paris s'est uniquement fondée sur l'engagement qu'il avait pris de subvenir à leurs besoins, engagement dont elle a trouvé la preuve dans la correspondance des parties, et qu'elle déclare avoir été contracté librement et formellement par des motifs licites, pour satisfaire à des obligations de for intérieur, et avoir été accepté par la mère pour ses enfants; — Qu'en ordonnant l'exécution de cette promesse, l'arrêt attaqué n'a contrevenu ni aux art. 334 et 340 C. Nap., ni à l'art. 931, parce que les formalités qu'il exige pour la validité des donations entre-vifs ne sont pas applicables à un écrit contenant reconnaissance d'une dette naturelle » (C. cass. 27 mai 1862).

La loi du 25 ventôse an XI sur le notariat dispose que l'acte notarié doit être reçu par deux notaires ou par un notaire assisté de deux témoins. Mais la présence du notaire en second ou des deux témoins est-elle nécessaire lors de la lecture des actes et de leur signature par les parties ? Cette question, autrefois vivement controversée, a été tranchée par la loi du 21 juin 1843, ainsi conçue : — « Art. 1er. Les actes notariés passés depuis la promulgation de la loi du 25 ventôse an XI ne peuvent être annulés par le motif que le notaire en second ou les deux témoins instrumentaires n'auraient pas été présents à la réception desdits actes. — Art. 2. A l'avenir, les actes notariés contenant donation entre-vifs, donation entre époux pendant le mariage, révocation de donation ou de testament, reconnaissance d'enfants naturels, et les procurations pour consentir ces divers actes, seront, à peine de nullité, reçus conjointement par deux notaires ou par un notaire en présence de deux témoins. La présence du notaire en second ou des deux témoins n'est requise qu'au moment de la lecture des actes par le notaire et de la signature par les parties : elle sera mentionnée à peine de nullité. — Art. 3. Les autres actes continueront à être régis par l'article 9 de la loi du 25 ventôse an XI, tel qu'il est expliqué dans l'art. 1er de la présente loi. »

L'acte de donation doit être dressé en *minute*. Les actes notariés sont dressés en minute ou en brevet. Or, l'acte est dressé en *minute*, quand l'original, appelé *minute*, parce qu'il est écrit en caractères petits, menus, doit rester en dépôt entre les mains du notaire : celui-ci délivre aux parties des copies qui sont rédigées en forme exécutoire et qui sont appelées *grosses*, parce qu'elles sont écrites en gros caractères. L'acte notarié est, au contraire, dressé en *brevet*, quand le notaire délivre aux parties l'original lui-même. La plupart des actes notariés sont rédigés en minute.

Notre article exige que l'acte portant donation soit, sous peine de nullité, rédigé en *minute*, afin que cet acte important, qui dépouille actuellement et irrévocablement le donateur au profit du donataire qui accepte, soit moins exposé aux chances de perte.

932. La donation entre-vifs n'engagera le donateur, et ne produira aucun effet, que du jour qu'elle aura été acceptée en termes exprès. — L'acceptation pourra être faite du vivant du donateur, par un acte postérieur et authentique, dont il restera minute; mais alors la donation n'aura d'effet, à l'égard du donateur, que du jour où l'acte qui constatera cette acceptation lui aura été notifié.

Comme tous les contrats, la donation a besoin du concours des volontés pour être parfaite. Il faut, en outre, que l'acceptation du donataire soit *expresse*, c'est-à-dire clairement exprimée dans l'acte.

L'offre du donateur et l'acceptation expresse du donataire sont ordinairement contenues dans le même acte notarié. Mais elles peuvent aussi se faire par des actes notariés distincts, et dans des lieux éloignés l'un de l'autre. Dans ce cas, il doit y avoir trois faits successifs : 1° l'offre notariée du donateur; 2° l'acceptation notariée du donataire; 3° la notification de l'acceptation, qui doit aussi être constatée par acte authentique, par exemple, par exploit d'huissier.

D'après la fin de notre article, la donation n'a d'effet, à l'égard du donateur, que du jour où l'acceptation lui a été *notifiée;* en conséquence, tant que la notification n'a pas encore été faite, le donateur n'est point obligé, et il conserve la propriété de la chose offerte. La donation n'est donc parfaite que du jour de la notification : jusque-là, le donateur peut révoquer son offre; jusque-là, les parties doivent être capables de donner et de recevoir. C'est ainsi que l'a décidé, conformément à l'opinion générale des auteurs, un arrêt de la Cour de Besançon, dans les termes suivants : — « Attendu que Mourot n'a pas notifié son acceptation au donateur Jacquinot, qu'il n'a fait cette notification qu'aux héritiers de ce dernier; qu'ainsi, la donation dont il s'agit, bien que revêtue de toutes les formalités prescrites et régulièrement acceptée du vivant du donateur, n'a jamais produit d'effet à son égard; qu'au moment de son décès, Jacquinot n'était point engagé envers Mourot, et que par conséquent ses biens, dont il n'a pas cessé d'avoir la libre disposition, soit à titre onéreux, soit même à titre gratuit, ont passé à ses héritiers, comme ils auraient passé à des acquéreurs s'ils les eût vendus ou légués; — Attendu que la notification tardive faite par Mourot aux héritiers de Jacquinot, alors saisis des biens qu'ils avaient recueillis dans la succession de ce dernier, n'a pu porter atteinte à leurs droits acquis sur lesdits biens, ni valider la donation, contrat qui, d'après nos lois, exige, pour être obligatoire, le concours des volontés du donateur et du donataire exprimées

en forme authentique et réciproquement connues des deux parties »
(C. de Besançon, 3 mai 1860). — Cet arrêt a été, sur pourvoi, confirmé
par la Cour suprême, par ces motifs : — « Attendu qu'aux termes de
l'art. 932 C. Nap., la donation entre-vifs n'engage le donateur que
par l'acceptation du donataire, et que, dans le cas où cette acceptation est faite par acte postérieur, il faut qu'elle ait lieu du vivant du
donateur; — Attendu, en outre, que la libéralité n'a d'effet à l'égard de
ce dernier que du jour de la notification qui lui est faite de l'acte constatant cette acceptation; — Attendu que l'art. 938 se réfère implicitement aux conditions indiquées dans l'art. 932; — Attendu que, dans
l'espèce, c'est postérieurement au décès de Jacquinot, donateur, et seulement à ses héritiers, que notification a été faite par Mourot, donataire,
de l'acceptation de la donation à lui faite le 15 janv. 1859; — Attendu que
cette notification tardive n'a pas satisfait aux prescriptions de l'art. 932,
et a laissé les immeubles, objets de la donation, dans la propriété
du donateur et de ses héritiers, et qu'en jugeant ainsi, l'arrêt attaqué n'a
fait qu'une saine application de la loi; — Rejette, etc. » (C. cass. 18 nov.
1861).

933. Si le donataire est majeur, l'acceptation doit être faite
par lui, ou, en son nom, par la personne fondée de sa procuration, portant pouvoir d'accepter la donation faite, ou un pouvoir général d'accepter les donations qui auraient été ou qui
pourraient être faites. — Cette procuration devra être passée
devant notaires; et une expédition devra en être annexée à la
minute de la donation, ou à la minute de l'acceptation qui sera
faite par acte séparé.

Nous avons vu sous l'art. 931 (art. 2 de la loi du 21 juin 1843), que la
procuration pour faire une donation doit être notariée et rédigée en minute. La procuration pour accepter une donation doit pareillement être
rédigée en minute; en effet, notre article dispose qu'une expédition de la
procuration doit être annexée à la minute de la donation ou de l'acceptation; or, le notaire ne délivre d'expéditions que des actes rédigés en
minute; ce qui suppose essentiellement la rédaction en minute de cette
procuration.

934. La femme mariée ne pourra accepter une donation

sans le consentement de son mari, ou, en cas de refus du mari,
sans autorisation de la justice, conformément à ce qui est prescrit par les articles 217 et 219, au titre *du Mariage.*

La donation que la femme mariée accepte sans autorisation est frappée,
non pas seulement d'une nullité relative, conformément à l'art. 225, mais
d'une nullité absolue et d'ordre public, qui peut être invoquée même par
le donateur. Cela résulte : 1° des mots impératifs de notre article, «*ne
pourra accepter;* » 2° de l'art. 938, qui dispose que la donation doit être
dûment acceptée pour être parfaite ; 3° de l'art. 894, qui exige que le dépouillement du donateur soit irrévocable ; or, il n'aurait pas ce caractère
si la femme, son mari et leurs héritiers avaient le droit de faire annuler
la donation ; 4° enfin, de l'art. 1339, d'après lequel la donation nulle en
la forme est entachée d'un vice irréparable, et doit être *refaite en la forme
légale.* Telle est la solution qui nous semble préférable sur cette question
qui est gravement controversée.

935. La donation faite à un mineur non émancipé ou à un
interdit, devra être acceptée par son tuteur, conformément à
l'article 463, au titre *de la Minorité, de la Tutelle et de l'Émancipation.* — Le mineur émancipé pourra accepter avec l'assistance de son curateur. — Néanmoins les père et mère du mineur émancipé ou non émancipé, ou les autres ascendants,
même du vivant des père et mère, quoiqu'ils ne soient ni
tuteurs ni curateurs du mineur, pourront accepter pour lui.

Les mots, « *devra être acceptée par son tuteur,* » manifestent que le
mineur ou l'interdit ne peut valablement accepter la donation qui lui est
faite et que, par des motifs semblables à ceux qui ont été exposés sous
l'article précédent, son acceptation serait radicalement nulle. Quant au
tuteur, il n'est pas tenu d'accepter la donation offerte à son pupille : il
doit faire convoquer le conseil de famille, qui l'autorise à accepter lorsque
la donation ne peut point compromettre l'honneur du pupille.

Tout ascendant du mineur, l'aïeul ou même l'aïeule, malgré les père et
mère, peut accepter la donation offerte à son descendant mineur, sans
recourir à l'autorisation du conseil de famille ou de la justice ; car, mieux
qu'un tuteur, il peut apprécier l'honorabilité de la donation offerte à son

I. 36

descendant. Cette disposition paraît également applicable lorsqu'il s'agit d'un interdit (art. 509).

936. Le sourd-muet qui saura écrire, pourra accepter lui-même ou par un fondé de pouvoir. — S'il ne sait pas écrire, l'acceptation doit être faite par un curateur nommé à cet effet, suivant les règles établies au titre *de la Minorité, de la Tutelle et de l'Emancipation.*

Le sourd-muet qui sait écrire ne peut pas être rangé parmi les incapables d'accepter une donation, parce qu'il peut manifester clairement sa volonté par écrit. Le curateur donné par le conseil de famille au sourd-muet qui ne sait pas écrire, est *ad hoc,* c'est-à-dire spécial pour accepter la donation.

937. Les donations faites au profit d'hospices, des pauvres d'une commune, ou d'établissements d'utilité publique, seront acceptées par les administrateurs de ces communes ou établissements, après y avoir été dûment autorisés.

Les hospices et les autres personnes morales ont besoin, pour accepter les donations, d'obtenir l'autorisation du gouvernement, qui apprécie si les dons sont spontanés, réfléchis et modérés. C'est généralement le préfet qui donne cette autorisation.

938. La donation dûment acceptée sera parfaite par le seul consentement des parties; et la propriété des objets donnés sera transférée au donataire, sans qu'il soit besoin d'autre tradition.

Le simple consentement des parties ne suffit point pour rendre la donation *parfaite ;* il faut, en outre, que l'offre et l'acceptation soient revêtues des formes légales. Or, on entend par donation *parfaite,* celle qui a une existence civile, qui rend le donateur débiteur de la chose donnée, qui rend le donataire créancier et lui confère une action personnelle pour contraindre le donateur à l'exécution de son obligation.

Dès que la donation est *parfaite,* c'est-à-dire civilement obligatoire, *incumbit donatori necessitas tradendi,* la propriété des choses données est *transférée au donataire*. Cette disposition est une application de cette règle générale posée dans l'art. 711 : « La propriété s'acquiert et se transmet... par l'effet des obligations. » Cette translation de propriété s'opère *sans qu'il soit besoin d'autre tradition*, c'est-à-dire sans qu'il soit besoin de tradition autre que la tradition fictive résultant du consentement des parties et changeant, dans la personne du donateur, la possession à titre de propriétaire en possession à titre précaire.

Ainsi, dès que la donation est parfaite, le donataire a deux droits distincts : 1° un droit *personnel*, car il est créancier du donateur, qu'il peut contraindre à l'exécution de son engagement ; 2° un droit *réel*, car il est propriétaire de la chose donnée et peut, par suite, la revendiquer contre le donateur. Toutefois, cette translation de propriété ne s'opère au profit du donataire que lorsque l'objet de la donation est un corps certain et déterminé, comme telle maison, tel champ, tel cheval. Si, au contraire, l'objet de la donation consiste en un genre, comme 1,000 fr., 10 pièces de vin, 20 mesures de blé, c'est seulement à l'époque où le donateur exécute son engagement que le donataire acquiert la propriété de la chose donnée ; jusque-là, il n'a qu'un simple droit de créance.

Celui qui donne sa chose est censé ne la donner qu'autant qu'elle lui appartient ; aussi, à la différence d'un vendeur, il n'est point tenu de la garantie envers le donataire qui est ensuite évincé de la chose donnée. Ce principe souffre exception, et la garantie est due par le donateur dans deux cas : 1° lorsque le donateur a promis expressément la garantie, car la convention fait à cet égard la loi des parties ; 2° lorsque la donation a été faite en faveur de mariage (art. 1440, 1547).

939. Lorsqu'il y aura donation de biens susceptibles d'hypothèques, la transcription des actes contenant la donation et l'acceptation, ainsi que la notification de l'acceptation qui aurait eu lieu par acte séparé, devra être faite au bureau des hypothèques dans l'arrondissement desquels les biens sont situés.

Dans chaque arrondissement, il y a un bureau des hypothèques qui se tient ordinairement au lieu où siége le tribunal de première instance. A la tête de chaque bureau, il y a un conservateur des hypothèques qui a trois registres ou livres : 1° le *livre-journal*, qui contient la mention des remises d'actes de mutation de propriété immobilière, pour être transcrits, et des remises de bordereaux de créances, pour être inscrits ; 2° le *livre des transcriptions*, qui contient la copie des actes translatifs de propriété des immeubles situés dans l'arrondissement ; 3° le *livre des inscriptions*, qui exprime les noms du créancier hypothécaire et du débiteur, les sommes dues et les immeubles affectés au payement des créances.

Les *biens susceptibles d'hypothèques* sont : 1° les immeubles par nature et leurs accessoires réputés immeubles ; 2° 'usufruit des mêmes biens et accessoires (art. 2118). Afin de pouvoir invoquer son droit contre les tiers, le donataire de pareils biens doit faire transcrire au bureau des hypothèques les actes nécessaires pour rendre la donation parfaite, c'est-à-dire l'acte de donation et d'acceptation ; ou, s'il y a eu donation par actes séparés (art. 932), l'offre de donation, l'acceptation et la notification de cette acceptation. Dans tous les cas, si l'offre ou l'acceptation a eu lieu par fondé de procuration, la procuration devra aussi être transcrite.

Bien plus, aux termes de la loi du 23 mars 1855, qui tend à rendre plus publique, dans chaque arrondissement, la manière d'être des immeubles, le donataire, et même tout acquéreur à titre onéreux, doit faire transcrire au bureau des hypothèques les actes qui ont pour objet l'établissement de servitudes, de droits d'habitation, d'usage, d'antichrèse, de jouissance gratuite excédant trois ans et de bail excédant dix-huit ans. Voir cette loi importante qui est textuellement rapportée sous le titre XVIII des *Priviléges et Hypothèques*.

940. Cette transcription sera faite à la diligence du mari, lorsque les biens auront été donnés à sa femme ; et, si le mari ne remplit pas cette formalité, la femme pourra y faire procéder sans autorisation. — Lorsque la donation sera faite à des mineurs, à des interdits, ou à des établissements publics, la transcription sera faite à la diligence des tuteurs, curateurs ou administrateurs.

La transcription, qui doit être faite à la requête du mari ou du tuteur, n'est qu'un simple acte conservatoire ; c'est pourquoi la femme mariée, le mineur, l'interdit, leurs parents et amis (art. 2139) et les simples créanciers du donataire peuvent requérir la transcription.

941. Le défaut de transcription pourra être opposé par toutes personnes ayant intérêt, excepté toutefois celles qui sont chargées de faire faire la transcription, ou leurs ayants-cause, et le donateur. -

Ainsi, *toutes personnes ayant intérêt* à ce que les biens donnés restent dans le patrimoine du donateur, peuvent invoquer le défaut de transcription, alors même qu'elles auraient connu par d'autres moyens l'existence de la donation.

Or, parmi les personnes *ayant intérêt*, il faut comprendre : 1° ceux qui, postérieurement à la donation, ont acquis du donateur, à titre onéreux ou à titre gratuit, soit la propriété des immeubles donnés, soit des droits d'usufruit, d'usage, d'habitation, d'hypothèque, de servitude ou d'antichrèse sur les mêmes immeubles ; 2° les créanciers du donateur qui ont pratiqué des saisies sur les immeubles donnés, sans qu'il y ait à distinguer si leurs droits de créances sont antérieurs ou postérieurs à la donation. Les héritiers du donateur et ses légataires à titre universel se trouvent compris dans la généralité de la règle, car ils ont intérêt à invoquer le défaut de transcription ; d'ailleurs, il est possible que s'ils eussent connu l'existence de la donation, ils n'auraient pas accepté la succession du donateur, avec l'ensemble de ses dettes et charges.

Les seules personnes qui sont exceptées de la règle posée par notre article, et qui ne peuvent par conséquent pas invoquer le défaut de transcription, sont : 1° le mari de la femme donataire et le tuteur du donataire mineur ou interdit, car il serait contraire à la justice et à la raison qu'ils pussent invoquer le défaut de transcription, dont ils sont responsables ; 2° les ayants-cause du mari ou du tuteur en faute ; il n'y a pas ici à distinguer entre les ayants-cause à titre universel ou à titre particulier, à titre gratuit ou à titre onéreux ; 3° le donateur, car il est garant envers le donataire de l'éviction qui provient de son fait ; 4° le donataire, car le principe de notre article ne peut s'appliquer qu'aux tiers, ainsi que le décide la Cour suprême dans les termes suivants : — « Attendu qu'entre les parties contractantes, la transcription n'ajoute rien à la perfection du contrat ; que si l'art. 939 l'exige, c'est uniquement dans l'intérêt des tiers qui ne pourraient autrement connaître l'existence d'une donation à laquelle ils sont étrangers.. ; qu'en effet, les motifs qui ne permettaient pas d'accorder au donateur le droit de se prévaloir du défaut de transcription, s'appliquent à plus forte raison au donataire » (C. cass. 1ᵉʳ mai 1861).

942. Les mineurs, les interdits, les femmes mariées, ne seront point restitués contre le défaut d'acceptation ou de transcription des donations, sauf leur recours contre leurs tuteurs ou maris, s'il y échet, et sans que la restitution puisse avoir lieu, dans le cas même où lesdits tuteurs et maris se trouveraient insolvables.

Quoique la loi protége spécialement les mineurs, les interdits et les femmes mariées, elle ne va cependant pas jusqu'à leur accorder le droit de se faire restituer contre le défaut d'acceptation ou de transcription des donations. Comme les tiers qui ont traité avec le donateur ignoraient l'existence de la donation non transcrite et combattent d'ailleurs pour éviter une perte, *certant de damno vitando*, il ne serait pas juste qu'ils fussent victimes du défaut de transcription, lorsqu'ils sont en lutte avec des personnes qui combattent pour faire un gain, *certant de lucro captando*. Les mineurs, les interdits et les femmes mariées n'ont donc, en ce cas, qu'une action en dommages-intérêts contre leur tuteur ou mari.

La disposition de notre article est applicable aux hospices et aux autres établissements publics, qui ont aussi un recours contre leurs administrateurs.

943. La donation entre-vifs ne pourra comprendre que les biens présents du donateur; si elle comprend des biens à venir, elle sera nulle à cet égard.

La donation entre-vifs doit, pour être valable, réunir deux caractères essentiels : 1º le dépouillement actuel du donateur ; 2º l'irrévocabilité de ce dépouillement. Or, le donateur ne peut se dépouiller actuellement de biens à venir, puisqu'il n'en est point investi ; à l'égard de tels biens, la donation est donc radicalement nulle. Toutefois, par application de ce principe, « L'utile n'est pas vicié par l'inutile, *Utile per inutile non vitiatur*, » la donation, qui est inutile en ce qui concerne les biens à venir, produit tous ses effets en ce qui concerne les biens présents.

La donation d'une somme « à prendre sur les biens que le donateur laissera à son décès, » est valable. En effet, elle ne constitue ni une donation de biens à venir ni une donation à cause de mort; elle dépouille le donateur actuellement et irrévocablement, en ce sens qu'elle le rend débiteur de la somme donnée ; le décès du donateur ne constitue qu'un terme incertain, fixé pour l'exécution de l'obligation. C'est ainsi qu'il a été jugé dans les termes suivants: — « Attendu qu'il est constant, en

doctrine et en jurisprudence, que la donation d'une somme payable après
le décès du donateur peut être l'objet d'une donation entre-vifs, parce-
que le droit à la chose donnée, *jus ad rem*, saisit actuellement et irrévocablement le donataire, qui doit seulement attendre pour l'exigibilité le
terme fixé » (C. de Poitiers, 26 août 1863).

944. Toute donation entre-vifs faite sous des conditions
dont l'exécution dépend de la seule volonté du donateur, sera
nulle.

Celui qui dispose ainsi : « Je vous donne telle chose si je vais à Paris, »
ou, « si je me marie, » fait une donation nulle : il ne se dépouille pas
irrévocablement, car l'*exécution,* ou plutôt l'*existence* de la donation dépend de sa volonté.

945. Elle sera pareillement nulle, si elle a été faite sous la
condition d'acquitter d'autres dettes ou charges que celles qui
existaient à l'époque de la donation, ou qui seraient exprimées,
soit dans l'acte de donation, soit dans l'état qui devrait y être
annexé.

Si le donataire pouvait être chargé de payer des dettes futures dont le
montant resterait incertain à l'époque de la donation, celle-ci ne serait pas
irrévocable, puisqu'il dépendrait de la volonté du donateur de faire évanouir sa libéralité en créant des dettes qui égaleraient la valeur des biens
donnés.

Lorsque la donation de tous les biens présents ne contient pas un état
détaillé des dettes, le donataire doit acquitter toutes les dettes dont le donateur était grevé au moment de la donation, car il n'y a de biens que déduction faite des dettes, *Non sunt bona nisi deducto œre alieno ;* il est
donc, sous ce rapport, assimilé à un légataire universel. Mais si un état détaillé des dettes présentes a été annexé à l'acte de donation, le donataire
n'est nullement tenu d'acquitter les dettes présentes qui n'ont pas été énoncées dans l'état. Mais, dans ce cas, les créanciers qui étaient antérieurs à la
donation, et qui ont été omis, peuvent invoquer l'art. 1167 et faire révoquer cette donation comme frauduleuse (C. de Chambéry, 25 janv. 1861).

946. En cas que le donateur se soit réservé la liberté de disposer d'un effet compris dans la donation, ou d'une somme fixe

sur les biens donnés, s'il meurt sans en avoir disposé, ledit effet ou ladite somme appartiendra aux héritiers du donateur, nonobstant toutes clauses et stipulations à ce contraires.

Si le donateur se réserve le droit de disposer d'un objet compris dans la donation ou d'une somme fixe sur les biens donnés, la donation est radicalement nulle en ce qui concerne cet objet ou cette somme, parce qu'elle n'opère pas à cet égard un dépouillement irrévocable ; mais elle reste valable pour les autres effets ou valeurs, ce qui est inutile ne viciant point ce qui est utile, *utile per inutile non vitiatur.*

947. Les quatre articles précédents ne s'appliquent point aux donations dont est mention aux chapitres VIII et IX du présent titre.

Le chapitre VIII du présent titre traite des donations que des tiers font par contrat de mariage aux futurs époux, et le chapitre IX traite des donations que l'un des époux fait à l'autre, soit par contrat de mariage, soit pendant le mariage. Le législateur déroge, en faveur du mariage, à l'ancienne règle, « Donner et retenir ne vaut, » et il permet de faire dans le contrat de mariage des donations qui ne dépouillent ni actuellement ni irrévocablement le donateur de la chose donnée.

948. Tout acte de donation d'effets mobiliers ne sera valable que pour les effets dont un état estimatif, signé du donateur et du donataire, ou de ceux qui acceptent pour lui, aura été annexé à la minute de la donation.

La nécessité de rédiger un état estimatif des effets mobiliers qui font l'objet de la donation est une conséquence du principe, « Donner et retenir ne vaut ; » à défaut de cet état, le donateur pourrait détériorer les meubles et leur en substituer d'autres.

Les mots, « *tout acte de donation,* » ne comprennent pas les donations manuelles, qui restent valables, quoiqu'il n'y ait point d'état estimatif ; en outre, s'il y a des *actes* ou écrits de donation sans état estimatif, la donation nulle vaudra comme don manuel à l'égard des effets livrés au donataire. Lorsque celui qui a reçu des dons manuels succède au donateur, il doit rapporter à la succession la valeur des meubles, telle qu'elle est alors

fixée par experts, et cette valeur est comprise, comme toutes autres libéralités, dans le calcul de la quotité disponible.

949. Il est permis au donateur de faire la réserve à son profit, ou de disposer au profit d'un autre, de la jouissance ou de
l'usufruit des biens meubles ou immeubles donnés.

Celui qui donne une chose sous la réserve de l'usufruit, soit pour lui-
même, soit pour un tiers qui deviendra usufruitier par son acceptation
(art. 1121), fait une donation valable. Il garde, il est vrai, la possession
de la chose, à cause de l'usufruit qui a été réservé ; il peut la détruire,
devenir insolvable et rendre ainsi illusoire la donation de la nue propriété ;
mais la considération que le donateur s'est dépouillé actuellement et irrévocablement de la nue propriété de la chose au moment même de la donation, qu'il doit au donataire des dommages-intérêts s'il détruit ou
détériore la chose donnée, a fait décider, avec raison, que cette donation
produit tous ses effets, et qu'elle ne viole point, en réalité, le principe,
« Donner et retenir ne vaut. »

950. Lorsque la donation d'effets mobiliers aura été faite
avec réserve d'usufruit, le donataire sera tenu, à l'expiration
de l'usufruit, de prendre les effets donnés qui se trouveront en
nature, dans l'état où ils seront ; et il aura action contre le donateur ou ses héritiers, pour raison des objets non existants,
jusqu'à concurrence de la valeur qui leur aura été donnée dans
l'état estimatif.

Quoique le donataire soit tenu de prendre, dans l'état où ils sont, les
effets donnés qui existent encore en nature à la fin de l'usufruit, on admet
cependant généralement qu'il a une action en dommages-intérêts, à raison
des détériorations et des pertes provenant du dol ou même de la faute du
donateur. Mais lorsque les effets mobiliers donnés n'existent plus, le donateur en doit-il l'estimation en cas de perte arrivée par cas fortuit ? Cette
question est controversée. L'affirmative semble conforme tant aux termes
absolus de notre article, qu'au principe, « Donner et retenir ne vaut, » et
à la convention elle-même, dans laquelle le donateur, en signant l'état
estimatif (art. 948), est censé avoir dit qu'il livrerait au donataire les effets
donnés ou qu'il lui en payerait l'estimation faite dans l'état ; le donateur

serait ainsi traité plus rigoureusement qu'un usufruitier et qu'un débiteur ordinaire (art. 615, 616, 1302). Mais nous pensons qu'il n'y a pas lieu d'user envers le donateur de cette rigueur vraiment exceptionnelle.

951. Le donateur pourra stipuler le droit de retour des objets donnés, soit pour le cas du prédécès du donataire seul, soit pour le cas du prédécès du donataire et de ses descendants. — Ce droit ne pourra être stipulé qu'au profit du donateur seul.

Il y a deux sortes de droit de retour : le droit de retour légal, appelé *succession anomale*, qui est réglé par les art. 351, 747 et 766, et le droit de retour conventionnel, qui résulte d'une stipulation expresse.

Le donateur qui a stipulé le droit de retour des biens donnés en cas de prédécès du donataire et de ses *descendants*, est présumé n'avoir eu en vue que les descendants légitimes : l'existence d'enfants naturels, ou même d'enfants adoptifs laissés par le donataire, ne mettrait donc point obstacle au droit de retour; d'ailleurs, il ne peut pas dépendre de la volonté du donataire, auquel il plaît de reconnaître ou d'adopter un enfant, de rendre par là illusoire la clause de retour que le donateur a stipulée dans l'acte de donation.

Lorsque le donateur a stipulé le droit de retour au profit d'un autre que lui-même, la donation est frappée d'une nullité absolue, parce qu'elle constitue alors une substitution prohibée (art. 896).

952. L'effet du droit de retour sera de résoudre toutes les aliénations des biens donnés, et de faire revenir ces biens au donateur, francs et quittes de toutes charges et hypothèques, sauf néanmoins l'hypothèque de la dot et des conventions matrimoniales, si les autres biens de l'époux donataire ne suffisent pas, et dans le cas seulement où la donation lui aura été faite par le même contrat de mariage duquel résultent ces droits et hypothèques.

Le droit de retour *légal*, c'est-à-dire de succession anomale, ne fait revenir au donateur les biens donnés que dans l'état où ils se trouvent au décès du donataire (art. 351, 747, 766). Le droit de retour *conventionnel* fait, au contraire, évanouir tous les droits constitués par le donataire sur les immeubles donnés ; la maxime, *Resoluto jure dantis, resolvitur jus accipientis,* s'applique donc au retour conventionnel, comme à l'événement de toute autre condition résolutoire. Toutefois, si la donation a été faite par contrat de mariage à un futur mari, la femme a dû considérer les immeubles ainsi donnés en faveur du mariage comme tacitement affectés à la garantie de la dot et des conventions matrimoniales; elle a par conséquent sur ces immeubles une hypothèque subsidiaire. Mais cette hypothèque ne s'étendrait pas aux droits que la femme aurait acquis contre son mari pendant l'existence du mariage.

SECTION II.

Des exceptions à la règle de l'irrévocabilité des donations entre-vifs.

La maxime, « Donner et retenir ne vaut, » qui est reproduite en termes équivalents dans l'art. 894, proscrit et annule les donations faites sous des conditions potestatives de la part du donateur; mais elle laisse valables les donations faites avec stipulation du droit de retour en cas de prédécès du donataire (art. 951), ou avec d'autres conditions purement casuelles. Les trois causes de révocation qui sont expliquées dans cette section, et qui sont, l'*inexécution* des charges, l'*ingratitude* du donataire et la *survenance d'enfants* au donateur, ne rentrent pas dans les conditions potestatives de la part du donateur, et, par conséquent, elles ne constituent point de véritables exceptions au principe de l'irrévocabilité des donations.

953. La donation entre-vifs ne pourra être révoquée que pour cause d'inexécution des conditions sous lesquelles elle aura été faite, pour cause d'ingratitude, et pour cause de survenance d'enfants.

On entend ici par *inexécution des conditions,* l'inexécution des *charges* que le donateur a imposées au donataire dans l'acte de donation.

954. Dans le cas de la révocation pour cause d'inexécution des conditions, les biens rentreront dans les mains du donateur, libres de toutes charges et hypothèques du chef du donataire; et le donateur aura, contre les tiers détenteurs des immeubles donnés, tous les droits qu'il aurait contre le donataire lui-même.

Le donateur a le droit de restreindre l'étendue de sa libéralité, en imposant des charges au donataire. Celui-ci devient néanmoins propriétaire des biens donnés; mais s'il n'exécute pas les charges qui lui ont été imposées et qui servent de base à son droit, la donation peut être judiciairement résolue, et cette résolution fait évanouir tous les droits constitués par le donataire sur les immeubles donnés. Toutefois, à cause du principe, « En fait de meubles, la possession vaut titre, » les tiers acquéreurs de meubles compris dans la donation révoquée ne peuvent pas être inquiétés par le donateur, qui a seulement alors une action personnelle contre le donataire pour obtenir la valeur des meubles.

Dans les contrats synallagmatiques, comme la vente et l'échange, la partie qui a exécuté son engagement peut demander à son gré, contre l'autre partie qui n'exécute pas le sien, soit la résolution du contrat, soit son exécution (art. 1184). Mais, d'après une opinion assez généralement admise, le donateur ne peut pas contraindre le donataire à l'exécution des charges; il n'a que le droit de demander la révocation de la donation. Au reste, cette action en révocation, qui dure trente ans à partir de l'époque où les charges devaient être exécutées, peut être exercée par le donateur, par ses héritiers ou autres successeurs et par leurs créanciers, soit contre le donataire, soit contre ses héritiers et autres successeurs.

955. La donation entre-vifs ne pourra être révoquée pour cause d'ingratitude que dans les cas suivants : — 1° Si le donataire a attenté à la vie du donateur; — 2° S'il s'est rendu coupable envers lui de sévices, délits ou injures graves; — 3° S'il lui refuse des aliments.

Il n'y a que trois cas de révocation pour cause d'ingratitude :

1° *Attentat à la vie du donateur.* — L'héritier ne peut être déclaré indigne pour attentat à la vie de son parent défunt, que s'il a été condamné criminellement (art. 727); mais il n'est pas nécessaire que le donataire ait été condamné pour être déclaré ingrat.

2° *Sévices, délits et injures graves.* — On entend ici par *sévices*, les atteintes portées à la personne, ou plutôt au corps du donateur; par *délits*, les atteintes portées à ses biens, et par *injures*, les atteintes portées à son honneur. Ces faits ne donnent lieu à la révocation de la donation que s'ils sont *graves*. Leur caractère est laissé à l'appréciation du juge.

3° *Refus d'aliments.* — Le donataire qui refuse des aliments est assimilé

au meurtrier, *Qui alimenta denegat,* disait la loi romaine, *necare videtur.*
Toutefois, l'ingratitude n'existe que si, par mauvais cœur, le donataire a
violé les devoirs que lui impose la reconnaissance; il ne doit donc point
être traité comme ingrat s'il n'a pas les moyens de fournir des aliments, si
le donateur a des ressources personnelles ou bien des parents riches qui lui
doivent eux-mêmes des aliments, ou s'il a pourvu aux besoins du donateur
sans ressource dans la mesure de la valeur des biens qu'il en a reçus.

956. La révocation pour cause d'inexécution des conditions
ou pour cause d'ingratitude, n'aura jamais lieu de plein droit.

L'inexécution des charges imposées au donataire et l'ingratitude diffèrent
des conditions expresses (art. 1183), en ce que, au lieu de révoquer la
donation de plein droit, elles font seulement naître, au profit du donateur, une action en révocation. Tant que le juge n'a pas prononcé la révocation pour l'une de ces deux causes, la donation continue encore à
subsister. Le donataire contre lequel une demande en révocation est intentée à cause de l'inexécution des charges, peut empêcher la révocation
en exécutant les charges pendant l'instance, ou même dans les délais que
le juge lui aurait accordés.

957. La demande en révocation pour cause d'ingratitude
devra être formée dans l'année, à compter du jour du délit imputé par le donateur au donataire, ou du jour que le délit aura
pu être connu par le donateur. — Cette révocation ne pourra
être demandée par le donateur contre les héritiers du donataire, ni par les héritiers du donateur contre le donataire, à
moins que, dans ce dernier cas, l'action n'ait été intentée par
le donateur, ou qu'il ne soit décédé dans l'année du délit.

L'action en révocation pour cause d'ingratitude a beaucoup de ressemblance avec l'action d'injure. C'est pourquoi elle est éteinte s'il y a eu
pardon de l'offense, ou bien réconciliation entre le donateur et le donataire. Bien plus, aux termes de notre article, lorsqu'il s'est écoulé un an
depuis le jour où a été commis le fait d'ingratitude, ou depuis le jour où
le donateur a pu en avoir connaissance, l'action en révocation de la donation n'est plus recevable, car il y a présomption légale que le donateur
n'a pas éprouvé le ressentiment de l'injure qui lui a été faite, ou qu'il a

pardonné. Remarquons que ce délai d'un an court contre toutes personnes, même contre les mineurs ou interdits.

La révocation de la donation pour cause d'ingratitude étant une peine infligée au donataire, et les peines étant essentiellement personnelles, il s'ensuit que la demande en révocation ne peut être ni intentée ni même continuée contre les héritiers du donataire ingrat. Mais l'action qui appartient au donateur lui est-elle aussi essentiellement personnelle ? L'affirmative est généralement admise. Il suit de là que les créanciers du donateur ne peuvent point invoquer l'art. 1166 pour exercer cette action. Toutefois, si le donateur a intenté l'action en révocation, ou s'il décède « dans l'année du délit, » ses héritiers, peuvent continuer ou même, pendant le temps qui reste à courir du délai, intenter l'action en révocation contre le donataire ingrat; mais aucune action ne leur appartient si le donateur qui n'a pas agi est décédé après l'année du délit, alors même qu'il n'aurait pu en avoir connaissance.

958. La révocation pour cause d'ingratitude ne préjudiciera ni aux aliénations faites par le donataire, ni aux hypothèques et autres charges réelles qu'il aura pu imposer sur l'objet de la donation, pourvu que le tout soit antérieur à l'inscription qui aurait été faite de l'extrait de la demande en révocation, en marge de la transcription prescrite par l'article 939. — Dans le cas de révocation, le donataire sera condamné à restituer la valeur des objets aliénés, eu égard au temps de la demande, et les fruits, à compter du jour de cette demande.

Lorsque la résolution de la donation est prononcée pour inexécution des conditions ou charges, les immeubles donnés, qui ont été aliénés ou hypothéqués par le donataire, rentrent libres dans les mains du donateur (art. 954); car ces charges ont été rendues publiques par la transcription de l'acte de donation au bureau des hypothèques (art. 939); par suite, les tiers, qui sont présumés en avoir eu connaissance, ont commis, en traitant avec le donataire, une imprudence dont ils doivent subir les suites fâcheuses. Mais les tiers ne pouvaient pas savoir, ne devaient pas même supposer que le donataire se rendrait coupable d'ingratitude envers le donateur; par conséquent la révocation pour cause d'ingratitude, qui est établie pour punir le donataire, ne doit pas nuire aux tiers; en conséquence, les aliénations des immeubles donnés et les constitutions de droits qui ont été consenties par le donataire doivent êtres respectées. Mais quand le donateur a rendu publique sa demande en révocation par une inscription faite en marge de la transcription de l'acte de donation, les tiers qui traitent ensuite avec le donataire ne peuvent plus alléguer leur bonne foi, et la révocation fera disparaître les droits qu'ils auraient, depuis lors, acquis sur les immeubles donnés.

959. Les donations en faveur de mariage ne seront pas révocables pour cause d'ingratitude.

Les donations en faveur de mariage sont faites soit par un tiers à l'un des époux, soit par un époux à son conjoint (art. 1081 à 1110).

I. Les donations faites par un *tiers* en faveur de mariage ne sont pas révocables pour cause d'ingratitude, par deux raisons principales : 1° ces donations ne sont point de pures libéralités ; elles ont engagé le donataire à se marier et à supporter en conséquence les charges du mariage ; elles sont donc faites à titre onéreux, comme le contrat de mariage lui-même dont elles font partie ; or, les actes à titre onéreux ne sont jamais révocables pour cause d'ingratitude ; 2° de pareilles donations sont faites en faveur des deux époux et des enfants à naître ; si la donation était révoquée, la peine qui frapperait l'époux ingrat, frapperait en même temps son conjoint et ses enfants qui sont innocents.

II. Les donations en faveur de mariage, qui sont faites par un *époux* à son conjoint, ne sont pas non plus révocables pour cause d'ingratitude. Cette proposition résulte de la disposition générale de notre article. Il est vrai qu'elles ne sont faites qu'en faveur du conjoint donataire ; mais, ce qui suffit, elles ont, comme le contrat de mariage lui-même, le caractère d'actes à titre onéreux. Cependant la jurisprudence (C. cass. 26 févr. 1856, et 10 mars 1856 ; C. de Rouen, 5 août 1863), et plusieurs auteurs admettent entre les époux cette cause de révocation. En outre, ils décident que le délai accordé au conjoint donateur pour agir en révocation est d'un an, qui court pendant le mariage : — « Attendu que l'action en révocation de la donation contractuelle faite par la dame Bourlé à son mari est régie par l'art. 957 C. Nap. ; que le donateur doit l'exercer dans l'année à partir du jour du délit ; — Attendu que le motif qui a fait ainsi limiter la durée de l'action du donateur est puisé dans un intérêt d'ordre élevé, afin de ne pas troubler la tranquillité des familles et d'éviter les scandales qui en seraient résultés après un long laps de temps ; — Attendu que cette restriction constitue une simple déchéance ou fin de non-recevoir, et non une prescription dans le sens attaché à ce mot par l'art. 2219, et que le principe édicté dans l'art. 2253 ne peut recevoir d'application au cas de l'art. 957, puisque, d'après ce dernier article, l'époux donateur n'est pas empêché pendant le mariage d'exercer son action contre son conjoint donataire » (C. de Rouen, 5 août 1863). — Il nous semble que ces décisions sont contraires à notre article, qui est conçu en termes généraux et absolus, ainsi qu'à la disposition de l'art. 2253, qui suspend toute espèce de prescription et par là toute espèce de fin de non-recevoir entre époux pendant le mariage. En outre, la raison ne peut admettre que l'un des époux puisse, dans un intérêt purement pécuniaire, faire flétrir comme ingrat son conjoint donataire, car la flétrissure, au fond, retomberait sur lui-même et sur sa famille.

Toutefois, l'époux contre lequel la séparation de corps est prononcée, perd de plein droit le préciput qu'il a stipulé (art. 1518), ainsi que les libéralités qu'il a reçues de son conjoint, soit par contrat de mariage, soit pendant le mariage. L'art. 299, qui est-formel à cet égard pour le cas de divorce, est applicable au cas de séparation de corps, ainsi que le décide avec raison une jurisprudence qui est devenue constante (C. cass. 23 mai 1845; 12 juin 1845; 28 avr. 1846; 25 avr. 1849; 18 juin 1849). L'époux dont les méfaits ont fait prononcer la séparation de corps, est alors considéré comme indigne de profiter des libéralités qu'il a reçues de son conjoint, en considération d'une union dont il a violé les obligations essentielles.

Au reste, de même que la révocation pour cause d'ingratitude, et par les mêmes motifs, la révocation pour cause de l'indignité du conjoint donataire ne porte aucune atteinte aux droits que les tiers de bonne foi ont acquis sur les biens donnés. Ainsi décidé avec raison par la Cour suprême : — « Attendu, en droit, que si l'art. 299 C. Nap. prive l'époux, contre lequel la séparation de corps a été prononcée, de tous les avantages qui lui ont été faits par l'autre époux, il ne parle point des droits que des tiers pourraient avoir acquis de bonne foi sur les biens qui faisaient l'objet de ces avantages; que l'on ne saurait donc, sans ajouter à sa disposition, admettre qu'elle porte atteinte à ces droits ; — Attendu, d'ailleurs, que la révocation de l'art. 299, quand elle est, comme dans l'espèce, la conséquence directe et nécessaire de faits qui, aux termes de l'art. 955, donnent lieu à la révocation pour cause d'ingratitude, revêt tous les caractères de cette dernière révocation qui, selon les prescriptions de l'art. 958, ne préjudicie pas aux aliénations faites par le donataire ; —

Attendu qu'il s'agit, au surplus, dans le cas de l'art. 299, d'une peine prononcée contre le donataire et qui, étant toute personnelle à celui-ci, ne saurait, dans le silence de la loi, rejaillir sur le tiers acquéreur de bonne foi » (C. cass. 30 août 1865).

960. Toutes donations entre-vifs faites par personnes qui n'avaient point d'enfants ou de descendants actuellement vivants dans le temps de la donation, de quelque valeur que ces donations puissent être, et à quelque titre qu'elles aient été faites, et encore qu'elles fussent mutuelles ou rémunératoires, même celles qui auraient été faites en faveur du mariage par autres que par les ascendants aux conjoints, ou par les conjoints l'un à l'autre, demeureront révoquées de plein droit par la survenance d'un enfant légitime du donateur, même d'un posthume, ou par la légitimation d'un enfant naturel par mariage subséquent, s'il est né depuis la donation.

Cette cause de révocation, qui opère de plein droit, est fondée sur le sentiment naturel, qui porte à préférer ses enfants et descendants aux autres personnes, et sur les obligations et les charges que la survenance d'enfants impose aux père et mère. La loi présume que la personne sans postérité qui a fait des dons, ne les a faits que parce qu'elle n'avait pas d'enfants ; c'est pourquoi elle révoque ces dons, quelles que soient d'ailleurs leur forme, leur importance et leur cause, lorsqu'il naît au donateur un enfant légitime, même posthume, ou lorsque le donateur légitime un enfant naturel né depuis la donation. Mais si le donateur vient à épouser le donataire, la donation est-elle aussi révoquée par la survenance d'un enfant issu de leur mariage commun? L'affirmative est admise par la plupart des auteurs, par la raison que, d'une part, la disposition de notre article est générale, et que, d'autre part, la donation ne rentre point dans le cas exceptionnel qui concerne uniquement les libéralités faites en faveur du mariage. Cette opinion, qui paraît fondée, est d'ailleurs confirmée par arrêt de la Cour de Bordeaux, ainsi conçu : — « Attendu que la donation en faveur de mariage est celle qui a le mariage pour principal mobile, pour cause finale, et qui en forme une des conventions ; — Attendu que la donation dont il s'agit était indépendante du mariage que le donateur se proposait de former avec la donataire s'il revenait du service militaire, et ne rentrait point dans l'exception établie par l'art. 960 ; — D'où il suit

qu'elle a été révoquée de plein droit par la survenance d'enfant au donateur » (C. de Bordeaux, 30 mai 1859).

L'existence d'un enfant naturel reconnu n'empêcherait point la révocation par la survenance d'un enfant légitime. Or, par *enfant légitime*, on
comprend aussi les enfants *putatifs*, c'est-à-dire nés d'un mariage nul qui
a été contracté de bonne foi; mais on ne comprend pas les enfants adoptifs, et, par suite, l'adoption, qui est un acte volontaire, ne suffirait point
pour révoquer les donations antérieures.

Les donations ne sont pas révoquées par survenance d'enfants dans les
deux cas suivants, exprimés dans notre article : 1° si elles ont été faites
par un ascendant aux conjoints : ce n'est pas là une véritable exception,
puisque l'ascendant a une postérité ; 2° si elles ont été faites en faveur du
mariage par un époux à son conjoint : cette seconde exception est fondée
sur ce que les époux avaient évidemment en vue la procréation d'enfants,
que la donation ne nuit pas véritablement à la famille du donateur, et que
les enfants retrouveront ordinairement les biens donnés dans la succession
du donataire.

961. Cette révocation aura lieu, encore que l'enfant du donateur ou de la donatrice fût conçu au temps de la donation.

Quoique l'enfant soit conçu à l'époque de la donation, sa naissance la
révoquera; car c'est seulement au moment de cette naissance que ses père
et mère commencent à bien connaître les sentiments, les devoirs et les
charges de la paternité.

962. La donation demeurera pareillement révoquée, lors
même que le donateur serait entré en possession des biens
donnés, et qu'il y aurait été laissé par le donateur depuis la
survenance de l'enfant, sans néanmoins que le donataire soit
tenu de restituer les fruits par lui perçus, de quelque nature
qu'ils soient, si ce n'est du jour que la naissance de l'enfant ou
sa légitimation par mariage subséquent lui aura été notifiée
par exploit ou autre acte en bonne forme, et ce, quand même
la demande pour rentrer dans les biens donnés n'aurait été
formée que postérieurement à cette notification.

Dès qu'il naît un enfant au donateur, la donation est révoquée de plein
droit. Comme la donation anéantie ne peut jamais être ratifiée (art. 1339),

la révocation conserve ses effets, quoique le donataire soit resté ou ait été
mis en possession des biens donnés depuis la naissance de l'enfant.

Le donataire garde évidemment les fruits que la chose donnée a produits
depuis la donation jusqu'à la révocation ; il garde aussi ceux que cette
chose a produits entre la révocation et le jour où la naissance de l'enfant
lui est notifiée par exploit d'huissier ou par un autre acte en forme, car
jusque-là il doit être assimilé à un possesseur de bonne foi.

963. Les biens compris dans la donation révoquée de plein
droit rentreront dans le patrimoine du donateur libres de
toutes charges et hypothèques du chef du donataire, sans qu'ils
puissent demeurer affectés, même subsidiairement, à la restitution de la dot de la femme de ce donataire, de ses reprises ou
autres conventions matrimoniales; ce qui aura lieu quand
même la donation aurait été faite en faveur du mariage du donataire et insérée dans le contrat, et que le donateur se serait
obligé comme caution, par la donation, à l'exécution du contrat de mariage.

La révocation qui s'opère par survenance d'enfants fait rentrer dans le
patrimoine du donateur les biens donnés, libres de toutes charges constituées par le donataire, même de l'hypothèque légale dont celui-ci a ses
biens grevés pour sûreté des droits de sa femme. Bien plus, si le donateur
s'est engagé comme caution à l'exécution de la libéralité qu'il a faite dans
le contrat de mariage du donataire, ce cautionnement se trouve, par identité de motifs, résolu comme la donation elle-même, lorsqu'il survient un
enfant au donateur. Mais un tiers peut valablement promettre au donataire
qu'il sera garant de la révocation par survenance d'enfants au donateur
(C. de Toulouse, 24 mars 1866).

964. Les donations ainsi révoquées ne pourront revivre ou
avoir de nouveau leur effet, ni par la mort de l'enfant du donateur, ni par aucun acte confirmatif; et si le donateur veut donner
les mêmes biens au même donataire, soit avant ou après la
mort de l'enfant par la naissance duquel la donation avait été
révoquée, il ne le pourra faire que par une nouvelle disposition.

Par la survenance d'enfant, la donation n'est pas seulement viciée, elle est complétement anéantie; par conséquent, elle n'est pas susceptible de confirmation. Il faut donc un nouvel acte de donation, lorsque le donateur veut faire au donataire une libéralité des mêmes biens (art. 1339).

965. Toute clause ou convention par laquelle le donateur aurait renoncé à la révocation de la donation pour survenance d'enfant, sera regardée eomme nulle, et ne pourra produire aucun effet.

De pareilles clauses sont déclarées nulles, parce qu'elles émanent d'un donateur qui ne connaît pas l'affection paternelle, qu'elles seraient devenues de style et auraient ainsi servi à éluder la sage prévoyance du législateur.

966. Le donataire, ses héritiers ou ayants-cause, ou autres détenteurs des choses données, ne pourront opposer la prescription pour faire valoir la donation révoquée par la survenance d'enfant qu'après une possession de trente années, qui ne pourront commencer à courir que du jour de la naissance du dernier enfant du donateur, même posthume; et ce, sans préjudice des interruptions, telles que de droit.

La prescription de l'action en restitution des biens compris dans la donation révoquée par survenance d'enfant, est, par application des règles ordinaires, de trente ans pour le donataire et pour ses héritiers ou autres successeurs. Cette prescription ne s'accomplit pareillement que par trente ans au profit des tiers détenteurs, quoiqu'ils aient juste titre et bonne foi : par une faveur particulière à ce genre de donation, le législateur déroge à l'art. 2265. En outre, quoique la donation ait été anéantie par la naissance du premier enfant, cette longue prescription, qui est d'ailleurs soumise aux règles concernant l'interruption et la suspension (art. 2242 à 2259), ne court, par suite de la même faveur, que du jour de la naissance du dernier enfant.

Quand l'action en restitution est prescrite, le donataire n'est point assimilé au tiers détenteur qui a prescrit sans titre; il reste donataire : la *donation révoquée* vaut comme donation; par suite, elle peut encore être révoquée pour cause d'ingratitude, et les biens qui la composent restent sujets au rapport et à la réduction. En effet, ce n'est pas en faveur du donataire, mais contre lui, qu'a été introduite la révocation par survenance d'enfant au donateur.

CHAPITRE V.

DES DISPOSITIONS TESTAMENTAIRES.

Chez tous les peuples, la loi confère à chaque personne la faculté de déroger à l'ordre général des successions, en disposant elle-même des biens qu'elle laissera à son décès, et par là de donner à ceux qu'elle aime des marques dernières de son affection.

SECTION PREMIÈRE.

Des Règles générales sur la Forme des Testaments.

967. Toute personne pourra disposer par testament, soit sous le titre d'institution d'héritier, soit sous le titre de legs, soit sous toute autre dénomination propre à manifester sa volonté.

Dans le droit romain et dans nos anciennes provinces du Midi, appelées *pays de droit écrit*, l'institution d'un héritier, qui devenait le continuateur de la personne du défunt, était le principe et le fondement de tout le testament, *caput atque fundamentum totius testamenti*. En conséquence, le testament qui n'avait pas d'institution d'héritier, et qui contenait seulement des legs, était nul et de nul effet. Au contraire, dans la plupart de nos anciennes provinces du Nord, appelées *pays de droit coutumier*, où l'on tenait à ce que les biens d'une famille y restassent toujours, le testateur ne pouvait pas dépouiller ses plus proches parents de la qualité d'héritiers; il avait seulement le droit de les grever de charges plus ou moins étendues, en nommant des légataires. « Dieu seul, disait-on, fait des héritiers, *Deus solus facit hœredes*. » On tirait de cette maxime la conséquence que le testament était nul pour le tout, s'il contenait une institution d'héritiers. Notre article déclare toutes les dispositions valables, sous quelques dénominations qu'elles soient faites; mais, au fond, le Code admet les règles des anciennes provinces du Nord; par suite, le testateur ne fait pas de véritables héritiers, mais seulement des légataires, qui sont universels, à titre universel, ou à titre particulier.

Il existe, d'après la grande majorité des auteurs, une notable différence entre les héritiers et les légataires universels : les premiers sont tenus des dettes du défunt, même au-delà de la valeur des biens de la succession, lorsqu'ils n'ont pas accepté sous bénéfice d'inventaire ; tandis que les seconds n'en sont tenus, s'ils ont fait simplement un inventaire pour constater les forces de la succession, que jusqu'à concurrence de l'émolument qu'ils ont recueilli.

968. Un testament ne pourra être fait dans le même acte par deux ou plusieurs personnes, soit au profit d'un tiers, soit à titre de disposition réciproque et mutuelle.

Le testament doit être pour le testateur un acte essentiellement libre et essentiellement révocable. Il doit donc être absolument indépendant de la volonté d'autrui ; or, cette indépendance n'existerait pas dans un testament fait par plusieurs personnes conjointement, soit réciproquement à leur profit, soit au profit d'un tiers. C'est pourquoi notre article, conforme à l'ordonnance de 1735, frappe de nullité les testaments conjoints. Rien, au contraire, n'empêche les parties de faire dans le même acte des donations entre-vifs, soit au profit d'un tiers, soit réciproques (art. 960), par la raison qu'elles sont irrévocables.

969. Un testament pourra être olographe, ou fait par acte public, ou dans la forme mystique.

D'après le droit commun, il n'existe que les trois espèces de testament énoncées dans cet article. Mais la section suivante trace les règles de trois autres formes particulières de testaments qui peuvent être faits dans des circonstances exceptionnelles.

970. Le testament olographe ne sera point valable s'il n'est écrit en entier, daté et signé de la main du testateur : il n'est assujetti à aucune autre forme.

Le testament est *olographe*, expression composée de deux mots grecs, quand il est entièrement écrit de la main du testateur. D'après notre article, trois éléments sont essentiels. Il faut que le testateur ait : 1° écrit son testament en entier; 2° qu'il l'ait daté ; 3° qu'il l'ait signé. La réunion de ces trois éléments rend le testament valable : peu importe qu'il soit ou non écrit sous la forme de lettre missive ; qu'il soit fait en France ou en pays étranger ; qu'il soit écrit en français ou en langue étrangère;

qu'il soit rédigé sur papier timbré ou sur papier non timbré, sur carton ou sur toute autre matière; mais le défaut de papier timbré donne lieu, lors de l'enregistrement du testament, à une amende et au droit de timbre. Voyons maintenant les trois éléments essentiels pour la validité du testament olographe.

1° *Écrit en entier.* — Le testament est nul lorsqu'il n'est pas écrit en entier de la main du testateur, par exemple, s'il renferme un mot et même une lettre écrite du consentement du testateur par la main d'un autre. Mais si un tiers vient, à l'insu du testateur, ajouter un mot, une phrase, une disposition au testament, ces additions, qui sont nulles, ne vicient cependant pas le testament. — Le testament olographe n'étant assujetti *à aucune autre forme* que celle qui est exprimée dans notre article, il s'ensuit que le testateur peut écrire ses dernières volontés non-seulement avec une plume, mais encore avec un crayon ou avec tout autre instrument.

2° *Daté.* — La date consiste dans l'indication du jour, du mois et de l'année; il n'est pas nécessaire que le lieu de la confection du testament soit indiqué, parce que le Français peut faire son testament olographe à l'étranger aussi bien qu'en France. La date est avec raison exigée. Elle sert à déterminer si le testateur était capable quand il a testé, et à faire connaître, quand il y a plusieurs testaments qui se révoquent ou qui contiennent des dispositions incompatibles, quel est celui qui est le dernier et qui doit par conséquent produire ses effets. — Au reste, la date peut être placée en tête, au milieu ou à la fin des dispositions. Elle est ordinairement écrite en toutes lettres, afin de prévenir les altérations; mais elle est cependant mise valablement en chiffres. Lorsque la date est inexacte et ne peut être corrigée au moyen d'inductions tirées du testament lui-même, elle reste sans valeur; par suite, le testament est nul, comme manquant d'une condition essentielle. Ainsi décidé en ces termes: — « Attendu que, aux termes de l'art. 970 C. Nap., le testament olographe n'est valable qu'autant qu'il a été écrit en entier, daté et signé de la main du testateur; que la date consiste dans l'indication ex.cte de l'an, mois et jour où le testament a été fait; qu'une date erronée n'est point une date, puisqu'elle n'indique pas réellement l'époque où le testament a été fait; qu'ainsi l'erreur dans la date entraîne la nullité du testament comme le défaut de la date; — Attendu que ce principe ne souffre exception que lorsque l'erreur de date peut être réparée et la certitude de la date rétablie par les énonciations contenues dans le testament même » (C. cass. 31 juill. 1860). — Le testament olographe n'est qu'un acte sous signature privée; aussi, par application des principes généraux (art. 1324), c'est au légataire à prouver contre les héritiers légitimes, au moyen de la vérification d'écriture, que le testament imputé au défunt émane vraiment de lui. Cependant, par dérogation à l'art. 1328, il fait foi de sa date à l'égard des tiers.

3° *Signé.* — La signature consiste dans l'apposition, mise par le testateur au bas de l'acte, de son nom de famille, avec ses prénoms. Mais, si le testateur a seulement apposé son surnom ou ses prénoms, le testament sera valable, quand son auteur sera révélé sans équivoque. La signature doit être mise à la fin de l'acte, parce qu'elle sert à le compléter et à le rendre valable.

Les additions qui sont faites au testament doivent être datées et signées comme l'acte lui-même; si elles sont faites après le testament, elles doivent avoir la date de leur confection, ainsi que le décide en ces termes la Cour suprême : — « Attendu que l'arrêt attaqué, appréciant l'ensemble du testament du sieur Vauquelin, et le caractère intentionnel de la clause litigieuse, constate que cette clause, écrite en marge du testament, ne se rattache à celui-ci ni par un lien quelconque tenant à l'ordre des idées, ni par un signe matériel et caractéristique d'un renvoi; qu'elle renferme une disposition nouvelle et profondément modificative de la disposition principale du testament; que, néanmoins, elle n'est pas datée, et que la date mise au bas du testament ne peut s'y appliquer, parce que cette disposition a été écrite en marge postérieurement à la date de celui-ci; — Attendu que, pour rechercher et établir cette postériorité de la clause litigieuse, l'arrêt s'est exclusivement renfermé dans l'appréciation de l'acte même du testament et n'a point puisé ailleurs les éléments de sa conviction; — D'où il suit qu'en annulant, dans de telles circonstances, pour défaut de date, la disposition litigieuse, l'arrêt n'a commis aucun excès de pouvoirs, et s'est, au contraire, expressément conformé aux prescriptions de l'art. 970 C. Nap. » (C. cass. 16 déc. 1861). — Toutefois, les additions qui ne sont ni datées ni signées sont valables, si elles complètent, expliquent le testament et s'y rattachent par des signes matériels, par un lien moral. Ainsi décidé par la Cour suprême, qui confirme en ces termes un arrêt de la cour de Dijon, du 24 juill. 1861 : — « Attendu que la clause additionnelle dans laquelle la dame Ranché nomme le légataire universel qu'elle avait omis de désigner dans son testament olographe du 8 févr. 1860, se rattache à cet acte tant par des signes matériels que par un lien intellectuel et moral; — Attendu qu'il est impossible de voir dans cet écrit ajouté au testament un acte isolé et contenant une disposition spéciale; qu'il n'est, au contraire, que le complément et l'explication du testament qui le précède; — D'où il suit qu'en décidant que le tout for-

mait, pour le légataire universel, un titre valable, la cour d'appel, loin
de violer l'art. 970 C. Nap., en a fait, au contraire, une juste application »
(C. cass. 18 août 1862).

971. Le testament par acte public est celui qui est reçu par
deux notaires, en présence de deux témoins, ou par un notaire,
en présence de quatre témoins.

La loi du 25 ventôse an XI, sur le Notariat, n'exige, pour les actes publics, que deux notaires, ou un seul notaire et deux témoins. Mais notre
article exige pour le testament deux notaires et deux témoins, ou bien un
seul notaire et quatre témoins; il déroge ainsi à la loi de l'an XI : le testament changeant souvent l'ordre des successions et éloignant les héritiers
légitimes, il a besoin, à raison de sa haute importance, d'être entouré de
précautions particulières, destinées à le garantir des surprises, du dol et
de la fraude.

972. Si le testament est reçu par deux notaires, il leur est
dicté par le testateur, et il doit être écrit par l'un de ces notaires tel qu'il est dicté. — S'il n'y a qu'un notaire, il doit également être dicté par le testateur, et écrit par ce notaire. —
Dans l'un et l'autre cas, il doit en être donné lecture au testateur, en présence des témoins. — Il est fait du tout mention expresse.

Ainsi sept conditions sont requises pour la validité du testament public.
— 1° Ce testament doit être *dicté par le testateur*. Celui-ci ne pourrait pas
se contenter de remettre des notes, ni un écrit exprimant ses volontés.
Le notaire, les témoins ou les tiers ne peuvent point lui faire des questions ou des observations tendant à modifier des dispositions, ou à en inspirer. — 2° Le testament est dicté *au notaire*, ou, s'ils sont deux, aux
notaires. Jamais le notaire ne doit être remplacé par l'un de ses clercs ni
par d'autres personnes. — 3° Le testament est *écrit par le notaire*. Lorsqu'il y a deux notaires, ils peuvent écrire successivement, à tour de rôle.
L'écrit peut être fait sur papier libre, servant de brouillon; puis, être
immédiatement relevé sur papier timbré. Ce relevé constitue le testament; c'est lui qui doit être lu au testateur (C. cass. 19 mars 1861). —
4° Le testament doit être écrit *tel qu'il est dicté*. Dans l'écrit, le notaire
doit, en général, reproduire exactement les paroles, les expressions du

testateur ; cependant il peut éviter les fautes de langage, et mettre en français le patois du testateur. Lorsque celui-ci est étranger et ne connaît pas le français, le notaire écrit en marge du papier le testament en langue étrangère ; il met en regard la traduction en français : c'est la traduction qui constitue alors le véritable testament et qui, en cas de contestation, fait foi devant les tribunaux. Mais, dans ce cas, il faut que le notaire et les témoins connaissent les deux langues, car autrement il n'y aurait pas de garanties suffisantes que le testament est écrit « tel qu'il est dicté. » — 5° Le testament doit être *lu par le notaire au testateur*. Il faut, en effet, que le testateur vérifie si sa volonté a été reproduite fidèlement. — 6° La lecture qui est faite au testateur doit l'être *en présence des témoins*. Les témoins s'assurent ainsi que le testament est conforme à la dictée. — 7° Enfin, il est *fait du tout mention expresse*. Le notaire doit donc mentionner : que le testament lui a été dicté par le testateur ; qu'il l'a écrit tel qu'il lui a été dicté, et qu'il en a fait la lecture au testateur en présence des témoins.

Les quatre témoins instrumentaires doivent être présents depuis le commencement de la confection du testament jusqu'à sa perfection, ainsi qu'il a été jugé en ces termes : — « Attendu qu'il résulte des dépositions des docteurs Rey et Bermond, témoins instrumentaires que, pendant que le notaire était occupé à remettre au net le testament, qui déjà avait été dicté, on vint demander les secours d'un médecin pour un jeune paysan qui s'était foulé le pied ; — Que le docteur Rey quitta la place qu'il occupait près du lit du testateur et un peu en arrière du notaire, sortit de la pièce où se faisait le testament, passa dans la pièce voisine, où il trouva le jeune paysan qui réclamait ses soins, vérifia le mal, prescrivit les remèdes ; puis, après une absence de quelques minutes, vint reprendre sa place auprès du testateur ; — Attendu qu'aux termes des art. 971 et 1001, le testament doit, à peine de nullité, être reçu par les notaires, en présence des témoins ; que le mot *reçu* s'entend de la dictée, de l'écriture et de l'ensemble des opérations qui constituent le testament ; qu'il faut que les témoins assistent à tout ; qu'ils soient en situation de tout voir et de tout entendre, afin qu'ils puissent tout contrôler, et attester sciemment, par leur signature au pied de l'acte, que tout s'est passé ainsi que l'acte le constate ; qu'en un mot, la présence simultanée des témoins instrumentaires est nécessaire pendant toute la durée du testament ; que si l'un d'eux s'absente, ne fût-ce qu'un moment, l'opération qui se continue hors sa présence est radicalement viciée, et le testament est nul pour le tout, sans qu'il y ait à rechercher s'il s'est passé quelque chose d'essentiel pendant l'absence du témoin, car ce serait substituer une appréciation de fait toujours arbitraire à une règle de droit impérative et absolue ; — Par ces motifs,.. Dit qu'il est pleinement justifié que l'un des témoins s'est absenté pendant que le notaire transcrivait les dispositions dictées par le testateur ; — Déclare en conséquence ledit testament nul » (C. de Bordeaux, 8 mai 1860).

Pour la même cause, la cour de Dijon a déclaré nul et de nul effet un testament, et son arrêt, du 9 janv. 1863, a été ainsi consacré par la Cour suprême : — « Attendu qu'il résulte des constatations de l'arrêt attaqué que deux des témoins instrumentaires ont quitté la chambre où se trouvait la testatrice pendant que le notaire écrivait ; qu'il est également constaté que ces deux témoins n'ont pu, pendant qu'ils étaient hors de cette chambre, ni voir ni entendre ce qui s'y passait ; — Rejette, etc. » (C. cass. 5 janv. 1864).

Lorsque le testament est nul pour inobservation des formalités requises, le notaire. est passible de dommages-intérêts envers les légataires.

973. Ce testament doit être signé par le testateur : s'il déclare qu'il ne sait ou ne peut signer, il sera fait dans l'acte mention expresse de sa déclaration, ainsi que de la cause qui l'empêche de signer.

Le testateur signe en apposant au bas du testament son nom de famille. Cette signature devient une garantie de la sincérité du testament. Mais l'absence de cette signature est suppléée par la mention de la cause qui empêche le testateur de signer. Les mots de la déclaration que le testateur, *ne sait signer*, ne sont pas sacramentels ; ils peuvent être remplacés par des expressions équivalentes, par exemple, par les mots que le testateur « ne sait ni lire ni écrire, » ainsi que le décide la Cour suprême en ces termes : — « Attendu que les termes de la déclaration indiquée dans l'art. 973 C. Nap., que le testateur *ne sait signer*, ne sont pas sacramentels et qu'ils peuvent être remplacés par des équipollents ; — Qu'il résulte des constatations de l'arrêt attaqué que, suivant la mention énoncée à la fin du testament et au moment des signatures, la femme Chapuis a déclaré ne savoir ni lire ni écrire ; que la Cour impériale, appréciant cette déclaration dans les circonstances où elle est intervenue, a jugé avec raison qu'elle faisait clairement entendre que la testatrice ne savait point signer, et qu'en conséquence il avait été satisfait au vœu de la loi » (C. cass. 23 déc. 1861).

974. Le testament devra être signé par les témoins; et, néanmoins, dans les campagnes, il suffira qu'un des deux témoins signe, si le testament est reçu par deux notaires, et que deux des quatre témoins signent, s'il est reçu par un notaire.

Dans une *campagne*, il est quelquefois difficile de réunir quatre témoins capables qui sachent signer. Au reste, c'est d'après la population de la commune que la ville se distingue de la campagne.

Le notaire doit signer, et mentionner sa signature. Mais il n'est pas nécessaire qu'il mentionne aussi la signature du testateur et celles des témoins; car l'art. 14 de la loi du 25 ventôse an XI sur le Notariat, qui exigeait la mention de ces signatures, paraît abrogé par le Code.

975. Ne pourront être pris pour témoins du testament par acte public, ni les légataires, à quelque titre qu'ils soient, ni leurs parents ou alliés jusqu'au quatrième degré inclusivement, ni le clercs des notaires par lesquels les actes seront reçus.

Les témoins sont appelés au testament pour corroborer le témoignage du notaire; il fallait donc repousser : 1° les personnes intéressées dans l'acte, c'est-à-dire les légataires, quelque modiques que soient leurs legs, ainsi que leurs parents et alliés, parmi lesquels le conjoint est évidemment compris; 2° les clercs du notaire qui reçoit l'acte, car ils sont sous la dépendance de leur patron pour toutes les affaires de l'étude. D'après la loi du 25 ventôse an XI, les parties et le notaire ne peuvent employer pour témoins, dans les actes ordinaires, ni leurs parents ou alliés jusqu'au quatrième degré, ni leurs serviteurs. Le silence de notre article à cet égard fait présumer que les parents, alliés et serviteurs du testateur et du notaire ne sont pas incapables d'être témoins dans un testament; cependant il est prudent de ne pas les employer.

976. Lorsque le testateur voudra faire un testament mystique ou secret, il sera tenu de signer ses dispositions, soit qu'il les ait écrites lui-même, ou qu'il les ait fait écrire par un autre. Sera le papier qui contiendra ses dispositions, ou le papier qui servira d'enveloppe, s'il y en a une, clos et scellé. Le testateur le présentera ainsi clos et scellé au notaire, et à six

témoins au moins, ou il le fera clore et sceller en leur présence, et il déclarera que le contenu en ce papier est son testament écrit et signé de lui, ou écrit par un autre et signé de
lui; le notaire en dressera l'acte de suscription, qui sera
écrit sur ce papier ou sur la feuille qui servira d'enveloppe ;
cet acte sera signé tant par le testateur que par le notaire, ensemble par les témoins. Tout ce que dessus sera fait de suite et
sans divertir à autres actes; et, en cas que le testateur, par un
empêchement survenu depuis la signature du testament, ne
puisse signer l'acte de suscription, il sera fait mention de la
déclaration qu'il en aura faite, sans qu'il soit besoin, en ce cas,
d'augmenter le nombre des témoins.

Ce testament est appelé avec raison *mystique*, c'est-à-dire *secret;* en
effet, aucune déclaration du testateur, aucune lecture n'en révèlent les dispositions au notaire ni aux témoins. Il offre de l'utilité, en ce que le testateur n'est pas forcé de mettre dans sa confidence un certain nombre de
personnes. Mais ce genre de testament est exposé à des dangers : c'est
pour les prévenir que notre article trace des formalités dont l'accomplissement est essentiel.

Le testament doit être non-seulement *clos*, c'est-à-dire cacheté ; mais
il doit encore être *scellé;* il faut donc que le testateur y appose un sceau.
En outre, il est nécessaire que ce testament soit clos et scellé de manière à
assurer le secret et l'identité du testament, et à rendre ainsi impossible la
substitution d'un autre testament, sans laisser de traces de l'ouverture
frauduleuse. Ainsi jugé : — « Attendu que l'art. 976 C. Nap., relatif au
testament mystique, exige que le papier contenant l'expression de la volonté du testateur, ou le papier qui lui sert d'enveloppe, soit clos et
scellé ; — Que si cet article ne détermine pas de quelle manière et
dans quelle forme cette disposition doit être exécutée, il a toujours été
admis, sous l'empire de l'ordonnance de 1735, comme sous notre Code
actuel, renfermant une disposition identique, que le concours du scel et
de la clôture doit exister de manière à assurer le secret et l'identité du
testament, et à rendre impossible, par conséquent, la substitution d'un
autre testament sans laisser de traces de l'ouverture frauduleuse et de la
rupture du scel, qui est le complément et la garantie de la clôture »
(C. cass. 27 mars 1865).

L'unité de contexte, qui doit aussi exister dans le testament authentique, est surtout nécessaire dans le testament mystique, car il est à craindre que le testament ne soit remplacé par un autre papier ; aussi le législateur a-t-il soin d'exprimer que, depuis la présentation du testament au notaire jusqu'au complément de l'acte de suscription, on ne peut *divertir à autres actes*.

On exige ici six témoins, tandis que la présence de quatre témoins suffit pour le testament authentique. Il faut que les six témoins sachent signer et signent, sans distinguer si le testament est fait ou non dans la campagne ; l'art. 974 n'est donc pas ici applicable. Mais le testateur peut prendre pour témoins de son testament mystique les légataires, ainsi que leurs parents, alliés et serviteurs, parce qu'il ne leur révèle pas ses dernières volontés.

La véritable date du testament mystique n'est pas celle qui se trouve dans le testament même ; c'est celle de l'acte de suscription. Si l'acte de suscription est nul, le testament ne vaut évidemment pas comme mystique. Mais vaut-il du moins comme olographe, lorsqu'il est entièrement écrit, daté et signé par le testateur? Dans cette question, qui est controversée, l'affirmative est conforme aux principes ordinaires : l'acte de suscription, qui est nul, ne peut pas avoir pour effet d'anéantir un testament qui était valable comme olographe ; *Utile per inutile non viciatur.*

977. Si le testateur ne sait signer, ou s'il n'a pu le faire lorsqu'il a fait écrire ses dispositions, il sera appelé à l'acte de suscription un témoin, outre le nombre porté par l'article précédent, lequel signera l'acte avec les autres témoins, et il y sera fait mention de la cause pour laquelle ce témoin aura été appelé.

Quand le testateur ne sait ou ne peut signer, il faut suppléer à ce défaut de garantie par la présence et la signature d'un septième témoin. Mais, ainsi que l'exprime la fin de l'article précédent, si le testateur qui a signé son testament ne peut pas signer l'acte de suscription, il n'est pas nécessaire d'appeler un septième témoin.

978. Ceux qui ne savent ou ne peuvent lire ne pourront faire de dispositions dans la forme du testament mystique.

Celui qui ne sait pas lire ne peut faire qu'un testament authentique : la forme mystique ne présenterait pas assez de garantie, parce qu'il ne pourrait pas vérifier par lui-même si l'écrit exprime fidèlement sa volonté.

979. En cas que le testateur ne puisse parler, mais qu'il puisse écrire, il pourra faire un testament mystique, à la charge que le testament sera entièrement écrit, daté et signé de sa main, qu'il le présentera au notaire et aux témoins, et qu'au haut de l'acte de suscription, il écrira, en leur présence, que le papier qu'il présente est son testament : après quoi, le notaire écrira l'acte de suscription, dans lequel il sera fait mention que le testateur a écrit ces mots en présence du notaire et des témoins, et sera, au surplus, observé tout ce qui est prescrit par l'article 976.

Le muet qui sait écrire peut faire son testament dans la forme olographe ou dans la forme mystique. Son testament mystique doit réunir d'abord toutes les conditions du testament olographe ; il doit par conséquent être entièrement écrit, daté et signé de sa main ; il faut, en outre, que le testateur muet écrive, en tête de l'acte de suscription, que le papier qu'il présente au notaire et aux témoins est son testament. Il est à remarquer que la date du testament lui-même est ici nécessaire, quoique la date de l'acte de suscription devienne la véritable date du testament.

980. Les témoins appelés pour être présents aux testaments devront être mâles, majeurs, sujets français, jouissant des droits civils.

Les personnes indiquées dans l'art. 975 sont frappées d'une incapacité relative d'être témoins dans le testament public ; tandis que celles qui ne réunissent pas les conditions exprimées par notre article sont frappées d'une incapacité générale et absolue d'être témoins dans tous les testaments, soit publics, soit mystiques.

La qualité de *sujet français* n'appartient pas à l'étranger admis par le Gouvernement à résider en France, quoiqu'il y jouisse des droits civils ; par suite, il ne peut pas être employé comme témoin dans un testament. Cependant sa présence comme témoin ne vicie pas le testament, s'il passe généralement pour avoir la qualité de Français ; car, d'après une maxime du droit romain, admise dans la jurisprudence française, « L'erreur commune fait le droit, *Error communis facit jus.* »

La loi du 25 ventôse an XI exige que les témoins produits dans les actes notariés soient *citoyens* français, c'est-à-dire jouissent en France des droits politiques, et qu'ils aient leur domicile dans l'arrondissement communal du lieu où l'acte est passé. Mais cette disposition n'est pas applicable aux testaments : un Français qui ne jouit pas des droits politiques, comme un failli, ou qui a son domicile hors de l'arrondissement communal, peut être employé comme témoin d'un testament.

SECTION II.

Des Règles particulières sur la Forme de certains Testaments.

Le législateur adoucit la rigueur des règles ordinaires sur la forme du testament public dans trois circonstances particulières, qui sont : 1° le service militaire ; 2° une maladie contagieuse ; 3° un voyage maritime.

981. Les testaments des militaires et des individus employés dans les armées pourront, en quelque pays que ce soit, être reçus par un chef de bataillon ou d'escadron, ou par tout autre officier d'un grade supérieur, en présence de deux témoins, ou par deux commissaires des guerres, ou par un de ces commissaires en présence de deux témoins.

Le militaire français qui est en campagne dans un pays étranger peut y faire son testament public, parce que là où est son drapeau, là est la France. — Les art. 975 et 980 sur la capacité des témoins paraissent applicables aux testaments militaires. Observons que les *commissaires des guerres* sont maintenant remplacés par les *intendants militaires.*

982. Ils pourront encore, si le testateur est malade ou blessé, être reçus par l'officier de santé en chef, assisté du commandant militaire chargé de la police de l'hospice.

La faveur particulière dont jouit le militaire en service à l'étranger doit, à plus forte raison, lui appartenir quand il y est malade ou blessé.

983. Les dispositions des articles ci-dessus n'auront lieu qu'en faveur de ceux qui seront en expédition militaire, ou en quartier, ou en garnison hors du territoire français, ou prisonniers chez l'ennemi, sans que ceux qui seront en quartier ou en garnison dans l'intérieur puissent en profiter, à moins qu'ils ne se trouvent dans une place assiégée ou dans une citadelle et autres lieux dont les portes soient fermées et les communications interrompues à cause de la guerre.

Cet article précise les cas où les militaires et employés dans les armées peuvent tester dans cette forme privilégiée : une pareille faculté n'existe que pour ceux qui, à cause de la guerre, sont dans l'impossibilité de suivre les formes ordinaires du testament public.

984. Le testament fait dans la forme ci-dessus établie sera nul six mois après que le testateur sera revenu dans un lieu où il aura la liberté d'employer les formes ordinaires.

Le testament militaire ne renferme pas de hautes garanties ; c'est pourquoi il cesse d'être valable six mois après l'époque où le testateur peut employer les formes ordinaires du testament public. Mais le testament militaire conserve sa force si le testateur, qui a recouvré la liberté d'employer les formes ordinaires, la perd encore dans les six mois.

985. Les testaments faits dans un lieu avec lequel toute communication sera interceptée à cause de la peste ou autre maladie contagieuse, pourront être faits devant le juge de paix, ou devant l'un des officiers municipaux de la commune, en présence de deux témoins.

En cas de peste ou autre maladie contagieuse, le ministère des notaires peut être insuffisant et quelquefois même impossible ; c'est pourquoi il peut être rempli, pour les testaments, par le juge de paix, ou par le maire ou l'un de ses adjoints ; alors, deux témoins suffisent.

986. Cette disposition aura lieu, tant à l'égard de ceux qui seraient attaqués de ces maladies, que de ceux qui seraient dans les lieux qui en sont infectés, encore qu'ils ne fussent pas actuellement malades.

I.   38

Ainsi, il n'y a pas à distinguer si le testateur résidant dans un lieu avec lequel toute communication est interceptée, est ou non atteint par la maladie contagieuse.

987. Les testaments mentionnés aux deux précédents articles deviendront nuls six mois après que les communications auront été rétablies dans le lieu où le testateur se trouve, ou six mois après qu'il aura passé dans un lieu où elles ne seront point interrompues.

Lorsque le testateur a recouvré la liberté des communications, il ne peut plus faire de testament privilégié ; mais celui qu'il a fait vaut encore pendant six mois, qui lui sont donnés pour tester dans la forme ordinaire.

988. Les testaments faits sur mer, dans le cours d'un voyage, pourront être reçus, savoir : — A bord des vaisseaux et autres bâtiments de l'Etat, par l'officier commandant le bâtiment, ou, à son défaut, par celui qui le supplée dans l'ordre du service, l'un ou l'autre conjointement avec l'officier d'administration ou avec celui qui en remplit les fonctions ; — Et à bord des bâtiments de commerce, par l'écrivain du navire ou celui qui en fait les fonctions, l'un ou l'autre conjointement avec le capitaine, le maître ou le patron, ou, à leur défaut, par ceux qui les remplacent. — Dans tous les cas, ces testaments devront être reçus en présence de deux témoins.

Toute personne, officier, matelot, homme d'équipage, passager, qui se trouve sur un vaisseau en cours de voyage, peut tester dans la forme privilégiée du testament maritime.

989. Sur les bâtiments de l'État, le testament du capitaine ou celui de l'officier d'administration, et, sur les bâtiments de commerce, celui du capitaine, du maître ou patron, ou celui de l'écrivain, pourront être reçus par ceux qui viennent après eux dans l'ordre du service, en se conformant pour le surplus aux dispositions de l'article précédent.

Personne ne pouvant jouer le rôle d'officier public dans un acte qui l'intéresse, il était nécessaire d'indiquer ceux qui rempliraient ce rôle dans le testament fait par le capitaine ou l'écrivain du navire.

990. Dans tous les cas, il sera fait un double original des testaments mentionnés aux deux articles précédents.

La nécessité de faire un double original du testament fait en mer se justifie par les nombreux dangers de perte auxquels il est exposé.

991. Si le bâtiment aborde dans un port étranger dans lequel se trouve un consul de France, ceux qui auront reçu le testament seront tenus de déposer l'un des originaux, clos ou cacheté, entre les mains de ce consul, qui le fera parvenir au ministre de la marine ; et celui-ci en fera faire le dépôt au greffe de la justice de paix du lieu du domicile du testateur.

Les expressions, « clos *ou* cacheté, » sont inexactes ; l'original déposé doit être « clos *et* cacheté, » comme dans le cas de l'article suivant.

992. Au retour du bâtiment en France, soit dans le port de l'armement, soit dans un port autre que celui de l'armement, les deux originaux du testament, également clos et cachetés, ou l'original qui resterait, si, conformément à l'article précédent, l'autre avait été déposé pendant le cours du voyage, seront remis au bureau du préposé de l'inscription maritime ; ce préposé les fera passer sans délai au ministre de la marine, qui en ordonnera le dépôt, ainsi qu'il est dit au même article.

L'un des originaux du testament fait en mer étant déposé au greffe de la justice de paix du domicile du testateur, les héritiers et légataires pourront facilement, après le décès de leur auteur, obtenir des expéditions du testament et exercer leurs droits.

993. Il sera fait mention sur le rôle du bâtiment, à la marge, du nom du testateur, de la remise qui aura été faite des originaux du testament, soit èntre les mains d'un consul, soit au bureau d'un préposé de l'inscription maritime.

Cette mention donne le moyen de suivre la trace du testament.

994. Le testament ne sera point réputé fait en mer, quoiqu'il l'ait été dans le cours du voyage, si, au temps où il a été fait, le navire avait abordé une terre, soit étrangère, soit de la domination française, où il y aura un officier public français; auquel cas, il ne sera valable qu'autant qu'il aura été dressé suivant les formes prescrites en France, ou suivant celles usitées dans les pays où il aura été fait.

Les testaments d'exception ne sont autorisés qu'à raison de l'impossibilité de remplir les formes ordinaires; or, dès que le navire aborde une terre où il y a un officier public français, cette impossibilité n'existe plus.

995. Les dispositions ci-dessus seront communes aux testaments faits par les simples passagers qui ne feront point partie de l'équipage.

L'impossibilité de suivre les formes ordinaires du testament public existe pour les passagers comme pour les matelots; ils peuvent donc aussi, par identité de motifs, tester dans la même forme exceptionnelle.

996. Le testament fait sur mer, en la forme prescrite par l'article 988, ne sera valable qu'autant que le testateur mourra en mer, ou dans les trois mois après qu'il sera descendu à terre, et dans un lieu où il aura pu le refaire dans les formes ordinaires.

Pour que le délai de trois mois commence à courir, deux conditions sont requises. Il faut: 1° que le testateur soit descendu à terre; 2° qu'il se trouve dans un pays où il peut tester dans les formes ordinaires.

997. Le testament fait sur mer ne pourra contenir aucune disposition au profit des officiers du vaisseau, s'ils ne sont parents du testateur.

Le testateur ne peut faire aucun legs au profit des officiers du vaisseau, parce qu'il se trouve, à leur égard, dans une sorte de dépendance.

998. Les testaments compris dans les articles ci-dessus de la présente section, seront signés par les testateurs et par ceux qui les auront reçus. — Si le testateur déclare qu'il ne sait ou ne peut signer, il sera fait mention de sa déclaration, ainsi que de la cause qui l'empêche de signer. — Dans les cas où la présence de deux témoins est requise, le testament sera signé au moins par l'un d'eux, et il sera fait mention de la cause pour laquelle l'autre n'aura pas signé.

Il est bon de suivre, dans les testaments privilégiés, toutes les règles du testament public ; mais leur inobservation n'entraînerait cependant pas la nullité de ces testaments.

999. Un Français qui se trouvera en pays étranger pourra faire ses dispositions testamentaires par acte sous signature privée, ainsi qu'il est prescrit en l'article 970, ou par acte authentique, avec les formes usitées dans le lieu où cet acte sera passé.

Le Français qui se trouve en pays étranger peut tester de deux manières : 1° en employant la forme olographe ; le droit de tester dans cette forme n'appartient pas aux étrangers, même résidant en France ; il est exclusivement inhérent à la qualité de Français ; celui-ci peut par conséquent l'exercer en toutes circonstances et en tous pays ; 2° en suivant les formes du testament authentique usitées dans le pays où l'acte est passé ; c'est là une application de la maxime : « Le lieu régit la forme de l'acte, *Locus regit actum.* »

1000. Les testaments faits en pays étranger ne pourront être exécutés sur les biens situés en France, qu'après avoir été enregistrés au bureau du domicile du testateur, s'il en a conservé un, sinon au bureau de son dernier domicile connu en France ; et dans le cas où le testament contiendrait des dispositions d'immeubles qui y seraient situés, il devra être, en outre, enregistré au bureau de la situation de ces immeubles, sans qu'il puisse être exigé un double droit.

Le testament fait en pays étranger doit être enregistré au bureau du domicile du testateur et au bureau de la situation des immeubles, afin que son existence se révèle publiquement aux héritiers, et que les legs n'échappent pas au droit de mutation.

1001. Les formalités auxquelles les divers testaments sont assujettis par les dispositions de la présente section et de la précédente, doivent être observées à peine de nullité.

Le testament puise sa force dans la puissance du législateur; aussi sa validité dépend-elle essentiellement de l'accomplissement des formes tracées par la loi. Mais l'héritier qui aurait volontairement exécuté un legs qu'il savait être nul, ne pourrait plus en faire prononcer ensuite la nullité; car cette exécution volontaire a pour effet de confirmer le legs.

SECTION III.
Des Institutions d'héritier, et des Legs en général.

Nous avons vu ci-dessus (art. 961) que, d'après le Code, qui a suivi l'esprit de nos anciennes coutumes, « Dieu seul fait les héritiers, *Deus solus facit hæredes;* » que le testateur, en faisant une institution d'héritiers, ne confère pas aux personnes qu'il a choisies la qualité véritable d'héritiers, mais seulement celle de légataires. Nous avons vu, en outre, qu'entre les héritiers, qualité qui n'appartient qu'aux personnes unies au défunt par les liens légitimes du sang, et les légataires universels, il existe une notable différence, en ce qui concerne l'obligation d'acquitter les dettes de la succession.

1002. Les dispositions testamentaires sont ou universelles, ou à titre universel, ou à titre particulier. — Chacune de ces dispositions, soit qu'elle ait été faite sous la dénomination d'institution d'héritier, soit qu'elle ait été faite sous la dénomination de legs, produira son effet suivant les règles ci-après établies pour les legs universels, pour les legs à titre universel, et pour les legs particuliers.

On voit dans cet article, d'après lequel il y a trois sortes de legs, que *l'institution d'héritier* n'est, en réalité, qu'un legs universel.

SECTION IV.

Du Legs universel.

1003. Le legs universel est la disposition testamentaire par laquelle le testateur donne à une ou plusieurs personnes l'universalité des biens qu'il laissera à son décès.

Lorsque le testateur institue plusieurs héritiers, ou lègue à plusieurs personnes « tous ses biens, » ou « tous les biens qu'il laissera à son décès, » ou « la quotité disponible, » il fait un legs universel, s'il ne détermine pas la part de chacun des héritiers ou légataires; car il établit alors une solidarité du legs, et confère à chacun des héritiers ou légataires un droit éventuel à la succession entière ; par suite, si l'un des institués ou légataires vient à décéder du vivant du testateur ou à répudier, sa part accroît aux autres et ne passe point aux héritiers légitimes. Si, au contraire, le testateur détermine les parts de chacun de ses héritiers institués ou de ses légataires, il fait des légataires à titre universel, qui n'ont point un droit éventuel à toute la succession et qui ne profitent point des parts caduques ou répudiées : ces parts sont alors dévolues aux héritiers légitimes. Ainsi décidé : — « Attendu qu'aux termes de l'art. 1044 C. Nap., il n'y a lieu à accroissement au profit des légataires que dans le cas où le legs a été fait sans désignation de parts dans la chose léguée; — Attendu que la désignation de parts, contenue dans l'institution du legs, établit un legs distinct et séparé pour chacun des légataires et empêche la solidarité du legs, condition nécessaire pour que le décès de l'un des légataires avant le testateur donne lieu à accroissement » (C. cass. 10 févr. 1861).

Quand un testateur lègue à son plus proche parent certains objets déterminés, sous la condition que ce parent n'aura rien à prétendre dans sa succession, sa volonté doit être observée ; par suite, le parent qui accepte un pareil legs devient un légataire particulier, et la succession passe aux héritiers du degré subséquent, ainsi que l'a décidé la Cour suprême : —

« Attendu que cette disposition a été interprétée en ce sens par l'arrêt attaqué, que le testateur n'avait entendu faire à son oncle qu'un legs particulier ; qu'au moyen de ce legs, il renoncerait à la succession, afin que les autres parents pussent arriver à sa succession ; que cette interprétation est souveraine » (C. cass. 30 déc. 1861).

Le testateur peut-il confier à une personne la mission de choisir comme légataires universels des personnes appartenant à une classe déterminée ? La négative a été avec raison décidée par la Cour suprême, sur les motifs suivants : — « Attendu qu'aux termes de l'art. 895 C. Nap., le testament est un acte par lequel le testateur dispose pour le temps où il ne sera plus ; que le testateur doit donc choisir lui-même ses légataires, et non pas en abandonner le choix au libre arbitre d'un tiers qui serait, en ce cas, le véritable disposant ; — Qu'il n'en résulte pas sans doute que le testateur est obligé d'écrire dans son testament le nom même du légataire ; qu'il peut se contenter de le désigner par une qualité, ou même faire dépendre la désignation d'un événement futur ou de l'accomplissement d'une condition ; mais que, dans tous les cas, il est nécessaire que la désignation soit suffisamment précise pour manifester la volonté du testateur lui-même » (C. cass. 12 août 1863).

1004. Lorsqu'au décès du testateur il y a des héritiers auxquels une quotité de ses biens est réservée par la loi, ces héritiers sont saisis de plein droit, par sa mort, de tous les biens de la succession, et le légataire universel est tenu de leur demander la délivrance des biens compris dans le testament.

L'héritier réservataire ne peut pas être dépouillé de sa qualité d'héritier par un legs universel ; lui seul a, malgré l'existence de ce legs, la *saisine*, c'est-à-dire la possession légale de tous les biens du défunt. Le légataire universel, qui devient propriétaire des biens qui composent la succession, dans la mesure de la quotité disponible, n'en obtient la possession que par la délivrance qui lui est faite volontairement par l'héritier réservataire ou qui est ordonnée par la justice. Toutefois, comme il a droit à la quotité disponible des biens du défunt, il peut provoquer, contre l'héritier réservataire, le partage des meubles et immeubles de la succession, et en obtenir sa part en nature ; en outre, comme il est assimilé à un héritier, il peut, dès qu'il a été mis en possession de la portion qui lui revient, poursuivre en payement, dans la mesure de cette portion, les débiteurs héréditaires et être lui-même poursuivi par les créanciers.

1005. Néanmoins, dans les mêmes cas, le légataire universel aura la jouissance des biens compris dans le testament, à compter du jour du décès, si la demande en délivrance a été faite dans l'année, depuis cette époque; sinon, cette jouissance ne commencera que du jour de la demande formée en justice, ou du jour que la délivrance aurait été volontairement consentie.

Quoique l'héritier réservataire ait la possession légale de tous les biens qui sont compris dans la succession, la loi attribue cependant au légataire universel tous les fruits de la part qui lui revient, s'il forme sa demande en délivrance dans l'année qui suit le décès du testateur. Cette disposition semble déroger au principe que « le possesseur de bonne foi gagne les fruits. » Mais elle se justifie par une double considération : d'abord, l'héritier n'a point, dans l'année de l'ouverture de la succession, une bonne foi complète, parce qu'il ne pourrait pas affirmer qu'il n'existe aucun legs universel; ensuite, la loi ne veut point punir par la perte des fruits le légataire universel qui, au lieu de se hâter de demander la délivrance de son legs, cherche à obtenir un accommodement et un partage amiable de la succession. Mais si ce légataire ne forme la demande judiciaire de son legs qu'après l'année, c'est seulement à partir du jour de sa demande qu'il a droit aux fruits de sa portion : il est ainsi puni de sa négligence qui a contribué à fortifier la sécurité et la bonne foi de l'héritier réservataire.

1006. Lorsqu'au décès du testateur il n'y aura pas d'héritiers auxquels une quotité de ses biens soit réservée par la loi, le légataire universel sera saisi de plein droit par la mort du testateur, sans être tenu de demander la délivrance.

A défaut d'héritier réservataire, le légataire universel a toujours droit aux fruits depuis l'ouverture de la succession. En outre, il a la saisine légale de tous les biens laissés par le défunt, lorsqu'il a été institué par testament authentique. Mais il diffère d'un héritier légitime; car, s'il a fait inventaire des biens qui composent la succession, il n'est tenu d'acquitter les dettes du défunt que jusqu'à concurrence de son émolument, alors même qu'il n'aurait pas fait au greffe du tribunal civil une déclaration d'acceptation bénéficiaire. Cependant quelques jurisconsultes n'admettent pas cette différence ; ils enseignent que le légataire universel, alors surtout qu'il a la saisine, est complétement dans la situation d'un héritier légitime, et qu'il ne peut échapper à la nécessité de payer toutes les dettes du défunt qu'en acceptant le legs sous bénéfice d'inventaire. Cette opinion ne paraît pas fondée ; toutefois, si le légataire universel craint que les dettes ne surpassent l'émolument, il agira prudemment en faisant une acceptation bénéficiaire.

1007. Tout testament olographe sera, avant d'être mis à exécution, présenté au président du tribunal de première instance de l'arrondissement dans lequel la succession est ouverte. Ce testament sera ouvert, s'il est cacheté. Le président dressera procès-verbal de la présentation, de l'ouverture et de l'état du testament, dont il ordonnera le dépôt entre les mains du notaire par lui commis. — Si le testament est dans la forme mystique, sa présentation, son ouverture, sa suscription et son dépôt, seront faits de la même manière ; mais l'ouverture ne pourra se faire qu'en présence de ceux des notaires et des témoins signataires de l'acte de suscription, qui se trouveront sur les lieux, ou eux appelés.

Les formalités prescrites par cet article doivent être toujours observées, lorsqu'il s'agit de testament olographe ou mystique : il n'y a pas à distinguer si les legs sont universels, à titre universel, ou à titre particulier, ni si les héritiers légitimes du testateur sont ou non réservataires. Elles ont pour but de suppléer au défaut d'authenticité du testament, d'assurer sa conservation et de donner aux parties intéressées un moyen facile de le vérifier et de s'en faire délivrer des copies par le notaire qui l'a reçu en dépôt.

1008. Dans le cas de l'article 1006, si le testament est olographe ou mystique, le légataire universel sera tenu de se faire envoyer en possession, par une ordonnance du président, mise au bas d'une requête à laquelle sera joint l'acte de dépôt.

A défaut d'héritier réservataire, le légataire universel a la saisine et, par suite, le droit aux fruits des biens laissés par le défunt, depuis l'ou-

verture de la succession (art. 1006). Toutefois, lorsqu'il est institué par
un testament olographe ou mystique, sa saisine a besoin d'être confirmée
par une ordonnance d'envoi en possession, délivrée, sur requête d'avoué,
par le président du tribunal civil du domicile du défunt.

Voyons qui, du légataire universel ou de l'héritier légitime, doit faire
la preuve lorsque le testament est prétendu faux. — Le testament public
et le testament mystique sont authentiques, et par conséquent ils sont
présumés vrais. De là si l'héritier légitime prétend que le testament fait
dans l'une de ces deux formes est faux, c'est-à-dire n'a pas été fait par
son parent défunt, c'est à lui à prouver sa prétention au moyen de l'inscription de faux. Au contraire, le testament olographe n'est qu'un acte
sous seing privé ; par suite, quand l'héritier prétend que ce testament est
faux, cette prétention ne donne pas lieu à la procédure d'inscription de
faux, mais seulement à la vérification d'écriture. Si le légataire universel
n'a pas encore été envoyé en possession par une ordonnance du président
du tribunal, c'est lui qui doit, en cas de contestation, jouer le rôle de
demandeur, et prouver que le testament a été entièrement écrit, daté et
signé de la main du défunt. Mais est-il aussi tenu de faire la preuve lorsqu'il a été envoyé en possession? Sur cette question, qui est très-vivement
controversée, la Cour de cassation décide que la preuve incombe alors à
l'héritier légitime : — « Attendu que le testament olographe est un acte
investi par la loi d'un caractère et d'une force d'exécution qui lui sont
particuliers ; qu'en effet, aux termes des art. 1006 et 1008, le légataire
universel, dans le cas où il n'existe pas d'héritier à réserve, est saisi de
plein droit de la succession par la mort du testateur, sans être tenu de
demander la délivrance ; que, par l'ordonnance d'envoi en possession,
rendue conformément à l'art. 1008, le légataire universel réunit la possession de fait à la possession de droit qui lui est conférée par la loi ; qu'il
n'a rien à prouver pour se maintenir dans cette possession ; que c'est à
ceux qui attaquent le titre en vertu duquel le légataire possède à prouver
le vice de ce titre » (C. cass. 23 août 1853 ; — Conf. C. cass. 21 mai 1860).
— La Cour suprême vient de rendre encore un arrêt dans le même sens : —
« Attendu que le légataire universel, lorsqu'il n'y a pas d'héritiers à réserve, est saisi de plein droit de l'hérédité du testateur, sans avoir à demander la délivrance ; que, toutefois, si le testament qui l'institue est olographe, il est tenu de se faire envoyer en possession par ordonnance du
président ; mais que l'accomplissement de cette condition, sans opposition
ou nonobstant opposition des héritiers du sang, réunit en sa faveur la saisine de fait à la saisine de droit ; que les héritiers du sang, qui viennent

ensuite agir en pétition d'hérédité et en délaissement, se trouvent, par conséquent, dans les conditions de tout demandeur ; que c'est à eux, dès lors, qu'incombe l'obligation de prouver le vice de son titre et la légitimité de leurs prétentions » (C. cass. 25 juin 1867).

1009. Le légataire universel qui sera en concours avec un héritier auquel la loi réserve une quotité des biens, sera tenu des dettes et charges de la succession du testateur, personnellement pour sa part et portion, et hypothécairement pour le tout, et il sera tenu d'acquitter tous les legs, sauf le cas de réduction, ainsi qu'il est expliqué aux articles 926 et 927.

Le légataire universel qui, à défaut d'héritier réservataire, a la saisine, est tenu d'acquitter toutes les dettes et charges de la succession et tous les legs ; comme il n'est pas un véritable héritier, mais un simple successeur aux biens, son obligation ne dépasse cependant pas les forces de l'émolument qu'il a recueilli, lorsqu'il a eu soin de faire un inventaire fidèle et exact. Si, au contraire, il se trouve en concours avec des héritiers réservataires, il n'a dans la succession que la portion disponible ; or, comme les dettes et charges d'une succession sont supportées par tout le patrimoine, il n'en est tenu, tant à l'égard des créanciers qu'à l'égard des héritiers réservataires, que dans la proportion de la part qu'il recueille. Toutefois, quand le défunt a hypothéqué, pour la sûreté d'une dette, un immeuble qui tombe ensuite dans le lot du légataire universel, celui-ci, en sa qualité de détenteur de l'immeuble hypothéqué, peut être poursuivi en payement de toute la dette ; mais il a son recours contre les héritiers réservataires jusqu'à concurrence de la part que ceux-ci doivent supporter dans la dette.

Les legs ne peuvent jamais entamer la réserve. De là, si l'héritier réservataire se trouve en concours avec un légataire universel, celui-ci est tenu d'acquitter tous les legs particuliers, par la raison qu'il recueille toute la quotité disponible. Quand l'émolument que recueille le légataire universel surpasse ou égale la valeur totale des legs particuliers, ces legs doivent être par lui intégralement exécutés ; quand, au contraire, cet émolument est inférieur au montant des legs particuliers, il y a lieu à l réduction proportionnelle de tous ces legs.

SECTION V.

Du Legs à titre universel.

1010. Le legs à titre universel est celui par lequel le testateur lègue une quote-part des biens dont la loi lui permet de disposer, telle qu'une moitié, un tiers, ou tous ses immeubles, ou tout son mobilier, ou une quotité fixe de tous ses immeubles ou de tout son mobilier. — Tout autre legs ne forme qu'une disposition à titre particulier.

Nous avons vu ci-dessus (art. 1002), que le legs universel est celui qui confère au légataire un droit au moins éventuel à l'universalité des biens du testateur. Le legs qui a trait à cette universalité, et qui ne la comprend cependant qu'en partie, est un legs à titre universel. Or, ce legs se présente sous cinq formes. Il peut comprendre : 1° une quote-part de la quotité disponible ; 2° tous les immeubles ; 3° une quotité fixe de tous les immeubles ; 4° tout le mobilier, c'est-à-dire tous les biens meubles ; 5° enfin, une quotité fixe de tout le mobilier.

Tout legs qui n'est ni universel ni à titre universel forme un legs particulier. Ce dernier legs, qui ne peut être directement défini, se présente sous mille formes variées. Ainsi, le testateur qui lègue tous ses prés, ou toutes ses vignes, ou toutes ses maisons, ou toutes ses créances, ou, enfin, tous ses immeubles situés dans telle commune, fait un legs particulier, alors même que tous les biens qu'il laisse seraient, en réalité, compris dans le legs.

Le legs est aussi à titre particulier lorsqu'il a pour objet les droits du testateur dans une succession qui lui est échue : quoique le légataire soit tenu, dans ce cas, de supporter, jusqu'à concurrence de son émolument, les dettes de la succession qui lui a été léguée, il n'est cependant pas tenu de contribuer au payement des dettes du testateur. Le legs qui comprend l'usufruit de tous les biens du testateur est pareillement à titre particulier ; mais le légataire, qui a la jouissance de tous les biens du défunt, doit payer tous les intérêts des dettes (art. 612). Cependant, la Cour de cassation assimile le legs universel d'usufruit au legs à titre universel (C. cass. 8 déc. 1862). Mais cette assimilation est inexacte ; elle ne repose que sur l'obligation imposée au légataire universel de l'usufruit de payer les intérêts des dettes de la succession, obligation différant

essentiellement de celle du légataire à titre universel qui peut être poursuivi, au moins pour partie, en payement du capital même des dettes
(art. 1012).

1011. Les légataires à titre universel seront tenus de demander la délivrance aux héritiers auxquels une quotité des
biens est réservée par la loi; à leur défaut, aux légataires universels; et, à défaut de ceux-ci, aux héritiers appelés dans
l'ordre établi au titre *des Successions.*

Le légataire à titre universel n'a jamais la saisine. Il demande donc la
délivrance de son legs aux héritiers légitimes ou aux légataires universels; à leur défaut, il s'adresse au tribunal civil. S'il forme sa demande
en délivrance dans l'année du décès du testateur, a-t-il droit aux fruits
de sa part depuis l'ouverture de la succession? Cette question est controversée. Mais il semble conforme à l'esprit de la loi de décider l'affirmative, car les mêmes raisons qui font accorder les fruits au légataire universel (art. 1005), militent en faveur du légataire à titre universel.

1012. Le légataire à titre universel sera tenu, comme le
légataire universel, des dettes et charges de la succession du
testateur, personnellement pour sa part et portion, et hypothécairement pour le tout.

Le légataire à titre universel est tenu des dettes et charges de la succession de la même manière que le légataire universel qui concourt avec
un héritier réservataire, c'est-à-dire personnellement pour sa part, et
hypothécairement pour le tout (art. 1009). L'héritier ou le légataire universel, qui est poursuivi par les créanciers, est tenu de payer intégralement
les dettes héréditaires, tant qu'il n'a pas fait encore au légataire à titre
universel la délivrance de son legs; mais lorsqu'il a fait cette délivrance,
il a droit de dire aux créanciers : « Voilà ma part; demandez au légataire
à titre universel, qui a obtenu la délivrance d'une portion des biens héréditaires, la part qu'il doit supporter dans les dettes.

1013. Lorsque le testateur n'aura disposé que d'une quotité
de la portion disponible, et qu'il l'aura fait à titre universel, ce
légataire sera tenu d'acquitter les legs particuliers par contribution avec les héritiers naturels.

Lorsque le défunt, qui a fait un legs à titre universel, par exemple, du quart de ses biens, et, en outre, des legs particuliers, a laissé un enfant, celui-ci est tenu d'acquitter les trois quarts des legs particuliers, quoiqu'il n'ait, outre sa réserve, que la moitié de la quotité disponible; mais son obligation cesse dès qu'il a épuisé ce qu'il a recueilli dans la quotité disponible, car il a droit alors de se prévaloir de sa qualité de réservataire et de soutenir que les legs ne peuvent pas entamer sa réserve.

Remarquons que le légataire à titre universel des immeubles doit seul acquitter les legs d'immeubles, et que le légataire à titre universel des meubles doit aussi acquitter seul les legs de meubles; tandis que chacun d'eux est tenu de payer les legs de sommes ou de genres proportionnellement à la valeur des biens qu'il a recueillis.

SECTION VI.

Des Legs particuliers.

Nous avons vu ci-dessus (art. 1010) ce que l'on entend par *legs particulier*, et les choses qu'il peut avoir pour objet.

1014. Tout legs pur et simple donnera au légataire, du jour du décès du testateur, un droit à la chose léguée, droit transmissible à ses héritiers ou ayants-cause. — Néanmoins, le légataire particulier ne pourra se mettre en possession de la chose léguée, ni en prétendre les fruits ou intérêts, qu'à compter du jour de sa demande en délivrance, formée suivant l'ordre établi par l'article 1011, ou du jour auquel cette délivrance lui aurait été volontairement consentie.

Quelle que soit la nature du legs, qu'il soit universel, à titre universel ou à titre particulier, il produit au profit du légataire, du jour même du décès du testateur, un droit acquis et transmissible à ses héritiers ou autres successeurs. Ce principe général ne s'applique cependant qu'au legs pur et simple et au legs à terme. S'il s'agit, au contraire, d'un legs fait sous condition suspensive, le légataire n'acquiert de droit aux choses léguées que lorsque la condition se réalise de son vivant; s'il meurt avant l'événement de cette condition, son espérance de legs ne passe point à ses héritiers (art. 1040), et par conséquent elle est évanouie.

Comme la propriété s'acquiert et se transmet par donation testamentaire (art. 711), le légataire particulier, auquel a été fait un legs pur et simple ou à terme, acquiert du jour même du décès du testateur la propriété des choses léguées, quand le legs a pour objet des corps certains et déterminés; tandis que s'il a pour objet des genres, comme mille francs, cent mesures de blé, un cheval non spécifié, le légataire particulier n'acquiert alors qu'un simple droit de créance contre les héritiers ou autres débiteurs du legs.

Quoique les corps certains et déterminés qui font l'objet du legs appartiennent au légataire du jour de l'ouverture de la succession, l'héritier ou le légataire universel, qui a la saisine de la masse héréditaire, garde la possession de ces corps certains, et il en gagne les fruits, jusqu'à l'époque de la délivrance du legs; ce n'est donc que du jour de la délivrance volontairement consentie, ou demandée en justice, que le légataire particulier a droit aux fruits de la chose léguée.

1015. Les intérêts ou fruits de la chose léguée courront au profit du légataire dès le jour du décès, et sans qu'il ait formé sa demande en justice: — 1° Lorsque le testateur aura expressément déclaré sa volonté, à cet égard, dans le testament; — 2° Lorsqu'une rente viagère ou une pension aura été léguée à titre d'aliments.

La règle générale exprimée dans l'article précédent et portant que le légataire particulier n'a droit aux fruits de la chose léguée que depuis la délivrance volontairement consentie ou demandée en justice, souffre deux exceptions. Le légataire particulier a droit aux fruits du jour du décès du testateur : 1° si le disposant a expressément déclaré sa volonté à cet égard : le legs comprend alors la chose et ses fruits; 2° si l'objet du legs consiste en rente viagère ou pension laissée à titre d'aliments : car alors le disposant, qui a voulu fournir au légataire des moyens de subsistance, a probablement entendu que les arrérages de la rente viagère, qui semblent plutôt être l'objet même du legs que d'en être les fruits, commençassent à courir du jour de son décès au profit du légataire.

Il paraît utile de faire ici une observation. Quoique le legs d'une chose indéterminée soit nul, le testateur peut néanmoins léguer valablement à une personne soit une rente alimentaire dont il ne fixe pas le montant, soit la quantité de blé nécessaire à la consommation annuelle du légataire;

car le tribunal a, en pareil cas, tous les éléments nécessaires pour fixer le montant de la rente, ou la quantité de blé.

Il existe encore deux autres exceptions au principe que les fruits ne sont dus au légataire particulier qu'à partir du jour de la délivrance. Ces exceptions découlent de la nature même des choses. 1° Si le créancier lègue à son débiteur sa libération, les intérêts de la créance léguée cessent de courir du jour du décès du testateur; car, à partir de ce jour, la créance est éteinte. 2° Si le légataire est en possession de la chose léguée à l'époque de l'ouverture du legs, il jouit aussitôt des fruits de cette chose; car, dans ce cas, il n'a pas à former de demande en délivrance.

L'art. 604 dispose que les fruits sont dus à l'usufruitier du jour où l'usufruit est ouvert. Selon la plupart des auteurs, cette disposition est applicable au legs d'usufruit, ainsi que nous l'avons vu sous cet article.

1016. Les frais de la demande en délivrance seront à la charge de la succession, sans néanmoins qu'il puisse en résulter de réduction de la réserve légale. — Les droits d'enregistrement seront dus par le légataire. — Le tout, s'il n'en a été autrement ordonné par le testament. — Chaque legs pourra être enregistré séparément, sans que cet enregistrement puisse profiter à aucun autre qu'au légataire ou à ses ayants-cause.

Les frais de demande en délivrance ont pour cause la négligence mise par les débiteurs de legs à satisfaire à leur obligation; il est donc juste qu'ils soient à la charge de ces débiteurs. Cependant la réserve ne peut jamais être entamée par les frais de la demande en délivrance de legs.

Le légataire supporte les droits d'enregistrement de son legs, car ces droits sont dus pour la mutation qui s'opère en sa faveur. Celui des légataires qui voulait autrefois demander le premier l'exécution de son legs devait d'abord faire enregistrer le testament entier, parce que toutes les dispositions qu'il contenait étaient considérées comme indivisibles; ce qui le mettait dans la nécessité de faire des avances souvent considérables. Il n'en est plus ainsi maintenant : chaque légataire ne fait enregistrer que le legs qui le concerne; après cet enregistrement, il peut agir en délivrance du legs.

1017. Les héritiers du testateur, ou autres débiteurs d'un legs, seront personnellement tenus de l'acquitter, chacun au

39

prorata de la part et portion dont ils-profiteront dans la succession. — Ils en seront tenus hypothécairement pour le tout,
jusqu'à concurrence de la valeur des immeubles de la succession dont ils seront détenteurs.

Le légataire particulier peut avoir trois actions pour obtenir l'exécution
de son legs : l'action *en revendication*, l'action *personnelle* et l'action *hypothécaire*. — 1° Le légataire particulier a l'action en revendication quand la
chose léguée est un corps certain et déterminé, car il en est devenu propriétaire au moment de l'ouverture du legs (art. 711). — 2° Quel que soit l'objet
du legs, qu'il consiste en corps certains ou en genres, le légataire particulier peut en demander l'exécution en agissant par une action personnelle
contre les héritiers et autres débiteurs du legs, proportionnellement à la
part que chacun d'eux a recueillie dans la succession. Toutefois, le légataire universel, et l'héritier lui-même qui a accepté purement et simplement, ne sont jamais tenus de l'exécution des legs particuliers au-delà de
leur émolument, s'ils ont fait constater par un inventaire les forces de la
succession. — 3° Enfin, quel que soit l'objet du legs, le légataire particulier
a une hypothèque, établie par la loi sur tous les immeubles de la succession, pour mieux assurer l'exécution des legs. Or, comme l'hypothèque est
un droit réel et indivisible qui suit l'immeuble dans quelques mains qu'il
passe (art. 2114), il s'ensuit que le légataire particulier peut poursuivre en
payement de son legs entier toute personne, héritier ou tiers, qui détient
un immeuble de la succession. Au reste, l'hypothèque conférée au légataire
ne lui donne pas le droit d'être payé sur les immeubles de la succession
par préférence aux créanciers du défunt qui demandent la séparation des
patrimoines; par la même raison que celle qui a fait porter la disposition
de l'art. 809, il n'est même payé qu'après eux. Ainsi jugé : — « Attendu
que l'hypothèque que l'art. 1017 C. Nap. confère aux légataires particuliers
sur les biens de l'hérédité, n'a d'effet que contre l'héritier et ses créanciers; que, sauf le cas de confusion et de novation par l'acceptation de
l'héritier pour débiteur, elle n'en a aucun contre les créanciers du testateur, quelle que soit la nature de leurs titres » (C. de Bordeaux, 26
avr. 1864).

1018. La chose léguée sera délivrée avec les accessoires
nécessaires, et dans l'état où elle se trouvera au jour du décès
du donateur.

Les *accessoires nécessaires* sont, par exemple, pour une ferme, les animaux et les instruments aratoires que le propriétaire a attachés au fonds à perpétuelle demeure, et, pour une fabrique, les ustensiles nécessaires (art. 524). Le légataire particulier ayant droit à la chose léguée dans l'état où elle se trouve lors du décès du testateur, il s'ensuit : 1° que les augmentations ou diminutions arrivées entre la confection du testament et le décès du testateur, sont toujours pour le légataire profit ou perte : ainsi le légataire d'un troupeau a droit à toutes les têtes dont, même par des acquisitions, le troupeau se trouve augmenté au moment du décès du testateur; tandis que s'il n'existe plus, lors du décès du testateur, qu'une seule tête, c'est à cela que son droit est réduit; 2° que si, depuis l'ouverture de la succession, l'héritier détériore la chose léguée, il doit au légataire une indemnité; mais que, s'il améliore cette chose, il doit lui-même être indemnisé par le légataire.

1019. Lorsque celui qui a légué la propriété d'un immeuble l'a ensuite augmentée par des acquisitions, ces acquisitions, fussent-elles contiguës, ne seront pas censées, sans une nouvelle disposition, faire partie du legs. — Il en sera autrement des embellissements, ou des constructions nouvelles faites sur le fonds légué, ou d'un enclos dont le testateur aurait augmenté l'enceinte.

Après avoir légué une pièce de terre, le testateur achète une autre pièce de terre contiguë : celle-ci n'est pas comprise dans le legs. Mais si le testateur embellit, améliore ou augmente par un enclos le fonds légué, le légataire a droit à ces embellissements, améliorations et augmentations, qui sont considérés comme des accessoires de la chose léguée. En est-il de même des constructions nouvelles faites sur le fonds légué? Oui, en général; telle est la disposition formelle de notre article. Cependant, d'après une opinion générale, si un terrain légué est couvert de constructions importantes qui sont, eu égard à leur valeur, considérées comme chose principale, ces constructions n'appartiennent pas au légataire; le legs du terrain se trouve même alors éteint, parce que ce terrain n'existe plus que comme un accessoire nécessaire des constructions.

Au reste, si le testateur échange l'immeuble légué contre un autre, le legs est éteint; car le légataire n'a droit ni à l'immeuble légué, qui appartient maintenant à autrui (art. 1021), ni à l'immeuble acquis en échange, parce qu'il ne fait pas l'objet du legs.

1020. Si, avant le testament ou depuis, la chose léguée a été hypothéquée pour une dette de la succession, ou même pour la dette d'un tiers, ou si elle est grevée d'un usufruit, celui qui doit acquitter le legs n'est point tenu de la dégager, à moins qu'il n'ait été chargé de le faire par une disposition expresse du testateur.

Celui qui doit acquitter un legs satisfait pleinement à son obligation en délivrant la chose léguée dans l'état où elle se trouve au décès du testateur (art. 1018); par suite, il n'est pas tenu de la dégager des droits d'hypothèque, de servitude ou d'usufruit dont elle est grevée lors de l'ouverture du legs. Cependant le légataire, qui est tenu de souffrir l'exercice des droits de servitude et d'usufruit, se trouve dans une position plus favorable lorsqu'il s'agit d'hypothèque; en effet, quand il a payé la dette pour sûreté de laquelle l'immeuble est grevé, il a une action en recours contre le débiteur, peu importe que ce débiteur soit l'héritier (art. 874) ou un tiers.

Au reste, le testateur peut, au moyen d'une disposition expresse, imposer à son héritier l'obligation de délivrer au légataire particulier l'immeuble libre du droit d'hypothèque ou d'usufruit : dans ce cas, l'héritier dégage l'immeuble de l'hypothèque soit en payant la dette, soit en donnant au créancier des sûretés que celui-ci accepte à la place de son hypothèque; mais il ne peut dégager l'immeuble légué de l'usufruit qui le grève qu'en obtenant à cet égard le consentement de l'usufruitier; s'il ne peut obtenir ce consentement, il exécutera la volonté du testateur par équivalent, c'est-à-dire en payant au légataire de l'immeuble une indemnité annuelle dont le montant égale la valeur des fruits nets de l'immeuble.

1021. Lorsque le testateur aura légué la chose d'autrui, le legs sera nul, soit que le testateur ait connu ou non qu'elle ne lui appartenait pas.

Aucun auteur, aucun monument de la jurisprudence n'a encore, à notre connaissance, révélé le véritable esprit de cette disposition importante. Nous espérons faire clairement cette révélation au moyen de quelques notions historiques. En droit romain, le legs de la chose d'autrui était valable si le testateur avait su qu'il léguait la chose d'autrui : l'héritier devait, dans ce cas, acquérir la chose léguée et la donner au légataire; s'il ne pouvait pas l'acquérir, il en payait la valeur au légataire e exécutait ainsi, par équivalent, la charge qui lui avait été imposée. La vente de la chose d'autrui était pareillement valable chez les Romains; elle soumettait à des dommages-intérêts le vendeur qui ne livrait pas la chose, ou qui ne maintenait pas l'acheteur dans la possession de la chose livrée. Ces dispositions concernant le legs et la vente de la chose d'autrui avaient leur cause dans les mœurs romaines et dans les religions imparfaites de l'antiquité, qui ne blâmaient jamais le désir du bien d'autrui. Mais la religion chrétienne, qui descend au fond des consciences, réprouve et considère comme coupable le simple désir de la chose d'autrui. Or, l'esprit de la religion a pénétré, pendant le cours des siècles, dans nos mœurs, dans nos lois et dans nos constitutions politiques. En conséquence, nous avons proclamé que « La chose d'autrui est sacrée. » Or, on ne peut ni léguer ni vendre une chose sacrée, qui est par là mise hors du commerce. De même, on ne peut ni léguer ni vendre la chose d'autrui; celui qui fait une pareille disposition fait un acte radicalement nul, alors même qu'il saurait que la chose appartient à autrui. — Mais la religion, les mœurs et nos lois ne considèrent comme renfermant un désir coupable et réprouvé que la disposition directe de la chose d'autrui. Elles s'accordent pour en permettre la disposition indirecte, dont la forme est respectueuse à l'égard des droits d'autrui. De là, si le testateur charge son héritier de l'obligation de rendre libre d'usufruit l'immeuble légué (art. 1020), de donner tel de ses immeubles à un légataire, ou d'acheter pour ce légataire l'immeuble appartenant à un tiers, il manifeste, par sa disposition indirecte, qu'il a pour la chose d'autrui tout le respect qu'elle mérite; son legs, qui ne renferme rien d'illicite, est parfaitement valable. L'héritier devra donc exécuter ce legs ou, à défaut, payer au légataire la valeur de la chose léguée.

Lorsque le testateur lègue une chose indivise, c'est-à-dire qui ne lui appartient qu'en partie, le legs n'est valable que pour cette partie. Cependant il existe une remarquable dérogation à ce principe : quand le mari lègue un immeuble de la communauté, le légataire a droit à tout l'immeuble, s'il tombe dans le lot des héritiers du mari, ou à l'estimation de l'immeuble entier, s'il tombe dans le lot de la femme (art. 1423). Cette disposition exceptionnelle est basée sur ce que le mari, autrefois seigneur et maître de la communauté, ne peut pas être considéré comme moralement coupable du désir de la chose d'autrui, quand il dispose par legs d'un immeuble commun, qu'il a acquis comme chef de la communauté et qu'il peut hypothéquer et aliéner par acte entre-vifs.

Au reste, celui qui lègue des genres qu'il n'a pas, par exemple, cent pièces de vin, trente hectolitres de blé, un cheval, fait évidemment un legs valable, car une pareille disposition ne renferme rien qui constitue un désir coupable de la chose d'autrui.

1022. Lorsque le legs sera d'une chose indéterminée, l'héritier ne sera pas obligé de la donner de la meilleure qualité, et il ne pourra l'offrir de la plus mauvaise.

Dans les legs de genres, par exemple d'un cheval, l'héritier doit en transférer la propriété au légataire : le choix du cheval lui appartient, quand le testateur n'a pas exprimé le contraire ; mais il doit se conformer à l'intention présumée du défunt et aux règles de la bonne foi.

1023. Le legs fait au créancier ne sera pas censé en compensation de sa créance, ni le legs fait au domestique en compensation de ses gages.

Ainsi, lorsque le testateur lègue 2,000 fr. à une personne à laquelle il doit 1,000 fr., le légataire pourra demander à l'héritier les 2,000 fr. qui lui ont été légués et les 1,000 fr. qui lui étaient dus par le défunt.

1024. Le légataire à titre particulier ne sera point tenu des dettes de la succession, sauf la réduction du legs, ainsi qu'il est dit ci-dessus, et sauf l'action hypothécaire des créanciers.

Les légataires particuliers subissent une réduction proportionnelle s'il ne reste pas suffisamment d'actif pour acquitter tous les legs, après que les créanciers ont été payés, et que la portion réservée aux descendants ou ascendants a été prélevée. Le légataire particulier est quelquefois tenu du payement de certaines dettes ; ainsi, le legs d'un fonds de commerce peut comprendre les dettes et les créances qui concernent le commerce.

SECTION VII.

Des Exécuteurs testamentaires.

1025. Le testateur pourra nommer un ou plusieurs exécuteurs testamentaires.

Les legs sont ordinairement exécutés par les héritiers ou par les léga-

taires universels. Mais si le testateur craint que cette exécution ne soit retardée par leur négligence ou éludée par leur mauvaise foi, il peut nommer,
pour assurer l'exécution des legs, des amis qui prennent alors le nom
d'*exécuteurs testamentaires*. La nomination de l'exécuteur testamentaire
constitue une simple offre que l'ami nommé peut refuser ; s'il l'accepte, il
est tenu d'exécuter la mission qui lui a été confiée. Cette obligation ne résulte pas d'un contrat, car le contrat ne peut se former que du consentement simultané des parties ; elle résulte d'un quasi-contrat qui a beaucoup de ressemblance avec le mandat. Le testateur fait ordinairement un
don à l'ami qu'il choisit pour exécuteur de ses dernières volontés, afin de
l'engager à l'acceptation de cette charge gratuite. Ce don est appelé
diamant.

1026. Il pourra leur donner la saisine du tout, ou seulement d'une partie de son mobilier ; mais elle ne pourra durer
au-delà de l'an et jour à compter de son décès. S'il ne la leur
a pas donnée, ils ne pourront l'exiger.

La saisine temporaire de tout ou de partie du mobilier, que le testateur
peut donner à ses exécuteurs testamentaires, n'empêche pas la saisine des
héritiers ou des légataires universels. Constitués, par cette saisine testamentaire, les gardiens des meubles, faciles à détourner, les exécuteurs
ont des moyens plus prompts pour remplir les dernières volontés du défunt.
Mais ils doivent se hâter d'accomplir leur mission, dans l'intérêt des légataires et des héritiers eux-mêmes ; c'est pourquoi la loi fixe à un an la
plus longue durée de leur saisine.

1027. L'héritier pourra faire cesser la saisine, en offrant
de remettre aux exécuteurs testamentaires somme suffisante
pour le payement des legs mobiliers, ou en justifiant de ce
payement.

Le but de la saisine est atteint quand les legs mobiliers ont été exécutés, ou quand les héritiers ont remis, pour les acquitter, des sommes
suffisantes aux exécuteurs testamentaires ; la saisine, qui est désormais
superflue, doit alors nécessairement finir.

1028. Celui qui ne peut s'obliger ne peut pas être exécuteur testamentaire.

En nommant un exécuteur testamentaire, le testateur a pour but de mieux assurer l'exécution de ses dernières volontés; or, ce but ne serait pas atteint sûrement, et tous les intérêts des légataires et des héritiers pourraient être compromis d'une manière irréparable, si l'exécuteur testamentaire était incapable de s'obliger.

1029. La femme mariée ne pourra accepter l'exécution testamentaire qu'avec le consentement de son mari. — Si elle est séparée de biens, soit par contrat de mariage, soit par jugement, elle le pourra avec le consentement de son mari, ou, à son refus, autorisée par la justice, conformément à ce qui est prescrit par les articles 217 et 219, au titre *du Mariage*.

Quoique la femme mariée soit rangée parmi les personnes incapables, elle peut cependant, si elle est majeure, s'obliger avec le consentement de son mari; elle peut donc aussi, avec ce consentement, accepter l'exécution testamentaire. Peut-elle l'accepter aussi avec l'autorisation de justice? Non, si elle n'est pas séparée de biens, car elle est peut-être inhabile à administrer, et elle n'engagerait d'ailleurs que la nue propriété de son patrimoine. Oui, au contraire, si elle est séparée de biens; en effet, elle est habituée à l'administration de ses affaires qu'elle n'a pas voulu confier à son mari, et, par les obligations qu'elle contracte avec l'autorisation de justice, elle engage la pleine propriété de son patrimoine.

1030. Le mineur ne pourra être exécuteur testamentaire, même avec l'autorisation de son tuteur ou curateur.

L'art. 1990 permet de choisir pour mandataire un mineur; mais le mandant s'expose volontairement, par ce choix, à un vrai péril, puisqu'il n'a contre le mineur qu'une action annulable. D'après notre article, le mineur ne peut point devenir exécuteur testamentaire, même avec l'autorisation, intervention ou consentement, soit de son tuteur, soit, s'il est émancipé, de son curateur; car cette autorisation ne priverait pas le mineur du bénéfice de la restitution. Le motif de cette disposition est que la gestion du mineur, au lieu de mieux assurer l'exécution des legs, pourrait compromettre d'une manière irréparable les intérêts des héritiers et ceux des légataires.

1031. Les exécuteurs testamentaires feront apposer les scellés, s'il y a des héritiers mineurs, interdits ou absents. — Ils feront faire, en présence de l'héritier présomptif, ou lui dûment appelé, l'inventaire des biens de la succession. — Ils provoqueront la vente du mobilier, à défaut de deniers suffisants pour acquitter les legs. — Ils veilleront à ce que le testament soit exécuté, et ils pourront, en cas de contestation sur son exécution, intervenir pour en soutenir la validité. — Ils devront, à l'expiration de l'année du décès du testateur, rendre compte de leur gestion.

Les fonctions de l'exécuteur testamentaire comprennent tout ce qui est nécessaire pour que les dernières volontés du défunt soient fidèlement exécutées. De là découlent pour lui cinq obligations. Il doit : — 1° Faire apposer les scellés, notamment s'il y a, parmi les héritiers, des mineurs, des interdits, ou des non présents, afin d'empêcher le divertissement des valeurs mobilières ; — 2° Faire constater par un inventaire les forces de la succession ; cette formalité est surtout nécessaire quand l'exécuteur testamentaire a obtenu la saisine du mobilier ; — 3° Faire vendre, à défaut de numéraire dans la succession, les meubles laissés par le défunt, jusqu'à concurrence d'une somme suffisante pour acquitter les legs ; 4° Intervenir dans les contestations, pour soutenir la validité des testaments et des legs ; — 5° Enfin, rendre compte de sa gestion aux héritiers ou aux légataires universels, dans le délai d'un an fixé pour la durée de ses fonctions.

1032. Les pouvoirs de l'exécuteur testamentaire ne passeront point à ses héritiers.

La mission confiée à l'exécuteur testamentaire est basée sur une confiance essentiellement personnelle ; elle est, par suite, intransmissible à ses héritiers. Mais cet exécuteur peut cependant remplir ses fonctions à l'aide d'un fondé de pouvoir, car sa propre responsabilité excite alors sa surveillance.

1033. S'il y a plusieurs exécuteurs testamentaires qui aient accepté, un seul pourra agir au défaut des autres, et ils seront

solidairement responsables du compte du mobilier qui leur a
été confié, à moins que le testateur n'ait divisé leurs fonctions,
et que chacun d'eux ne se soit renfermé dans celle qui lui
était attribuée.

Lorsque le testateur a nommé plusieurs exécuteurs testamentaires sans
diviser leurs fonctions, tous ceux qui acceptent reçoivent une mission *indivisible*, en ce sens qu'un seul d'entre eux peut agir au défaut des autres
et que les actes d'un seul rendent, par dérogation aux règles du mandat
(art. 1995), tous les autres solidairement responsables du compte du mobilier qui leur a été confié. Cette double disposition a pour but, d'une part,
de prévenir les retards qui résulteraient, dans la gestion, de la nécessité du
concours de tous les exécuteurs testamentaires, et, d'autre part, d'exciter
la vigilance et la surveillance réciproque de tous par une responsabilité solidaire, qui devient pour les héritiers une garantie sérieuse. Si, au contraire,
le testateur a divisé les fonctions de ses exécuteurs testamentaires, chacun d'eux ne répond que de la fonction qui lui a été donnée et dans
laquelle il s'est renfermé.

1034. Les frais faits par l'exécuteur testamentaire pour l'apposition des scellés, l'inventaire, le compte et les autres frais
relatifs à ses fonctions, seront à la charge de la succession.

Ces divers frais sont faits pour mieux assurer la prompte exécution des
dernières volontés du défunt; il est donc naturel qu'ils soient supportés,
non point par les exécuteurs testamentaires, qui remplissent une fonction
gratuite, mais bien par la succession. Toutefois, les legs ne pouvant pas
entamer la réserve, il s'ensuit que les frais faits pour parvenir à l'exécution
des legs doivent être mis à la charge de la quotité disponible, si les héritiers
réservataires ne recueillent que la quotité qui leur est réservée par la loi.

SECTION VIII.

De la Révocation des Testaments, et de leur Caducité.

Le testament est l'œuvre du seul testateur; les légataires, qui ne peuvent pas y concourir, n'ont de droit acquis qu'au décès du testateur.
Celui-ci peut donc révoquer ses dispositions; en outre, le prédécès du léga-

taire ou son incapacité de recueillir *rendent caduques*, c'est-à-dire font .tomber les dispositions testamentaires faites en sa faveur.

1035. Les testaments ne pourront être révoqués, en tout ou en partie, que par un testament postérieur, ou par un acte devant notaires, portant déclaration du changement de volonté.

Ainsi, le testateur peut révoquer ses testaments en déclarant son changement de volonté, soit dans un testament postérieur, soit dans un acte notarié.

Les testaments antérieurs sont toujours révoqués par un testament postérieur valablement fait, qui contient à cet égard l'expression d'un changement de volonté, quelle que soit d'ailleurs la forme de ce dernier testament. Un testament fait sous forme olographe, ou un testament fait en temps de peste, en mer ou à l'armée (art. 981, 985, 988), suffit donc pour révoquer des testaments faits dans la forme authentique.

L'acte devant notaires, « portant changement de volonté, » ne contient aucun legs. Dans cet acte, il n'est pas nécessaire de remplir les formes requises pour la validité du testament public; il suffit que l'acte soit rédigé par deux notaires, ou par un seul notaire en présence de deux témoins. Il résulte manifestement de cette disposition que le législateur exige moins de formalités pour revenir à l'ordre légal des successions, que lorsqu'il s'agit de s'en écarter.

Deux questions s'élèvent-sur l'interprétation de notre article.

1° Si celui qui a testé déclare, dans un acte postérieur, écrit par lui en entier, daté et signé de sa main (art. 970), qu'il révoque ses testaments antérieurs, cet acte, qui ne contient aucun legs, vaut-il comme testament révocatoire? L'affirmative est conforme à l'esprit du législateur; en effet, la loi exige plus de formalités pour déroger à l'ordre des successions que pour y revenir, ainsi qu'il résulte de la dernière disposition de notre article; or, par un testament *olographe*, c'est-à-dire par un acte entièrement écrit, daté et signé de sa main, une personne peut déroger à l'ordre général des successions; donc, elle peut, à plus forte raison, revenir à cet ordre général au moyen d'un pareil acte contenant l'expression formelle de sa volonté. Dira-t-on que cet acte n'est pas un testament, parce qu'il ne contient pas de legs? Cette objection n'est pas fondée, car le nom de testament appartient à tout acte revêtu des formes requises, qui contient des dispositions de dernière volonté; or, la révocation des legs, qui est faite pour revenir à l'ordre légal des successions, est une disposition de dernière volonté qui est très-importante, que le légistateur voit avec la plus grande faveur, et qui doit équitablement produire ses effets. Cette opinion est admise par la généralité des auteurs. Elle a été consacrée par la Cour suprême dans un arrêt du 17 mars 1814. Elle a été aussi implicitement admise dans l'arrêt ainsi conçu : — « Attendu que, d'après l'art. 1035 C. Nap., les testaments ne peuvent être révoqués que par un testament postérieur ou par un acte devant notaires portant déclaration de changement de volonté; — Attendu qu'en admettant qu'une simple déclaration de changement de volonté exprimée dans un écrit privé soit valable, il est du moins indispensable que cet écrit puisse être assimilé à un testament et réunisse les conditions de validité édictées par l'art. 895 C. Nap., c'est-à-dire qu'il soit écrit, daté et signé de la main du testateur » (C. cass. 10 janv. 1865).

2° Le testateur voulait faire un testament authentique; il a dit qu'il révoquait tous ses testaments antérieurs, et qu'il instituait telle personne. Mais l'acte est nul comme institution, à raison de l'incapacité de l'un des témoins. Vaut-il du moins comme acte révocatoire des testaments antérieurs. Oui, car le testament renferme alors deux sortes de dispositions principales, qui sont parfaitement distinctes et divisibles : la première concerne la révocation; la seconde, l'institution. Or, la nullité de l'institution, à raison du défaut de capacité de l'un des quatre témoins, ne peut avoir aucune influence sur la révocation, pour la validité de laquelle deux témoins suffisent. On doit donc appliquer ici la maxime : « L'utile n'est pas vicié par l'inutile, *Utile per inutile non vitiatur.* »

1036. Les testaments postérieurs qui ne révoqueront pas d'une manière expresse les précédents, n'annuleront dans ceux-ci que celles des dispositions y contenues qui se trouveront incompatibles avec les nouvelles, ou qui seront contraires.

En droit romain, une personne ne pouvait avoir qu'un seul testament; tandis qu'elle pouvait laisser plusieurs codicilles. En France, une personne peut avoir plusieurs testaments également valables, car nos testaments, qui ne créent pas des héritiers proprement dits, n'ont, en réalité, que la force de codicilles. Un nouveau testament qui ne révoque pas les précédents d'une manière expresse, laisse donc à ceux-ci toute leur force. Toutefois, par application de la maxime, « Les dernières dispositions dérogent aux premières, *Posteriora prioribus derogant,* » le nouveau testament annule les dispositions incompatibles ou contraires qui sont contenues dans les testaments précédents. Ainsi, quand le testateur, qui a légué une maison à une personne, lègue ensuite la même maison à une autre personne, le premier legs de la maison est révoqué. Ainsi encore, le legs universel fait dans un premier testament est révoqué par un legs universel fait dans un second testament.

1037. La révocation faite dans un testament postérieur aura tout son effet, quoique le nouvel acte reste sans exécution par l'incapacité de l'héritier institué ou du légataire, ou par leur refus de recueillir.

En principe général, les testaments précédents qui sont révoqués d'une manière expresse ou tacite par un testament postérieur sont par là complétement détruits et anéantis. Cet anéantissement est pur et simple, car il n'y a pas à examiner, à rechercher si le nouveau testament produit ou non des effets : il n'y a donc pas à distinguer, à cet égard, si les legs faits dans le nouveau testament sont nuls par l'incapacité actuelle des légataires, ou s'ils deviennent caducs par leur prédécès ou par leur refus de recueillir. Les testaments révoqués ne pourraient donc revivre que si le testateur manifestait, dans un nouvel acte, l'intention de leur faire produire des effets.

Toutefois, celui qui fait un testament nouveau peut valablement faire dépendre la révocation du premier testament de l'exécution du second. Quand il n'exprime pas formellement sa volonté à cet égard, il peut s'élever une question d'intention qui est appréciée par le juge d'une manière souveraine, en se fondant sur l'ensemble des testaments, ainsi que l'a décidé en ces termes la Cour suprême : — « Attendu que la question soumise à la cour d'appel était de savoir si la clause contenue dans le testament du 23 août 1856, et par laquelle Pierre Pinel révoquait tout testament antérieur, était conditionnelle et pour le cas où le testament recevrait sa pleine et entière exécution : — Attendu qu'en principe, le droit d'interpréter les actes de dernière volonté et de dire quelle a été l'intention du testateur, appartient exclusivement aux cours impériales; que le juge du fait ne peut être condamné à ne rechercher cette intention que dans une clause de l'un des testaments, lorsque, comme dans l'espèce, plusieurs testaments sont soumis à son examen; qu'il doit alors puiser les éléments de sa conviction dans l'ensemble des actes émanés du testateur; qu'en fait, la cour d'appel a trouvé dans le rapprochement et l'appréciation des dispositions contenues aux trois testaments de Pierre Pinel la preuve de la volonté qu'avait eue constamment ce dernier d'exclure les demandeurs de toute participation à sa succession, et, par suite, de ne révoquer les deux testaments des 27 mars et 7 juin 1856, qui les exhérédaient, qu'autant que celui du 23 août, même année, qui les excluait également, produirait son entier effet; qu'en le décidant ainsi, la cour impériale n'a fait qu'user de la faculté qu'elle tient de la loi et n'a violé aucun des articles invoqués » (C. cass. 10 juill. 1860).

Mais, si celui qui fait un nouveau testament est incapable de le faire, ou s'il ne remplit pas les formes requises, il fait un acte radicalement nul; ses testaments antérieurs ne sont par conséquent pas révoqués. A cet égard, une question s'élève. Si le mineur, qui a fait un premier testament valable, en fait ensuite, selon les formes requises, un second qui contient, d'une part, la révocation du premier, et, d'autre part, l'institution de son tuteur, la nullité de cette institution entraîne-t-elle aussi la nullité de la révocation? La Cour de cassation a décidé avec raison l'affirmative dans les termes suivants : — « Attendu que la prohibition édictée par l'art. 907 repose sur un défaut de volonté présumé du testateur; que cette présomption de la loi est fondée sur l'empire qu'à ses yeux, le tuteur exerce nécessairement sur l'esprit de son pupille et qui ne laisse pas à celui-ci une liberté de volonté suffisante pour tester valablement au profit de son tuteur; qu'ainsi le testament fait par le mineur, au mépris de cette prohibition, doit être déclaré nul comme n'étant pas l'expression de la libre volonté du testateur; que l'art. 1037 ne s'applique qu'au cas où il s'agit exclusivement de l'incapacité de recevoir personnelle à l'institué, et non pas lorsqu'il s'agit, comme dans l'espèce, non-seulement de l'incapacité de l'institué, mais encore, et principalement, de l'incapacité du disposant lui-même ; — D'où il suit qu'en décidant, dans la cause, que le testament olographe de 1856 avait été tacitement révoqué par celui de 1858, et en donnant ainsi effet à un testament frappé d'une nullité absolue aux termes de la loi, les arrêts attaqués ont violé les articles du Code ci-dessus visés; — Par ces motifs, casse » (C. cass. 11 mai 1864).

1038. Toute aliénation, celle même par vente avec faculté de rachat ou par échange, que fera le testateur de tout ou partie de la chose léguée, emportera la révocation du legs pour tout ce qui a été aliéné, encore que l'aliénation postérieure soit nulle, et que l'objet soit rentré dans la main du testateur.

Le legs de la chose d'autrui étant nul (art. 1021), il doit naturellement s'ensuivre que si le testateur aliène la chose léguée, il révoque par là le legs. Cette révocation tacite continue à subsister, quoique le testateur recouvre ensuite la chose, par l'effet d'une action en résolution ou en nullité. Mais si le testateur a offert, à titre de donation ou de vente, la chose léguée à une personne qui n'a pas accepté l'offre, ou s'il en a fait une donation nulle, parce qu'il n'a pas rempli les formes requises pour la validité de la donation entre-vifs, ou enfin, s'il l'a vendue ou donnée entre-vifs sous une condition suspensive qui a défailli, le legs n'est pas révoqué, car la chose léguée a toujours, en fait, continué de rester dans le patrimoine du testateur. Ainsi jugé par la cour de Paris, le 13 mai 1859, dans une espèce où le testateur donnait entre-vifs à sa femme la pleine propriété de ses immeubles, dans le cas où ses héritiers requerraient l'apposition des scellés ou l'inventaire des biens, condition qui ne s'est point réalisée. La Cour suprême a maintenu cet arrêt dans les termes suivants :
— « Attendu que la donation faite par Thierrée à sa femme de la toute propriété de ses immeubles pour le cas où ses héritiers demanderaient l'apposition des scellés et l'inventaire, ne pouvait rentrer dans l'application de l'art. 1038 C. Nap., aux termes duquel l'aliénation faite par le testateur de la chose léguée emporte la révocation du legs pour tout ce qui a été aliéné ; que ce n'est là qu'une aliénation éventuelle soumise à une condition suspensive qui ne s'est point réalisée, puisque les biens ont toujours fait partie du domaine du défunt ; que le testateur doit être présumé n'avoir voulu révoquer le legs que sous la condition qu'il avait prévue » (C. cass. 15 mai 1860).

L'aliénation rescindable pour vice de capacité ou de consentement produit toujours, et d'une manière absolue, la révocation du legs. Mais on admet que, si la chose léguée est aliénée par violence et si elle rentre ensuite dans les biens du testateur par suite de l'action en rescision, le legs ne se trouve pas révoqué, car le testateur violenté n'est pas censé avoir voulu révoquer le legs de la chose.

Quand le testateur a été exproprié pour cause d'utilité publique, de la chose léguée, le legs est par là, non pas révoqué, mais caduc : le légataire n'a pas droit à la chose, puisqu'elle ne se trouve pas dans les biens de la succession ; il n'a pas non plus droit au prix de cette chose, alors même qu'il resterait encore dû, parce que ce prix n'a pas été l'objet du legs. Ainsi décidé : — « Attendu qu'aux termes de l'art. 1014 C. Nap., tout legs ne donne de droits à la chose léguée que du jour du décès du testateur, et qu'en conséquence, les droits du légataire ne s'ouvrent qu'à ce jour ;

— Que ces droits ne peuvent donc s'exercer que sur les biens alors existant dans la succession et sur l'objet légué qui s'y trouve en nature; —
Que les biens qui ont été aliénés pendant la vie du testateur régulièrement et d'une manière légale, n'appartiennent pas à sa succession, et
qu'ils ne peuvent, en conséquence, être l'objet des réclamations et de la
demande en délivrance des légataires pour lesquels cette aliénation est un
fait accompli; — Que l'héritier ou le légataire universel, considéré comme
débiteur envers le légataire particulier, ne lui doit et n'est tenu de lui délivrer les choses à lui léguées que lorsqu'elles se trouvent dans l'hérédité;
— Que le legs devient caduc par cela même que la chose spécialement léguée n'est plus dans la succession; — Que l'héritier ou le légataire universel ne peut exécuter le legs particulier qui a pour objet une chose aliénée du vivant du testateur, et qu'il ne le peut davantage dans le cas où le
prix reste dû en tout ou en partie, la créance pour le payement du prix ne
remplaçant pas la chose dans la succession, et les biens eux-mêmes, seul
objet du legs, n'étant pas moins en dehors de la succession » (C. cass.
19 août 1862).

Il existe encore d'autres cas de révocation tacite. Ainsi, le testateur fait
une révocation tacite s'il déchire son testament, s'il en biffe les dispositions, ou s'il change la substance des choses mobilières comprises dans
le legs.

En droit romain, le testament était rompu par la survenance d'un
enfant au testateur. Cette cause de rupture, qui n'était pas applicable aux
codicilles, n'existe pas en France; car, d'une part, nos testaments ne sont,
au fond, que des codicilles, et, d'autre part, la loi française contient en
faveur des enfants des dispositions beaucoup plus favorables que la loi
romaine.

1039. Toute disposition testamentaire sera caduque si celui en faveur de qui elle est faite n'a pas survécu au testateur.

La *révocation* provient du changement de volonté du testateur; tandis
que la *caducité* du legs a une cause étrangère à la volonté du disposant,
comme le prédécès du légataire, son incapacité ou son refus de recueillir,
ou la perte de la chose du vivant du testateur.

La disposition testamentaire est basée sur l'affection du testateur pour
le légataire; or, cette affection étant essentiellement personnelle, le legs
devient caduc quand le légataire meurt avant le testateur, et devient par
là incapable de recueillir (art. 906, 1043).

En droit romain, l'institution d'héritier était la base et le fondement de tout le testament; par suite, tous les legs restaient sans effet, en cas de prédécès de l'héritier ou de sa répudiation. Mais il en est tout autrement dans le droit français : le prédécès de l'institué n'a sur l'existence des legs particuliers aucune influence. Ainsi jugé : — « Attendu que, dans notre droit français, à la différence du droit romain, la caducité de l'institution d'héritier n'entraîne pas la nullité des legs ; — Attendu, par suite, que la disposition faite au profit de la dame Béhie, dans laquelle le tribunal ne voit qu'un véritable legs, a survécu à la caducité de l'institution et doit être acquittée par ceux qui, par l'effet de cette caducité, sont appelés à recueillir la succession » (C. de Nîmes, 16 août 1865).

1040. Toute disposition testamentaire faite sous une condition dépendante d'un événement incertain, et telle que, dans l'intention du testateur, cette disposition ne doive être exécutée qu'autant, que l'événement arrivera ou n'arrivera pas, sera caduque si l'héritier institué ou le légataire décède avant l'accomplissement de la condition.

Nous venons de voir, dans l'article précédent, que le legs est caduc si le légataire meurt avant le testateur. Il en est de même si le légataire, qu survit au testateur, meurt avant l'événement de la condition suspensive apposée au legs; en effet, le legs est l'œuvre du seul testateur; il est fait en considération de la personne; de là, s'il n'a pas été acquis par le légataire, celui-ci ne peut transférer, à cet égard, aucun droit à ses héritiers. Les règles relatives aux legs, qui sont l'œuvre du seul testateur, diffèrent essentiellement des règles des contrats : le contrat, en effet, est l'œuvre des deux parties; par suite, il confère au créancier un droit actuel, qui est transmissible, car on contracte pour soi, pour ses héritiers et ayants-cause; d'où il suit que, si le créancier conditionnel vient à décéder avant l'événement de la condition, il transmet à ses héritiers son espérance de créance (art. 1179).

1041. La condition qui, dans l'intention du testateur, ne fait que suspendre l'exécution de la disposition, n'empêchera pas l'héritier institué, ou le légataire, d'avoir un droit acquis et transmissible à ses héritiers.

L. 40

Une pareille condition n'est, au fond, qu'un terme incertain : l'existence du legs n'est pas suspendue ; son exécution est seulement retardée. Ainsi, quand le testateur a fait un legs en ces termes : « Je lègue 1,000 fr. à Pierre si son père meurt, » le décès du père est certain, l'époque en est seule incertaine ; par suite, le légataire a un droit acquis au legs du jour de l'ouverture de la succession du testateur ; s'il meurt ensuite, il transmet son droit acquis à ses héritiers, qui ne pourront cependant en poursuivre l'exécution qu'après le décès du père du légataire.

1042. Le legs sera caduc, si la chose léguée a totalement péri pendant la vie du testateur. — Il en sera de même, si elle a péri depuis sa mort, sans le fait et la faute de l'héritier, quoique celui-ci ait été mis en retard de la délivrer, lorsqu'elle eût également dû périr entre les mains du légataire.

Le legs est caduc si la chose léguée périt du vivant du testateur. Mais il en est autrement si la perte n'arrive que depuis l'ouverture de la succession ; car, en ce cas, le legs a produit ses effets ; il a rendu le légataire créancier et propriétaire de la chose léguée. Quand cette chose périt ensuite par cas fortuit, le légataire perd par là son droit de créance et son droit de propriété. Mais si cette perte est imputable au fait ou à la négligence de l'héritier, le légataire a contre lui une action en dommages-intérêts. L'héritier qui a été mis en demeure de livrer la chose est présumé en faute et répond, par suite, de la perte survenue depuis ; mais il échappe à toute responsabilité, s'il prouve que cette chose eût pareillement péri entre les mains du légataire, et que son retard n'a, par conséquent, causé à celui-ci aucun préjudice (art. 1302).

1043. La disposition testamentaire sera caduque, lorsque l'héritier institué ou le légataire la répudiera, ou se trouvera incapable de la recueillir.

Le légataire n'a pas été partie dans le testament, qui est l'œuvre du seul testateur. Il acquiert la chose à son insu, dès que le droit est ouvert à son profit ; mais il peut répudier le legs ; et sa répudiation ne fait pas évanouir les sous-legs mis à sa charge, ainsi que l'a jugé la Cour de Pau, par arrêt du 24 juin 1862. Cette décision, qui est très-équitable, doit l'emporter sur les distinctions établies à cet égard dans le droit romain.

Si le légataire est condamné du vivant du testateur à une peine afflictive et perpétuelle, qui, avant la loi du 31 mai 1854, emportait la mort civile, il devient par là incapable de recueillir le legs fait à son profit, ainsi que l'exprime cette loi de 1854, art. 3 (*voir* page 27).

1044. Il y aura lieu à accroissement au profit des légataires, dans le cas où le legs sera fait à plusieurs conjointement. — Le legs sera réputé fait conjointement, lorsqu'il le sera par une seule et même disposition, et que le testateur n'aura pas assigné la part de chacun des colégataires dans la chose léguée.

La caducité du legs, qui a pour cause le prédécès du légataire (art. 1042), sa répudiation ou son incapacité de recueillir (art. 1043), profite, en général, à ceux qui sont tenus de l'exécuter, c'est-à-dire aux héritiers, aux légataires universels ou à titre universel. Mais cette règle cesse quand le testateur a voulu que le profit résultant de la caducité appartînt à d'autres légataires. Cette intention est *expresse,* si le testateur a fait une substitution vulgaire (art. 898) ; elle est *tacite* dans certains cas où les parts caduques accroissent aux parts des autres légataires. Or, cet accroissement existe quand la même chose a été léguée à plusieurs personnes par une seule disposition et sans fixation de parts ; par exemple, si le testateur a dit : « Je lègue tous mes biens, » ou « telle maison, telle prairie, à Paul et à Pierre. » Les légataires sont alors unis par la chose et par les paroles, *conjuncti re et verbis.* Mais si le testateur a dit : « Je lègue la moitié de mes biens, de ma maison ou de telle prairie à Paul, et l'autre moitié à Pierre, » il n'existe alors entre les légataires qu'une conjonction par paroles, *verbis tantùm,* et lorsque la part de l'un d'eux devient caduque, elle n'accroît pas à celle de l'autre, mais elle appartient aux héritiers. Ainsi décidé : — « Attendu que la désignation de parts établit un legs distinct pour chacun des légataires, et empêche la solidarité des legs, condition nécessaire pour que le décès de l'un des légataires avant le testateur donne lieu à l'accroissement » (C. cass. 19 févr. 1861).

1045. Il sera encore réputé fait conjointement, quand une chose qui n'est pas susceptible d'être divisée sans détérioration, aura été donnée par le même acte à plusieurs personnes, même séparément.

Si une même chose est léguée à plusieurs dans des actes distincts, dernière disposition révoque la première (art. 1035). Lors, au contraire, que c'est dans le même acte, mais par des dispositions différentes, qu'elle est léguée à plusieurs, les légataires sont alors conjoints par la chose seulement, *conjuncti re tantùm :* dans ce cas, les parts caduques profitent aux autres colégataires, soit par droit d'accroissement, soit plutôt par droit de non-décroissement, *jure non decrescendi,* chacun des légataires ayant été appelé directement à recueillir toute la chose léguée. Il semble que cette solution doit être appliquée sans distinguer si la chose léguée est ou non « susceptible d'être divisée sans détérioration. » Cependant, lorsqu'il s'agit de legs de sommes ou de genres qui se divisent de plein droit entre les légataires, ceux-ci n'obtiennent jamais contre l'héritier qu'un simple droit de créance ; par conséquent, ce n'est jamais à eux, mais à l'héritier ou autre débiteur du legs que profite la caducité.

1046. Les mêmes causes qui, suivant l'article 954 et les deux premières dispositions de l'article 955, autoriseront la demande en révocation de la donation entre-vifs, seront admises pour la demande en révocation des dispositions testamentaires.

En général, le legs devient irrévocable par le décès du testateur. Mais cette règle a dû fléchir dans les cas où un fait grave est imputable à celui qui profite de la libéralité. Or, c'est ce qui a lieu : 1° si le légataire n'exécute pas les conditions que le testateur lui a imposées (art. 954); 2° s'il s'est rendu coupable, envers le testateur, soit d'attentat à la vie, soit de sévices, délits ou injures graves (art. 955). Mais la troisième cause d'ingratitude, qui est le refus d'aliments, n'est pas applicable en matière de legs, par la raison qu'ils ne produisent leur effet qu'au décès du disposant. L'action en révocation du legs pour cause d'inexécution des conditions dure trente ans, à partir de l'époque où les conditions devaient être exécutées; tandis que celle qui est fondée sur l'ingratitude du légataire ne dure jamais plus d'un an, à partir du décès du testateur. Cette dernière action ne pourrait même pas être intentée si le testateur avait pardonné au légataire coupable d'ingratitude. — Remarquons que la révocation des donations entre-vifs par survenance d'enfants au donateur (art. 960), n'est point applicable en matière de legs.

1047. Si cette demande est fondée sur une injure grave faite

à la mémoire du testateur, elle doit être intentée dans l'année,
à compter du jour du délit.

Le légataire qui insulte gravement à la mémoire de celui qui mourut
en lui laissant un bienfait, n'est pas digne de garder ce bienfait. L'héritier, ou tout autre successeur, peut par conséquent agir contre lui en révocation du legs ; mais cette action doit toujours être intentée dans l'année
même qui suit le délit.

CHAPITRE VI.

DES DISPOSITIONS PERMISES EN FAVEUR DES PETITS-EN-
FANTS DU DONATEUR OU TESTATEUR, OU DES ENFANTS
DE SES FRÈRES ET SŒURS.

L'art. 896 prohibe les *substitutions*, c'est-à-dire les dispositions qui
imposent au donataire ou légataire la charge de conserver les biens
donnés et de les rendre à son décès à un autre, nommé *appelé*. Or, les
dispositions dont il s'agit dans ce chapitre sont de véritables substitutions ;
car celui qui reçoit gratuitement les biens, est grevé de la charge de les
conserver et de les rendre à son décès à ses enfants. Ce chapitre contient
donc une exception à la règle générale posée dans l'art. 896. Cette exception, déjà prévue dans l'art. 897, était réclamée par un sentiment de
piété naturelle : une personne peut craindre que ses petits-fils, que ses
neveux ne soient réduits à la misère par l'inconduite de leur père ; la loi
doit équitablement approuver sa pieuse sollicitude, et lui fournir un
moyen de prévenir le malheur qu'il redoute.

1048. Les biens dont les pères et mères ont la faculté de
disposer pourront être par eux donnés, en tout ou en partie, à
un ou plusieurs de leurs enfants, par actes entre-vifs ou testamentaires, avec la charge de rendre ces biens aux enfants nés
et à naître, au premier degré seulement, desdits donataires.

Le père ou la mère qui fait une substitution, ne peut y comprendre
que la quotité disponible ; car la réserve établie en faveur des enfants
(art. 913) doit toujours rester intacte et libre de toute charge. En outre,

il faut que le disposant manifeste, pour tous les enfants nés et à naître du grevé, une sollicitude égale. Enfin, de crainte que les raisons qui ont fait prohiber les substitutions ne soient trop facilement éludées, il faut que le grevé soit l'enfant au premier degré du disposant, et que les appelés soient eux-mêmes les enfants au premier degré du grevé.

Une loi du 17 mai 1826 autorisait deux degrés de substitutions, et elle n'exigeait pas que le grevé fût parent du disposant. Mais cette loi se trouve abrogée par la loi du 7 mai 1849.

1049. Sera valable, en cas de mort sans enfants, la disposition que le défunt aura faite, par acte entre-vifs ou testamentaire, au profit d'un ou plusieurs de ses frères ou sœurs, de tout ou partie des biens qui ne sont point réservés par la loi dans sa succession, avec la charge de rendre ces biens aux enfants nés et à naître, au premier degré seulement, desdits frères ou sœurs donataires.

Ainsi, une personne qui ne laisse pas d'enfant peut faire, de même qu'un ascendant, une substitution valable. Mais il faut pour cela : 1° que le grevé soit frère ou sœur du disposant ; 2° que la charge de restituer soit imposée en faveur de tous les enfants nés et à naître du grevé. Le disposant peut ainsi pourvoir à l'avenir de ses neveux et nièces, qui lui tiennent lieu d'enfants ; toutefois, s'il laisse des ascendants, il doit conserver à ceux-ci leur réserve intacte (art. 915) ; il ne peut, par conséquent, comprendre dans la substitution que la quotité disponible.

1050. Les dispositions permises par les deux articles précédents ne seront valables qu'autant que la charge de restitution sera au profit de tous les enfants nés et à naître du grevé, sans exception ni préférence d'âge ou de sexe.

Dans nos anciennes coutumes, les droits des frères étaient sacrifiés au profit du frère aîné, et les droits des femmes au profit des hommes. Les lois nouvelles mettent, au contraire, sur le pied d'une égalité complète de droits aux successions, les frères aînés et les frères puînés, les hommes et les femmes, la branche paternelle et la branche maternelle. Celui qui fait une substitution doit donc, sous peine de nullité, respecter ce grand principe d'égalité proclamé par nos lois.

1051. Si, dans le cas ci-dessus, le grevé de restitution au profit de ses enfants, meurt laissant des enfants au premier degré et des descendants d'un enfant prédécédé, ces derniers recueilleront, par réprésentation, la portion de l'enfant prédécédé.

La charge de restitution ne peut être établie qu'au profit de ceux qui sont les enfants au premier degré du grevé (art. 1048, 1049); la substitution reste néanmoins valable, si le grevé laisse des enfants et des petits-enfants nés d'un enfant prédécédé; alors, les petits-enfants représentent, pour recueillir la substitution, leur père ou mère. Mais la substitution s'évanouit si le grevé ne laisse que des petits-enfants : ceux-ci ne recueillent donc pas, comme appelés, les biens qui étaient compris dans la substitution, mais seulement comme héritiers de leur aïeul. Par suite, ils n'obtiennent ces biens que s'ils existent encore dans la succession de leur aïeul, et tels qu'ils s'y trouvent. S'ils renoncent à la succession de leur aïeul, ils n'ont aucun droit aux biens qui lui avaient été donnés.

1052. Si l'enfant, le frère ou la sœur auxquels des biens auraient été donnés par acte entre-vifs, sans charge de restitution, acceptent une nouvelle libéralité faite par acte entre-vifs ou testamentaire, sous la condition que les biens précédemment donnés demeureront grevés de cette charge, il ne leur est plus permis de diviser les deux dispositions faites à leur profit, et de renoncer à la seconde pour s'en tenir à la première, quand même ils offriraient de rendre les biens compris dans la seconde disposition.

Celui qui a fait une donation ordinaire ne peut pas ensuite la grever de substitution, même du consentement du donataire. Toutefois, si une nouvelle libéralité contient la clause que les biens précédemment donnés seront grevés de substitution, cette clause, quand elle a été acceptée par le donataire, produit tous ses effets au profit des appelés.

1053. Les droits des appelés seront ouverts à l'époque où, par quelque cause que ce soit, la jouissance de l'enfant, du frère ou de la sœur, grevés de restitution, cessera : l'abandon anticipé de la jouissance au profit des appelés ne pourra préjudicier aux créanciers du grevé antérieurs à l'abandon.

La jouissance du grevé cesse : 1° par son décès; 2° si la disposition est à terme ou sous condition, par l'arrivée du terme ou l'événement de la condition; 3° par la négligence du grevé qui a laissé passer un mois sans provoquer la nomination d'un tuteur à la disposition (art. 1056, 1057); 4° enfin, par l'abandon que le grevé fait de sa jouissance au profit des appelés. Mais l'abus de jouissance, qui peut faire cesser le droit d'usufruit (art. 618), ne suffit pas pour faire encourir au grevé la déchéance de son droit.

Tant que dure la jouissance du grevé, les appelés peuvent faire des actes conservatoires de leurs droits (art. 1180), notamment interrompre la prescription des biens compris dans la substitution. Lorsque leurs droits sont ouverts, ils doivent respecter les actes que le grevé a consentis dans les limites de l'administration, par exemple les baux n'excédant pas neuf ans (art. 1429). Mais ils peuvent revendiquer les biens aliénés par le grevé, à moins qu'ils n'aient accepté purement et simplement sa succession. En effet, ils sont, relativement aux biens compris dans la substitution, les ayants-cause du disposant, et non pas les ayants-cause du grevé, qui n'était devenu propriétaire des biens à lui donnés que sous une condition résolutoire. Toutefois, dans le cas d'abandon anticipé de la jouissance, les appelés sont les ayants-cause du grevé pour cette jouissance; ils ne peuvent donc point se prévaloir de cet abandon contre les créanciers antérieurs du grevé, ni contre les tiers acquéreurs. Remarquons que l'abandon anticipé est révoqué s'il survient ensuite un enfant au grevé; mais il continue à produire ses effets entre les parties, quoique l'un des appelés vienne à décéder, même sans enfants, pendant la vie du grevé. Ainsi jugé : — « Considérant qu'il en doit être, relativement aux biens compris dans la substitution, abandonnés aux enfants par leur mère, comme d'un partage d'ascendant, fait par acte entre-vifs entre plusieurs enfants, ou d'un partage fait entre plusieurs enfants à la suite d'une donation entre-vifs par un ascendant; qu'un pareil partage ne peut être annulé ni attaqué si l'un des enfants vient à décéder sans postérité, en alléguant que celui ou ceux qui ont survécu auraient dû, au décès de l'ascendant, recueillir la totalité des biens, parce que l'art. 1078 C. Nap. n'en prononce la nullité qu'autant qu'il n'a pas été fait entre tous les enfants existant lors du décès ou les descendants de ceux prédécédés » (C. de Caen, 3 mars 1860).

1054. Les femmes des grevés ne pourront avoir, sur les biens à rendre, de recours subsidiaire, en cas d'insuffisance des biens libres, que pour le capital des deniers dotaux et dans le cas seulement où le testateur l'aurait expressément ordonné.

Le grevé n'est propriétaire des biens compris dans la substitution que sous une condition résolutoire. Lorsque cette condition se réalise et que le droit des appelés est ouvert, le grevé est censé n'avoir jamais été propriétaire; par là s'évanouissent ses aliénations, ses constitutions de droits et d'hypothèques qui ont pour objet les biens dévolus aux appelés. Il n'y a d'exception à cette règle que pour l'hypothèque légale de la femme, dans le cas particulier prévu par notre article.

1055. Celui qui fera les dispositions autorisées par les articles précédents pourra, par le même acte, où par un acte postérieur, en forme authentique, nommer un tuteur chargé de l'exécution de ces dispositions : ce tuteur ne pourra être dispensé que pour une des causes exprimées à la section VI du chapitre II du titre *de la Minorité, de la Tutelle et de l'Émancipation.*

Le tuteur qui est chargé de veiller aux droits des appelés prend le nom de *tuteur à la substitution.* En général, il ne peut, de même que le tuteur, se dispenser de remplir les fonctions qui lui sont déférées.

1056. A défaut de ce tuteur, il en sera nommé un à la diligence du grevé, ou de son tuteur s'il est mineur, dans le délai d'un mois, à compter du jour du décès du donateur ou testateur, ou du jour que, depuis cette mort, l'acte contenant la disposition aura été connu.

Quand le tuteur à la substitution n'a pas été choisi par le disposant, il est nommé par un conseil de famille composé des parents des appelés et convoqué par le juge de paix, à la diligence du grevé.

1057. Le grevé qui n'aura pas satisfait à l'article précédent, sera déchu du bénéfice de la disposition, et, dans ce cas, le droit pourra être déclaré ouvert au profit des appelés, à la diligence, soit des appelés s'ils sont majeurs, soit de leur tuteur ou curateur s'ils sont mineurs ou interdits, soit de tout parent des appelés majeurs, mineurs ou interdits, ou même d'office, à la diligence du procureur impérial près le tribunal de première instance du lieu où la succession est ouverte.

Le grevé qui néglige de faire nommer un tuteur à la substitution dans le mois qui suit le jour où il a connu le décès du disposant, encourt par là une déchéance absolue du bénéfice de la disposition. Cette déchéance, qui a cependant besoin d'être prononcée par le juge, profite aux appelés, dont le droit se trouve ainsi ouvert; s'il n'existe pas encore d'appelés, le tribunal met les biens en séquestre, afin qu'ils soient rendus, avec les fruits capitalisés, aux appelés qui surviennent, ou, à défaut d'appelés, au grevé lui-même.

Les effets de la déchéance encourue par le grevé négligent sont parfaitement précisés dans l'arrêt suivant : — « Attendu que l'art. 1057 C. Nap. contient deux dispositions bien distinctes, l'une, par laquelle le grevé qui n'aura pas satisfait à l'obligation, prescrite par l'art. 1056, de faire nommer un tuteur à la substitution dans le mois du décès du donateur, sera déchu du bénéfice de la donation; l'autre, qui dit que, dans le cas de déchéance encourue par le grevé, le droit pourra être déclaré ouvert au profit des appelés, à la diligence des personnes indiquées dans cet article; — Attendu que la première disposition est impérative, et ne peut être considérée comme purement comminatoire; que ses termes s'opposent à une pareille interprétation; — Que vainement on prétend que le caractère comminatoire résulterait de ce que la seconde disposition donnant aux tribunaux le droit de déclarer le droit ouvert au profit des appelés, leur donnerait par cela même celui de ne pas le faire, suivant les circonstances; — Attendu que l'article précité n'a point entendu donner aux tribunaux un pouvoir discrétionnaire, en ce sens qu'il leur serait libre de déclarer ou non le droit ouvert; mais qu'il a voulu simplement désigner les personnes qui auraient qualité pour demander la déchéance contre le grevé et à la requête desquelles cette déchéance pourra être prononcée; — Que le sens véritable de cette disposition est en définitive, que la déchéance n'existera pas de plein droit contre le grevé, mais que si elle est encourue, les tribunaux ont le pouvoir, mais en même temps l'obligation de la prononcer, si elle est demandée par des personnes ayant qualité » (C. d'Orléans, 9 avr. 1867).

1058. Après le décès de celui qui aura disposé à la charge de restitution, il sera procédé, dans les formes ordinaires, à l'inventaire de tous les biens et effets qui composeront sa succession, excepté néanmoins le cas où il ne s'agirait que d'un legs particulier. Cet inventaire contiendra la prisée à juste prix des meubles et effets mobiliers.

Dans cet article, il s'agit uniquement de substitution faite par testament, car la substitution qui a lieu par donation entre-vifs doit essentiellement contenir un état estimatif des biens meubles (art. 948).

1059. Il sera fait à la requête du grevé de restitution, et dans le délai fixé au titre *des Successions*, en présence du tuteur nommé pour l'exécution. Les frais seront pris sur les biens compris dans la substitution.

Cet inventaire doit être fait dans les trois mois qui suivront le décès du disposant (art. 795). Comme il a pour but de fixer les droits des appelés, ceux-ci en supporteront les frais, lors de la restitution.

1060. Si l'inventaire n'a pas été fait à la requête du grevé dans le délai ci-dessus, il y sera procédé dans le mois suivant, à la diligence du tuteur nommé pour l'exécution, en présence du grevé ou de son tuteur.

Après l'expiration du délai de trois mois laissé au grevé, l'obligation de faire procéder à l'inventaire est naturellement imposée au tuteur à la substitution.

1061. S'il n'a point été satisfait aux deux articles précédents, il sera procédé au même inventaire, à la diligence des personnes désignées en l'article 1057, en y appelant le grevé ou son tuteur, et le tuteur nommé pour l'exécution.

La négligence du grevé et du tuteur à la substitution ne devait pas avoir pour effet de faire évanouir la garantie importante qui résulte, pour les appelés, de la confection d'un inventaire.

1062. Le grevé de restitution sera tenu de faire procéder à
là vente, par affiches et enchères, de tous les meubles et effets
compris dans la disposition, à l'exception néanmoins de ceux
dont il est mention dans les deux articles suivants.

L'obligation de vendre « tous les meubles et effets compris dans la disposition, » ne s'applique, malgré la généralité de ces expressions, qu'aux
meubles corporels qui sont sujets à dépérissement ; elle ne s'applique ni
aux créances, ni aux rentes.

1063. Les meubles meublants et autres choses mobilières
qui auraient été compris dans la disposition, à la condition expresse de les conserver en nature, seront rendus dans l'état où
ils se trouveront lors de la restitution.

Quand le disposant veut que certains meubles soient gardés et restitués
en nature, sa volonté fait loi, d'autant plus qu'il ne peut comprendre dans
la substitution que la quotité de biens dont il a le droit de disposer librement (art. 1048).

1064. Les bestiaux et ustensiles servant à faire valoir les
terres seront censés compris dans les donations entre-vifs ou
testamentaires desdites terres , et le grevé sera seulement tenu
de les faire priser et estimer, pour en rendre une égale valeur
lors de la restitution.

Les bestiaux et ustensiles qui sont immeubles par destination (art. 524),
sont compris dans la libéralité du fonds : le grevé les fait estimer et en
rendra aux appelés de même valeur; quoiqu'il ne puisse dégarnir entièrement le fonds, il a cependant le droit de disposer de chaque tête du troupeau, mais à charge de remplacer les têtes qui manquent.

1065. Il sera fait par le grevé, dans le délai de six mois, à
compter du jour de la clôture de l'inventaire, un emploi des
deniers comptants, de ceux provenant du prix des meubles et
effets qui auront été vendus, et de ce qui aura été reçu des
effets actifs. —Ce délai pourra être prolongé, s'il y a lieu.

Les *meubles* et *effets* sont les choses corporelles mobilières ; tandis que les *effets actifs* sont des choses incorporelles, comme les rentes et créances. Quand il y a lieu de prolonger le délai de six mois pour l'emploi des deniers comptants, cette prolongation se fait par l'accord amiable du grevé et du tuteur à la substitution.

1066. Le grevé sera pareillement tenu de faire emploi des deniers provenant des effets actifs qui seront recouvrés et des remboursements de rentes, et ce, dans trois mois au plus tard après qu'il aura reçu ces deniers.

Le délai pour faire emploi, qui est de six mois dans le cas exprimé par l'article précédent, n'est plus que de trois mois quand il s'agit de recouvrements opérés pendant la gestion, parce que le grevé, maintenant au courant des affaires, a prévu les époques de ces recouvrements ; mais ce court délai peut aussi être prolongé.

1067. Cet emploi sera fait conformément à ce qui aura été ordonné par l'auteur de la disposition, s'il a désigné la nature des effets dans lesquels l'emploi doit être fait ; sinon, il ne pourra l'être qu'en immeubles, ou avec privilége sur des immeubles.

Si le disposant n'a pas fixé le mode d'emploi, la loi, qui tend à assurer les droits des appelés, ne permet de faire cet emploi qu'en *immeubles, ou avec privilége sur des immeubles*. Les priviléges ne résultent jamais de conventions ; ils sont tous établis par la loi, qui les attribue à la qualité des créances(art. 2095) ; pour en acquérir, le grevé payera au vendeur d'un immeuble le prix qui lui est dû, en obtenant de lui la subrogation à son privilége (art. 1250).

1068. L'emploi ordonné par les articles précédents sera fait en présence et à la diligence du tuteur nommé pour l'exécution.

Quand le grevé et le tuteur font l'emploi, ils expriment dans l'acte qu'il s'agit de biens grevés de substitution. En général, les débiteurs de sommes payent valablement au grevé ; toutefois, quand le tuteur et le grevé ont fait ensemble un placement de sommes, ou quand le tuteur a notifié aux débiteurs de ne payer au grevé qu'en sa présence, le débiteur qui ferait un payement au grevé seul commettrait une faute qui le rendrait responsable envers les appelés.

Lorsque le grevé ne fait pas l'emploi ordonné dans les délais prescrits, cette faute ne le prive ni du bénéfice de la substitution, ni des fruits ou intérêts des sommes. Mais, s'il compromet par là gravement les intérêts des appelés, le tuteur à la substitution a le droit de faire ordonner par le tribunal que les biens seront mis en séquestre.

1069. Les dispositions par actes entre-vifs ou testamentaires, à charge de restitution, seront, à la diligence, soit du grevé, soit du tuteur nommé pour l'exécution, rendues publiques ; savoir, quant aux immeubles, par la transcription des actes sur les registres du bureau des hypothèques du lieu de la situation; et quant aux sommes colloquées avec privilége sur des immeubles, par l'inscription sur les biens affectés au privilége.

La publicité prescrite par cet article est requise dans l'intérêt des appelés et des tiers. La transcription des actes d'acquisition d'immeubles et l'inscription des sommes *colloquées*, c'est-à-dire placées avec privilége sur des immeubles, doivent révéler qu'il s'agit de biens ou de créances faisant l'objet de la substitution.

1070. Le défaut de transcription de l'acte contenant la disposition pourra être opposé par les créanciers et tiers acquéreurs, même aux mineurs ou interdits, sauf le recours contre le grevé et contre le tuteur à l'exécution, et sans que les mineurs ou interdits puissent être restitués contre ce défaut de transcription, quand même le grevé et le tuteur se trouveraient insolvables:

A défaut de transcription, le grevé est considéré par les tiers comme propriétaire incommutable des biens qu'il est chargé de conserver et de rendre; par conséquent, les aliénations et les hypothèques qu'il consent produisent tous leurs effets en faveur des tiers. Les appelés ont donc seulement, à raison de ces actes, un recours contre le grevé et le tuteur à la substitution, et, en outre, s'ils sont mineurs, contre leur propre tuteur ; mais ils supportent la perte, quand ces personnes sont insolvables.

1071. Le défaut de transcription ne pourra être suppléé ni regardé comme couvert par la connaissance que les créanciers ou les tiers acquéreurs pourraient avoir eue de la disposition par d'autres voies que celle de la transcription.

La transcription est de rigueur ; rien ne peut remplacer ce mode de publicité. C'est en vain que les appelés prouveraient que les tiers connaissaient là substitution, car le défaut de transcription ne serait point considéré par là comme couvert. On dit qu'un défaut est *couvert*, qu'une nullité est *couverte*, quand on ne peut plus l'invoquer.

1072. Les donataires, les légataires, ni même les héritiers légitimes de celui qui aura fait la disposition, ni pareillement leurs donataires, légataires ou héritiers, ne pourront, en aucun cas, opposer aux appelés le défaut de transcription ou inscription.

Ceux qui ont reçu à titre gratuit du disposant des biens grevés de substitution, et leurs donataires, légataires ou héritiers, sont les seuls qui ne puissent point invoquer le défaut de transcription ou d'inscription. Il suit de là que les ayants-cause à titre onéreux du disposant, et tous les ayants-cause à titre onéreux ou gratuit du grevé, peuvent invoquer l'absence de ces modes de publicité.

1073. Le tuteur nommé pour l'exécution sera personnellement responsable s'il ne s'est pas, en tout point, conformé aux règles ci-dessus établies pour constater les biens, pour la vente du mobilier, pour l'emploi des deniers, pour la transcription et l'inscription, et, en général, s'il n'a pas fait toutes les diligences nécessaires pour que la charge de restitution soit bien et fidèlement acquittée.

Quoique le tuteur à la substitution soit responsable envers les appelés de ses fautes et négligences, il n'a pas, comme les tuteurs des mineurs et des interdits (art. 2121), ses biens frappés d'une hypothèque légale, parce qu'il n'a pas, comme ceux-ci, la qualité d'administrateur.

1074. Si le grevé est mineur, il ne pourra, dans le cas même de l'insolvabilité de son tuteur, être restitué contre l'inexécution des règles qui lui sont prescrites par les articles du présent chapitre.

Cette disposition est équitable : de même que les appelés, le grevé combat pour faire un gain; c'est pourquoi, alors même qu'il est mineur, il n'a aucun recours contre les tiers qui ont acquis du disposant, à titre onéreux, les biens compris dans la substitution, lorsque cette substitution ne leur a pas été révélée dans la forme requise. Cette disposition est d'autant plus juste que les tiers n'ont commis aucune faute et qu'ils combattent pour éviter une perte.

CHAPITRE VII.

DES PARTAGES FAITS PAR PÈRE, MÈRE, OU AUTRES ASCENDANTS ENTRE LEURS DESCENDANTS.

Le partage est défini : « L'acte qui a pour objet de faire cesser l'indivision entre les cohéritiers » (art. 888). L'ascendant qui distribue ses biens entre ses descendants fait un partage, parce que les enfants et autres descendants sont, à raison de leurs droits à la réserve, considérés comme se trouvant ensemble dans l'indivision du vivant même de leur ascendant. Quant à celui qui n'a pas d'héritier réservataire, il peut, il est vrai, disposer de tous ses biens en faveur de plusieurs personnes; mais cette disposition qu'il fait dans les proportions qui lui plaisent et entre qui bon lui semble, n'est point un *partage*, c'est-à-dire en acte déclaratif de la propriété ; c'est une donation ou un legs, qui transfère la propriété et qui ne peut pas être critiqué sous le prétexte que les règles du partage n'auraient pas été observées. La loi permet aux ascendants de faire entre leurs descendants le partage de leurs biens, parce qu'ils peuvent ainsi éviter à ces derniers des frais et des contestations, et faire parvenir à chacun d'eux les biens qui sont le plus à sa convenance.

1075. Les père et mère et autres ascendants pourront faire, entre leurs enfants et descendants, la distribution et le partage de leurs biens.

Le père et la mère ne peuvent pas comprendre, dans un partage entre-vifs ou testamentaire, les biens qui composent la communauté. Ainsi l'a décidé en ces termes la Cour de cassation : — « Attendu que les époux mariés sous le régime de la communauté ne peuvent, avant sa dissolution, faire entre eux le partage et la répartition des biens qui la composent, sans porter atteinte à l'immutabilité du pacte patrimonial et aux droits que chacun des époux doit conserver dans leur intégralité » (C. cass. 23 déc. 1861). — De même la femme ne peut pas faire entre ses enfants le partage entre-vifs de ses biens constitués en dot sous le régime dotal, ainsi que l'a décidé la Cour suprême dans les termes suivants : — « Attendu que, quelque générale et quelque absolue que puisse paraître la faculté que l'art. 1075 C. Nap. donne aux père et mère et autres ascendants de faire entre leurs enfants et descendants la distribution de leurs bien présents par un acte entre-vifs, néanmoins celui-là seul peut en user qui est capable de disposer ; qu'en effet, tout partage anticipé suppose une donation préalable, que ne saurait valablement consentir l'ascendant privé du libre exercice de ses droits ; qu'en soumettant des actes de cette nature aux conditions et règles de la donation entre-vifs, l'art. 1076 en détermine clairement, sous ce rapport, le caractère et les effets ; — Attendu que la femme qui, en se mariant sons le régime dotal, en a accepté sans restriction toutes les conséquences légales, est incapable d'aliéner ses biens dotaux et ne peut pas plus en disposer à titre gratuit qu'à titre onéreux ; qu'à cet égard la loi ne distingue pas, et comprend, dans la généralité de ses termes, tous les modes d'aliénation ; qu'il suit de là que la femme dotale, ainsi frappée d'incapacité, ne pourrait user du bénéfice de l'art. 1075 qu'autant qu'elle y serait exceptionnellemen autorisée par une disposition expresse de la loi ; — Attendu que vainement le pourvoi excipe de l'art. 1556 C. Nap., et prétend faire sortir, pour la femme dotale, cette autorisation exceptionnelle de la diposition de cet article et du droit qu'il lui reconnaît de donner des biens dotaux pour l'établissement de ses enfants ; qu'en effet, par cette dérogation au principe de l'inaliénabilité de la dot, la loi n'a voulu que la mettre en situation d'accomplir un devoir et d'acquitter une dette naturelle en assurant à ses enfants, dans la mesure de ses ressources, une existence indépendante ; que ce serait faire une exception à la règle, et dénaturer étrangement la pensée qui l'a dictée que d'induire, pour la femme mariée sous le régime dotal, comme le fait le pourvoi, le droit absolu de disposer de tous ses biens au profit de ses enfants, sous prétexte que toute libéralité de sa part ajoute à leur aisance, et complète ainsi leur établissement ; que toute exception doit être strictement restreinte au cas pour lequel elle est édictée, et qu'il résulte clairement des termes de la loi, même entendus dans le sens le plus large, qu'une fois établis, les enfants ne peuvent plus rien recevoir de leur mère aux dépens de l'inaliénabilité de la dot » (C. cass. 8 avr. 1864).

1076. Ces partages pourront être faits par actes entre-vifs ou testamentaires, avec les formalités, conditions et règles prescrites pour les donations entre-vifs et testaments. — Les partages faits par actes entre-vifs ne pourront avoir pour objet que les biens présents.

Le partage entre-vifs n'est pas une donation proprement dite, car il n'est pas attributif, mais, comme tout autre partage, il est déclaratif de la propriété (art. 883). Cependant il participe de la libéralité, à cause de l'abandon anticipé qui s'opère au profit des descendants ; c'est pourquoi la loi le soumet aux formes et aux règles des donations, notamment à la nécessité d'un acte notarié et à la formalité de l'acceptation expresse (art. 931,932). De là, par application du principe, « Donner et retenir ne vaut, » exprimé dans l'art. 894, ce genre de partage ne peut comprendre que les biens présents. Le partage testamentaire étant soumis, de son côté, aux règles des testaments, il s'ensuit que les père et mère ne peuvent pas faire ensemble et par le même acte, le partage de leurs biens entre leurs enfants (art. 968).

Les descendants qui, après le décès de leur ascendant, acceptent purement et simplement un partage testamentaire, deviennent par là, non pas des légataires à titre universel, mais de véritables héritiers; ils sont par conséquent tenus d'acquitter les dettes de leur auteur, même au-delà de l'émolument qu'ils ont recueilli, lorsqu'ils ont accepté sa succession purement et simplement. Tandis que, s'ils acceptent un partage entre-vifs, ils ne sont pas tenus d'acquitter les dettes de leur auteur au-delà de la valeur des biens qu'ils ont recueillis : ils sont alors assimilés à des donataires de quotités, et non pas à des héritiers; en effet, dans ce cas, ils ne continuent pas la personne de leur ascendant, qui est encore vivant.

1077. Si tous les biens que l'ascendant laissera au jour de son décès n'ont pas été compris dans le partage, ceux de ces biens qui n'y auront pas été compris seront partagés conformément à la loi.

Suivant le principe de l'art. 887, l'omission de biens donne lieu, entre les descendants, à un supplément du partage entre-vifs ou testamentaire qui a été fait par leur ascendant.

1078. Si le partage n'est pas fait entre tous les enfants qui existeront à l'époque du décès et les descendants de ceux prédécédés, le partage sera nul pour le tout. Il en pourra être provoqué un nouveau dans la forme légale, soit par les enfants ou descendants qui n'y auront reçu aucune part, soit même par ceux entre qui le partage aurait été fait.

Ainsi, pour être valable, le partage fait par l'ascendant doit essentiellement comprendre tous les enfants et descendants qui sont appelés, au jour de son décès, à recueillir sa succession ; autrement, le partage serait frappé d'une nullité absolue, et chacun des descendants, celui qui a été compris dans le partage, de même que celui qui a été omis, a le droit de provoquer un nouveau partage ; en effet, chacun d'eux a le droit de sortir de l'indivision (art. 815), parce qu'il a un intérêt à obtenir la possession paisible et perpétuelle de sa part héréditaire. Mais si l'un des enfants compris dans le partage décède du vivant de son ascendant, ou s'il survit et répudie la succession, que devient le partage ? Dans ces deux cas, non prévus par notre article, les auteurs font plusieurs distinctions. 1° Quand l'enfant qui a reçu sa part dans un partage entre-vifs meurt avant l'auteur du partage, il transmet à ses héritiers, qu'ils soient descendants ou autres, les biens qu'il a obtenus dans le partage d'ascendant, et ce partage continue à produire tous ses effets. Cette opinion est juste ; elle s'appuie sur les mêmes motifs que ceux sur lesquels est fondé l'arrêt de la Cour de Caen, du 3 mars 1860, rapporté sous l'art. 1053. 2° Quand l'enfant qui a reçu sa part dans un partage testamentaire, meurt du vivant du testateur, cette part est transmise à ses enfants ; mais, à défaut d'enfants, il y a lieu, entre les descendants du disposant, à un supplément de partage. 3° Quand l'un des enfants compris dans un partage testamentaire répudie, sa part est caduque, et devient, entre les acceptants, l'objet d'un partage supplémentaire.

1079. Le partage fait par l'ascendant pourra être attaqué pour cause de lésion de plus du quart : il pourra l'être aussi dans le cas où il résulterait du partage et des dispositions faites par préciput, que l'un des copartagés aurait un avantage plus grand que la loi ne le permet.

Les deux causes de rescision contenues dans cet article paraissent, au premier aspect, se confondre ; mais elles diffèrent sous un point de vue essentiel. — La première cause de rescision existe quand, dans le partage d'ascendant, l'un des enfants est lésé de plus du quart de sa part héré-'ditaire : en présence de cette lésion énorme, qui donne lieu à la rescision de tout acte ayant pour objet de faire cesser l'indivision (art. 887), on suppose que l'ascendant a commis une erreur involontaire dans l'estimation des lots ; c'est pourquoi la loi vient au secours de l'enfant lésé, en lui donnant le droit de faire rescinder ce partage qui viole d'une manière considérable le principe de l'égalité.

La seconde cause de rescision existe quand l'un des enfants, qui a reçu des libéralités par préciput, obtient encore dans le partage d'ascendant des avantages tels qu'il a, en outre de sa part d'enfant, des valeurs qui dépassent la quotité disponible : la coexistence du préciput et des avantages dans le partage fait supposer que l'ascendant a agi en sa faveur, contre ses autres enfants, dans un esprit de fraude ; c'est pourquoi l'enfant qui est lésé peut demander la rescision du partage, alors même que ce partage ne lui causerait pas une lésion s'élevant au quart de sa part héréditaire. Ainsi lorsque l'un des enfants a reçu par préciput, ou hors part, des libéralités qui égalent la quotité disponible, s'il obtient encore dans le partage un avantage, même le plus minime, ce partage sera rescindable ; mais l'enfant avantagé gardera les libéralités préciputaires, jusqu'à concurrence de la quotité disponible.

Il existe une troisième cause de rescision, qui n'est pas exprimée dans notre article. Elle a lieu quand le principe de l'égalité sur la nature des biens a été gravement violé ; notamment, quand le père a mis dans le lot de son fils aîné tous les meubles et immeubles de sa succession, tandis qu'il n'a composé les autres lots que de sommes d'argent. Ainsi décidé par la Cour suprême : — « Attendu qu'il est déclaré en fait, par l'arrêt attaqué, que les père et mère ont donné à leur fils aîné la totalité de leurs biens meubles et immeubles, en le chargeant de payer à ses frères et sœurs des sommes d'argent ; qu'ils n'expriment point dans l'acte que les biens sont indivisibles ou qu'ils ne peuvent être divisés sans une trop grande dépréciation ; qu'ils paraissent mus seulement par leur désir de transmettre à l'aîné leur hoirie tout entière en nature, et de réduire les puînés à des sommes d'argent, à une espèce de légitime ; — Attendu que l'arrêt a été bien fondé à conclure de ces circonstances qu'il y avait lieu à annulation du partage, lequel attribuait à un seul lot tous les meubles et immeubles héréditaires, et ne composait les autres lots qu'en sommes d'argent » (C. cass. 7 janv. 1863).

La rescision d'un partage entre-vifs ne peut pas être demandée pour cause de lésion du vivant de l'ascendant, parce que les biens qu'il a donnés et les biens qu'il laissera, ne forment qu'une seule et même masse, qu'une seule et même succession. Ainsi l'a décidé la Cour de cassation dans les termes suivants : — « Attendu qu'il est de principe qu'au décès de l'ascendant, les biens qu'il a partagés entre ses enfants doivent être réunis fictivement à ceux qu'il délaisse, pour le calcul et la fixation de la réserve et de la quotité disponible ; que tous se confondent dans une seule et même succession, et que l'action en rescision ne s'ouvre au profit du copartagé lésé qu'autant qu'il ne peut s'indemniser de la lésion dont il se plaint, sur les biens qui restent à partager » (C. cass. 17 août 1863).

Il suit de là : —1° Que l'enfant ne peut pas renoncer valablement, pendant la vie de son ascendant, à l'action en rescision pour vice dans la composition des lots, ni pour cause de lésion (C. cass. 6 fév. 1860) ; — 2° Que, « pour rechercher la lésion, les biens partagés par l'ascendant doivent être estimés d'après leur valeur au jour du décès, et non d'après leur valeur au jour du partage » (C. cass. 4 juin 1862 et 20 août 1864). La cour de Bordeaux a pareillement décidé, par arrêt du 9 juin 1863, confirmé le 14 mars 1866 par la Cour de cassation, que le rapport fictif doit, pour le calcul de la quotité disponible, avoir lieu « eu égard à l'état dans lequel se trouvaient les biens au temps de la donation, et suivant leur valeur à l'époque de l'ouverture de la succession ; » — 3° Que le délai de l'action en rescision d'un partage entre-vifs, qui est de dix ans, ne peut commencer à courir que du jour du décès de l'ascendant : — « Attendu que ce n'est qu'après la mort de l'ascendant que peut prendre naissance l'action en rescision d'un semblable partage, puisque ce n'est qu'à cette époque que se manifestent les forces et les charges de la succession, et qu'au moyen de la fixation de la réserve légale, il est possible de constater l'existence et la quotité de la lésion » (C. cass. 20 août 1864).

1080. L'enfant qui, pour une des causes exprimées en l'article précédent, attaquera le partage fait par l'ascendant, devra faire l'avance des frais de l'estimation : et il les supportera en définitif, ainsi que les dépens de la contestation, si la réclamation n'est pas fondée.

Le partage que l'ascendant fait de ses biens entre ses descendants est présumé juste et équitable. C'est pourquoi l'enfant qui veut attaquer ce partage, en alléguant la lésion, doit faire l'avance des frais de l'estimation des biens. Ces frais et ceux du procès sont tous mis à sa charge, s'il succombe; par dérogation à l'art. 131 C. pr., le juge, en ce cas, ne pourrait pas en mettre une partie à la charge des défendeurs. Si, au contraire, il triomphe, il peut être tenu néanmoins de supporter une partie des frais d'estimation et du procès.

CHAPITRE VIII.

DES DONATIONS FAITES PAR CONTRAT DE MARIAGE AUX ÉPOUX ET AUX ENFANTS A NAITRE DU MARIAGE.

Le législateur voit avec la plus grande faveur les libéralités qui tendent à déterminer au mariage; c'est pourquoi il déroge aux principes des donations et notamment à la règle, « Donner et retenir ne vaut » (art. 894). Par suite, de pareilles libéralités sont valables, quoiqu'elles n'opèrent point le dépouillement actuel ni irrévocable du donateur au profit du donataire, soit qu'il s'agisse de libéralités faites par des tiers aux futurs époux (art. 1080 à 1090), soit qu'il s'agisse de libéralités faites par un époux à son conjoint (art. 1091 à 1100.)

Les donations faites par contrat de mariage ou par acte séparé du contrat, en faveur du mariage, se divisent en quatre classes : — 1° Les donations *ordinaires*, c'est-à-dire qui opèrent le dépouillement actuel et irrévocable du donateur au profit du donataire; — 2° Les donations de *biens présents*, qui ne produisent d'effet qu'au décès du donateur; — 3° Les donations de *biens à venir*, qui ne produisent pareillement d'effet qu'au décès du donateur; — 4° Enfin, les donations *cumulatives*, c'est-à-dire qui comprennent les biens présents et les biens à venir. Les donations de ces trois dernières classes sont caduques, si le donateur survit au donataire et à sa postérité.

1081. Toute donation entre-vifs de biens présents, quoique faite par contrat de mariage aux époux, ou à l'un d'eux, sera soumise aux règles générales prescrites pour les donations faites à ce titre. — Elle ne pourra avoir lieu au profit des enfants à naître, si ce n'est dans les cas énoncés au chapitre VI du présent titre.

Les règles des donations ordinaires sont, en général, applicables aux donations faites par contrat de mariage. Par suite, comme les premières, ces dernières donations sont : 1° rapportables (art. 843) ; 2° réductibles (art. 920) ; 3° révocables, soit pour inexécution des conditions (art. 953), soit pour survenance d'enfant au donateur (art. 960) ; 4° nulles, quand elles sont faites à un incapable de recevoir (art. 762, 908) ; 5° soumises à la transcription, quand elles ont pour objet des immeubles (art. 939), ou à la nécessité d'un état estimatif, quand elles ont pour objet des meubles (art. 948) ; 6° enfin, elles ne peuvent contenir de substitutions valables que si elles sont faites par un ascendant, ou par un frère sans enfants (art. 896, 1048, 1049).

Mais, à la différence des donations ordinaires, les donations faites par contrat de mariage n'opèrent pas nécessairement le dépouillement actuel et irrévocable du donateur au profit du donataire, et, par suite, les art. 894, 943, 944, 945 et 946 peuvent ne leur être pas applicables (art. 947). En outre, elles ne sont pas révocables pour cause d'ingratitude du donataire (art. 959) ; enfin, elles ne sont pas soumises à la formalité d'une acceptation en termes exprès (art. 932, 1087).

1082. Les pères et mères, les autres ascendants, les parents collatéraux des époux, et même les étrangers, pourront, par contrat de mariage, disposer de tout ou partie des biens qu'ils laisseront au jour de leur décès, tant au profit desdits époux, qu'au profit des enfants à naître de leur mariage, dans le cas où le donateur survivrait à l'époux donataire. — Pareille donation, quoique faite au profit seulement des époux ou de l'un d'eux, sera toujours, dans ledit cas de survie du donateur,

présumée faite au profit des enfants et descendants à naître du
mariage.

On appelle *institution contractuelle* la disposition qu'une personne fait,
en faveur de mariage, de tout ou partie des biens qu'elle laissera à son
décès. Cette disposition participe de l'*institution testamentaire*, parce que
le disposant reste, jusqu'à sa mort, propriétaire des biens qu'il a ainsi
donnés; elle participe aussi du *contrat de donation*, parce que, d'une
part, le donataire intervient dans l'acte, et que, d'autre part, le donateur
ne peut pas révoquer à son gré la disposition. Au reste, de même que l'institution testamentaire, l'institution contractuelle est caduque si le disposant
survit à l'institué; toutefois, les enfants de celui-ci, lorsqu'ils sont nés de
l'union que la libéralité a voulu favoriser, jouissent du bénéfice de l'institution, parce que le disposant est censé les avoir aussi compris dans la
libéralité qu'il a faite en faveur du mariage.

Cette disposition particulière, qui appelle, au défaut de l'institué, les
enfants qu'il a laissés, diffère essentiellement des substitutions prohibées
(art. 896). En effet, on ne rencontre pas, dans ces institutions contractuelles, la charge de conserver et de rendre; car, si l'institué survit au
disposant, il devient propriétaire pur et simple des biens qu'il recueille :
jamais il n'en devra compte à ses enfants.

Voici une clause qui est assez fréquente. Le père ou la mère du futur
époux promet, par contrat de mariage, que cet enfant aura, dans sa succession, sa part entière, et qu'il sera mis dans une parfaite égalité
de droits avec les autres enfants. Une pareille clause a la force d'une institution contractuelle, et elle rend nuls tous les legs faits au préjudice
de l'enfant institué, ainsi que l'a jugé la cour de Limoges, par arrêt
du 25 juillet 1862.

1083. La donation, dans la forme portée au précédent article, sera irrévocable, en ce sens seulement que le donateur
ne pourra plus disposer, à titre gratuit, des objets compris dans
la donation, si ce n'est pour sommes modiques, à titre de récompense ou autrement.

Le disposant qui a fait une institution contractuelle de tous les biens
qu'il laissera à son décès, conserve néanmoins le droit de les aliéner à
titre onéreux; il peut donc les vendre, les échanger, les hypothéquer et

en disposer pour acquérir une rente, même viagère. Mais il ne peut plus, si ce n'est dans une faible et équitable mesure, aliéner ses biens à titre gratuit. L'institué contractuel peut faire transcrire son acte de donation : cette transcription ne peut produire à son profit aucun effet contre les tiers acquéreurs à titre onéreux; mais elle lui confère le droit de faire prononcer la nullité des donations postérieures, ainsi qu'il a été jugé en ces termes : — « Considérant que le jugement, dans les points de fait signifiés à la requête des intimés, indique que le contrat de mariage du 1er février 1849 aurait été transcrit; — Considérant que, pour préférer l'acquéreur à titre gratuit à l'institué, la sentence reconnaît à tort une inégalité dans les positions; que les donations par contrat de mariage n'ont pas le caractère de pures libéralités; qu'elles doivent aider les époux à supporter les charges de la famille et emportent garantie contre le donateur lorsqu'elles ont pour objet des biens présents; que si, dans la cause, il y a bonne foi de part et d'autre, il est juste de tenir compte de l'antériorité du droit de l'institué, de son origine incontestable, de la faveur spéciale dont les lois environnent le contrat qui lui a donné naissance » (C. de Besançon, 2 juin 1860).

1084. La donation par contrat de mariage pourra être faite cumulativement des biens présents et à venir, en tout ou en partie, à la charge qu'il sera annexé à l'acte un état des dettes et charges du donateur existantes au jour de la donation; auquel cas il sera libre au donataire, lors du décès du donateur, de s'en tenir aux biens présents, en renonçant au surplus des biens du donateur.

Dans la donation cumulative, le disposant se dépouille-t-il actuellement et irrévocablement de ses biens présents, de sorte que le donataire acquière, par son acceptation, un droit transmissible à ses héritiers ou autres successeurs, quels qu'ils soient? Ou bien, au contraire, ne confère-t-il qu'un droit soumis à la condition suspensive que le donataire ou ses descendants lui survivront? Cela dépend de la volonté manifestée par le disposant; mais toutes les fois qu'il n'apparaît point d'une intention contraire, le disposant est présumé n'avoir pas entendu se dépouiller actuellement et irrévocablement des biens présents; par suite, la donation est caduque, s'il survit au donataire et à sa postérité.

Pour que la donation soit véritablement cumulative, il est nécessaire que l'acte contienne un état estimatif des biens présents, et un état détaillé et exact des dettes et charges aussi présentes : alors le donataire peut s'en tenir aux biens présents; il ne sera tenu, dans ce cas, que des dettes et charges exprimées dans l'état. Mais il faut, pour cela, que l'état des dettes soit exact et complet, ainsi qu'il résulte de cet arrêt de la Cour de cassation : — « Attendu qu'aux termes de l'art. 1084 C. Nap., le donataire ne peut user de la faculté de s'en tenir aux biens présents et de renoncer aux biens à venir, qu'autant que le donateur aurait annexé à l'acte de donation l'état de ses dettes et charges au moment de la donation; que cette disposition est générale et absolue; qu'ainsi le donateur qui veut procurer au donataire l'avantage de s'en tenir aux biens présents et de renoncer aux biens à venir formant l'objet de la donation, est obligé de faire connaître d'une manière exacte et complète l'état de ses dettes et charges au moment de la donation » (C. cass. 13 nov. 1861).

Si le donataire des biens présents et à venir a fait transcrire son acte au bureau des hypothèques, il a droit, lors du décès du disposant, aux immeubles compris dans la donation des biens présents, tels qu'ils étaient au moment de la donation; par suite, s'il s'en tient aux biens présents, il prend ces immeubles libres des charges que le donateur a postérieurement consenties, et il peut les revendiquer contre les tiers acquéreurs à titre gratuit et même à titre onéreux.

1085. Si l'état dont est mention au précédent article n'a point été annexé à l'acte contenant donation des biens présents et à venir, le donataire sera obligé d'accepter ou de répudier cette donation pour le tout. En cas d'acceptation, il ne pourra réclamer que les biens qui se trouveront existants au jour du décès du donateur, et il sera soumis au payement de toutes les dettes et charges de la succession.

Si l'état des dettes et charges n'a pas été annexé, ou s'il n'est pas complet (C. cass. 13 nov. 1861), la donation des biens présents et à venir n'est plus qu'une donation des biens à venir. Le donataire, qui l'accepte après le décès du disposant, acquiert les biens tels qu'ils existent alors : les aliénations à titre onéreux que le disposant a consenties, et les hypothèques ou autres droits qu'il a constitués, produisent par conséquent tous leurs effets. Le donataire est alors tenu de payer « toutes les dettes et charges de la succession; » mais il est évident que s'il n'avait qu'une partie de l'actif, il ne serait pareillement tenu que d'une partie du passif. Le donataire par contrat de mariage est saisi, au décès du disposant, des biens que celui-ci a laissés; mais il ne doit cependant pas être entièrement assimilé à un héritier, et, par suite, il n'est pas tenu des dettes et charges de la succession au delà de son émolument, lorsqu'il a eu soin de faire constater par un inventaire la valeur des biens qui la composent.

1086. La donation par contrat de mariage en faveur des époux et des enfants à naître de leur mariage, pourra encore être faite, à condition de payer indistinctement toutes les dettes et charges de la succession du donateur, ou sous d'autres conditions dont l'exécution dépendrait de sa volonté, par quelque personne que la donation soit faite : le donataire sera tenu d'accomplir ces conditions, s'il n'aime mieux renoncer à la donation; et en cas que le donateur, par contrat de mariage, se soit réservé la liberté de disposer d'un effet compris dans la donation de ses biens présents, ou d'une somme fixe à prendre sur ces mêmes biens, l'effet ou la somme, s'il meurt sans en avoir disposé, seront censés compris dans la donation, et appartiendront au donataire ou à ses héritiers.

Ainsi, par dérogation aux art. 894, 944, 945 et 946, les donations faites en faveur de mariage sont valables, alors même qu'elles sont soumises à des conditions qui dépendent de la seule volonté du disposant. Celui-ci sera par là plus disposé à faire des libéralités qui peuvent, malgré leur peu de fermeté, contribuer à la formation de l'union conjugale.

Le mot *héritiers*, mis à la fin de l'article, ne s'applique qu'aux descendants du donataire, car la donation dont il s'agit serait caduque si le donateur survivait au donataire et à sa postérité (art. 1089).

L'auteur de la libéralité peut, d'après notre article, se réserver la faculté de disposer « d'un effet compris dans la donation de ses biens présents. » Mais peut-il aussi, quand la donation ne consiste qu'en un seul objet, se réserver la faculté d'en disposer? L'affirmative a été décidée par arrêt de la cour d'Agen, du 21 nov. 1861, et cette décision est à l'abri de toute critique.

1087. Les donations faites par contrat de mariage ne pourront être attaquées, ni déclarées nulles, sous prétexte du défaut d'acceptation.

La donation ne peut jamais ¡exister sans l'acceptation du donataire. Dans les donations ordinaires, l'acceptation doit, sous peine de nullité, être faite en termes exprès (art. 932); mais il suffit que le donataire soit présent et signe, quand la donation est faite dans le contrat de mariage à l'un des futurs époux.

1088. Toute donation faite en faveur du mariage sera caduque, si le mariage ne s'ensuit pas.

La donation en faveur de mariage est faite essentiellement sous la condition que le mariage existera : *Si nuptiæ sequantur.* En conséquence, quand le projet de mariage s'évanouit, la condition manque, et la donation est caduque.

1089. Les donations faites à l'un des époux, dans les termes des articles 1082, 1084 et 1086 ci-dessus, deviendront caduques, si le donateur survit à l'époux donataire et à sa postérité.

Les donations régies par les art. 1082, 1084 et 1086 ont beaucoup de ressemblance avec les legs : à la différence de celles qui sont prévues dans l'art. 1081, elles ne dépouillent pas actuellement le donateur, et elles ne deviennent irrévocables que par son décès. Or, comme elles sont faites en faveur du donataire et de ses enfants, elles deviennent caduques si le donateur leur survit.

1090. Toutes donations faites aux époux par leur contrat de mariage seront, lors de l'ouverture de la succession du donateur, réductibles à la portion dont la loi lui permettait de disposer.

La loi entoure d'une grande faveur les donations par contrat de mariage ; mais elle ne leur sacrifie cependant pas les droits des héritiers réservataires ; c'est pourquoi, de même que toutes les autres libéralités, ces donations sont, lors du décès du donateur, réductibles à la quotité dont il est permis de disposer (art. 913).

CHAPITRE IX.

DES DISPOSITIONS ENTRE ÉPOUX, SOIT PAR CONTRAT DE MARIAGE, SOIT PENDANT LE MARIAGE.

Le chapitre précédent traite des donations que des tiers, parents ou autres, font aux futurs époux. Ce chapitre traite des donations faites par un époux à son conjoint, soit en vue du mariage projeté, soit pendant l'existence de l'union conjugale.

1091. Les époux pourront, par contrat de mariage, se faire réciproquement, ou l'un des deux à l'autre, telle donation qu'ils jugeront à propos, sous les modifications ci-après exprimées.

Un époux peut faire à son conjoint, par contrat de mariage : 1° des donations qui le dépouillent actuellement et irrévocablement des choses données; 2° des donations de biens présents, qui n'opèreront le dépouillement irrévocable du donateur qu'à son décès et seulement dans le cas de survie du donataire; 3° des donations de biens à venir, appelées institutions contractuelles; 4° enfin, des donations cumulatives de biens présents et de biens à venir.

1092. Toute donation entre-vifs de biens présents, faite entre époux par contrat de mariage, ne sera point censée faite sous la condition de survie du donataire, si cette condition n'est formellement exprimée; et elle sera soumise à toutes les règles et formes ci-dessus prescrites pour ces sortes de donations.

Ainsi, toutes les fois que la condition de survie n'a pas été formellement exprimée, l'époux qui fait une donation à son conjoint, par contrat de mariage, se dépouille actuellement et irrévocablement de la chose donnée (art. 894). En pareil cas, la femme donataire a une hypothèque légale sur les biens de son mari, à partir du jour du mariage, pour assurer le payement de la libéralité, ainsi que l'a décidé la Cour de cassation par arrêt du 27 déc. 1859.

1093. La donation de biens à venir, ou de biens présents et à venir, faite entre époux par contrat de mariage, soit simple, soit réciproque, sera soumise aux règles établies par le chapitre précédent, à l'égard des donations pareilles qui leur seront faites par un tiers, sauf qu'elle ne sera point transmissible aux enfants issus du mariage, en cas de décès de l'époux donataire avant l'époux donateur.

Toutes les donations qui sont permises aux tiers par les art. 1082, 1084 et 1086 en faveur des futurs époux, les époux eux-mêmes peuvent aussi les faire, soit l'un à l'autre, soit même réciproquement. Mais lorsqu'elles sont faites entre époux, elles ne sont pas révocables par la survenance d'enfants (art. 960). En outre, elles sont essentiellement personnelles, en ce sens qu'elles deviennent nécessairement caduques si le donataire pré-décède, alors même qu'il laisserait des enfants nés du mariage. Voici la raison de cette disposition : l'époux donataire ne peut pas avoir un aussi grand intérêt à ce que le donateur soit dépouillé au profit des enfants nés du mariage, lorsque la donation lui est faite par son conjoint, auquel les enfants sont appelés à succéder, que lorsqu'elle lui est faite par une autre personne, même parente.

1094. L'époux pourra, soit par contrat de mariage, soit pendant le mariage, pour le cas où il ne laisserait point d'enfants ni descendants, disposer en faveur de l'autre époux, en propriété, de tout ce dont il pourrait disposer en faveur d'un étranger, et, en outre, de l'usufruit de la totalité de la portion dont la loi prohibe la disposition au préjudice des héritiers. — Et, pour le cas où l'époux donateur laisserait des enfants ou descendants, il pourra donner à l'autre époux, ou un quart en propriété et un autre quart en usufruit, ou la moitié de tous ses biens en usufruit seulement.

Les dispositions de cet article sont, en pratique, d'une application presque générale.

Pour fixer nettement la quotité de biens dont un époux peut disposer au profit de son conjoint, il faut distinguer s'il ne laisse pas d'héritiers réservataires, ou s'il laisse soit des ascendants, soit des descendants.

I. *Absence d'héritiers réservataires.* — L'époux qui ne laisse pas d'héritiers à réserve peut donner à son conjoint tous ses biens, comme il pourrait les donner à un étranger. A cet égard, il ne peut donc s'élever aucune difficulté.

II. *Existence d'ascendants.* — L'époux qui laisse pour héritiers des ascendants peut donner à son conjoint : 1° toute la quotité disponible ordinaire, c'est-à-dire la moitié de ses biens, s'il laisse des ascendants dans les deux lignes paternelle et maternelle ; les trois quarts, s'il ne laisse d'ascendants que dans une ligne (art. 915) ; 2° l'usufruit de la part réservée aux ascendants. Quoique cette disposition relative à l'usufruit puisse se justifier par l'intérêt moral des ascendants à conserver les biens de famille, plusieurs auteurs la critiquent comme singulière et comme peu rationnelle, en ce que les ascendants, généralement plus âgés que le conjoint, obtiennent ainsi pour réserve une nue propriété qui sera pour eux probablement stérile.

Quand un époux dispose de tous ses biens en faveur de son conjoint, celui-ci a droit à la pleine propriété de la quotité disponible et à l'usufruit de la part réservée aux ascendants (C. cass. 19 mars 1862 et 15 mai 1865).

III. *Existence d'enfants.* — Rappelons, d'abord, qu'aux termes de l'art. 913, le défunt a pu disposer de la moitié de ses biens, s'il laisse un enfant ; du tiers, s'il laisse deux enfants ; du quart, s'il laisse trois enfants ou un plus grand nombre. Mais la quotité disponible entre époux est, d'après notre article, fixe et invariable : quel que soit le nombre des enfants qu'il laisse, l'époux peut donner à son conjoint le quart en pleine propriété et le quart en usufruit, ou, ce qui est moindre, le quart en usufruit seulement ; mais jamais il ne peut rien lui donner de plus. On voit par là que la quotité disponible est plus faible pour le conjoint que pour l'étranger, si le disposant ne laisse qu'un enfant ; tandis qu'elle est plus forte, s'il laisse trois enfants ou un plus grand nombre.

De là sont nées des difficultés que la jurisprudence a résolues de la manière suivante :

1° Si un époux fait dans le même acte des libéralités à son conjoint et à un étranger, il a pu valablement disposer de la plus grande quotité disponible. N'a-t-il qu'un seul enfant ? Il a pu donner, par le même acte ou par actes séparés et successifs, à son conjoint, le quart en pleine propriété, et à l'étranger un quart aussi en pleine propriété. — A-t-il trois enfants ou un plus grand nombre ? Il a pu donner, par le *même acte*, à son conjoint, le quart en propriété, et à l'étranger le quart en usufruit, ou bien à son conjoint le quart en usufruit, et à l'étranger le quart en propriété.

2° Si l'époux fait à son conjoint et à un étranger des libéralités dans des actes successifs, le conjoint profite de la quotité disponible ordinaire ;

tandis que l'étranger ne profite pas de la quotité disponible établie au profit du conjoint.

L'époux qui ne laisse qu'un seul enfant a-t-il donné à un étranger le quart en pleine propriété? Il peut donner encore à son conjoint le quart en pleine propriété; et réciproquement.

L'époux, qui laisse trois enfants, a-t-il donné le quart en pleine propriété à un étranger? Il peut donner à son conjoint le quart en usufruit. A-t-il donné à l'étranger le quart en usufruit? Il peut donner à son conjoint le quart en pleine propriété. — Mais a-t-il donné d'abord le quart en usufruit à son conjoint? Il ne peut plus, dans l'hypothèse de trois enfants, donner à l'étranger que le quart en nue propriété. A-t-il donné à son conjoint le quart en pleine propriété? Il ne peut plus faire alors aucune libéralité à un étranger. — Ces décisions admises par une jurisprudence maintenant générale sont, en doctrine, l'objet de quelques critiques, en ce qui concerne les actes successifs.

Quand l'époux qui laisse des enfants a donné à son conjoint l'universalité de ses biens, celui-ci a droit au quart en pleine propriété des biens du disposant et au quart en usufruit. Mais s'il a donné tous ses biens en usufruit, le conjoint donataire n'a droit alors qu'à la moitié en usufruit.

Si l'époux laisse des ascendants ou des enfants, peut-il, quand il donne à son conjoint la propriété et l'usufruit dont il peut disposer, le dispenser en même temps de fournir caution de restituer la part réservée qui est l'objet de son usufruit? La Cour de cassation tranche affirmativement cette question gravement controversée : — « Attendu que, d'après les termes de l'art. 601, l'usufruitier n'est pas tenu de donner caution, s'il en a été dispensé par l'acte constitutif de l'usufruit; — Que ces dispositions sont générales; qu'elles règlent d'une manière absolue et sans exception les droits qui peuvent appartenir à l'usufruitier; — Qu'ainsi il est de la nature de l'usufruit que cette dispense de caution puisse être accordée par l'acte qui le constitue; — Qu'il résulte de là que l'art. 1094 C. Nap., en permettant aux époux de disposer de l'usufruit de tout ou partie de la portion des biens dont la loi prohibe la disposition au préjudice des héritiers ascendants ou descendants, leur a, par cela même, accordé la faculté de conférer cet usufruit avec toute l'étendue des droits qui peuvent appartenir à l'usufruitier suivant l'art. 601, c'est-à-dire même avec dispense de caution; — Que, quels que soient les droits des héritiers à réserve, l'intention du législateur, manifestée pas les dispositions de l'art. 1094, a été, en faveur du mariage, d'accorder aux époux le droit de grever cette reserve d'un usufruit qu'il a laissé, dans sa constitution et dans les droits qu'il confère, soumis aux règles générales de l'usufruit » (C. cass. 12 mars 1862).

1095. Le mineur ne pourra, par contrat de mariage, donner à l'autre époux, soit par donation simple, soit par donation réciproque, qu'avec le consentement et l'assistance de ceux dont le consentement est requis pour la validité de son mariage, et, avec ce consentement, il pourra donner tout ce que la loi permet à l'époux majeur de donner à l'autre conjoint.

Toute personne habile au mariage est aussi habile aux pactes matrimoniaux, *Habilis ad nuptias, habilis ad pacta nuptialia;* car ces pactes entrent dans les conditions du mariage. Par suite, le futur époux qui est *mineur*, c'est-à-dire qui n'a pas encore vingt-un ans, peut faire à son futur toutes les libéralités que peut faire un majeur. Mais, pour cela, il a besoin du consentement et de l'assistance de ceux dont le consentement à son mariage est requis. Or, le consentement doit être donné par le père ; à défaut du père, par la mère, et, à défaut des père et mère, par le conseil de famille : celui-ci n'assiste pas en corps au contrat de mariage ; il délègue le tuteur pour le représenter dans ce contrat.

1096. Toutes donations faites entre époux pendant le mariage, quoique qualifiées entre-vifs, seront toujours révocables. — La révocation pourra être faite par la femme, sans y être autorisée par le mari ni par justice. — Ces donations ne seront point révoquées par la survenance d'enfants.

Les époux peuvent se faire l'un à l'autre, pendant le mariage, toute espèce de donations, soit entre-vifs, soit *à cause de mort*, c'est-à-dire sous la condition de survie du donataire. La donation qui est faite pendant le mariage entre-vifs dépouille actuellement l'époux donateur au profit de son conjoint ; mais elle est *toujours révocable* ; par conséquent, l'époux donataire a une saisine qui n'est pas irrévocable. Le principe essentiel de la révocabilité des donations faites entre époux pendant le mariage est fondé sur ce que le donateur n'y a peut-être consenti que par séduction ou par la crainte de voir l'union conjugale déchirée par des discordes domestiques. Au reste, cette révocation, pour laquelle la femme n'a besoin d'au-

I.		42

cune autorisation, peut être faite par testament ou par acte notarié; elle n'a pas lieu par la survenance d'enfants, ni, si elle est entre-vifs, par le prédécès du donataire; mais le donateur conserve encore, après le décès de son conjoint, son droit de révocation.

Toutefois, plusieurs auteurs soutiennent que le prédécès du donataire rend caduque la donation que l'un des époux a faite entre-vifs à son conjoint pendant le mariage. Mais cette opinion, qui est combattue par plusieurs auteurs, est repoussée par la Cour suprême (C. cass. 1er fév. 1840 et 18 juin 1845) et par les cours impériales, par les motifs suivants : — « Attendu que l'art. 1089 C. Nap., en déclarant caduques les donations faites par des tiers à l'un des époux, dans les termes des art. 1082, 1084 et 1086, dans le cas où le donateur survivrait à l'époux donataire et à sa postérité, n'a pas appliqué cette règle aux donations de biens présents faites conformément à l'art. 1081, et qu'aucune disposition de loi ne prononce la caducité des donations de biens présents faites par l'un des époux à l'autre pendant le mariage, dans le cas de prédécès du conjoint donataire ; — Attendu que si le législateur eût voulu cette caducité, il l'aurait certainement déclarée en termes exprès » (C. de Toulouse, 28 févr. 1861).

1097. Les époux ne pourront, pendant le mariage, se faire, ni par acte entre-vifs, ni par testament, aucune donation mutuelle et réciproque par un seul et même acte.

La donation entre époux est essentiellement révocable, de même que les testaments ; par suite, les motifs qui ont empêché deux personnes de faire leur testament dans le même acte (art. 968), sont pareillement applicables aux donations que les époux se font réciproquement pendant le mariage.

1098. L'homme ou la femme qui, ayant des enfants d'un autre lit, contractera un second ou subséquent mariage, ne pourra donner à son nouvel époux qu'une part d'enfant légitime le moins prenant, et sans que, dans aucun cas, ces donations puissent excéder le quart des biens.

Cet article reproduit la disposition d'un édit, appelé *Edit des secondes noces*, porté en 1560 par François II. Cet édit avait pour but

d'empêcher que les intérêts des enfants d'un premier lit ne fussent sacrifiés par suite du convol de leur père ou mère à de secondes noces.

La quotité dont un époux peut, aux termes de l'art. 1094, disposer au
profit de son conjoint, est considérablement limitée quand cet époux a
des enfants d'un premier lit ; en effet, elle ne peut alors dépasser soit la
part d'un enfant légitime le moins prenant, soit le quart des biens :

1° *La part d'un enfant légitime le moins prenant*, quand l'époux laisse,
tant du premier mariage que des mariages subséquents, trois enfants ou
un plus grand nombre ; alors, après le prélèvement des dons ou legs préciputaires faits à quelques-uns des enfants, le conjoint donataire vient
prendre lui-même une part qui ne peut pas dépasser celle de l'enfant qui
a le moins ;

2° *Le quart*, quand le donateur ne laisse qu'un ou deux enfants.

Jamais la quotité disponible ordinaire n'est augmentée au profit du nouveau conjoint ; par suite, l'époux qui laisse trois enfants et qui a déjà
disposé en faveur de l'un d'eux ou en faveur d'un tiers de valeurs égales
au huitième de sa succession, ne peut plus donner ensuite à son nouveau
conjoint qu'un autre huitième. Mais, d'un autre côté, le conjoint qui ne
laisse qu'un enfant qu'il a eu d'un premier lit, et qui a disposé d'un
quart de ses biens au profit d'un second conjoint, peut donner encore un
quart à un troisième conjoint.

La jurisprudence assimile aux donations les conventions par lesquelles
l'époux qui a des enfants d'un premier lit donne, par contrat de mariage,
à son nouveau conjoint, soit toute la communauté, soit une part plus forte
que la moitié, quoique de pareils avantages ne soient pas, dans un premier mariage, considérés comme des libéralités (art. 1523, 1525) : on
doit, en ce cas, appliquer l'art. 1527, ainsi que le décide en ces termes la
Cour suprême : — « Attendu qu'aux termes des art. 1098 et 1099 C. Nap.,
la femme qui, ayant des enfants d'un premier lit, contracte un second mariage, ne peut donner directement ou indirectement à son nouvel époux
qu'une part d'enfant le moins prenant ; que si l'art. 1527 du même Code
accorde aux époux la plus grande latitude pour le règlement de leurs conventions matrimoniales, ce même article, prévoyant le cas où il y aurait des
enfants d'un précédent mariage, déclare que toute convention qui tendrait,
dans ses effets, à donner à l'un des époux au-delà de la portion déterminée
par l'art. 1098, sera sans effet pour tout l'excédant de cette portion ;...
Attendu que, sans contester l'attribution du quart à l'époux, la cour impériale d'Orléans a cru pouvoir justifier, en outre, la stipulation de gains de
survie comme autorisée par les art. 1520 et 1525 C. Nap., qui permettent

aux époques de stipuler des parts inégales dans la communauté, soit même l'attribution de la communauté tout entière au survivant; — En quoi ladite cour a fait une fausse application desdits articles et violé les art. 1098, 1099 et 1527 C. Nap.; — Par ces motifs, casse » (C. cass. 3 déc. 1861).

1099. Les époux ne pourront se donner indirectement audelà de ce qui leur est permis par les dispositions ci-dessus. — Toute donation, ou déguisée, ou faite à personnes interposées, sera nulle.

Les libéralités qu'un époux fait à son conjoint sont-elles *directes?* Elles sont valables; mais, quand elles sont excessives, elles sont réductibles à la quotité disponible. Sont-elles *indirectes,* c'est-à-dire déguisées sous la forme d'un acte à titre onéreux ou faites à personnes interposées ? Elles sont alors, non pas seulement réductibles, mais radicalement *nulles.* Ainsi l'a décidé la Cour suprême : — « Attendu que, d'après l'art. 1099 C. Nap., les époux ne peuvent se donner indirectement au-delà de ce qui leur est permis par la loi ; que toute donation déguisée ou faite à personnes interposées est nulle ; — Attendu que cette dernière disposition est générale et absolue ; qu'il en résulte que les donations déguisées entre époux, quelles que soient les formes qu'elles affectent, sont intégralement nulles, et non pas seulement réductibles ; que la disposition de l'art. 1099 se justifie par le danger que présentent de telles libéralités, par la fraude dont elles sont l'œuvre et par les spoliations qui en seraient le résultat, si elles étaient maintenues » (C. cass. 11 mars 1862). — La cour d'Orléans a décidé de même, dans un cas où les enfants du premier lit attaquaient, comme simulée et frauduleuse, la déclaration de leur père : celui-ci reconnaissait, dans son contrat de mariage, qu'il avait reçu de sa seconde femme des apports considérables. Cet arrêt contient ce considérant remarquable : — « Attendu que si les donations déguisées n'étaient que réductibles, on serait amené à cette conséquence, que, comme en définitive, les époux auraient la certitude que l'époux donataire recueillerait, en tous cas, au moins la quotité disponible, ils n'hésiteraient pas, si leur intention était de faire fraude à la loi, de recourir à une donation déguisée, dans l'espoir que l'époux donataire pourrait recueillir un avantage plus considérable, de manière que la fraude ne serait plus réprimée d'une manière efficace ; qu'on est donc amené à conclure que les donations déguisées sont nulles d'une manière absolue et dans leur intégralité » (C. d'Orléans, 23 févr. 1861).

Toutefois, la donation faite à personnes interposées est valable s'il apparaît évidemment qu'elle n'a eu ni pour but ni pour conséquence de faire fraude à la loi : — « Attendu que la loi n'a pu vouloir mettre sur la même ligne que les actes frauduleux, les actes sincères, accomplis sans dissimulation dans les faits ou dans les personnes, ne présentant aucun danger caché, et ne pouvant avoir pour but ou pour conséquence d'éluder des dispositions prohibitives » (C. d'Orléans, 10 févr. 1865). — Dans l'espèce de cet arrêt, l'époux, qui laissait des ascendants, avait donné à son épouse le quart de ses biens et un autre quart à la fille que celle-ci avait eue d'un précédent mariage.

1100. Seront réputées faites à des personnes interposées, les donations de l'un des époux aux enfants ou à l'un des enfants de l'autre époux issus d'un autre mariage, et celles faites par le donateur aux parents dont l'autre époux sera héritier présomptif au jour de la donation, encore que ce dernier n'ait point survécu à son parent donataire.

Dans les deux cas prévus par cet article, la libéralité est censée faite au conjoint lui-même. Cette présomption légale, qui a de la ressemblance avec celle de l'art. 911, n'admet pas de preuve contraire. Si la donation est faite à d'autres personnes, celui qui prétend que ces personnes sont interposées, doit prouver sa prétention : cette preuve pourra être faite par toute sorte de moyens.

Remarque. — Les donations que les époux se font dans leur contrat d'association ont lieu en faveur du mariage. Par application de l'art. 959, elles ne sont pas révocables pour cause d'ingratitude. Mais, aux termes de l'art. 299, applicable à la séparation de corps, comme au divorce, maintenant abrogé, les libéralités qu'un époux a faites à son conjoint par contrat de mariage, ou pendant le mariage, sont révoquées lorsque la séparation de corps est prononcée contre le conjoint donataire. Cette sorte de révocation, qui est fondée sur une cause pareille à l'ingratitude, ne nuit point aux droits que les tiers ont acquis sur les choses données, ainsi que la Cour suprême l'a décidé par arrêt du 30 août 1865, dont les termes ont été rapportés sous l'art. 959, page 576.

TITRE III.

ES CONTRATS OU DES OBLIGATIONS CONVENTIONNELLES EN GÉNÉRAL.

(Décrété le 7 février 1804. Promulgué le 17 du même mois.)

Il est nécessaire d'avoir une notion exacte et complète des mots *obligation, convention* et *contrat.*

I. OBLIGATION. — L'*obligation* est définie : « Un lien de droit qui nous astreint, selon les règles du droit civil, à la nécessité de payer une chose, *Obligatio est juris vinculum quo necessitate adstringimur alicujus rei solvendæ; secundum jura civitatis nostræ.*

Le droit de propriété diffère essentiellement du droit d'obligation. En effet, la *propriété* consiste dans un rapport direct de personne, sujet du droit, à chose, objet du droit : la personne a sur la chose qui est l'objet de sa propriété un droit direct et général, *jus in re ;* elle peut invoquer ce droit contre toute personne qui viendrait à y porter atteinte. — L'*obligation* consiste, au contraire, dans un rapport direct d'une personne, sujet *actif* du droit, à une autre personne, sujet *passif* du même droit : la première est créancière, et la seconde est débitrice. Le créancier ne peut jamais invoquer son droit personnel, appelé droit à la chose, *jus ad rem,* qui est spécial, que contre une personne déterminée à l'avance, c'est-à-dire contre son débiteur ou ses successeurs à titre universel, car celui ci peut seul, par l'inexécution de son obligation, violer un pareil droit. En outre, tandis que le droit de propriété se compose seulement de deux éléments, la personne et la chose, le droit d'obligation suppose essentiellement l'existence de trois éléments, qui sont le créancier, le débiteur et la chose due.

La *créance* est l'obligation considérée du côté actif, c'est-à-dire par rapport au créancier, qui tient le lien de l'obligation; souvent elle est appelée, dans le langage pratique, *obligation active,* ou *créance active,* ou *dette active.* — La *dette* est l'obligation considérée du côté passif, c'est-à-dire par rapport au débiteur, qui est lié; on l'appelle pareillement *obligation passive,* ou *créance passive,* ou *dette passive.*

La *chose due,* ou, en d'autres termes, la chose qui fait l'objet de l'obligation, peut consister soit à donner, c'est-à-dire à transférer la propriété d'une chose, soit à livrer, c'est-à-dire à mettre le créancier en possession d'une chose, soit à faire, soit à ne pas faire, *ad dandum, præstandum, faciendum, vel non faciendum*. Quand l'objet de l'obligation de donner ou de livrer consiste dans un corps certain et déterminé, le créancier peut se faire mettre en possession de cet objet par l'autorité du juge ; tandis que l'obligation qui consiste à faire ou à ne pas faire se résout en dommages-intérêts, lorsque le débiteur refuse d'exécuter son engagement (art. 1142).

Les obligations sont civiles ou naturelles. — L'obligation *civile*, appelée aussi obligation *parfaite*, ou obligation *proprement dite*, est la seule dont le Code s'occupe : c'est celle qui est définie ci-dessus. Elle donne au créancier le droit de poursuivre son débiteur devant les tribunaux et de le contraindre à remplir son engagement, en exerçant des voies d'exécution sur ses biens et quelquefois sur sa personne. — L'obligation *naturelle*, appelée aussi obligation *imparfaite*, ne constitue pas un lien de droit, mais un simple lien d'équité ; elle ne confère au créancier aucun moyen de contraindre le débiteur à se libérer : telle est l'obligation de faire l'aumône, de venir en aide à un frère tombé dans le malheur et la misère, d'exécuter une donation pour laquelle les formes prescrites n'ont pas été observées, ou de récompenser un service rendu. Le Code ne s'occupe pas de ces dernières obligations, qui rentrent dans le for intérieur, dans le domaine de la conscience, parce qu'il ne les sanctionne point par des actions.

II. CONVENTION. La *convention* est définie : « L'accord de deux ou plusieurs volontés sur une même chose, *Duorum pluriumve in idem placitum consensus*. » L'offre qu'une personne fait à une autre, reste une simple *pollicitation* : elle peut être retirée tant qu'elle n'est pas acceptée ; mais elle devient une convention, dès que l'autre personne accepte l'offre et manifeste à cet égard sa volonté.

III. CONTRAT. — Le *contrat* est la convention obligatoire. On le définit : « Une convention qui, d'après l'intention des parties et conformément aux règles du droit, fait naître une obligation civile. » — Tout contrat suppose essentiellement l'existence d'une convention. Mais il y a quelques conventions qui ne s'élèvent point au rang de contrats, parce qu'elles n'ont point pour effet de faire naître une obligation civile. Ainsi, la convention de remise de la dette n'est pas un contrat, car elle éteint une obligation, au lieu d'en faire naître une. Il en est de même de la convention de donation qui n'est pas revêtue des formes prescrites par l'art. 931, car elle fait naître une simple obligation naturelle, et ne confère point, par suite, au donataire, le droit de contraindre par les voies légales son débiteur à se libérer. Il en est de même, enfin, de la convention que font deux personnes de faire ensemble une promenade; car l'objet de la convention ne consistant pas dans une chose appréciable à prix d'argent, aucune partie n'a d'intérêt ni par suite d'action pour contraindre l'autre partie à remplir sa promesse.

Les obligations naissent ordinairement des contrats; mais elles peuvent naître aussi sans qu'il intervienne aucun contrat, aucune convention (art. 1370); telles sont les obligations qui naissent soit de l'autorité seule de la loi, soit des quasi-contrats, soit des délits, soit des quasi-délits. Il existe ainsi cinq sources d'obligations. Ce titre traite des obligations conventionnelles; le titre suivant traite des obligations qui se forment sans convention.

CHAPITRE PREMIER.

DISPOSITIONS PRÉLIMINAIRES.

1101. Le contrat est une convention par laquelle une ou plusieurs personnes s'obligent, envers une ou plusieurs autres, à donner, à faire ou à ne pas faire quelque chose.

La convention ne s'élève au rang de contrat que si l'une au moins des parties s'oblige. Pour que la convention soit un contrat, il est donc essentiel qu'elle fasse naître entre les parties une ou plusieurs obligations civiles. — Le mot *donner* signifie ici transférer la propriété, peu importe que cette translation ait lieu à titre gratuit ou à titre onéreux.

1102. Le contrat est *synallagmatique* ou *bilatéral* lorsque les contractants s'obligent réciproquement les uns envers les autres.

Le législateur fait ici la division des contrats. — La première division est celle qui les classe en contrats synallagmatiques ou en contrats unilatéraux. — Dans le contrat *synallagmatique*, appelé aussi *bilatéral* quand il n'existe que deux parties distinctes, chaque partie devient en même temps et essentiellement créancière et débitrice de l'autre partie. Ainsi,

par exemple, dans la vente, le vendeur devient, envers l'acheteur, débiteur
de la chose vendue et créancier du prix, et, de son côté, l'acheteur devient,
envers le vendeur, créancier de la chose et débiteur du prix. Il en est de
même dans le louage, l'échange et les autres contrats synallagmatiques.

1103. Il est *unilatéral* lorsqu'une ou plusieurs personnes sont
obligées envers une ou plusieurs autres, sans que de la part de
ces dernières il y ait d'engagement.

Tout contrat suppose essentiellement l'existence d'une convention; il
s'ensuit que le contrat unilatéral lui-même exige le concours des deux
parties, quoiqu'une seule d'entre elles se trouve par là obligée. Dans la
donation, alors surtout qu'elle est faite sans charge, il n'y a que le donateur qui s'oblige; de même, dans le prêt de consommation, l'emprunteur est seul obligé. — Il y a des contrats qui naissent unilatéraux et
qui peuvent devenir ensuite synallagmatiques : tels sont le mandat, le
commodat, le dépôt et le gage : lorsque des dépenses ont été faites par
le mandataire, par le commodataire, par le dépositaire ou par le créancier gagiste, l'autre partie, qui était seule créancière, devient à son tour
obligée. On donne à ces contrats le nom de *synallagmatiques imparfaits*.
L'utilité pratique de la division des contrats en synallagmatiques et unilatéraux se révèle dans les art. 1325 et 1326, qui traitent des actes sous
seing privé. S'agit-il de contrats synallagmatiques parfaits? Il faut qu'il y
ait autant d'originaux qu'il existe de parties ayant un intérêt distinct, et que
chaque original contienne la mention du nombre d'originaux qui ont été
faits. S'agit-il, au contraire, de contrats unilatéraux? Si l'acte n'a pas été
écrit en entier par le débiteur, il faut qu'il y mette son *bon* ou *approuvé*,
portant en toutes lettres la somme ou la chose due.

1104. Il est *commutatif* lorsque chacune des parties s'engage
à donner ou à faire une chose qui est regardée comme l'équivalent de ce qu'on lui donne ou de ce qu'on fait pour elle. —
Lorsque l'équivalent consiste dans la chance de gain ou de perte
pour chacune des parties, d'après un événement incertain, le
contrat est *aléatoire*.

Cet article contient la seconde division des contrats, qui sont commutatifs
ou aléatoires. — La vente, l'échange et le louage sont des contrats *com-*
mutatifs, car chaque partie veut recevoir l'équivalent de ce à quoi elle

s'oblige, sans entendre se soumettre à des chances. Le prêt à intérêts est aussi commutatif, quoique l'emprunteur seul se trouve obligé. — Les contrats *aléatoires*, mot qui vient de *alea*, coup de dé, sont, par exemple, le jeu, le pari, le contrat de rente viagère et le contrat d'assurance : dans ces contrats, l'équivalent consiste pour chaque partie dans une chance de gain ou de perte. L'art. 1964 donne une définition du contrat aléatoire qui semble différer de celle qui est donnée par notre article. Mais cette différence n'est, au fond, qu'apparente ; car, alors même qu'une seule obligation est aléatoire, comme celle de l'assureur, tandis que l'autre obligation, qui a pour objet la prime, est certaine, pure et simple, il y a, dans l'ensemble du contrat, chance de gain et de perte pour toutes les parties.

1105. Le contrat *de bienfaisance* est celui dans lequel l'une des parties procure à l'autre un avantage purement gratuit.

La troisième division a pour objet les contrats de *bienfaisance*, c'est-à-dire à titre gratuit, et les contrats à *titre onéreux*. — On applique aux contrats à titre gratuit les règles qui concernent le rapport, la réduction, la révocation pour ingratitude et pour survenance d'enfants au donateur ; tandis qu'on ne les applique pas aux contrats à titre onéreux. En outre, l'erreur sur la personne vicie les contrats à titre gratuit, et non pas les contrats à titre onéreux (art. 1110).

Les contrats de bienfaisance sont, par exemple, la donation entre-vifs, le mandat, le commodat et le prêt sans intérêts.

1106. Le contrat à *titre onéreux* est celui qui assujettit chacune des parties à donner ou à faire quelque chose.

La vente, le louage, la société, l'échange sont des contrats à titre onéreux. Il en est de même du prêt avec intérêts, quoiqu'il n'oblige qu'une seule partie, l'emprunteur, et soit évidemment un contrat unilatéral. La définition de notre article qui exige, pour l'existence du contrat à titre onéreux, que chaque partie soit assujettie, est, par suite, défectueuse. Elle doit être remplacée par celle-ci, que donnaient les anciens auteurs : « Le contrat à *titre onéreux* est celui qui procure un intérêt à chacune des parties. »

1107. Les contrats, soit qu'ils aient une dénomination propre, soit qu'ils n'en aient pas, sont soumis à des règles géné-

rales, qui sont l'objet du présent titre. — Les règles particulières
à certains contrats sont établies sous les titres relatifs à chacun
d'eux, et les règles particulières aux transactions commerciales
sont établies par les lois relatives au commerce.

La quatrième division des contrats a pour objet les contrats nommés,
et les contrats innommés. Les contrats *nommés*, comme la vente, l'é-
change, le louage, ont des règles particulières, faisant l'objet de titres
propres à chacun d'eux, et ce n'est qu'à défaut de ces règles particulières
et dans des cas non spécialement prévus, qu'on leur applique les règles
générales des contrats : les contrats *innommés*, au contraire, n'ont pas de
règles particulières ; ils sont uniquement soumis aux règles générales.

Remarque. — Il existe, en outre, trois divisions des contrats.

1º *Contrats consensuels, contrats réels*. — Le contrat *consensuel* est
celui qui se forme sans remise ou exécution, par le seul consentement
des parties, manifesté ou non par l'accomplissement de formes solennelles.
Le contrat *réel* est, au contraire, celui qui exige, pour sa validité, en outre
du consentement, la remise de la chose qui est l'objet du contrat : tels
sont les contrats de prêt de consommation, de prêt à usage, de dépôt et
de gage.

2º *Contrats solennels, contrats non solennels*. — Le contrat *solennel*
est celui qui n'est valable que par l'accomplissement de certaines formes
tels sont la donation entre-vifs et le contrat de mariage, qui doivent nécessairement être rédigés par acte passé par devant notaires et en minute (art. 931, 1394); le testament et la constitution d'hypothèque sont
aussi, non pas, il est vrai, des contrats, mais des actes solennels. Le
contrat *non solennel* est celui pour la validité duquel aucune forme n'est
nécessaire : presque tous les contrats sont de ce genre.

3º *Contrats principaux, contrats accessoires*. — Le contrat *principal*
est celui qui ne suppose pas l'existence d'un autre contrat; tels sont la
vente, l'échange et la plupart des contrats. Le contrat *accessoire* est celui
qui suppose essentiellement l'existence d'un autre contrat ou d'une obligation, comme le cautionnement et le gage.

CHAPITRE II.

DES CONDITIONS ESSENTIELLES POUR LA VALIDITÉ DES CONVENTIONS.

1108. Quatre conditions sont essentielles pour la validité d'une convention : — Le consentement de la partie qui s'oblige; — Sa capacité de contracter; — Un objet certain qui forme la matière de l'engagement; — Une cause licite dans l'obligation.

Dans cet article, le mot *conditions* signifie éléments. S'il manque l'un des quatre éléments essentiels pour la validité d'une convention, cette convention est radicalement nulle; par suite, elle ne fait naître aucune obligation et ne s'élève pas au rang de contrat. Toutefois, il faut bien se garder de confondre le défaut de consentement avec le vice du consentement, et le défaut de capacité avec le vice de capacité. En effet, lorsqu'il existe dans une convention un vice de consentement ou un vice de capacité, cette convention s'élève néanmoins au rang de contrat; mais le vice dont le contrat se trouve entaché donne lieu à une action en nullité ou rescision, qui en paralyse les effets.

Ces expressions de notre article, « *Le consentement de la partie qui s'oblige*, » pourraient, au premier aspect, paraître inexactes; car toute convention exigeant essentiellement le concours de deux volontés sur une même chose, il faut non-seulement le consentement de la partie qui s'oblige, mais encore celui de la partie envers laquelle elle s'oblige. Mais cette inexactitude n'est qu'apparente. En effet, de même que toute réponse suppose une interrogation, ainsi tout consentement, expression qui diffère des mots *intention* et *volonté*, suppose qu'une proposition a été faite par celui qui entend devenir créancier, et que celui qui devient débiteur acquiesce à cette proposition et par là consent.

SECTION PREMIÈRE.

Du Consentement.

1109. Il n'y a point de consentement valable si le consentement n'a été donné que par erreur, ou s'il a été extorqué par violence ou surpris par dol.

Le consentement de chaque partie doit être l'expression d'une volonté libre et éclairée. Mais si l'une des parties n'a donné son consentement que par suite d'erreur, de violence ou de dol, peut-on dire que ce consentement, qui n'est pas *valable*, est considéré comme n'existant pas, et, par suite, qu'il manque un élément essentiel, et qu'il n'y a ni convention ni contrat ? Non ; en effet, il y a, dans ce cas, consentement, et, en conséquence, convention, contrat ; mais le consentement est entaché d'un défaut, d'un vice qui fait naître l'action en nullité ou rescision du contrat.

1110. L'erreur n'est une cause de nullité de la convention que lorsqu'elle tombe sur la substance même de la chose qui en est l'objet. — Elle n'est point une cause de nullité lorsqu'elle ne tombe que sur la personne avec laquelle on a intention de contracter, à moins que la considération de cette personne ne soit la cause principale de la convention.

L'erreur est une opinion contraire à la vérité. Il n'y a pas de consentement, pas de contrat, lorsque l'erreur porte sur la *nature du contrat*, par exemple, si une partie veut louer sa chose, que l'autre partie entend acheter ; ni si elle porte sur la *chose même*, par exemple, si une partie veut vendre tel bœuf, et si l'autre partie veut acheter tel cheval : en effet, dans ces deux cas, il n'y a pas eu concours des volontés sur un même point, *Duorum in idem placitum consensus.*

Mais si les parties, qui sont d'accord sur la nature du contrat et sur la chose elle-même, commettent une erreur sur la substance de la chose, le contrat naît ; mais ce contrat est alors entaché d'un vice qui le rend annulable. Or, en droit, la *substance de la chose* peut consister dans sa matière, dans sa forme, dans ses qualités. La substance peut être ainsi définie : « C'est la qualité que les parties ont eue principalement en vue lors du contrat. » Ainsi j'achète : 1° une montre ; je la veux d'or ; elle est de cuivre doré ; 2° un cheval ; je le veux de course ; il est de trait ; 3° un bœuf ; je le crois et le veux sain ; il est atteint d'un vice rédhibitoire : dans tous ces cas, il y a erreur sur la substance de la chose. Au reste, l'erreur sur les qualités accidentelles de la chose n'invalide pas la convention et ne fait jamais rescinder le contrat.

L'erreur *sur la personne* n'est pas, en général, une cause de rescision des contrats. Mais cette règle souffre exception, quand c'est principalement la qualité de la personne qui a été prise en considération ; or, c'est ce qui peut avoir lieu dans les contrats de bienfaisance, et dans les contrats à titre onéreux qui sont faits en considération du talent de la personne, par exemple de celui du romancier ou du peintre.

1111. La violence exercée contre celui qui a contracté l'obligation, est une cause de nullité, encore qu'elle ait été exercée par un tiers autre que celui au profit duquel la convention a été faite.

Celui qui contracte une obligation sous l'empire de la violence donne néanmoins son consentement, et par conséquent il se trouve par là obligé. En effet, ainsi que l'exprimait la loi romaine, « La volonté violentée reste une volonté, *Coacta voluntas, voluntas est;* » en d'autres termes, « Celui qui aime mieux contracter que de subir la violence, consent, *Qui mavult, vult.* » Mais la loi vient au secours de la partie qui a contracté sous l'empire de la violence ; elle lui donne, pour faire rescinder son contrat, une action qui est générale, *in rem,* et qui, par suite, peut être invoquée non-seulement contre les auteurs de la violence, mais encore contre tous ceux qui ont profité du contrat, ou qui détiennent des choses ainsi aliénées, alors même qu'ils seraient demeurés complétement étrangers aux actes de violence. Mais si celui qui est menacé par des brigands invoque le secours d'un passant, en lui promettant une certaine somme à titre de récompense, il doit la somme convenue à celui qui a répondu à son appel, et qui, en s'exposant lui-même, l'a arraché aux périls ; cette somme pourrait cependant être réduite par le juge, si elle lui paraissait excessive.

1112. Il y a violence, lorsqu'elle est de nature à faire impression sur [une personne raisonnable, et qu'elle peut lui inspirer la crainte d'exposer sa personne ou sa fortune à un mal considérable et présent. — On a égard, en cette matière, à l'âge, au sexe et à la condition des personnes.

La violence inspire une crainte qui vicie le consentement. Le droit romain établi par des magistrats, nommés Préteurs, ne venait au secours de celui qui avait contracté sous l'empire de la crainte, que lorsque la violence était de nature à impressionner l'homme le plus courageux, *constantissimum virum.* Il suffit, d'après notre article, plus conforme à l'équité que le droit prétorien, que la violence injustement exercée sur le contractant soit de nature à inspirer à une personne d'un caractère *raisonnable*, c'est-à-dire d'une fermeté ordinaire, une crainte sérieuse. Le juge qui apprécie les caractères de la violence prend en considération non-seulement l'âge et le sexe de la personne violentée, mais encore sa position et son caractère.

1113. La violence est une cause de nullité du contrat, non-seulement lorsqu'elle a été exercée sur la partie contractante, mais encore lorsqu'elle l'a été sur son époux ou sur son épouse, sur ses descendants ou ses ascendants.

La violence exercée sur l'une des personnes indiquées dans cet article donne lieu à l'action en rescision, comme si elle eût été exercée sur le contractant lui-même; car il existe alors une présomption d'influence qui n'admet pas la preuve contraire. La violence exercée sur d'autres personnes, par exemple, sur un frère, sur une sœur, sur un ami, peut être aussi une cause de rescision; mais alors le contractant est tenu de prouve que c'est cette violence qui a déterminé son consenteme

1114. La seule crainte révérentielle envers le père, la mère, ou autre ascendant, sans qu'il y ait eu de violence exercée, ne suffit point pour annuler le contrat.

La *seule crainte révérentielle*, inspirée par le père ou par la mère, ne suffit pas pour faire rescinder le contrat; mais si de mauvais traitements ou des menaces viennent s'ajouter à la crainte révérentielle, le juge pourra prononcer la rescision du contrat.

1115. Un contrat ne peut plus être attaqué pour cause de violence, si, depuis que la violence a cessé, ce contrat a été approuvé, soit expressément, soit tacitement, soit en laissant passer le temps de la restitution fixé par la loi.

Le vice du consentement produit par la violence disparaît si celui qui en a été la victime vient, après avoir recouvré sa liberté, ratifier le contrat d'une manière *expresse*, c'est-à-dire dans un écrit (art. 1338), ou d'une manière *tacite*, en exécutant son engagement (art. 1338), ou s'il laisse expirer le délai de dix ans, qui est fixé pour l'exercice de l'action en rescision (art. 1304).

1116. Le dol est une cause de nullité de la convention lorsque les manœuvres pratiquées par l'une des parties sont telles, qu'il est évident que, sans ces manœuvres, l'autre partie n'aurait pas contracté. — Il ne se présume pas, et doit être prouvé.

On entend par dol : « Des manœuvres frauduleuses qui ont été employées pour tromper quelqu'un. » Deux conditions sont requises pour que le dol, appelé aussi *fraude*, rende le contrat rescindable. Il faut : 1° que le dol émane de l'une des parties contractantes ; 2° qu'il soit évident que le contrat n'aurait pas eu lieu sans l'emploi des manœuvres frauduleuses. Le dol a-t-il été pratiqué par un tiers, à l'insu des parties ? Le contrat reste néanmoins ferme et inattaquable ; mais la partie qui a été victime du dol a contre le tiers une action en dommages-intérêts. Le dol pratiqué par l'une des parties a-t-il eu pour effet, non pas de faire naître le contrat, *dans causam contractui*, mais seulement de rendre pire la condition de l'autre partie, *incidens in contractum ?* Alors encore le contrat est néanmoins ferme ; mais la partie qui a pratiqué le dol est passible de dommages et intérêts.

La violence vicie plus profondément le consentement que le dol. En effet, la victime du dol contracte volontairement et, à la différence de celui qui est violenté, elle croit faire une excellente opération, parce qu'elle se trouve placée sous l'empire d'une illusion produite par les manœuvres. C'est pourquoi la violence produit une cause de rescision qui est générale, *in rem*, c'est-à-dire qui peut être invoquée contre tous ; tandis que le dol ne fait naître qu'une action en dommages-intérêts, dont la meilleure appréciation est la rescision du contrat, si le dol émane de l'une des parties ; il n'est ainsi une cause de nullité que par exception : on l'appelle, à cause de cela, une cause de rescision personnelle, *in personam*. Lorsque la chose aliénée par un vice du consentement est passée entre les mains d'un tiers de bonne foi, celui qui a été victime de la violence peut encore néanmoins la revendiquer ; tandis que celui qui a été victime du dol ne peut jamais agir contre le tiers de bonne foi en revendication, alors même que l'autre contractant aurait été l'auteur du dol ; il n'a plus alors qu'une action en dommages-intérêts contre ce dernier.

Au reste, de même que la violence, le dol ne se présume pas. Mais celui qui l'invoque peut prouver sa prétention par toute sorte de moyens, non-seulement par écrit, mais encore par témoins (art. 1348, 1°) et par présomptions (art. 1353), quelle que soit d'ailleurs la valeur de l'objet du contrat.

1117. La convention contractée par erreur, violence ou dol, n'est point nulle de plein droit ; elle donne seulement lieu à une action en nullité ou en rescision, dans les cas et de la manière expliqués à la section VII du chapitre V du présent titre.

Le contrat qui est vicié par l'erreur sur la substance, par la violence ou par le dol, reste néanmoins une convention obligatoire; mais, à cause du vice dont il se trouve entaché, il peut être attaqué, pendant dix ans, par une action qui en annule les effets (art. 1304).

1118. La lésion né vicie les conventions que dans certains contrats ou à l'égard de certaines personnes, ainsi qu'il sera expliqué en la même section.

La *lésion* consiste dans le dommage qu'éprouve une partie contractante. Elle n'est pas, en général, une cause de rescision; car, en principe, la convention fait la loi des parties. Cette règle fléchit dans certains contrats, et à l'égard de certaines personnes. 1° Le partage est rescindable pour lésion de plus du quart (art. 887, 1079), car l'égalité doit, autant que possible, régner dans l'acte de partage, qui a pour objet, non pas de réaliser des bénéfices, mais de faire cesser l'indivision; la vente d'immeuble est aussi rescindable en faveur du vendeur lésé de plus des sept douzièmes (art. 1674), car il est présumable qu'il n'a consenti cette vente à pareil vil prix que par suite d'un besoin urgent d'argent. 2° A la différence de la femme mariée et de l'interdit, le mineur ne peut pas demander la rescision de son contrat en se fondant seulement sur son incapacité; mais s'il a éprouvé une lésion, quelque faible qu'elle soit, il peut faire rescinder le contrat qu'il a passé (art. 1305): la loi a dû le protéger, en cas de lésion, contre sa faiblesse et contre son inexpérience dans les affaires.

1119. On ne peut en général, ni s'engager, ni stipuler en son propre nom, que pour soi-même.

Cette disposition, reproduite dans l'art. 1165, signifie que les conventions ne peuvent ni profiter ni nuire aux tiers, conformément à ce principe de la loi romaine : *Res inter alios acta, aliis neque prodest neque nocet.* La chose jugée ne peut non plus, par application du même principe, ni profiter, ni nuire aux tiers (art. 1351), *Res inter alios judicata, aliis neque prodest neque nocet.*

Le mot, « *s'engager,* » signifie, « jouer dans une convention un rôle pour devenir débiteur; » tandis que le mot, « *stipuler,* » signifie, « jouer un rôle pour devenir créancier. » — Ainsi, d'une part, personne ne peut

I 43

rendre créancier que soi. Si je stipule que vous donnerez une certaine somme à un tiers, ce tiers n'a pas d'action contre le promettant, parce qu'il n'a pas été partie dans la convention ; et moi, je n'ai pas non plus d'action, parce que je n'ai pas entendu, lors de la convention, acquérir l'obligation pour moi, et que, d'ailleurs, je n'ai pas, en général, d'intérêt pécuniaire à l'exécution de l'obligation en faveur du tiers ; par suite, la stipulation est inutile. — D'autre part, personne ne peut rendre débiteur que soi. Si je promets que telle personne vous donnera une certaine somme, vous n'acquérez pas d'action contre moi, parce que je n'ai pas entendu m'obliger ; vous n'avez pas non plus d'action contre le tiers, parce qu'il n'a pas figuré dans la convention ; par suite, la promesse est inutile.

Ces principes rigoureux reçoivent des exceptions. — En effet, lorsque je stipule pour un tiers, je pourrai demander l'exécution de l'obligation, en prouvant que j'ai un intérêt pécuniaire à cette exécution. Si j'ai ajouté à la stipulation une clause pénale (art. 1226, 1229), je n'aurai pas même besoin de prouver le montant de mon intérêt à l'exécution. Bien plus, lorsque je stipule quelque chose de vous en qualité de mandataire, mon mandant pourra vous demander l'exécution de votre obligation. — De même, celui qui promet pour un autre avec clause pénale, ou qui se porte fort, se trouve par là obligé, et celui qui promet en qualité de mandataire, oblige par sa promesse son mandant (art. 1998).

1120. Néanmoins on peut se porter fort pour un tiers, en promettant le fait de celui-ci, sauf l'indemnité contre celui qui s'est porté fort ou qui a promis de faire ratifier, si le tiers refuse de tenir l'engagement.

Cet article ne déroge pas, en réalité, à la règle que l'on ne peut engager que soi.

Je me porte fort, par exemple, si je dis : « Je me porte fort, » ou « je garantis qu'un tel vous vendra sa maison pour 10,000 fr., » ou bien : « Je vous promets qu'un tel vous vendra sa maison pour 10,000 fr. » Par cette promesse, c'est sur moi, et non pas sur le tiers, que naît l'obligation passive. Si le tiers ne ratifie pas ma promesse, en consentant à vendre sa maison pour 10,000 fr., je suis seul passible de dommages-intérêts, dont la somme sera fixée par le juge, si elle n'a pas été déterminée par une clause pénale.

Celui qui se porte fort devient débiteur principal et unique, puisqu'aucune obligation ne repose sur le tiers ; il diffère donc de la caution, qui ne contracte qu'une obligation accessoire. Si le tiers ratifie la vente, cette ratification, qui équivaut au mandat, *ratihabitio mandato æquiparatur,* le rend débiteur, et me libère en même temps de mon obligation.

1121. On peut pareillement stipuler au profit d'un tiers, lorsque telle est la condition d'une stipulation que l'on fait pour soi-même ou d'une donation que l'on fait à un autre. Celui qui a fait cette stipulation ne peut plus la révoquer, si le tiers a déclaré vouloir en profiter.

Je vous vends ma maison 20,000 fr. Si je stipule en même temps que vous payerez le prix à un tiers qui est mon créancier et envers lequel je veux me libérer, la stipulation que je fais pour ce tiers « *est la condition d'une stipulation que je fais pour moi-même.* » Si, au contraire, le tiers est un ami auquel je veux faire une libéralité, ma stipulation en sa faveur « *est la condition d'une donation que je fais à un autre.* » Au reste, par ma stipulation, je ne rends point le tiers créancier de mon acheteur; je lui fais simplement une offre : tant que cette offre n'est pas acceptée par le tiers, j'ai le droit de la révoquer, et alors c'est à moi que mon acheteur devra payer son prix; mais, dès que le tiers a accepté mon offre, il devient par là créancier de mon acheteur, et j'ai perdu le droit de révocation.

1122. On est censé avoir stipulé pour soi et pour ses héritiers et ayants-cause, à moins que le contraire ne soit exprimé ou ne résulte de la nature de la convention.

Le mot *stipulation,* employé ici dans le sens de *convention,* comprend aussi bien le côté passif que le côté actif de l'obligation, aussi bien la promesse que la stipulation proprement dite. Si je stipule, ou si je promets, mon obligation pure et simple, à terme ou sous condition, se transmet, avec ma personne, à mes héritiers, et elle se divise entre eux dans la proportion de leurs parts héréditaires (art. 1220); elle se transmet pareillement à mes légataires universels ou à titre universel; comme ils sont assimilés à des héritiers, ils sont évidemment compris sous le nom d'*ayants-cause.* Mais ma stipulation se transmet-elle aussi à mes *ayants-cause* à titre particulier, par exemple à celui auquel j'ai vendu, donné ou légué un immeuble ? Cet immeuble passera évidemment à cet ayant-cause tel qu'il se trouve, avec toutes les servitudes actives ou passives qui le modifient. En outre, on admet que cet ayant-cause à titre particulier peut demander aux tiers l'exécution de toutes les conventions utiles que son auteur a faites concernant l'immeuble ; mais qu'il n'est pas tenu d'exécuter les conventions qui lui paraissent désavantageuses.

Les héritiers du commodataire ne peuvent pas continuer à jouir de la chose prêtée, quand les parties ont exprimé leur intention à cet égard (art. 1879). En outre, il *résulte de la nature de la convention* que le mandat s'éteint par la mort du mandataire ; la société, par la mort d'un associé ; l'usufruit, par la mort de l'usufruitier : en conséquence, l'héritier ne succède pas aux créances actives ou passives qui résultent de pareils contrats.

SECTION II.

De la Capacité des Parties contractantes.

1123. Toute personne peut contracter, si elle n'en est pas déclarée incapable par la loi.

Ainsi, la capacité de contracter est la règle ; l'incapacité est l'exception, et cette exception n'existe que dans les cas exprimés par une disposition de la loi.

1124. Les incapables de contracter sont : — Les mineurs, — Les interdits, — Les femmes mariées, dans les cas exprimés par la loi, — Et généralement tous ceux à qui la loi interdit certains contrats.

La capacité de contracter est une condition essentielle pour la validité d'une convention (art. 1108) ; lorsque cette condition manque, il n'y a ni convention, ni obligation, ni contrat. Mais les trois classes de personnes dont il s'agit dans cet article sont, en général, capables de contracter ; leur capacité est seulement entachée d'un vice qui leur confère le droit de faire annuler le contrat. Ainsi, leur incapacité n'est pas absolue et du droit des gens ; mais seulement relative et du droit civil.

J. MINEUR. — Le *mineur* est-il encore dépourvu d'intelligence ? Il est alors, d'après le droit des gens, incapable de contracter, et, par suite, la convention dans laquelle il a figuré ne s'élève pas au rang de contrat. A-t-il déjà atteint l'âge de raison, par exemple, celui de quatorze ans ? La convention dans laquelle il figure est obligatoire; mais il peut, à cause de son vice de capacité, faire annuler le contrat qui le lèse.

II. INTERDIT. — Si l'*interdit* contracte dans un instant de folie, il ne naît par là aucune obligation ; car il n'y a eu, de sa part, ni capacité ni consentement. S'il contracte, au contraire, dans un moment lucide, il se trouve par là obligé ; mais son obligation est entachée d'un vice qui lui confère le droit de la faire annuler, sans qu'il ait besoin de faire la preuve de l'existence d'une lésion.

III. FEMME MARIÉE. — La *femme mariée* est capable de contracter d'après le droit des gens ; elle n'est frappée que d'une incapacité établie par le droit civil, en vue de faire régner la concorde entre les époux et de protéger plus efficacement, dans l'intérêt de la famille, les droits de la femme. Cette incapacité de la femme mariée est plus ou moins étendue, selon qu'elle est mariée sous le régime de la communauté, sous le régime de séparation de biens ou sous le régime dotal.

Parmi les personnes comprises dans le dernier paragraphe de notre article, il faut comprendre notamment : 1° les *prodigues*, qui sont incapables pour certains actes (art. 499, 513) ; 2° les personnes *renfermées dans une maison d'aliénés*, qui, d'après la loi du 30 juin 1838 sur les *Aliénés*, art. 38, sont frappées d'une incapacité pareille à celle des interdits ; 3° les *époux*, qui ne peuvent, pendant le mariage, contracter l'un envers l'autre des obligations (art. 1595) ; 4° les *mandataires*, les *tuteurs* et autres administrateurs, qui ne peuvent acheter les biens qu'ils sont chargés de vendre (art. 1596).

1125. Le mineur, l'interdit et la femme mariée ne peuvent attaquer, pour cause d'incapacité, leurs engagements, que dans les cas prévus par la loi. — Les personnes capables de s'engager ne peuvent opposer l'incapacité du mineur, de l'interdit ou de la femme mariée, avec qui elles ont contracté.

Les expressions, « dans les cas prévus par la loi, » ne s'appliquent qu'aux mineurs, aux prodigues et aux femmes mariées, ainsi qu'il résulte des explications données sous l'article précédent. Quant aux interdits et à ceux qui sont renfermés dans une maison d'aliénés, ils peuvent faire annuler toutes les obligations qu'ils ont contractées ; en effet, quoique leur incapacité ne soit pas absolue, elle est du moins générale, et elle fait prononcer la nullité de l'obligation, alors même qu'il n'en résulterait pour eux aucune lésion.

Les incapacités établies par le droit civil ne sont pas absolues, mais seulement relatives. Par suite, les nullités qu'elles produisent ne peuvent être invoquées que par les incapables : ce sont eux seulement que la loi a voulu protéger. La protection qui leur est accordée tournerait contre eux, si les capables pouvaient aussi invoquer ces nullités. Ainsi donc, l'incapable qui figure dans un contrat se trouve par là lié ; mais il peut, à cause de son vice de capacité, faire annuler son obligation. Quant au capable, il est fermement lié, et il n'a aucun moyen de se soustraire à l'exécution de son engagement. Toutefois, lorsque le capable demande à l'incapable l'exécution de son obligation, celui-ci a le droit de dire, par exemple, quand il est acheteur : « J'ai acheté de vous imprudemment, et je reconnais que mon obligation est ferme, tandis que la vôtre est annulable. Mais je ne veux pas commettre une nouvelle imprudence dans le payement de mon prix, car ce prix serait perdu pour moi, si vous veniez à l'employer en folles dépenses. Je ne refuse pas d'acquitter mon obligation ; mais je demande l'intervention de votre tuteur, de votre mari, afin que mon payement soit ferme et stable. »

Au reste, la nullité pour vice de capacité est personnelle, en ce sens qu'elle ne profite ni aux codébiteurs de l'incapable, ni même à ses cautions.

SECTION III.

De l'Objet et de la Matière des Contrats.

1126. Tout contrat a pour objet une chose qu'une partie s'oblige à donner, ou qu'une partie s'oblige à faire ou à ne pas faire.

Le mot « *donner* » signifie, dans un sens restreint, transférer la propriété par libéralité, *donare ;* mais, dans un sens large, ainsi qu'il est ici employé, il signifie transférer la propriété, *dare*, soit à titre gratuit, soit à titre onéreux. Le créancier peut obtenir, par autorité de justice, l'exécution directe de l'obligation qui a pour objet de donner ou de livrer une chose certaine et déterminée ; mais si l'obligation a pour objet de donner des genres ou si elle consiste à faire ou à ne pas faire, son inexécution se résout en dommages-intérêts.

1127. Le simple usage ou la simple possession d'une chose peut être, comme la chose même, l'objet du contrat.

Le contrat a pour objet le *simple usage* dans le commodat et dans le louage de choses mobilières qui ne produisent pas de fruits; il a pour objet la *simple possession* dans le dépôt et le gage. Les contrats synalla-gmatiques ont autant d'objets qu'ils produisent d'obligations, car chaque obligation a essentiellement un objet; ainsi, la vente a deux objets, la chose vendue, qui est l'objet de l'obligation du vendeur, et le prix, qui est l'objet de l'obligation de l'acheteur.

1128. Il n'y a que les choses qui sont dans le commerce qui puissent être l'objet des conventions.

On entend par « choses qui sont dans le *commerce*, » celles qui sont dans le patrimoine des particuliers. Les choses hors du commerce sont, par exemple, la mer, les fleuves, les ports, les routes, les rues, les églises et les monuments publics. Les charges du Gouvernement sont aussi hors du commerce, parce qu'elles constituent une délégation de la puissance publique; cependant on admet la vénalité de certains offices ministé-riels, tels que ceux des notaires, avoués, greffiers, huissiers, agents de change, qui peuvent présenter leurs successeurs pour être agréés par le Gouvernement.

1129. Il faut que l'obligation ait pour objet une chose au moins déterminée quant à son espèce. — La quotité de la chose peut être incertaine, pourvu qu'elle puisse être déterminée.

L'objet qui forme la matière de l'engagement doit être *certain* (art. 1108). Or, cet objet est suffisamment certain, quand il consiste dans un chose « déterminée quant à son espèce, » c'est-à-dire dans un genre limité; par exemple, si je promets de vous donner un cheval, je serai tenu de vous donner un cheval ordinaire (art. 1246). Mais le contrat serait nul s'il avait pour objet un genre illimité, par exemple, un animal.

Si je promets de vous donner du blé, mon obligation est nulle, parce que la quotité de blé est incertaine et ne peut d'ailleurs pas être déter-minée. Mais si je m'engage à vous donner le blé nécessaire pour votre nourriture d'une année, la quotité de blé peut alors être déterminée; cela suffit pour la validité de l'obligation, de même que pour la validité du legs (art. 1016).

1130. Les choses futures peuvent être l'objet d'une obligation. — On ne peut cependant renoncer à une succession non ouverte, ni faire aucune stipulation sur une pareille succession, même avec le consentement de celui de la succession duquel il s'agit.

L'obligation ne peut évidemment avoir pour objet ni des choses qui n'existent pas et n'existeront jamais, ni des faits impossibles, contraires aux lois ou aux mœurs. Cependant des choses *futures*, c'est-à-dire celles qui n'existent pas encore, mais dont l'existence future est probable, peuvent être l'objet du contrat. Je puis, par exemple, vous vendre valablement le vin que je récolterai l'année prochaine dans telle vigne : lorsque cette vente est faite moyennant un prix unique, elle constitue un contrat aléatoire, et l'acheteur me devra tout le prix convenu, alors même que la récolte manquerait totalement; mais lorsqu'elle est faite moyennant un prix déterminé par chaque pièce de vin, elle est soumise à une condition suspensive, et l'espérance de vente s'évanouit si je ne récolte pas de vin ; en pareil cas, l'acheteur ne doit, par conséquent, aucun prix.

La succession qui n'est pas ouverte n'est pas une succession. Cependant nos anciennes coutumes permettaient les conventions sur des successions non encore ouvertes. Mais, inspiré par de hautes considérations de morale et d'ordre public, le Code frappe de nullité de pareilles conventions (art. 791, 1389, 1600), qui tendaient surtout, sous la loi des coutumes, à concentrer sur la tête du fils aîné les droits héréditaires et à augmenter l'inégalité entre les enfants.

Toutefois, le débiteur ou la caution peut valablement stipuler que sa dette ne sera exigible qu'après son décès. Une pareille stipulation, qui contient un terme incertain, est assez fréquente. Elle n'est point prohibée par notre article, ainsi que l'a jugé la cour d'Orléans, par arrêt du 15 juin 1861.

SECTION IV.

De la Cause.

1131. L'obligation sans cause, ou sur une fausse cause, ou sur une cause illicite, ne peut avoir aucun effet.

On entend par *cause* ce qui détermine à contracter. Chaque contrat a autant de causes qu'il fait naître d'obligations. Dans les contrats synallagmatiques, l'objet de l'obligation de l'une des parties est la cause de l'obligation de l'autre partie. Ainsi, dans la vente, la chose vendue, que le vendeur doit livrer, est la cause de l'obligation de l'acheteur; le prix, que l'acheteur doit payer, est la cause de l'obligation du vendeur. Dans la donation, qui ne fait naître qu'une seule obligation, la libéralité est à la fois l'objet et la cause du contrat.

La *cause* de l'obligation diffère du *motif* qui porte à contracter. Le motif de la vente, par exemple, est pour le vendeur tantôt le besoin d'argent, tantôt l'élévation du prix, tantôt une autre raison ; pour l'acheteur, c'est tantôt la convenance de la chose, son utilité, ses qualités, son revenu, tantôt la modicité du prix, qui lui inspire l'espoir de gain.

L'engagement est *sans cause* lorsque, par exemple dans la vente, la chose vendue n'existe pas ou n'existe plus, soit à l'époque du contrat, si la vente est pure et simple ou à terme, soit à l'époque de l'événement de la condition, si la vente est conditionnelle : l'obligation de payer le prix, qui est alors sans cause, ne naît pas. — La cause de l'obligation est *fausse* quand, par exemple, je reconnais, dans un écrit, avoir reçu en prêt une une certaine somme, qui ne m'a pas été prêtée : lorsque je prouve, n'importe par quel genre de preuve, que mon prétendu créancier ne m'a rien prêté, j'échappe ainsi à la nécessité de payer, si celui-ci ne prouve pas que l'obligation, qui n'a pas pour cause un prêt d'argent, a cependant une autre cause licite que les parties n'ont pas exprimée, parce que l'une d'elles avait un intérêt à ne pas la révéler. Ainsi l'a décidé, conformément aux vrais principes, la cour de Besançon, dans l'arrêt suivant : — « Considérant que la fausseté de la cause vicie l'obligation dans son essence; que sans doute la présomption est en faveur de la sincérité de l'acte, et que la cause même démontrée fausse n'exclut pas la preuve d'une autre cause non exprimée et valable ; mais qu'il suffit au débiteur de démontrer la simulation, pour enlever à l'obligation l'un de ses éléments constitutifs et pour mettre à la charge du créancier la preuve d'une autre cause suffisante pour sa validité; — Que la règle qui veut que les énonciations des actes authentiques ou sous seing privé soient irréfragables pour les contractants et leurs héritiers ou ayants-cause, fléchit au cas de commencement de preuve par écrit... ; — Que l'obligation a donc une fausse cause, sans aucune autre cause valable et licite; qu'elle ne peut donc produire d'effet » (C. de Besançon, 13 févr. 1865). — Il existe dans le même sens un arrêt de la Cour suprême : — « Attendu qu'en prouvant que la cause indiquée n'existe pas, la partie à laquelle l'obligation est opposée a satisfait à tout ce qui peut être exigé d'elle, et qu'on ne peut lui demander davan-

tage, l'art. 1131 C. Nap. déclarant que l'obligation sans cause ne peut
produire aucun effet ; — Attendu que, sans doute, l'obligation qui exprime une fausse cause n'en est pas moins valable, si elle a une cause
réelle et licite; mais que c'est au bénéficiaire à prouver que cette cause
existe et que, faute par lui de faire cette preuve, la fausseté de la cause
exprimée enlève tout effet à l'obligation » (C. cass. 9 févr. 1864). — Lorsque
l'obligation est sans cause, lorsqu'elle a une fausse cause, ou lorsque la
cause qui existe est illicite, elle est frappée d'une nullité radicale et absolue, car elle manque d'une condition essentielle pour la validité des
conventions (art. 1108).

1132. La convention n'est pas moins valable, quoique la
cause n'en soit pas exprimée.

Lorsqu'il y a contestation sur l'existence de la cause qui n'est pas exprimée, qui doit faire la preuve? Quoique l'obligation soit présumée avoir
une cause, le créancier est cependant tenu d'indiquer la cause spéciale de
sa créance. Mais, à raison de la présomption qui existe en sa faveur, il
n'est pas tenu de prouver la vérité de cette cause. C'est donc au débiteur
qu'incombe la nécessité de prouver que la cause indiquée par le créancier
n'existe pas ; toutefois, quelle que soit la valeur de l'objet de l'obligation, il peut faire cette preuve par toute sorte de moyens, et notamment
par témoins et par présomptions.

1133. La cause est illicite, quand elle est prohibée par la
loi, quand elle est contraire aux bonnes mœurs ou à l'ordre
public.

Est illicite, par exemple, la promesse d'une somme : 1° entre des futurs
époux, pour se contraindre au mariage ; 2° entre un homme et une femme,
pour faire naître ou pour entretenir des relations de concubinage ; 3° entre
un fonctionnaire public et une personne, pour que le fonctionnaire use de
son crédit, afin de faire obtenir à cette personne une fonction du Gouvernement ; 4° entre un officier ministériel et son successeur, pour déguiser,
au moyen d'une contre-lettre, le prix exagéré de la cession d'un office.
Celui qui a payé une somme pour l'acquittement d'une obligation qui
n'a pas de cause, ou qui a une fausse cause, peut répéter ce qu'il a payé
indûment. Mais celui qui a payé pour acquitter une obligation ayant une
cause illicite, n'a pas d'action en répétition, si la turpitude lui est impu-

table. En effet, ainsi que l'exprimait la loi romaine : «Personne n'est écouté devant le juge, lorsqu'il invoque sa turpitude, *Nemo auditur turpitudinem suam allegans.* » C'est pourquoi l'on applique cette ancienne maxime : « Dans une cause honteuse, la condition la meilleure est celle du possesseur, *In turpi causa, melior est conditio possidentis.* »

CHAPITRE III.

DE L'EFFET DES OBLIGATIONS.

SECTION PREMIÈRE.

Dispositions générales.

1134. Les conventions légalement formées tiennent lieu de loi à ceux qui les ont faites. — Elles ne peuvent être révoquées que de leur consentement mutuel, ou pour les causes que la loi autorise. — Elles doivent être exécutées de bonne foi.

La convention tient lieu de loi aux parties, en ce sens qu'elles doivent l'observer, comme on est tenu d'observer les lois générales. Toutefois, l'interprétation d'une convention, qui fait naître une sorte de loi privée, rentre dans l'appréciation souveraine des tribunaux et échappe à la censure de la Cour de cassation; tandis que cette Cour doit casser les jugements et arrêts qui lui paraissent faire une fausse interprétation des lois générales.

Le contrat, qui est produit par le consentement des parties, peut être révoqué par leur consentement mutuel; car il n'y a rien de si conforme à la nature qu'un contrat puisse se dissoudre de la même manière qu'il a été formé. Cependant les effets du contrat ne sont pas anéantis par une volonté contraire, lorsqu'il s'agit d'obligation de donner, et que, par suite, la propriété a été transférée par l'effet de l'obligation. Ainsi, vous m'avez vendu tel immeuble; j'en deviens aussitôt propriétaire, et cet immeuble se trouve grevé d'hypothèque légale pour la sûreté des droits de ma femme et de mes pupilles. Le lendemain de la vente, nous convenons que le contrat sera anéanti. Cette convention est une revente de la même chose pour le même prix ; par conséquent, l'immeuble ne retourne dans vos biens qu'affecté des hypothèques qui le grèvent, car je n'ai pas pu, par une convention nouvelle, faire disparaître les droits acquis à des tiers.

En droit romain, il y avait des contrats de *droit strict* et des contrats de *bonne foi*. Dans les premiers, le juge s'en tenait rigoureusement à la lettre de la convention; tandis que, dans les seconds, il jugeait d'après les règles de l'équité. Cette distinction n'est pas admise chez nous : tous nos contrats sont de bonne foi, et leurs effets doivent être appréciés d'après les règles de l'équité.

1135. Les conventions obligent non-seulement à ce qui y est exprimé, mais encore à toutes les suites que l'équité, l'usage ou la loi donnent à l'obligation d'après sa nature.

Les suites de l'obligation diffèrent selon la nature du contrat. Dans une vente, par exemple, celui qui a vendu un fonds de commerce violerait l'*équité* s'il établissait un pareil fonds de commerce qui ferait à l'acheteur une concurrence déloyale. L'époque du payement des loyers et le temps entre le congé et la sortie sont fixés dans chaque localité par l'*usage* : les parties doivent s'y conformer. D'après la *loi*, le vendeur est tenu de garantir son acheteur évincé de la chose : celui-ci a donc contre son vendeur un recours lorsqu'il est troublé dans sa possession, ou qu'il a subi l'éviction.

On distingue dans les contrats ce qui est de l'essence de l'acte, ce qui est de sa nature, et ce qui n'est qu'accidentel. 1° Ce qui est de l'*essence* d'un contrat est ce sans quoi le contrat n'existerait pas; ainsi, lorsqu'il y a vente sans prix, la vente est nulle. 2° Ce qui est de la *nature* du contrat est, dans le silence des parties, considéré comme convenu; mais elles peuvent y déroger : ainsi, le vendeur est tenu de garantir son acheteur en cas d'éviction; mais les parties peuvent valablement convenir que le vendeur ne sera point garant. 3° Ce qui est *accidentel* est ce qui est présumé n'avoir pas été dans l'esprit des contractants, toutes les fois qu'ils ne l'ont pas exprimé : tel est, par exemple, le terme pour le payement du prix de la chose vendue.

SECTION II.

De l'Obligation de donner.

1136. L'obligation de donner emporte celle de livrer la chose et de la conserver jusqu'à la livraison, à peine de dommages et intérets envers le créancier.

L'obligation de *donner* consiste à transférer la propriété d'une chose, soit à titre gratuit, soit à titre onéreux. Lorsque cette obligation a pour objet un corps certain et déterminé, la translation de propriété s'opère au profit du créancier à l'instant même de la naissance de l'obligation (art. 711, 938, 1038, 1583). Le débiteur n'est pas tenu alors de *donner*, c'est-à-dire de transférer la propriété de la chose due, puisque cette chose appartient déjà au créancier; il ne lui reste plus que l'obligation de la livrer.

L'obligation de *livrer* est principale; elle a pour conséquence une obligation accessoire, qui consiste à conserver la chose jusqu'à la livraison. Quoique la violation de l'obligation principale ou de l'obligation accessoire fasse naître en faveur du créancier une action en dommages-intérêts, celui-ci peut néanmoins, au moyen d'une action en revendication, contraindre son débiteur à livrer la chose due.

1137. L'obligation de veiller à la conservation de la chose, soit que la convention n'ait pour objet que l'utilité de l'une des parties, soit qu'elle ait pour objet leur utilité commune, soumet celui qui en est chargé à y apporter tous les soins d'un bon père de famille. — Cette obligation est plus ou moins étendue, relativement à certains contrats, dont les effets, à cet égard, sont expliqués sous les titres qui les concernent.

Le droit romain distinguait deux espèces de faute: la faute grave, *culpa gravis*, qui comprenait le dol et la faute lourde qu'un administrateur ordinaire ne commettrait pas dans ses affaires, et la faute légère, *culpa levis*, que ne commettrait pas un bon administrateur. Cette dernière faute s'appréciait dans certains contrats, comme la société, en prenant en considération les habitudes de l'obligé; elle était alors appelée *culpa levis in concreto*. Dans d'autres contrats, comme la vente, elle s'appréciait en faisant abstraction des habitudes de l'obligé, et en prenant pour type les habitudes d'un excellent administrateur; elle était alors appelée *culpa levis in abstracto*. Tous nos contrats étant de bonne foi, ces distinctions du droit romain ont perdu presque toute leur importance; chez nous, le débiteur est toujours tenu des soins d'un *bon père de famille*, c'est-à-dire d'un bon administrateur. Toutefois, cette obligation est, d'après la nature du contrat, appréciée par le juge d'une manière plus ou moins étendue : ainsi, l'obligation du vendeur est plus étendue que celle du dépositaire.

1138. L'obligation de livrer la chose est parfaite par le seul consentement des parties contractantes. —Elle rend le créancier propriétaire et met la chose à ses risques dès l'instant où elle a dû être livrée, encore que la tradition n'en ait point été faite, à moins que le débiteur ne soit en demeure de la livrer, auquel cas la chose reste aux risques de ce dernier.

Cet article est d'une haute importance. Il contient trois principes dont il est nécessaire d'avoir une notion très-exacte.

1° L'obligation de livrer la chose est parfaite par le seul consentement des parties. — L'obligation *parfaite* est l'opposé de l'obligation *imparfaite* ou *naturelle* ; c'est celle qui est *civile*, c'est-à-dire celle qui confère au créancier une action pour contraindre son débiteur à remplir son engagement. En droit romain, le seul consentement des parties ne suffisait pas, si l'on excepte certains contrats, pour faire naître des obligations parfaites ; tandis que, conformément aux principes de l'équité et d'une conscience éclairée par les lumières de l'Evangile, le seul consentement suffisait dans notre ancien droit ; le Code consacre donc, en ce point, nos anciennes coutumes.

2° L'obligation rend le créancier propriétaire de la chose, dès l'instant où celle-ci a dû être livrée. — Ce principe est déjà exprimé dans l'art. 711, portant que la propriété s'acquiert et se transmet par l'effet des obligations ; il se reproduit dans les art. 938 et 1583. Mais l'obligation de donner n'a par elle-même l'effet de transférer la propriété que lorsqu'elle a pour objet un corps certain et déterminé ; en effet, si elle a pour objet des genres, comme dix pièces de vin, cent mesures de blé, la translation de propriété ne s'opère au profit du créancier que lors de la tradition. Mais le créancier d'un corps certain et déterminé devient-il, par l'effet de l'obligation, propriétaire de la chose due non-seulement à l'égard de son débiteur, mais encore à l'égard des tiers ? Cette question est examinée sous les art. 1140 et 1141.

Les expressions, « *dès l'instant où la chose a dû être livrée,* » signifient, non pas, ainsi qu'on pourrait le croire, « dès l'instant où l'obligation est devenue exigible, » mais bien, « dès l'instant où est née l'obligation de livrer. » Or, l'obligation de livrer naît au moment de la convention, quand celle-ci est pure et simple, à terme, ou sous condition résolutoire ; tandis que si la convention est sous condition suspensive, l'obligation ne naît et le créancier de la chose n'en devient propriétaire qu'à l'événement de la condition.

Ainsi, dès que l'obligation ayant pour objet un corps certain et déterminé a pris naissance, le créancier en devient instantanément propriétaire. Ce principe est une innovation établie par le Code ; car, en droit romain et dans nos anciennes coutumes, la translation de propriété ne s'opérait au profit du créancier que par la remise de la chose. Toutefois, dans les coutumes, on exprimait souvent que la vente valait « dessaisine et saisine, » et alors le vendeur se trouvait dessaisi de la propriété sans tradition, et l'acheteur qui était saisi de la chose, en devenait par là propriétaire.

3° L'obligation met la chose aux risques et périls du créancier, dès l'instant où cette chose a dû être livrée. — Il s'agit encore ici d'une obligation ayant pour objet un corps certain et déterminé. Le dernier membre de phrase signifie aussi, « dès l'instant où est née l'obligation de livrer ; » or, le terme, qui retarde l'exécution de l'obligation, n'en suspend ni la naissance ni les effets (art. 1185) ; par conséquent, si la perte de la chose arrive dans l'intervalle qui s'écoule entre l'époque de la convention et l'époque de l'exigibilité, elle est supportée par le créancier de cette chose, et, dans les contrats synallagmatiques, celui-ci continue néanmoins à rester dans le lien de son obligation ; notamment, en cas de vente, il reste débiteur du prix. Toutefois, si le débiteur de la chose était en faute ou en demeure, c'est lui qui en supporterait la perte.

Le principe de notre article sur les risques de la chose n'est pas une innovation. En effet, quoique la chose due restât, en droit romain et dans nos anciennes coutumes, la propriété du débiteur jusqu'au moment de la tradition, les risques étaient mis néanmoins à la charge du créancier depuis l'époque de la convention ; comme celui-ci avait contre son débiteur une action pour obtenir la délivrance de la chose, il profitait par là des améliorations ; on trouvait, par suite, qu'il était équitable qu'il subît les détériorations et la perte. Il y avait donc là une application de cette règle générale : « Celui qui profite des avantages, doit subir les désavantages, *Quem sequuntur commoda, cumdem sequi debent incommoda.* »

1139. Le débiteur est constitué en demeure, soit par une sommation ou par autre acte équivalent, soit par l'effet de la convention, lorsqu'elle porte que, sans qu'il soit besoin d'acte, et par la seule échéance du terme, le débiteur sera en demeure.

Le débiteur est mis en demeure, *in mora*, quand il est mis en retard. Cette mise en demeure peut résulter soit d'une convention contenant à cet égard une clause formelle, soit d'un acte postérieur à la convention, signifié au débiteur par exploit d'huissier, comme une sommation, un commandement fait en vertu d'un titre exécutoire; une assignation, une citation en conciliation.

1140. Les effets de l'obligation de donner ou de livrer un immeuble sont réglés au titre *de la Vente* et au titre *des Priviléges et Hypothèques.*

Lorsque cet article a été fait, les rédacteurs du Code n'étaient pas d'accord sur le point de savoir si le seul consentement des parties devrait suffire pour transférer au créancier la propriété des immeubles à l'égard des tiers, ou si cette translation de propriété ne s'opèrerait, comme lorsqu'il s'agit de donations (art. 939), que par la transcription de l'acte au bureau des hypothèques. A raison du conflit d'opinions, ils ont ajourné la décision de cette grave question à l'époque où ils traiteraient *de la Vente* et *des Priviléges et Hypothèques.* Mais ils ont omis de s'expliquer à cet égard, quand ils ont exposé les règles de ces deux matières. On a conclu de cette omission que les principes généraux du Code, et notamment l'art. 1138, devaient être appliqués sans restriction dans les contrats à titre onéreux, et que, par suite, l'obligation parfaite avait pour effet de rendre le créancier propriétaire des immeubles comme des meubles, non-seulement à l'égard du débiteur, mais encore à l'égard des tiers. Lorsqu'il s'élevait une lutte entre deux créanciers de la même chose, celui-là l'emportait dont l'acte avait acquis le premier une date certaine (art. 1328). Ce défaut de publicité concernant la translation à titre onéreux de la propriété des immeubles, renfermait les plus graves inconvénients. C'est pour remédier à ces inconvénients que la loi du 23 mars 1855 est intervenue : d'après cette loi, qui est rapportée ci-après sous le titre *XVIII, des Priviléges et Hypothèques*, le créancier ne devient jamais, à l'égard des tiers, propriétaire des immeubles ou des démembrements de la propriété immobilière, que par la transcription de son acte au bureau des hypothèques du lieu de leur situation.

1141. Si la chose qu'on s'est obligé de donner ou de livrer à deux personnes successivement est purement mobilière, celle des deux qui en a été mise en possession réelle est préférée et en demeure propriétaire, encore que son titre soit postérieur en date, pourvu toutefois que la possession soit de bonne foi.

L'expression chose *purement mobilière*, ne s'applique qu'aux meubles *corporels*, c'est-à-dire aux meubles par nature (art. 528) ; elle ne comprend pas les meubles *incorporels*, c'est-à-dire ceux qui sont tels par détermination de la loi (art. 529), comme les créances, dont, en général, la translation de propriété ne s'opère, à l'égard des tiers, que par la rédaction d'un écrit et par la signification de l'acte de cession au débiteur (art. 1690). Or, lorsqu'il s'agit d'une chose purement mobilière, le créancier en devient propriétaire à l'égard des tiers lorsque son acte a date certaine, ou lorsque la chose lui est livrée. Quand le propriétaire vend successivement deux fois le même meuble, quel est l'acheteur qui triomphera sur la question de propriété de ce meuble ? Si le vendeur reste encore possesseur du meuble, l'acheteur dont l'acte a acquis le premier date certaine est celui qui triomphera. Mais si le vendeur a livré la chose à l'un des acheteurs, celui-ci « *est préféré et en demeure propriétaire,* » quoique le titre de son achat soit postérieur en date à celui de l'autre, pourvu cependant qu'il ait reçu la possession de la chose *de bonne foi,* c'est-à-dire lorsqu'il ignorait que cette chose avait déjà été vendue à un autre. Cette dernière disposition est une application de la maxime générale : « En fait de meubles, la possession vaut titre » (art. 2279), maxime qui a été introduite dans notre ancien droit et qui a été consacrée par le Code, pour faciliter, dans l'intérêt du commerce, la libre circulation des meubles, et empêcher de fréquentes et difficiles contestations sur leur identité, ainsi que d'innombrables recours en garantie contre les vendeurs. Au reste, celui qui a vendu deux fois la même chose est évidemment tenu de payer des dommages-intérêts à celui des acheteurs qui n'obtient pas la propriété de la chose vendue.

SECTION III.

De l'Obligation de faire ou de ne pas faire.

1142. Toute obligation de faire ou de ne pas faire se résout

I.   44

en dommages et intérêts, en cas d'inexécution de la part du débiteur.

Lorsqu'il s'agit d'obligations de *donner* un corps certain et déterminé, le créancier peut obtenir de la justice d'être mis en possession de la chose que son débiteur détient. Mais il n'en est pas de même quand il s'agit d'obligation de donner des genres, ou de celle de faire ou de ne pas faire : forcer le débiteur à remplir directement son engagement est une chose souvent impossible, par exemple quand un peintre s'est obligé à faire mon portrait, un littérateur à faire un roman sur un sujet convenu ; cette exécution forcée porterait d'ailleurs à la liberté du débiteur une grave atteinte. C'est pourquoi, en pareil cas, l'obligation se résout toujours en dommages-intérêts.

L'obligation de construire une maison est immeuble ; faute par le débiteur de remplir son engagement, elle se convertit en meuble, en somme d'argent : la somme payée par le débiteur et obtenue par le créancier, par suite du changement survenu dans la nature du droit, donne lieu, sous le régime de la communauté légale, à une récompense contre l'époux débiteur et en faveur de l'époux créancier, parce que la créance et la dette n'étaient pas tombées en communauté.

1143. Néanmoins le créancier a le droit de demander que ce qui aurait été fait par contravention à l'engagement soit détruit ; et il peut se faire autoriser à le détruire aux dépens du débiteur, sans préjudice des dommages et intérêts, s'il y a lieu.

J'ai un droit de passage sur votre fonds ; vous construisez un mur qui m'empêche d'exercer mon droit : le juge doit faire exécuter la convention, en m'autorisant à faire démolir, à vos frais, le mur que vous avez fait construire.

1144. Le créancier peut aussi, en cas d'inexécution, être autorisé à faire exécuter lui-même l'obligation aux dépens du débiteur.

Vous vous êtes obligé à clore d'un mur ma propriété pour un certain prix ; vous refusez de remplir votre engagement : je puis, à mon gré, vous faire condamner à des dommages-intérêts, ou obtenir du juge l'autorisation de traiter avec un autre maçon, pour la clôture de ma propriété : dans ce dernier cas, vous supporterez, à titre de dommages-intérêts, la différence de prix qui peut exister entre la convention faite avec vous, et la convention que j'ai faite avec l'autre maçon.

1145. Si l'obligation est de ne pas faire, celui qui y contrevient doit les dommages et intérêts par le seul fait de la contravention.

Quand il s'agit d'obligation de faire, les dommages-intérêts ne courent que du jour où le débiteur a été mis en demeure de remplir son engagement ; tandis que, dans les obligations de faire, les dommages-intérêts courent de plein droit du jour de la violation de l'engagement. Le débiteur de l'obligation de ne pas faire échapperait cependant à toute condamnation de dommages-intérêts, en prouvant que l'inexécution de son engagement ne provient que d'un fait de force majeure (art. 1148).

SECTION IV.

Des Dommages et Intérêts résultant de l'inexécution de l'Obligation.

1146. Les dommages et intérêts ne sont dus que lorsque le débiteur est en demeure de remplir son obligation, excepté néanmoins lorsque la chose que le débiteur s'était obligé de donner ou de faire ne pouvait être donnée ou faite que dans un certain temps qu'il a laissé passer.

Le débiteur qui laisse expirer le délai convenu pour l'exécution de son engagement, ne devient point, par cela seul, passible de dommages-intérêts : il faut encore, pour cela, que le créancier lui ait manifesté sa volonté d'être payé par une mise en demeure résultant de la convention ou d'un acte postérieur (art. 1139). La mise en demeure conventionnelle est expresse ou tacite. Elle est *expresse*, quand la convention porte que, « faute par le débiteur d'exécuter son engagement dans tel délai, il sera en demeure de plein droit. » Elle est *tacite*, quand il est manifeste que l'obligation ne peut être utilement exécutée que dans un certain délai, et que le débiteur a laissé passer ce délai. Ainsi, je remets à une compagnie de chemin de fer des marchandises, en lui exprimant qu'elle me les transportera à Beaucaire pour le jour de la foire : les marchandises n'arrivent pas à Beaucaire pour le jour de la foire ; la compagnie du chemin de fer me doit des dommages-intérêts.

Le créancier qui réclame des dommages-intérêts à raison de l'inexécution de l'obligation, de son exécution seulement partielle, ou du retard apporté dans l'exécution, doit donc prouver qu'il a mis son débiteur en demeure de remplir son engagement ; il doit prouver, en outre, le montant de l'intérêt qu'il avait à l'exécution dans le temps convenu.

1147. Le débiteur est condamné, s'il y a lieu, au payement de dommages et intérêts, soit à raison de l'inexécution de l'obligation, soit à raison du retard dans l'exécution, toutes les fois qu'il ne justifie pas que l'inexécution provient d'une cause étrangère qui ne peut lui être imputée, encore qu'il n'y ait aucune mauvaise foi de sa part.

Le débiteur qui a été mis en demeure de remplir son engagement est par cela seul présumé, non pas de mauvaise foi, mais du moins en faute ; ce qui suffit pour le rendre passible des dommages-intérêts que le créancier justifie avoir éprouvés. Il ne servirait donc point au débiteur, pour échapper à la condamnation, de prouver qu'il n'est pas de mauvaise foi ; il devrait, pour échapper à la responsabilité, prouver que l'inexécution de son obligation provient de force majeure ; par exemple, que c'est à cause d'une maladie qu'il n'a pas fait l'ouvrage convenu ; que c'est à cause d'une inondation rendant les communications impossibles qu'il n'a pas transporté les marchandises dans le lieu et le temps convenus.

1148. Il n'y a lieu à aucuns dommages et intérêts lorsque, par suite d'une force majeure ou d'un cas fortuit, le débiteur a été empêché de donner ou de faire ce à quoi il était obligé, ou a fait ce qui lui était interdit.

La fin de cet article, « *ou a fait ce qui lui était interdit,* » modifie et tempère les termes trop absolus de l'art. 1145. Le débiteur qui prouve l'existence de la force majeure, appelée aussi *cas fortuit,* par suite de laquelle il lui a été impossible de remplir son engagement, évite par là toute condamnation à des dommages-intérêts. Mais cette règle souffre exception, si le débiteur a pris à sa charge les cas fortuits, ou si le cas fortuit a été précédé d'une mise en demeure ou d'une faute qui lui est imputable (art. 1302, 1807, 1808, 1881).

1149. Les dommages et intérêts dus au créancier sont, en général, de la perte qu'il a faite et du gain dont il a été privé, sauf les exceptions et modifications ci-après.

Les expressions « *dommages et intérêts,* » étaient rendues en latin par mots, *damnum emergens* et *lucrum cessans.* Les dommages-intérêts consistent dans une somme équivalant à la valeur du préjudice que l'inexécution de l'obligation a fait éprouver au créancier, *damnum emergens,* et à celle du gain que cette inexécution l'a empêché de réaliser, *lucrum cessans.* L'évaluation des dommages-intérêts est fixée soit par la convention (art. 1152), soit par la loi (art. 1153), soit, à défaut, par le juge (art. 1150, 1151).

1150. Le débiteur n'est tenu que des dommages et intérêts qui ont été prévus ou qu'on a pu prévoir lors du contrat, lorsque ce n'est point par son dol que l'obligation n'est point exécutée.

Il s'agit ici des dommages-intérêts fixés par le juge. — Je vends une poutre pourrie, ou un cheval morveux : la maison étayée s'écroule par le vice de la poutre, le cheval infecté communique sa maladie aux autres chevaux de l'acheteur. Si j'ignorais le vice de la chose, du cheval, il n'y a point de dol de ma part, et par conséquent je ne serai tenu de payer à l'acheteur que le prix de la chose que je lui ai vendue (art. 1646).

1151. Dans le cas même où l'inexécution de la convention résulte du dol du débiteur, les dommages et intérêts ne doivent comprendre, à l'égard de la perte éprouvée par le créancier et du gain dont il a été privé, que ce qui est une suite immédiate et directe de l'inexécution de la convention.

Lorsque l'inexécution de l'obligation provient du dol du débiteur, celui-ci est tenu de tous les dommages-intérêts qui sont une suite directe et immédiate de l'inexécution de la convention. Ainsi, dans les deux cas exprimés sous l'article précédent, le vendeur qui connaissait le vice de la poutre, ou la maladie contagieuse du cheval, et qui n'en a pas averti l'acheteur, a commis par là une fraude qui le rend responsable de toute la perte que celui-ci a éprouvée par la chute de sa maison, ou par la perte de ses chevaux. Mais si l'acheteur disait que la perte de ses chevaux l'a mis dans l'impossibilité de cultiver et que, par conséquent, son vendeur de mauvaise foi lui doit le prix de la récolte manquée, il ne serait pas en cela écouté ; car le manque de la récolte n'est pas *« une suite immédiate et directe de l'inexécution de la convention. »*

1152. Lorsque la convention porte que celui qui manquera de l'exécuter payera une certaine somme à titre de dommages et intérêts, il ne peut être alloué à l'autre partie une somme plus forte ni moindre.

La fixation conventionnelle des dommages-intérêts s'appelle *clause pénale*. Cette clause est très-utile, car le créancier est par là dispensé de faire la preuve du préjudice qu'il a éprouvé et du gain qu'il a manqué de faire. Quoique le juge ne puisse point, en général, allouer au créancier une somme plus forte ni plus faible que celle qui a été convenue, il peut cependant réduire cette somme, lorsque l'obligation a été exécutée en partie et que le créancier a retiré quelque utilité de cette exécution partielle (art. 1231).

1153. Dans les obligations qui se bornent au payement d'une certaine somme, les dommages et intérêts résultant du retard dans l'exécution ne consistent jamais que dans la condamnation aux intérêts fixés par la loi, sauf les règles particulières au commerce et au cautionnement. — Ces dommages et intérêts sont dus sans que le créancier soit tenu de justifier d'aucune perte. — Ils ne sont dus que du jour de la demande, excepté dans les cas où la loi les fait courir de plein droit.

Le taux *légal* des intérêts des sommes est fixé par la loi du 3 septembre 1807 : il est du cinq pour cent en matière civile, et du six pour cent en matière de commerce. Or, la matière est de *commerce*, quand l'obligation a pour cause un acte de nature commerciale, ou, si la nature de l'acte n'apparaît pas, comme dans le prêt d'une somme d'argent, quand le débiteur est un commerçant. Dans tous les autres cas, la matière est civile.

Le taux *conventionnel* peut être moindre que le taux légal ; mais, aux termes de la même loi de 1807, il ne peut jamais le dépasser : toutes les clauses pénales qui tendraient à élever ce taux seraient nulles et constitueraient le délit d'usure.

Le principe, mis en tête de notre article, que les dommages-intérêts ne consistent, à l'égard des sommes, que dans les intérêts au taux légal, souffre trois exceptions : 1° lorsque la lettre de change n'est pas payée à son échéance, le porteur a droit non-seulement aux intérêts de la somme due, mais encore aux frais de protêt, de rechange et de retraite (art. 181 C. com.); 2° la caution peut demander au débiteur principal qui n'a point satisfait à son obligation, non-seulement les intérêts de tout ce qu'elle a payé pour lui, mais encore, s'il y a lieu, de plus amples dommages-intérêts (art. 2028); 3° l'associé qui a promis d'apporter une somme en société, et qui ne réalise pas son apport au terme convenu, ou qui prend une somme dans la caisse sociale pour l'employer à son avantage personnel, doit les intérêts de cette somme, sans préjudice de plus amples dommages-intérêts (art. 1846).

La loi a fixé, pour les obligations de sommes d'argent, le taux des intérêts devant tenir lieu de tous dommages-intérêts, parce qu'il serait difficile et souvent même impossible de prouver le montant du préjudice éprouvé; c'est pour cette raison que le créancier qui ne peut, en général, demander que les intérêts fixés par la loi, n'a besoin, pour les obtenir, de justifier d'aucun préjudice.

Lorsque les intérêts n'ont pas été stipulés dans la convention, ils ne courent pas de plein droit; pour les faire courir, il faut que le créancier forme une demande en justice; la sommation, qui suffit pour faire courir les dommages-intérêts (art. 1146), serait inefficace pour faire courir les intérêts. Observons : 1° que la citation en conciliation fait courir les intérêts, quand elle est suivie d'une demande en justice, formée dans le mois de la non-conciliation (art. 57 C. proc.); 2° que les intérêts conventionnels, qui sont inférieurs au taux légal, s'élèvent à ce taux depuis le jour de la demande en justice; 3° que les intérêts, qui courent du jour de la citation en conciliation ou du jour de la demande en justice, ne seront compris dans la condamnation du débiteur, que si le créancier les a réclamés, car le juge ne peut pas comprendre dans sa sentence des choses non demandées. Mais, pour que les intérêts courent du jour de la demande du capital, il n'est pas nécessaire, d'une part, qu'il s'agisse d'une dette liquide, ni, d'autre part, que les intérêts aient été compris explicitement dans la demande du capital; il suffit qu'ils soient demandés par des conclusions expresses soumises au juge dans le cours du procès. Ainsi décidé par la Cour suprême :
— « Attendu que la demande judiciaire qui, d'après les art. 1153, 1154 et

1155 C. Nap., est la condition de toute allocation d'intérêts non courus par le seul effet de la loi, s'entend non-seulement d'une demande dans la forme des ajournements en justice, mais aussi de toute demande soumise au juge par des conclusions expresses, le demandeur étant toujours en droit d'étendre aussi bien que de restreindre sa demande, sous la seule condition de ne pas l'étendre au-delà de ce qui constituerait une des conséquences mêmes ou des accessoires de cette demande; — Attendu que ni l'art. 1153, ni l'art. 1154, n'exigent qu'une dette soit liquide pour devenir, sur la demande du créancier, productive d'intérêts en cas de retard de la part du débiteur ; qu'une dette échue ne laisse pas d'être exigible avec tous ses accessoires, quoique la quotité n'en soit pas exactement déterminée ; que la contestation portant sur la quotité seulement, non sur l'existence même de la dette, le débiteur a la voie des offres réelles qui, s'il juge bien sa situation, mettra à la charge du créancier les conséquences du défaut d'acceptation ; qu'il est donc indifférent qu'il y ait lieu de procéder à un compte ou à une liquidation pour fixer la consistance de la dette, l'échéance ou l'exigibilité de la dette et la demande judiciaire étant les seules conditions d'une allocation d'intérêts, si ce n'est au cas où le débiteur n'aurait encouru aucune responsabilité pour le retard dans l'exécution de son obligation, par l'effet, soit d'une force majeure, soit de faits imputables au créancier, ce qui n'est pas constaté dans l'espèce » (C. cass. 9 févr. 1864).

Le principe que les intérêts des sommes ne courent, à défaut de convention, que du jour de la demande, souffre de nombreuses exceptions. Ainsi, par exemple, les intérêts courent de plein droit : 1° contre le tuteur qui, d'après le compte de tutelle, reste débiteur envers son pupille (art. 474); 2° contre le cohéritier qui est débiteur de sommes rapportables à la succession (art. 856); 3° contre celui qui a constitué une somme en dot (art. 1440, 1548); 4° contre l'acheteur de choses productives de fruits ou revenus (art. 1652); 5° contre l'associé qui doit une somme à la société (art. 1846); 6° contre le mandant qui doit à son mandataire des sommes que celui-ci a avancées pour exécuter le mandat (art. 2001, 2028). En outre, dans certains cas, une simple sommation suffira pour faire courir les intérêts : c'est ce qui a lieu : 1° contre le pupille qui, d'après le compte de tutelle, reste débiteur de son tuteur (art. 474); 2° contre l'acheteur de choses non frugifères (art. 1652); 3° enfin, contre le dépositaire de sommes (art. 1936).

Deux observations restent à faire sur notre article qui reçoit en pratique de nombreuses applications.

1° La stipulation d'un intérêt de 7 1/2 pour 100 en matière commer-

ciale n'est pas usuraire si le 1 1/2 dépassant le taux légal peut être consi-
-déré comme un droit de commission et la rémunération de démarches et
de soins, aggravés par les périls qui s'attachent aux affaires de cette
nature (C. cass. 17 mars 1862).

2º Le juge qui condamne une partie aux dépens ne peut pas dire que
la somme due pour ces dépens sera productive d'intérêts. Ainsi décidé :
— « Vu l'art. 130 C. pr. civ.; — Attendu que, s'il résulte de cet article
que la partie qui succombe soit condamnée aux dépens, il ne résulte de
cet article ni d'aucune autre disposition de loi que ces dépens portent
intérêts du jour de la condamnation, et, qu'en décidant le contraire, le
jugement attaqué a violé expressément ledit article 130; — Par ces motifs,
casse » (C. cass. 29 août 1860).

1154. Les intérêts échus des capitaux peuvent produire des
intérêts, ou par une demande judiciaire, ou par une convention
spéciale, pourvu que, soit dans la demande, soit dans la convention, il s'agisse d'intérêts dus au moins pour une année
entière.

La réunion au capital des intérêts, qui deviennent ainsi eux-mêmes
productifs d'intérêts, est appelée *anatocisme*, expression grecque signifiant que les intérêts nés du capital en font naître à leur tour. Pour que
l'anatocisme ait lieu, trois conditions sont nécessaires. Il faut : 1º qu'il y
ait à cet égard une convention spéciale ou bien une demande en justice;
2º qu'il s'agisse d'intérêts dus au moins pour une année entière; 3º enfin,
que ces intérêts d'une année entière soient déjà échus lors de la convention spéciale ou de la demande en justice. Cette règle est applicable
aux intérêts des sommes sujettes à rapport entre copartageants, ainsi
que la Cour suprême l'a décidé en ces termes : « — Vu l'art. 1154
C. Nap.; — Attendu qu'aux termes de cet article, les intérêts échus des
capitaux peuvent produire des intérêts par une demande judiciaire, pourvu
que, dans la demande, il s'agisse d'intérêts dus au moins pour une année
entière; — Attendu que, par sa citation en conciliation du 2 nov. 1856,
qui a été suivie dans le mois d'une assignation, la veuve Brouillet
avait demandé la capitalisation des intérêts des choses sujettes à rapport,
et que le décès de la veuve Ricard remontait à une époque antérieure de
plus d'une année à cette citation; que, par conséquent, la demande
portait sur plus d'une année d'intérêts; — Attendu cependant que l'arrêt

attaqué a écarté ce chef de conclusions par de simples considérations d'é-
quité, qu'il a ainsi tout à la fois commis un excès de pouvoir et violé
l'article précité : — Par ces motifs, casse, etc. » (C. cass. 15 févr. 1865).

Des auteurs ont prétendu que les parties peuvent convenir valablement, par exemple lors d'un prêt, que les intérêts se réuniront chaque
année au capital pour produire, à leur tour, des intérêts. Mais cette opinion, qui assimile la clause d'une convention concernant des intérêts à
échoir à une convention spéciale et relative à des intérêts déjà échus,
paraît contraire aux termes de notre article et à l'esprit du législateur,
qui a voulu protéger les débiteurs pauvres, peu habiles et peu instruits.
Or, cette protection serait illusoire si la clause d'anatocisme, insérée dans
la convention principale, produisait ses effets; elle ne suffirait pas, en
effet, pour faire comprendre au débiteur les rapides accroissements de
sa dette; sa fausse sécurité deviendrait pour lui une cause de ruine immi-
nente. Si, au contraire, les parties font chaque année une convention
spéciale d'anatocisme, en réunissant au capital les intérêts échus d'une
année entière, le débiteur se trouve par là parfaitement éclairé sur sa
position.

Toutefois, la clause d'anatocisme est permise en matière de comptes
courants, usités dans le commerce, alors même qu'il s'agirait d'intérêts
dus pour moins d'une année. Ainsi décidé par la Cour suprême : — « Attendu que l'art. 1154 C. Nap. n'est pas applicable aux comptes courants;
qu'en cette matière, les intérêts échus peuvent être réunis au capital,
avant le terme d'une année, pour produire de nouveaux intérêts; que,
d'après les usages qui font loi dans le commerce, les règlements de
comptes courants ont lieu de six mois en six mois » (C. cass. 12 mars
1851; Conf. C. de Nîmes, 6 déc. 1860).

Peut-on, en faisant un contrat de prêt civil au taux de cinq pour cent,
insérer valablement la clause que les intérêts seront payables tous les
six mois? Une pareille clause paraît illicite à quelques jurisconsultes;
mais elle est entrée profondément dans les usages et dans la pratique
du notariat : son utilité doit la faire considérer comme valable.

1155. Néanmoins, les revenus échus, tels que fermages,
loyers, arrérages de rentes perpétuelles et viagères, produisent intérêt du jour de la demande ou de la convention. — La
même règle s'applique aux restitutions de fruits, et aux
intérêts payés par un tiers au créancier en acquit du débiteur.

Le législateur n'avait pas à craindre les abus de l'usure en matière de bail et de rente : chaque terme échu y est d'ailleurs, pour le créancier, une espèce de capital. — Celui qui paye, en qualité de caution ou de mandataire, par exemple, la somme de 11,000 fr. dont 10,000 à titre de capital et 1,000 fr. à titre d'intérêts, peut réclamer au débiteur les intérêts de toutes ses avances (art. 2001, 2028). — Les restitutions de fruits sont faites par le possesseur de mauvaise foi, qui est tenu de payer la valeur des fruits qu'il a perçus ou négligé de percevoir. — Dans tous ces cas, la demande en justice capitalise ce qui est dû, soit à titre de loyer ou de rente, soit à titre d'intérêts des avances, soit à titre de fruits.

SECTION V.

De l'Interprétation des Conventions.

1156. On doit dans les conventions rechercher quelle a été la commune intention des parties contractantes, plutôt que de s'arrêter au sens littéral des termes.

C'est la volonté commune des parties qui fait naître l'obligation conventionnelle et qui en règle les effets : cette volonté doit donc être recherchée et suivie. En général, elle se manifeste par les termes employés dans la rédaction de l'acte. Quelquefois cependant il y a opposition entre le sens propre des termes employés et l'intention commune des parties : en pareil cas, il faut s'en tenir à l'intention.

1157. Lorsqu'une clause est susceptible de deux sens, on doit plutôt l'entendre dans celui avec lequel elle peut avoir quelque effet, que dans le sens avec lequel elle n'en pourrait produire aucun.

Paul a un fonds qui borde la voie publique ; Pierre a un fonds voisin qui est séparé de cette voie par le fonds de Paul. Entre eux intervient un acte portant que « Pierre aura le droit de passer sur son fonds. » Les parties ont évidemment voulu dire que Pierre aura le droit de passer « sur le fonds de Paul, » car autrement la convention serait inutile.

1158. Les termes susceptibles de deux sens doivent être pris dans le sens qui convient le plus à la matière du contrat.

Je vous loue ma maison à raison de 600 fr. pour neuf ans. Comme le prix de louage consiste dans une somme payable chaque année, vous me devez 600 fr. par an, et non pas 600 fr. pour une période de neuf ans.

1159. Ce qui est ambigu s'interprète par ce qui est d'usage dans le pays où le contrat est passé.

Les termes ambigus, par exemple, sur l'époque du payement des loyers ou du congé, sont déterminés par l'usage du pays, parce que les parties sont supposées avoir entendu s'y conformer.

1160. On doit suppléer dans le contrat les clauses qui y sont d'usage, quoiqu'elles n'y soient pas exprimées.

Ainsi, je conviens avec un vigneron qu'il cultivera ma vigne : celui-ci devra faire tous les labours et autres ouvrages qui sont d'usage dans le pays. C'est d'ailleurs ce qu'exprime cette ancienne maxime tirée de la loi romaine : « Viennent tacitement dans les contrats les choses qui sont d'usage et de coutume dans le pays où ils sont passés, *Tacite veniunt in contractibus quæ sunt moris et consuetudinis.* »

1161. Toutes les clauses des conventions s'interprètent les unes par les autres, en donnant à chacune le sens qui résulte de l'acte entier.

Ainsi, quand le vendeur d'une pièce de terre déclare, dans une première clause de l'acte, « que la pièce de terre est libre de toutes servitudes, » et, dans une seconde clause, « qu'il entend n'être garant que de ses faits, » on doit dire, par interprétation de ces deux clauses, que le vendeur a entendu, non pas devenir garant à l'égard des servitudes imposées par ses auteurs et dont il n'avait pas connaissance, mais seulement à l'égard de celles qu'il aurait lui-même imposées ou dont il aurait eu connaissance.

1162. Dans le doute, la convention s'interprète contre celui qui a stipulé, et en faveur de celui qui a contracté l'obligation.

Il y a vraiment *doute*, lorsque les termes de l'acte sont obscurs et ambigus et que l'intention commune des parties ne se révèle pas : en pareil cas, la faveur de la liberté l'emporte, parce que l'homme naît libre d'obligations civiles; par suite, le doute s'interprète contre le *stipulant* ou créancier, et en faveur du *promettant* ou débiteur. Cette règle, qui est en harmonie avec le principe que le créancier est tenu de prouver l'existence de sa créance, reçoit exception en cas de vente : comme le vendeur doit exprimer clairement ce à quoi il s'oblige, le doute qui s'élève sur sa propre obligation s'interprète contre lui (art. 1602).

1163. Quelque généraux que soient les termes dans lesquels la convention est conçue, elle ne comprend que les choses sur lesquelles il paraît que les parties se sont proposé de contracter.

Je vous vends tous mes droits à la succession de mon oncle, mort depuis peu de temps. J'ai pour cohéritier un frère qui vient à renoncer à la succession ou qui avait déjà fait, à mon insu, sa renonciation. La vente ne comprend que les droits que je croyais avoir lors de la convention, et non pas ceux qui m'appartiennent par un droit d'accroissement dont j'ignorais l'existence.

1164. Lorsque dans un contrat on a exprimé un cas pour l'explication de l'obligation, on n'est pas censé avoir voulu par là restreindre l'étendue que l'engagement reçoit de droit aux cas non exprimés.

Je vous vends une ferme, en disant que les instruments aratoires de cette ferme sont compris dans la vente : tous les autres immeubles par destination (art. 524), que je ne me suis pas réservés, y sont néanmoins pareillement compris.

SECTION VI.

De l'Effet des Conventions à l'égard des Tiers.

1165. Les conventions n'ont d'effet qu'entre les parties contractantes; elles ne nuisent point au tiers, et elles ne lui profitent que dans le cas prévu par l'article 1121.

Le principe contenu dans cet article se trouve déjà exprimé dans l'art.

1119, aux termes duquel les conventions ne peuvent rendre les tiers ni débiteurs ni créanciers. Ce principe est d'une vérité générale et absolue, tant au côté actif qu'au côté passif. L'art. 1121 ne constitue pas une véritable exception; car, aux termes de cet article, la convention contient en faveur d'un tiers une clause de simple offre, et cette offre, qui peut d'ailleurs être révoquée par celui qui l'a faite, ne produit aucun effet en faveur du tiers, jusqu'à ce que celui-ci l'ait acceptée et soit ainsi devenu en quelque sorte, par son acceptation, partie au contrat. L'art. 507 C. com. ne renferme pas non plus une véritable exception; car le traité du concordat, qui s'établit par le vote de la majorité des créanciers qui acceptent les propositions du failli, ne produit par lui-même aucun effet; il ne devient obligatoire pour les créanciers, portés ou non au bilan, vérifiés ou non vérifiés, consentants ou dissidents, que par son homologation par le tribunal de commerce (art. 516 C. com.); ainsi, ce n'est pas la convention, le traité, c'est l'homologation de ce traité qui, dans un but d'utilité générale, produit ses effets, même à l'égard des tiers.

1166. Néanmoins les créanciers peuvent exercer tous les droits et actions de leur débiteur, à l'exception de ceux qui sont exclusivement attachés à la personne.

Quoique les conventions ne rendent jamais des tiers soit créanciers, soit débiteurs, et qu'il soit vrai de dire, en droit, que ces conventions ne leur nuisent pas et ne leur profitent pas, *res inter alios acta, aliis neque prodest neque nocet;* cependant, elles peuvent, en fait, leur nuire ou leur profiter. Ainsi, j'ai un débiteur : tous ses biens, tous ses droits sont, en général, le gage de ma créance (art. 2092, 2093). Fait-il des conventions qui le rendent insolvable? Cela me nuit, parce que ma créance, qui était bonne, n'a plus maintenant aucune valeur. Fait-il, au contraire, des conventions qui le rendent, d'insolvable qu'il était, solvable et riche? Cela me profite, puisque ma créance, qui n'avait aucune valeur, est maintenant devenue bonne.

Les droits et actions du débiteur étant le gage de ses créanciers (art. 2092), ceux-ci sont admis à les exercer; pour cela, ils jouissent des mêmes délais que leur débiteur, et ils pourront être repoussés par tous les moyens opposables à ce dernier. Ils n'ont besoin, pour agir, ni du consentement de leur débiteur ni de l'autorisation de la justice : ainsi l'a décidé la Cour de cassation dans deux arrêts en date des 23 janvier 1849 et 2 juillet 1851. Ce dernier arrêt porte : — « Attendu que la loi met à la disposition

des créanciers tous les biens mobiliers et immobiliers d'un débiteur; —
Que, par une conséquence de cette règle, l'art. 1166 autorise expressément les créanciers à exercer tous les droits et actions de leur débiteur,
à l'exception seulement de ceux exclusivement attachés à la personne ;
qu'aucune disposition de la loi ne subordonne l'exercice des actions ainsi
ouvertes au créancier, à un consentement émané du débiteur, ou à une
autorisation de justice » (C. cass. 2 juill. 1851). — Mais la sentence
rendue contre les créanciers qui ont agi sans le consentement de leur débiteur, n'aura pas contre celui-ci force de chose jugée.

Les droits exclusivement personnels que les créanciers ne peuvent pas
exercer, sont, par exemple : 1º ceux qui sont attachés à une fonction publique, à la qualité de père et à la qualité d'époux; 2º ceux qui sont in-
cessibles, comme les droits d'usage et d'habitation, et plusieurs autres,
tels que le droit d'exercer le retrait successoral (art. 841), de faire
révoquer une donation pour cause d'ingratitude (art. 955).

1167. Ils peuvent aussi, en leur nom personnel, attaquer
les actes faits par leur débiteur en fraude de leurs droits. — Ils
doivent néanmoins, quant à leurs droits énoncés au titre des
Successions et au titre du *Contrat de mariage et des Droits respectifs des époux,* se conformer aux règles qui y sont prescrites.

L'action par laquelle les créanciers font révoquer les aliénations ou
autres actes que leur débiteur a faits en fraude de leurs droits, s'appelle
souvent action *paulienne,* parce qu'elle a été introduite, chez les Romains,
par un préteur nommé Paul.

Quelques explications préalables sont ici nécessaires. — Les créanciers
qui ont confiance dans leur débiteur, qui suivent sa foi et n'obtiennent
de lui aucune garantie *réelle,* c'est-à-dire ni gage ni hypothèque, lui laissent
ainsi la disposition libre de tous ses biens; ils sont par conséquent tenus de
respecter toutes ses aliénations et tous ses nouveaux contrats faits de
bonne foi, en sorte qu'ils viennent en concours, avec les nouveaux créanciers, sur le prix des seuls biens qui sont restés dans le patrimoine du débiteur commun (art. 2093). Mais si le débiteur n'agit pas de bonne foi, si,
en vue de frauder ses créanciers, il aliène ses biens, fait remise de ses
créances ou contracte de nouvelles dettes, les créanciers fraudés ont le
droit d'attaquer et de faire révoquer de pareils actes ; ils n'agissent pas alors
au nom de leur débiteur, car ces actes sont fermes pour celui-ci, personne

n'étant admis à se prévaloir de sa propre fraude; ils agissent donc en leur propre nom, en vertu d'un droit spécial que la loi leur réserve.

Pour triompher dans leur action en révocation d'actes frauduleux, les créanciers ont besoin de prouver l'existence de deux éléments constitutifs de la fraude, qui sont : 1° le fait du préjudice, *eventus damni*; or, pour que cet élément réel existe, il faut que le débiteur soit déjà insolvable à l'époque des aliénations, ou du moins qu'il devienne insolvable par le fait même de ces aliénations ; 2° l'intention de fraude, *consilium fraudis;* or, cet élément intentionnel ne peut évidemment exister qu'à l'égard des créanciers antérieurs aux aliénations.

Les créanciers sont plus facilement admis à faire révoquer les actes à titre gratuit, que les actes à titre onéreux.

1° S'agit-il d'actes *à titre gratuit?* Les créanciers ont besoin de prouver seulement le fait du préjudice ; lorsque cette preuve est faite, il existe en leur faveur une présomption, admettant cependant la preuve contraire, que leur débiteur a eu l'intention de les frauder. Cette présomption, qui a pour base la connaissance, par le débiteur, de son état de fortune et de son obligation de se libérer plutôt que de se livrer à des libéralités, fait croire qu'il n'a été généreux, que parce que sa libéralité tournait moins à son détriment qu'au détriment de ses créanciers. Il est d'ailleurs équitable, dans le doute sur l'esprit de fraude, de préférer aux donataires, qui combattent pour faire un gain, *qui certant de lucro captando*, les créanciers qui combattent pour éviter une perte, *qui certant de damno vitando.*

2° S'agit-il, au contraire, d'actes *à titre onéreux?* Les créanciers qui agissent en révocation se trouvent alors en présence de tiers qui combattent aussi pour éviter une perte, qui n'ont souvent aucun reproche à se faire et qui ont la qualité de possesseurs. Il ne leur suffit donc pas, pour triompher dans leur action révocatoire, de prouver que leur débiteur leur a volontairement causé du préjudice ; il faut, en outre, prouver que les tiers connaissaient l'insolvabilité du débiteur, et qu'ils ont *colludé*, c'est-à-dire qu'ils se sont entendus avec lui pour lui donner un moyen de dérober son actif aux poursuites de ses créanciers.

Cette distinction entre les actes à titre gratuit et les actes à titre onéreux existait dans les lois romaines et dans nos coutumes. Elle est fort équitable et conforme à l'esprit général du Code (art. 622, 788 ; art. 446 447 C. com.); elle doit par conséquent, quoique les termes généraux de notre article ne la reproduisent pas expressément, être appliquée chez nous (C. cass. 18 nov. 1861).

La dot constituée à la future épouse, par contrat de mariage, est à titre onéreux à l'égard du mari, ainsi que le décide la Cour de cassation : — « Attendu que la dot, d'après l'art. 1540 C. Nap., est le bien que la femme apporte à son mari pour supporter les charges du mariage ; que cet apport de la femme est une des conditions de l'association conjugale, telle qu'elle est réglée par les futurs époux ; qu'il suit de là que la constitution de dot, lorsqu'elle est faite par le père dans l'intérêt de sa fille, n'est point un contrat de pure libéralité à l'égard du mari, qu'elle participe du contrat à titre onéreux ; — Attendu que si, aux termes de l'art. 1167 dudit Code, les créanciers peuvent, en leur nom, attaquer les actes faits par leur débiteur en fraude de leurs droits, ils ne peuvent faire annuler ces actes à l'égard des autres parties qu'autant qu'elles ont été de mauvaise foi et ont participé à la fraude » (C. cass. 18 nov. 1861). — La constitution de dot est aussi à titre onéreux à l'égard de la future qui est dotée dans son contrat de mariage : — « Attendu que la donation faite par contrat de mariage n'est pas de pure bienfaisance, mais qu'elle participe du contrat à titre onéreux à l'égard de chacun des époux » (C. cass. 24 mai 1848). — Mais la donation qui est faite, par exemple, par un père à son enfant est à titre gratuit, quand elle n'a pas eu lieu en vue d'un mariage certain et déterminé (C. cass. 9 janv. 1865).

L'action révocatoire n'est pas soumise à la prescription de dix ans, établie par l'art. 1304 ; elle dure par conséquent trente ans contre ceux qui ont traité avec le débiteur frauduleux ; mais les immeubles aliénés sont soumis à la prescription de dix et vingt ans quand ils sont passés dans les mains de tiers acquéreurs de bonne foi. Tels sont les principes proclamés par la Cour de cassation, dans un arrêt qui contient, en outre, ce remarquable considérant : — « Attendu qu'en vertu de l'action révocatoire accordée au créancier par l'art. 1167, les acquéreurs, au profit desquels ont été passés les actes reconnus frauduleux, sont personnellement obligés de restituer à ce créancier ce qu'ils ont reçu de son débiteur, avec cette différence toutefois que ceux qui ont participé à la fraude du débiteur sont obligés pour le tout, tandis que l'acquéreur à titre lucratif, qui a accepté de bonne foi, n'est personnellement obligé que jusqu'à concurrence de ce dont il a profité » (C. cass. 9 janv. 1865).

Au reste, les créanciers ne peuvent attaquer que les actes qui diminuent le gage général de leurs créances ; par suite, il n'ont pas le droit de faire révoquer les actes par lesquels leur débiteur a refusé de s'enrichir : ainsi, ils ne peuvent, ni accepter une donation offerte à leur débiteur, ni attaquer la renonciation que ce débiteur a faite de la donation. En est-

I. 45

il de même en matière de succession, de legs ou de communauté ? Non ; car, dès que de tels droits sont ouverts, ils sont acquis ; c'est pourquoi les créanciers peuvent accepter la succession, le legs ou la communauté du chef de leur débiteur, et, si celui-ci a renoncé à la succession ouverte, au legs ou à la communauté, en fraude de leurs droits, ils peuvent attaquer cette renonciation ; ils ont besoin seulement, pour triompher dans leur action, de prouver l'existence du préjudice (art. 788).

Ainsi que l'a décidé la Cour de cassation, par arrêt du 9 juillet 1866, notre article n'est pas applicable en matière de partage de succession ni de communauté : cet acte important ne peut jamais être attaqué pour cause de fraude, mais seulement lorsqu'il a été fait au mépris d'une opposition, ou bien lorsqu'il est simulé ou a été fait d'une manière précipitée (art. 882).

CHAPITRE IV.

DES DIVERSES ESPÈCES D'OBLIGATIONS.

Les obligations sont : 1° pures et simples, à terme ou sous condition, 2° alternatives ou non alternatives ; 3° solidaires ou non solidaires ; 4° divisibles ou indivisibles ; 5° enfin, garanties ou non par une clause pénale.

SECTION PREMIÈRE.

Des Obligations conditionnelles.

L'obligation est *pure et simple* quand elle n'a ni terme qui en retarde l'exigibilité, ni condition qui en rende l'existence incertaine ; par conséquent, elle naît et est exigible dès le moment de la convention. L'obligation *à terme* naît, comme l'obligation pure et simple, au moment même de la convention ; mais un terme conventionnel, légal ou judiciaire, en retarde l'*exécution*, c'est-à-dire l'exigibilité. L'obligation *conditionnelle* est celle dont l'*existence* dépend d'un événement futur et incertain.

§ 1er. — *De la Condition en général, et de ses diverses espèces.*

1168. L'obligation est conditionnelle lorsqu'on la fait dépendre d'un événement futur et incertain, soit en la suspendant jusqu'à ce que l'événement arrive, soit en la résiliant, selon que l'événement arrivera ou n'arrivera pas.

Pour que l'obligation soit *conditionnelle*, il faut qu'elle dépende d'un événement à la fois *futur* et *incertain*. Si elle dépend d'un événement passé, mais dont l'existence est ignorée des parties, elle n'est pas conditionnelle ; car l'obligation naît au moment de la convention, ou elle est nulle, selon que l'événement est arrivé ou n'est pas arrivé. De même, si les parties s'en réfèrent à un événement dont l'arrivée est certaine, l'obligation n'est pas conditionnelle, mais seulement à terme certain ou incertain, selon que l'époque de l'arrivée est ou non connue à l'avance. Cependant le terme incertain peut faire condition dans les legs ; par exemple, lorsque je vous lègue 1,000 fr. quand Paul mourra, vous n'avez un droit acquis au legs qu'au décès de Paul, et, si vous mourez avant lui, le legs est caduc (art. 1041).

La condition est *suspensive*, quand l'obligation ne doit naître que si l'événement auquel se réfèrent les parties se réalise ; par exemple, lorsque je dis : « Je vous donnerai 1,000 fr., si telle entreprise réussit. » Elle est, au contraire, *résolutoire*, lorsque l'obligation naît immédiatement, mais doit être considérée comme non avenue si tel événement prévu se réalise ; par exemple, « Je vous vends ma maison pour 10,000 fr. ; mais la vente sera considérée comme non avenue si je trouve un prix plus élevé dans la huitaine. »

1169. La condition *casuelle* est celle qui dépend du hasard, et qui n'est nullement au pouvoir du créancier ni du débiteur.

La condition peut être casuelle, potestative ou mixte. La condition est *casuelle*, quand elle dépend du hasard, *casus*, ou de la volonté d'un tiers ; par exemple, « Je vous donnerai 1,000 fr., si, par sinistre maritime, votre navire périt dans tel voyage. »

1170. La condition *potestative* est celle qui fait dépendre l'exécution de la convention, d'un événement qu'il est au pouvoir de l'une ou de l'autre des parties contractantes de faire arriver ou d'empêcher.

La condition est *potestative* quand je dis, par exemple : « Je vous donnerai 1,000 fr., si je vais, » ou bien, « si vous allez à Versailles. » La condition potestative vicie les donations, car il est essentiel que la donation dépouille actuellement et irrévocablement le donateur de la chose donnée au profit du donataire (art. 894). Si elle est *purement* potestative de la part du débiteur, elle vicie aussi les autres contrats (art. 1174).

1171. La condition *mixte* est celle qui dépend tout à la fois de la volonté d'une des parties contractantes, et de la volonté d'un tiers.

La condition est *mixte*, c'est-à-dire en même temps casuelle et potestative, quand elle dépend à la fois de la volonté d'une partie, et, en outre, du hasard ou de la volonté d'un tiers. Or, c'est ce qui a lieu, quand je dis, par exemple : « Je vous donnerai 10,000 fr., si vous épousez ma sœur; » car le mariage exige le concours de votre consentement et de celui de ma sœur qui est un tiers.

1172. Toute condition d'une chose impossible, ou contraire aux bonnes mœurs, ou prohibée par la loi, est nulle, et rend nulle la convention qui en dépend.

Nous avons vu, sous l'art. 900, ce que l'on entend par condition d'une chose impossible, contraire aux lois ou aux bonnes mœurs. Comme l'exprime le même article 900, lorsqu'une semblable condition est insérée dans une institution d'héritier, dans un legs ou dans une donation entre-vifs, elle est considérée comme nulle et non avenue; mais cette nullité n'empêche pas la libéralité de produire tous ses effets. Il en est tout différemment dans les contrats à titre onéreux : ici, une pareille condition est nulle et rend nulle toute la convention qui en dépend. Cette différence est basée sur deux raisons principales : 1° la libéralité n'est l'œuvre que du disposant, qui fait l'offre et qui dicte la loi; tandis que l'acte à titre onéreux est l'œuvre des deux parties, qui se trouvent dans une égalité de position; 2° en effaçant la condition apposée à la libéralité et en laissant subsister la donation entre-vifs ou testamentaire, la loi ne change pas la nature de l'acte; tandis que si elle effaçait la condition insérée dans un acte à titre onéreux et isait que cet acte produira néanmoins ses effets, elle changerait la nature même de l'acte qui, d'onéreux qu'il était, deviendrait, contrairement à l'intention des parties contractantes, un acte à titre gratuit.

1173. La convention de ne pas faire une chose impossible ne rend pas nulle l'obligation contractée sous cette condition.

L'art. 1172 se réfère aux obligations consistant à faire une chose physiquement ou moralement impossible; tandis que notre article se réfère

aux obligations consistant à ne pas faire une chose physiquement impossible ; par exemple, « Je vous vends ma maison pour 10,000 fr., si vous
arrêtez le soleil ; » dans ce cas, la vente est valable et produit immédiatement ses effets. Mais que faut-il décider quand la condition consiste à
à ne pas faire une chose moralement impossible, c'est-à-dire contraire
aux lois ou aux mœurs ? Cette question est résolue par les auteurs au
moyen d'une distinction qui ressort des deux exemples suivants. — 1° Je
dis : « Je m'oblige à vous donner 1,000 fr. si vous ne tuez pas telle personne. » Lorsque vous vous êtes abstenu de commettre le crime prévu,
vous n'avez cependant aucune action contre moi ; car votre abstention
d'un crime ne doit pas être pour vous une cause de gain. — 2° Vous dites :
« Je m'engage à vous donner 1,000 fr., si je bats telle personne. » Lorsque vous battez la personne indiquée, j'ai le droit de réclamer l'exécution
de votre engagement ; car vous avez pu valablement vous imposer une
peine pour le cas où vous feriez quelque chose de mal.

1174. Toute obligation est nulle lorsqu'elle a été contractée
sous une condition potestative de la part de celui qui s'oblige.

L'obligation est contractée sous une condition potestative de la part du
débiteur, quand celui-ci dit, par exemple : « Je vous donnerai 1,000 fr. si
je veux, » ou « quand il me plaira, » *si volo, si voluero*. En pareil cas,
il n'existe point de lien de droit, car le créancier n'a jamais d'action. Mais
l'obligation est valable, lorsqu'elle est contractée sous une condition qui
n'est pas *purement* potestative, par exemple, si je dis : « Je m'engage à
vous donner 1,000 fr. si je quitte Paris pour me fixer en province. »

1175. Toute condition doit être accomplie de la manière que
les parties ont vraisemblablement voulu et entendu qu'elle le fût.

La question de savoir si le débiteur doit, par exemple, exécuter par
lui-même son engagement, ou s'il peut le faire exécuter par un autre,
doit être décidée d'après l'intention commune des parties.

1176. Lorsqu'une obligation est contractée sous la condition
qu'un événement arrivera dans un temps fixe, cette condition
est censée défaillie lorsque le temps est expiré sans que l'événement soit arrivé. S'il n'y a point de temps fixe, la condition

peut toujours être accomplie, et elle n'est censée défaillie que lorsqu'il est devenu certain que l'événement n'arrivera pas.

Cet article se réfère à une condition *positive*, tandis que l'article suivant se réfère à une condition *négative*. La distinction qui existe entre ces deux sortes de conditions a peu d'importance.

Dans cet exemple : « Je m'engage à vous donner 1,000 fr., si tel navire arrive d'Amérique en France, dans le délai de deux mois, » la condition est défaillie, quand les deux mois s'écoulent sans l'arrivée du navire, ou quand il est certain que le navire a fait naufrage et n'arrivera pas en France dans le temps convenu.

1177. Lorsqu'une obligation est contractée sous la condition qu'un événement n'arrivera pas dans un temps fixe, cette condition est accomplie lorsque ce temps est expiré sans que l'événement soit arrivé : elle l'est également, si avant le terme il est certain que l'événement n'arrivera pas, et, s'il n'y a pas de temps déterminé, elle n'est accomplie que lorsqu'il est certain que l'événement n'arrivera pas.

Par exemple, « Je m'engage à vous vendre ma maison pour 1,000 fr. si mon fils ne se marie pas dans l'année. » Quand mon fils laisse expirer l'année sans se marier, ou quand il meurt dans ce délai, la condition est accomplie. Lorsque, dans le même exemple, il n'y a fixation d'aucun délai, la condition n'est accomplie que si mon fils vient à mourir, à une époque quelconque, sans avoir formé le lien du mariage.

1178. La condition est réputée accomplie lorsque c'est le débiteur, obligé sous cette condition, qui en a empêché l'accomplissement.

Une personne fait cette convention avec un maçon : « Vous entourerez mon jardin d'un mur de clôture dans le délai de six mois, moyennant la omme de 3,000 fr. ; je vous fournirai pour cela les pierres et autres maériaux nécessaires. » Le propriétaire ne fournit pas les pierres, et empêche ainsi l'accomplissement de l'obligation ; il doit, sinon les 3,000 fr., au moins des dommages-intérêts au maçon. Mais s'il fait emprisonner le maçon, parce ue celui-ci l'a volé, il est évident que ce n'est pas lui, mais le maçon qui, par son méfait, a empêché l'exécution de l'obligation ; c'est donc celui-ci qui est seul passible de dommages-intérêts.

1179. La condition accomplie a un effet rétroactif au jour auquel l'engagement a été contracté. Si le créancier est mort avant l'accomplissement de la condition, ses droits passent à son héritier.

Un exemple rendra plus saillant le principe important et un peu abstrait de notre article. Paul vend, moyennant 10,000 fr., sa maison à Pierre, si le fils de celui-ci, qui tire bientôt à la conscription, amène un numéro qui ne le place pas dans l'armée active. En pareil cas, la convention ne fait pas encore naître la vente ni, par suite, les obligations qui peuvent en résulter : tout est suspendu et incertain jusqu'au tirage ; le vendeur n'est encore ni débiteur de la chose, ni créancier du prix, et la chose vendue continue à lui appartenir ; il a seulement l'espérance que la vente et les obligations qui en résultent prendront naissance, *spes est debitum iri*. La chose vendue périt-elle avant l'époque du tirage à la conscription ? Sa perte est pour le vendeur, et alors la vente ne peut pas naître, faute d'objet. Le fils de l'acheteur obtient-il, lorsque la maison existe encore, un mauvais numéro ? La convention est considérée comme n'ayant jamais eu lieu. Obtient-il, au contraire, un bon numéro ? La vente naît alors, et elle a un effet rétroactif au moment de la convention. A cause de cet effet rétroactif, c'est du moment de la convention que le vendeur est supposé avoir été débiteur de la maison et créancier du du prix ; c'est aussi du même moment qu'il est supposé avoir transféré à son acheteur la propriété de la chose vendue. Mais, aux termes de la loi du 23 mars 1855, textuellement citée sous le titre VIII, *des Priviléges et Hypothèques*, la rétroactivité de la condition suspensive ne produit ses effets qu'entre les parties contractantes, lorsque l'obligation a pour objet un immeuble ; pour qu'elle produise aussi des effets à l'égard des tiers, il faut que la convention ait été rendue publique par sa transcription au bureau des hypothèques de l'arrondissement dans lequel l'immeuble est situé : dans ce cas, la condition rétroagit, non pas au jour de la convention, mais seulement au jour de la transcription.

Tant que la condition reste incertaine, le vendeur et l'acheteur peuvent pareillement disposer de la chose et la grever de servitudes et d'hypothèques (art. 2125). Si la condition suspensive défaillit, les droits constitués par le vendeur restent fermes et stables ; tandis que ceux qui ont été constitués par l'acheteur sont nuls, comme ayant été consentis sur la chose d'autrui. Si, au contraire, la condition suspensive se réalise, les droits constitués par le vendeur depuis la vente, ou plutôt, d'après la loi du 23 mars 1855, depuis la transcription de la vente, sont nuls ; tandis que ceux qui ont été constitués par l'acheteur sont alors fermes et stables. Toutefois, dans ce dernier cas, les fruits que la chose vendue a produits jusqu'à l'événement de la condition resteront au vendeur, parce que l'effet rétroactif de la condition n'a pas d'influence sur la possession, sur la jouissance, mais seulement sur le droit de propriété.

Un tiers se prétend propriétaire de la maison qui a été vendue sous une condition suspensive : doit-il intenter son action en revendication non-seulement contre le vendeur, mais encore contre l'acheteur ? Oui, lorsque l'acheteur a fait transcrire son acte ; car la sentence que le tiers obtiendrait contre le vendeur seul, ne produirait absolument aucun effet contre l'acheteur ; cette sentence serait, par suite, dénuée de tout effet, si la condition apposée à la vente venait à se réaliser. En effet, l'acheteur sous condition suspensive est, il est vrai, l'ayant-cause de son vendeur au moment de la convention ; par suite, il est tenu de respecter tous les droits que celui-ci avait constitués avant la vente, ou plutôt, depuis la loi du 23 mars 1855, avant la transcription de l'acte de vente ; mais on ne peut lui opposer aucun des droits qui ont été soit consentis, soit reconnus volontairement ou judiciairement par son vendeur, depuis l'époque de la transcription.

Comme on est « censé avoir stipulé pour soi, pour ses héritiers et ayants-cause » (art. 1122), celui qui contracte transmet à ses héritiers l'espérance de sa créance soit active, soit passive, *Hanc spem in heredem tansmittimus*. Lorsque la condition suspensive insérée dans la vente se réalise, l'acheteur est censé avoir été créancier et propriétaire du moment de la convention ; et, alors même qu'il décède avant l'arrivée de la condition, il est censé avoir transmis à ses héritiers, et son droit de créance, et son droit de propriété. La condition insérée dans un legs a pareillement un effet rétroactif au jour du décès du testateur, lorsque le légataire survit à l'événement de la condition ; par conséquent, tous les droits constitués par les héritiers sur la chose léguée s'évanouissent. Mais le legs devient caduc si le légataire décède avant l'arrivée de la condition, parce qu'il est fait en considération de la personne du légataire, dans un acte où celui-ci n'a point été partie intervenante ; c'est pourquoi son espérance n'est point transmissible à ses héritiers (art. 1040).

1180. Le créancier peut, avant que la condition soit accomplie, exercer tous les actes conservatoires de son droit.

L'acheteur sous condition suspensive peut s'opposer aux actes qui dé-
térioreraient la chose vendue ; lorsque cette chose passe entre les mains
d'un tiers, il peut aussi, après l'époque où il a rendu son acte public par
la transcription au bureau des hypothèques, interrompre la prescription.
De même, tout créancier sous condition suspensive peut valablement
faire inscrire son droit de privilége ou d'hypothèque, et, si le débiteur
tombe en faillite, faire vérifier sa créance, et empêcher les payements de
dividendes qui auraient lieu au préjudice de ses droits.

§ 2. — *De la Condition suspensive.*

1181. L'obligation contractée sous une condition suspensive
est celle qui dépend ou d'un événement futur et incertain, ou
d'un événement actuellement arrivé, mais encore inconnu des
parties. — Dans le premier cas, l'obligation ne peut être exécutée qu'après l'événement. — Dans le second cas, l'obligation
a son effet du jour où elle a été contractée.

La rédaction de cet article est doublement inexacte.

1° L'obligation n'est vraiment conditionnelle que lorsqu'elle dépend d'un
événement qui est à la fois *futur* et *incertain* (art. 1168). Quand elle se
réfère à un événement *passé*, mais encore inconnu des parties, son existence n'est pas suspendue ; en effet, si l'événement n'est pas arrivé, elle
est nulle ; si, au contraire, l'événement est arrivé, elle a « *son effet du
jour où elle a été contractée.* » D'où il suit, dans ce dernier cas, que si la
chose qui est l'objet de l'obligation périt dans l'intervalle qui s'écoule
entre la convention et la connaissance que les parties acquièrent de l'arrivée de l'événement, cette perte est supportée par le créancier ; tandis qu'il
en serait autrement s'il s'agissait d'une véritable condition suspensive.

2° Lorsque l'obligation dépend d'un événement futur et incertain, ce
n'est pas seulement son *exécution* qui est retardée jusqu'à l'événement de
la condition : c'est son *existence* même qui est suspendue.

1182. Lorsque l'obligation a été contractée sous une condition suspensive, la chose qui fait la matière de la convention
demeure aux risques du débiteur qui ne s'est obligé de la livrer que dans le cas de l'événement de la condition. — Si la
chose est entièrement périe sans la faute du débiteur, l'obliga-

tion est éteinte. — Si la chose s'est détériorée sans la **faute du débiteur**, le créancier a le choix ou de résoudre l'obligation, ou d'exiger la chose dans l'état où elle se trouve, sans diminution du prix. — Si la chose s'est détériorée par la faute du débiteur, le créancier a le droit ou de résoudre l'obligation, **ou** d'exiger la chose dans l'état où elle se trouve, avec des **dommages et intérêts**.

Une vente est faite sous condition suspensive : la convention ne fait naître qu'une espérance de vente, *spes est debitum iri*. Voyons qui supporte la perte et les détériorations survenues à la chose vendue, dans l'intervalle qui s'écoule entre la convention et l'événement de la condition.

1° La chose vendue vient-elle à périr entièrement par cas fortuit? L'espérance de vente est éteinte : car elle ne peut plus se réaliser, faute d'objet; par conséquent, c'est le vendeur qui supporte la perte de la chose. Le second paragraphe de notre article dit que l'obligation est alors *éteinte*. Mais cette expression est inexacte; car, dans ce cas, les obligations résultant de la convention ne sont pas nées et ne pourront jamais naître : que l'événement prévu se réalise ensuite ou qu'il ne se réalise pas, l'acheteur, qui n'a jamais été ni créancier ni propriétaire de la chose, n'en doit point le prix : la vente est donc nulle et de nul effet.

2° La chose vendue vient-elle à se détériorer? Lorsque la condition suspensive se réalise ensuite, l'acheteur peut, à son gré, soit demander la résolution de la vente, parce que la chose n'a plus, à l'époque où son droit naît, les qualités qu'il avait en vue, soit, au contraire, demander l'exécution du contrat, sans diminution du prix de vente; dans ce dernier cas, la vente naît avec un effet rétroactif qui fait disparaître tous les droits constitués par le vendeur après l'époque de la convention. — Au reste, il est évident que le vendeur serait tenu de dommages-intérêts envers l'acheteur, si la perte ou les détériorations lui étaient imputables.

§ 3. — *De la Condition résolutoire.*

1183. La condition résolutoire est celle qui, lorsqu'elle s'accomplit, opère la révocation de l'obligation, et qui remet les choses au même état que si l'obligation n'avait pas existé. — Elle ne suspend point l'exécution de l'obligation; elle oblige seulement le créancier à restituer ce qu'il a reçu, dans le cas où l'événement prévu par la condition arrive.

Voici un exemple de contrat sous condition résolutoire : « Je vous vends ma maison pour 10,000 fr. ; mais la vente sera résolue si mon fils obtient au prochain tirage à la conscription un numéro qui l'exempte du service actif. » Dans ce cas, la vente naît immédiatement : d'une part, le vendeur est créancier du prix ; d'autre part, l'acheteur est créancier de son vendeur en ce qui concerne l'obligation de livrer, et, par l'effet de l'obligation, il est propriétaire de la maison. Chaque partie a donc une action pour contraindre l'autre à remplir son engagement. Or, comme l'acheteur est créancier et propriétaire de la maison, c'est lui qui, si la maison périssait, en subirait la perte, car il devrait néanmoins payer à son vendeur le prix convenu. Si le fils de celui-ci obtenait ensuite un numéro qui l'exempte du service actif, la résolution de la vente ne pourrait plus s'opérer, faute d'objet. Mais lorsque la chose continue à exister et que la condition résolutoire se réalise, la vente de la maison est alors considérée comme n'ayant jamais existé ; en conséquence, les obligations des parties sont éteintes, si elles n'ont pas encore été exécutées ; si, au contraire, elles ont été exécutées, le vendeur est obligé de rendre le prix, et l'acheteur doit rendre la chose. Comme le droit que l'acheteur avait sur la maison se trouve résolu, tous les droits qu'il a constitués sur cette maison se trouvent aussi résolus, par application de ce principe : *Resoluto jure dantis, resolvitur jus accipientis*. Quoique l'acheteur soit considéré, par l'événement de la condition résolutoire, comme n'ayant jamais eu aucun droit sur la chose, il garde néanmoins tous les fruits que cette chose a produits depuis la vente jusqu'à l'événement de la condition.

Remarquons que si la condition résolutoire n'était convenue qu'après l'époque de la vente, elle aurait le caractère d'une revente conditionnelle, et cette revente ne nuirait pas aux droits que les tiers avaient antérieurement acquis sur la chose du chef de l'acheteur.

1184. La condition résolutoire est toujours sous-entendue dans les contrats synallagmatiques, pour le cas où l'une des deux parties ne satisfera point à son engagement. — Dans ce cas, le contrat n'est point résolu de plein droit. La partie envers laquelle l'engagement n'a point été exécuté a le choix ou de forcer l'autre à l'exécution de la convention lorsqu'elle est possible, ou d'en demander la résolution avec dommages et intérêts. — La résolution doit être demandée en justice, et il peut être accordé au défendeur un délai selon les circonstances.

La condition résolutoire, qui est expresse dans le cas de l'article précédent, est tacite dans les contrats synallagmatiques. Dans ces contrats, l'engagement d'une partie a pour cause l'engagement de l'autre partie. Celle d'entre elles qui a exécuté son obligation, ou qui offre de l'exécuter, peut contraindre l'autre partie à remplir elle-même son engagement, ou bien faire prononcer la résolution du contrat, parce que son obligation est considérée comme manquant de cause par le fait de l'autre partie qui viole la loi de la convention, *frangenti fidem, fides frangatur*. Ainsi, je vous ai vendu ma maison pour 10,000 fr. ; j'ai livré la maison, ou j'ai offert de vous la livrer; vous, au contraire, vous refusez de me payer le prix convenu. J'ai le droit de demander, à mon gré, soit l'exécution du contrat, soit sa résolution, et, dans les deux cas, avec des dommages-intérêts. Quand j'ai opté pour l'exécution du contrat, je fais vendre vos biens pour obtenir les 10,000 fr. qui me sont dus, et, sur le prix de la maison dont je vous ai transféré la propriété, je suis payé par privilége, c'est-à-dire par préférence à vos autres créanciers. Quand, au contraire, j'ai opté pour la résolution de la vente, je vous somme d'abord, par exploit d'huissier, d'exécuter votre engagement dans un court délai. Si vous laissez expirer ce délai, je vous assigne en résolution de la vente. Vous pouvez encore, après la sommation, après la demande en justice, et même après le jugement, si le tribunal vous a donné un terme de grâce, empêcher la résolution, en me payant le prix convenu. Toutefois, si nous avons inséré dans l'acte de vente ou bail un pacte commissoire, *lex commissoria*, c'est-à-dire une clause portant que, « faute par vous de payer le prix convenu dans tel délai, la vente sera résolue sans sommation et de plein droit, » je puis, après l'expiration du délai fixé, demander la résolution, sans vous faire une sommation préalable, et le tribunal ne vous accordera, en ce cas, aucun délai de grâce. Vous pouvez cependant encore empêcher la résolution, en exécutant votre obligation avant le prononcé du jugement. Ainsi décidé : — « Attendu que la condition résolutoire, lorsqu'elle s'accomplit, a pour effet de révoquer l'obligation ; que si l'art. 1244 C. Nap. autorise le juge à accorder un délai au débiteur en retard, et si l'art. 1184 contient une disposition semblable pour le cas d'inexécution du contrat pouvant entraîner sa résolution, il n'est cependant pas défendu aux parties, par une convention expresse, d'attacher, comme dans la cause actuelle, à ce retard et à cette inexécution constatés dans une certaine forme, les effets d'une condition résolutoire, précise, absolue et opérant de plein droit ; qu'une pareille convention n'a rien d'illicite ; qu'elle tient lieu de loi à ceux qui l'ont faite ; que les tribunaux ne peuvent pas la changer, et qu'ils doivent se borner à vérifier si, en fait, il y a eu réellement inexécution du contrat, dans le sens prévu et réglé à l'avance par les parties » (C. cass. 2 juill. 1860).

Lorsque la résolution est prononcée, la maison que j'ai vendue revient dans mon patrimoine, et tous les droits dont vous l'avez affectée s'évanouissent, par application de la maxime : « *Resoluto jure dantis, resolvitur jus accipientis.* » D'après la loi du 23 mars 1855, qui est textuellement rapportée sous le titre XVIII, *des Priviléges et Hypothèques*, l'avoué du demandeur qui a obtenu la résolution d'un contrat ayant pour objet un immeuble, doit faire inscrire une mention de cette résolution en marge de la transcription qui a été faite au bureau des hypothèques. Cette mention doit être faite, sous peine d'une amende de 100 fr., dans le mois qui suit le jour où le jugement de résolution a acquis force de chose jugée.

Il existe une notable différence entre les effets de la condition résolutoire expresse et ceux de la condition résolutoire tacite. S'agit-il de la condition résolutoire *expresse*, c'est-à-dire se référant à un événement futur et incertain (art. 1183)? Lorsqu'elle se réalise, le contrat est résolu de plein droit ; par suite, chacune des parties peut aussitôt redemander, même contre les tiers détenteurs de bonne foi, ce qu'elle aurait déjà donné. S'agit-il, au contraire, de la condition résolutoire prévue par notre article et se référant à l'exécution des obligations des parties? Quand elle se réalise, qu'elle soit tacite ou même avec pacte commissoire, elle n'opère jamais la résolution de plein droit ; cette résolution ne s'opère que si le juge la prononce sur la demande formée contre celui qui a violé son engagement. Dans ce cas, les créanciers de celui-ci et les tiers acquéreurs peuvent intervenir dans l'instance et empêcher la résolution du contrat en exécutant la convention.

SECTION II.

Des Obligations à terme.

Il y a trois sortes de termes : — 1° Le terme CONVENTIONNEL, qui résulte de la volonté des contractants; il est *exprès*, s'il a été inséré dans la convention en termes formels; il est *tacite*, au contraire, s'il résulte de l'intention des parties que le débiteur jouira d'un délai moralement nécessaire pour remplir son obligation; par exemple, quand il s'agit de la construction d'une maison; — 2º Le terme LÉGAL ou fixé par la loi, par exemple, celui d'un an qui est donné au mari pour restituer les sommes dotales après la dissolution du mariage (art. 1565); — 3º Le terme DE GRACE, qui est accordé au débiteur par le juge.

1185. Le terme diffère de la condition, en ce qu'il ne suspend point l'engagement, dont il retarde seulement l'exécution.

Le terme consiste dans un espace de temps laissé au débiteur pour se libérer. Il exerce son influence sur *l'exécution* de l'obligation; tandis que la condition exerce son influence sur *l'existence* même du contrat et des obligations qui en résultent.

1186. Ce qui n'est dû qu'à terme ne peut être exigé avant l'échéance du terme; mais ce qui a été payé d'avance ne peut être répété.

Le terme n'exerce aucune influence sur la naissance de l'obligation, mais seulement sur son exigibilité. En conséquence, le débiteur qui a terme, doit. C'est donc inexactement que l'on dit, en se référant à l'exigibilité de l'obligation : « Qui a terme, ne doit rien. » Celui qui fait un payement indû peut répéter ce qu'il a payé par erreur (art. 1377). Or, celui qui paye avant l'échéance du terme, paye en réalité plus qu'il ne doit : a-t-il, de même que le débiteur sous condition, l'action en répétition? Tout le monde reconnaît que le débiteur qui paye, sachant qu'il a terme, ne paye pas par erreur, et que, par suite, il n'a point d'action en répétition. Si le débiteur paye lorsqu'il ignore l'existence du terme, il n'a pas non plus l'action en répétition : quoique cette question soit controversée, il faut refuser au débiteur à terme toute action en répétition, à cause des expressions générales et absolues de notre article, qui a pour but d'empêcher la naissance de procès difficiles sur des choses d'une importance généralement minime.

1187. Le terme est toujours présumé stipulé en faveur du débiteur, à moins qu'il ne résulte de la stipulation ou des circonstances, qu'il a été aussi convenu en faveur du créancier.

Le terme étant « *présumé stipulé en faveur du débiteur,* » il s'ensuit que celui-ci a le droit de se libérer avant l'échéance du terme. Mais souvent, notamment dans les prêts d'argent avec constitution d'hypothèques, le créancier stipule que le débiteur ne pourra pas payer avant le terme convenu. Cette stipulation ne serait cependant pas valable au-delà du terme de trente ans (art. 530). Dans les contrats de dépôt et de mandat, le terme est dans l'intérêt unique du créancier (art. 1944, 2004). Dans la lettre de change et le billet à ordre, le terme existe dans le double intérêt du créancier et du débiteur (art. 144, 145, 146, 187 C. com.).

1188. Le débiteur ne peut plus réclamer le bénéfice du terme lorsqu'il a fait faillite, ou lorsque par son fait il a diminué les sûretés qu'il avait données par le contrat à son créancier.

Le créancier donne un terme à son débiteur, parce qu'il a confiance en sa solvabilité et en sa bonne gestion. Lorsqu'il est évident que le débiteur a cessé d'être solvable, ou qu'il a géré avec le dessein de frustrer ses créanciers, le terme manque de base et disparaît. Or, c'est ce qui a lieu dans les deux cas prévus par notre article.

1° La *faillite* est l'état d'un commerçant qui a cessé ses payements (art. 437 C. com.). Elle rend exigibles non-seulement les dettes commerciales, mais encore les dettes civiles. Le locateur dont le bail a date certaine peut-il, en cas de faillite de son locataire, réclamer actuellement le payement de tous les loyers à échoir, alors même que les garanties qui résultent de son privilége sur les meubles garnissant la maison louée, ne seraient pas diminuées? Cette grave question sera traitée sous l'art. 2102.

La *déconfiture* fait aussi tomber le terme (art. 1913); quoiqu'elle ne soit pas organisée et qu'il soit souvent difficile de constater son existence, on peut la définir : « L'état d'un non-commerçant dont le passif surpasse l'actif. » En cas de déconfiture comme en cas de faillite, il importe que le créancier, qui a perdu toute sa confiance dans la solvabilité de son débiteur, puisse concourir, sur le prix des biens de celui-ci, avec les autres créanciers. Au reste, la faillite ou la déconfiture du débiteur principal ou de l'un des débiteurs solidaires n'enlève ni aux cautions ni aux autres débiteurs solidaires le bénéfice du terme qui leur a été accordé. Cependant la lettre de change qui n'a pas été acceptée par le tiré devient exigible contre les endosseurs par la faillite du tireur, et celle qui a été acceptée devient exigible contre le tireur et les endosseurs par la faillite du tiré (art. 164 C. com.), par la raison qu'ils sont tenus de procurer l'acceptation et le payement.

2° Le terme tombe encore quand le débiteur diminue les sûretés réelles, comme les hypothèques, qu'il a données à son créancier. Or, cette diminution a lieu, par exemple, lorsque le débiteur démolit la maison hypothéquée. Mais la vente de la maison grevée d'hypothèque ne constituerait pas une diminution des sûretés, parce que le créancier, qui a le droit de suite, peut poursuivre le tiers détenteur, faire vendre la maison et obtenir son payement sur le prix par préférence aux autres créanciers (art. 2114, 2166). Quand les sûretés réelles sont diminuées par un fait étranger au débiteur, par exemple par un incendie de la maison hypothéquée, le créancier peut, il est vrai, demander son remboursement; mais le débiteur, qui n'est pas alors en faute, peut jouir du bénéfice du terme, en donnant à son créancier un supplément d'hypothèque (art. 2131).

SECTION IIL

Des Obligations alternatives.

L'obligation alternative peut être définie : « Celle qui comprend deux ou plusieurs choses également dues, mais de manière que le débiteur soit complétement libéré par le payement de l'une d'elles. » Ainsi, je m'engage à vous donner tel cheval ou tel bœuf : quoique, dans ce cas, les deux choses soient comprises dans l'obligation, une seule doit être payée. La propriété des choses faisant l'objet de l'obligation alternative reste toujours au débiteur jusqu'à l'époque du choix. Lorsque ce choix est fait ou que l'obligation devient pure et simple, le créancier acquiert l'une des choses sans effet rétroactif; car c'est alors seulement que sa créance a pour objet un corps certain et déterminé. Cette solution qui est conforme aux principes généraux n'est cependant pas admise par tous les auteurs.

L'obligation *facultative* diffère de l'obligation *alternative* : lorsque je dis, par exemple : « Je m'engage à vous donner tel cheval; mais je me réserve la faculté de vous donner à la place tel bœuf, » le cheval seul est dû et devient immédiatement la propriété du créancier ; s'il périt, le débiteur se trouve par là libéré. Il en est de même dans les obligations *avec clause pénale*. Mais il faut observer que c'est le débiteur qui use de la faculté, tandis que c'est le créancier qui a le droit de demander l'exécution de la clause pénale.

1189. Le débiteur d'une obligation alternative est libéré par la délivrance de l'une des deux choses qui étaient comprises dans l'obligation.

L'obligation alternative qui a pour objet un meuble ou un immeuble, sera mobilière ou immobilière, selon que le débiteur livre le meuble ou l'immeuble : jusque-là, la nature de l'obligation reste en suspens.

1190. Le choix appartient au débiteur, s'il n'a pas été expressément accordé au créancier.

Cet article est une application du principe que « dans le doute, la convention s'interprète en faveur du débiteur » (art. 1162).

1191. Le débiteur peut se libérer en délivrant l'une des deux choses promises; mais il ne peut pas forcer le créancier à recevoir une partie de l'une et une partie de l'autre.

S'il y a plusieurs débiteurs ou plusieurs héritiers d'un débiteur unique, ils doivent tous s'entendre pour livrer une chose, ou l'autre.

1192. L'obligation est pure et simple, quoique contractée d'une manière alternative, si l'une des deux choses promises ne pouvait être le sujet de l'obligation.

Je vous ai promis, par exemple : « telle maison ou tel champ. » Le champ appartient à autrui; comme il ne peut pas être le *sujet*, ou, plus exactement, l'*objet* de ma promesse, l'obligation n'est pas alternative, mais elle est pure et simple; dès l'époque de la convention, vous êtes créancier et propriétaire de la maison.

1193. L'obligation alternative devient pure et simple, si l'une des deux choses promises périt et ne peut plus être livrée, même par la faute du débiteur. Le prix de cette chose ne peut pas être offert à sa place. — Si toutes deux sont péries, et que le débiteur soit en faute à l'égard de l'une d'elles, il doit payer le prix de celle qui a péri la dernière.

Lorsque l'une des deux choses dues sous alternative périt par cas fortuit, c'est le débiteur qui subit cette perte; l'obligation devient alors pure et simple, car elle se concentre sur la chose qui peut seule être maintenant la matière de l'engagement. Mais si l'une des deux choses dues au choix du débiteur périt par la faute de celui-ci, l'obligation ne devient point par là pure et simple. Il est vrai que le débiteur n'a pas le droit d'offrir le prix de la chose périe, et qu'il doit celle qui existe; mais si celle-ci vient à périr par cas fortuit, il en doit le prix : quoiqu'il ait pu choisir celle des deux choses qu'il donnerait, il n'a pas pu, par sa faute, par son fait, augmenter les chances d'extinction de son obligation.

1194. Lorsque, dans les cas prévus par l'article précédent, le choix avait été déféré par la convention au créancier, — Ou l'une des choses seulement est périe, et alors si c'est sans la faute du débiteur, le créancier doit avoir celle qui reste; si le débiteur est en faute, le créancier peut demander la chose qui reste, ou le prix de celle qui est périe; — Ou les deux choses sont péries, et alors, si le débiteur est en faute à l'égard des deux, ou même à l'égard de l'une d'elles seulement, le créancier peut demander le prix de l'une ou de l'autre à son choix.

Ici, le choix de l'une des deux choses dues alternativement appartient au créancier, d'après la convention. — Quatre cas peuvent se présenter : 1° L'une des deux choses périt-elle par cas fortuit? l'obligation devient pure et simple. 2° La seconde chose périt-elle aussi par cas fortuit? l'obligation est éteinte. — 3° L'une des deux choses périt-elle par la faute du débiteur? le créancier peut demander, à son choix, la chose qui reste ou le prix de celle qui est périe, parce qu'il n'a pu perdre son droit d'option par le fait du débiteur. 4° La seconde chose vient-elle aussi à périr? lorsque le débiteur est en faute à l'égard de l'une des choses, le créancier peut réclamer, à son choix, le prix de l'une ou de l'autre. Cette disposition contient une sorte de peine; car, d'après les règles ordinaires, l'obligation du débiteur qui est en faute à l'égard seulement de l'une des choses, ne devrait être tenu que du prix de cette chose.

1195. Si les deux choses sont péries sans la faute du débiteur, et avant qu'il soit en demeure, l'obligation est éteinte, conformément à l'article 1302.

Si le débiteur a été constitué en demeure, il supporte la perte arrivée par cas fortuit.

1196. Les mêmes principes s'appliquent au cas où il y a plus de deux choses comprises dans l'obligation alternative.

Lorsqu'il y a plus de deux choses comprises dans l'obligation alternative, cette obligation ne peut, avant le choix, devenir pure et simple, et le créancier ne peut devenir propriétaire, que s'il ne reste plus qu'une seule chose pouvant être la matière de l'engagement.

Lorsque le débiteur de plusieurs choses comprises dans l'obligation alternative en paye une, quand il ignore son droit d'option, peut-il répéter cette chose en offrant l'autre à la place ? Il semble que non ; car il n'a point fait un payement de chose indue. Mais si, croyant devoir sans alternative les deux choses, il les paye en même temps, il en peut répéter l'une à son choix ; s'il les paye successivement, il peut répéter celle qu'il a payée la dernière.

SECTION IV.

Des Obligations solidaires.

En principe, lorsque plusieurs personnes deviennent créancières ou débitrices, l'obligation se divise entre elles de plein droit, de sorte que chacune d'elles ne peut demander que sa part, ou ne peut être poursuivie que pour sa part ; par suite, l'insolvabilité de l'un des débiteurs est supportée par le créancier. Mais les parties peuvent déroger à cette règle et convenir que chacun des créanciers pourra, comme mandataire des autres, demander au débiteur la totalité de la dette, ou que chacun des débiteurs pourra, comme mandataire des autres, être poursuivi en payement de la dette entière : la solidarité existe alors, dans le premier cas, entre les créanciers ; dans le second cas, entre les débiteurs.

§ 1er. — *De la Solidarité entre les Créanciers.*

La solidarité *active*, c'est-à-dire entre créanciers, peut être définie : « Une modalité de la créance qui donne à chacun des créanciers le droit de recevoir et d'exiger le payement de toute la dette, de sorte que, par le payement entier fait à l'un d'eux, le débiteur se trouve libéré à l'égard de tous. » La solidarité active était fréquente en droit romain ; elle y était très-utile, à cause d'un système de procédure dans lequel le créancier devait personnellement entraîner de vive force son débiteur devant le magistrat, pour obtenir une sentence de condamnation. Mais, chez nous, cette utilité n'existe pas, parce que notre système de procédure est tout différent : c'est pourquoi la solidarité entre créanciers, qui n'est jamais légale, et ne pourrait être que conventionnelle, ne se rencontre jamais dans la pratique des affaires.

1197. L'obligation est solidaire entre plusieurs créanciers lorsque le titre donne expressément à chacun d'eux le droit de demander le payement du total de la créance, et que le payement fait à l'un deux libère le débiteur, encore que le bénéfice de l'obligation soit partageable et divisible entre les divers créanciers.

La solidarité active est nécessairement conventionnelle, puisqu'elle ne peut résulter que d'un « titre exprès. » Le créancier qui a obtenu du débiteur le montant de la dette est, en général, tenu de donner à chacun de ses cocréanciers, qui sont considérés comme ses coassociés, une portion de ce qu'il a reçu.

1198. Il est au choix du débiteur de payer à l'un ou à l'autre des créanciers solidaires, tant qu'il n'a pas été prévenu par les poursuites de l'un d'eux. — Néanmoins la remise qui n'est faite que par l'un des créanciers solidaires ne libère le débiteur que pour la part de ce créancier.

Chaque créancier solidaire pouvant recevoir toute la dette, tant en son propre nom que comme mandataire de ses cocréanciers, il s'ensuit qu'en payant à l'un d'eux tout ce qu'il doit, le débiteur se libère à l'égard de tous. Mais s'il est poursuivi par l'un de ses créanciers, il s'opère une espèce particulière de novation : c'est à ce créancier seul qu'il doit maintenant payer. Si l'un des créanciers solidaires fait remise de la dette au débiteur, ou s'il lui défère le serment, il dépasse les limites de son mandat ; c'est pourquoi la remise de la dette ou le serment ne profite au débiteur que pour la part sociale de ce créancier.

1199. Tout acte qui interrompt la prescription à l'égard de l'un des créanciers solidaires profite aux autres créanciers.

Le créancier solidaire qui poursuit le débiteur en payement, agit tant en son nom qu'en qualité de mandataire de ses cocréanciers; il suit de là que sa demande interrompt la prescription et fait courir les intérêts au profit de tous. S'il existe parmi les créanciers solidaires un mineur ou un interdit, la prescription, qui est suspendue à son profit, est-elle aussi suspendue au profit des autres? Non; et, dans ce cas, la suspension n'a lieu que dans la limite de la part sociale de l'incapable. Les capables qui ont été négligents sont censés avoir fait remise au débiteur de leurs parts.

§ 2. — De la Solidarité de la part des Débiteurs.

La solidarité *passive*, ou entre débiteurs, peut être définie : « Une modalité de la dette qui donne au créancier le droit de demander toute la dette à chacun des débiteurs, de manière que le payement fait par l'un d'eux libère les autres envers le créancier. » Cette solidarité est fréquente.

1200. Il y a solidarité de la part des débiteurs, lorsqu'ils sont obligés à une même chose, de manière que chacun puisse être contraint pour la totalité, et que le payement fait par un seul libère les autres envers le créancier.

Dans la solidarité passive, il faut essentiellement que chaque débiteur doive toute la chose, *Solidum a singulis debetur.*

1201. L'obligation peut être solidaire quoique l'un des débiteurs soit obligé différemment de l'autre au payement de la même chose; par exemple, si l'un n'est obligé que conditionnellement, tandis que l'engagement de l'autre est pur et simple, ou si l'un a pris terme qui n'est point accordé à l'autre.

Lorsque l'obligation est solidaire, il y a autant d'obligations particulières, c'est-à-dire de liens de droit, qu'il existe de débiteurs. Quoique les liens de droit aient tous essentiellement pour objet la même chose, *una res vertitur*, ils peuvent cependant différer, en ce que l'un des débiteurs est obligé purement et simplement, tandis qu'un autre n'est obligé qu'à terme ou sous condition : chacun d'eux peut alors être poursuivi en payement, selon la modalité de son obligation.

1202. La solidarité ne se présume point; il faut qu'elle soit expressément stipulée. — Cette règle ne cesse que dans les cas où la solidarité a lieu de plein droit, en vertu d'une disposition de la loi.

La solidarité déroge au principe général que les obligations se divisent de plein droit, et elle met à la charge des débiteurs solvables les insolvabilités des autres, qui, d'après le droit commun, seraient supportées par le créancier. Aussi, comme elle est onéreuse aux débiteurs, elle ne se présume pas; elle n'existe, en matière de contrats, que si elle a été expressément convenue par les parties, qui ont dit, par exemple : « Que les débiteurs seront solidaires, » ou, « qu'un seul sera tenu pour le tout. »

La solidarité légale existe : 1° entre la mère tutrice et son second mari (art. 395, 396); 2° entre les exécuteurs testamentaires (art. 1033); 3° entre le survivant des époux, qui est tuteur de ses enfants et a négligé de faire inventaire, et le subrogé tuteur (art. 1442); 4° entre les locataires d'une maison incendiée (art. 1734); 5° entre les commodataires (art. 1887); 6° entre les mandants (art. 2002); 7° entre les divers signataires d'une lettre de change ou d'un billet à ordre (art. 140 C. com.); 8° entre ceux qui sont, à raison du même crime ou du même délit, condamnés à des amendes, restitutions, dommages-intérêts et frais (art. 55 C. pén.).

1203. Le créancier d'une obligation contractée solidairement peut s'adresser à celui des débiteurs qu'il veut choisir, sans que celui-ci puisse lui opposer le bénéfice de division.

La caution qui est poursuivie par le créancier en payement de la dette, peut invoquer le bénéfice de discussion (art. 2022), et dire au créancier : « Faites-vous payer sur les biens du débiteur principal; s'ils ne sont pas suffisants, je vous payerai. » Elle peut aussi, s'il existe d'autres cautions solvables, invoquer le bénéfice de division (art. 2026), et dire au créancier : « Voilà ma part; poursuivez pour leurs parts les autres cautions. » Mais, quoique le débiteur solidaire ne doive supporter qu'une part de la dette quand ses codébiteurs sont solvables; il ne peut cependant invoquer ni le bénéfice de discussion, ni le bénéfice de division; car l'invocation de pareils bénéfices serait contraire à l'intention évidente des parties.

1204. Les poursuites faites contre l'un des débiteurs n'empêchent pas le créancier d'en exercer de pareilles contre les autres.

Ce n'est pas par la poursuite, mais seulement par le payement que les débiteurs solidaires sont libérés. C'est pourquoi le créancier, qui peut les poursuivre tous simultanément soit ensemble devant le même tribunal, soit séparément devant le tribunal de chacun d'eux, peut aussi les poursuivre et les faire condamner successivement.

1205. Si la chose due a péri par la faute ou pendant la demeure de l'un ou de plusieurs des débiteurs solidaires, les autres codébiteurs ne sont point déchargés de l'obligation de payer le prix de la chose ; mais ceux-ci ne sont point tenus des dommages et intérêts. — Le créancier peut seulement répéter les dommages et intérêts tant contre les débiteurs par la faute desquels la chose a péri, que contre ceux qui étaient en demeure.

En principe, tout débiteur est libéré lorsque le corps certain et déterminé qui faisait l'objet de son obligation a péri par cas fortuit (art. 1302). Mais si la perte est arrivée par sa faute ou pendant sa mise en demeure, son obligation est perpétuée, *perpetuatur obligatio*, et maintenant elle se trouve convertie en somme d'argent. Lorsqu'il existe plusieurs débiteurs solidaires de la même chose, et que cette chose périt par la faute ou pendant la mise en demeure de l'un d'eux, les-autres sont-ils par là libérés ? Non ; comme ils sont tous les mandataires les uns des autres, leur obligation est perpétuée, et chacun d'eux doit l'estimation entière de la chose. Mais les dommages-intérêts, qui constituent une sorte de peine, ne peuvent être demandés qu'à ceux des débiteurs qui ont été en faute ou en demeure.

1206. Les poursuites faites contre l'un des débiteurs solidaires interrompent la prescription à l'égard de tous.

Les actes qui interrompent la prescription sont la citation en conciliation, la demande en justice, le commandement, la saisie et la reconnaissance par le débiteur de sa dette (art. 2244, 2245, 2248 et 2249). Toutes les fois que la prescription est interrompue à l'égard de l'un des débiteurs solidaires, elle est pareillement interrompue à l'égard des autres, parce qu'ils sont tous les mandataires les uns des autres. Lorsqu'un seul des héritiers d'un débiteur solidaire est poursuivi, cette poursuite produit des effets qui sont déterminés dans l'art. 2249.

Le jugement rendu par défaut tombe en péremption, s'il n'est pas exécuté dans les six mois, à partir du jour où il a été prononcé. Mais s'il est exécuté contre un seul des débiteurs solidaires qui ont été condamnés par défaut, cette exécution interrompt la péremption contre tous, ainsi que l'exprime en ces termes la Cour suprême : — « Attendu que les art. 1206 et 2249 C. Nap., qui ont étendu à tous les débiteurs solidaires l'interruption de prescription opérée à l'égard de l'un d'eux, s'appliquent dans leur généralité à tous les genres de prescription et sont conçus en termes absolus ; que l'art. 156 C. pr. civ. établit à l'égard des jugements par défaut une véritable prescription en faveur des parties condamnées, laquelle peut, comme les autres prescriptions, être interrompue aux termes de la loi ; que l'exécution du jugement par défaut envers l'un des condamnés en interrompt donc la prescription à l'égard de tous » (C. cass. 5 déc. 1861).

1207. La demande d'intérêts formée contre l'un des débiteurs solidaires fait courir les intérêts à l'égard de tous.

Cet article est aussi une conséquence du principe que les débiteurs solidaires sont les mandataires les uns des autres ; il suit de là que la demande formée contre l'un d'eux doit produire les mêmes effets contre tous.

La disposition de notre article paraît en opposition avec celle de l'article 1205, portant que la mise en demeure de l'un des débiteurs n'a point pour effet de rendre les autres responsables de dommages-intérêts. Pour justifier cette différence, on peut dire que les débiteurs solidaires sont censés avoir consenti plus facilement au payement des intérêts, dont le taux est limité par la loi, qu'à des dommages-intérêts, dont la somme est incertaine et peut être très-considérable.

Remarque. — Dans cet article et dans les deux autres qui précèdent, il faut supposer que la solidarité est *conventionnelle*, c'est-à-dire parfaite. Si, au contraire, la solidarité est *légale* ou *imparfaite*, lorsque l'un des débiteurs est en faute ou en demeure, ou qu'il est poursuivi en justice, ces actes ne produisent absolument aucun effet à l'égard des autres ; parce qu'ils ne sont pas considérés comme s'étant donné un mandat réciproque.

1208. Le codébiteur solidaire poursuivi par le créancier peut opposer toutes les exceptions qui résultent de la nature de l'obligation, et toutes celles qui lui sont personnelles, ainsi que celles qui sont communes à tous les codébiteurs. — Il ne peut opposer les exceptions qui sont purement personnelles à quelques-uns des autres codébiteurs.

Le mot, « *exceptions*, » est employé ici dans un sens large; il comprend tous les moyens de défense. Or, les exceptions se divisent en trois classes. 1° Les unes résultent de la nature même de l'obligation; par exemple, si la convention manque d'un élément essentiel pour la validité de l'obligation (art. 1108). 2° D'autres résultent de faits qui naissent après la convention et qui ont pour effet d'éteindre ou de modifier l'obligation, comme le payement. 3° Les autres, enfin, sont tirées de la personne de l'obligé qui, par exemple, jouit spécialement d'un terme ou d'une condition ou qui a la qualité de mineur ou d'interdit. Les exceptions des deux premières classes sont inhérentes à la dette elle-même, *rei cohœrentes;* par suite, elles sont générales et communes à tous les débiteurs. Les exceptions de la troisième classe sont, au contraire, inhérentes à la personne, *personœ cohœrentes;* par conséquent, cette personne peut seule les invoquer.

1209. Lorsque l'un des débiteurs devient héritier unique du créancier, ou lorsque le créancier devient l'unique héritier de l'un des débiteurs, la confusion n'éteint la créance solidaire que pour la part et portion du débiteur ou du créancier.

Quand, par suite de succession, les deux qualités opposées de créancier et de débiteur se réunissent dans la même personne, ces qualités se confondent et s'éteignent ; en effet, elles sont incompatibles dans une seule personne, car on ne peut être ni créancier ni débiteur envers soi-même. Si c'est seulement pour partie que l'un des débiteurs solidaires succède au créancier, ou que le créancier succède à l'un des débiteurs solidaires, la confusion ne s'opère que pour cette partie.

Il existe une grande différence entre les effets du payement et ceux de la confusion : par le payement de la dette, tous les débiteurs solidaires sont libérés envers le créancier; par la confusion, au contraire, ils sont libérés seulement pour la part contributoire de celui d'entre eux dans la personne duquel s'opère la confusion. Ainsi la confusion libère la personne dans laquelle elle s'opère, mais elle n'éteint pas la dette, *confusio personam eximit, non extinguit obligationem.* La raison de cette différence est que les débiteurs solidaires se donnent réciproquement mandat de payer la dette, et non pas de succéder au créancier.

1210. Le créancier qui consent à la division de la dette à l'égard de l'un des codébiteurs, conserve son action solidaire contre les autres, mais sous la déduction de la part du débiteur qu'il a déchargé de la solidarité.

Si le créancier fait, avec l'un de ses débiteurs solidaires, une convention portant, en général, remise de la dette ou de la solidarité, cette convention, conçue en termes généraux, profite aussi aux autres débiteurs ; par suite, tous les débiteurs sont libérés, selon le cas, soit de la dette elle-même, soit de la solidarité. Lorsque le créancier fait avec l'un de ses débiteurs solidaires une convention personnelle et spéciale de remise de sa part, ou de remise de la solidarité, celui-ci est seul libéré de la dette ou de la solidarité ; néanmoins, le créancier ne peut plus poursuivre les autres débiteurs solidaires qu'en faisant la déduction de la part de celui auquel la remise a été faite. Au reste, en faisant remise de la solidarité à l'un de ses débiteurs, on pourrait valablement se réserver le droit de poursuivre les autres débiteurs pour la dette entière.

1211. Le créancier qui reçoit divisément la part de l'un des débiteurs, sans réserver dans la quittance la solidarité ou ses droits en général, ne renonce à la solidarité qu'à l'égard de ce débiteur. — Le créancier n'est pas censé remettre la solidarité au débiteur lorsqu'il reçoit de lui une somme égale à la portion dont il est tenu, si la quittance ne porte pas que c'est *pour sa part.* — Il en est de même de la simple demande formée contre l'un des codébiteurs *pour sa part,* si celui-ci n'a pas acquiescé à la demande, ou s'il n'est pas intervenu un jugement de condamnation.

L'article précédent traite de la remise expresse de la solidarité, tandis qu'il s'agit ici et dans l'article suivant de la remise tacite.

Un créancier a deux débiteurs solidaires de la somme de 20,000 fr.;
l'un des débiteurs lui paye 10,000 fr.; celui-ci est-il déchargé de la solidarité et, par suite, entièrement libéré? Notre article distingue : le débiteur qui a payé est entièrement libéré si le créancier lui a délivré une
quittance de 10,000 fr., sans réserver la solidarité, et en disant que ce
qu'il reçoit est *pour sa part*. Dans le cas contraire, la solidarité continue
à subsister ; ce que le débiteur solidaire a payé n'est qu'un à-compte ;
par conséquent, il doit encore 10,000 fr.

Lorsque le créancier a poursuivi judiciairement l'un de ses deux débiteurs solidaires de 20,000 fr., en payement de 10,000 fr. *pour sa part*, il
peut encore changer ses conclusions et demander 20,000 fr., tant que
l'offre de remise tacite de la solidarité ne s'est pas élevée au rang de convention par le concours de la volonté du débiteur acquiesçant à la demande. Mais dès que celui-ci a acquiescé ou qu'il a été condamné par
jugement rendu en dernier ressort ou passé en force de chose jugée, il
existe en sa faveur une remise tacite de la solidarité.

1212. Le créancier qui reçoit divisément et sans réserve la
portion de l'un des codébiteurs dans les arrérages ou intérêts de
la dette, ne perd la solidarité que pour les arrérages ou intérêts échus, et non pour ceux à échoir, ni pour le capital, à
moins que le payement divisé n'ait été continué pendant dix ans
consécutifs.

Ainsi, un créancier a deux débiteurs solidaires de 20,000 fr. : les intérêts d'une année, montant à 1,000 fr., sont dus. L'un des débiteurs paye
500 fr. au créancier qui lui délivre, sans faire de réserve, une quittance
divisément, c'est-à-dire portant que la somme de 500 fr. qu'il reçoit est
pour sa part d'intérêts. Ce débiteur se trouve par là déchargé de la solidarité pour les intérêts échus. Il serait même déchargé de la solidarité
pour le capital et pour les intérêts à échoir s'il recevait, pendant dix ans
consécutifs, des quittances qui ne contiennent aucune réserve et qui portent que les 500 fr. d'intérêts reçus sont pour sa part. — Ce que l'on dit
des quittances d'intérêts est pareillement applicable à celles des arrérages
d'une rente. Mais il ne faut pas étendre les termes de notre article ; car
on ne doit pas facilement supposer que le créancier a voulu renoncer à la
solidarité et prendre par là à sa charge l'insolvabilité des autres débiteurs.

1213. L'obligation contractée solidairement envers le créancier se divise de plein droit entre les débiteurs, qui n'en sont tenus entre eux que chacun pour sa part et portion.

S'agit-il du *droit d'obligation*, appelé aussi *droit de poursuite*, c'est-à-dire du rapport qui existe entre le créancier et ses débiteurs solidaires? Chacun de ceux-ci est tenu de toute la dette. S'agit-il, au contraire, du *droit de contribution*, c'est-à-dire du rapport qui existe entre les débiteurs eux-mêmes? Chacun d'eux n'est tenu que de sa part. Or, cette part est *virile*, en d'autres termes, égale pour tous, si la convention n'a pas exprimé le contraire. De là, si l'un des débiteurs solidaires paye entièrement le créancier, la dette se divise de plein droit entre tous. — Le mari et la femme mariés sous le régime de la communauté sont considérés comme ne faisant qu'un, et comme représentant la communauté; par suite, ils ne supportent ensemble, dans la contribution, qu'une part virile de la dette, ainsi qu'il résulte de la doctrine et de la jurisprudence.

1214. Le codébiteur d'une dette solidaire, qui l'a payée en entier, ne peut répéter contre les autres que les part et portion de chacun d'eux. — Si l'un d'eux se trouve insolvable, la perte qu'occasionne son insolvabilité, se répartit, par contribution, entre tous les autres codébiteurs solvables et celui qui a fait le payement.

Par exemple, il y a quatre débiteurs solidaires de 24,000 fr.; l'un d'eux paye la dette entière, qui se divise alors de plein droit entre tous (art. 1213); en réalité, il a payé 6,000 fr. pour lui-même et, en sa qualité d'associé et de mandataire, 6,000 fr. pour chacun de ses codébiteurs. Il peut donc répéter 6,000 fr. contre chacun d'eux; pour rendre plus efficace cette action en répétition, la loi le subroge aux droits du créancier qu'il a payé (art. 1251). L'un des débiteurs est-il insolvable? Les 6,000 fr. qu'il doit supporter constituent une perte qui est répartie entre les trois autres : cette disposition, qui est fort équitable, est d'ailleurs conforme aux principes qui régissent la société.

1215. Dans le cas où le créancier a renoncé à l'action solidaire envers l'un des débiteurs, si l'un ou plusieurs des autres codébiteurs deviennent insolvables, la portion des insolvables sera contributoirement répartie entre tous les débiteurs, même entre ceux précédemment déchargés de la solidarité par le créancier.

Par exemple, il y a trois débiteurs solidaires de 12,000 fr. Le créancier, qui a fait remise de la solidarité à l'un d'eux, demande et obtient d'un autre débiteur 8,000 fr. Or, le troisième débiteur est insolvable. Comme la remise de la solidarité ne peut pas nuire aux tiers, le débiteur qui a payé 8,000 fr. supporte alors la moitié de la dette, mais rien de plus; il a donc un recours pour 2,000 fr. contre son codébiteur auquel la remise a été faite. Mais celui-ci a-t-il, pour cette somme, un recours contre le créancier qui l'a déchargé de la solidarité? C'est là une question d'intention; mais, dans le doute, il faut lui refuser tout recours.

1216. Si l'affaire pour laquelle la dette a été contractée solidairement ne concernait que l'un des coobligés solidaires, celui-ci serait tenu de toute la dette vis-à-vis des autres codébiteurs, qui ne seraient considérés par rapport à lui que comme ses cautions.

De même qu'un débiteur solidaire, la caution est, en général, tenue envers le créancier du payement de la dette entière; mais elle a un recours pour tout ce qu'elle a payé contre le débiteur principal. Le débiteur solidaire qui a payé la dette ne peut, au contraire, réclamer le tout contre son codébiteur qu'en prouvant que la dette entière a été contractée dans l'intérêt unique de celui-ci.

SECTION V.

Des Obligations divisibles et indivisibles.

Considérées en elles-mêmes, toutes les obligations sont indivisibles; car un droit de créance, chose incorporelle, n'est pas susceptible d'être divisé. Mais considérées par rapport à leur objet et au fait de leur exécution, elles peuvent être soit divisibles, soit indivisibles. Or, l'obligation est *divisible*, lorsque son objet est susceptible de division et que son exécution partielle peut procurer au créancier une certaine utilité. Elle est, au contraire, indivisible, lorsque son objet ne peut pas être divisé ou que le fait de son exécution partielle ne peut procurer au créancier aucune utilité. — Pothier distingue trois sortes d'indivisibilité : 1° l'indivisibilité naturelle et contractuelle, *natura et contractu*, comme un droit de passage ; 2° l'indivisibilité contractuelle, *contractu vel obligatione*, comme celle qui résulte de la convention de construire une maison ; 3° l'indivisibilité dans l'exécution, *solutione*, comme celle qui résulte de la convention soit de livrer une certaine étendue de terrain nécessaire pour l'établissement d'un chantier, soit de payer une certaine somme dont l'intégralité est nécessaire, par exemple, pour faire sortir un débiteur de la prison pour dettes.

1217. L'obligation est divisible ou indivisible selon qu'elle a pour objet ou une chose qui dans sa livraison, ou un fait qui dans l'exécution, est ou n'est pas susceptible de division, soit matérielle, soit intellectuelle.

L'obligation de *livrer* une servitude, par exemple un droit de passage, n'est susceptible ni de division matérielle ni de division intellectuelle : selon la distinction faite par le jurisconsulte Pothier, cette obligation est donc indivisible *natura et contractu*. Celui qui a le droit de passage l'exercera donc nécessairement en entier, et chacun de ceux qui ont le droit de passage par le même lieu, l'exercera aussi nécessairement en entier. L'obligation de *donner* et celle de *faire* peuvent être pareillement indivisibles *natura et contractu ;* par exemple, l'obligation de porter à une personne un message.

1218. L'obligation est indivisible, quoique la chose ou le fait qui en est l'objet soit divisible par sa nature, si le rapport sous lequel elle est considérée dans l'obligation ne la rend pas susceptible d'exécution partielle.

Il s'agit, dans cet article, de l'indivisibilité contractuelle, *contractu vel obligatione*. Ici, l'exécution peut être partielle, comme lorsqu'il s'agit de construire une maison, de creuser un canal pour amener les eaux à un moulin ; mais cette exécution partielle ne produit aucune utilité, en ce que le but des parties n'est point atteint.

L'indivisibilité dans l'exécution, *solutione*, est exprimée dans l'art. 1224.

1219. La solidarité stipulée ne donne point à l'obligation le caractère d'indivisibilité.

De même que chacun de ceux qui s'obligent solidairement, chaque débiteur d'une chose indivisible est tenu du payement intégral de la dette. Mais l'obligation indivisible diffère cependant sous plusieurs rapports de l'obligation solidaire. La principale différence qui existe entre ces deux sortes d'obligations consiste en ce que l'obligation solidaire se divise de plein droit entre les héritiers du créancier ou du débiteur, de sorte que chacun d'eux ne peut agir ou être poursuivi que pour une portion proportionnelle à sa part héréditaire ; tandis que l'obligation indivisible se transmet entière aux héritiers du créancier ou du débiteur, en sorte que chacun d'eux peut, au côté actif, exiger le payement de toute la dette, et, au côté passif, être poursuivi en payement de la dette entière (art. 1223, 1224).

§ 1er. — *Des Effets de l'Obligation divisible.*

1220. L'obligation qui est susceptible de division, doit être exécutée entre le créancier et le débiteur comme si elle était indivisible. La divisibilité n'a d'application qu'à l'égard de leurs héritiers, qui ne peuvent demander la dette ou qui ne sont tenus de la payer que pour les parts dont ils sont saisis ou dont ils sont tenus comme représentant le créancier ou le débiteur.

Quand il n'y a qu'un seul créancier et un seul débiteur, il est inutile de rechercher si l'obligation est divisible ou indivisible ; car le débiteur d'une obligation même divisible n'a pas le droit de contraindre le créancier à recevoir un payement partiel (art. 1244). Mais cette recherche est utile lorsque le créancier ou le débiteur vient à décéder en laissant plusieurs héritiers ; en effet, dans ce cas, l'obligation qui est divisible se divise de plein droit, soit activement, soit passivement, dans la proportion des parts héréditaires entre les héritiers ou autres successeurs à titre universel (art. 870, 873). Cette division de la dette, qui a existé chez les Romains depuis la loi même des Douze-Tables, est si équitable et si logique, qu'elle est formellement exprimée dans toutes les législations modernes.

La divisibilité des créances actives ou passives sert à distinguer si la sentence rendue par un tribunal de première instance est en premier ressort, ou bien, au contraire, en dernier ressort, ainsi que la Cour suprême l'a décidé un grand nombre de fois, notamment dans l'arrêt suivant : — « Attendu qu'aux termes de l'art. 1er de la loi du 11 avril 1838, les tribunaux civils de première instance connaissent en dernier ressort des actions personnelles et mobilières jusqu'à la valeur de 1,500 fr. de principal ; — Attendu qu'aux termes de l'art. 1220 C. Nap., les créances se divisent de plein droit entre les héritiers, qui ne peuvent demander le payement de la dette que pour la part dont ils sont saisis comme représentant le créancier ; que si, par des raisons particulières, les ayants-droit, au lieu d'agir par actions séparées, se réunissent pour former collectivement leur demande, cette seule circonstance, en l'absence d'une convention d'indivision et de communauté qui n'est pas justifiée pour la créance dont il s'agit, ne saurait altérer les effets du principe de divisibilité inscrit dans la loi, et faire obstacle à la distinction des droits qui en résultent ; qu'il suit de ce qui précède que, pour apprécier l'intérêt du litige engagé par la demande collective des consorts Foureau, c'est avec raison que l'arrêt attaqué a considéré la part afférente à chacun d'eux dans la créance réclamée, et qu'en décidant que cette part étant inférieure à 1,500 fr., le jugement frappé d'appel avait statué en dernier ressort, ledit arrêt a fait une saine application de la loi » (C. cass. 25 janv. 1860).

1221. Le principe établi dans l'article précédent reçoit exception à l'égard des héritiers du débiteur : — 1° Dans le cas où la dette est hypothécaire ; — 2° Lorsqu'elle est d'un corps certain ; — 3° Lorsqu'il s'agit de la dette alternative de choses au choix du créancier, dont l'une est indivisible ; — 4° Lorsque l'un des héritiers est chargé seul, par le titre, de l'exécution de l'obligation ; — 5° Lorsqu'il résulte, soit de la nature de l'engagement, soit de la chose qui en fait l'objet, soit de la fin qu'on s'est proposée dans le contrat, que l'intention des contractants a été que la dette ne pût s'acquitter partiellement. — Dans les trois premiers cas, l'héritier qui possède la chose due ou le fonds hypothéqué à la dette, peut être poursuivi pour le tout sur la chose due ou sur le fonds hypothéqué, sauf le recours contre ses cohéritiers. Dans le quatrième cas, l'héritier seul chargé de la dette, et dans le cinquième cas, chaque héritier peut aussi être poursuivi pour le tout, sauf son recours contre ses cohéritiers.

Il s'agit principalement, dans cet article, d'obligations qui sont en elles-mêmes divisibles, mais qui sont indivisibles dans leur exécution, *solutione tantum*.

1° Lorsque l'obligation divisible est garantie par une hypothèque, chacun des héritiers du débiteur ne doit personnellement qu'une part de la dette; mais, à raison du caractère indivisible de l'hypothèque (art. 2114), le créancier peut poursuivre le détenteur de l'immeuble hypothéqué en payement de la dette entière, peu importe que ce détenteur soit l'un des héritiers ou même un tiers.

2° Lorsque l'obligation a pour objet un corps certain et déterminé, par exemple tel fonds de terre, le créancier en est propriétaire, et, par suite, il peut demander le fonds de terre en entier à celui des héritiers qui le possède; car celui-ci peut satisfaire seul à l'obligation.

3° L'obligation a-t-elle pour objet deux choses dues alternativement au choix du créancier, et dont l'une est indivisible? Quand le créancier choisit la chose divisible, il ne peut demander à chacun des héritiers de son débiteur qu'une partie de la dette; quand, au contraire, il choisit la chose indivisible, il peut alors demander à chacun des héritiers le payement de la dette entière. Mais, dans les deux cas, les principes généraux sont applicables; par conséquent, il n'y a pas ici d'exception, quoique notre article semble l'indiquer. — Remarquons que lorsque plusieurs créanciers ou plusieurs débiteurs ont le choix, et qu'ils ne s'entendent pas pour ce choix, celui qui fera l'option doit alors être désigné par le sort.

4° Le créancier d'une dette divisible prévoit souvent le cas du décès de son débiteur pouvant laisser plusieurs héritiers : alors, pour éviter les inconvénients de plusieurs demandes et de plusieurs payements partiels, il stipule que les héritiers de son débiteur seront tenus chacun du payement intégral de la dette; dans ce cas, il n'existe pas de véritable solidarité entre les héritiers du débiteur, mais une indivisibilité dans le payement, *solutione tantum*. Lorsque le créancier qui a fait une pareille stipulation vient à décéder, chacun de ses héritiers ne peut demander au débiteur que sa part héréditaire; ainsi, l'indivisibilité n'existe que du côté passif, c'est-à-dire entre les héritiers du débiteur.

5° Enfin, l'intention des parties, que l'obligation ne puisse être acquittée partiellement peut résulter : — Soit de la *nature de l'engagement;* par exemple, quand cet engagement consiste dans l'obligation de payer une pension alimentaire; — Soit de la chose qui fait l'*objet de l'obligation;* par exemple, lorsque cette chose est un cheval indéterminé; — Soit de *la fin* que les parties se sont proposée; par exemple, quand il s'agit de

I. 47

l'obligation de faire le prêt d'une somme dont le montant est nécessaire pour tirer un débiteur de la prison pour dettes.

Au reste, dans ces divers cas, il est évident que celui des débiteurs qui a payé la dette entière a, de même qu'un débiteur solidaire (art. 1213, 1214), un recours contre ses codébiteurs, pour la part que chacun d'eux doit supporter.

§ 2. — *Des Effets de l'Obligation indivisible.*

1222. Chacun de ceux qui ont contracté conjointement une dette indivisible, en est tenu pour le total, encore que l'obligation n'ait pas été contractée solidairement.

De même que les débiteurs solidaires, les débiteurs d'une dette indivisible sont tenus, chacun, du payement de toute la dette. Mais il existe entre eux plusieurs différences : notamment, lorsque le débiteur d'une dette indivisible est poursuivi en payement de l'obligation entière, il jouit d'un délai pour mettre en cause ses codébiteurs; tandis que le débiteur solidaire ne jouit pas de ce délai.

1223. Il en est de même à l'égard des héritiers de celui qui a contracté une pareille obligation.

Lorsque le débiteur d'une dette indivisible décède, chacun de ses héritiers est tenu du payement de la dette entière. Quand, au contraire, la dette est solidaire, elle se divise de plein droit entre les héritiers du débiteur (art. 1213).

1224. Chaque héritier du créancier peut exiger en totalité l'exécution de l'obligation indivisible. — Il ne peut seul faire la remise de la totalité de la dette; il ne peut recevoir seul le prix au lieu de la chose. Si l'un des héritiers a seul remis la dette ou reçu le prix de la chose, son cohéritier ne peut demander la chose indivisible qu'en tenant compte de la portion du cohéritier qui a fait la remise ou qui a reçu le prix.

La dette indivisible n'étant pas susceptible d'exécution partielle, il s'ensuit que chacun des créanciers ou des héritiers d'un créancier peut en demander le payement intégral, à la charge par lui de partager avec ses cocréanciers l'utilité qu'il retire de l'exécution de l'obligation. Mais il ne peut ni nover la créance, ni recevoir, à la place de la chose due, le prix qu'elle vaut, ni faire remise de la dette. Si l'un de ces faits a eu lieu, chacun des autres créanciers ou cohéritiers pourra néanmoins, il est vrai, demander l'exécution de l'obligation entière ; mais il devra tenir compte au débiteur de l'estimation de l'utilité qui devait revenir à celui qui a consenti à un pareil acte.

1225. L'héritier du débiteur, assigné pour la totalité de l'obligation, peut demander un délai pour mettre en cause ses cohéritiers, à moins que la dette ne soit de nature à ne pouvoir être acquittée que par l'héritier assigné, qui peut alors être condamné seul, sauf son recours en indemnité contre ses cohéritiers.

Le codébiteur d'une dette indivisible, qui est poursuivi par le créancier en payement, jouit d'une exception dilatoire pour appeler en garantie ses codébiteurs : ceux-ci seront condamnés à contribuer au payement ou à indemniser celui d'entre eux qui aura seul exécuté l'obligation. Mais si celui qui est actionné possède la chose et peut par là exécuter seul la dette, il ne jouit point de l'exception dilatoire ; mais il peut dénoncer à ses codébiteurs l'action intentée contre lui, et, après le payement, agir contre eux en recours.

SECTION VI.

Des Obligations avec clauses pénales.

La clause pénale constitue une obligation accessoire, conditionnelle et à titre de peine. Elle est : — 1° *accessoire*, car elle suppose essentiellement l'existence d'une autre obligation, qui est principale ; — 2° *conditionnelle*, car elle ne peut être demandée que si le débiteur viole son engagement ; — 3° *à titre de peine*, parce qu'elle consiste dans une fixation conventionnelle des dommages-intérêts dus pour le cas d'inexécution de l'obligation principale, et que le créancier peut, à son choix, demander soit l'exécution de l'obligation, soit le payement de la clause pénale, sans avoir besoin de prouver l'existence du préjudice résultant pour lui du défaut d'exécution.

La clause pénale a, sous ce dernier rapport, quelque ressemblance avec l'obligation alternative ; mais elle en diffère sous plusieurs rapports. En effet, les deux choses comprises dans l'obligation *alternative* sont principalement et également dues, quoique le débiteur se libère entièrement par le payement de l'une d'elles (art. 1189); si l'une des deux choses promises ne peut être l'objet de l'obligation, l'autre chose est due purement et simplement (art. 1192). Lors, au contraire, qu'une obligation est garantie par une *clause pénale*, il n'existe qu'une obligation principale, et si la chose promise principalement ne peut être l'objet de l'obligation, la clause pénale, qui en est l'accessoire, est nulle.

1226. La clause pénale est celle par laquelle une personne, pour assurer l'exécution d'une convention, s'engage à quelque chose en cas d'inexécution.

La clause pénale assure mieux l'exécution de la convention, et elle détermine le montant des dommages-intérêts qui seront dus en cas d'inexécution. Cette inexécution, qui fait naître pour le créancier le droit au montant de la clause pénale, laisse néanmoins subsister l'obligation principale.

L'obligation *avec clause pénale*, qui diffère, ainsi que nous venons de le voir, de l'obligation *alternative*, diffère aussi de l'obligation *facultative*, dans laquelle celui qui s'oblige à une chose se réserve la faculté de payer, à la place de cette chose, une autre chose déterminée, que le créancier ne peut pas exiger.

1227. La nullité de l'obligation principale entraîne celle de clause pénale. — La nullité de celle-ci n'entraîne point celle de l'obligation principale.

Toutes les fois que l'obligation principale est nulle, soit parce qu'il s'agit d'une chose impossible, contraire aux lois ou aux mœurs, soit parce que la convention est annulable pour vice de consentement ou de capacité, la clause pénale, qui en dépend, est pareillement nulle ou annulable. Mais on peut cependant vivifier par une clause pénale les stipulations et les promesses pour autrui, qui sont en elles-mêmes nulles (art. 1119); à défaut d'exécution, le créancier demandera valablement le payement de la somme fixée dans la clause.

1228. Le créancier, au lieu de demander la peine stipulée contre le débiteur qui est en demeure, peut poursuivre l'exécution de l'obligation principale.

La clause pénale est stipulée dans l'intérêt du créancier, et non pas dans l'intérêt du débiteur : celui-ci n'a par conséquent aucun moyen de contraindre son créancier de recevoir, à la place de la chose due, le montant de la clause pénale.

1229. La clause pénale est la compensation des dommages et intérêts que le créancier souffre de l'inexécution de l'obligation principale. — Il ne peut demander en même temps le principal et la peine, à moins qu'elle n'ait été stipulée pour le simple retard.

La clause pénale est très-utile au créancier, parce qu'elle le dispense de la nécessité de prouver l'existence et le montant du préjudice que l'inexécution de l'engagement lui a causé. Le créancier peut demander, à son choix, soit l'exécution de l'obligation principale, soit la peine stipulée. Mais il ne peut pas, en général, demander les deux choses. Ce principe souffre exception s'il apparaît, d'après les termes ou l'esprit de la convention, que la peine a été stipulée pour simple retard, ou si la peine a été insérée dans une transaction (art. 2047).

1230. Soit que l'obligation primitive contienne, soit qu'elle ne contienne pas un terme dans lequel elle doive être accomplie, la peine n'est encourue que lorsque celui qui s'est obligé soit à livrer, soit à prendre, soit à faire, est en demeure.

Le débiteur est mis *en demeure* par l'un des modes fixés dans l'art. 1139. Tant que le créancier ne met pas son débiteur en demeure, il est présumé ne souffrir aucun préjudice du retard mis à l'exécution de l'engagement. Par conséquent, de même que, à défaut de mise en demeure, les dommages-intérêts ne courent point (art. 1146) ; ainsi, la peine stipulée n'est pas encourue.

1231. La peine peut être modifiée par le juge lorsque l'obligation principale a été exécutée en partie.

La peine est considérée comme la compensation du préjudice qui résulte pour le créancier de l'inexécution de l'engagement, et du gain que cette inexécution l'a empêché de réaliser. Or, l'exécution partielle, qui diminue le montant du préjudice, doit aussi diminuer le montant de la peine. L'équité demande donc que le juge puisse, en pareil cas, apporter à la peine une modification; mais il n'aurait pas ce pouvoir, et la peine serait entièrement encourue, si l'exécution partielle ne se faisait qu'après la mise en demeure. Ainsi décidé par la Cour suprême : — « Attendu qu'il résulte des art. 1152 et 1231 combinés, que ce n'est que dans le cas de l'exécution partielle de l'obligation principale que le juge est autorisé à modifier la peine déterminée par la convention à titre de dommages-intérêts contre celui qui manque à l'exécuter; — Qu'il résulte, de plus, des dispositions de l'art. 1134, que les conventions légalement formées tiennent lieu de loi à ceux qui les ont faites, et qu'ainsi les contractants peuvent eux-mêmes régler l'indemnité due en cas d'exécution d'une partie de l'obligation, pour les dommages-intérêts résultant de l'inexécution de l'autre partie; — Et attendu qu'il est établi par l'arrêt attaqué que, suivant les conventions des parties, une indemnité était due par Mauron pour le fait seul du retard dans l'exécution de l'engagement qu'il avait pris de livrer les traverses en bois promises à des époques déterminées; — Qu'il en résulte de plus que, dans le cas où, après sommation faite, la livraison n'aurait pas lieu, il devait être payé une indemnité proportionnée au nombre de traverses qui resteraient à livrer; — Qu'ainsi, d'une part, l'indemnité était due tout entière pour le fait seul de l'expiration du délai fixé pour la livraison, et que la peine était encourue sans égard à la livraison totale ou partielle qui pouvait être faite ultérieurement; — Que, d'autre part, la livraison faite en partie à une époque postérieure à ce délai laissait tous ses effets à la clause pénale, laquelle avait proportionné l'indemnité au nombre de traverses qui ne seraient pas livrées, et prévoyait implicitement le cas d'exécution partielle; — Que ces conventions faisaient la loi des contractants; — D'où il suit, qu'en jugeant au contraire, et en modifiant la clause pénale, l'arrêt attaqué a violé les articles précités; — Par ces motifs, casse » (C. cass. 4 juin 1860).

1232. Lorsque l'obligation primitive contractée avec une clause pénale est d'une chose indivisible, la peine est encourue par la contravention d'un seul des héritiers du débiteur, et elle peut être demandée, soit en totalité contre celui qui a fait la contravention, soit contre chacun des cohéritiers pour leur part et portion, et hypothécairement pour le tout, sauf leur recours contre celui qui a fait encourir la peine.

Le débiteur d'une dette indivisible, garantie par une clause pénale, meurt en laissant quatre héritiers ; trois d'entre eux exécutent pour partie l'obligation, tandis que le quatrième y contrevient. Cette exécution partielle, par exemple quand il s'agit d'un droit de passage, ne peut procurer au créancier aucune utilité et, par suite, la clause pénale est encourue pour le tout. En pareil cas, le créancier peut demander soit le montant de la peine au contrevenant, soit à chacun des héritiers leur part et portion, soit, quand le payement de la peine est garanti hypothécairement, la peine entière au détenteur de l'immeuble hypothéqué. Mais, en définitive, c'est le contrevenant qui supportera toujours la peine entière, à cause du recours qui est donné à ses codébiteurs contre lui.

1233. Lorsque l'obligation primitive contractée sous une peine est divisible, la peine n'est encourue que par celui des héritiers du débiteur qui contrevient à cette obligation, et pour la part seulement dont il était tenu dans l'obligation principale, sans qu'il y ait d'action contre ceux qui l'ont exécutée. — Cette règle reçoit exception lorsque la clause pénale ayant été ajoutée dans l'intention que le payement ne pût se faire partiellement, un cohéritier a empêché l'exécution de l'obligation pour la totalité. En ce cas, la peine entière peut être exigée contre lui, et contre les autres cohéritiers pour leur portion seulement, sauf leur recours.

L'obligation et la clause pénale sont-elles divisibles ? Elles se divisent alors de plein droit entre les héritiers du débiteur. Le créancier retirant de l'utilité de l'exécution partielle, il ne peut rien demander aux héritiers qui ont rempli leur engagement ; il a seulement le droit d'exiger du contrevenant une part de la peine égale à sa portion héréditaire. Mais la contravention d'un seul héritier donnerait lieu à l'application de l'article précédent, si l'intention des parties, qui ont inséré une clause pénale, avait été d'empêcher un payement partiel de l'obligation.

CHAPITRE V.

DE L'EXTINCTION DES OBLIGATIONS.

Le chapitre qui traite de la *Preuve des obligations*, vient après celui qui traite de leur Extinction, parce que les preuves sont communes à la naissance et à l'extinction des obligations.

1234. Les obligations s'éteignent : — Par le payement, — Par la novation, — Par la remise volontaire, — Par la compensation, — Par la confusion, — Par la perte de la chose, — Par la nullité ou la rescision, — Par l'effet de la condition résolutoire, qui a été expliquée au chapitre précédent, — Et par la prescription, qui fera l'objet d'un titre particulier.

Les sept premiers modes d'extinction des obligations font, chacun, dans ce chapitre, l'objet d'une section particulière. Le huitième mode, « *l'effet de la condition résolutoire,* » est exposé dans les art. 1183, 1184 ; et le neuvième mode, *la prescription*, qui est un moyen d'acquérir ou de se libérer, fait l'objet de titre XX et dernier du Code. A ces neuf modes d'extinction des obligations, on peut ajouter : 1° le mutuel consentement des parties pour dissoudre le contrat (art. 1134) ; 2° dans certains cas, la volonté d'une seule partie (art. 1736, 1865-5°, 2003) ; 3° la mort d'un contractant (art. 1865-3°, 2003) ; 4° l'échéance du terme fixé (art. 1737, 1865-1°).

SECTION PREMIÈRE.

Du Payement.

Le *payement* est l'exécution de l'obligation de la manière dont les parties l'entendaient en contractant. S'agit-il d'obligation de *donner* une chose ? on paye en donnant. De *faire ?* on paye en faisant. De *s'abstenir ?* on paye en s'abstenant. Dans un sens usuel et restreint, le mot *payement* ne s'applique qu'à l'obligation de donner ; mais ce mot a, en droit, une signification plus large.

Cette section comprend cinq paragraphes traitant : 1° du payement en

général; 2° du payement avec subrogation; 3° de l'imputation des payements; 4° des offres de payement et de la consignation; 5° enfin, de
la cession de biens.

§ 1er. — *Du Payement en général.*

1235. Tout payement suppose une dette : ce qui a été payé
sans être dû est sujet à répétition. — La répétition n'est pas
admise à l'égard des obligations naturelles qui ont été volontairement acquittées.

Celui qui paye avoue par là qu'il doit. Cet aveu établit contre lui la
présomption qu'il y avait dette. En général, le créancier est tenu, en cas
de contestation, de prouver l'existence de sa créance; tandis que le débiteur n'a aucune preuve à faire (art. 1315). Mais lorsqu'il y a eu payement, et qu'une contestation s'élève sur le point de savoir s'il y avait
dette, les rôles sur la preuve sont changés : c'est maintenant à celui qui
a payé et qui agit en répétition à prouver qu'il n'y avait point de dette, et
que c'est par erreur qu'il a fait un payement de chose indue. Voilà ce que
démontrent les expressions : « *Tout payement suppose une dette.* »

Au reste, celui qui a volontairement payé une dette *naturelle*, c'est-à-
dire ne conférant pas au créancier d'action en justice, ne peut pas répéter ce qu'il a payé, par la raison qu'il n'a point fait un payement indu.
Ainsi, la loi refuse l'action en répétition : 1° à celui qui a payé une
certaine somme à titre de reconnaissance d'un service reçu; 2° au failli
qui a payé la partie de la dette dont le concordat lui avait fait remise;
3° au mineur, à l'interdit ou à la femme mariée qui, en temps de capacité, a payé une dette annulable. — La dette de jeu n'est pas une dette
naturelle, mais une dette nulle, comme ayant une cause illicite : le ga-
gnant n'a pas d'action; le perdant qui a payé n'a pas la répétition (art. 1965,
1967), parce que les deux parties ne peuvent, à cause de leur turpitude,
être écoutées en justice, *Nemo auditur turpitudinem suam allegans.*

1236. Une obligation peut être acquittée par toute personne
qui y est intéressée, telle qu'un coobligé ou une caution. —
L'obligation peut même être acquittée par un tiers qui n'y est
point intéressé, pourvu que ce tiers agisse au nom et en l'acquit du débiteur, ou que, s'il agit en son nom propre, il ne
soit pas subrogé aux droits du créancier.

I. Qui peut payer ? — Le débiteur unique ou principal, le cobligé, la caution et même le tiers détenteur de l'immeuble hypothéqué peuvent et doivent payer. Bien plus, tout tiers contre lequel il n'existe aucun droit de poursuite peut aussi payer et même contraindre le créancier à recevoir son payement. Si ce tiers paye « *au nom et en l'acquit du débiteur,* » il agit en qualité de mandataire de celui-ci. S'il paye *en son propre nom et en l'acquit du débiteur,* il agit en qualité de gérant d'affaires : de même que dans le cas précédent, il y a ici, d'après l'intention des parties, un véritable payement, alors même que le créancier aurait subrogé ce tiers à ses droits ; mais le créancier, qui peut être contraint à recevoir son payement du tiers, n'est pas tenu de le subroger à ses droits, notamment à ses priviléges et hypothèques. Si, au contraire, le tiers qui paye *en son propre nom,* ne fait pas ce payement *en l'acquit du débiteur,* parce que son intention, au lieu d'être de libérer celui-ci, est d'obtenir les droits du créancier contre lui, il n'y a point là payement de la dette du débiteur, mais cession de la créance, et la somme alors payée par le cessionnaire est le prix de la cession qui lui est faite. Cette cession de créance ne peut évidemment exister que du consentement réciproque du créancier et du cessionnaire.

1237. L'obligation de faire ne peut être acquittée par un tiers contre le gré du créancier, lorsque ce dernier a intérêt qu'elle soit remplie par le débiteur lui-même.

Un peintre, dont j'apprécie le talent, s'est engagé à faire mon portrait pour un certain prix : il ne peut évidemment pas, contre mon gré, faire exécuter son obligation par un tiers ni même par sa caution.

1238. Pour payer valablement, il faut être propriétaire de la chose donnée en payement, et capable de l'aliéner. — Néanmoins, le payement d'une somme en argent, ou autre chose qui se consomme par l'usage, ne peut être répété contre le créancier qui l'a consommée de bonne foi, quoique le payement en ait été fait par celui qui n'en était pas propriétaire ou qui n'était pas capable de l'aliéner.

Lorsque l'obligation a pour objet un genre, il faut, pour que le payement soit valable, que celui qui paye soit propriétaire de l'objet qu'il livre et

capable de l'aliéner. Quoique le créancier, qui a reçu de bonne foi en payement une chose mobilière de celui qui n'en était pas propriétaire, ait la
faculté de repousser le véritable propriétaire agissant en revendication,
au moyen de la maxime : « En fait de meubles, la possession vaut titre »
(art. 2279), il a néanmoins le droit de demander la nullité du payement.
Toutefois, si les sommes ou autres choses mobilières ont été par lui consommées de bonne foi, le payement nul devient par là valable; par conséquent il ne peut. ni être poursuivi par l'ancien propriétaire ni agir en
nullité du payement contre celui qui a payé.

Lorsque l'objet de l'obligation de donner est un corps certain et déterminé, le débiteur qui en était propriétaire au moment de la convention
en a transféré la propriété au créancier par l'effet du contrat lui-même
(art. 711, 1138); par conséquent, lorsqu'il paye, il n'en est plus propriétaire. Mais il n'est libéré que s'il en était propriétaire lors de la convention, et son payement n'est valable que s'il était capable de l'aliéner lors
de la livraison, car autrement le payement serait annulable.

1239. Le payement doit être fait au créancier, ou à quelqu'un ayant pouvoir de lui, ou qui soit autorisé par justice ou
par la loi à recevoir pour lui. — Le payement fait à celui qui
n'aurait pas pouvoir de recevoir pour le créancier, est valable,
si celui-ci le ratifie, ou s'il en a profité.

II. A QUI LE PAYEMENT DOIT-IL ÊTRE FAIT? — Le payement doit être fait
au créancier capable ou à celui qui a reçu du créancier, de la loi ou de
justice le pouvoir de recevoir. — Celui qui a reçu du créancier le pouvoir
de recevoir est appelé *mandataire*. Lorsque le mandat est donné par un
capable à un incapable, comme le mineur et la femme mariée, le payement fait à l'incapable libère le débiteur (art. 1990), parce qu'il est censé
fait au créancier lui-même. Dans la plupart des régimes de mariage, le
mari a le pouvoir de recevoir ce qui est dû à sa femme : c'est un mandataire, car c'est la femme, et non pas la loi, qui lui a donné ce pouvoir. —
La *loi* donne au tuteur le pouvoir de recevoir ce qui est dû au mineur, à
l'interdit; à certains administrateurs, ce qui est dû aux administrés. —
La *justice* donne au saisissant, dont elle déclare la saisie valable, le pouvoir
de recevoir ce qui est dû au saisi. Elle donne aux syndics d'une faillite,
aux parents envoyés en possession des biens d'un absent ou d'un défunt,
au curateur d'une succession vacante, le pouvoir de recevoir ce qui est
dû au failli, à l'absent, au défunt.

- Le payément fait à celui qui n'a pas le pouvoir de recevoir ne libère pas le débiteur. Il devient cependant valable et le débiteur est libéré : 1° si le créancier capable ratifie, car « La ratification équivaut à mandat, *ratihabitio mandato æquiparatur;* » 2° si le créancier a profité de la somme payée ; or, cela a lieu, par exemple, lorsque cette somme a été employée au payement de ses dettes.

1240. Le payement fait de bonne foi à celui qui est en possession de la créance est valable, encore que le possesseur en soit par la suite évincé.

Qu'entend-on par être *en possession de la créance ?* La *créance* est un lien de droit entre le créancier et le débiteur ; c'est une chose incorporelle, qui n'est pas susceptible de possession. Celui qui détient le titre ou écrit servant à prouver l'existence de la créance n'est point constitué par là possesseur de la créance, et le payement qui lui serait fait ne libèrerait pas le débiteur envers son créancier, à moins cependant qu'il ne s'agisse de titres au porteur, comme les billets de banque.

Notre article suppose qu'une personne est en possession d'une hérédité qui ne lui appartient pas ; elle possède ainsi tous les biens, tous les droits et toutes les créances du défunt. Elle reçoit des sommes qui étaient dues au défunt par les débiteurs héréditaires. Ensuite, le véritable héritier se présente et revendique l'hérédité contre le possesseur de cette hérédité. Celui-ci succombe, et se trouve par là *évincé* de la qualité d'héritier et, par suite, de la possession de l'hérédité : il doit restituer à l'héritier qui a triomphé toutes les valeurs héréditaires et toutes les sommes qu'il a reçues, même avec les fruits et intérêts, s'il était possesseur de mauvaise foi. Mais si le possesseur évincé est insolvable, l'héritier n'aura, dans ce cas, aucun recours contre les tiers débiteurs qui ont payé de bonne foi au possesseur de l'hérédité ; car, en payant, ceux-ci n'ont commis aucune faute.

Notre article, qui ne parle que des payements, ne doit pas être étendu aux aliénations. L'héritier ne pourra pas, il est vrai, revendiquer les meubles héréditaires contre les tiers qui les ont acquis de bonne foi du possesseur de l'hérédité ; car ces acquéreurs de meubles sont protégés par la règle : « En fait de meubles, la possession vaut titre » (art. 2279). Mais il peut certainement revendiquer les immeubles contre les tiers qui ne les ont pas encore acquis par la prescription de dix ou vingt ans (art. 2265). Les principes d'équité feraient cependant, d'après la jurispru-

dence, repousser l'action en revendication, si, d'une part, une grave négligence était imputable à l'héritier, et si, d'autre part, le tiers acquéreur
d'immeubles héréditaires n'a commis aucune faute, aucune négligence, en
achetant de l'héritier apparent, dont la qualité d'héritier n'était pas alors
contestée (C. cass., trois arrêts du 16 janv. 1843).

Mais le donataire universel dont le titre est entaché d'une nullité de
forme ne peut pas être assimilé à un héritier apparent; par suite, les
aliénations par lui faites des immeubles donnés sont nulles, même à l'é-
gard des tiers qui ont traité de bonne foi avec le donataire sur le vu
d'une expédition authentique ne portant aucune trace de la nullité existante dans la minute. Ainsi décidé : — « Vu les art. 1599, 2182, 724,
731 et suiv. et 777 C. Nap. ; — Attendu que si les tiers peuvent valablement acquérir de l'héritier apparent un bien de la succession lorsqu'ils
sont de bonne foi et traitent sous l'influence de l'erreur commune, c'est
à la condition que le vendeur soit réellement un héritier apparent ; —
Attendu qu'un donataire universel dont le titre est entaché d'une nullité
apparente dans la minute, ainsi que le constate en fait l'arrêt attaqué, ne
peut être réputé héritier apparent, puisqu'en s'en reportant à cette minute, qui est le titre du prétendu donataire, chacun peut constater que
celui-ci n'est point héritier ; — Attendu que cette circonstance, que l'expédition authentique du titre, sur le vu de laquelle l'acquéreur a traité,
ne portait, dans l'espèce, aucune trace de la nullité, ne peut servir à
effacer le vice radical du titre ; — Attendu qu'en décidant le contraire, la
cour de Besançon a violé les articles ci-dessus visés ; — Casse » (C. cass.
26 févr. 1867).

1241. Le payement fait au créancier n'est point valable s'il
était incapable de le recevoir, à moins que le débiteur ne
prouve que la chose payée a tourné au profit du créancier.

Les créanciers incapables de recevoir sont, par exemple, les mineurs,
les interdits et, sous certains régimes de contrats nuptiaux, la femme
mariée. Le payement qui leur a été fait n'est point valable; car il devait
être fait au tuteur, au mari. Toutefois, si le payement fait à l'incapable
tournait à son profit, il deviendrait valable, par application de la maxime :
« Personne ne doit s'enrichir aux dépens d'autrui. » Mais c'est au débiteur imprudent à prouver que l'incapable a tiré profit du payement, et il
ne sera libéré que jusqu'à concurrence du profit prouvé.

1242. Le payement fait par le débiteur à son créancier, au préjudice d'une saisie ou d'une opposition, n'est pas valable à l'égard des créanciers saisissants ou opposants ; ceux-ci peuvent, selon leur droit, le contraindre à payer de nouveau, sauf, en ce cas seulement, son recours contre le créancier.

Par les mots *saisie* ou *opposition*, on désigne ici la *saisie-arrêt*, dont la dénomination a été ensuite parfaitement précisée dans le Code de procédure civile (art. 557 et suiv. C. proc. civ.). Ainsi, Antoine me doit 1,000 fr. ; Paul doit 4,000 fr. à Antoine. Je forme, entre les mains de Paul, une saisie-arrêt que je lui signifie par le ministère d'huissier. Dès lors, Paul ne peut plus faire de payement dans les mains de son créancier à mon préjudice. S'il paye 2,000 fr. à Antoine, en conservant une somme supérieure à ma créance, il est possible que ce payement partiel me nuise. En effet, quand il survient d'autres saisies-arrêts, la somme conservée devra être distribuée entre tous les créanciers saisissants, proportionnellement au montant des créances de chacun : alors, comme je n'obtiens pas tout ce qui m'est dû, j'ai un recours contre Paul, pour obtenir la réparation du préjudice que m'a causé le payement partiel qu'il a fait. Mais Paul n'est pas tenu de dommages-intérêts envers les créanciers qui n'ont formé leurs saisies qu'après le payement. — Quand, au contraire, le tiers saisi paye l'un des saisissants envers lequel il a été condamné, il est tenu, envers les autres saisissants, qui avaient formé leurs oppositions avant le jugement et qui n'ont point été appelés dans l'instance, de réparer le préjudice que, par ce payement, il leur a causé. Ainsi décidé : — « Attendu que le jugement du 8 juin 1858, confirmé par l'arrêt du 17 mars 1859, en validant la saisie-arrêt pratiquée par la compagnie *La Paternelle* entre les mains de la compagnie *La France*, et en ordonnant que celle-ci verserait à *La Paternelle* les sommes dont elle était débitrice envers Girardin, n'a pu préjudicier aux droits de Bernier, autre créancier opposant, qui n'avait pas, de ce chef, été partie au procès ; que c'est donc avec raison que l'arrêt attaqué a repoussé l'exception de chose jugée opposée par *La France* à Bernier » (C. cass. 11 févr. 1867).

Lorsque le tiers saisi paye à son créancier au préjudice d'un créancier saisissant et se trouve par là obligé d'indemniser celui-ci, il a recours contre son créancier. Mais s'il paye à l'un des créanciers saisissants au préjudice des autres, il n'a aucune action en recours contre le créancier qui a reçu son payement. Ainsi décidé par le même arrêt : — « Attendu que, lorsque *La France* a payé à *La Paternellé* la somme de 32,733 fr. en vertu de la saisie-arrêt du 9 sept. 1857, elle ne lui payait que ce qu'elle devait lui payer, puisqu'elle ne tenait pas compte de la saisie-arrêt pratiquée par Bernier le 11 septembre; — Attendu que si elle a omis de tenir compte de cette dernière saisie-arrêt, *La France* ne doit l'imputer qu'à elle seule et à l'oubli qu'elle a fait de ses obligations, comme tiers-saisie; qu'elle ne pourrait exercer une action en répétition ou en garantie contre *La Paternelle*, qui a reçu de bonne foi ce qui lui était dû, sans faire retomber sur celle-ci les conséquences préjudiciables d'une erreur ou d'une faute qui ne lui est en aucune manière imputable » (C. cass. 11 févr. 1867).

Le jugement déclaratif de faillite, qui dessaisit le failli, vaut saisie-arrêt dans l'intérêt de tous les créanciers de la faillite (art. 446 et 447 C. com.); par suite, les débiteurs ne peuvent plus faire au créancier failli aucun payement valable : ils doivent payer aux syndics.

1243. Le créancier ne peut être contraint de recevoir une autre chose que celle qui lui est due, quoique la valeur de la chose offerte soit égale ou même plus grande.

III. Que doit-on payer? — On doit payer la chose même que l'on a promise. Le payement d'une chose à la place de celle qui est due est appelé « Dation en payement, *Datio in solutum.* » Cette dation en payement ne peut jamais avoir lieu sans le consentement du créancier, qui ne peut pas être tenu de recevoir une chose autre que celle qu'il a stipulée.

1244. Le débiteur ne peut point forcer le créancier à recevoir en partie le payement d'une dette, même divisible. — Les juges peuvent néanmoins, en considération de la position du débiteur, et en usant de ce pouvoir avec une grande réserve, accorder des délais modérés pour le payement, et surseoir à l'exécution des poursuites, toutes choses demeurant en état.

Si le débiteur n'a pas stipulé qu'il pourrait faire des payements partiels, il est tenu de payer simultanément sa dette entière, comme si elle était indivisible (art. 1220). Cependant le juge peut, en condamnant le débiteur, lui accorder « *des délais modérés pour le payement;* » il suit de là qu'il a le droit de fractionner la dette divisible, et d'en autoriser des

payements partiels. Pendant les délais de grâce, les poursuites du créancier sont suspendues ; mais, faute de payement aux échéances fixées,
elles sont reprises au point même où elles étaient restées, sans qu'il soit
besoin de recourir de nouveau à la justice, ainsi que l'exprime la fin de
notre article. — En matière de lettres de change et de billets à ordre, le
juge n'a pas le pouvoir d'accorder des délais de grâce (art. 135 C. com.).

Lorsque le créancier a un titre authentique et exécutoire, et qu'il n'a
par conséquent pas besoin de recourir au tribunal pour obtenir une condamnation et des moyens d'exécution, le juge ne peut, sur la demande
du débiteur, ni suspendre l'exécution d'un pareil titre, en accordant des
délais, ni fractionner la dette. Cette règle ne souffre que l'exception prévue dans l'art. 2212.

1245. Le débiteur d'un corps certain et déterminé est libéré
par la remise de la chose en l'état où elle se trouve lors de la
livraison, pourvu que les détériorations qui y sont survenues
ne viennent point de son fait ou de sa faute, ni de celle des
personnes dont il est responsable, ou qu'avant ces détériorations il ne fût pas en demeure.

Les détériorations et la perte, arrivées par cas fortuit, sont supportées
par le créancier du corps certain et déterminé, *Res perit vel deterior fit
creditori.* Cette règle du droit romain est d'autant plus applicable en
France, que le créancier d'un corps certain et déterminé en est propriétaire (art. 1138) ; alors la chose périt pour le maître, *Res perit domino.*
Mais le débiteur répond des pertes et des détériorations arrivées par sa
faute ou depuis sa mise en demeure. Si c'est, au contraire, par la faute
d'un tiers, que la chose est détériorée ou périe, ce tiers est seul responsable.

1246. Si la dette est d'une chose qui ne soit déterminée que
par son espèce, le débiteur ne sera pas tenu, pour être libéré,
de la donner de la meilleure espèce ; mais il ne pourra l'offrir
de la plus mauvaise.

Celui qui doit, par exemple, un cheval non spécifié, se libère en donnant
un cheval ordinaire, qui soit en rapport avec la position et le but du créancier. — La dette de sommes doit se payer en espèces métalliques d'or ou

d'argent, ayant cours en France; la monnaie de cuivre ou de billon ne peut être employée, contre le gré du créancier, que pour l'appoint de la pièce de 5 francs (décret 18 août 1810).

1247. Le payement doit être exécuté dans le lieu désigné par la convention. Si le lieu n'y est pas désigné, le payement, lorsqu'il s'agit d'un corps certain et déterminé, doit être fait dans le lieu où était, au temps de l'obligation, la chose qui en fait l'objet. — Hors ces deux cas, le payement doit être fait au domicile du débiteur.

IV. Où DOIT-ON PAYER? — Cet article exprime nettement le lieu où doit se faire le payement. — Si la dette doit être acquittée au domicile du débiteur, on dit qu'elle est *quérable*; si, au contraire, elle doit être acquittée au domicile du créancier, en vertu d'une clause du contrat, on dit qu'elle est *portable*.

1248. Les frais du payement sont à la charge du débiteur.

V. AUX FRAIS DE QUI SE FAIT LE PAYEMENT? — C'est le débiteur qui supporte tous les frais de payement. Or, parmi ces frais, on comprend notamment ceux de quittance, de papier timbré, d'honoraires du notaire, d'enregistrement, d'amende à défaut de timbre, et de radiation d'inscriptions hypothécaires.

§ 2. — *Du Payement avec subrogation.*

La subrogation peut être définie : « La translation des garanties, privilèges, hypothèques et cautions appartenant au créancier, au profit d'un tiers qui le paye. » — Lorsque le débiteur paye lui-même sa dette, cette dette s'éteint, et, avec elle, s'éteignent nécessairement toutes les garanties réelles et personnelles destinées à en assurer l'exécution. Mais lorsque c'est un tiers qui paye en qualité de mandataire ou de gérant d'affaires du débiteur, ce payement, qui éteint la dette, fait naître une action en recours contre le débiteur et les cautions. La subrogation est alors utile au tiers qui paye, car elle rend plus efficace son action en recours.

Le payement avec subrogation et la cession de créance ont des différences notables.

Dans le *payement avec subrogation*, le tiers qui paye, agit gratuitement

I.   48

en qualité de mandataire ou de gérant d'affaires du débiteur ; il entend éteindre la dette, et il l'éteint. Mais, par ce payement, il naît à son profit une créance, et, pour qu'il puisse arriver plus sûrement à son remboursement, il obtient, dans certains cas, les garanties de la créance par lui éteinte. Il n'obtient cependant pas toutes les actions du créancier : ainsi, le droit de résolution du vendeur et la voie de la contrainte par corps ne lui sont jamais transmis. S'il n'a fait qu'un payement partiel, le créancier conserve, à raison de ses garanties, un droit de préférence pour le payement de ce qui lui reste dû. La *cession de créance* est un contrat de vente de cette créance qui continue à subsister sans aucune modification. Au lieu d'agir gratuitement pour le débiteur, le cessionnaire, qui achète ordinairement la créance pour un prix inférieur au montant de la dette, fait un acte de spéculation et ne consulte que son propre intérêt. Ce qu'il paye au créancier, il le paye pour se libérer de l'obligation qu'il a contractée en qualité d'acheteur, et non pas pour libérer le débiteur. Il peut demander à celui-ci le montant de la créance cédée. Il obtient toujours toutes les actions et garanties de son cédant, et, en cas de cession partielle, il vient en concours avec celui-ci.

1249. La subrogation dans les droits du créancier au profit d'une tierce personne qui le paye, est ou conventionnelle ou légale.

A la différence du payement avec subrogation, la cession de créance ne peut pas exister sans le consentement du créancier. — Ce n'est que dans certains cas exceptionnels, que la loi accorde la subrogation au tiers qui paye la dette d'autrui : elle craint, en général, que le tiers n'agisse en vue d'obtenir des moyens de causer au débiteur des vexations et du préjudice.

1250. Cette subrogation est conventionnelle, — 1° Lorsque le créancier recevant son payement d'une tierce personne la subroge dans ses droits, actions, priviléges ou hypothèques contre le débiteur : cette subrogation doit être expresse et faite en même temps que le payement; — 2° Lorsque le débiteur emprunte une somme à l'effet de payer sa dette, et de subroger le prêteur dans les droits du créancier. Il faut, pour que cette subrogation soit valable, que l'acte d'emprunt et la quittance

soient passés devant notaires ; que dans l'acte d'emprunt il soit
déclaré que la somme a été empruntée pour faire le payement,
et que dans la quittance il soit déclaré que le payement a été
fait des deniers fournis à cet effet par le nouveau créancier.
Cette subrogation s'opère sans le concours de la volonté du
créancier.

La subrogation conventionnelle de la part du créancier n'exige ni l'intervention du débiteur, ni l'authenticité de l'acte, ni même l'enregistrement
de la quittance donnée par acte sous seing privé : il suffit qu'elle soit faite
en termes exprès et en même temps que le payement (C. cass. 25 juill.
1865). Souvent le payement avec subrogation est constaté par un acte sous
seing privé : les parties peuvent ensuite valablement remplacer ce sou-
seing par un acte authentique. Ainsi décidé : — « Attendu que le verse-
ment du 3 août 1862 ne constituait pas un payement qui éteignît la dette,
mais le prix acquitté d'avance d'un transport de la créance, avec les droits,
priviléges et hypothèques qui s'y trouvaient attachés, lequel transport,
dès lors convenu et même exécuté, devait être réalisé plus tard devant
notaires, et l'a été, en effet, par l'acte du 29 octobre ; — Attendu que,
dans ces circonstances particulières de la cause, l'arrêt attaqué a pu, sans
violer l'art. 1250 C. Nap. ni aucun autre des articles précités, juger que
le tiers se trouvait légalement aux droits du créancier, soit à titre de subrogation, soit à titre de transport » (C. cass. 25 juill. 1865). — Mais après
le payement pur et simple fait par un tiers, les garanties de la dette sont
éteintes avec elle : le créancier ne pourrait donc plus, au préjudice du débiteur et des tiers, les faire revivre au moyen d'une subrogation.

La subrogation conventionnelle de la part du débiteur est d'origine nationale : elle remonte à Henri IV. Le taux des rentes, qui était autrefois
au denier douze, c'est-à-dire au 8 et 1/3 pour 100, a été abaissé, pour
l'avenir seulement, au denier seize, c'est-à-dire au 6 et 1/4 pour 100.
Beaucoup de débiteurs, qui trouvaient alors des conditions meilleures, ne
pouvaient point profiter de l'abaissement du taux des rentes ; parce que,
d'une part, les tiers ne voulaient prêter qu'à la condition qu'ils seraient
subrogés aux garanties des anciens rentiers, et que, d'autre part, les anciens rentiers, qui avaient un intérêt à empêcher le rachat de leurs rentes
bien garanties et produisant un taux élevé, refusaient de subroger les prê-
teurs dans leurs garanties. Alors Henri IV a publié, dans l'intérêt des débiteurs, une ordonnance dont la seconde partie de notre article reproduit

les dispositions principales. Le débiteur peut par là profiter de conditions plus douces et plus avantageuses; cette subrogation, qui lui est très-utile, ne nuit ni à l'ancien créancier, puisqu'il reçoit son payement intégral d'une dette échue, ni aux tiers créanciers du même débiteur, puisque l'authenticité de l'acte d'emprunt et de la quittance du créancier empêche le débiteur de faire revivre à leur détriment, par un acte simulé, des garanties antérieurement éteintes. Cette subrogation se fait sans le concours de la volonté du créancier, en ce sens que s'il refuse de donner, par acte notarié, une quittance portant qu'il a été payé avec les deniers empruntés, le débiteur lui fait des offres réelles, consigne la somme et reçoit du directeur de la Caisse des dépôts et consignations un récépissé qui équivaut à la quittance notariée du créancier.

1251. La subrogation a lieu de plein droit, — 1° Au profit de celui qui, étant lui-même créancier, paye un autre créancier qui lui est préférable à raison de ses priviléges ou hypothèques ; — 2° Au profit de l'acquéreur d'un immeuble, qui emploie le prix de son acquisition au payement des créanciers auxquels cet héritage était hypothéqué; — 3° Au profit de celui qui, étant tenu avec d'autres ou pour d'autres au payement de la dette, avait intérêt de l'acquitter ; — 4° Au profit de l'héritier bénéficiaire qui a payé de ses deniers les dettes de la succession.

C'est seulement dans les quatre cas spécifiés dans notre article que le législateur accorde la subrogation au tiers qui paye la dette d'autrui : il craint qu'une personne malveillante ne vienne payer la dette d'un autre, avec l'intention d'exercer contre le débiteur des poursuites ruineuses, lorsque la subrogation aux droits du créancier la mettrait à l'abri de toute inquiétude au sujet de son remboursement intégral. Mais cette crainte disparaît dans les quatre cas limitativement énoncés, parce que le tiers qui paye a évidemment alors un intérêt personnel à faire le payement, et par conséquent la subrogation a lieu de plein droit.

Nous allons examiner séparément les quatre cas de subrogation légale.

1er cas. — Un créancier hypothécaire, et même un créancier simplement cédulaire, peut avoir un intérêt personnel à payer « un autre créancier qui lui est préférable, à raison de ses priviléges et hypothèques. » En effet, il empêche par là que l'immeuble hypothéqué ne soit vendu avec beaucoup de frais, en temps inopportun et à vil prix; son opération qui diminue le nombre des créanciers et, par suite, le montant des frais, profite ainsi à la masse des créanciers et au débiteur lui-même.

Supposons trois créanciers ayant hypothèque sur le même immeuble : le premier, pour 20,000 fr.; le second, pour 15,000 fr., et le troisième, pour 10,000 fr. Ce dernier paye le premier; il obtient la subrogation et vient au premier rang d'hypothèque pour les 20,000 fr. qu'il a payés; mais il garde le troisième rang pour les 10,000 fr. qui lui étaient dus, car son opération ne peut point avoir pour effet de nuire au second créancier hypothécaire. — Si, dans la même hypothèse, le troisième créancier se rend adjudicataire pour 20,000 fr. de l'immeuble hypothéqué, paye son prix au premier créancier hypothécaire qui a, en outre, d'autres immeuble affectés à son payement, et garde l'immeuble qu'il a acheté, il n'est pas subrogé aux droits du créancier pour les 10,000 fr. qui lui sont dus; en payant les 20,000 fr., il a acquitté sa propre dette (C. cass. 31 déc. 1861).

Au reste, quand un premier créancier hypothécaire paye ce qui est dû au second ou au troisième créancier, il n'est pas subrogé aux droits de celui-ci, parce qu'il n'avait pas un intérêt personnel suffisant à payer un créancier qui ne lui était pas *préférable*.

2ᵉ CAS. — L'acquéreur d'un immeuble grevé d'hypothèque est exposé à l'action des créanciers hypothécaires, qui ont le droit de poursuivre leur payement sur l'immeuble affecté à leurs créances, dans quelques mains qu'il passe (art. 2114). C'est pourquoi, au lieu de payer son prix à son vendeur, l'acheteur remplit ordinairement les formalités de la purge des hypothèques inscrites ou non inscrites, et obtient la liberté de son immeuble en payant aux créanciers hypothécaires le prix de son acquisition (art. 2181 et suiv., 2193 et suiv.). S'il ne veut pas remplir les formalités de la purge, il peut payer le montant de son prix aux premiers créanciers hypothécaires : il est par là subrogé à leurs droits. Mais cette subrogation ne s'opère cependant que sous une condition suspensive. En effet, tant que l'acquéreur garde la propriété de l'immeuble, la subrogation ne peut point encore exister, par deux raisons principales : 1° en payant son prix d'achat, il a éteint sa propre dette, et n'a, par suite, de recours à exercer contre personne; 2° il ne peut pas avoir un droit d'hypothèque sur un immeuble qui continue à lui appartenir. La subrogation n'existe donc que si les créanciers hypothécaires, qui n'ont pas reçu leur payement, font revendre l'immeuble affecté à la sûreté de leurs créances : par cette revente, qui a pour cause un droit d'hypothèque antérieur à la vente consentie par leur débiteur, l'acquisition faite par le tiers détenteur est résolue : celui-ci est dès lors considéré comme n'ayant point acquis l'immeuble, et, par suite, comme ayant payé, non pas sa propre dette, mais celle de son vendeur, et comme ayant acquis, par ce payement fait pour un autre, la subrogation aux droits d'hypothèques des créanciers sur l'immeuble appartenant maintenant à autrui.

3e CAS. — Les expressions, *avec d'autres* ou *pour d'autres*, sont inexactes. La subrogation n'existe qu'en faveur de celui qui paye la dette dont il est tenu hypothécairement ou personnellement *pour d'autres;* elle n'existe même que dans la mesure du recours personnel que celui qui a payé peut exercer contre chacun des autres. Ainsi, le payement est-il fait par une caution? la subrogation existe pour toute la dette contre le débiteur principal, et pour une partie seulement contre chacune des autres cautions. Est-il fait par le débiteur d'une dette solidaire ou indivisible? la subrogation n'existe que pour la part que chacun des autres codébiteurs doit supporter. Est-il fait par le débiteur principal, dont la dette a été garantie par des cautions qui ont affecté leurs immeubles d'hypothèques? la subrogation n'a pas lieu; les cautions et leurs immeubles sont libérés, parce que le débiteur principal qui a payé sa dette n'a aucun recours personnel à exercer contre elles. Les mots, *avec d'autres*, sont donc superflus et inexacts.

4e CAS. — L'héritier qui accepte sous bénéfice d'inventaire la succession de son parent, n'est pas personnellement tenu du payement des dettes héréditaires (art. 802, 803); s'il les paye, il le fait pour diminuer ou empêcher des frais de poursuites; il est donc équitable et utile que son action en recours contre la succession soit rendue plus efficace au moyen de la subrogation.

1252. La subrogation établie par les articles précédents a lieu tant contre les cautions que contre les débiteurs : elle ne peut nuire au créancier lorsqu'il n'a été payé qu'en partie; en ce cas, il peut exercer ses droits pour ce qui lui reste dû, par préférence à celui dont il n'a reçu qu'un payement partiel.

La subrogation n'existe au profit de celui qui paye la dette d'autrui que dans la mesure du recours personnel qu'il peut, en qualité de mandataire ou de gérant d'affaires, exercer contre chacun des débiteurs, contre chacune des cautions. Ce principe, qui est équitable et conforme à l'esprit de la loi, doit être considéré comme certain, quoiqu'il soit l'objet de quelques controverses de la part de jurisconsultes qui veulent assimiler le payement avec subrogation à la cession ou vente de créance. En conséquence : 1° le tiers détenteur d'un immeuble hypothéqué est subrogé aux droits du créancier contre le débiteur et contre les cautions, mais non contre les tiers détenteurs d'immeubles hypothéqués à la même dette; 2° la caution qui paye est subrogée aux droits de priviléges et d'hypothèques du créancier contre le débiteur principal et contre tous les débiteurs solidaires qu'elle a cautionnés; mais elle n'est subrogée que pour partie contre les débiteurs solidaires qu'elle n'a pas cautionnés (C. cass. 10 juin 1864) et contre les autres cautions; tandis que la subrogation n'existe pas en sa faveur contre les tiers détenteurs d'immeubles hypothéqués.

Le créancier qui n'a été payé qu'en partie vient, pour ce qui lui reste dû, sur le prix des biens affectés à sa garantie, par préférence au tiers dont il a reçu un payement partiel; car la subrogation ne doit point lui nuire. S'il existe plusieurs payements partiels et successifs, les divers subrogés n'ont entre eux aucun droit de préférence : ils viennent tous en concours. Il en est cependant autrement lorsque la femme mariée fait, par acte authentique, au profit de créanciers, des subrogations, renonciations ou cessions de son hypothèque légale sur les immeubles de son mari : dans ce cas, les créanciers doivent prendre des inscriptions en leur nom personnel, et la date de leurs inscriptions détermine entre eux l'ordre de préférence : le premier inscrit prime les autres (loi 23 mars 1855, art. 9, rapportée textuellement sous le titre XVIII, des *Priviléges et Hypothèques*).

§ 3. — *De l'Imputation des Payements.*

L'imputation des payements suppose essentiellement qu'une personne est tenue envers une autre de plusieurs dettes distinctes. On peut ainsi la définir : « C'est la détermination de la dette qui se trouve éteinte par le payement que fait un débiteur obligé à divers titres envers le même créancier. »

1253. Le débiteur de plusieurs dettes a le droit de déclarer, lorsqu'il paye, quelle dette il entend acquitter.

Le débiteur, qui est le maître de son argent, peut l'employer à éteindre celle qu'il veut de ses dettes.

1254. Le débiteur d'une dette qui porte intérêt ou produit des arrérages, ne peut point, sans le consentement du créancier, imputer le payement qu'il fait sur le capital par préférence aux arrérages ou intérêts : le payement fait sur le capital et intérêts, mais qui n'est point intégral, s'impute d'abord sur les intérêts.

On entend par *intérêts*, les fruits civils d'un capital exigible; par *arrérages*, les fruits civils d'une rente. Le créancier peut s'opposer à ce que le débiteur impute la somme qu'il paye sur le capital de la dette, lorsque des intérêts ou arrérages restent dus. Voici les raisons de cette disposition : 1° les intérêts et les arrérages se payent annuellement; 2° ils ne sont généralement pas eux-mêmes productifs de fruits; 3° ils sont soumis à la courte prescription de cinq ans (art. 2277); 4° enfin, la quittance donnée sur le capital fait présumer le payement des intérêts (art. 1908).

Lorsque le débiteur paye une somme dépassant le montant des intérêts échus, l'excédant s'impute sur le capital. Mais s'il s'agit de rente, l'excédant des arrérages échus s'imputera-t-il pareillement sur la rente? Comme la seconde partie de notre article ne fait mention ni des arrérages, ni de la rente, qui n'est d'ailleurs point exigible et n'est jamais rachetable partiellement, il faut décider que cet excédant ne s'imputera que sur les arrérages à venir; à moins cependant que le créancier n'ait consenti à l'imputation de l'excédant sur la rente elle-même.

1255. Lorsque le débiteur de diverses dettes a accepté une quittance par laquelle le créancier a imputé ce qu'il a reçu sur l'une de ces dettes spécialement, le débiteur ne peut plus demander l'imputation sur une dette différente, à moins qu'il n'y ait eu dol ou surprise de la part du créancier.

En acceptant la quittance dans laquelle le créancier a fait l'imputation de la somme payée, le débiteur est par là censé avoir accepté cette imputation, lorsqu'il n'allègue ni dol ni surprise. Or, il y a *dol*, si le créancier trompe le débiteur qui ne sait pas lire, en faisant dans la quittance l'imputation de ce qu'il reçoit sur une dette autre que celle qu'il déclare. Il y a *surprise*, si le créancier fait une imputation préjudiciable au débiteur qui croit recevoir une simple quittance de ce qu'il a payé.

1256. Lorsque la quittance ne porte aucune imputation, le payement doit être imputé sur la dette que le débiteur avait pour lors le plus d'intérêt d'acquitter entre celles qui sont pareillement échues; sinon, sur la dette échue, quoique moins onéreuse que celles qui ne le sont point. — Si les dettes sont d'égale nature, l'imputation se fait sur la plus ancienne : toutes choses égales, elle se fait proportionnellement.

Les règles suivantes de l'imputation légale ont pour base l'intérêt du débiteur. L'imputation de la somme payée se fait : — 1° Sur la dette *échue*, quand même elle serait moins onéreuse que celles à échoir; car le débiteur a intérêt à éviter des poursuites immédiates; — 2° Sur la plus *onéreuse* des dettes, si elles sont toutes échues ou si elles sont toutes à échoir; or, la plus onéreuse est, d'abord, celle pour laquelle le débiteur est contraignable par corps; puis, celle qui est garantie par des cautions, des gages ou des hypothèques; enfin, celle qui produit des intérêts, et, parmi plusieurs dettes produisant des intérêts, celle qui en produit de plus forts; — 3° Sur la dette la plus *ancienne*, c'est-à-dire sur celle qui est devenue ou deviendra le plus tôt exigible, si elles sont toutes d'égale nature; — 4° Enfin, sur toutes les dettes proportionnellement au montant de chacune d'elles, lorsque toutes choses sont égales.

§ 4. — *Des Offres de Payement et de la Consignation.*

Quelquefois, le créancier ne veut pas recevoir la somme offerte, parce qu'il prétend, par exemple, que l'offre est inférieure au montant de sa créance. Quelquefois, il ne peut pas recevoir et donner une quittance valable, parce que des saisies-arrêts ont été formées. Dans ces cas, le débiteur qui a un intérêt à payer sa dette, soit pour empêcher le cours des intérêts, soit pour éviter des frais de poursuite, pourra se libérer au moyen des offres et de la consignation de la chose due.

1257. Lorsque le créancier refuse de recevoir son payement, le débiteur peut lui faire des offres réelles, et, au refus du créancier de les accepter, consigner la somme ou la chose offerte. — Les offres réelles suivies d'une consignation libèrent le débiteur; elles tiennent lieu à son égard de payement, lorsqu'elles sont valablement faites, et la chose ainsi consignée demeure aux risques du créancier.

Il y a deux sortes d'*offres* : 1° les offres *verbales*, qui sont faites par le débiteur lui-même à son créancier ; elles ne produisent aucun effet légal ; 2° les offres *réelles*, qui sont faites par le ministère d'huissier et consistent dans la présentation effective et matérielle de la chose due au créancier, avec sommation de la recevoir ; quoique les offres réelles ne libèrent pas le débiteur, elles constituent le créancier en demeure de recevoir et mettent la chose offerte à ses risques et périls.

La *consignation* est le dépôt de la chose offerte au créancier, et refusée par lui : ce dépôt est fait entre les mains d'un tiers désigné par la loi ou par la justice. Le dépôt des sommes se fait, à Paris, à la Caisse des dépôts et consignations ; dans le chef-lieu de chaque département, chez le receveur général, et, dans le chef-lieu d'arrondissement, chez le receveur particulier. Après le soixantième jour du dépôt, la somme consignée produit des intérêts au trois pour cent.

Quoique les offres réelles suivies de consignation tiennent lieu de payement, le débiteur n'est libéré d'une manière définitive que si elles ont été soit acceptées par le créancier, soit jugées valables par le tribunal. Jusque-là, le débiteur peut les retirer (art. 1261), et alors il est considéré comme n'ayant pas été libéré.

1258. Pour que les offres réelles soient valables, il faut, — 1° Qu'elles soient faites au créancier ayant la capacité de recevoir, ou à celui qui a pouvoir de recevoir pour lui ; — 2° Qu'elles soient faites par une personne capable de payer ; — 3° Qu'elles soient de la totalité de la somme exigible, des arrérages ou intérêts dus, des frais liquidés, et d'une somme pour les frais non liquidés, sauf à la parfaire ; — 4° Que le terme soit échu, s'il a été stipulé en faveur du créancier ; — 5° Que la condition sous laquelle la dette a été contractée soit arrivée ; — 6° Que les offres soient faites au lieu dont on est convenu pour le payement, et que, s'il n'y a pas de convention spéciale sur le lieu du payement, elles soient faites ou à la personne du créancier, ou à son domicile, ou au domicile élu pour l'exécution de la convention; — 7° Que les offres soient faites par un officier ministériel ayant caractère pour ces sortes d'actes.

Pour être valablés, les offres réelles doivent réunir toutes les conditions requises pour la validité du payement; il faut donc, notamment, qu'elles comprennent toute la somme exigible, les intérêts ou arrérages dus, les frais liquidés et, en outre, en cas de procès, une somme à peu près égale aux frais non liquidés, *sauf à la parfaire*, c'est-à-dire avec déclaration que, si cette somme offerte pour frais non liquidés est insuffisante, elle sera complétée.

1259. Il n'est pas nécessaire, pour la validité de la consignation, qu'elle ait été autorisée par le juge : il suffit, — 1° Qu'elle ait été précédée d'une sommation signifiée au créancier, et contenant l'indication du jour, de l'heure et du lieu où la chose offerte sera déposée; — 2° Que le débiteur se soit dessaisi de la chose offerte, en la remettant dans le dépôt indiqué par la loi pour recevoir les consignations, avec les intérêts jusqu'au jour du dépôt; — 3° Qu'il y ait eu procès-verbal dressé par l'officier ministériel, de la nature des espèces offertes, du refus qu'a fait le créancier de les recevoir, ou de sa non-comparution, et enfin du dépôt; — 4° Qu'en cas de non-comparution de la part du créancier, le procès-verbal du dépôt lui ait été signifié avec sommation de retirer la chose déposée.

Dans la pratique, le débiteur fait, par huissier, d'abord les offres réelles; ensuite, la consignation, et, enfin, l'assignation devant le tribunal en validité des offres. Il peut cependant faire d'abord les offres; ensuite, assigner en validité, et, enfin, consigner après que le juge a validé les offres.

Quoique les offres réelles constituent le créancier en demeure de recevoir la chose due, qui est mise par là à ses risques et périls, elles n'empêchent cependant pas les intérêts de courir jusqu'au jour du dépôt, parce que le débiteur reste encore, jusque-là, dans le lien de la dette, et qu'il peut retirer de l'utilité de la somme laissée entre ses mains. Remarquons que le procès-verbal d'offres réelles doit contenir, notamment, « *la nature des espèces offertes*, » c'est-à-dire, lorsqu'il s'agit de sommes, indiquer combien il y a de pièces de 40 fr., de 20 fr., de 10 fr., de 5 fr. en or; de 5 fr., de 2 fr., de 1 fr., etc., en argent; de monnaie de cuivre. On ne peut faire des offres réelles avec des billets de banque, parce qu'ils n'ont pas cours forcé, ni avec de la monnaie de cuivre ou billon dépassant la valeur de l'appoint de la pièce de 5 fr.

1260. Les frais des offres réelles et de la consignation sont à la charge du créancier, si elles sont valables.

Il est de toute justice que le créancier supporte les frais causés par son injuste refus de recevoir tout ce qui lui était dû.

1261. Tant que la consignation n'a point été acceptée par le créancier, le débiteur peut la retirer, et s'il la retire, ses codébiteurs ou ses cautions ne sont point libérés.

Les offres réelles valables et suivies de consignation, n'éteignent la dette que sous une condition résolutoire. Cette condition s'accomplit, et la dette est considérée comme n'ayant jamais été éteinte, si, avant l'acceptation du créancier, le débiteur retire la somme consignée ; par suite, la créance est censée avoir conservé toutes ses sûretés réelles et personnelles, gages, hypothèques et cautions.

1262. Lorsque le débiteur a lui-même obtenu un jugement passé en force de chose jugée, qui a déclaré ses offres et sa consignation bonnes et valables, il ne peut plus, même du consentement du créancier, retirer sa consignation au préjudice de ses codébiteurs ou de ses cautions.

Le jugement rendu en dernier ressort ou passé en force de chose jugée, qui valide les offres réelles et la consignation, équivaut à l'acceptation du créancier et lui transfère irrévocablement la propriété de la somme consignée. La dette est donc éteinte, et par là les codébiteurs, les cautions, et les biens grevés de priviléges ou d'hypothèques sont définitivement libérés. Si le débiteur retirait ensuite la somme consignée, après en avoir obtenu le consentement du créancier, ce fait donnerait naissance à une nouvelle dette, qui serait dépouillée de toutes les garanties de la dette primitive.

1263. Le créancier qui a consenti que le débiteur retirât sa consignation après qu'elle a été déclarée valable par un jugement qui a acquis force de chose jugée, ne peut plus pour le payement de sa créance exercer les priviléges ou hypothèques qui y étaient attachés : il n'a plus d'hypothèque que du jour où l'acte par lequel il a consenti que la consignation fût retirée aura été revêtu des formes requises pour emporter l'hypothèque.

De même que les garanties personnelles, prévues dans l'article précédent, les garanties réelles ne peuvent pas survivre à la dette dont elles étaient des accessoires. Cette disposition, « *il n'a plus d'hypothèque,* » est un vestige de l'ancien droit dans lequel tout acte notarié conférait, du jour de sa date, une hypothèque générale au créancier sur les immeubles de son débiteur. Mais maintenant l'hypothèque conventionnelle ne peut résulter que d'une constitution faite expressément par acte notarié (art. 2127) et indiquant spécialement la nature et la situation des immeubles affectés au payement de la créance (art. 2129); elle n'a rang que du jour où elle est inscrite au bureau des hypothèques (art. 2134).

1264. Si la chose due est un corps certain qui doit être livré au lieu où il se trouve, le débiteur doit faire sommation au créancier de l'enlever, par acte notifié à sa personne ou à son domicile, ou au domicile élu pour l'exécution de la convention. Cette sommation faite, si le créancier n'enlève pas la chose, et que le débiteur ait besoin du lieu dans lequel elle est placée, celui-ci pourra obtenir de la justice la permission de la mettre en dépôt dans quelque autre lieu.

Cet article est applicable toutes les fois que l'obligation de donner ou de livrer n'a pas pour objet des sommes d'argent. Si l'obligation consiste à faire ou à ne pas faire, l'offre réelle est impossible : le débiteur ne peut faire alors qu'une offre verbale par le ministère d'huissier ; cette offre, qui ne le libère point, a du moins pour effet de mettre le créancier en demeure de recevoir son payement.

§ 5. — *De la Cession de Biens.*

1265. La cession de biens est l'abandon qu'un débiteur fait de tous ses biens à ses créanciers, lorsqu'il se trouve hors d'état de payer ses dettes.

Ajoutons à cette définition, parfaitement claire, que l'abandon, par le débiteur, de tous ses biens, doit être fait à *tous* ses créanciers.

1266. La cession des biens est volontaire ou judiciaire.

: La cession *volontaire*, appelée aussi *contrat d'abandon*, est celle qui est offerte par le débiteur et acceptée par tous ses créanciers. La cession *judiciaire* est celle qui est prononcée par le juge sur la demande du débiteur.

1267. La cession de biens volontaire est celle que les créanciers acceptent volontairement, et qui n'a d'effet que celui résultant des stipulations mêmes du contrat passé entre eux et le débiteur.

La cession de biens volontaire est un contrat. Elle exige le consentement unanime des créanciers; en cela, elle diffère du *concordat* admis en matière de faillite, où l'avis de la majorité fait loi pour la minorité et devient, par l'homologation du tribunal, obligatoire pour tous les créanciers, consentants ou dissidents, présents ou absents (art. 507, 516 C. com.). Les stipulations insérées dans le contrat de cession de biens font loi : les parties peuvent donc valablement convenir que le débiteur sera libéré entièrement, ou seulement pour partie; que les créanciers deviendront copropriétaires des biens cédés, ou qu'ils auront seulement le droit de les vendre. Mais, à défaut de clause spéciale, le débiteur est entièrement libéré, et les créanciers deviennent copropriétaires des biens cédés; la cession constitue alors une dation en payement, *datio in solutum* : les créanciers se partagent, en pareil cas, les biens abandonnés, ou ils les font vendre, pour se partager le prix, proportionnellement aux créances de chacun d'eux.

1268. La cession judiciaire est un bénéfice que la loi accorde au débiteur malheureux et de bonne foi, auquel il est permis, pour avoir la liberté de sa personne, de faire en justice l'abandon de tous ses biens à ses créanciers, nonobstant toute stipulation contraire.

La cession *judiciaire* de biens était appelée par Justinien « déplorable bénéfice, *flebile beneficium*. » Comme elle porte atteinte au droit des créanciers qui avaient acquis le droit exceptionnel d'employer la voie de la contrainte par corps pour arriver à leur payement, elle n'est accordée qu'au débiteur *malheureux et de bonne foi*. Celui-ci doit donc, pour jouir de ce bénéfice, prouver : 1° ses *malheurs*, c'est-à-dire les pertes, les maladies ou autres événements qui l'ont mis hors d'état de remplir ses engagements; 2° sa *bonne foi*, c'est-à-dire la croyance dans laquelle il était en contractant, qu'il pourrait satisfaire à ses obligations. Il remplit les formalités suivantes : il dépose au greffe du tribunal civil de son domicile un bilan contenant l'énumération et l'estimation de ses biens, ainsi que le montant de ses dettes; ensuite, il forme sa demande en cession de biens devant le tribunal, et la réitère en personne, en présence de ses créanciers, à l'audience publique (art. 898 et suiv. C. pr. civ.).

Remarque. — Depuis la loi du 22 juillet 1867, qui a aboli la contrainte par corps en matière civile et en matière commerciale, la cession de biens judiciaire, qui a pour but de procurer au débiteur « *la liberté de sa personne*, » c'est-à-dire de l'affranchir de la contrainte par corps, est maintenant complétement dénuée d'effet, et, par suite, cette espèce de cession doit être considérée comme implicitement abrogée.

1269. La cession judiciaire ne confère point la propriété aux créanciers; elle leur donne seulement le droit de faire vendre les biens à leur profit, et d'en percevoir les revenus jusqu'à la vente.

La cession judiciaire ne dépouille pas le débiteur de la propriété de ses biens, mais seulement de leur possession, qui est transférée à ses créanciers. Ceux-ci acquièrent par là deux droits : 1° celui de faire vendre les biens cédés sans avoir besoin de remplir les formalités longues et coûteuses des saisies; 2° celui de percevoir, jusqu'à la vente, les fruits des mêmes biens : le prix de ces fruits tombe dans la masse cédulaire; il est, par suite, réparti entre tous les créanciers, proportionnellement à ce qui est dû à chacun d'eux.

1270. Les créanciers ne peuvent refuser la cession judiciaire, si ce n'est dans les cas exceptés par la loi. — Elle opère la décharge de la contrainte par corps. — Au surplus, elle ne libère le débiteur que jusqu'à concurrence de la valeur des biens abandonnés, et, dans le cas où ils auraient été insuffisants, s'il lui en survient d'autres, il est obligé de les abandonner jusqu'au parfait payement.

Ceux qui ne jouissent pas du bénéfice de la cession judiciaire de biens sont : 1° d'après l'art. 905 C. pr. civ., les étrangers, les stellionataires (art. 2059), les banqueroutiers frauduleux, ceux qui ont été condamnés pour vol ou escroquerie, les comptables, tuteurs, administrateurs et dépositaires; 2° d'après l'art. 541 C. com., les commerçants : mais si, avant la loi du 22 juill. 1867, qui a aboli la contrainte par corps en matière civile et commerciale et contre les étrangers, le failli était déclaré excusable, il se trouvait affranchi de la contrainte par corps à l'égard des créanciers de la faillite (art. 539 C. com.). Au reste, ces diverses personnes peuvent faire la cession volontaire de leurs biens : ce qui leur est refusé, c'est seulement le bénéfice, maintenant sans objet, de la cession judiciaire.

Le débiteur qui a fait la cession judiciaire de ses biens n'est exproprié que par leur vente, et il n'est libéré que jusqu'à concurrence du prix touché par ses créanciers. Ceux-ci peuvent donc le poursuivre, pour la somme qui leur reste due, sur tous les biens qu'il acquiert ensuite.

SECTION II.

De la Novation.

La *novation* est : « L'extinction d'une ancienne obligation par la naissance d'une obligation nouvelle, qui remplace la première. » Elle diffère : 1° du *payement avec subrogation*, dans lequel le créancier reçoit ce qui lui est dû des mains d'un tiers, qui obtient les garanties de la créance éteinte par le payement; 2° de la *cession de créance*, qui laisse subsister la créance cédée et toutes ses garanties.

1271. La novation s'opère de trois manières : — 1° Lorsque le débiteur contracte envers son créancier une nouvelle dette qui est substituée à l'ancienne, laquelle est éteinte; — 2° Lorsqu'un nouveau débiteur est substitué à l'ancien, qui est déchargé par le créancier; — 3° Lorsque, par l'effet d'un nouvel engagement, un nouveau créancier est substitué à l'ancien, envers lequel le débiteur se trouve déchargé.

La novation suppose essentiellement l'existence d'une ancienne obligation qui est remplacée par une obligation nouvelle. L'ancienne obligation peut être seulement naturelle ; elle peut être annulable pour cause de lésion ou pour vice de consentement ou de capacité. Mais si elle est affectée d'une nullité absolue, par exemple, si elle est contraire aux lois ou aux bonnes mœurs, elle ne peut point servir de base à une obligation nouvelle, et par conséquent il n'existera point de novation. Lorsque l'ancienne obligation est soumise à une condition suspensive, la novation n'aura lieu qu'à l'événement de la condition ; cependant, s'il apparaît que l'intention des parties a été de substituer actuellement à l'espérance de dette une dette pure et simple, la novation s'opère au moment même de la convention.

Toute obligation se compose de trois termes essentiels, qui sont : une chose due, un débiteur, et un créancier. Si l'un de ces trois termes cesse d'exister, l'obligation est nécessairement éteinte. C'est pourquoi, aux termes de notre article, la novation s'opère soit par changement d'objet, soit par changement de débiteur, soit par changement de créancier.

1° La novation par *changement d'objet*, qui exige le consentement du créancier et du débiteur, exige aussi qu'il y ait dans la chose due quelque chose de nouveau, *aliquid novi* : or, cette nouveauté *d'objet* peut exister dans le changement de chose, de quantité, ou de condition. Si les parties n'ont changé que l'époque d'échéance, que le lieu de payement ou que les garanties réelles ou personnelles, il y a présomption qu'elles n'ont pas entendu nover.

2° La novation par *changement de débiteur* s'opère par le consentement du créancier et du nouveau débiteur, qui s'oblige à la place de l'ancien débiteur. Le consentement de l'ancien débiteur n'est pas ici nécessaire, par la raison que toute personne peut payer la dette d'un tiers, libérer un tiers (art. 1236). Le nouveau débiteur qui s'oblige à la place de l'ancien et le décharge s'appelle expromisseur, *expromissor ;* il ne serait que débiteur *accessoire*, c'est-à-dire caution, si l'ancien débiteur restait obligé, et par conséquent il n'y aurait pas novation.

3° La novation par *changement de créancier*, qui diffère essentiellement de la cession de créance et du payement avec subrogation, exige le consentement de trois personnes : de l'ancien créancier, qui perd par là son droit de créance ; du nouveau créancier, qui stipule, et du débiteur, qui s'engage à payer à celui-ci ce qu'il devait à son ancien créancier.

I   49

1272. La novation ne peut s'opérer qu'entre personnes capables de contracter.

Le créancier incapable, par exemple le mineur, ne peut pas faire une novation valable. Mais si le créancier capable fait une novation, en acceptant pour nouveau débiteur un incapable, par exemple, un mineur à la place d'un majeur, la novation n'est pas dénuée de tout effet : le créancier a libéré par là son ancien débiteur, et il n'a acquis contre le mineur qu'une obligation annulable.

1273. La novation ne se présume point; il faut que la volonté de l'opérer résulte clairement de l'acte.

La novation, qui éteint l'ancienne obligation et, avec elle, les garanties destinées à en assurer le payement, ne doit pas se présumer, car personne n'est censé vouloir renoncer à des droits acquis. Mais il n'est cependant pas nécessaire, pour que la novation s'opère, que les parties expriment formellement dans l'acte leur volonté à cet égard : il suffit qu'elles manifestent clairement leur intention de nover.

Remarquons que la *novation* dont il s'agit dans l'art. 879 se présume, mais qu'elle ne constitue pas une véritable novation et que les créanciers de la succession, qui acceptent l'héritier pour débiteur, conservent néanmoins toutes les garanties réelles et personnelles qui assurent le payement de leurs créances.

Quoique la novation ne se présume point et doive être prouvée, sa preuve demeure cependant soumise aux règles du droit commun et peut, par suite, être faite à l'aide de simples présomptions accompagnées d'un commencement de preuve par écrit. Ainsi décidé : — « Attendu que la cause était régie par l'art. 1273 qui, s'il déclare que la novation ne se présume pas et veut qu'elle soit prouvée, ne prescrit, pour l'établir, aucun mode spécial de preuve, et maintient, en ce qui la concerne, les principes et les règles du droit commun; qu'ainsi l'arrêt attaqué n'a pas plus violé l'art. 1275 que l'art. 1341, en accueillant, comme preuve de la novation qu'il déclare s'être opérée, des présomptions dont le droit commun, dans les circonstances particulières de la cause, autorisait l'admission » (C. cass. 12 déc. 1866).

1274. La novation par la substitution d'un nouveau débiteur peut s'opérer sans le concours du premier débiteur.

On appelle *expromission* la novation par changement de débiteur.
Comme un tiers peut payer sans le consentement du débiteur (art. 1236),
il peut aussi nover sans le concours ni le consentement de celui-ci : assimilé alors à un gérant d'affaires, il a une action en recours. Mais quoiqu'il ait le droit de payer la dette d'autrui, il ne peut, quelque grande que
soit sa solvabilité, devenir expromisseur que du consentement du créancier : celui-ci peut avoir des motifs particuliers et respectables pour ne
pas vouloir changer de débiteur.

1275. La délégation par laquelle un débiteur donne au
créancier un autre débiteur qui s'oblige envers le créancier,
n'opère point de novation, si le créancier n'a expressément déclaré qu'il entendait décharger son débiteur qui a fait la délégation.

La *délégation* est un acte par lequel le débiteur donne à un tiers le
mandat de contracter, envers le créancier, un engagement principal ou
accessoire de la même dette. Le débiteur prend alors le nom de *déléguant*;
le tiers, celui de *délégué*, et le créancier, celui de *délégataire*. Le déléguant est souvent un créancier du délégué.

Comme la novation ne se présume pas (art. 1273), la délégation, qui
donne au créancier un nouveau débiteur, ne libère cependant pas l'ancien. Toutefois, si le créancier déclare expressément ou manifeste clairement dans l'acte qu'il entend décharger le déléguant pour se contenter de
l'engagement du délégué, la novation s'opère et le déléguant se trouve
libéré.

1276. Le créancier qui a déchargé le débiteur par qui a été
faite la délégation, n'a point de recours contre ce débiteur, si
le délégué devient insolvable, à moins que l'acte n'en contienne
une réserve expresse, ou que le délégué ne fût déjà en faillite
ouverte, ou tombé en déconfiture au moment de la délégation.

Lorsque le débiteur a été déchargé, l'insolvabilité du délégué tombe à
la charge du créancier. Ce principe général souffre exception. En cas
d'insolvabilité du délégué, le créancier a le droit d'agir en recours contre
son ancien débiteur : 1° s'il s'est réservé expressément, pour ce cas, son
action en recours contre le débiteur; 2° si le délégué était déjà, au mo-

ment de la délégation, en état de faillite ou de déconfiture : il est à présumer que le créancier n'aurait point accepté la délégation et déchargé son ancien débiteur s'il eût connu l'insolvabilité complète du délégué. La *faillite* est l'état du commerçant qui a cessé ses payements (art. 437 C. com.). La *déconfiture* est l'état d'un non-commerçant dont le passif surpasse l'actif.

1277. La simple indication faite par le débiteur, d'une personne qui doit payer à sa place, n'opère point novation. — Il en est de même de la simple indication faite par le créancier d'une personne qui doit recevoir pour lui.

Celui qui est indiqué pour payer, ou pour recevoir, n'est qu'un simple mandataire; par suite, la dette continue à subsister avec tous ses accessoires.

1278. Les priviléges et hypothèques de l'ancienne créance ne passent point à celle qui lui est substituée, à moins que le créancier ne les ait expressément réservés.

La novation, qui éteint l'ancienne dette, éteint aussi les priviléges et hypothèques qui en garantissaient le payement. La nouvelle dette est donc, en général, privée des garanties attachées à l'ancienne. Toutefois, les parties peuvent valablement convenir, comme on le fait fréquemment dans la novation par changement d'objet, que les priviléges et hypothèques de l'ancienne dette passeront à celle qui lui est substituée ; mais cette convention ne pouvant pas nuire aux droits acquis des autres créanciers hypothécaires, elle ne donne jamais au créancier l'ancien rang d'inscription pour une somme supérieure à celle de la dette éteinte.

1279. Lorsque la novation s'opère par la substitution d'un nouveau débiteur, les priviléges et hypothèques primitifs de la créance ne peuvent point passer sur les biens du nouveau débiteur.

Il est bien évident que les priviléges et hypothèques qui affectaient les biens du débiteur déchargé, ne peuvent pas venir affecter, en conservant leur ancien rang et au préjudice des droits acquis aux tiers, les biens du nouveau débiteur. Celui-ci peut hypothéquer spécialement ses immeubles ;

mais lès hypothèques qu'il consent ne peuvent jamais avoir un rang plus ancien que sa dette. Le créancier qui veut nover tient-il à conserver ses anciennes garanties? Il faut alors qu'il fasse intervenir son débiteur dans la novation, et convienne avec lui que les anciennes hypothèques garantiront le payement de l'obligation du nouveau débiteur.

1280. Lorsque la novation s'opère entre le créancier et l'un des débiteurs solidaires, les priviléges et hypothèques de l'ancienne créance ne peuvent être réservés que sur les biens de celui qui contracte la nouvelle dette.

Paul et Pierre me doivent solidairement 20,000 fr. et m'ont tous deux consenti des hypothèques. Si je nove avec Paul sans faire aucune réserve, l'obligation nouvelle est privée des anciennes garanties. Toutefois, je puis me réserver les hypothèques qui grèvent les immeubles de Paul, avec lequel je nove. Mais puis-je aussi me réserver valablement les hypothèques qui grèvent les immeubles de Pierre? Non. Cette réserve produirait cependant son effet si je faisais intervenir Pierre; dans le cas contraire, la réserve est nulle, et cette nullité rend nulle la novation elle-même.

1281. Par la novation faite entre le créancier et l'un des débiteurs solidaires, les codébiteurs sont libérés.—La novation opérée à l'égard du débiteur principal libère les cautions. — Néanmoins, si le créancier a exigé, dans le premier cas, l'accession des codébiteurs, ou, dans le second, celle des cautions, l'ancienne créance subsiste, si les codébiteurs ou les cautions refusent d'accéder au nouvel arrangement.

La novation qui libère envers le créancier les débiteurs solidaires, ou le débiteur principal, fait naître contre eux une action en recours de la part de celui dont l'engagement a éteint la première dette. — Lorsque le créancier exige que les autres obligés accèdent au nouvel engagement, la novation est alors conditionnelle. L'accession manque-t-elle? l'ancienne dette continue à subsister avec tous ses accessoires, tant personnels que réels. L'accession a-t-elle lieu? la novation s'opère; mais, à moins de réserve expresse, les garanties réelles données par ceux qui accèdent à la nouvelle obligation, ne passent pas à l'obligation nouvelle et sont par conséquent éteintes.

SECTION III.

Dé la Remise de la Dette.

La *remise de la dette* peut être ainsi définie : « C'est l'abandon gratuit que le créancier fait à son débiteur de son droit de créance. » Quoique cette remise constitue une donation, elle n'est cependant pas soumise aux formes de l'art. 931, parce que le législateur voit avec plus de faveur l'extinction des obligations, qui rend aux personnes leur liberté naturelle, que la naissance d'obligations. C'est, d'ailleurs, ce qui a été décidé en ces termes : — « Attendu, en droit, que l'art. 1282 n'assujettit la remise de la dette à aucune formalité ; — Attendu que le jugement a déclaré, en fait, qu'il ne s'agissait pas, dans l'espèce, d'une donation, mais bien de la remise d'une dette ; que, dès lors, il n'était pas besoin que cette remise fût constatée par un acte notarié, ni que l'on justifiât d'une acceptation formelle ; — Attendu que la preuve testimoniale a pu être admise, puisque, d'une part, il s'agissait d'une lettre de change, que les juges de commerce étaient appelés à prononcer, et que les juges en cette matière ont une plus grande latitude pour l'admission des preuves testimoniales ; d'autre part, que les parties ayant subi un interrogatoire, et le jugement s'appuyant sur les explications fournies par elles et sur leurs aveux, on a pu y puiser un commencement de preuve par écrit pour ordonner la preuve testimoniale » (C. cass. 2 janv. 1843).

La remise de la dette peut être aussi bien tacite qu'expresse. Cette remise est *expresse*, quand elle résulte des termes d'une convention ; elle est *tacite*, quand elle résulte d'un fait manifestant clairement que le créancier a entendu libérer gratuitement son débiteur. Mais la remise de la dette, qui est affranchie de toute forme, est, au fond, soumise aux règles ordinaires des donations : elle est donc nulle si les parties ne jouissent pas de la capacité de faire et de recevoir réciproquement des donations ; elle est soumise aux règles concernant le *rapport* et la *réduction*, et elle est *révocable* pour cause d'ingratitude du donataire et de survenance d'enfant au donateur.

1282. La remise volontaire du titre original sous signature privée, par le créancier au débiteur, fait preuve de la libération.

Trois conditions sont requises pour que la remise du titre original

sous signature privée fasse preuve de la libération. Il faut : 1° que le titre
ait été remis par le *créancier* ; 2° que cette remise ait été faite au *débiteur*
lui-même ; 3° qu'elle ait été *volontaire*. Si le créancier remettait à son débiteur son titre en qualité de déposant, ou par suite de violence ou de
dol, cette remise ne serait pas *volontaire* dans le sens de notre article et,
par suite, elle ne ferait pas preuve de la libération.

Quand les trois conditions requises sont réunies, la remise du titre
original sous signature privée, auquel on assimile l'*original en brevet*,
prouve la libération, et cette preuve est inattaquable, parce qu'il n'est pas
admissible qu'un créancier sensé remette à son débiteur un pareil titre,
qui est son unique moyen de preuve, sans avoir l'intention de le libérer.
— Au reste, le débiteur qui est en possession du titre est présumé l'avoir
obtenu par une voie juste et honnête, et réunir en sa faveur les trois
conditions exprimées dans notre article. Si le créancier prétend le contraire
et soutient que son débiteur, possesseur du titre, reste néanmoins obligé,
il est donc tenu de prouver sa prétention.

Le débiteur qui est en possession du titre est présumé avoir payé sa
dette, et non pas avoir reçu une libéralité; en effet, la remise du titre au
débiteur vaut quittance, et les payements sont beaucoup plus fréquents
que les remises gratuites de dettes. Par suite, si un héritier du créancier
prétend que le débiteur a été libéré à titre gratuit et que la libéralité est
rapportable ou réductible, c'est à lui de prouver l'existence de la libéralité.
Toutefois, la caution qui possède le titre, et qui agit en recours contre le
débiteur principal ou contre les autres cautions, doit prouver, en cas de
contestation, que la remise du titre qui lui a été faite n'a pas eu pour but
de libérer gratuitement tous les coobligés, mais qu'elle a eu lieu par suite
de payement ou d'une autre cause lui conférant le droit d'agir en recours :
c'est là une application de la règle qui impose au demandeur le fardeau de
la preuve, *probatio incumbit actori*.

1283. La remise volontaire de la grosse du titre fait présumer la remise de la dette ou le payement, sans préjudice de
la preuve contraire.

La *grosse du titre* est une copie de la minute qui reste dans l'étude du
notaire ou au greffe du tribunal; à la différence des simples copies ou
expéditions, elle est écrite en gros caractères et elle est revêtue de la forme
exécutoire. Si le créancier capable remet volontairement à son débiteur
la grosse de son titre, ce fait établit non pas la *preuve*, mais seulement

une *présomption* de libération : à l'aide de la minute, qui est le titre original, le créancier peut encore prouver l'existence de sa créance. Au reste, les remises de simples copies n'établissent point la présomption de libération.

1284. La remise du titre original sous signature privée, ou de la grosse du titre, à l'un des débiteurs solidaires, a le même effet au profit de ses codébiteurs.

Ainsi, il existe en faveur de tous les débiteurs une preuve ou seulement une présomption de libération, selon que la remise faite à l'un d'eux a pour objet le titre original (art. 1282) ou la grosse du titre (art. 1283). La remise ayant *le même effet au profit de tous les codébiteurs*, il suit de là que celui d'entre eux qui a reçu le titre gratuitement, n'a aucun recours à exercer contre les autres, ceux-ci étant pareillement libérés d'une manière gratuite ; mais s'il l'a reçu à titre onéreux, par exemple, à la suite d'un payement, il a un recours contre ses codébiteurs. Comme il joue le rôle de demandeur, c'est à lui de prouver, en cas de contestation, le fait du payement ou de toute autre cause qui lui donne une action en recours.

1285. La remise ou décharge conventionnelle au profit de l'un des codébiteurs solidaires, libère tous les autres, à moins que le créancier n'ait expressément réservé ses droits contre ces derniers. — Dans ce dernier cas, il ne peut plus répéter la dette que déduction faite de la part de celui auquel il a fait la remise.

La remise du titre est une décharge tacite, tandis que la remise conventionnelle est une décharge expresse. De même que la décharge tacite, la décharge conventionnelle au profit de l'un des débiteurs solidaires libère pareillement tous les autres : chacun d'eux devant la dette entière, il est naturel de présumer que le créancier, qui fait remise à l'un, renonce ainsi à toute sa créance ; mais cette présomption cesse si le créancier, qui garde d'ailleurs ses titres, se réserve ses droits contre les autres. En agissant contre ceux-ci, est-ce la part *réelle*, ou la part *virile* du débiteur déchargé, qu'il doit déduire ? C'est là une question d'intention ; en général, on déduit la part réelle.

1286. La remise de la chose donnée en nantissement ne suffit point pour faire présumer la remise de la dette.

Le nantissement s'appelle *gage* ou *antichrèse*, selon qu'il a pour objet une chose mobilière ou une chose immobilière (art. 2072). La remise de la chose n'est qu'une renonciation à une garantie accessoire ; elle prouve que le créancier a maintenant plus de confiance en son débiteur, et non pas qu'il renonce à sa créance.

1287. La remise ou décharge conventionnelle accordée au débiteur principal libère les cautions ; — Celle accordée à la caution ne libère pas le débiteur principal ; — Celle accordée à l'une des cautions ne libère pas les autres.

Cet article contient trois dispositions distinctes.

1° La remise faite au *débiteur principal* éteint la dette et tous ses accessoires ; par suite, les cautions sont nécessairement libérées. Mais il en serait autrement si, au lieu d'être volontaire, la remise de la dette était forcée. Ainsi, le débiteur qui a fourni caution tombe en faillite ; ensuite, un concordat le rétablit à la tête de ses affaires, moyennant le payement du quart de ses dettes. Quoiqu'il cesse par là d'être débiteur civil pour devenir débiteur naturel des trois quarts dont la remise lui a été faite, ses cautions restent néanmoins obligées civilement à toute la dette. Telle est la disposition formelle de l'art. 545 C. com. : « Nonobstant le concordat, les créanciers conservent leur action pour la totalité de leur créance contre les coobligés du failli. » Le cautionnement et la solidarité doivent, en pareil cas, conserver toute leur force, parce qu'ils ont eu précisément pour but de mettre le créancier à l'abri des pertes résultant de la faillite ou de l'insolvabilité du débiteur principal ou de l'un des débiteurs solidaires. Toutefois, lorsque la remise de la dette est faite sans réserve au débiteur principal ou à l'un des débiteurs solidaires, cette remise a pour effet de libérer les cautions et les autres débiteurs solidaires, ainsi que l'a décidé la Cour suprême dans deux arrêts du 17 juin 1867 et du 12 nov. 1867. Voici les termes de ce dernier arrêt : — « Attendu que la loi du 17 juillet 1856, qui autorise les concordats par abandon et leur attribue les mêmes effets qu'aux autres concordats, n'a trait qu'à ceux qui interviennent au cours d'une faillite ; — Qu'on ne saurait donc étendre l'application de cette disposition (art. 541 C. com.) au contrat d'atermoiement ou de remise totale de dettes contre abandon d'actif, consenti à un débiteur non failli, quelque qualification que lui donnent les intéressés ; —Qu'un traité de cette espèce, tout volontaire de la part de ceux qui y concourent, et formé en dehors des conditions et des garanties particulières aux concordats, constitue la remise ou décharge conventionnelle énoncée aux art. 1285 et 1287 C. Nap., et opère, lorsqu'elle est accordée à un débiteur principal ou à un codébiteur solidaire, la libération des cautions et des autres codébiteurs solidaires, à l'égard de ceux des créanciers qui n'ont pas expressément réservé leurs droits contre eux ; — Attendu qu'il n'importe, au surplus, que ces cautions ou codébiteurs solidaires aient concouru à la convention, leur présence ne pouvant juridiquement équivaloir ni suppléer l'expression de la réserve formelle exigée par les articles précités et qu'il n'a tenu qu'au créancier de faire consigner dans le contrat » (C. cass. 12 nov. 1867).

2º De même que la remise du gage (art. 1286), la décharge de la caution, qui est aussi une garantie accessoire, fait supposer que le créancier a maintenant plus de confiance dans la solvabilité de son débiteur ; le créancier qui a déchargé la caution conserve donc ses droits de créance contre le débiteur principal.

3º Quoique la décharge accordée à l'une des cautions ne libère pas les autres, celles-ci ne peuvent cependant plus être poursuivies que déduction faite de la part de cette caution ; car la décharge, qui est l'œuvre du créancier seul, ne doit pas nuire au droit acquis à chaque caution d'agir, après payement, en recours contre les autres.

1288. Ce que le créancier a reçu d'une caution pour la décharge de son cautionnement doit être imputé sur la dette, et tourner à la décharge-du débiteur principal et des autres cautions.

La personne qui a cautionné pour 20,000 fr. un débiteur dont la solvabilité est douteuse, craint les rigoureuses conséquences de son engagement, et elle vient offrir, par exemple, 1,000 fr. au créancier, pour obtenir sa décharge. Celui-ci accepte : quoiqu'il ressente par là le double désavantage de recevoir une somme partielle et de courir les chances de l'insolvabilité du débiteur, sans recours possible contre la caution, il est cependant tenu, aux termes clairs et formels de notre article, d'imputer sur sa créance la somme qu'il a reçue comme prix de la décharge de la caution. Cette disposition, assez souvent éludée en pratique, est l'objet de vives critiques.

SECTION IV.

De la Compensation.

La *compensation* peut être définie : « Un payement double et fictif, qui s'opère entre deux personnes réciproquement créancières et débitrices l'une de l'autre. » Elle est fondée sur l'utilité des parties qui ont un intérêt à éviter des lenteurs, des déplacements, des difficultés et des frais. Aussi la loi romaine disait-elle : « Il vaut mieux ne pas payer, que d'avoir à répéter ce qui a été payé, *Melius est non solvere, quam solutum repetere.* »

On distingue trois sortes de compensations : — 1° La compensation *légale*, qui s'opère de plein droit, et même à l'insu des parties, lorsque toutes les conditions requises par les articles de notre section se trouvent réunies ; — 2° La compensation *conventionnelle;* elle ne s'opère que du consentement des parties, mais ce consentement suffit pour compenser les dettes, alors même qu'elles diffèrent essentiellement par leur objet et par les termes de leur exigibilité ; — 3° La compensation *facultative*, qui ne peut s'opérer que par la volonté d'une seule partie ; ainsi, vous me devez une pièce de vin de Bordeaux, et moi je vous dois une pièce de vin non spécifié : j'ai le droit, et moi seul, d'invoquer la compensation. — Quelques personnes considèrent encore les demandes *reconventionnelles*, c'est-à-dire formées dans une instance judiciaire par le défendeur contre le demandeur, comme constituant une espèce particulière de compensation.

Dans cette section, le législateur ne traite que de la compensation légale.

1289. Lorsque deux personnes se trouvent débitrices l'une envers l'autre, il s'opère entre elles une compensation qui éteint les deux dettes, de la manière et dans les cas ci-après exprimés.

Pour que la compensation s'opère, il faut que celui qui s'en prévaut soit à la fois créancier et débiteur de la personne à laquelle il l'oppose ; or, une société commerciale constitue un être moral distinct des associés qui la composent. Donc celui qui est créancier d'un associé et débiteur de la société ne peut pas se prévaloir de la compensation (C. cass. 14 mars 1860).

1290. La compensation s'opère de plein droit par la seule

force de la loi, même à l'insu des débiteurs; les deux dettes s'é-
teignent réciproquement, à l'instant où elles se trouvent exister
à la fois, jusqu'à concurrence de leurs quotités respectives.

Je suis votre créancier de 30,000 fr. Vous recueillez la succession d'une
personne à laquelle je dois 10,000 fr. La compensation s'opère aussitôt :
par suite, je suis libéré de ma dette, et ma créance est réduite à 20,000 fr.

1291. La compensation n'a lieu qu'entre deux dettes qui ont
également pour objet une somme d'argent, ou une certaine
quantité de choses fungibles de la même espèce et qui sont également liquides et exigibles. — Les prestations en grains ou
denrées, non contestées, et dont le prix est réglé par les mercuriales, peuvent se compenser avec des sommes liquides et
exigibles.

Pour que la compensation légale s'opère, trois conditions sont requises.

1° Les deux dettes doivent avoir pour objet des sommes d'argent ou des
choses fungibles de la *même espèce* : la dette de 20 décalitres de blé se
compensera avec la dette de 30 décalitres. — Les choses *fungibles*, expression opposée à choses *déterminées*, sont celles qui peuvent se remplacer parfaitement par d'autres de même nature, qualité et bonté,
quarum altera alterius vice fungitur. La compensation ne s'opère point
si les deux dettes ont pour objet des choses fungibles d'espèces différentes. Si vous me devez 10 pièces de vin, et si je vous dois cent décalitres de blé, la compensation légale ne pourra point s'opérer.

Toutefois, d'après la fin de notre article, les prestations en grains ou
denrées, dont le prix est réglé par les mercuriales, peuvent se compenser
avec des sommes d'argent. Or, on entend, par *prestations*, des redevances
annuelles ou périodiques, et, par *mercuriales*, certains registres qui con-
statent à quel prix le blé, l'avoine et autres denrées ont été vendues dans
les marchés publics.

Les expressions, « *peuvent se compenser,* » n'empêchent pas la compensation de s'opérer de plein droit; elles se réfèrent à certains cas où
la compensation ne s'opère point, parce qu'elle produirait un résultat
contraire à l'intention des parties. Ainsi, j'achète 100 hectolitres de blé
pour 1,500 fr.; aucune des parties ne peut invoquer la compensation, parce

qu'un pareil résultat serait contraire à l'intention évidente des parties. Ainsi encore, les prestations en grains de la dernière année ne se compensent point avec des sommes d'argent (art. 129 C. pr.).

Lorsque les deux dettes consistent en prestations ayant pour objet des grains ou denrées d'espèces différentes, mais dont le prix est réglé par les mercuriales, la compensation ne s'opère pas alors de plein droit; mais chaque partie peut alors l'invoquer.

2° Il faut encore, pour l'existence de la compensation légale, que les deux dettes soient *liquides*. Or, une dette est liquide quand il est certain qu'il est dû et combien il est dû, *an et quantum debeatur*.

3° Il faut, enfin, que les deux dettes soient *exigibles*, c'est-à-dire qu'aucune condition n'en suspende la naissance, et qu'aucun terme n'en retarde l'échéance.

Ajoutons qu'il faut que chaque partie puisse valablement payer au moment où les deux dettes deviennent exigibles. La saisie-arrêt (art. 1298) et la faillite de l'une des parties (art. 443 C. com.) empêchent, dans la personne du saisi ou du failli, un payement valable; par suite, la compensation ne peut pas alors s'opérer.

1292. Le terme de grâce n'est point un obstacle à la compensation.

Le *terme de grâce* est celui que le juge accorde en prenant en considération la bonne foi et la position malheureuse du débiteur, qui, sans ce terme, serait contraint de vendre ses biens à la hâte et à vil prix (art. 1244). Mais si le débiteur devient ensuite lui-même créancier de son créancier, sa position se trouve profondément changée, et la cause qui lui avait fait accorder un terme de grâce a disparu; par conséquent, ce terme disparaît avec sa cause, et la compensation s'opère.

1293. La compensation a lieu, quelles que soient les causes de l'une ou de l'autre des dettes, excepté dans le cas : — 1° De la demande en restitution d'une chose dont le propriétaire a été injustement dépouillé; — 2° De la demande en restitution d'un dépôt et du prêt à usage; — 3° D'une dette qui a pour cause des aliments déclarés insaisissables.

En matière de compensation, on recherche seulement si les deux dettes sont liquides, exigibles et ont pour objet des choses fungibles; on n'a égard ni à la qualité des personnes ni à la cause des dettes. **Cependant** en ce qui concerne la *cause*, le principe souffre trois exceptions.

1° Quand un créancier devient lui-même débiteur, parce qu'il a dépouillé injustement son débiteur d'une certaine somme, il ne peut jamais, sous ce rapport, invoquer la compensation; il faut, avant tout, qu'il restitue au spolié ce qu'il lui a pris, *spoliatus ante omnia restituendus*. S'il en était autrement, chaque créancier se ferait justice à soi-même et se payerait de ses propres mains : ce qui deviendrait une source perpétuelle de rixes.

2° Le dépôt et le prêt à usage ou commodat ont toujours pour objet des corps certains et déterminés qui doivent être rendus identiquement au propriétaire. Or, la compensation ne pouvant s'opérer que lorsque les deux dettes ont pour objet des *choses fungibles de la même espèce* (art. 1291), elle est évidemment inapplicable au dépôt et au prêt à usage. Voici le véritabe esprit du législateur : le créancier ne peut pas retenir, comme garantie de sa créance, la chose qui lui a été remise par son débiteur à titre de dépôt ou de prêt à usage; une pareille rétention, faite en vue d'arriver plus pomptement et plus sûrement au payement de sa créance, est contraire à la bonne foi; elle deviendrait, d'ailleurs, une source de ruses, de supercheries et de querelles. — Toutefois, le créancier a le droit de retenir la chose qu'il a reçue en dépôt ou en commodat, jusqu'au remboursement des dépenses qu'il a faites à l'égard de cette chose. En outre, si la chose périt par sa faute, il devient par là débiteur du prix, et peut compenser sa dette du prix avec sa créance.

3° Les pensions alimentaires qui sont fixées par justice ou qui sont données ou léguées, sont toutes *insaisissables*, même en l'absence de déclaration (art. 581 C. pr.). Or, comme elles ne peuvent pas être saisies, elles ne peuvent pas non plus être compensées, si ce n'est, dans une certaine mesure, avec les créances qui ont pour cause des aliments. Remarquons que, d'après la jurisprudence, les traitements des employés et les salaires des ouvriers peuvent, dans certaines circonstances, et eu égard aux nécessités de la vie, être considérés par le juge comme étant *alimentaires* et, par suite, comme non susceptibles de saisie ni de compensation. Ainsi décidé : — « Attendu que le tribunal de première instance de Senlis s'est fondé sur ce que les traitements et salaires du débiteur étaient insuffisants pour ses besoins et la subsistance de sa nombreuse famille; qu'ils lui avaient été journellement payés, et qu'ils avaient un caractère alimentaire; — Que ces motifs suffisent pour justifier sa décision; — Que s'il est vrai, en effet, que les traitements des employés des particuliers et les salaires des ouvriers, ne sont pas déclarés insaisissables par la loi, il appartient néanmoins aux juges, en usant de ce pouvoir avec une grande réserve, d'apprécier si ces traitements ou salaires, en raison de leur nature et de la position du débiteur, peuvent être considérés comme alimentaires, et à ce titre être affranchis, soit pour partie, soit même pour le tout, suivant les circonstances, des effets de la saisie » (C. cass. 10 avr. 1860). — Cette jurisprudence, lorsqu'elle est resserrée dans des limites rigoureuses, est fort équitable ; il est nécessaire que le débiteur puisse compter sur son travail pour ses besoins et ceux de sa famille. A Paris, on ne peut, d'après l'usage, saisir que le cinquième du traitement ou salaire des employés ou ouvriers.

1294. La caution peut opposer la compensation de ce que le créancier doit au débiteur principal ; — Mais le débiteur principal ne peut opposer la compensation de ce que le créancier doit à la caution. — Le débiteur solidaire ne peut pareillement opposer la compensation de ce que le créancier doit à son codébiteur.

Cet article contient trois règles. — 1° La caution, qui est un obligé accessoire, ne peut être tenue à plus que le débiteur principal (art. 2013), dans la personne duquel la compensation s'opère de plein droit. Elle peut donc invoquer la compensation du chef de ce débiteur. — 2° La compensation légale, qui existe dans l'intérêt de toutes les parties, ne s'opère jamais de plein droit entre le créancier et la caution, parce que les droits de celle-ci seraient par là souvent lésés. Elle peut, il est vrai, être invoquée par la caution poursuivie elle-même en payement ; mais elle ne peut pas, contre le gré de la caution, être invoquée par le débiteur principal, car celui-ci ne peut pas disposer à son gré d'un droit de créance appartenant à autrui. — 3° Au premier aspect, il semblerait équitable que le débiteur solidaire pût invoquer la compensation de ce que le créancier doit à son codébiteur, du moins dans la mesure du recours qui lui appartient contre celui-ci, après le payement de la dette entière ; car, sous ce rapport, il ressemble à une caution. Mais la considération qu'il s'est engagé principalement au payement de toute la dette, met obstacle à ce qu'il puisse, au moyen de la compensation, fractionner la créance de son codébiteur, sans le consentement exprès de celui-ci. Les termes formels de notre article lui refusent, par cette raison, le droit d'invoquer la compensation du chef de son codébiteur solidaire.

1295. Le débiteur qui a accepté purement et simplement la cession qu'un créancier a faite de ses droits à un tiers, ne peut plus opposer au cessionnaire la compensation qu'il eût pu, avant l'acceptation, opposer au cédant. — A l'égard de la cession qui n'a point été acceptée par le débiteur, mais qui lui a été signifiée, elle n'empêche que la compensation des créances postérieures à cette notification.

La cession de créance avec l'intervention du débiteur se fait ordinairement par acte notarié. Le cessionnaire se trouve ainsi dispensé de faire au débiteur la signification de son acte de cession (art. 1690). Or, quand le débiteur accepte *purement et simplement la cession*, c'est-à-dire sans faire aucune réserve, il reconnaît par là que sa dette reste entière et s'en constitue intégralement débiteur envers le cessionnaire; toutefois, lorsqu'il est déjà libéré envers le cédant pour la totalité ou pour partie, soit par compensation, soit autrement, il a un recours contre le cédant, celui-ci ne devant pas s'enrichir, par suite d'une erreur qui ne fait pas compte, aux dépens d'autrui. Au reste, les créanciers du débiteur qui a accepté purement et simplement la cession d'une créance éteinte de plein droit par la compensation, ont le droit d'invoquer cette compensation contre le cessionnaire; car la cession acceptée n'a pas pu faire revivre, à leur égard, et au préjudice de leurs droits acquis, une créance éteinte et, avec elle, les priviléges et hypothèques qui en garantissaient le payement.

Lorsque le débiteur cédé n'intervient pas dans la cession, le cessionnaire a besoin, pour être saisi de la créance à l'égard des tiers, de notifier son acte de cession au débiteur (art. 1690); celui-ci peut donc invoquer contre le cessionnaire la compensation des créances qu'il acquiert contre le cédant antérieurement à la notification.

1296. Lorsque les deux dettes ne sont pas payables au même lieu, on n'en peut opposer la compensation qu'en faisant raison des frais de la remise.

Je dois vous livrer 100 hectolitres de blé à Marseille, et vous devez me livrer la même mesure de blé à Paris : la compensation aura lieu; mais on tiendra compte *des frais de la remise*, c'est-à-dire de la différence de prix du blé qui existe dans les marchés de Marseille et dans ceux de Paris.

1297. Lorsqu'il y a plusieurs dettes compensables dues par la même personne, on suit, pour la compensation, les règles établies pour l'imputation par l'article 1256.

Ainsi, de même que lorsqu'il s'agit d'imputation légale, c'est la dette la plus onéreuse au débiteur qui sera éteinte par la compensation.

1298. La compensation n'a pas lieu au préjudice des droits acquis à un tiers. Ainsi celui qui, étant débiteur, est devenu créancier depuis la saisie-arrêt faite par un tiers entre ses mains, ne peut, au préjudice du saisissant, opposer la compensation.

Si la saisie-arrêt est formée après l'accomplissement de la compensation légale, elle ne produit aucun effet ; car elle ne peut point nuire à des droits acquis, en faisant renaître des créances éteintes. Mais si elle est formée avant l'accomplissement de la compensation, elle empêche celle-ci de s'opérer ; car le tiers saisi, qui ne peut plus faire de payement valable (art. 1242), ne peut pas davantage invoquer la compensation au préjudice du saisissant.

1299. Celui qui a payé une dette qui était, de droit, éteinte par la compensation, ne peut plus, en exerçant la créance dont il n'a point opposé la compensation, se prévaloir, au préjudice des tiers, des priviléges ou hypothèques qui y étaient attachés, à moins qu'il n'ait eu une juste cause d'ignorer la créance qui devait compenser sa dette.

La compensation, qui éteint les deux dettes, éteint aussi, avec elles, leurs accessoires, tels que priviléges et hypothèques. Si l'une des parties paye ensuite par erreur sa dette éteinte par la compensation, elle peut répéter ce qu'elle a indûment payé (art. 1235, 1376) ; mais son action ne jouissant pas des priviléges et hypothèques qui garantissaient sa créance éteinte pas compensation, il se trouve exposé aux chances d'insolvabilité de son débiteur. Toutefois, s'il avait, lors du payement indû, une juste cause d'ignorer la créance qui compensait sa dette, la rigueur des principes fléchit en sa faveur : les priviléges et hypothèques attachés à sa créance compensée revivent et assurent le remboursement de ce qu'il a indûment payé.

I. 50

SECTION V.

De la Confusion.

La *confusion* est la réunion dans une même personne des qualités incompatibles de créancier et de débiteur de la même obligation. Aussitôt que cette réunion de qualités incompatibles s'opère, la dette s'étcint. De même que la compensation, la confusion ne s'opère guère que par suite de succession.

1300. Lorsque les qualités de créancier et de débiteur se réunissent dans la même personne, il se fait une confusion de droit qui éteint les deux créances.

Les derniers mots de cet article, « *les deux créances,* » sembleraient devoir être remplacés par ceux-ci, « la créance et la dette. » Toutefois, dans le langage pratique, la *dette* est souvent appelée *créance passive;* l'inéxactitude du texte n'est donc, au fond, qu'apparente.

1301. La confusion qui s'opère dans la personne du débiteur principal, profite à ses cautions; — Celle qui s'opère dans la personne de la caution, n'entraîne point l'extinction de l'obligation principale; — Celle qui s'opère dans la personne du créancier, ne profite à ses codébiteurs solidaires que pour la portion dont il était débiteur.

Cet article expose trois cas de confusion. — 1° Si le créancier succède au débiteur principal, ou le débiteur principal au créancier, la dette se trouve vraiment éteinte par la confusion. Les accessoires de la dette ne pouvant pas survivre au principal, les cautions sont par conséquent libérées. D'ailleurs, si celles-ci étaient poursuivies en payement, elles repousseraient victorieusement le demandeur par l'exception de garantie, *Quem de evictione tenet actio, eumdem agentem repellit exceptio.* — 2° Si la caution succède au créancier, ou réciproquement, le cautionnement disparaît. Mais le débiteur principal reste dans le lien de la même dette; car, ainsi que l'exprimait la loi romaine, « La confusion n'éteint pas l'obligation, mais elle libère la personne, *Confusio non extinguit obligationem, sed eximit personam.* » Si la caution succède au débiteur, elle peut être poursuivie en payement, non point par l'action résultant du cautionnement, qui se trouve maintenant éteint, mais bien par l'action, résultant du contrat qui a fait naître l'obligation principale. — 3° Les mots « *dans la personne du créancier,* » sont inexacts, et doivent être ainsi remplacés, « dans la personne du *débiteur solidaire.* » Mais cette inexactitude a peu d'importance, la confusion pouvant s'opérer aussi bien dans la personne du créancier que dans celle du débiteur, et cette confusion faisant, dans l'espèce, disparaître la qualité de débiteur. Au reste, comme la confusion n'éteint pas la dette, il s'ensuit que le créancier peut, en exerçant l'action résultant de son contrat, poursuivre chacun des autres débiteurs solidaires en payement de toute la dette, en déduisant la part qu'il doit lui-même supporter, comme héritier de l'un des débiteurs. Il diffère du débiteur solidaire qui a payé la dette ; car celui-ci ne peut demander aux autres «˝que les part et portion de chacun d'eux » (art. 1214).

Qu'arrive-t-il si un créancier solidaire succède à son cocréancier, un débiteur solidaire à son codébiteur, une caution à sa cocaution ? Dans ces cas, tout se passe à peu près comme si la confusion ne s'était pas opérée ; c'est pourquoi notre article n'en parle pas. — Si la caution succède au débiteur principal, ou réciproquement, le cautionnement disparaît, mais la caution de la caution reste obligée (art. 2035).

Quand la succession n'est acceptée que sous bénéfice d'inventaire, ou quand les créanciers demandent la séparation des patrimoines, la confusion qui s'était opérée lors de l'ouverture de la succession dans la personne de l'héritier, s'évanouit par l'acceptation bénéficiaire, et, par suite, toutes les obligations actives et passives revivent.

SECTION VI.

De la Perte de la Chose due.

La chose dont il s'agit ici est un corps certain et déterminé. Quant aux genres, ils ne périssent pas, *Genera non pereunt.* Lorsque la chose due périt, l'obligation est éteinte, car son exécution est devenue par là impossible. Mais, dans les contrats synallagmatiques, la perte de la chose due par une partie ne dispense pas l'autre partie de remplir son engagement. Ainsi, je vous vends tel cheval pour 1,000 fr. ; le cheval périt, même avant la livraison : je me trouve alors libéré, et c'est vous qui subissez la perte, car j'ai le droit de vous contraindre au payement du prix de la vente.

1302. Lorsque le corps certain et déterminé qui était l'objet de l'obligation vient à périr, est mis hors du commerce, ou se perd de manière qu'on en ignore absolument l'existence, l'obligation est éteinte si la chose a péri ou a été perdue **sans la faute du débiteur et avant qu'il fût en demeure.** — **Lors même** que le débiteur est en demeure, et s'il ne s'est pas chargé **des** cas fortuits, l'obligation est éteinte dans le cas où la chose fût également périe chez le créancier si elle lui eût été livrée. — **Le** débiteur est tenu de prouver le cas fortuit qu'il allègue. — **De** quelque manière que la chose volée ait péri ou ait été perdue, sa perte ne dispense pas celui qui l'a soustraite de la restitution du prix.

Le principe posé dans cet article était déjà ainsi proclamé en droit romain, où cependant la propriété n'était pas, comme chez nous, transférée par l'effet de l'obligation : « La chose périt pour le créancier d'un corps certain, *Res perit creditori rei certæ,* » et, « Par la perte du corps certain, le débiteur est libéré, *Rei interitu debitor liberatur.* » Le créancier d'un corps certain court les chances d'augmentation de valeur; il doit, par suite, courir les chances de perte. Il en doit être de même, à plus forte raison, en droit français, où le créancier d'un corps certain en est propriétaire; la chose y périt donc pour le maître, *Res perit domino.*

Le débiteur d'un corps certain est, il est vrai, libéré de son obligation lorsque la chose est périe, perdue ou mise hors du commerce sans que l'on puisse lui imputer de faute. La chose est mise *hors du commerce,* par exemple, lorsqu'il s'agit d'un terrain qui a été affecté aux fortifications, aux routes ou aux chemins de fer. Mais, en tous cas, le débiteur doit remettre au créancier tout ce qui lui reste de la chose, ainsi que le prix qu'il aurait reçu à raison de l'expropriation de cette chose ; car il ne doit point s'enrichir aux dépens d'autrui.

La perte de la chose due est-elle arrivée par la faute ou par le fait, même innocent, du débiteur, ou après qu'il a été mis en demeure de remplir son engagement? L'obligation est alors *perpétuée,* c'est-à-dire, à la place de la chose périe, une somme est due au créancier à titre de dommages-intérêts. Cependant, quoique le débiteur qui a été mis en demeure soit présumé en faute, il fait tomber cette présomption, et, s'il n'a pas pris à sa charge les cas fortuits, il échappe à la nécessité de payer des dommages-intérêts, quand il prouve que la chose due est périe par cas fortuit, et qu'elle eût également péri chez le créancier. Cette disposition est fort équitable, puisqu'il est manifeste que le retard mis par le débiteur n'a causé aucun préjudice au créancier. — Toutefois, la loi traite rigoureusement celui qui a soustrait la chose d'autrui, c'est-à-dire le voleur : celui-ci doit le prix de cette chose, de quelque manière qu'elle soit périe. Mais cette disposition rigoureuse, édictée en haine des voleurs, *odio furum*, constitue une peine qui doit rester personnelle et ne pas s'étendre aux héritiers du voleur.

1303. Lorsque la chose est périe, mise hors du commerce, ou perdue, sans la faute du débiteur, il est tenu, s'il y a quelques droits ou actions en indemnité par rapport à cette chose, de les céder à son créancier.

Presque toujours les droits ou actions en indemnité naissent, en droit français, dans la personne du créancier, parce qu'il devient propriétaire de la chose due par l'effet de l'obligation (art. 711, 1138). Le créancier peut donc exercer ces droits et actions sans avoir besoin de recourir à une cession. Dans quelques cas, cependant, ces droits et actions naissent dans la personne du débiteur : une cession est alors nécessaire.

SECTION VII.

De l'Action en nullité ou en rescision des Conventions.

Il importe de bien distinguer les contrats *nuls* des contrats qui sont simplement *annulables*.

Or, le contrat est *nul*, c'est-à-dire frappé d'une nullité absolue et radicale, s'il ne réunit pas les quatre conditions essentielles à la validité des conventions, qui sont : 1° le consentement des parties; 2° leur capacité de s'obliger ; 3° un objet faisant la matière de l'engagement; 4° enfin, une cause licite (art. 1108). S'il manque une de ces quatre conditions essentielles, le contrat n'a aucune existence; il n'est susceptible d'aucune ratification, ni expresse ni tacite : agir en nullité pour en faire éteindre les obligations, serait une chose inutile et superflue, car on n'annule point le néant, et l'on n'éteint point des obligations qui n'ont jamais eu d'existence.

Le contrat *annulable* réunit toutes les conditions requises pour la vali-

dité des conventions; mais il se trouve entaché d'un vice de consentement, comme l'erreur sur la substance, la violence, le dol (art. 1109),
ou d'un vice de capacité, comme celui qui résulte soit de la qualité de
femme mariée non autorisée, soit de la qualité de mineur ou d'interdit
(art. 1124). Le contrat annulable a une existence légale, et il fait naître
des obligations civiles; mais, à cause du vice dont il est entaché, il peut
être annulé par le juge. Ce vice disparaît, et le contrat qui est annulable cesse de l'être, pour devenir ferme et inattaquable, s'il est confirmé
par une ratification expresse ou tacite, ou si le délai fixé par la loi pour
agir en nullité se trouve expiré.

Les actions en nullité et les actions en rescision différaient autrefois
sous le rapport de la cause, de la forme de procéder et du délai pour la
prescription. Mais le Code, qui les confond, supprime entre elles toutes
différences, et les soumet toutes deux aux mêmes règles.

1304. Dans tous les cas où l'action en nullité ou en rescision
d'une convention n'est pas limitée à un moindre temps par
une loi particulière, cette action dure dix ans. — Ce temps ne
court, dans le cas de violence, que du jour où elle a cessé;
dans le cas d'erreur ou de dol, du jour où ils ont été découverts;
et pour les actes passés par les femmes mariées non autorisées,
du jour de la dissolution du mariage. — Le temps ne court, à
l'égard des actes faits par les interdits, que du jour où l'interdiction est levée; et, à l'égard de ceux faits par les mineurs, que
du jour de la majorité.

Plusieurs jurisconsultes pensent que le délai de dix ans, dont il s'agit
dans notre article, constitue un terme préfixe, et, par suite, que lorsqu'il a
commencé à courir, il n'est pas susceptible d'être arrêté par les causes qui
suspendent la prescription. Mais la plupart des auteurs soutiennent que
ce délai constitue une véritable prescription et qu'on doit lui appliquer les
règles concernant les suspensions des prescriptions. Cette dernière opinion
est la plus probable.

En droit romain, le délai pour agir en nullité ne durait qu'un an, et ce
délai ne commençait à courir qu'à partir de l'exécution de l'engagement;
tandis que l'exception de nullité, qui était donnée à celui qui n'avait pas
encore exécuté son engagement, à l'effet de repousser la demande, pouvait

toujours être invoquée. De là cette maxime : « Les causes qui font naître une action temporaire, produisent une exception perpétuelle, *Quæ sunt temporalia ad agendum, sunt perpetua ad excipiendum.* » Quelques auteurs pensent que la maxime du droit romain est applicable chez nous, par analogie de motifs, et par conséquent que l'exception de nullité est perpétuelle. « Celui, disent-ils, qui a exécuté son engagement, en se dépouillant de la chose promise, est par là mis pour ainsi dire en demeure d'agir en nullité dans un court délai ; c'est pourquoi son action est temporaire. Mais celui qui n'a pas encore satisfait à son engagement, doit penser que si l'autre partie n'en demande pas l'exécution, c'est parce qu'elle reconnaît elle-même que l'obligation est viciée et qu'elle renonce tacitement à s'en prévaloir. C'est pourquoi l'équité demande que l'exception soit perpétuelle. » — Au contraire, d'après la plupart des auteurs, l'exception de nullité est, comme l'action, limitée chez nous à la durée de dix ans. Cette opinion paraît plus conforme à l'esprit du Code par les raisons suivantes : — 1° En droit romain, l'action en nullité qui résultait, par exemple, du dol et de la violence, ne durait qu'un an, et par là on peut comprendre facilement que l'on ait prolongé la durée de l'exception. Mais la raison de cette prolongation n'existe pas en droit français, où la durée de l'action est de dix ans ; — 2° En droit romain, l'action en nullité ne pouvait être intentée qu'après l'exécution ; tandis que, chez nous, elle peut être intentée dès que le contrat a été formé ; — 3° En droit romain, les conventions ne faisaient naître que des obligations ; tandis que, chez nous, elles ont encore pour effet de transférer la propriété. Or, d'après l'esprit du législateur, qui veut que la propriété ne reste pas longtemps incertaine, l'exception de nullité doit évidemment, comme l'action, être limitée à dix ans, qui courent, non pas, comme en droit romain, du jour de l'exécution, dont la loi française ne s'occupe presque nullement, mais de l'un des événements fixés dans notre article ; peu importe, en cette matière, si l'obligation a été ou n'a pas été exécutée.

Quoi qu'il en soit au sujet de ces deux opinions, dont la dernière paraît cependant plus conforme à l'esprit du Code, le délai de dix ans ne commence à courir que du jour où l'action en nullité a pu être intentée, et ce commencement varie selon qu'il s'agit de vice de consentement ou de vice de capacité. On applique donc avec juste raison cette maxime du droit romain : « La prescription ne court point contre celui qui ne peut pas agir, *Contra non valentem agere, non currit præscriptio.* »

Il existe encore deux autres classes d'incapables, qui sont les prodigues et ceux qui sont renfermés dans une maison d'aliénés.

1° Les *prodigues*, c'est-à-dire ceux qui sont pourvus d'un conseil judiciaire, ont l'action en nullité lorsqu'ils ont fait, sans l'assistance de leur curateur, l'un des actes spécifiés dans l'art. 513. Quel est, dans ce cas, le point de départ des dix ans fixés pour l'action en nullité? D'après un arrêt de la cour d'Angers, du 27 juillet 1859, confirmé par arrêt de la Cour de cassation, du 6 juin 1860, le délai des dix ans court, non pas du jour où le prodigue a recouvré sa capacité, mais du jour du contrat. — « Attendu, dit la cour d'Angers, qu'à la différence des incapables, limitativement indiqués dans l'art. 1304 C. Nap., les individus pourvus d'un conseil judiciaire peuvent administrer leur fortune, et qu'avec l'assistance de ce conseil, ils ont une capacité aussi étendue que les majeurs; qu'on ne s'expliquerait pas comment la prescription ne courrait point contre celui qui, avec le concours de son conseil, peut vendre ses immeubles, les hypothéquer, emprunter, plaider en justice, et qui peut, de la même manière et valablement, ratifier expressément ou tacitement une convention susceptible d'une action en nullité ou rescision; — Attendu qu'on objecte cependant que les pourvus de conseils judiciaires doivent être assimilés aux interdits et aux mineurs, et que, s'ils ne sont pas nommés dans l'art. 1304, ils y sont implicitement compris; — Que cette forme de raisonner a le double inconvénient d'exagérer les analogies et d'ajouter au texte de la loi; — Attendu que les exceptions sont de droit étroit; qu'il n'est permis à personne de les étendre et surtout de les créer; que si les juges peuvent interpréter ce qui est obscur ou ambigu, ils ne doivent jamais substituer leur arbitraire à la sagesse du législateur. » — Cette décision est en opposition avec les enseignements de la doctrine, mais elle nous semble conforme à l'esprit de la loi.

2° Ceux qui sont renfermés dans une maison d'aliénés sont, comme les interdits, frappés d'incapacité par la loi du 30 juin 1838, dont l'art. 39 est ainsi conçu : — « Les actes faits par une personne placée dans un établissement d'aliénés, pendant le temps qu'elle y aura été retenue, sans que son interdiction ait été prononcée ni provoquée, pourront être attaqués pour cause de démence, conformément à l'art. 1304 du Code Napoléon. » Le même article de cette loi fixe une époque particulière pour le cours de la prescription de l'action en nullité : « Les dix ans de l'action en nullité courront, à l'égard de la personne retenue, qui aura souscrit les actes, à dater de la signification qui lui en aura été faite ou de la connaissance qu'elle en aura eue après sa sortie définitive de la maison d'aliénés; — Et, à l'égard de ses héritiers, à dater de la signification qui leur en aura été faite, ou de la connaissance qu'ils en auront eue, depuis la mort de leur auteur. »

1305. La simple lésion donne lieu à la rescision en faveur du mineur non émancipé, contre toutes sortes de conventions, et en faveur du mineur émancipé, contre toutes conventions qui excèdent les bornes de sa capacité, ainsi qu'elle est déterminée au titre *de la Minorité, de la Tutelle et de l'Émancipation.*

Les femmes mariées, les interdits, ceux qui sont renfermés dans un établissement d'aliénés et les prodigues qui sont pourvus d'un conseil judiciaire, peuvent faire prononcer la nullité de leurs actes en prouvant seulement qu'ils étaient incapables au moment où ces actes ont été faits. Mais, en ce qui concerne les mineurs, plusieurs distinctions sont nécessaires.

1° S'agit-il d'un acte fait par un mineur qui n'avait pas encore l'usage de la raison? Au lieu d'être seulement annulable, cet acte est frappé d'une nullité absolue et radicale, parce qu'il manque de l'une des conditions requises pour la validité des conventions, c'est-à-dire du consentement.

2° S'agit-il d'un acte du *droit civil*, c'est-à-dire d'un acte qui n'est parfait et ne produit d'action que par l'accomplissement de formes prescrites par la loi, comme la donation entre-vifs ou testamentaire, l'acceptation d'une donation, le contrat de mariage notarié, la constitution d'hypothèque? Cet acte fait par le mineur, même avec l'accomplissement des formes requises, est, en général, frappé d'une nullité absolue et radicale. L'acceptation d'une succession et la renonciation à succession, qui est d'ailleurs soumise à une forme particulière (art. 784), ainsi que l'acceptation sous bénéfice d'inventaire (art. 793, 794), sont aussi, à cause de leur grande importance, frappées d'une nullité absolue et radicale lorsqu'elles émanent d'un mineur.

3° S'agit-il d'un acte du *droit des gens*, c'est-à-dire d'un acte pour la perfection duquel la loi ne fixe aucune forme essentielle? Lorsqu'un pareil acte est fait par un mineur non émancipé ayant déjà l'usage de la raison, ou par un mineur émancipé qui a dépassé la limite de ses pouvoirs d'administrateur, il n'est point radicalement nul, mais seulement annulable. Le mineur qui veut en faire prononcer la nullité est tenu de prouver que cet acte le *lèse*, c'est-à-dire porte atteinte à ses intérêts, à sa fortune. En pareil cas, le mineur n'est pas restituable comme mineur, mais comme lésé, *Non restituitur minor tanquam minor, sed tanquam lœsus.* Ainsi l'a décidé, conformément à la doctrine qui a prévalu, un arrêt de la cour de Lyon ainsi conçu : — « Considérant que les engagements consentis par le mineur, lorsque la loi n'a point déterminé de formes spéciales, ne sont point nuls, mais seulement annulables pour cause de lésion » (C. de Lyon, 6 juin 1865).

4° S'agit-il d'un acte qui a été fait, soit par un mineur émancipé, dans la limite de la pure administration, soit par un tuteur, dans la limite de ses pouvoirs ou avec l'accomplissement des formes et conditions prescrites ? L'acte est alors considéré comme émané d'un majeur capable ; par suite, il est, en général, ferme et inattaquable de la part du mineur, alors même que celui-ci en ressentirait une grave lésion. Toutefois, si le tuteur, qui a fait l'acte, a commis une faute, le mineur a le droit de réclamer contre lui, lors des comptes de tutelle, des dommages-intérêts.

5° S'agit-il, enfin, d'un acte que le tuteur a fait seul et qui dépasse la limite de son administration ? Le mineur est obligé par cet acte ; mais il peut s'adresser au juge afin d'en faire prononcer la nullité : pour triompher dans sa demande, il n'a pas besoin de prouver l'existence de la lésion, mais seulement de montrer que l'acte dépasse la limite des pouvoirs d'un tuteur. Ainsi l'a décidé la Cour de cassation, dans les termes suivants : — « Attendu que l'autorisation préalable du conseil de famille et son homologation par le tribunal sont au nombre des formalités spéciales nécessaires pour la validité des aliénations des immeubles appartenant à des mineurs ; — Que le défaut d'autorisation et d'homologation entraîne une nullité qui vicie les actes d'aliénation à leur origine même, et que les mineurs peuvent justement les attaquer sans obligation pour eux de prouver qu'il en résulte à leur préjudice une lésion quelconque » (C. cass. 25 mars 1861).

Malgré quelques divergences d'opinions, les solutions que nous venons de donner nous semblent avoir la force d'axiomes de droit.

1306. Le mineur n'est pas restituable pour cause de lésion, lorsqu'elle ne résulte que d'un événement casuel et imprévu.

Un mineur achète pour un juste prix une chose qui lui est nécessaire : il ne peut point, si cette chose vient ensuite à périr par cas fortuit, faire prononcer la rescision de la vente ; car le contrat qu'il a passé n'est pas la cause, mais seulement l'occasion du préjudice qu'il éprouve.

1307. La simple déclaration de majorité, faite par le mineur, ne fait point obstacle à sa restitution.

Le mineur ne serait pas suffisamment protégé si sa simple déclaration de majorité suffisait pour le rendre non recevable dans sa demande en nullité : le créancier qui connaît ou est censé connaître son état d'incapacité exigerait toujours une pareille déclaration, qui deviendrait ainsi de style. Mais si le mineur qui s'est déclaré majeur n'a pas fait une déclaration *simple*, mais l'a fortifiée au moyen de manœuvres frauduleuses, par exemple en produisant un faux acte de naissance, c'est en vain, dans ce cas, qu'il demanderait la rescision de son engagement.

Un étranger a plus de 21 ans; mais il reste encore mineur d'après la loi de son pays. Il contracte en France avec un Français qui le croit majeur et qui traite ainsi avec lui sans légèreté ni imprudence : il ne peut pas faire annuler son engagement, ainsi que l'a décidé la Cour de cassation par arrêt du 16 janv. 1861, rapporté sous l'art. 3, pages 10, 11.

1308. Le mineur commerçant, banquier ou artisan, n'est point restituable contre les engagements qu'il a pris à raison de son commerce ou de son art.

Le mineur ne peut devenir commerçant que sous les conditions et avec les formes prescrites par l'art. 2 C. com.; ce sont : l'émancipation, l'âge de 18 ans, l'autorisation du père ou du conseil de famille, l'affiche et la publicité de cette autorisation. Quand la nature de l'acte ou les termes de la convention ne révèlent point si l'engagement du mineur est relatif à son commerce ou à son art, cet engagement est présumé, à moins de preuve contraire, y être étranger; le mineur peut donc en faire prononcer la nullité.

1309. Le mineur n'est point restituable contre les conventions portées en son contrat de mariage, lorsqu'elles ont été faites avec le consentement et l'assistance de ceux dont le consentement est requis pour la validité de son mariage.

Le contrat de mariage est un accessoire et souvent une condition du mariage lui-même. Or, celui qui est capable de se marier doit aussi avoir la capacité de former ce contrat. De là cette maxime du droit romain : « Celui qui est habile au mariage, est aussi habile à faire les conventions nuptiales, *Habilis ad nuptias, habilis ad pacta nuptialia.* »

1310. Il n'est point restituable contre les obligations résultant de son délit ou quasi-délit.

Les faits illicites s'appellent *délits,* s'ils ont été commis avec intention de nuire, et *quasi-délits*, s'ils ont été commis sans intention de nuire. La loi donne au mineur lésé dans un contrat l'action en rescision, afin qu'il ne soit pas victime de l'habileté de l'autre partie, qui a profité de son inexpérience dans les affaires pour le tromper. Les mêmes motifs n'existent plus en matière de délits et de quasi-délits; la rescision ne doit par conséquent pas s'y appliquer. — Le mineur qui n'a pas encore l'usage de raison, et le fou, ne peuvent commettre ni délit ni quasi-délit, en ce sens qu'ils ne sont pas susceptibles de commettre une faute qui les oblige. Mais si la personne qui les a sous sa garde est en faute, parce qu'elle n'a pas exercé sur eux une surveillance suffisante, elle est tenue de réparer le dommage causé par l'enfant ou par le fou.

1311. Il n'est plus recevable à revenir contre l'engagement qu'il avait souscrit en minorité, lorsqu'il l'a ratifié en majorité, soit que cet engagement fût nul en sa forme, soit qu'il fût seulement sujet à restitution.

Il y a deux sortes de ratification produisant chacune les mêmes effets : la ratification *expresse*, qui est faite par un écrit contenant certaines mentions essentielles (art. 1338), et la ratification *tacite*, qui résulte de l'exécution volontaire et principale de l'engagement (art. 1338). L'acte *nul en sa forme*, dont il s'agit dans notre article, est celui qui procède d'une femme mariée non autorisée, d'un mineur émancipé ou d'un prodigue qui aurait dû être assisté de son curateur ou de son conseil judiciaire, ou d'un tuteur qui n'a pas, dans certains actes spécialement déterminés, recouru à l'autorisation du conseil de famille, ou qui n'a pas employé les formes prescrites (art. 457, 458, 459, 466). Quant à l'acte qui est radicalement nul, comme la donation entre-vifs, lorsque les formes essentielles à sa validité n'ont pas été observées, il n'est jamais susceptible de ratification (art. 1339).

1312. Lorsque les mineurs, les interdits ou les femmes mariées sont admis, en ces qualités, à se faire restituer contre leurs engagements, le remboursement de ce qui aurait été, en conséquence de ces engagements, payé pendant la minorité, l'interdiction ou le mariage, ne peut en être exigé, à moins qu'il ne soit prouvé que ce qui a été payé a tourné à leur profit.

Quoique la loi soit très-favorable à celui qui est frappé d'incapacité, elle lui applique néanmoins le principe d'équité que « Personne ne doit s'enrichir aux dépens d'autrui. » Supposons que l'incapable a vendu une maison, dont il a touché ensuite le prix : il y a là deux actes annulables, qui sont la vente, et le payement du prix. L'incapable peut donc demander, à son gré, la nullité de ces deux actes, ou celle de l'un d'eux seulement. Le capable qui a payé imprudemment son prix le perd, s'il ne fait pas la preuve, bien difficile, que ce prix a tourné, en tout ou en partie, au profit de l'incapable; aussi, lorsque le payement du prix lui est demandé par l'incapable qui a vendu, il fera bien de lui dire : « Il est vrai que le droit de demander la nullité de la vente n'appartient qu'à vous et que vous pouvez me contraindre à remplir mon engagement. En achetant de vous, j'ai commis une imprudence; mais j'en commettrais encore une autre plus grande, si je vous payais mon prix sans prendre mes sûretés; en conséquence, je ne vous payerai que si vous m'offrez une caution bonne et solvable, qui garantira, en cas de nullité de la vente, la restitution intégrale du prix. »

1313. Les majeurs ne sont restitués pour cause de lésion que dans les cas et sous les conditions spécialement exprimés dans le présent Code.

Le majeur peut faire annuler ses engagements pour cause d'erreur, de violence et de dol (art. 1109). Mais, en général, il ne peut pas faire annuler ses engagements pour cause de lésion. Cette dernière règle renferme deux exceptions. 1° L'héritier majeur peut faire rescinder le partage d'une succession, lorsqu'il a éprouvé une lésion de plus du quart de sa portion héréditaire (art. 887). 2° Le majeur qui a vendu un immeuble et qui a éprouvé une lésion de plus des sept douzièmes, peut faire annuler la vente faite à vil prix (art. 1674).

1314. Lorsque les formalités requises à l'égard des mineurs ou des interdits, soit pour aliénation d'immeubles, soit dans un partage de succession, ont été remplies, ils sont, relativement à ces actes, considérés comme s'ils les avaient faits en majorité ou avant l'interdiction.

Les formes requises à l'égard des mineurs et des interdits pour la va-

lidité des partages et des ventes d'immeubles sont, il est vrai, l
et coûteuses; mais du moins leur accomplissement rend ces actes importants aussi inattaquables et aussi fermes que s'ils eussent été consentis
par des majeurs capables.

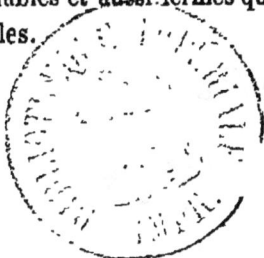

FIN DU TOME PREMIER.

TABLE DES MATIÈRES.

LIVRE DEUXIÈME.

DES BIENS ET DES DIFFÉRENTES MODIFICATIONS DE LA PROPRIÉTÉ.

I. 51

LIVRE TROISIÈME.

DES DIFFÉRENTES MANIÈRES DONT ON ACQUIERT LA PROPRIÉTÉ.

FIN DE LA TABLE.

Coulommiers. — Typog. A. MOUSSIN

EXTRAITS DE QUELQUES-UNES DES APPRÉCIATIONS

DU

MANUEL PRATIQUE DU CODE NAPOLÉON

PAR LES JOURNAUX ET PAR LES REVUES.

MONITEUR UNIVERSEL,
Journal officiel de l'Empire français.

1er *Article*. — « Comment répandre la connaissance des lois natio-
nales, indispensables à tous les citoyens? Par des ouvrages dépouillés
de tout appareil scientifique et destinés aux gens du monde. C'est ce
qu'a fait M. Picot pour le *Code Napoléon*. Ce volume à la main, il devient facile de s'initier, sans études, aux principes généraux du droit.
C'est la substance de la loi, telle qu'il faut l'extraire pour se faire comprendre par ceux qui ne savent pas encore.

« A. GRUN,

« Avocat, Chevalier de la Légion d'honneur. »

2e *Article*. — Le *Manuel pratique du Code Napoléon* expose d'une
manière simple, claire et précise le droit civil français. Point de lon-
gueurs, de dissertations inutiles. Aussi quels services n'a-t-il pas déjà
rendus, quels services n'est-il pas appelé à rendre à tous ceux qui ont
à se reprocher chaque jour de ne pas connaître les devoirs que leur
imposent les lois de leur pays, et la protection qu'elles accordent à
leurs justes intérêts!

« H. REY. »

JOURNAL L'UNION.

« Le *Manuel du Code Napoléon* est un ouvrage clair, simple et pratique. L'homme du monde y trouve un guide utile pour ses affaires
privées, et le jurisconsulte y reconnaîtra un écrivain de l'école de
Pothier et de Domat.

« HENRI DE RIANCEY. »

JOURNAL DES VILLES ET DES CAMPAGNES.

« Nul n'est censé ignorer la loi, et cependant peu de personnes ont
eu le temps d'étudier même les éléments du droit. Le livre de M. Picot
abrège cette étude et met les principes généraux du Code à la portée
de toutes les intelligences. »

VOIX DE LA VÉRITÉ.

« Le *Manuel du Code Napoléon* a été examiné par des hommes spéciaux, et le résultat de l'examen est des plus favorables. Nous nous
estimons heureux d'avoir à transmettre au clergé français la bonne
nouvelle de la publication d'un tel ouvrage. Si le *Manuel* doit sous
peu occuper une place dans toutes les bibliothèques communales, nous
sommes fier de penser que la bibliothèque de l'humble presbytère
aura donné le signal.

« *Abbé* MIGNE. »

JOURNAL DES AVOUÉS.

« Le *Manuel du Code Napoléon* convient aux gens du monde qui veulent avoir des notions sommaires sur les dispositions de notre droit civil. Des formules d'actes placées à la fin de l'ouvrage présentent aussi une véritable utilité.

« ADOLPHE CHAUVEAU,
« *Professeur à l'Ecole de droit de Toulouse.* »

MÉMORIAL DU COMMERCE ET DE L'INDUSTRIE.

« Ce *Manuel* expose succinctement les principes élémentaires des lois, et, par quelques développements courts et précis, en donne une interprétation à la portée de tout le monde. Les personnes qui n'ont pas fait une étude spéciale du droit, trouveront dans le *Manuel du Code Napoléon* les notions qu'exige la pratique des affaires.

« LEHIR,
« *Docteur en droit, Avocat.* »

RECUEIL DE JURISPRUDENCE GÉNÉRALE.

« Dans le *Manuel du Code Napoléon*, tout est clair, plein, vif, serré. M. Picot y suit l'ordre des titres du Code plutôt que celui des articles : il définit ce que le législateur suppose connu ; il complète la pensée laissée incertaine. Ses explications ont à peine quelques lignes : c'est le style de la loi accompagnée, à l'instar des Institutes de Justinien, du motif qui a déterminé ses dispositions. Signalons cet ouvrage comme l'un des écrits où l'on retrancherait difficilement un mot sans y produire une lacune.

« ARMAND DALLOZ,
« *Avocat à la Cour Impériale de Paris.* »

SON EXCELLENCE M. LE MINISTRE D'ÉTAT.

« J'ai reçu un exemplaire de votre *Manuel du Code Napoléon*. Je vous remercie de l'envoi de votre important ouvrage, que j'ai lu avec intérêt. »

EXTRAITS DE QUELQUES-UNES DES APPRÉCIATIONS
DU NOUVEAU MANUEL PRATIQUE DU CODE DE COMMERCE
EXPLIQUÉ ARTICLE PAR ARTICLE.

MONITEUR UNIVERSEL,
Journal officiel de l'Empire français.

« M. Picot, docteur en droit, avocat à la Cour impériale de Paris, vient de publier un ouvrage qui a pour titre : **Nouveau Manuel pratique du Code de Commerce** expliqué. L'auteur déclare, dans sa préface, qu'il n'a jamais eu la pensée de faire autre chose qu'un livre d'une utilité toute pratique s'adressant surtout aux commerçants.

« M. Picot n'en est pas à son coup d'essai : son **Manuel pratique du Code Napoléon**, publié il y a plusieurs années, a obtenu un légitime succès. Pour moi, j'ai la conviction que c'est à cette circonstance surtout que M. Picot doit de présenter aujourd'hui un livre véritablement utile et sérieux, et non pas un manuel de pacotille.

« G. CHAIX D'EST-ANGE,
« *Avocat à la Cour Impériale de Paris.* »

LE CONSTITUTIONNEL.

« Les explications de M. Picot sur chaque article du Code de commerce sont brèves, précises et substantielles. Rien de trop, telle est sa devise. Aussi ne cherche-t-il pas à pénétrer trop avant dans les difficultés d'application. Exposer simplement les principes du droit commercial, en déterminer le sens, le vrai caractère et surtout le but pratique, voilà l'objet qu'il s'est proposé.

« JULES JANET,
« Avocat à la Cour Impériale de Paris. »

LA GAZETTE DES TRIBUNAUX.

« Ce Manuel, non-seulement servira à ceux qui ne savent pas, il sera encore d'une grande utilité pour ceux qui savent, en leur présentant un résumé complet et substantiel de notre droit commercial.

« CH. DUVERDY,
« Avocat à la Cour Impériale de Paris. »

RECUEIL PÉRIODIQUE DE JURISPRUDENCE GÉNÉRALE,
Par MM. Dalloz.

« Nourri à l'école de MM. Bravard et Horson, M. Picot n'a pas perdu de vue l'utilité pratique de son ouvrage. Les explications de doctrine et de jurisprudence auxquelles il se livre sont placées sous chaque article du Code, qui leur sert de base, et dont elles deviennent à leur tour le complément utile et indispensable.

« A la suite du Code vient un formulaire d'actes et un exposé des lois récentes qui se rattachent au commerce.

« CHARLES VERGÉ,
« Docteur en droit, Avocat à la Cour Impériale de Paris. »

JOURNAL DU PALAIS.

« Le Nouveau Manuel de M. Picot présente une explication détaillée, article par article, des dispositions diverses, soit du Code de commerce, soit des lois qui en forment le complément.

« STEPH. CUENOT,
« Docteur en droit, Avocat au Conseil d'État et à la Cour de Cassation. »

BULLETIN DES JUSTICES DE PAIX.

« Ce livre, composé avec beaucoup de soin, est parfaitement écrit; il sera utile aux personnes qui désirent apprendre et à celles qui, sachant déjà, ont besoin de s'instruire ou de s'éclairer davantage; car l'auteur ne s'est pas borné à une simple explication des éléments ou principes, il aborde les questions difficiles et leur donne une solution satisfaisante.

« E. LONCHAMPT,
« Avocat à la Cour Impériale de Paris. »

EXTRAITS DE QUELQUES-UNES DES APPRÉCIATIONS

DES ÉLÉMENTS (OU CATÉCHISME) DU CODE NAPOLÉON

Ouvrage dont l'introduction dans les écoles primaires est autorisée par S. Exc.
M. le Ministre de l'instruction publique.

MONITEUR UNIVERSEL.

1er EXTRAIT. — « Cet ouvrage, par sa forme nette et précise, se recommande à toutes les classes de la société. C'est l'enseignement primaire du droit qui nous régit, présenté sous l'aspect le plus saisissant : des demandes, des réponses lucides et courtes se fixant aisément dans la mémoire, voilà tout l'ouvrage.

« HOTE. »

2me EXTRAIT. — « Ce livre pourra être d'un grand secours dans les écoles par la façon claire, nette, précise dont il est rédigé.

« G. CHAIX D'EST-ANGE,
« Avocat à la Cour impériale de Paris. »

3me EXTRAIT. — « C'est un vrai tour de force d'avoir pu, par un suprême effort de condensation de pensée, résumer en termes si clairs et si précis les principes essentiels d'un aussi vaste sujet.

« La sollicitude de M. Picot pour ses lecteurs est sans cesse en éveil. Il évite avec un soin touchant de se servir d'un terme qui ne serait pas encore expliqué et défini.

« GUSTAVE CLAUDIN. »

GAZETTE DES TRIBUNAUX.

« En ce qui concerne la *forme* adoptée par M. Picot, on ne peut que l'approuver. En ce qui concerne le *fond*, l'ouvrage est aussi très-recommandable.

« CH. DUVERDY,
« Avocat à la Cour Impériale de Paris. »

LA VÉRITÉ CANONIQUE.

« Ce petit ouvrage nous a paru très-utile, très-méthodique, très-clair, écrit dans un bon esprit, et propre à donner la connaissance suffisante des lois aux personnes qui n'ont besoin que de notions succinctes.

« *Abbé* MIGNE. »

e
ent
as-
isé.

s les

us, »

m su-
clair:

éveil
serait

ent que
très-re-

lans »

ès-clair,
e suffi-
ns suc-

! »

www.ingramcontent.com/pod-product-compliance
Lightning Source LLC
Chambersburg PA
CBHW061940220326
41599CB00014BA/1711